余姚年鉴

YUYAONIANJIAN

（2018）

余姚市人民政府　主办

余姚市地方志编纂委员会　编

方志出版社
Publishing House of Local Records

图书在版编目（C I P）数据

余姚年鉴. 2018 / 余姚市地方志编纂委员会编. --
北京 : 方志出版社，2018.11
ISBN 978-7-5144-3446-0

Ⅰ. ①余… Ⅱ. ①余… Ⅲ. ①余姚－2018－年鉴
Ⅳ. ①Z525.54

中国版本图书馆CIP数据核字（2018）第272282号

余姚年鉴（2018）

编　　者：余姚市地方志编纂委员会
责任编辑：章　瑾
出 版 人：冀祥德
出 版 者：方志出版社
地址　北京市朝阳区潘家园东里9号（国家方志馆4层）
邮编　100021
网址　http://www.fzph.org
发　　行：方志出版社图书经销中心
电话（010）67110500
经　　销：各地新华书店
印　　刷：杭州半山印刷有限公司
开　　本：889×1194　1/16
印　　张：27
字　　数：688千字
版　　次：2018年11月第1版　2018年11月第1次印刷
印　　数：0001～1000册

ISBN 978-7-5144-3446-0　**定价：**180.00元

余姚市地方志编纂委员会

《余姚年鉴（2018）》编辑部

内部用图

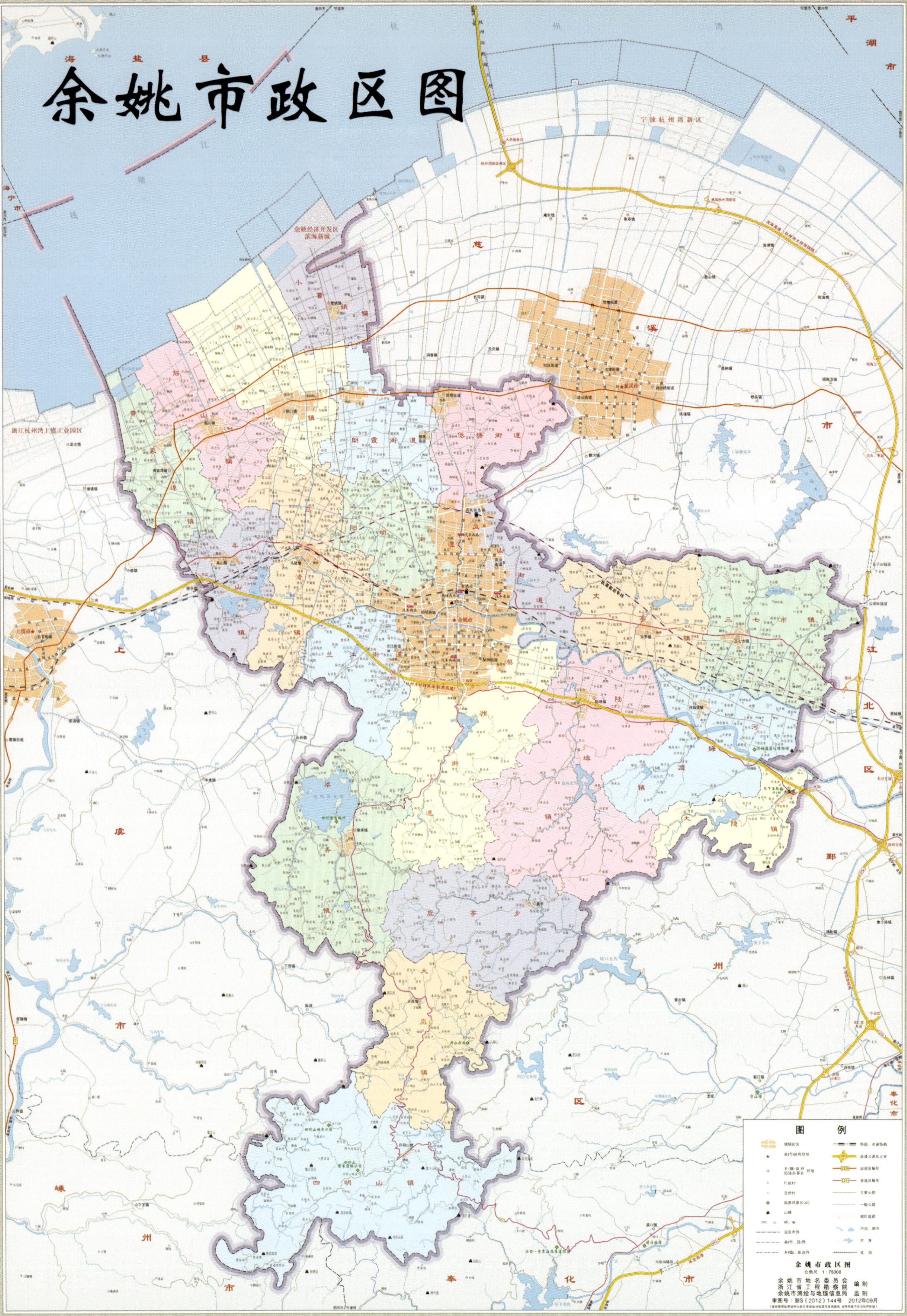

余姚市政区图

比例尺 1:75000

余姚市地名委员会
浙江省工程勘察院
编制

余姚市测绘与地理信息局 监制

审图号：浙S（2012）144号 2012年09月

5 月 16 日，浙江省委副书记、代省长袁家军（前排右三），省委常委、宁波市委书记唐一军（前排右四）参观智能机器人展（陈斌荣　摄）

5月16日，国务院侨务办主任裘援平（右二），浙江省委副书记、代省长袁家军（左二）共同为浙江侨梦苑揭牌（市侨办　供稿）

7 月 20 日，浙江省委常委、政法委书记、公安厅长徐加爱（前排左二）到姚开展接访活动（市信访局　供稿）

6月20日，宁波市政协主席杨戌标（左二）到余姚“巡河”督导（市政协　供稿）

5月26日，宁波市副市长许亚南（前排左二）一行在余姚中学调研（余姚中学　供稿）

9月1日，宁波市政协副主席林静国（前排右二）一行到余姚调研特色优势农产品发展（市政协　供稿）

2月7日，中国人民政治协商会议第十三届余姚市委员会第一次会议在余姚影城开幕（黄静波　摄）

2月8日，余姚市第十七届人民代表大会第一次会议在余姚影城开幕（苏英英　摄）

2月4日，全市“争做铁军先锋、争立发展新功”动员大会召开（图片来源：余姚发布）

5月26日，全市“两学一做”常态化制度化工作座谈会召开（市委组织部　供稿）

9月15日，全市基层党建工作重点任务推进会召开（市委组织部　供稿）

2 月 16 日，市“五重二大”项目集中开工仪式举行（苏英英摄）

4 月 1 日，全市“万名干部进村联河、百万群众剿劣攻坚”征战仪式在牟山镇湖山村百丈江河段清淤现场举行（苏英英　摄）

6 月 30 日，余姚市党员志愿服务行动启动仪式暨 2017 年度公益集市举行（市委组织部　供稿）

5月16日，第四届中国机器人峰会暨智能经济人才峰会开幕（黄静波　摄）

6月3日，首届世界姚商大会举行（市侨联　供稿）

11月8日，第十九届塑料博览会开幕（塑料城管委会　供稿）

6月28日，“锻造铁军之路”全市机关干部朗诵比赛决赛举行（市直机关党工委　供稿）

9月6日，“喜迎十九大——飞‘阅’余姚　行走四明”系列主题报道活动启动（余姚日报社　供稿）

11月8日，三七市镇第十八届“姚东之音”文艺演出举办（三七市镇　供稿）

11 月 18 日，余姚市第十五届运动会开幕式场景（黄静波　摄）

12 月 5 日，“只愿爱，温暖文明城”暖冬行动开展（团市委　供稿）

12 月 28 日，河姆渡镇第六届“古韵河姆渡”乡土文化节闭幕式暨学习宣传十九大精神宣传文艺演出举办（河姆渡镇　供稿）

凤山街道玉皇山公园及周边区域（许永海　摄）

阳明街道玉立路街景（张禹慈　摄）

梨洲街道最良江两岸（徐渭明　摄）

兰江街道四明广场夜景
（卢益强　摄）

朗霞新区（姚捷　摄）

低塘街道（姚捷　摄）

泗门镇汝湖明珠小区和汝湖公园（姚捷　摄）

马渚镇工业功能区（黄志斌　摄）

陆埠镇洋溪两岸（熊杰　摄）

梁弄镇四明湖国际会议中心（孙中兴　摄）

牟山镇姜山自然村一角（卢益强　摄）

丈亭镇（许永海　摄）

三七市镇（许永海　摄）

河姆渡镇（熊杰　摄）

小曹娥镇（姚捷　摄）

临山新区（卢益强　摄）

黄家埠镇杏山村一角（卢益强　摄）

大隐镇天下玉苑景区（熊杰　摄）

大岚镇柿林村（宓颂表　摄）

四明山镇宓家山村（宓颂表　摄）

鹿亭乡白鹿日出（陈则宏　摄）

余姚经济开发区（卢益强　摄）

编辑说明

一、《余姚年鉴》由余姚市人民政府主办，余姚市地方志编纂委员会主持编纂，是一部系统记述全市自然、政治、经济、文化和社会等方面基本情况的年度资料性文献。《余姚年鉴（2018）》是创刊至今的第九部地方综合年鉴。

二、《余姚年鉴（2018）》以马克思列宁主义、毛泽东思想、邓小平理论、“三个代表”重要思想、科学发展观、习近平新时代中国特色社会主义思想为指导，深入贯彻党的十九大精神，坚持辩证唯物主义和历史唯物主义的立场、观点和方法，系统准确地反映市委、市政府的工作，如实反映全市各领域事务变化状况，客观记述全市中国特色社会主义政治、经济、文化、社会和生态建设的历史进程，为全市的改革开放和经济建设服务，既为当今的改革开放和经济建设服务，又为后人提供资料和借鉴。

三、《余姚年鉴（2018）》采用分类编辑法。基本结构为类目、分目、条目3个层次，其中条目为主要的信息载体。卷首设《特载》《专记》《大事记》《市情概览》4个类目；百科设24个类目；卷末设《文件选编》《索引》2个类目。

四、年鉴正文部分类目根据实际情况适当调整结构框架。年鉴的栏目设计和编排次序是根据年鉴的基本体例和行业分类特点设置，与每一个具体部门的行政级别高低无关。

五、《余姚年鉴（2018）》收录的资料和记载的事件未予以特别说明的，均局限于2017年度。各单位领导干部名录也以2017年度在职者为准。文中所述领导职务以事件发生时的相关主要职务为准。

六、《余姚年鉴（2018）》所采用的稿件由全市各机关单位、镇乡（街道）、工业园区、相关企事业单位提供，经《余姚年鉴》编辑部整理编辑，并经相关单位领导审核。文中所列数据，原则上以市统计局口径为准，市统计局未作统计的，由各业务部门和单位提供。部分数据因统计口径不同或有差异，请读者在应用时加以注意。

七、年鉴卷首有中文目录和英文要目，卷末有主题索引，按主题词首字汉语拼音字母顺序排列。

八、本年鉴编纂出版工作得到全市各机关单位、镇乡（街道）、工业园区、相关企事业单位的支持，对于编纂人员付出的劳动，借此表示衷心感谢。若有疏漏、差错之处，敬请批评指正。

部分组织机构全称、简称对照表

全　称	简　称
浙江省全省	全省
浙江省	省
中共浙江省委员会	省委
浙江省人民政府	省政府
中共宁波市委员会	宁波市委
宁波市人民政府	宁波市政府
余姚市全市	全市
余姚市	市
中共余姚市委员会	市委
余姚市人民代表大会常务委员会	市人大常委会
余姚市人民政府	市政府
中国人民政治协商会议余姚市委员会	市政协
中共余姚市纪律检查委员会	市纪委
余姚市人民法院	市人民法院
余姚市人民检察院	市人民检察院
中国人民解放军余姚市人民武装部	市人武部
中共余姚市委政法委员会	市委政法委
中共余姚市委办公室	市委办

续表

全　称	简　称
余姚市人民政府办公室	市府办
中共余姚市委政策研究室	市委政研室
中共余姚市委组织部	市委组织部
中共余姚市委宣传部	市委宣传部
中共余姚市委统一战线工作部	市委统战部
中共余姚市委直属机关工作委员会	市直机关党工委
余姚市机构编制委员会办公室	市编委办
中共余姚市委老干部局	市委老干部局
中共余姚市委市政府信访局	市信访局
中共余姚市委党校	市委党校
余姚市档案局	市档案局
中共余姚市委党史研究室（余姚市史志办公室）	市党史办（市史志办）
中共余姚市委台湾工作办公室、余姚市人民政府台湾事务办公室	市台办
余姚市社会治理综合指挥中心	市综合指挥中心
中共余姚市委督查考核办公室	市委督查考核办
余姚市保密局	市保密局
余姚市发展研究中心（余姚市决策咨询委员会办公室）	市发展研究中心（市咨询委）
余姚市人民政府应急办公室	市应急办
余姚市流动人口服务与管理办公室	市流管办
余姚市人民政府接待办公室	市接待办
余姚市机关事务管理局	市机关事务管理局
余姚市行政审批管理办公室（余姚市行政服务中心）	市行政审批管理办公室
余姚市人民政府外事办公室	市外事办
余姚市人民政府侨务办公室	市侨办
中共余姚市委余姚市人民政府电子政务办公室	市电子政务办

续表

全　称	简　称
中国国民党革命委员会余姚市支部委员会	民革余姚支部
中国民主促进会余姚市基层委员会	民进余姚市基层委员会
中国农工民主党余姚市基层委员会	农工党余姚市基层委员会
余姚市工商业联合会（总商会）	市工商联
余姚市总工会	市总工会
中国共产主义青年团余姚市委员会	团市委
余姚市妇女联合会	市妇联
余姚市科学技术协会	市科协
余姚市社会科学联合会（余姚市社会科学院）	市社科联（市社科院）
余姚市文学艺术界联合会	市文联
余姚市残疾人联合会	市残联
余姚市关心下一代工作委员会	市关工委
余姚市红十字会	市红十字会
余姚市慈善总会	市慈善总会
余姚市新四军历史研究会	市新四军历史研究会
余姚市人民政府法制办公室	市法制办
余姚市公安局	市公安局
余姚市司法局	市司法局
余姚市农林局	市农林局
余姚市农业机械化管理局	市农机局
中共余姚市委余姚市人民政府农村工作办公室	市农办
余姚市水利局	市水利局
余姚市经济和信息化局	市经信局
国网浙江余姚市供电公司	市供电公司
余姚市商务局	市商务局

续表

全　称	简　称
余姚市供销合作社联合社	市供销联社
余姚市国家税务局	市国税局
余姚市地方税务局	市地税局
余姚市发展和改革局	市发改局
余姚市公共资源交易管理办公室	市公共资源交管办
余姚市工业国有资产经营公司	市工业国资公司
余姚市国土资源局	市国土局
余姚市市场监督管理局	市市场监管局
余姚市安全生产监督管理局	市安监局
余姚市交通运输局	市交通局
余姚市铁路北站广场区域综合管理办公室	铁路北站综管办
余姚市住房和城乡建设局	市住建局
余姚市房屋动迁管理办公室	市动迁办
余姚市综合行政执法局（城管局）	市城管局
余姚市环境保护局	市环保局
余姚市文化广电新闻出版局（旅游局）	市文广局
余姚市科学技术局	市科技局
余姚市卫生和计划生育局	市卫生计生局
余姚市民族宗教局	市民宗局
余姚市老龄工作委员会办公室	市老龄办
余姚市人力资源和社会保障局	市人社局
余姚市盐务管理局	市盐务局
余姚市烟草专卖局	市烟草局
余姚出入境检验检疫局	余姚检验检疫局
宁波海关驻余姚办事处	海关余姚办事处

续表

全　称	简　称
宁波镇海海事处余姚办事处	海事余姚办事处
中国邮政集团公司浙江省余姚市分公司	余姚市邮政分公司
中国电信集团公司余姚分公司	中国电信余姚分公司
中国移动通信有限公司余姚分公司	中国移动余姚分公司
中国联合网络通信有限公司宁波市余姚分公司	联通余姚分公司
中国人民银行余姚市支行	人行余姚支行
宁波银监局余姚办事处	银监余姚办事处
中国工商银行股份有限公司余姚分行	工商银行余姚分行
中国农业银行股份有限公司余姚市支行	农业银行余姚支行
中国银行股份有限公司余姚分行	中国银行余姚分行
中国建设银行股份有限公司余姚支行	建设银行余姚支行
交通银行股份有限公司宁波余姚支行	交通银行余姚支行
中国邮政储蓄银行余姚市支行	邮储银行余姚支行
宁波余姚农村商业银行股份有限公司	余姚农村商业银行
中国农业发展银行余姚市支行	农发行余姚支行
上海浦东发展银行余姚支行	浦发银行余姚支行
中国人民财产保险股份有限公司余姚中心支公司	人保余姚中心支公司
中国人寿保险股份有限公司余姚市支公司	中国人寿余姚支公司
中国太平洋财产保险股份有限公司余姚支公司	太财保余姚支公司
中国太平洋人寿保险股份有限公司余姚支公司	太平洋人寿余姚支公司
中国平安财产保险股份有限公司余姚支公司	平安产险余姚支公司

目 录

大事记

市情概览

中共余姚市委员会

余姚市人民代表大会

余姚市人民政府

政协余姚市委员会

中共余姚市纪律检查委员会・监察委员会

民主党派

社会团体

法治·军事

农业·农村·水利

工业・工业园区

商　贸

财政・税务

金　融

综合经济管理

交通・信息

城乡建设·环境保护

人力资源·社会保障

文化·旅游·传媒

教育·科技

医疗卫生·体育

社会民生

街道·镇乡

组织机构及领导名录

先进集体·先进个人

文件选编

索 引

CONTENT

Yuyao Municipal People's Congress

Yuyao Municipal People's Government

Yuyao Municipal Committee of Chinese People's Political Consultative Conference

Yuyao Municipal Discipline Inspection Committee of the Communist Party of China & Supervisory Committee

Democratic Parties

Social Organizations

Rule of Law & Military Affairs

Agriculture & Rural Area & Water Conservancy

Industries & Industrial Zones

Commerce and Service

Fiscal & Taxation

Finance

Comprehensive Economic Administration

Traffic & Information

Urban and Rural Construction & Environmental Protection

Human Resources & Social Security

Culture & Tourism & Media

Education & Science and Technology

Medical and Health Work & Sports

Social Life

Sub-district & Towns and Townships

特 载

践行新思想 走在最前列 高水平建设现代化创新型生态城市

——在中共余姚市委十五届三次全会上的报告

市委书记 奚 明

（2018年1月11日）

同志们：

这次市委全会的主要任务是：以习近平新时代中国特色社会主义思想为指引，全面贯彻落实党的十九大、中央经济工作会议，以及省、宁波市党代会、全会、经济工作会议精神，回顾总结2017年工作，研究部署2018年任务，审议通过《中共余姚市委关于高举习近平新时代中国特色社会主义思想伟大旗帜加快推进现代化创新型生态城市建设的决定》，动员全市上下践行新思想、走在最前列，高水平建设现代化创新型生态城市。

下面，我代表市委常委会向全会报告工作。

一、充分肯定一年成绩，坚定走好新征程的信心决心

2017年以来，市委常委会坚持以马克思列宁主义、毛泽东思想、邓小平理论、“三个代表”重要思想、科学发展观、习近平新时代中国特色社会主义思想为指引，不忘初心、牢记使命，统筹抓好稳增长、调结构、促转型、抓改革、惠民生、防风险各项工作，实现了现代化创新型生态城市建设的良好开局。一年来，我们把迎接十九大和学习宣传贯彻十九大精神作为工作主轴，第一时间掀起学习宣传贯彻十九大精神的热潮，专门制定学习宣传贯彻计划，统一开展多形式、分层次、全覆盖的学习培训、集中宣讲、主题教育、新闻宣传活动，推动十九大精神家喻户晓、深入人心。坚持以知促行、知行合一，把理论力量转化为物质力量，把思想认识转化为实际行动，奋力推动习近平新时代中国特色社会主义思想在余姚的生动实践，经济社会发展稳中有进、进中向好，成功创建为全国文明城市和国家卫生城市。

回顾一年来的工作成效，主要体现在以下六个方面：

1. 经济实力再上新台阶。预计全年实现地区生产总值958亿元，增长7.8%；财政总收入152.5亿元，其中一般公共预算收入90.5亿元，分别增长9.1%和7.6%；城镇和农村居民人均可支配收入分别为52700元和30860元，均增长8%。工业经济提质增效，实现规上工业总产值1440亿元、增加值280亿元，分别增长15.5%、9.5%；百强工业企业拉动工业产值增长11.5个百分点。有效投资持续扩大，完成固定资产投资616亿元、增长7.7%。消费需求保持活跃，实现社会消费品零售总额429亿元，旅游总收入116亿元，互联网经济规模突破千亿，入选“全国电商百佳县”，塑料城网上交易市场第三次荣获“中国商品市场百强”称号。外贸出口稳定增长，实现自营进出口总额691亿元、增长12%，其中自营出口额466亿元、增长7%。现代农业稳步发展，中泰生态农业园签约落地，成功创建省级农产品质量安全放心县、国家级出口蔬菜质量安全示范区。

2. 转型升级迈出新步伐。狠抓智能经济发展，“中国制造2025浙江行动”县级试点示范建设深入推进，“1135”政策体系研究出台，机器人等五大主攻产业发展势头良好，第四届中国机器人峰会等重大活动成效明显，侨梦苑、浙江机器人产业集团、浙江大学机器人研究院挂牌成立，智能经济的“四梁八柱”搭建成型。狠抓重大平台建设，中意宁波生态园招商引资量质齐升，吉利新能源汽车、中意启迪科技城等重大项目扎实推进，基础设施和金融服务两个配套齐头并进；“千人计划”产业园新增注册项目30个、累计投产45个；智能机器人小镇8个项目投产，智能光电小镇入选省第三批特色小镇创建名单，中国云城成为国家“千企千镇工程”首个落地项目；余姚经济开发区实现省综合考评七连冠，余姚工业园区运行机制不断优化。狠抓传统产业提升，工信产业基金建立运作，实施“机器换人”重点专项199个，建设“智能车间”15个，整治淘汰“低小散”企业239家。狠抓市场主体培育，新登记市场主体1.8万余户，新增“个转企”293家，舜宇光学市值突破千亿港元，大丰实业、江丰电子等2家企业实现上市。

3. 发展活力实现新提升。深入实施创新驱动发展战略，实现战略性新兴产业、高新技术产业、装备制造业增加值122亿元、145亿元、187亿元，分别增长20%、14%和14%；引进中科院协同创新体等一批创新机构，全社会研究与试验发展经费支出占地区生产总值比重提高到2.75%，新增发明专利授权577件，新认定市级及以上工程（技术）中心37家。致力打造人才生态最优市，“姚江英才”“阳明学者”等引才计划全面推进，“百企百‘千人’”工程启动实施，25条人才新政制定出台，“3个500万”升级为“4个500万”，新引育“国千”10人、“省千”8人。以“最多跑一次”改革撬动各领域改革，实现市级“最多跑一次”事项1141项、比例达96.4%，国资国企整合重组全面启动，“工业用地弹性出让”试点扎实开展，国有建设用地二级市场交易机制正式建立，农村土地承包经营权确权通过省测绘成果专项验收，我市被确定为省乡镇农合联实体多元化运行试点市。深化招商引资“一号工程”，平台招商、活动招商、驻点招商、以商招商等联动发力，首届世界姚商大会成功举办，姚商基金组建成立，全年实到外资4.5亿美元、内资73.9亿元、浙商创业创新资金45.2亿元。

4. 城乡面貌展现新变化。规划体系不断健全，13个乡镇完成总规修编，高铁新城等9个重点区块通过控规编制，历史文化名城保护规划上报省政府审批。建管水平持续提升，完成危旧房改造24.3万平方米，13个拆迁区块实现“清零”，新一轮老小区改造启动实施，城区绿化亮化美化、保洁保序保畅通高效推进；全民共建“美丽家园”取得阶段性成效，四明山区域生态发展项目进展顺利，泗门镇实现全国文明镇“五连冠”，梁弄镇入选第二批全国特色小镇，完成小城镇环境综合整治项目170个，成功创建一批美丽乡村示范镇、示范村、风景线。基础设施日益完善，“余姚—宁波城际铁路”开通运营，杭甬高速余慈连接线、姚江“西分”等重大工程进展顺利，姚东水厂原水管网铺设等供水、供电、供气设施建设稳步推进。生态环境明显改善，配合做好中央环保督察，“三改一拆”超额完成年度工作任务，剿灭劣Ⅴ类水和首批“污水零直排区”创建通过宁波验收，创建成为“清三河”达标县，四明湖湿地获批省级湿地公园。

5. 民生幸福再添新成色。市公共财政用于民生支出 79.1 亿元，第八次获评“中国最具幸福感城市”。全民创业乐业增收新三年计划深化实施，新增城镇就业人员 2.5 万人，创业带动就业 7.5 万人，城镇登记失业率为 1.09%，四明山老区农民人均收入增长 14.5%，达 19845 元。城乡居民社会养老保险、医疗保险参保率分别达 94% 和 98.7%，社会救助和慈善、福利、红十字等稳步发展，区域居家养老服务中心模式推行实施，社会保障更加有力。首轮高考改革平稳落地，上一段线考生比例达 32%，高于全省平均 12 个百分点，姚江中学等一批学校建成投用。医药卫生体制等改革扎实推进，“双下沉、两提升”工程深入实施，县域内就诊率达 86.5%，成为省县域医共体建设试点市。三大文化品牌进一步打响，“一人一艺”工程全面推开，阳明文化日升格为宁波（余姚）阳明文化周，广播剧《呦呦青蒿》等 4 部作品分获全国和省、宁波市“五个一工程”奖，竞技体育创全运会历史最好成绩。平安余姚、法治余姚建设不断深化，市社会治理综合指挥中心和基层治理“四个平台”有效运行，网络生态环境日益清朗，意识形态管控扎实有力，初信初访办结率达 100%，刑事案件发案数下降 33.6%，安全生产事故起数和死亡人数实现“双下降”，打赢了护航十九大等硬仗。

6. 党的建设得到新加强。严格履行主体责任，着力推动全面从严治党向纵深发展。认真学习贯彻加强和维护党中央集中统一领导的若干规定，扎实推进“两学一做”学习教育常态化制度化，成立浙江四明山干部学院，教育引导广大党员干部加强政治历练和党性锻炼，严守政治纪律和政治规矩，自觉把“四个意识”落实到行动中。制定出台锻造余姚铁军相关意见，深化好班长、好班子、好干部、好梯队建设，扎实开展“双争”“大脚板走一线、小分队破难题”“打通中梗阻、提升执行力”等活动，广泛学习黄大年、胡建江等先进典型，认真落实领导干部个人有关事项报告等制度，忠诚干事、担当干事的氛围日益浓厚。狠抓“整乡推进、整市提升”，圆满完成村、社区基层组织换届，深化推进“前哨支部”建设，全面推广“村民说事”制度，创设“姚•先锋”党员志愿服务、“银辉”党建等品牌，持续推进村级集体经济增收减债，基层基础不断夯实。驰而不息正风肃纪，认真贯彻中央八项规定实施细则精神，以钉钉子精神改作风、正作风，查处违反中央八项规定精神案件 11 起、处理 26 人。深入推进反腐败斗争，组建成立监察委员会，完成纪检监察机关职能整合，完善实施“1+3”基层巡察工作制度，制定派驻纪检监察组《履职清单》，严查群众身边腐败问题，立案 200 件、结案 201 件，移送司法机关处理 3 人。

一年来，市委常委会牢记“打铁必须自身硬”，带头强化政治建设，坚持以习近平新时代中国特色社会主义思想武装头脑、指导实践，自觉做到忠诚核心、拥戴核心、维护核心；带头强化责任担当，坚持做在前、干在先，营造了一级带着一级干、一级照着一级做的工作氛围；带头遵守民主集中制，在工作中密切协作、相互支持，保持和发展了团结进取的良好局面；带头廉洁自律，坚决抵制特权思想，自觉接受各方监督，以上率下营造山清水秀的政治生态。与此同时，市委常委会坚持总揽全局、协调各方，支持和保证人大依法行使职权，支持政府依法行政，支持政协充分发挥协商民主重要渠道和专门协商机构的作用，支持司法机关深化司法体制综合配套改革，注重加强与各民主党派、工商联、无党派人士合作共事，支持群团组织深化改革，支持做好党管武装、民族宗教、外事、侨台、史志、老干部、关心下一代等各项工作。

成绩来之不易，收获饱含艰辛。在此，我代表市委，向对我市经济社会发展予以大力支持的各方各界，向全市广大党员干部群众，表示衷心的感谢，致以崇高的敬意！

在看到成绩的同时，我们也清醒地认识到工作和发展中还存在一些问题和不足。一是传统产业“低小散乱污”的问题依然存在，以新技术、新业态、新模式为核心的新增长点还不够多。二是环境质量持续好转的基础仍不稳固，农村脏乱差的问题还比较突出，治水治气治土的成果还需巩固提升。三是优质公共服务供给仍然不足，精准帮扶低收入群体增收致富仍需发力，满足人民日益增长的美好生活需要还有许多工作要做。四是意识形态领域斗争依然复杂，影响平安稳定的风险点还有不少，社会治理的社会化、法治化、智能化、专业化水平有待提升。五是党的建设还有薄弱环节，个别党员干部担当意识不够强，执行力有欠缺，服务效能需提升。对此，我们将采取有效措施，切实加以解决。

二、以党的十九大精神为指引，高水平谱写新时代的余姚篇章

当前，世界正处于大发展大变革大调整时期，中国特色社会主义进入新时代，我国社会主要矛盾已经转化为人民日益增长的美好生活需要和不平衡不充分的发展之间的矛盾，经济由高速增长阶段转向高质量发展阶段。主要矛盾的变化必将引起解决途径的变化，发展阶段的变化也必将引起发展方式的变革。这要求我们必须锚定前行的航向、迈开奋进的步伐，努力在新时代的新征程中，展现新气象、做出新作为。

2018 年是贯彻党的十九大精神的开局之年，是改革开放 40 周年，也是贯彻市第十五次党代会精神、决胜高水平全面建成小康社会、实施“十三五”规划承上启下的关键一年。今年全市工作的总体要求是：高举习近平新时代中国特色社会主义思想伟大旗帜，全面贯彻党的十九大和省、宁波市党代会、全会、经济工作会议精神，坚持稳中求进工作总基调，坚持新发展理念，紧扣社会主要矛盾变化，按照高质量发展的要求，统筹推进“五位一体”总体布局和协调推进“四个全面”战略布局，大力弘扬红船精神，不忘初心、牢记使命，争先进位、走在前列，聚焦“六个坚持、六个加快”，全面抓好增长转型、改革开放、改善民生、整治环境、防范风险各项工作，深入推进全面从严治党，加快打造“两区三城”，为高水平建设现代化创新型生态城市奠定更加坚实的基础。

根据这一总体要求，建议 2018 年经济社会发展主要预期目标为：地区生产总值增长 7.5% 左右，一般公共预算收入增长 8% 左右，城镇和农村居民人均可支配收入与经济增长保持同步，城镇登记失业率控制在 3% 以内，节能减排完成上级任务。

围绕上述要求和目标，重点要抓好以下六方面工作：

1. 坚持以质量效益为核心，加快提升经济竞争力。把质量第一、效益优先的导向体现在经济工作的各领域各方面，大力振兴实体经济，加快构建现代化经济体系，着力以质量优势增创发展优势。

一是要巩固放大智能经济先行优势。聚焦“全省领先、国内有影响”目标，谋划构建以杭州湾跨海大桥杭甬高速连接线为轴、南北 35 公里的智能经济创新产业带，全力抓好“中国制造 2025 浙江行动”试点示范建设，深化实施“1135”工程，启动智能制造“千百十个”工程，进一步打响余姚“智能名片”。大力推动高端产业规模化，高标准办好第五届中国机器人峰会，加快打造一批高端千百亿级产业集群，持续提升战略性新兴产业、高新技术产业、装备制造业在规上工业增加值中的比重。大力推动传统产业高端化，坚持分行业改造提升，全面实施“机器人 +”“标准化 +”“品牌 +”等行动，积极培育智能制造“双十佳”企业，进一步稳住基本、优化存量。大力发展数字经济，深入实施大数据战略，继续抓好“两化融合”贯标试点、企业上云、“电商换市”等工作，壮大互联网经济规模。

二是要不断强化重大平台支撑能力。聚力抓好中意宁波生态园开发建设，牢牢锁定“4+1+1”产业发展布局，切实提高空间设计、功能配套、产业招引的针对性，加快推动一批重大项目落地建设，

力争成为杭州湾经济区的智造中心。聚力抓好“千人计划”产业园开发建设，建成投用城市客厅综合服务中心，力促中兴智能科技等注册项目早日投产见效，不断提升产出能力。聚力抓好特色小镇开发建设，加快智能机器人小镇创建省级特色小镇步伐，确保智能光电小镇一期项目全面投产、二期项目全面开工。聚力抓好中国云城开发建设，加快打造“产城人融合”的城市北部新型组团。聚力抓好两大省级开发区建设，扎实做好余姚经济开发区创建国家级开发区工作，以姚商产业园建设为重点推动余姚工业园区换挡提速。

三是要着力扩大服务经济规模能级。着眼生产性服务业大提升，切实加快塑料、裘皮、模具等专业市场转型步伐，扎实推进宝湾国际电商物流园、丰树物流园等项目，持续提升塑博会等展会的实效性，培育发展金融保险、工业设计等产业，更好满足制造业转型升级的需要。着眼生活性服务业大提升，积极引导各大商业广场多样化、个性化发展，统筹抓好“特色商业街区”创建、“月光经济”等工作，促进消费需求扩大升级。着眼旅游业大提升，抓紧编制全域旅游发展总体规划，进一步做大做优经典红色游、农家休闲游、健康养生游，抓好牟山湖休闲度假区等重点区块建设，积极创建省全域旅游示范县。

四是要全力推动市场主体做强做优。着力壮大企业梯队，坚持分类培育、分层施策，深化“350”企业梯度培育，大力推进企业上市“凤凰”行动，启动实施新一轮小微企业成长三年计划，引导支持企业发展新经济、新业态、新模式，力争新增产值超20亿元、10亿元企业各2家。着力打造最佳营商环境，大力弘扬姚商精神，依法保护企业家财产权、创新权益和自主经营权，切实做好方向引导、政策支持、宣传推介、风险预警等工作，积极构建亲清政商关系，厚植企业发展土壤。

2. 坚持以动能升级为引领，加快壮大发展新引擎。把动能转换作为实现高质量发展的根本路径，深入推动质量变革、效率变革、动力变革，坚决摆脱依赖低成本竞争、依赖资源大量消耗的粗放型发展模式。

一是要积极扩大有效投资。加大项目攻坚力度，建立专门工作班子，完善落实领导联系、干部挂职、要素保障等机制，力促在谈项目早签约、签约项目早落地、在建项目早投产，确保完成固定资产投资年度任务。做深做细项目前期，持续抓好拆迁“清零”、批而未供土地消化利用，进一步强化资金、审批服务，为项目建设保驾护航。着力激活民间投资，放宽投资准入，让民间资本更加方便地进入社会服务、公用事业、基础设施等领域，鼓励引导民营企业上马新项目、投资新产业、开发新产品，力争民间投资增长10%以上。

二是要深化推进重点改革。持之以恒抓好“最多跑一次”改革，加快打破信息孤岛，实现事项全面覆盖、投资审批全面覆盖、流程全面优化、乡镇街道和村社区全面延伸、标准全面统一，争创省“最多跑一次”改革领跑市。持续深化供给侧结构性改革，实施“低小散乱污”综合治理行动，清理“僵尸企业”，强化工业企业绩效综合评价，落实各级降本减负政策，加快实现“破”“立”“降”。深化投融资体制改革，推广运用PPP合作、政府购买服务等模式，加大债券置换力度，盘活做优经营性国有资产，不断提高融资绩效。

三是要充分激发创新活力。用足用好中科院协同创新体、浙江大学机器人研究院、宁波市智能制造产业研究院等高端平台，积极培育行业性制造业创新中心，加快浙江阳明新材料产业研究院等建设，不断强化创新平台支撑。全力打造人才生态最优市，发挥“4个500万”政策的磁吸效应，推进实施“百企百‘千人’”工程，扎实做好杰出人才、突出贡献专家评选等工作，持续优化人才创业创新环境，推动形成“顶尖人才、高端人才、基础人才”梯队集聚的良好局面。不断扩大创新投入，启动规上企业研发机构全覆盖三年计划，深入实施“科技创新2025”重大专项，力争全社会研究与试验发展经费支出占地区生产总值比重达2.8%。

四是要全面提升开放水平。积极融入省大湾区大花园大通道大都市区建设，勇当宁波“一带一路”建设综试区排头兵。集中精力狠抓招商引资，充分发挥上海、深圳等驻点招商团队作用，借力宁波（北京）投资合作洽谈会、“深圳·宁波周”等平台，大力开展重点产业“引凤”行动，扎实做好浙商姚商回归、以商引商等工作，力争新引进50亿级大项目1个、20亿级大项目2个，切实提高招商引资的精准性、实效性。积极开拓全球贸易市场，坚持优进优出，强化出口品牌基础建设，巩固拓展欧美传统市场和中东欧、东南亚等新兴市场，全力建设跨境电商产业集聚综合试验园区。深化“走出去”战略，支持企业赴境外开展项目建设、开设海外仓、开通国际物流专线，提高参与国际分工合作水平。

3. 坚持以先进文化为依托，加快实现文化大繁荣。聚焦打造宁波东方文明之都样板区的目标，深化“文化强市”建设，充分彰显文献名邦神韵，不断增强推动发展的文化力量。

一是要固化拓展文明创建成果。以成功创建全国文明城市为新起点，持之以恒抓创建、精准发力抓提升，努力建设全域化更高水平的文明城市。把学习宣传研究习近平新时代中国特色社会主义思想作为重中之重，开展更宽领域、更深层次的宣传教育，确保入脑入心入行。深入实施社会主义核心价值观普及行动，大力弘扬红船精神、浙江精神和新时期余姚精神，持续推进“做文明崇德余姚人”活动，广泛开展群众性精神文明创建，推进家风建设、诚信建设和志愿服务制度化，让崇德向善成为余姚的城市品格。牢牢掌握意识形态工作领导权，落实意识形态工作责任制，强化舆论引导，深化网络空间清朗行动，推动传统媒体和新兴媒体融合发展，唱响主旋律、传播正能量。

二是要不断擦亮城市文化名片。以创建国家历史文化名城为引领，实施传承发展余姚优秀传统文化行动，完善名城、名镇、名村可持续保护体系，落实文物古迹、名人故居、历史街区和非物质文化遗产等保护举措，强化文化典籍、史迹史料、档案文献等收集整理，加强优秀传统文化研究阐释，注重把余姚文化经典型元素、标志性符号融入城乡规划建设，彰显余姚文化韵味。抓好优秀传统文化创造性转化、创新性发展，加紧谋划建设河姆渡国际文化主题园，加快推动阳明古镇项目落地建设，打造融文化观光、精神体验、生态休闲于一体的姚江文化产业带。实施文化“走出去”战略，借力大运河文化带建设，积极发展文化贸易，开展各类文艺和学术交流活动，扩大余姚文化知名度。

三是要优化提升文化服务供给。加快市公共文化中心、农村文化礼堂等设施建设，力促综合性文化服务阵地均衡覆盖。围绕重大革命历史题材和现实题材，推出一批思想精深、艺术精湛、制作精良的佳作力作，为群众提供更加丰富优质的文化产品。精心办好宁波（余姚）阳明文化周、百姓文化节等活动，持续推进阳光文化共享工程、“一人一艺”全民艺术普及工程，推动传统文化“六进”，深化“我们的节日”主题活动，坚持“文化物流”模式，提升广播电视事业发展水平，形成更加优质高效、均等普惠的公共文化服务体系。

4. 坚持以全域提升为方向，加快打造美丽大花园。聚焦“城乡一体化、全域景区化”，深化全民共建“美丽家园”，全力打造大花园建设的余姚样板。

一是要持续推动城镇品质上水平。坚持一流标准、精品意识，突出彰显区域特色禀赋，高质量修编市域总体规划、城市“双修”规划，深入推动“多规融合”制度化常态化，强化刚性执行力，更好发挥规划的龙头导向作用。积极打造城市门户和城市客厅，精心塑造绕城水环、绿环，高水平抓好三江口、西南组团等重点区块开发，持续推进棚改治危和城中村改造，让城区更加精致精美。深化泗门卫星城、姚北新城和中心镇改革发展，持续抓好小城镇环境综合整治，加快建设一批产业型、旅游型、生态型特色城镇。固化“双城”创建管用机制，强化“智慧城管”运作，让城市管理更加智能化、精细化、法治化。

二是要坚决打好污染防治攻坚战。认真抓好中央环保督察组反馈意见整改落实，持续加大环境突出问题治理力度，促进生态环境质量持续好转。

巩固治水剿劣成果，严格落实“河长制”，推进“污水零直排区”建设，加快城区污水收集系统五期、市域污水二期、污水处理厂三期改造等工程，确保劣Ⅴ类水无新增、不反弹。强化“五气共治”，全面完成挥发性有机废气治理，提高空气优良天数比例。深化落实“土十条”，加强电镀等重点行业、重点企业和农业面源污染整治，启动建设生活垃圾生态型填埋场。保持“三改一拆”强势，力争创建成为“基本无违建市”。

三是要着力提升基础设施承载力。强化交通路网设施建设，建成投用杭甬高速公路至沿海北线高速公路余姚连接线一期、杭甬高速余慈连接线余姚段，做好宁波轨道交通、城际铁路二期等项目对接，加快推进G228国道（古路头至姚东大桥）改建、陆埠互通、甬余线改建等项目，打通一批断头路、卡脖路。强化防洪排涝设施建设，抓好姚江“西分”、候青江排涝泵闸、陶家路江整治三期等项目，加强水系沟通和排涝装备配置，筑牢城市安全屏障。探索开展地下综合管廊和“海绵城市”建设，统筹抓好供水、供电、供气、通信等设施，提高城乡共享水平。

5. 坚持以乡村振兴为载体，加快农业农村现代化。按照“产业兴旺、生态宜居、乡风文明、治理有效、生活富裕”的总要求，积极实施乡村振兴战略，推动农业全面升级、农村全面进步、农民全面发展。

一是要优机制、增活力。健全城乡融合发展体制机制，坚持以工补农、以城带乡，鼓励引导工商资本参与农村振兴、社会各界投身乡村建设，推动资金、技术、人才等资源向乡村流动。稳步推进农村土地“三权分置”改革，全面完成农村土地承包经营权确权登记颁证，深化“三位一体”农合联改革，进一步激活主体、激活要素。探索实施村级集体经济资源、资产、资金管理和股份制、租赁制、合作制、混合制发展模式，不断提高村经营性收入。

二是要优产业、强动力。坚持高效生态发展方向，深化农业“两区”建设，提升杨梅、榨菜、茶叶等传统优势产业，大力发展绿色都市农业，谋划建设绿色农业科技创新中心、农旅产品电商综合服务平台，扎实抓好中泰生态农业园等重大项目，加快创建国家农业科技园区。全力打造四明山绿色发展带，发展壮大特色旅游、高山民宿等美丽经济，加快推进“山水绿活”四明山时光小镇等项目，积极创建四明山省级旅游度假区、省旅游风情小镇。培育现代农业经营主体，强化致富能人和带头人引进培养，有效解决“谁来种地”问题。

三是要优环境、添魅力。全面落实中央农村人居环境整治三年行动计划，认真抓好农村“安居宜居美居”“百村景区化”“美丽公路”等工作，全力打造浒溪线百里风光带，注重保留乡村独特风貌，深入开展美丽乡村示范镇、示范村、风景线创建，不断提升美丽指数。传承优秀乡村文化，倡导现代文明生活，开展农村文明示范线建设，促进自治、法治、德治“三治融合”，使淳朴文明乡风成为靓丽风景。不断深化“森林城市”建设，继续做好四明山区域生态修复、废弃矿山生态治理等工作，创建一批省级森林城镇、森林村庄。

6. 坚持以共建共享为路径，加快推动幸福再提升。认真践行以人民为中心的发展思想，坚持尽力而为、量力而行，扎实办好民生实事，不断增强人民获得感、幸福感、安全感。

一是要加强基本民生保障。大力促进就业创业，重点解决高校毕业生、退役士兵、就业困难人员、农村转移劳动力等人群就业问题，圆满完成全民创业乐业增收新三年计划。深化落实四明山区域农民精准帮扶三年实施方案，确保高水平全面小康路上一个不掉队。不断强化社会保障，继续实施全民参保计划，推进医保支付制度改革，进一步完善社会保险、社会救助制度和养老服务体系，发展慈善、福利、红十字、残疾人等事业，解决群众后顾之忧。坚持房子是用来住的、不是用来炒的定位，建立实施多主体供给、多渠道保障、租购并举的住房制度，促进房地产市场平稳健康发展。

二是要提高公共服务质量。优先发展教育事业，促进城乡基础教育均衡协调发展，推动职业教育提质量、创特色、扩规模，加快技师学院建设，积极创建省教育现代化市。全面启动《健康余姚2030行动纲要》，深入推进公立医院改革，完善“双下沉、两提升”长效机制，抓好医共体建设试点，加快市第二人民医院、市中医医院迁建工程等项目进度，广泛开展全民健身活动，构建全方位全周期健康服务体系。扎实办好“关键小事”，认真做好“厕所革命”、垃圾分类等工作，让群众生活更有品质、更加美好。

三是要提升社会治理水平。深化平安余姚、法治余姚建设，奋力夺取“平安金鼎”。完善基层社会治理“一张网”工作体系，优化提升“一中心四平台”运行机制，深入推进“村民说事”，着力推动网格员由专兼职结合向专业化任职转变，广泛吸纳社会力量破解治理难题，形成共建共治共享的社会治理格局。强化矛盾纠纷排查调处和社会稳定风险评估，进一步完善化解体系，扎实做好信访维稳工作，切实加强社会治安防控体系建设，严厉打击各类违法犯罪活动，确保社会和谐稳定。统筹抓好安全生产、防灾减灾、食品药品安全、城市运行安全等工作，健全完善应急预案管理、社会应急联动等体系，切实保障人民群众生命财产安全。

三、认真落实党的建设新要求，推动全面从严治党向纵深发展

坚持党要管党、从严治党，全面推进党的政治建设、思想建设、组织建设、作风建设、纪律建设，把制度建设贯穿其中，全力打造一流党建新高地。

1. 要不断提升政治领导力。旗帜鲜明讲政治，牢固树立“四个意识”，坚定“四个自信”，坚定执行党的政治路线，坚决贯彻落实党中央重大决策部署，严格遵守政治纪律和政治规矩，在政治立场、政治方向、政治原则、政治道路上同以习近平同志为核心的党中央保持高度一致。以党章为根本遵循，严格执行新形势下党内政治生活若干准则，从严落实“三会一课”、民主生活会、领导干部双重组织生活等制度。认真贯彻民主集中制，完善和落实党委（党组）工作规则、决策程序。弘扬忠诚老实、公道正派、实事求是、清正廉洁等价值观，优化风清气正的政治生态。

2. 要不断提升党的向心力。坚持党总揽全局、协调各方，不断改进党的领导方式和执政方式。坚持和完善人民代表大会制度，支持和保证人大依法行使监督权、决定权、任免权。深化法治政府建设，不断提高行政质量、效率和政府能力、公信力。支持政协更好履行政治协商、民主监督、参政议政职能，推动协商民主广泛、多层、制度化发展。深入构建“大统战”工作格局，支持各民主党派、工商联和无党派人士发挥作用，建立统一战线建言献策“直通车”，力促省社会主义学院、浙江中华文化学院在姚设立分院，全面做好基层商会、乡贤统战、民族宗教等工作，画出最大同心圆。加强对政法工作的领导，支持法院、检察院依法独立行使审判权、检察权，扎实推进“七五”普法。落实党管武装政治责任，支持军队和国防现代化建设。加强和改进党的群团工作，不断把群团改革引向深入。

3. 要不断提升思想引领力。依托省委党校四明山分校、浙江四明山干部学院等阵地，面向全体党员开展多形式、分层次、全覆盖的培训，深刻领会把握习近平新时代中国特色社会主义思想，做到思想上坚信、政治上坚定、行动上坚决。把坚定理想信念作为党的思想建设的首要任务，用足用好红色革命资源和姚江讲坛、阳明讲堂等载体，不断汲取信念的力量、真理的力量、奋斗的力量。推进“两学一做”学习教育常态化制度化，认真开展“不忘初心、牢记使命”主题教育，教育引导广大党员干部始终做到不忘信仰本真、不忘党员本色、不忘公仆本分。

4. 要不断提升干部战斗力。按照“四个铁一般”的要求，着力锻造过硬铁军先锋。突出政治标准，强化实干实绩和基层导向，提拔重用牢固树立“四个意识”和“四个自信”、坚决维护党中央权威、全面贯彻执行党的理论和路线方针政策、忠诚干净

担当的干部。大力推进干部队伍专业化建设，深化实施“三个百人计划”，优化领导班子结构和功能，加大年轻干部发现培养储备力度，坚持把重大工程项目、重要工作平台、重点开发区域和乡镇（街道）作为培养选拔干部的重要阵地，增强各级干部的专业素养、专业能力和专业精神。大兴调查研究之风，推动党员干部到基层一线听民声、摸实情、解难题，提高工作预见性、针对性、实效性。坚持严管和厚爱结合、约束和激励并重，完善落实干部日常监管、考核评价、容错免责等机制，关心爱护基层干部，激发干事创业精气神。

5. 要不断提升基层组织力。践行“一切工作到支部”的理念，高标准落实基层党建“浙江二十条”，深化“整乡推进、整市提升”，积极打造“四明红锋”党建集成品牌和品牌项目集群。深化“前哨支部”规范化建设，探索建设党建联盟体，推进智能机器人小镇等特色小镇党建工作，把基层堡垒建得更加坚强。壮大基层党组织书记先进示范群体，继续开展“三十佳”评选表彰，完善导师带徒机制，深入实施“村苗”工程，加大基层党建要素保障力度，进一步激发基层干部干事创业热情。加强党员队伍建设，注重从产业工人、青年农民、高知识群体和两新组织中发展党员，完善提升党员组织生活日制度，开展“我是党员”、支部主题党日等活动，打响“姚•先锋”党员志愿服务、“银辉”党建品牌。创新实施党建全域“亮显工程”，扎实推进村村“亮党徽、飘党旗”。

6. 要不断提升执纪震慑力。高标准落实中央八项规定实施细则精神，自查自纠形式主义、官僚主义的“十种表现”，健全完善查处曝光、整改落实、建章立制一体化工作机制，把新风气、正能量树起来、立起来。切实加强党性党风党纪教育，注重用身边案例警示人、教育人，大力弘扬姚籍优秀家风，不断把“清廉余姚”建设推向深入。始终保持惩治腐败高压态势，严查群众身边的腐败问题，让人民群众进一步感受到反腐败斗争成果。完善党内监督机制，构建市委统一指挥、全面覆盖、权威高效的监督体系，把巡察监督、派驻监督和部门监督、民主监督、司法监督、群众监督贯通起来，增强监督合力。

同志们，幸福都是奋斗出来的。新时代要有新气象，新一年更要有新作为。让我们紧密团结在以习近平同志为核心的党中央周围，高举习近平新时代中国特色社会主义思想伟大旗帜，抖擞精神再出发，知行合一争一流，高水平建设现代化创新型生态城市，在新时代的伟大征程中留下不忘初心、牢记使命，一往无前、砥砺前行的奋斗足迹！

名词解释

1. “三改一拆”：旧住宅区、旧厂区、城中村改造和拆除违法建筑。

2. “清三河”：治理黑河、臭河、垃圾河。

3. “双争”：争做铁军先锋，争立发展新功。

4. “1+3”基层巡察工作制度：1 个巡察组，1 名组长，1 名副组长，若干名工作人员。

5. “六个坚持、六个加快”：坚持人民主体地位、坚持科学发展、坚持深化改革、坚持依法治国、坚持统筹国内国际两个大局、坚持党的领导；加快打造国际强港、加快构筑现代都市、加快推进工业升级、加快创建文明城市、加快建设生态文明、加快提升生活品质。

6. “两区三城”：打造更具高端型、综合型的智能经济示范区，打造更强吸引力、竞争力的开放合作先行区，打造更高知名度、美誉度的历史文化名城，打造更加一体化、绿色化的生态品质之城，打造更有获得感、归属感的幸福和谐之城。

7. “1135”工程：整合 10 亿元政策扶持资金，建立 100 亿元产业投资基金，用 3 年时间，推动重点产业、企业、项目、平台及人才五大发展。

8. “千百十个”工程：“千”即组织 1000 余家全市规上工业企业实施技术改造全覆盖、有需求规上工业企业智能化改造诊断服务全覆盖；“百”即开工建设 300 个以上智能化技术改造重点项目；“十”即优选建成 30 家左右“数字化车间”“智能工厂”；“个”即推动 1—2 个制造业行业创新中心建设。

9. “两化融合”：信息化、工业化融合。

10. “4+1+1”产业发展布局：“4”，即新材料及新能源汽车、节能环保、生命健康、通用航空四大产业基地，两个“1”分别为中意启迪科技城和本地企业转型升级示范区。

11. “4个500万”：对入选的海内外高端创业创新团队项目，给予最高500万元扶持资金、最高500万元种子资金、最高500万元银行贷款额度同期贷款基准利率的全额贴息支持，对引进的顶尖人才给予500万元引进补助。

12. “一人一艺”全民艺术普及工程：“一人”指全市每个人；“一艺”是用5年时间，让全市80%的人至少能认知或掌握一门艺术。

13. “六进”：进学校、进机关、进农村、进社区、进企业、进家庭。

14. “双修”：生态修复、城市修补。

15. “双城”：全国文明城市、国家卫生城市。

16. “土十条”：《土壤污染防治行动计划》规定的十条土壤污染防治措施。

17. “双下沉、两提升”：人才下沉、资源下沉、服务能力提升、服务效率提升。

18. “一中心四平台”：综合指挥中心、综治工作平台、市场监管平台、综合执法平台、便民服务平台。

19. “三会一课”：支部党员大会、党支部委员会、党小组会、党课。

20. “四个铁一般”：铁一般信仰、铁一般信念、铁一般纪律、铁一般担当。

21. “三个百人计划”：凤来雁归百人计划、专业干部百人计划、后备干部百人计划。

22. “三十佳”：十佳村（社区）党组织书记，十佳党组织书记、村主任搭档，十佳进取型村党组织书记。

政府工作报告
——在余姚市第十七届人民代表大会第二次会议上的报告

市委副书记、市长　潘银浩

（2018 年 1 月 22 日）

各位代表：

现在，我代表市人民政府向大会报告工作，请予审议，并请市政协委员和其他列席人员提出意见。

一、2017 年工作回顾

2017 年是本届政府的开局之年。一年来，我们在上级党委政府和市委的正确领导下，在市人大及其常委会和市政协的监督支持下，坚持以习近平新时代中国特色社会主义思想为指导，深入贯彻党的十八大、十八届历次全会和十九大精神，围绕打造“两区三城”，团结带领全市人民，全力以赴补短板、强优势、创特色，较好地完成了市第十七届人大一次会议确定的各项目标任务。

回顾过去的一年，我们办成了一些大事，中国机器人峰会升格为省政府主办，成功举办首届世界姚商大会，余姚影响力和发展凝聚力不断增强；十余年磨一剑，成功创建国家卫生城市，并成为宁波首个县级全国文明城市，城市美誉度和群众自豪感有效提升。我们办理了一些要事，启动国有（集体）资产清理和国有企业改革，盘活国有存量资源、增强国有企业活力迈出坚实步伐；强势推进拆迁“清零”和“即违即拆”，空间梳理、环境提升取得新的成效。我们办好了一些实事，年初承诺的十方面民生实事全面完成，宁波至余姚城际列车开通运营，“保洁保序保畅通”专项行动有效开展，人民群众的认同指数和幸福指数逐步提高。

一年来，我们的主要工作及成效是：

（一）致力稳增长、防风险，经济运行持续向好。预计实现地区生产总值 958 亿元，增长 7.8%，完成财政总收入 152.4 亿元、一般公共预算收入 90.6 亿元，分别增长 9.1% 和 7.8%，城镇和农村居民人均可支配收入分别达到 52982 元、31019 元，均增长 8.5%。工业强市战略持续深化，出台金融支持实体经济等政策意见，加大企业“两链”风险处置力度，实现规上工业增加值 286.5 亿元、利润 82 亿元，分别增长 10.8% 和 18%。消费市场表现活跃，购物节品牌效应显现，银泰城正式营业，实现社会消费品零售总额 429 亿元，增长 10%。第十九届塑博会成功举办，塑料城网上市场荣获“中国商品市场百强”称号，成为国家级服务业标准化试点单位。“互联网 +”深化拓展，互联网经济总量突破千亿元大关，我市入选“全国电商百佳县”。对外贸易势头良好，实现自营出口 466 亿元，增长 7%。休闲旅游稳步提升，“山水绿活”小镇项目完成土地报批，大岚镇创建成为宁波市乡村全域旅游示范区，全市实现旅游总收入 115.9 亿元，增长 13%。有效投资持续扩大，完成固定资产投资 616.8 亿元，实到外资 4.5 亿美元、内资 73.9 亿元。现代农业发展提效，滨海现代农业先导区入选全国农村创业创新园区目录，中泰生态农业园签约落地，成功创建国家级出口蔬菜质量安全示范区和省级农产品质量安全放心县。

（二）致力调结构、促转型，动能转换持续加快。“中国制造2025浙江行动”县级试点示范加快推进，“1135”工程深入实施，浙江大学机器人研究院挂牌运作。实施“机器换人”重点专项199个，建设“智能车间”15个，实现战略性新兴产业、高新技术产业、装备制造业增加值129.4亿元、151.2亿元和193.1亿元，分别增长20.8%、17.1%和13.9%。创新驱动战略深入实施，研究和试验发展经费占地区生产总值比重达到2.75%。汽车微控制单元芯片填补国内空白，新一代机器人控制器打破国外企业垄断，承担国家02重大科技专项1项，新增发明专利授权577件，新落户高层次人才项目30个，入选国家级示范院士专家工作站1家。平台集聚效应日益显现，中意宁波生态园产业项目和基础设施建设齐头并进，吉利新能源汽车、精进电动等重大项目开工建设，“千人计划”产业园累计注册项目112个、投产45个，中国云城成为国家“千企千镇工程”首个落地项目，全省首个国家级华侨华人创新创业聚集区“侨梦苑”、中科院协同创新体挂牌成立，智能机器人小镇8个项目实现投产，智能光电小镇列入省第三批特色小镇创建名单。企业梯度培育成效明显，大丰实业、江丰电子成功上市，金盾电子、伟立机器人登陆新三板，舜宇光电信息公司入选工信部“单项冠军”示范企业，新申报“小升规”企业127家。

（三）致力抓统筹、优环境，城乡品质持续提升。空间布局日臻优化，13个乡镇完成总规修编，高铁新城等9个重点区块完成控规编制，村庄规划基本实现全覆盖，历史文化名城保护规划完成编制并上报审批。重大设施推进顺利，姚江上游余姚西分工程开工建设，梁周线拓宽改造一期等一批交通工程、陶家路江整治二期等一批排涝工程、城市污水处理厂提标改造等一批环保工程基本完工。强势开展拆迁“清零”专项行动，13个区块完成“清零”，腾出发展空间2687亩。持续加力危改棚改，完成危旧房改造24.3万平方米。创新建立“土地超市”、工业用地弹性出让制度，消化“批而未供”土地5314亩，盘活存量建设用地1836亩。因地制宜打造特色镇村，泗门实现全国文明镇“五连冠”，梁弄入选全国第二批特色小镇，马渚化妆品产业园区、陆埠宝湾国际电商物流园等项目顺利推进，创建宁波市级美丽乡村示范乡镇2个、示范村4个和风景线2条，入选省首批AAA级景区村庄3个。深化农村领域改革，农村土地承包经营权确权通过省测绘成果专项验收。强化污染行业治理，整治淘汰“低小散”企业239家，治理挥发性有机污染物企业98家。统筹推进重点专项工作，中央环保督察组交办的信访件全部办结，完成拆违面积226.7万平方米，完成小城镇环境综合整治项目170个，剿灭劣Ⅴ类水和首批污水零直排区创建通过宁波验收，创建成为“清三河”达标县。

（四）致力强保障、重协调，社会民生持续改善。加快幸福和谐之城建设，全市一般公共预算用于民生支出达到79.1亿元，第八次获评“中国最具幸福感城市”。扎实推进就业创业工作，新增城镇就业人员2.65万人，城镇登记失业率为1.09%，户籍人口养老保险、医疗保险参保率分别达94%和99%，城乡居民、被征地人员基本养老保险待遇逐步提高，低保救助政策体系更加完善。技师学院筹建取得阶段性成效，余姚中学扩建工程完工，姚江中学、马渚镇中心幼儿园等建成投用，义务段省标准化学校基本实现全覆盖，新高考取得开门红。“双下沉、两提升”工程深入推进，市域医共体建设试点全面启动，市第二人民医院、中医医院迁建工程进入装修阶段，公立医疗机构云诊室实现全覆盖，家庭医生签约率位居宁波前列，创建成为全国基层中医药工作先进单位。“一人一艺”工程全面推开，广播剧《呦呦青蒿》等4部文艺作品分获全国和省、宁波市精神文明建设“五个一工程”奖，成功举办第十五届市运会，竞技体育创全运会历史最好成绩。社会治理水平不断提升，圆满完成护航十九大任务，市社会治理综合指挥中心成立，矛盾纠纷联动联调联处机制更加健全，初信初访办结率100%，刑事案件发案数下降33.6%；强化安全生产主要风险辨识管控，安全生产事故起数和死亡人数实现“双下降”。

（五）致力增活力、提效率，自身建设持续加强。牢固树立“四个意识”，落实全面从严治党主体责任，常态化制度化开展“两学一做”学习教育，着力锻造铁军先锋队伍。推进行政管理体制改革，经济开发区、盐业、公共资源交易、金融服务监管、老区开发建设等管理体制优化调整。深化“放管服”改革，“最多跑一次”事项覆盖率达96.4%，“双随机一公开”实现全覆盖，38家行业协会商会实现与行政机关脱钩，新登记各类市场主体1.88万户，增长29.8%。深入开展“争做铁军先锋、争立发展新功”和“大脚板走一线、小分队破难题”等专项活动，推动一批重点工程、重点工作顺利落地，干事创业氛围更加浓厚。修订完善政府工作规则，主动听取各方意见建议，自觉接受人大政协和社会各界监督，办理人大代表建议213件、政协委员提案244件。加大政府信息公开力度，公开信息1.5万条。强化政银企合作，推进科技金融创新，扩大转贷基金运作绩效。加强政府债务管控，严格审计监督，全面实施预算执行动态监控，完成新一轮乡镇财政体制调整。

与此同时，国防动员、征兵、双拥优抚、民族宗教、台务、侨务、外事、统计、档案、史志、气象、慈善、红十字、妇女儿童、关心下一代等工作，取得了新的进展。

各位代表，一年的成绩来之不易，一年的发展鼓舞前行。这是市委科学决策、坚强领导的结果，是市人大市政协有效监督、大力支持的结果，是全市人民勠力同心、共同奋斗的结果。在此，我代表市人民政府，向辛勤工作在各条战线的广大干部群众，向给予政府工作大力支持的全体人大代表、政协委员、民主党派、工商联和社会各界人士，向离退休老干部、老职工，向驻姚部队和武警官兵，致以崇高的敬意！向所有关心支持余姚发展的海内外朋友，表示衷心的感谢！

同时，我们也清醒地看到，发展中还存在不少问题和不足，主要是：新旧动能转换还不够快，新经济、新技术、新模式培育还不够充分；扩大有效投资支撑乏力，招商引资的针对性、实效性相对欠缺；城市带动功能有待提升，城乡片区之间发展不平衡性还比较突出，顺应区域一体化发展的基础设施网络尚不完善；群众关心的教育、医疗、文化、养老等公共服务还存在不少短板，美丽乡村建设还有大量工作要做，一些“关键小事”还没有解决好；安全生产、生态环保、金融生态等还有不少隐忧，基层治理能力现代化、数字化还有很大空间。同时，少数干部状态不佳，服务意识、担当意识、攻坚意识还不够强，“四风”问题还不同程度存在。对此，我们将坚持问题导向、需求导向，切实采取有效措施，认真加以解决。

二、2018年主要工作任务

当前，国际政治经济形势变化加速，中央和省市重大战略频频发力，区域和城市竞争日趋激烈，我们决不能自我满足、更不能妄自菲薄，必须看准发展大势、找准自身坐标、瞄准靶向发力，坚定实施拥抱大湾区、融入大都市、打造大产业、推进大统筹、构建大交通、建设大花园等六大方略，持续推进基础设施、功能平台、主导产业、片区统筹、城市特质、美丽乡村等六方面战略重点，抢抓历史机遇，奋力赶超跨越！

2018年是全面贯彻党的十九大精神的开局之年，是改革开放40周年，是决胜全面建成小康社会、实施“十三五”规划承上启下的关键一年，做好今年政府工作意义重大。根据市委十五届三次全会精神，今年政府工作的指导思想是：高举习近平新时代中国特色社会主义思想伟大旗帜，全面贯彻党的十九大精神，不忘初心、牢记使命，知行合一、勇立潮头，立足“两区三城”建设，聚力打造先进制造业高地，着力抢高点、塑亮点、抓重点、破难点，致力产业质效、功能品质、生态环境、民生福祉提升，推动经济社会发展突围突破，加快实现在全国同等城市中争先进位，为高水平建设现代化创新型生态城市奠定更加坚实的基础。

综合分析各方面因素，建议今年经济社会发展的主要预期目标为：地区生产总值增长7.5%左右，一般公共预算收入增长8%左右，城镇和农村居民人均可支配收入增长与经济增长保持同步，规上工业增加值增长8.5%左右，研究和试验发展经费投入占地区生产总值比重达到2.8%，全员劳动生产率增长8%，城镇调查失业率控制在3%以内，节能减排完成上级下达任务。

实现上述目标，重点是抓好以下六方面工作：

（一）聚焦智能经济，推进产业转型升级攻坚突破。紧紧抓住“中国制造2025浙江行动”试点示范建设机遇，深化实施智能经济“1135”工程，努力实现经济高质量发展。

全域推动大创新。坚持人才是第一资源，设立人才产业发展基金，实施“姚江英才”计划，开展“姚城工匠”“首席工人”培育行动，力争新增高层次人才200名以上。发挥浙大机器人研究院人才与创新乘数效应，推动前沿技术突破、本地企业提升和创新企业孵化。统筹宁研院等高端创新平台，探索设立市级科技专项，全面推广科技创新券，实施规上企业研发机构（工程技术中心）全覆盖三年计划，加强关键技术攻关和科技成果产业化运用。启动智能制造“千百十个”工程，开展五大细分行业培育提升和传统产业分行业改造提升行动，积极培育行业性制造业创新中心，力争三年实现智能化诊断全覆盖、智能工程公司与智能制造企业双倍增。确保战略性新兴产业、高新技术产业、装备制造业增加值增幅均高于规上工业增加值增幅1.5个百分点以上，新增发明专利授权600件以上。

全速打造大平台。加快中意宁波生态园吉利新能源汽车、启迪科技城等项目建设，进一步完善产业布局和功能配套，努力打造大湾区的智造中心。提速提效“千人计划”产业园建设，建成综合服务中心。加快特色小镇培育，开工建设舜宇智能光电二期项目，机器人小镇创建省级特色小镇。全面加快中国云城开发节奏，联动慧聪家电产业新城建设和中国塑料城转型提升，着力打造余慈中心信息经济带。推进余姚经济开发区创建“国字号”，抓好余姚工业园开发建设，开展乡镇（街道）工业功能区提升试点，形成多极联动的发展格局。

全力培育大企业。推动产业政策、优质要素向排头兵企业集聚，带动形成若干千百亿级产业集群、重大平台和工业强镇。深入开展“350”企业和10亿级企业培育行动，新增超10亿元、20亿元企业各2家，创建宁波“单项冠军”示范企业4家。精准实施“凤凰行动”余姚计划，实行“市领导+小分队”帮扶机制，力争三年实现上市企业数量倍增，今年新申报上市2家。实施新一轮小微企业三年成长计划，新增个转企300家、小升规90家，开工建设小微企业社区5个。抓好重大产业项目，确保有效投资增长5%以上，其中工业投资增长8%，高新技术产业投资、民间投资均增长10%以上。

（二）聚焦协同联动，推进产业体系优化攻坚突破。顺应区域一体发展、要素流动加速、产业相互渗透的趋势，更加注重理念创新、模式创新，着力构建互融共促的现代产业体系。

积极融入重大战略。主动参与宁波“一带一路”综合试验区建设，深入实施六项行动，全力打造开放合作先行区。坚持优进优出，拓展“一带一路”沿线国家市场，推广企业出口信用保险，建设跨境电商产业集聚综合试验园区，设立阿里巴巴跨境电商服务中心，力争自营出口增长8%。抢抓大湾区规划建设和大城市产业溢出机遇，谋划沿杭州湾特色制造经济带、沿余姚大道智能经济创新产业带和姚江文化产业带，着力培育新的经济增长极。实施重点产业引凤行动，动态调整项目库、资源库、信息库和招商地图，完善联席会议、专家评审等制度，强化产业链招商、轻资产招商、驻地式招商、基金链招商和以企引企。力争实到外资2.5亿美元、内资80亿元、浙商姚商创业创新资金32亿元。深化区域合作交流，做好山海协作和对口帮扶工作。

积极推动产业融合。持续加大金融支持实体经济力度，扩大小额贷款保证保险业务，强化产业基金撬动，发展股权融资、债权融资，促进企业多元化融资，力争制造业贷款增长10%以上。深化投融资改革，全面推进国有（集体）资产清理，基本完成国资国企整合重组，探索以经济、社会、生态三大基础设施为导向的城市空间开发新模式。大力发展现代物流，加快宝湾国际电商物流园、丰轩物流园等项目建设。推动塑料、裘皮、模具等专业市场转型发展，增强机器人峰会、塑博会的高端要素集聚效应和产业带动作用。加速发展资产评估、管理咨询、产权交易、创意设计等现代生产性服务业。着力引导中高端消费，利用存量楼宇引进品牌化、高品质商业业态，积极发展体验式、亲子型、无人售等新型商业模式，力争社会消费品零售总额增长10%。打好“三强一制造”组合拳，开展全国质量强市示范城市创建活动。启动省级全域旅游示范市创建，统筹牟山湖休闲度假区、四明山旅游度假区、河姆渡遗址主题公园等开发建设，加快推进梁弄四明山旅游门户区、浒溪线百里风光带等项目建设，做深农旅文旅康旅融合文章，力争旅游总收入增长17%。

积极拓展智慧应用。推动互联网、大数据、人工智能与实体经济深度融合，开展企业上云、“电商换市”行动，大力推行云计算、服务型制造等新模式，完善互联网经济、智能经济统计体系，力争互联网经济总量达到1200亿元。加快城市大数据平台建设和运营，办好第二届互联网应用展览展示会，持续推进智慧市政、智慧农旅、智慧商圈、智慧民生、智慧政务、智慧交通等建设，全力打造智慧城市。

（三）聚焦区域融合，推进功能品质提升攻坚突破。着眼于融入大都市区，以更高站位、更宽视野推进区域融合、产城融合和要素融合，加快建设现代化品质城市。

优化市域空间形态。坚持规划引领，完成市域总体规划修编工作，进一步梳理功能布局、产业布局和交通布局，促进城乡空间布局优化和要素高效配置。编制城市“双修”规划，重视重点区块城市设计，促进形态、文态、业态、生态协调统一。推进姚东片区加快对接和融入宁波城区，强化姚西北片区联动发展，建设南部四明山区域绿色发展带。加快泗门卫星城和三个中心镇改革发展，深化小城镇环境综合整治，促进集镇产业层次、功能品质和环境秩序同步提升。

完善基础设施网络。调整优化综合交通规划，谋划和建设一批重大交通项目，构建对外快速沟通、城区循环畅通、城乡便捷联通的交通体系。加强宁波轨道交通、城际铁路二期等项目对接，建成投用杭甬高速公路至沿海北线高速公路余姚连接线一期、杭甬高速余慈连接线余姚段，加快推进胜陆公路建设，开建G228国道（古路头至河姆渡大桥）改建工程，打通城区断头路4条，改造和新建农村联网公路42公里。完善防洪排涝体系，加快姚江上游余姚西分、陶家路江整治三期、姚江城区段堤防加固三期等工程，探索推进海绵城市规划建设，筑牢城市安全屏障。实施供水供气、管廊管线提标扩面工程，启动电网补强三年计划，提升发展承载能力。

打造精致美丽城区。全面实施“一轴两环三片区”提升行动，逐步推进南雷南路—新建北路轴线改造，稳步推进“三江六岸”慢行系统贯通和夜间光影艺术工程，开展城市环线两侧清障拆违、环境整治和产业提升，加快阳明故里历史文化体验区、三江口文化休闲区和西南组团人居环境样板区建设。开展攻坚式拆迁“清零”、集中式棚改危改、梳理式城中村及老小区改造，完成“清零”项目10个、危改8万平方米、城中村改造30万平方米、老小区改造47万平方米。健全“保洁保序保畅通”长效机制，启动智能化停车场系统建设，深化网格化管理和街（路）长制，大力推行“门前三包”并纳入征信体系，推进城市管理数据整合利用，提高城市管理精细化水平。

（四）聚焦乡村振兴，推进农业农村发展攻坚突破。坚持农业农村优先发展，深化农业供给侧结构性改革，走质量兴农之路，促进农业全面升级、农村全面进步、农民全面发展。

增强农村发展活力。深化农村产权制度改革，全面完成农村土地承包经营权确权登记颁证，启动农村宅基地及住房确权登记发证工作。完善农村产权交易体系，促进农村各类生产要素充分流动。实施强村富民计划，支持农村存量资产和自然资源有序开发，增强村级集体经济造血功能，促进其财产性经营性收入不断增长。创新支农金融工具，扩大涉农保险和信贷覆盖面，为农村发展注入新动力。

提高现代农业水平。推动农业集约化发展，全力推进中泰生态农业园开发建设，推进15万亩现代农业示范区建设，力争通过三年努力创建成为国家级现代农业园区，新增多彩农业美丽田园示范基地和现代农业庄园各3个。实施杨梅、榨菜、茶叶提升计划，探索发展毛竹精深加工产业，加强“三品一标”创建管理和区域品牌培育，重塑余姚特色农业优势。巩固完善农村基本经营制度，加大农业“机器换人”力度，实现乡镇农合联实体化运作全覆盖。大力培育农创客、新型职业农民和农业经营主体，加强农技人才队伍建设，切实增强农业发展活力。

彰显美丽乡村魅力。以城乡一体化、全域景区化为目标，全面落实中央农村人居环境综合整治三年行动计划。统筹安居宜居美居和美丽乡村建设，完善农村环境卫生长效保洁机制，健全农村生活污水治理责任机制和运维机制，创建宁波市级美丽乡村示范乡镇2个、示范村5个。按照串点连线带面的思路，实施百村景区化工程，引导有条件的村庄基础配套与旅游功能融合，力争创建3A级景区村庄3个。丰富美丽乡村内涵，推进农村文明示范线建设，强化自治、法治、德治融合，促进乡风文明。

（五）聚焦绿色低碳，推进生态文明建设攻坚突破。深入践行“绿水青山就是金山银山”理论，着力解决一批环境突出问题，加快创建国家级生态文明示范市。

强化生态环境治理。开展大气污染治理攻坚，深化挥发性有机废气整治，加强机动车尾气路面执法，强化餐饮油烟、扬尘和垃圾秸秆焚烧管控，持续改善空气质量。开展水体污染治理攻坚，创建乡镇（街道）污水零直排区8个，开工建设市域污水输送系统复线等工程，强化饮用水源地保护，推进四明湖省级湿地公园、蜀山大闸多功能生态湿地建设，加大污染源巡查和执法力度，深化落实“河长制”，确保劣Ⅴ类水无新增、不反弹。开展土壤污染治理攻坚，深化农业面源污染治理，实施畜禽养殖场生态化改造，防治并举改善土壤质量。全面落实“即违即拆”管控机制，联动推进消存控新，力争创建成为“基本无违建市”。系统开展“厕所革命”，推进生态化公厕建设，新（改）建旅游厕所10座。

强化资源集约利用。严格落实能源“双控”，严把项目准入关，坚决淘汰落后产能。全面开展“低小散乱污”企业（场所）整治行动，清理处置“僵尸企业”。大力推行清洁生产，实施节能改造项目20个，着力构建绿色产业体系。完善“土地超市”、工业用地弹性出让等运作机制，强化工业企业绩效评价结果应用，推进低效用地再开发、废弃矿地综合利用，消化“批而未供”土地3500亩、“供而未用”土地1000亩。全面推行垃圾分类处置，健全再生资源回收利用体系，清理整顿废品收购站（点），促进垃圾资源化减量化无害化。

强化绿化美化覆盖。启动实施美丽经济交通走廊三年行动计划，力争浒溪线创建成为省级美丽公路。大力推进多彩林业建设，深入开展泥土不裸露行动，加大四明山区域生态修复力度，创建省级森林城镇2个、森林村庄6个，完成森林抚育3000亩。探索建立生态保护红线内存量建设用地转型或腾退机制，推进兴林植绿、修复增绿、疏解还绿，提高城市空间绿视率。

（六）聚焦共建共享，推进社会民生改善攻坚突破。坚持以人民为中心，切实解决好群众最关心最直接最现实的利益问题，努力满足人民对美好生活向往的需要。

健全社会保障体系。实施大学生创业引领计划，重视低收入人群、低技能人群等重点群体精准帮扶，全面完成全民创业乐业增收新三年计划，深化落实四明山区域农民精准帮扶三年实施方案，不断提高群众收入水平。实施全民参保登记计划，开展单独工伤参保清退归并，全面实现“五险统征”，推进社会保险扩面提质。推进医保支付制度改革，强化社保基金“全过程”监管，把牢医保“两定”单位准入门槛。高度重视发展老龄事业，完善居家养老服务体系，发展政府购买服务、公建民营等养老模式，开工建设老年大学二期工程。大力发展社会福利与慈善事业，统筹城乡社会救助体系，全面实施新低保办法，完善助房、助学、助医等救助机制，切实为弱势群体提供兜底保障。

打响文化文明品牌。巩固深化全国文明城市创建成效，培育践行社会主义核心价值观，大力弘扬传统节日文化，广泛开展群众性精神文明创建活动，加强社会公德、职业道德、家庭美德、个人品德等典型挖掘培树，着力建设全域化更高水平的文明之城。统筹推进国家历史文化名城申报工作，高标准规划建设“阳明古镇”，加快武胜门、府前路、保庆路等历史文化街区保护开发利用，加强姚剧等非遗传承保护，不断扩大余姚文化影响力。高标准推进市公共文化中心建设，打造余姚文化地标。深入实施文艺精品创作行动计划和“一人一艺”工程，提升农村（社区）文化礼堂运行绩效，加大公共文化配送力度，推进优秀电视节目惠民工程，不断提高公共文化服务水平。

提升公共服务品质。把教育放在优先发展位置。实施学前教育第三轮提升行动计划，着力解决入园难问题。启动中小学教师“市管校聘”改革，加强师德校风建设，调整优化基础教育网点布局，加快“阳明网校”扩容扩面，义务段公办学校“青少年成长乐园”实现乡镇全覆盖，“智慧校园”建设三年实现城乡全覆盖，积极创建全国义务教育优质均衡发展市。按照产学融合的思路，推进技师学院筹建和职教特色学科建设。全力打造“健康余姚”。全面推进省级市域医共体试点工作，推动医疗资源下沉，重塑分级诊疗体系，优化基层医疗机构布局和服务功能，加快市第二人民医院、中医医院迁建工作和市人民医院肿瘤治疗中心项目进度，进一步优化计划生育服务管理。支持社会力量办医办学，规范民办教育、医疗、培训等机构发展，着力构建多元化的公共服务供给机制。推进体育设施扩面提质，大力发展全民健身运动，精心举办第15届世界精武武术文化交流大赛和百公里山地户外运动挑战赛等活动。

夯实社会和谐基础。深化“平安余姚”建设，健全社会治安立体化防控体系，完善“一中心四平台”运作机制，严厉打击各类违法犯罪，加强网络安全管控，奋力夺取平安金鼎。做好群众来信来访接待，完善矛盾纠纷排查和源头调处机制，及时回应群众诉求。培育多元化、公益性社会组织，提高基层治理的智慧化、自治化、制度化水平。构建大普法工作格局，不断增强群众尊法守法意识。深化标本兼治遏制较大以上事故试点，开展火灾隐患重点领域（区域）集中排查整治等专项行动，确保安全生产形势持续稳定好转。严厉打击恶意逃废债等违规违法金融行为，妥善化解企业“两链”风险，切实维护金融秩序稳定。加强食品药品安全监管，争创省食品安全市。稳步实施新型居住证制度，加快落实流动人口量化积分管理。强化重大疾病防控，加强气象灾害防御、地质灾害防治，完善各类应急预案，不断提升突发事件处置能力。坚持军民深度融合，加强民族宗教事务管理，推进工青妇事业发展，切实形成城市安全、社会安定、百姓安宁的良好局面。

三、切实加强政府自身建设

新时代、新思想、新目标，对政府工作和自身建设提出了新要求。我们将牢固树立“四个意识”，始终坚持为民务实清廉，忠实履行政府职责，切实增强政府公信力和执行力，努力建设人民满意的服务型政府。

（一）牢记为民宗旨。开展“不忘初心、牢记使命”主题教育，传承红色基因，弘扬四明精神，永葆赤子之心。巩固“大脚板走一线、小分队破难题”行动成果，深化“五联五促”等专项活动，切实帮助企业和群众解决一批实际问题。深化“最多跑一次”改革，探索推行“零审批”“全代办”“就近跑”等审批模式。坚持力量优先强化、土地优先安排、资金优先保障，全力办好代表们确定的民生实事，努力让人民群众有更真切的获得感和幸福感。

（二）切实转变作风。大兴调查研究之风，大力倡导担当精神，健全容错纠错机制，切实为敢担当者担当、为敢负责者负责。按照“两强三提高”要求，完善政府考核目标和评价指标体系，建立目标化引领、项目化支撑、清单式推进、对账式督查的抓落实机制，坚决惩处不作为、慢作为和乱作为，切实提高干部的执行力。今年，要在全市范围内开展围而不建、建而不快项目“清零”行动，以干部精神提振、工作效率提升推动工程建设提速。

（三）严格依法行政。健全学法用法长效机制，严格落实重大行政决策程序规定。开展重大行政执法决定法制审核和行政执法监督机制建设试点，严格落实行政首长出庭应诉制度，深化行政复议体制改革，进一步规范行政行为。自觉接受人大法律监督、工作监督和政协民主监督，健全督查督办机制，提高人大代表议案、建议和政协委员提案办理质量，强化人大、政协视察和调研成果的运用。重视社会各界意见建议，主动接受司法监督、社会监督和舆论监督。加大政府信息公开力度，积极打造“阳光政府”。

（四）加强廉政建设。高标准落实中央八项规定实施细则精神及省委贯彻办法，切实抓好形式主义、官僚主义“十种表现”的自查自纠，驰而不息正风肃纪，坚决防止“四风”问题反弹回潮。坚持“一岗双责”“一案双查”，把政府系统党风廉政建设不断推向纵深。规范政府债务管理，完善国资国企监管机制。加大重点领域、重要环节、关键岗位行政监察和审计监督力度，健全小微权力清单制度，全面推进基层巡察，稳步提升政府廉洁形象。

各位代表，使命催人奋进，实干成就事业！让我们紧密团结在以习近平同志为核心的党中央周围，在中共余姚市委的坚强领导下，凝心聚力再出发，知行合一创一流，不忘初心、继续前进，为高水平建设现代化创新型生态城市而努力奋斗！

名词解释

1. **“1135”工程：**是指整合10亿元政策扶持资金，建立100亿元产业投资基金，用3年时间，推动重点产业、重点企业、重点项目、重点平台、重点人才等五大发展，加快打造智能经济示范区。

2. **千企千镇工程：**是指国家发改委等部委出台的《关于实施“千企千镇工程”推进美丽特色小（城）镇建设的通知》（发改规划〔2016〕2604号）文件中指出的，根据“政府引导、企业主体、市场化运作”的新型小（城）镇创建模式，搭建小（城）镇与企业主体有效对接平台，引导社会资本参与美丽特色小（城）镇建设，促进镇企融合发展、共同成长。

3. **土地超市：**是指土地交易二级市场，发布全市范围内二级土地交易市场供需动态、交易需求信息。

4. **工业用地弹性出让：**是指在原有一次性最高年限出让方式的基础上，进一步灵活合理设定有偿使用类型和年限，为满足土地市场变化需求而推出的新型土地供应制度，包括供应方式弹性和使用年限弹性。

5. **双下沉、两提升：**是指推动城市优质医疗资源下沉和医务人员下基层，提升市域医疗卫生机构服务能力和群众就医满意度。

6. **双随机一公开：**是指对法律法规规章规定的检查事项，实行随机确定检查对象、随机确定执法人员，抽查情况及查处结果依法及时向社会公开。

7. **“姚江英才”计划：**是指围绕新材料、新装备等战略性新兴产业，聚焦海外高层次人才和高端创业创新团队推出的市本级高端智力引进计划。

8. **科技创新券：**是指以政府购买服务的方式支持科技型中小微企业和创客（创客团队）开展创新活动的一种手段，是推动科技服务需求方和供给方有效对接的一种途径。

9. **智能制造“千百十个”工程：**是指通过3年时间，1000家企业实施智能化改造诊断，300家以上企业完成智能化技术改造，30家以上企业建设智能化工厂或数字车间，建设若干个制造业创新中心。

10. 350企业培育行动：是指力争到2020年，培育形成50家具有一定影响力、综合竞争力进入国内同行前列的行业龙头企业，50家成长性好、竞争力强、技术优势明显、具有较强自主创新能力和发展潜力的高成长企业，50家在国内外细分产业拥有较高市场占有率的单项“隐形冠军”企业。

11. “凤凰行动”余姚计划：是指根据浙江省推进企业上市和并购重组“凤凰行动”计划精神，我市制定了相应计划和配套政策，力争到2020年我市上市公司数量实现倍增。

12. 六项行动：是指《余姚市融入“一带一路”建设综合试验区打造开放合作先行区行动纲要（2017—2020）》中的重点任务及分工，包括外贸、外经、外资、平台建设、人文交流、人才引进等六个方面行动20条具体措施。

13. 三强一制造：是指质量强省、标准强省、品牌强省建设和打造“浙江制造”品牌。

14. 城市“双修”：是指“生态修复、城市修补”，用再生态的理念，修复城市中被破坏的自然环境和地形地貌，改善生态环境质量；用更新织补的理念，拆除违章建筑，修复城市设施、空间环境、景观风貌，提升城市特色和活力。

15. “门前三包”：“一包”门前市容整洁，无乱设摊点、乱搭建、乱涂写、乱刻画、乱吊挂、乱堆放等行为；“二包”门前环境卫生整洁，无裸露垃圾、粪便、污水，无污迹，无渣土，无蚊蝇孳生地；“三包”门前责任区内的设施、设备和绿地整洁等。

16. 三品一标：是指无公害农产品、绿色食品、有机农产品和农产品地理标志。

17. 五险统征：是指基本养老保险、职工基本医疗保险、工伤保险、失业保险、生育保险五项社会保险费均由市地方税务局统一征缴。

18. 医保“两定”单位：是指符合条件，经规定程序与医保经办机构签订协议，可以为基本医疗保险参保人员提供诊疗售药服务的定点医疗机构和定点零售药店。

19. 一中心四平台：是指市社会治理综合指挥中心和综治工作平台、市场监管平台、综合执法平台、便民服务平台。

20. “五联五促”：联后进村，促进基层组织转化升级；联企业，促进经济发展环境优化；联社区，促进文明小区建设；联信访，促进社会和谐稳定；联贫困户，促进群众脱贫致富。

21. 两强三提高：是指强谋划、强执行，提高工作质量、工作效率和政府公信力。

专 记

余姚市创建成为全国文明城市

2017年11月14日，中国文明网发布第五届全国文明城市名单，余姚市榜上有名，成功创建成为全国文明城市，成为宁波市首个获得此项荣誉的县（市、区）。余姚市从2002年开始，先后创建成为首批省文明城市、首批省示范文明城市、首批省文明市。2011年，余姚成为全省第一个获得全国文明城市提名资格的县（市）。2016年，新一届市委、市政府提出，要以全国文明城市创建为抓手，切实提升城乡环境品质、群众幸福指数和社会文明程度，并将其作为“三城联创”（全国文明城市、国家卫生城市、国家历史文化名城）的首要任务，写入市第十五次党代会和政府工作报告。11月17日，全国精神文明建设表彰大会在北京举行，余姚市委书记奚明代表全市人民赴京领奖。大会还表彰全国文明村镇和全国文明单位等，余姚市梁弄镇横坎头村荣获“全国文明村”称号，阳明街道新城市社区荣获“全国文明单位”称号。

一、健全工作机制，层层压实创建责任

1. 健全组织机制。成立由市委市政府主要领导任组长、10位市领导任副组长的全国文明城市创建工作领导小组，下设9个专业组，并抽调相关部门骨干力量成立创文办，建立市—部门（乡镇、街道）—基层单位（社区、行政村）三级创建工作网络，形成“一把手”抓、层层抓的组织领导机制。

2. 加强检查监督。对创建工作开展日常化、经常化地检查监督，形成“创文办每日检查督办每月测评通报、市领导每季度专项督查、第三方检查机构每半年评估通报”的检查监督机制，通过检查监督层层传导压力，提高各地各部门创建的积极性和主动性。

3. 强化责任落实。每年制定出台《全国文明城市创建实施方案》《创建全国文明城市责任分解》，明确创建责任，落实创建任务，将其纳入各地各部门的年度重点专项工作考核，并与绩效挂钩。同时，制定出台《文明城市创建工作效能问责办法》，建立责任追究制度，对工作敷衍塞责、执行不力的单位和人员进行问责。

二、着眼攻坚克难，全力提升城乡品质

1. 全域化提升环境品质。自2015年起，创新开展全民共建“美丽家园”活动，创设“美丽小区”“美丽村庄”“美丽公路”等6项创建载体，建立“比、评、考”制度，每年划拨800万元专项奖励经费，建设美丽余姚。组织开展农村环境卫生集中整治，健全完善“一把扫帚扫城乡”的环卫体制，制定出台农村环卫长效保洁“1＋X”配套制度，策划推出“最洁美村庄”评选活动，农村环境面貌得到有效改善。

2. 精准化治理创建难点。针对城市环境秩序中存在的脏、乱、差等乱象，由城管部门牵头，联合18个部门，实施中心城区保洁保序保畅通专项行动，部署落实16大项、35个小项的工作任务，推进环卫基础设施建设，建立全民参与保洁机制，倡导文明行为习惯。针对社区小区内存在乱堆放搭建乱晾晒乱张贴乱停车乱种植等问题，组织开展社区文明创建提质行动，推进“品质社区”建设。针对群众反映较多的菜场周边、学校周边、医院周边、车站周边和城乡结合部、管理区域结合部等“四周边两部位”，组织开展文明创建顽疾治理行动，加大整治力度，优化环境秩序。

3. 均衡化补齐创建短板。坚持“破难点、补短板、提水平”的创建原则，查找梳理市容环境秩序、道路基础设施、市场环境秩序等九大短板问题，制定具体工作方案，攻坚破难53个重点难点问题。同时，组织实施市容秩序管理优化、市政基础设施修缮、环卫保洁水平提升、交通秩序管理强化、非法小广告源头治理、公共文明素养养成“六大行动”，分别由6位市领导牵头，整合28个市直部门资源力量，着力攻坚破难，提升文明城市创建的均衡度。

三、坚持以人为本，构建全民共建格局

1. 让群众成为细胞创建主体。分别组织开展“好居民、好邻里、好地方”文明社区创建、“诚信为本、文明为先、服务为要”文明行业创建、“争做好村民、争当文明户、争创文明村”文明村镇创建三大主题创建活动，并通过“青年文明号”“巾帼文明岗”和文明单位、文明校园、文明家庭、文明班组、文明窗口等细胞创建活动，推动群众性精神文明创建活动。

2. 让群众成为创建监督主力。依托新闻媒体开设“四明聚焦”监督栏目，借助新媒体开辟“姚城文明眼”监督平台，设立创建监督热线，倾听群众呼声，接受群众监督。同时建立由286人组成的市民文明巡访员队伍，以自主巡查与专项巡查相结合的形式，对公共场所市民行为、居住小区环境卫生和窗口行业服务质量开展巡访活动，践行让群众参与、靠群众监督的创建理念。

3. 让群众成为创建活动主角。按照群众便于参与、乐于参与、有时间参与的要求，创设“万千百”文明城市创建主题活动，开展万名市民“我为城市洗把脸”清爽行动、千名机关干部“文明出行”劝导活动和百场文明城市创建主题文艺巡演活动，让广大群众在参与中受到教育、提升自我。此外，加强氛围营造，通过媒体宣传、资料宣传、公益广告宣传，营造全民共创共建文明城市的氛围。

四、注重道德内涵，提升群众文明素养

1. 深化公民道德建设。自2012年起，持续开展“做文明崇德余姚人”活动，实施文明崇德理念传播、风尚培育、典型弘扬、精神践行四大行动，创新推出“道德银行”，累计为符合条件的农户发放道德信贷1.77亿元。探索推行以“道德绿卡”为主体的道德典型关爱礼遇办法，面向各级道德模范、身边好人发放“道德绿卡”，凭卡可享受免费体检、免费观影看戏等关爱帮扶。设立“姚文德”基金褒扬身边好人，累计发放奖励、慰问金50余万元。共有183人被评为“余姚好人”，58人入选“宁波好人”，19人获“浙江好人”，9人入选“中国好人榜”。

2. 加强志愿服务工作。推动公共场所志愿服务点、社区志愿服务站、窗口行业志愿服务岗、志愿服务文化广场建设，并以打造文明有礼的城市形

象为目标，以城区主干道、交通站场、景区、饭店、社区、窗口单位等为重点区域和点位，围绕文明交通、文明排队、文明旅游、文明用餐、文明交往等主题，采取单位认领、网上招募、自发劝导等多种形式，建立“定点、定时、定内容”的服务机制，组织开展不同层面的文明引导志愿服务，每年参与志愿者达5万余人。

3. 优化公共文化服务。实施“一人一艺”全民艺术普及工程，组织开展百姓文化节、阳光文化直通车、周末文化系列活动等文化惠民活动，推动“送文化”“种文化”“赛文化”活动常态化，每年配送文化演出400多场次，受惠群众超过30多万人次。挖掘春节、元宵、清明、端午等节庆文化内涵，深化“我们的节日”主题活动。推进文化礼堂建设，建成农村文化礼堂122家。

（市文明办）

余姚市创建成为国家卫生城市

2016年1月，市十六届人大五次会议通过的《政府工作报告》确定了余姚市创建成为国家卫生城市的工作目标，开始全面推进国家卫生城市创建。在市委市政府的统一领导下，各地各部门迅速行动，展开创建国家卫生城市活动。同年5月，建成区病媒生物密度控制水平通过国家C级标准考核。6月，国家卫生城市创建工作通过省爱卫会考核。10月，以810.7分的成绩通过国家级暗访，暗访成绩位列全省同期创建的10个县级城市第二名。2017年2月20日至22日，接受国家级技术评估组对市爱国卫生组织管理、健康教育和健康促进、市容环境卫生、环境保护、重点场所卫生、食品和生活饮用水安全、公共卫生与医疗服务、病媒生物预防控制等8个方面工作的全面评估。技术评估组专家对市创建国家卫生城市工作给予高度评价，并高分通过了技术评估。同时，全国爱卫办又经过综合评审、公示等程序，于6月23日由全国爱卫会正式命名（全爱卫发〔2017〕3号）余姚市为国家卫生城市，余姚市正式进入到国家卫生城市行列。

一、全面启动创卫工作

余姚市于1992年创建成为省卫生城市，并经过1998年、2004年、2009年和2013年四次复查，巩固、提升了卫生城市创建成果。2016年，市委市政府开始全面推进国家卫生城市创建工作，并写入“十三五”规划和《政府工作报告》。3月3日，市委市政府专门召开了创建国家卫生城市工作动员大会，整体部署了市创国卫工作。成立了由市政府主要领导任组长，市委副书记任常务副组长的余姚市创建国家卫生城市工作领导小组，下设办公室，专门抽调15名工作人员于3月10日起集中办公。按照国家卫生城市标准，制定创建国家卫生城市工作实施方案，明确目标任务、关键重点、完成时限等内容，层层分解创卫任务，层层落实创卫责任，做到责任到人、时间到点。开展了市容市貌、农贸市场、环卫设施、病媒生物等十大专项整治行动，特别是针对城中村、老小区等重点区域，建立市领导联系包村制度，实行一名市领导牵头落实一个城中村或老小区，点对点推进创卫工作落实，抓好重点难点问题整改提高。建立每周创卫工作例会制度、重大事项协商会商制度，并推出重要问题督查督办制度，专门成立两个创卫工作督查指导组，对督查发现的问题实行挂销号制度。市委市政府主要领导多次带队深入基层一线，检查存在问题、协调创建难题。其间，由市领导带队开展专项督查30余次，下达问题整改督查单725张，1200余个督查发现和群众反映的问题得到及时解决。

二、全面改善城市环境

1. 完善城市基础设施。强化治污设施建设，先后建成市域污水收集一期、榨菜废水治理、小曹娥污水处理厂二期扩建等治污设施，城区污水管网基本实现全覆盖，至2017年初，城市污水处理率达到87.5%。加快城市绿化美化，累计建成全市性公园5座，区域性公园14座，社区公园33座，带状公园18座，实现了“300米见绿、500米见园”，人均公园绿地面积达到10.79平方米。加强市政设施建设，相继建成三凤路等8条道路，完成子陵路、南雷南路两条城市主干道的路面升级改造，对城区各小区周边市政红线范围外破损严重的地段进行全面性修复，通过老小区改造、闲置拆迁地块利用等新建停车泊位2202个，城区交通拥堵和停车难问题得到明显缓解。同时，不断提升城市灯照景观，路灯总数达到6.4万盏，路灯装灯率达到100%，亮灯率98%以上。

2. **深化重点专项整治**。按照“重点突破、以点带面”的思路，着力加强重点难点问题整治。扎实推进市容秩序治理，落实网格化勤务管理，加强街面人车结合巡逻，有效解决跨门营业、占道经营、乱扔垃圾等突出问题，有力打击马路市场现象，有效遏制机动车辆乱停乱放行为；扎实推进农贸市场治理，全面整治超摊扩摊，规范市场经营秩序，落实动态保洁和垃圾收集处理工作，中心城区农贸市场永久性禁止活禽交易；扎实推进城郊结合部环境卫生治理，开展以清除卫生死角、拆除违章建筑、治理房前屋后乱堆放为主要内容的综合整治行动，并加强对周边环境、道路、厕所等清洁美化，落实长效管理措施，促进了环境提升；扎实推进餐厨垃圾分类处理，投入800万元建设处理设施厂房，2016年收运处置餐厨垃圾1.6万吨。同时，积极推进生活垃圾分类处理试点工作。

3. **提升环卫工作水平**。加强城区环卫硬件投入，至2017年初，建成区已建有液压式压缩中转站17座，专人保洁24小时开放的市政公共厕所114座，配备机械化环卫保洁和清运车53辆；特别是针对市政公厕，按照经济、实用、美观的要求，进行了全面改造和维护，对建成区历史遗留的旱厕和简易公厕实施拆除或改造。加强垃圾处理，建有日焚烧处理能力1500吨的小曹娥生活垃圾焚烧发电厂，实现了生活垃圾处理无害化、减量化、资源化；建有粪便生化处理能力为200吨/日的粪便生化处理厂，经过处理后排放水体质量达到国家二级排放标准，并统一接入城市污水管网。加强城市管理创新，“智慧城管”实现中心城区全覆盖，加强环卫机制创新，在全省率先实行“一把扫帚”“管扫分离”运行机制，全面推行环卫保洁市场化运作模式，切实构建动态化、长效化的城市保洁机制。

4. **加大环境保护力度**。实施蓝天行动，城区禁燃区建设全面完成，淘汰10蒸吨及以下高污染燃料锅炉500余台，完成60万千瓦以上机组和热电锅炉清洁化改造，提前完成全部黄标车淘汰任务，耗资3000万元启动公共自行车项目。实施清水行动，深入推进“五水共治”，全面落实“河长制”管理，大力治污水、清“三河”，城区内水环境功能区已无劣五类水体，市区集中式饮用水源地一级保护区水质达标率100%，安全保障达标率100%。实施治污行动，深入开展重点区域和冷镦、淘铜、畜禽养殖等重点行业整治提升，加强农业面源污染治理，近三年来全市关停淘汰铜加工企业252家、不锈钢冷镦企业11家，推广测土配方施肥65万余亩次，新增生态消纳地6万亩，农药减量100余吨，依法关停畜禽养殖场1300余家。

三、全面提升健康安全

1. **病媒生物防制**。在原有基础上再增加近200万元除四害经费，用于落实建成区扩大部分区域和除“五小”行业外的其他重点单位的消杀工作，并为小餐饮重点行业等添置病媒生物防制设施，确保城区除四害消杀工作无盲区。完善病媒生物控制组织网络，积极开展病媒生物防制知识和有关管理文件、标准的专题培训，全面实施PCO（有害生物防治）市场化运作，切实加强病媒生物消杀工作。经省爱卫办组织的病媒生物控制水平评估认可，建成区病媒生物密度控制水平已经达到国家C级标准要求。

2. **全民健康教育**。组建市、乡镇（街道）两级健康教育讲师团，推进健康讲座进社区、进学校、进企业，并创建了一批省健康促进金牌学校、省健康促进医院和健康示范餐厅、示范食堂、示范单位等健康单位，同时在城区建成了兰江广场、舜北公园、城市文化广场三大健康主题公园。利用各种载体和宣传阵地广泛深入地开展健康教育宣传活动，如余姚电视台每周一期播出健康教育宣传专题节目。全市经常参加体育锻炼的人数比例达40.93%，市全民健身中心被评为国家级全民健身中心。

3. 公共卫生管理。制定传染病防治规划，完善防控网络和体系，建立监测报告制度，传染病疫情、突发公共卫生事件处置和应急处理能力不断提高。2016年底，全市乡镇（街道）以上医疗机构法定传染病疫情网络直报覆盖率100%，规范化接种门诊覆盖率100%，五苗覆盖率97%以上，严重精神障碍患者管理率达97%，临床用血100%来自自愿无偿献血，建成区无非法行医、非法采供血和非法医疗广告等现象，近三年未发生重大实验室生物安全事故和因防控措施不力导致的甲、乙类传染病暴发流行。不断深化医药卫生体制改革，医疗资源共享中心模式全省推广，获国家慢性病综合防控示范区、浙江省卫生应急工作示范市（县）等称号。全市人均期望寿命从2012年的79.76岁提高到80.74岁，5岁以下儿童死亡率由2012年的4.74‰下降到2.31‰，2014自然年度以来孕产妇死亡率为零。

4. 重点行业监管严落实。强化食品安全监管，整合提升食品检验检测机构，严格实行市场准入制度，深入开展食品安全专项整治，积极推进食品安全示范创建工程、食品安全政府实事工程、食品安全信用工程等建设。强化公共场所监管，完善卫生制度和管理档案，实行公共场所卫生监督量化分级管理。强化“七小”行业专项整治，进行多轮次地毯式检查，对存在无证无照、健康证过期、顾客用具消毒设施不全等各类问题实行限期整改。强化饮用水安全管理，专门制定规范性文件，完善饮用水源保护管理制度，开展每季一次的监督检查和水质抽检工作，及时掌握水质情况，并建立高效监测和突发事故应急处置机制，确保水质合格率符合要求。

（市创建国家卫生城市领导小组办公室）

第四届中国机器人峰会暨智能经济人才峰会

5月15日—17日，以“智能+时代，智胜未来”为主题的第四届中国机器人峰会暨智能经济人才峰会在余姚市隆重举行。峰会由工信部、科技部、国家外国专家局指导，浙江省人民政府主办。峰会吸引海外知名科学家、两院院士、国家“千人计划”专家、国家重大专项机器人专家、世界及中国500强企业负责人等1500多位业界精英参加。中国•余姚首届智能制造创业创新大赛、智能制造应用集成供需对接会、天使会投资论坛等配套活动同期举行，参会总人数突破5000人次。

峰会分主旨报告、交流对接、展览展示、配套活动四大板块。论坛主题涉及人工智能、机器人最新前沿技术、创新创业、职业技能培训、投融资、供需对接等内容，均由海内外各领域知名专家主讲。主讲嘉宾与现场互动交流，共商机器人发展之计。在主旨报告环节，李德毅、谭建荣、凯文•凯利、罗纳德•阿尔金作主题演讲。

峰会期间还举行机器人大讲堂之人工智能专场、医疗护理机器人论坛、机器人核心零部件论坛、天使会投资论坛等9场分论坛，以汽车零部件、制造业智能物流及仓储、家电及包装为主题的3场智能制造应用集成供需对接会，解困中国机器人与人工智能创业创新热潮中遇到的难点，为装备制造企业与终端用户搭建合作平台。

峰会上，“中国国际机器人智库”正式成立，“侨梦苑”“中科院协同创新体（宁波•余姚）”、浙江大学机器人研究院揭牌成立。此外，一批项目在“双峰会”期间集体签约。其中峰会开幕式签约项目26个，签约金额368.74亿元，包括中科院协同创新体（宁波•余姚）、政商经体战略合作等重要项目7个；北斗导航等智能制造业项目8个；方太数字化工厂智能制造应用集成改造类项目11个。在智能经济人才峰会人才项目对接洽谈会上，智能制造创新港、智慧养老机器人、癌症诊断项目、超大容量高性能分布式云存储设备的研发及产业化等12个项目签约。

峰会期间，5月15日，中国云城暨国际机器人交易博览中心奠基动工，深圳华为技术有限公司等12家行业龙头企业首批签约入驻。中国云城规划控制区20平方千米，一期3.2平方千米，总投资203亿元，其中云示范区1.8平方千米，投资约100亿元，是发展改革委、中国城镇化促进会等六个部门共同推动实施的国家“千企千镇工程”的首个落地项目。

同日，长三角机器人博览城开业，填补了国内机器人专业交易市场的空白。作为“永不落幕”的机器人展，博览城总建筑面积1.57万平方米，集中展示工业机器人、服务机器人及其系统解决方案等。

（余姚日报社）

“五水共治”专项行动

【概况】

2017年，全市贯彻落实省市“五水共治”工作新要求，将“剿灭劣Ⅴ类水”和“清三河”达标县创建作为全年“五水共治”工作的重中之重。成立全面剿灭劣Ⅴ类水体作战指挥部，由市委书记、市长担任剿劣总指挥，具体工作由常务副市长牵头，由分管工业、农业、住建的3位副市长配合做好相关工作，政协1位副主席直接参与污水零直排建设的指挥。在省、宁波市部署后，制定出台《余姚市全面剿灭劣Ⅴ类水体工作实施办法》，谋定具体目标、重点项目、时间节点。3月25日，宁波全民剿劣攻坚出征仪式，全市落实9个工程项目开工建设。4月1日，全市举行“万名干部进村联河 百万群众剿劣攻坚”征战仪式，全面拉开剿劣攻坚序幕。并以燎原之势展开。先后出台《余姚市全面剿灭劣Ⅴ类水体工作实施办法》《关于印发开展剿灭劣Ⅴ类水体工作专项监督实施方案的通知》《余姚市“无违建河道”创建工作实施方案》等文件。7月6日，召开市委常委（扩大）会议专题研究五水共治工作。

【基本成效】

余姚市现有河流2333千米，水域面积约40.3平方千米，全市共有大小河道1579条，域内有国控断面1个，省控断面3个，市控断面9个，县控断面13个（其中劣Ⅴ类断面3个），小微水体1871条（其中劣Ⅴ类小微水体225个）。截至年底，国控、省控和宁波市控断面稳定保持在III类水。8月8日，3个劣Ⅴ类县控断面通过宁波验收，功能区达标率由2016年69.2%上升至84.6%，上升15.4个百分点。10月初，225个劣Ⅴ类小微水体全部通过本级自查销号，并于10月17日全域剿灭劣Ⅴ类水通过省市验收。42条市级领导担任河长的河道中18条劣Ⅴ类河道已全部消灭劣Ⅴ类，并持续保持水质稳定。姚江水质大幅提升，国控浦口闸和省控断面菁江渡、车厩的主要污染物氨氮和总磷下降明显，较2016年底分别下降6.3%和22.2%。

【工程项目】

2017年，全市“五水共治”计划实施项目共125个，计划总投资25.17亿元。截至11月底，完成投资近20.17亿元，完成投资率80.1%。

防洪水 全年计划开展工程项目7个，全部开工。计划投资12.6亿元，完成投资10.3亿元，完成投资率81.7%。其中省重点工程陶家路江二期整治工程超额完成，姚江城区段堤防加固工程、余姚城北圩区侯青江排涝泵闸工程、姚江上游余姚西分工程、食禄桥江整治工程、陶家路江三期整治工程等投资完成率均超80%。

排涝水 全年计划开展工程3个，开工2个。计划投资0.31亿元，累计投资0.24亿元，完成投资率77.4%。泵站改造工程中，凤山、丈亭、陆埠等11座泵站全面完工，中心城区排涝工程三期进行方案设计。

治污水 全年计划实施项目104个，完工47个，完工率45.2%。总投资21.86亿元，全年计划投资10.9亿元，完成投资8.85亿元，完成投资率81.2%。

保供水 全年计划开展项目9个，竣工2个，开工6个。全年计划投资约1.08亿元，累计投资约0.47亿元，完成投资率43.7%。其中，姚西北供水干管联网工程完成竣工验收，马渚（渚山）水厂新建污泥脱水系统工程完工并投入试运行，姚东水厂及供水管道铺设工程、四明山片区供水保障能力提升工程接近完成。

抓节水 全年计划开展工程项目2个。计划投资0.28亿元，完成投资率102%。宁波市级小型农田水利项目和喷滴灌工程完工。

【剿劣攻坚行动】

加速“截” 实施截污纳管工程，城区污水纳管工程二期全部完工。加快推进农村生活污水治理，按照年初目标任务，首创已招标项目共计116个，计划整体甩项2个村，竣工及完工村25个，已接户1.8万户，建成终端49处。世行贷款36个项目全面完成并交付使用，20个非首创项目融资平台建立。

深度“清” 在第一轮（2010年底—2014年初）开展对18个平原乡镇（街道）疏浚河道约1680千米基础上，开展第二轮河湖库塘清污（淤）五年行动计划（提速为三年完成：2016—2018年），计划疏浚600万立方米，全年完成清淤205万立方米，完成年度计划的114%，累计完成约265万立方米的任务量。

综合“治” 推进排污口治理，实施入河排污口设置审核制度，对已排查出的65个排污口和1504个混排口全部完成整治，完成率100%。推进工业污染治理，强化重污染高耗能行业整治提升，黄家埠电镀企业搬迁项目相关审批手续完成；小曹娥镇电镀园区整治改造工作全面启动。推进农业面源治理，开展农业面源污染治理，实施农业“一控两减三循环”（控源头，减化肥减农药，能量循环、模式循环、主体循环）行动。全年累计推广测土配方施肥技术3.82万公顷、推广商品有机肥1.52万吨、实施农药减量技术应用面积2.08万公顷，同时畜禽养殖场线上监管平台完成建设安装208家。

生态“修” 全域推进生态配水与修复工程，以浙东引水工程和“一大三中”水库等为补充水源，通过泵站翻水、河道输水、末梢取水等手段，实现生态用水的统一调配。推进临海浦水库、四明湖水库生态湿地等水生态建设工程，实施种植水生植物、鱼苗增殖放流等生态修复措施，累计投放鱼苗1200尾。启动8个生态河道示范村创建工作。借助国家“千人计划”专家钟路华团队的力量，采用原位生态修复技术对大沽塘江等河道进行生态治水试点。

重拳“拆” 把剿灭劣Ⅴ类水行动与“三改一拆”结合起来，用“以拆代截”的方式严控违规排放源头，开展不留死角盲区的环境整治及切断污染源等行动，努力消除“根子在岸上”难点，累计拆除各类违法涉水建筑1727平方米。

长效“管” 按照“水岸同治、流域同治、区域同治”理念，对全市江河湖库实行无盲区、无死角、全覆盖的立体式监管。注重环保执法，强化专职水政监察员巡查，累计出动2014余人次，共处理各类涉水案件54起，恢复水域面积约6000平方米，其中四明湖水库恢复所挖鱼塘面积约5360平方米。受理来信来电来访19起，接待来人、信访人员12人次，均给予答复和妥善处理。注重“三河”巩固，实施监测断面每月“一检测、一分析、一通报”监管机制。对已经摘帽的68条“三河”，通过河道保洁、加大河道巡查等多项举措，巩固治理成效。注重河道断面考核，注重沿姚江支流监督断面、乡镇考核断面、交接断面等184个断面的考核，坚持每月通报、分析、督查。

注重“活” 实施断头河打通、卡口节点拓疏工程。小曹娥镇叉路沟、曹娥5河等2个断头河打通和卡口节点拓疏工程推进。各乡镇（街道）根据自身实际，进行区域河道疏通工程，如泗门、小曹娥等乡镇，实现域内水体联通。

【污水零直排区建设】

全年5个创建单位计划实施工程项目17个，计划完成投资1.62亿元，累计完成0.39亿元，完成投资率24.1%。围绕“污水全收集、管网全覆盖、雨污全分流、排水全许可、村庄全覆盖”目标，按照因地制宜、先易后难、分步推进的原则，计划分四批三年加以推进污水零直排区建设。其中，第一批梁弄、四明山、大岚、鹿亭4个乡镇年内完成创建。通过加大工作保障力度，开辟土地供应、审批服务等绿色通道，制定资金补助办法，保证各类工程项目顺利推进。

【机制建设】

创新河长履职 出台《关于进一步深化河长制工作的若干措施》，夯实河长责任，将河长纳入宁波基层综合治理平台和浙江平安APP信息系统，利用“四大平台”支撑作用，及时动态掌握各类举报信息，并第一时间做出处理。举行河长制和剿灭劣V类水体专题培训会，邀请省督查组及宁波市五水共治办专家进行授课指导，对河长制、剿劣攻坚以及省明察暗访的重点问题进行剖析。市五水办人员对全市1579位河长，进行“白加黑”“5+2”电话四拷问，考评河长履职情况，作为河长考核的重要依据。

建立督导覆盖 设立督导队。按照《余姚市剿灭劣V类实施办法》文件要求，以农村指导员和市委组织部抽调的近300名干部为主体，组建覆盖全余姚256个村的督导员队伍，建立督导办公室，制定督导作战图和《余姚市督导工作手册》，组织督导工作员培训，召开督导例会以及建立健全督导周报和月报制度。设立督导专队。借力“三改一拆”“五水共治”、小城镇综合整治建设项目的整体协调推进要求，在全市组建成立退居二线的调研员和原专项负责人共80人，专门就市委市政府的重点工程、重点项目和重点事项的进展情况进行全面督查，建立点线面一体、纵向到底横向到边的督导督查立体网络。

全方位宣传 利用电视、电台、报纸及网络新媒体等方式和途径，对剿劣进行立体式宣传，开辟专题式报道，先后发布各类剿劣信息报道600余篇，并在《浙江日报》《宁波日报》刊发专版进行报道。专题策划推出电视问政节目《剿劣攻坚 责任在肩》《网民看看看》，网民走进“五水共治”活动，利用微信、QQ群进行宣传。调动群众力量，开展“全民齐上阵、万众共治水”“剿灭劣V类没有旁观者”等活动，下发“志愿者剿劣倡议书”“市民剿劣倡仪书”，组建群众“河道护卫队”“河道美容师”等，开展全民“降磷护水”、全民“啄木鸟”寻污等活动，累计发现问题河道73条，发现河岸垃圾堆59个。发挥企业资源，鼓励引导企业主和企业党员支持治水、服务治水、投资治水，为剿劣出智、出资、出力，重点创新推出“企业认领、包干治水”方式。70家企业认领劣V类小微水体67个，累计投入430多万元。

（市“五水共治”工作领导小组办公室）

“三改一拆”专项行动

【概况】

2017年，市“三改一拆”行动领导小组办公室继续贯彻落实省、宁波市部署，围绕全市年度“三改一拆”工作安排和“无违建”创建计划，整改存在问题，不断完善管控机制，严格管控新建违建，拆除存量违建，突出“治危拆违”“四边三化”等重点难点问题，全力以赴攻坚克难，“三改一拆”和“无违建”创建工作取得成效。

2017年，全市年度拆违任务为180万平方米，“三改”任务为130万平方米，于8月底前，全面完成本年度任务指标。截至12月底，已累计拆除违法建筑面积226.71万平方米，完成拆违任务的125.95%；完成“三改”总建筑面积368.55万平方米，为全年目标任务283.5%。其中，完成旧住宅改造28.16万平方米，旧厂区改造52.73万平方米，城中村改造287.66万平方米。同时，加大拆后土地综合利用，累计拆后利用率达81.66%，完善城镇功能和区域基础建设。

【防违控违】

出台新增管控政策。在原有管控违建政策的

基础上，结合全市目前管控实际，出台《余姚市违法用地违法建筑防控监管实施意见》《余姚市违法用地和违法建设监管责任追究办法》《余姚市违法用地违法建筑联动执法快速处置意见》等一系列控新机制文件，从巡查、处置、追责等方面形成了一套完整的管控体系。设立违建举报受理电话。9月底，设立统一举报受理电话“12345”和乡镇（街道）、开发区举报电话，建立举报和处置工作机制，累计受理群众举报199起，涵盖21个乡镇（街道）。开展乡镇（街道）试点工作。以低塘街道、泗门镇、马渚镇、大隐镇为试点乡镇，对违建巡查管控、快速处置、责任追究等新定政策进行试行，逐渐建立起“职责清晰、巡查到位、处置快速、反馈及时、协调有力、考核全面、追责严格”的管控格局。实行定期核查暗查督办。组织力量对全市各地新增违法建筑情况进行实地暗查，确保每月一次全覆盖。对暗查发现的在建建筑，立即进行核实，对确认的新建违建，要求乡镇（街道）按照管控要求及时处置到位。全年督办重点违建52起。

【“四边三化”专项行动】

一是自行排查点位有效处置。2017年年初，全市自行排查出包括广告残留、废品垃圾、绿化缺失等问题类型的四边三化问题119处，其中省级重点问题34处，自查自纠问题85处，已全部完成整改。二是督办问题点位有效整改。对省政协“两路两侧”“四边三化”专项民主监督发现的7处问题点位、宁波市交通委路长制督查通报的普通国省道公路存在的30处问题点位，由市领导批示落实，由属地乡镇（街道）负责组织实施，确定一点一策限期对账销号制度，及时有效完成整改，并在此基础上，形成长效管理机制，巩固整治成果，促进环境品质提升。三是结合“双百”创建有效推进。将浒溪线、杭甬高速余姚出入口定为精品示范道路和最美高速入城口创建目标，同时做好329复线、荷梁线精品示范线路打造工作。对浒溪线（K52+000—K60+000）实施路面预防性养护工程，投入约50万元进行道路两侧绿化补植提升。对余姚高速出入口开展路域环境整治，定期巡查，共拆除出入口两侧非公路标牌10余块，增设护栏板15块；投入45万元在高速出入口两侧补植草花面积3500平方米，投入60万元在梁辉立交两侧及中央绿化隔离带补植绿植。建立五级“路（段）长制”，由市主要领导担任“市级路（段）长”，沿线乡镇（街道）领导担任“乡镇（街道）路（段）长”，沿线派出所长担任“警务路长”，辖区路政中队长担任“巡查路长”，沿线行政村领导担任“村级路长”，确保路域整治工作落到实处。

【“无违建”创建】

一是分层次制定创建计划。根据各乡镇（街道）实际基础和创建进度，分步骤，扎实稳步推进。年内，鹿亭乡申报创建“无违建乡镇”；牟山镇、小曹娥镇、大隐镇、阳明街道、黄家埠镇、马渚镇、三七市镇、丈亭镇、凤山街道申报创建“基本无违建乡镇（街道）”；临山镇、兰江街道、河姆渡镇、泗门镇、朗霞街道、低塘街道、经济开发区、陆埠镇、梨洲街道申报创建“无违建创建先进乡镇（街道）”。宁波市创建验收考核组于10月10日至26日完成验收考评。二是突出制约因素破解。8月下旬开始，全市开展为期一个月的T型（高炮）广告专项治理行动，各乡镇（街道）集中清理了国、省道两侧“高炮”广告82块，同时，借势拆除县道两侧“高炮”广告89块。三是整改补足短板问题。根据宁波创建验收组对各乡镇（街道）验收反馈情况，细化分解问题项目，形成问题清单，要求各地制定相应整改措施，形成整改清单，限时进行销号处置，并在15日内将整改成效形成材料，进行书面反馈，各地全部完成问题整改。

（市“三改一拆”行动领导小组）

“最多跑一次”改革

【概况】

3月17日，全市召开“最多跑一次”改革暨“四个平台”建设推进会。8月16日，市委常委（扩大）

会议对深化"最多跑一次"改革进行专题研究布署。先后制定下发《加快推进"最多跑一次"改革实施方案》《行政审批"一窗受理、集成服务"改革实施方案》《余姚市乡镇（街道）便民服务中心"一窗受理、集成服务"改革工作方案》《印发〈于进一步深化"最多跑一次"改革的实施意见〉等相关文件的通知》；成立由市政府主要领导任组长的改革工作领导小组，领导小组下设办公室，办公室设在市编委办。

组织34个市级部门包括承担行政职能的事业单位、21个乡镇（街道）对群众和企业到政府办事事项进行全面梳理。2月27日和3月29日，先后向社会公布两批"最多跑一次"事项，共2406项（第一批301项，第二批2105项）。对照省级部门下发的《全省系统群众和企业到政府办事事项指导目录》，6月30日，再次梳理市级相关部门第三批"最多跑一次"事项258项。截至年底，市级部门办事事项1183项，已实现"最多跑一次"事项1141项，不能实现"最多跑一次"的事项42项，"最多跑一次"实现率96.4%。

【"一窗受理、集成服务"推进】

市行政服务中心分成商事登记、不动产交易登记、基本建设项目审批、公安服务、社会事务一区、社会事务二区六大功能服务区，共设置受理窗口41个，咨询窗口4个，出件窗口6个。分中心共设置受理窗口101个，咨询窗口12个，出件窗口20个。新修订《余姚市行政服务中心考核办法》，将"最多跑一次"和"一窗受理、集成服务"工作列入窗口考核。建立健全信息公开、一窗受理、并联审批、模拟审批、容缺受理、统一收费、邮寄送达等14项制度。开展审批事项规范化、标准化建设，制定规范统一的办事指南，推动实施一体化联合审批。

【网上网下服务体系融合】

启用宁波市统一受理平台，推出"余姚市行政服务中心"微信公众号，开通"网上办事、网上咨询、最新资讯、微信预约"四大核心服务功能。实现工商登记注册和港澳签注全程电子化。印发《余姚市城市大数据平台政务数据资源共享管理办法》，完成"最多跑一次"政务数据共享交换平台建设方案。完成"最多跑一次"办理事项电子归档范围和保管期限审核。

【重点领域改革】

商事登记领域推开"多证合一"以及外贸企业"十一证合一"，出台《余姚市外贸企业"十一证（照）"联办实施细则》。企业投资项目方面推进施工图联合审查、联合测绘等工作，推进项目审批实现"分头审"转向"联合审"，项目验收"联合验"转向"分段验"，启用投资项目在线审批监管平台2.0版。不动产方面实现"一窗综合受理、后台并联审批、统一窗口出件、证书快递送达"的"最多跑一次"新模式。社会民生方面，部分银行网点开通工商登记代办、社保卡业务服务，汽车销售4S店、邮政局营业网点代办部分车管业务。

【乡镇（街道）便民服务中心建设】

召开全市乡镇（街道）便民服务中心"一窗受理、集成服务"改革推进现场会，明确综合窗口设置、进驻中心事项、村（社区）网上服务点建设等内容。市行政服务中心泗门分中心设置不动产交易、契税、登记及商事登记、基本建设项目、公安服务、社会保障、民生事务、综合服务七大板块的综合服务区，其他乡镇（街道）以"3+X"模式统一设置社会保障、民生事务、经济发展、综合服务窗口。同时，乡镇（街道）的受理项目、办理流程、办事指南按照标准化要求进一步规范。

【政府监管】

落实部门"双随机、一公开"抽查监管制度，全市25家行政执法单位按要求建立"双随机、一公开"实施细则、随机抽查事项清单、随机抽查对象和执法人员名录库，共梳理随机抽查事项297项，"双随机、一公开"制度覆盖率达100%，全年开展随机抽查600余次。

（市"最多跑一次"改革办公室）

抓落实专项行动

【攻坚破难项目推进情况】

市本级63个重大攻坚项目中17个项目提前完成年度目标任务，42个项目按时完成年度目标任务，4个项目进度滞后。

提前完成的17个项目：谭家岭村区块改造工程（史家地块）项目，完成全部剩余农户签约并“清零”任务；隐溪河示范河道创建工程二期项目全部完成；全国文明城市创建成功；梁弄四明山旅游门户区改造提升项目，完成唐诗之路景观小品项目建设；四明山干部学院建设项目，挂牌成立并启动运作；杭甬高速余慈连接线余姚段拓宽改造工程项目，超额完成年度投资11000万元；二次供水管理体制改革项目，制定改造方案及计划，并启动试点改造工作；余姚城北圩区候青江排涝泵闸工程项目，超额完成年度投资25860万元，完成工程节点目标；优化乡镇（街道）财政体制项目，9月即完成年度任务；剑江村中下河江区块拆迁项目，完成红线范围内55户拆迁户的拆迁工作；姚江中学新建工程项目，8月底竣工；500千伏明州至江滨输电线路工程项目，完成全部塔基建设；山后新村地块危旧房改造项目，完成清零、房屋拆除、场地平整等工作；余姚海吉星农副产品批发市场迁建工程项目，完成施工任务，投资额达2.5亿元；市人民医院肿瘤治疗中心项目，11月中旬开工；中国塑料城转型发展项目，预计市场总交易额达1020亿元，市场总交易量达960万吨；公房出租综合治理项目，起草完成试点探索分类处置公房资产办法，并进一步完善公房管理相关政策。

按时完成年度目标任务的42个项目：城区污水收集系统五期工程项目中的兰江街道和大黄桥路区块的污水管道建设工程开工；候青江、田基浦河及新丰河河道截污工程开工；余姚市姚江城区段堤防加固工程（三期）项目中的中山河项目开工；余梁公路北延工程中的61省道至梁周线段和谭家岭至世南西路段已完工；推进浒溪线百里风光带建设、加强四明山区域生态环境保护项目中的三个标段全部开工；余姚宝湾国际电商物流园项目已获得用地规划许可证等。

推进滞后的4个项目：捷丰国际总部建设项目为外商投资项目、奔驰4S店新建工程项目、329国道南复线（朗霞段）建设项目、四明山省级旅游度假区创建项目。

【主要做法及成效】

“抓落实”强度　成立由市委书记任组长的专项行动领导小组，下设“四组一办”，制定出台抓落实专项行动实施意见，梳理排定91个市级攻坚项目，包括宁波市级重大攻坚项目28个和本级重大攻坚项目63个。42名市领导作为分队长领衔91个市级重大攻坚项目，带队开展各类专题走访破难900余次。落实具体项目的45个牵头责任单位和29个责任配合单位；各小分队分别制定任务，累计走访基层群众8万余人，排摸各类问题1261个，调解各类矛盾纠纷870余起，帮办各类事务5744件，群众满意度为99.61%。

“抓项目”进度　探索推出“五个一”（即项目计划表、项目动态图、人员责任卡、项目信息库、项目文档）项目动态管理汇报机制。创新推出“项目助推专员”制度，落实“一个项目+一个分队+一名专员”的点对点跟踪管理机制。着眼转型升级和智能经济发展方向，推进智能制造产业发展项目。制定出台《余姚市抓落实专项行动目标管理考核细则》，把抓落实专项行动考核成绩纳入乡镇（街道）、市直部门年度目标管理考核范围。

“抓督查”力度　制定下发开展抓落实专项行动首轮作风督察的通知，市纪委组建6个作风督察组，对28个宁波市级重点攻坚项目的牵头责任单位进行集中作风督察。制定出台《抓落实专项行动举报投诉工作多方协作处理规范》，拓宽作风举报投诉渠道。制定出台抓落实专项行动督导巡查工作方案，构建五重立体督查体系。9月初，召开抓落实专项行动督导巡查工作培训会，分10个组对“抓落实”的项目和牵头责任单位进行专项督导巡查。下发督办抄告单，探索出台督办问题“多向抄告”机制，对亟需督办的问题，及时抄告市委市政府主要领导、小分队队长和项目牵头责任单位主要领导。创新运用“督办整改函”形式，累计下发督办整改函71份，发现并整改不规范问题102个。

“抓宣传”深度 制定下发《关于做好抓落实专项行动信息报送工作的通知》，建立信息报送员和选题联络员队伍，对经验典型进行梳理报送和刊登，编制余姚本级信息简报70余期，被宁波专项办录用信息5篇。制定《抓落实专项行动宣传报道方案》，市级新闻媒体开辟“大脚板走一线、小分队破难题”专题专栏。发挥各级主流媒体和新媒体“叠加”宣传优势，加大宣传推送力度。在《浙江日报》发稿11篇，《浙江工人日报》发稿1篇，《宁波日报》发稿23篇，其中头版11篇，市级媒体刊发稿件100余篇，余姚发布、余姚新闻网、余姚视听网等新媒体上推送阅读量突破80万。

（市抓落实专项行动办公室）

姚江流域防洪工程

【概况】

2017年，市流域防洪工程建设指挥部继续实施重点水利工程建设。其中，北排重点工程陶家路江二期主体工程完工，三期整治工程开工建设。城区堤防加固一期、二期工程主体工程完工，三期工程开工建设，城北圩区候青江泵闸工程于7月13日水闸具备通水条件，9月12日泵站具备通水条件，两个节点通水目标均如期实现。姚江上游余姚西分工治程于6月29日举行开工仪式，开始进行导流明渠兼临时航道施工。四明湖水库下游河道整治工程（余姚段）全部建设完成，达到设计防洪标准，同时完成四明湖水库下游河道整治配套工程（余姚段）建设。

【陶家路江三期整治工程开工建设】

陶家路江三期整治工程是贯彻落实关于建设姚江流域防洪排涝“六大工程”决策部署的一项重大水利工程。8月29日上午，陶家路江三期整治工程攻坚行动誓师大会举行，工程正式开工。工程位于泗门镇境内，南起大河门江，北至泗门泵站，全长5.1千米，纵穿泗门集镇。河道面宽从30米单边向东拓宽至63～74.5米，河底高程-1.87米。主要建设内容为拓宽河道、新建堤防护岸和两岸绿化、新建防汛道路和市政道路、拆除重建净宽60米后海舍节制闸、新建或拆除重建跨河桥梁。该工程需开挖土石方约230万立方米，浇筑砼约18万立方米，拆迁房屋面积约7.5万平方米，需征用土地约55.27公顷，批复概算投资16.67亿元，施工总工期36个月。该工程的实施与下游的陶家路江一期、二期工程和陶家路闸沟通，再与上游的河道配套，形成余姚北排第二通道。

【城北候青江排涝泵闸工程水闸、泵站具备通水条件验收会议举行】

7月13日下午，市流域防洪工程建设指挥部受宁波市发展和改革委员会委托主持举行余姚城北圩区候青江排涝泵闸工程水下部分具备通水条件验收会议。会议一致认为候青江排涝泵闸工程水下部分具备通水条件，提前完成“2017年7月15日水闸具备通水条件”的节点目标。9月12日下午，城北圩区候青江排涝泵闸工程关闭水闸，截断河流，成功启动水泵抽水，提前实现“2017年9月15日泵站具备通水条件”的节点目标。

开工以来，候青江排涝泵闸工程完成钻孔灌注桩2.2万米，完成土方开挖26万立方米，混凝土浇筑5.5万立方米，钢筋制作与安装约4000吨，金属结构安装约1000吨，投入钻机、挖掘机200余台，完成投资1.85亿元，占总概算投资的61.8%。

【姚江上游余姚西分工程开工建设】

6月29日，姚江上游余姚西分工程开工。姚江上游余姚西分工程是省委、省政府和宁波市委、市政府决策部署的姚江流域防洪排涝“6+1”工程之一，也是余姚市水利建设历史上单体投资最大的项目，被省、市列为“五水共治”及百项千亿防洪排涝工程。

作为解决姚江流域防洪排涝的控制性枢纽工程及民生实事工程，“西分”工程主要通过在姚江上游瑶街弄兴建调控工程，新开姚江至北排通道，将上游部分洪水西导北排入杭州湾，减少姚江东排水量，减轻余姚城区及姚江干流的防洪压力。工程防洪标准为50年一遇，施工总工期48个月，估算总投资为19.48亿元。已完成环评、水保、通航影响评价等16项专题研究，并按目标计划如期开工。

（市流域防洪工程建设指挥部）

大事记

1月

1日　全市调整城镇职工医保个人账户使用办法，职工医保个人账户历年结余资金使用范围扩大且可由近亲属共享使用。

3日　浙江大学党委书记金德水一行到余姚，就全面推进校地合作，加快合作平台建设，努力实现发展共赢进行调研。

7日　浙江省委常委、宁波市委书记、代市长唐一军到余姚调研。

13—17日　第八届中国余姚·河姆渡农业博览会暨第四届中国甲鱼节在中塑国际会展中心举行。

20日　市智能经济重大产业项目签约仪式举行。

是月　余姚市成功入选“中国制造2025浙江行动”县级试点示范区。

是月　余姚中学被认定为省一级普通高中特色示范学校。

是月　泗门镇上榜小城镇环境综合整治省级样板名单。

是月　全市困难残疾人生活补贴和重度残疾人护理补贴制度正式实施。

2月

7—10日　中国人民政治协商会议第十三届余姚市委员会第一次会议召开。大会依法选举陈长锋为政协第十三届余姚市委员会主席。

8—11日　余姚市第十七届人民代表大会第一次会议召开。大会依法选举诸晓蓓为市十七届人大常委会主任，依法选举潘银浩为市人民政府市长。

13日　陕西省西安市委组织部副部长施利民率领西安市相关市直部门和蓝田县党政联合考察团到余姚。

16日　市“五重二大”项目集中开工仪式举行，2017年第一批共76个项目宣布开工。

21日　中国·余姚首届全球智能制造创业创新大赛启动。

26—28日　2017中国慧聪（余姚）春季家电交易会暨第十一届中国小家电博览会在中塑国际会展中心举行。

是月　市委、市政府研究决定2017年在全市范围内开展“五重二大”攻坚年活动，《余姚市“五重二大”攻坚年活动实施方案》发布。

是月　大隐镇正式被命名为“浙江省森林城镇”。

是月　全国首单榨菜气象指数保险“宁波榨菜气象指数保险”在余姚市落地。

是月　市人民政府办公室印发《余姚市创建浙江省农业“机器换人”示范市实施方案》，明确2017年要创建成为浙江省农业“机器换人”示范市。

是月　中国塑料城被浙江省工商行政管理局认定为“浙江省四星级文明规范市场”。

3月

2日　宁波市委副书记、代市长裘东耀到余姚调研。

同日　中国宁波人才市场余姚分市场揭牌仪式在市人力资源市场举行。

13日—14日　市党政代表团赴杭州高新区（滨江区）、余杭区和桐乡市学习考察。

17日　“余姚市低收入户医疗保险帮扶项目”在人保财险余姚中心支公司举行签约仪式。

28日　全市最长电压等级最高的架空线路——横跨9个乡镇（街道）500千伏明州至江滨线路开工。

31日　余姚市连续第十年获得“平安市”称号。

是月　省转升办发布通知，原则同意余姚市提交的“中国制造2025浙江行动”县级试点示范实施方案。

是月　低塘街道韩亚丽入选2月“中国好人榜”助人为乐类“中国好人”。

是月　共青团余姚市金融工作委员会成立大会暨第一次代表大会在市农村商业银行召开。

是月　余姚市入选省第三批基本实现教育现代化县（市、区）名单。

是月　闻人云涛获得2017中国·莱芜全国跆拳道锦标赛女子49公斤级冠军。

是月　《宁波市四明山区域发展规划纲要（2016—2020）》发布。

是月　阳明街道被省工商行政管理局认定为“浙江省商标品牌示范乡镇（街道）”。

是月　市残联被省残工委授予“十二五期间浙江省残疾人工作先进集体”称号。

4月

1日　全市“万名干部进村联河、百万群众剿劣攻坚”征战仪式在牟山镇湖山村百丈江河段清淤现场举行。

同日　全市召开“六五”普法总结表彰暨“七五”普法工作部署大会。

17日　市重大项目签约仪式举行，“中国云城”、四明湖“丁山岛”旅游综合体、“山水绿活”四明山时光小镇旅游度假区等3个重大项目集体签约。

20日　浙江大丰实业股份有限公司在上交所主板挂牌上市。

同日　市第七届全民读书节暨市阅读联盟成立授牌仪式举行。

24日　浙江大学、余姚市人民政府签署框架协议，双方决定共同建设浙江大学机器人研究院（余姚）。

同日　余姚市电动车智能防盗管控系统项目签订合作协议。

25日　省人大代表余慈联组专题视察四明山区域统筹发展情况。

25—26日　市委书记奚明带领相关部门和乡镇负责人到广东省走访浙商、姚商，交流浙商、姚商回归大计，并开展招商活动。

是月　市心理援助协会成立。

是月　市作家干亚群凭借散文集《梯子的眼睛》，获首届“三毛散文奖”。

是月　市职业技术学校被授予“浙江省中等职业教育改革发展示范学校”称号。

是月　全市21个乡镇（街道）和经济开发区的265个村、37个社区全面完成党组织换届工作。

是月　市人民医院主任医师邵华江获2017年全国五一劳动奖章。

是月 余姚市台州商会成立。

是月 余姚市获得2018年第15届世界精武武术文化大会承办权。

5月

2日 宁波洽丰休闲用品有限公司董事长罗家炜获全国“敬老爱老助老模范人物”称号。

3日 “宁波市十大杰出青年”揭晓，余姚市蚂蚁公益服务中心负责人谢向杰上榜。

8日 新华社、中央人民广播电台、《光明日报》、中新社等30多家主流媒体记者及网络大V到余姚，对全市智能制造及智能经济发展等工作进行集中采访报道。

10日 由市茶叶加工龙头企业宁波十二雷茶业有限公司选送的“四明十二雷”绿茶，获得“华茗杯”2017全国名优（绿、红）茶产品质量评选优秀奖。

同日 帅康集团入选首批“CCTV中国品牌榜”。

15日 2017长三角机器人博览会在余姚开幕。

同日 中国云城暨国际机器人交易博览中心在余姚奠基动工。

同日 省机器人产业集团·宁研院奇点机器人体验馆开馆。

同日 中国·余姚首届全球智能制造创业创新大赛总决赛举行。

同日 诺丁汉大学与浙江千人计划余姚产业园正式签约共建诺丁汉余姚国际研究院。

16—17日 第四届中国机器人峰会暨智能经济人才峰会在余姚举行。

16日 副省长高兴夫一行在余姚调研智能经济发展情况。

同日 第四届中国机器人峰会暨智能经济人才峰会举行人才项目对接洽谈会。

19日 纪念草茅庵重建四明主力武装70周年活动正式启动。

20日 全市举行“阿拉帮”阳光志愿助残服务启动仪式。

是月 市国税局城区分局办税服务厅被命名为“全国青年文明号”。

是月 浙江塑料城网上市场电子商务国家级服务业标准化试点项目通过国家级验收。

是月 全市完成第二次全国地名普查工作。

是月 国家知识产权局授权余姚检验检疫局“一种快热式热水器超温保护耐久性测试系统”国家发明专利。

是月 民进余姚市基层委员会被评为“民进浙江省委会先进集体”。

是月 宁波耀泰电器有限公司一款名为“PERI”的工作灯获得由德国红点设计奖组委会颁发的年度红点奖。

是月 “2016年度最美浙江公益救援人物”大型评选活动举办，市长三角公益救援中心负责人沈吉利被评选为最美救援人物。

6月

3日 首届世界姚商大会举行。

同日 首届世界姚商大会人工智能峰会在余姚举行。

8日 松阳县—余姚市山海协作结对帮扶签约仪式在余姚举行。

同日 中国机器人峰会入选“2016浙江省十大品牌展览会”榜单。

11日 2017“姚台邻里节”在余姚开幕。

12日 余姚菜研究会正式成立。

15日 宁波江丰电子材料股份有限公司在深交所创业板挂牌上市。

17日 宁波至余姚城际列车正式运营。

25日 文化部老干部书画学会庆祝香港回归20周年暨河姆渡文创园创作基地揭牌仪式举行。

26日 “浙江省第三届最美禁毒人”评选活动在杭州举办，余姚缉毒民警胡建江获得“特别致敬奖”。

27日　临山镇味香园葡萄专业合作社上榜全国第四批农村优秀学习型组织。

30日　“姚·先锋”党员志愿服务行动启动仪式暨2017年度“公益集市”活动举行。

是月　市科协获“全国科协系统先进集体标兵”称号。

是月　市妇幼保健所被全国妇联授予全国“巾帼文明岗”称号。

是月　共青团余姚市委与余姚农村商业银行签订“团银”战略合作协议。

7月

2日　2017中国（余姚）国际裘皮博览会暨2017余姚国际皮草订货展在中国裘皮产业园会展中心开幕。

14日　市行政争议调解中心在市人民法院正式揭牌成立。

16日　延吉市委副书记、市长蔡奎龙率延吉市交流考察团到余姚参观考察交流，并签署两地对口合作发展框架协议。

18日　杭甬高速连接线上跨萧甬铁路立交工程开工。

20日　市人大常委会举行2017年上半年政府工作情况通报会。

同日　市公共文化中心设计方案通过市城市规划委员会审议，被列为2017年市重点建设工程。

21日　宁波市食品安全责任保险运营服务中心余姚市分中心宣告成立。

26日　全市“五重二大”项目集中开工仪式在浙江千人计划余姚产业园举行。

同日　“美丽四明山”智慧农旅平台正式上线。

是月　余姚市成功创建成为国家卫生城市。

是月　梁弄镇成为国家卫生镇。

是月　全市有3个项目被列入中央财政重大农业技术推广项目，共将获得85万元中央财政补助资金。

是月　全市2016年相对薄弱区域扶持项目完成，共获得上级扶持资金1563万元。

是月　余姚市作家谢志强的作品《父亲》获第十五届中国微型小说一等奖。

是月　余姚市加入“无现金城市”大联盟。

是月　全市有7家农业龙头企业项目入选2016年农业综合开发中央财政贴息项目。

8月

1日　市人民医院（阳明医院）举行建院70周年纪念大会。

同日　市人民医院加盟上海新华医院泛长三角联盟。

2日　余姚智能光电小镇入选省级特色小镇。

8日　2017年中国慧聪（余姚）秋季家电交易会暨第十二届中国小家电博览会开幕，“浙江制造”品牌馆开馆。

10日　余姚市与正大集团签订中泰生态农业园战略合作协议。

12日　余姚籍战士黄柯炯和战友在“国际军事比赛——2017”坦克两项比赛中获得小组接力赛季军。

11日—13日　2017全国精武拳技邀请赛暨2018年世精会余姚选拔赛在市全民健身中心球类馆举行。

13日　余姚市被授予“中国五金工具创新发展基地”称号，并举行揭牌仪式。

同日　浙江大丰实业股份有限公司入选“浙江省重点文化企业”。

14日　四明山镇、大岚镇入选浙江省旅游风情小镇培育名单。

16日　2017年中国工程塑料复合材料技术研讨会在余姚开幕。

24日　舜宇光学科技以148亿美元的市值跻身福布斯2017年亚洲最佳50家上市公司榜单。

是月　市二院与上海交通大学医学院附属新

华医院举行联盟签约揭牌仪式。

是月 《浙江省余姚市矿产资源规划（2016—2020年）》获宁波市人民政府批复同意。

是月 梁弄镇以“浙东红色智慧小镇”为特色入选全国特色小镇。

是月 全市洪水风险图编制工作大纲通过审查。

是月 《四明湖省级湿地公园总体规划》通过评审。

是月 余姚市姚江游水利风景区上榜第十七批国家水利风景区。

9月

6日 “喜迎十九大——飞‘阅’余姚行走四明”系列主题报道活动启动仪式在梁弄举行。

8日 第四届余姚市百姓文化节开幕式暨“喜迎十九大，为人民放歌”大型音乐晚会在龙山剧院举行。

9日 市中医医院和上海中医药大学中医文献研究所在余姚举行合作签约仪式。

11日 市政府与宁波职业技术学院签订共建阳明学院补充协议以及阳明学院与市骨干企业合作举行签约仪式。

12日 浙江四明山干部学院在中共浙江省委党校四明山分校挂牌试运行。

19日 2017年余姚市“全国科普日”活动启动仪式暨现场科普活动在市全民健身中心开幕。

22日 2017浙江·台湾合作周宁波专场系列活动——姚台智能制造产业对接会在余姚举行。

23日 甘中学、叶辽宁获评2017年“宁波市杰出人才”。

25日 全市举行姚商基金成立大会及姚商产业园挂牌仪式。

是月 余姚市被中国关工委、司法部和中央综治办联合授予“青少年普法教育示范区”称号。

是月 《余姚市“十三五”现代农业发展规划（2016—2020年）》经市政府常务会议审议通过，正式出台。

是月 广播剧《呦呦青蒿》和姚剧《浪漫村庄》入选省第十三届精神文明建设“五个一工程”，《呦呦青蒿》入选全国第十四届“五个一工程”。

是月 农业部公示“2017中国美丽休闲乡村推介名单”，芝林村上榜历史古村。

是月 明凤渔业有限公司的“明凤”品牌被评为“2017最具影响力水产品企业品牌”。

是月 泗门镇谢家路村通过省美丽宜居示范村验收。

是月 四明山镇通过全省小城镇环境综合整治考核验收。

是月 新制定的《余姚市医疗支出型贫困家庭最低生活保障实施办法》和《关于进一步完善医疗救助工作的意见》出台。

是月 余姚成为国家级出口蔬菜质量安全示范区。

10月

13日 河姆渡镇第6届“古韵河姆渡”乡土文化节正式启动，镇公共文化服务中心落成典礼同时举行。

17日 全市剿灭劣Ⅴ类水验收会议召开，全域剿灭劣Ⅴ类水工作通过宁波市级验收。

18日 中国共产党第十九次全国代表大会召开。全市广大党员群众通过电视、广播、网络等不同媒介，收看收听中共十九大开幕会。

同日 2017四明山丹山赤水柿子节开幕式暨“柿子红了”品牌发布会在大岚镇柿林村举行。

26日 市城市大数据平台正式上线。

31日 宁波（余姚）阳明文化周在王阳明故居广场举行开幕式。

同日 市委召开全市领导干部会议，传达学习党的十九大精神，安排部署全市学习宣传贯彻工作。

同日 中国阳明心学高峰论坛在余姚举行。

同日 《王阳明的心路历程》新书首发式在王阳明故居传习苑举行。

是月 天邦食品股份有限公司与省淡水水产研究所联合共建的国内首家水产疫苗研发联合实验室正式授牌成立。

是月 市委、市政府出台《关于实施人才发展新政策加快建设人才强市的意见》，提出5个方面25条举措。

是月 梨洲先生法治碑苑在陆埠镇南雷村十五岙开工建设。

11月

7日 第十九届中国塑料博览会涉塑产业招商推介暨项目签约仪式举行。

同日 省作协余姚梁弄创作基地成立仪式在梁弄镇举行。

8—10日 “2017中国（余姚）国际塑料博览会暨第十九届中国塑料博览会”在中塑国际会展中心举行。

9日 阳明书院揭牌仪式在阳明先生讲学处——中天阁举行。

同日 全国阳明史迹保护研究联盟成立仪式暨第一次联席会在余姚召开。

同日 四明山区首家农合联村级服务社落户鹿亭。

10日 中意启迪科技城在中意（宁波）生态园开工建设。

同日 王阳明故居修复开放十周年纪念大会暨阳明史迹保护利用工作座谈会在余姚召开。

同日 全市举办机器人产业及应用项目融资对接会。

同日 宁波市律师协会余姚分会成立。

11日 中意（宁波）生态园军民融合产业基金举行框架合作协议签约仪式，中飞通航科技有限公司在中意（宁波）生态园启动运营。

同日 余姚梁弄红色电台开播新闻发布会暨“梁弄红领巾通讯社”成立仪式举行。

14日 中国文明网发布第五届全国文明城市名单，余姚市上榜，成为宁波首个获得此项荣誉的县（市、区）。

15日 全市母子健康手册推广工作正式启动。

16日 全国精神文明建设表彰大会在北京举行。市委书记奚明代表全市人民赴京领奖。

同日 市人民医院王正国院士工作站揭牌启动。

同日 余姚—望谟产业扶贫项目交接仪式在余姚举行。

同日 全市首个家事审判社区巡回点在梨洲街道南雷里社区揭牌成立。

18日 市第十五届运动会在市梦麟中学体育馆开幕。

同日 第五届阳明急救论坛开幕式暨中国创伤救治联盟签约启动仪式在市人民医院举行，“区域创伤中心建设单位”揭牌，并与市人民医院签订区域创伤救治体系建设合作协议。

27日 余姚籍专家冯煜芳当选中国工程院院士。

28日 王阳明文化研究促进创新团队成立会暨首届余姚王阳明故里文化论坛召开。

同日 余姚籍专家马余刚当选为中国科学院数学物理学部院士。

29日 中国共产党优秀党员、浙江省政协原副主席朱之光骨灰安放纪念仪式在梁弄镇革命先辈纪念林举行。

30日 余姚有电百年主题活动在梁弄举行。

是月 农工民主党余姚市基层委员会获全国“组织建设先进集体”称号。

是月 余姚杨梅、葡萄、蜜梨品牌入选2017中国果品区域公用品牌价值榜。

是月 市关心下一代志愿者协会成立。

是月 中国少年儿童科技培训基地获“鲁班奖”。

是月 第二届中国阳明心学高峰论坛在京开幕，余姚市人民政府获得“中国国学贡献奖”。

是月 由树兰（宁波）妇产医院出资100万元设立的“树兰妇产基金”在余姚举行签约仪式。

12月

1日 《余姚市最低生活保障实施办法》出台并施行。

5日 余姚市通过省农业“机器换人”示范市创建考评验收。

7日 余姚市获“2017中国最具幸福感城市(县级)”称号。

8日 市跨境电商产业集聚区授牌仪式在阳明电商产业园举行，阳明跨境电商集聚区和慧家跨境电商集聚区被认定为市首批跨境电商园区。

12日 “灿岚印象”文明示范线启动仪式在大岚镇柿林村举行。

13日 宁波江丰电子材料股份有限公司与瑞典Quintus公司签约，正式引进Quintus公司的超级双两千热等静压设备。

同日 中国·河姆渡（余姚）第二届全球智能制造创业创新大赛在河姆渡遗址博物馆启动。

20日 甬矽电子（宁波）股份有限公司成立暨高端IC(集成电路)封测项目开工仪式在中意(宁波）生态园举行。

同日 《余姚运河史话》首发座谈会在马渚举行。

22日 G228陆埠互通及S319丈亭互通建设工程PPP项目成功签约。

23日 新任省委常委、宁波市委书记郑栅洁到余姚调研。

27日 中泰（余姚）生态农业园项目在市农林局举行土地经营权租赁合同签约仪式。

28日 中信重工开诚特种机器人及关键零部件（余姚）产业基地正式投产。

同日 树兰(宁波)妇产医院在城东冶山路(原万成大厦）开业。

28日—29日 临山镇邵家丘村党总支书记黄宝康获评全国农业劳动模范。

是月 余姚茭白、蜜梨、杨梅上榜“2017年度全国名特优新农产品目录”。

是月 甘中学团队获国务院侨办“重点华侨华人创业团队”荣誉称号。

是月 全市公布首批22处历史建筑名单。

是月 舜宇中山光学获得ImmerVision企业全景镜头技术的全球生产许可。

是月 临山镇获得“浙江省特色农业强镇”称号。

是月 泗门镇党委委员、谢家路村党委书记钱建康、市公安局环境侦查大队副大队长胡建江当选首届浙江“最美公务员”。

是月 余姚市企业浙江智昌实业有限公司的“工业机器人控制器产品性能优化及智能升级”项目成功入选首批国家重点研发计划“智能机器人”重点专项项目名单。

是月 余姚榨菜上榜“2017全国果菜产业绿色发展百佳地标品牌”和“2017全国十佳蔬菜地标品牌”，同时获得两项大奖。

（市档案局）

市情概览

自然环境

【地域地貌】

余姚市境位于浙江省东部、杭州湾南岸，介于北纬29°39′～30°21′、东经120°55′～121°25′之间，东西相距58.2千米，南北相距79千米。区域总面积1526.86平方千米，其中陆地面积1336.8平方千米，海域面积190.06平方千米。地势南高北低，呈丘陵、平原、滩涂3级朝杭州湾展开，山地丘陵、平原（含海涂）、水域（含海域）面积比为53∶29∶18，素有“五山二水三分田”之称。

市境南部为四明山区，包括四明山镇、大岚镇、梁弄镇、鹿亭乡、大隐镇、陆埠镇（不含郭姆、沿江片）、河姆渡镇车厩片、梨洲街道（不含明伟片）。境内四明山脉自西南向东北方向延伸，低山丘陵起伏，地势由南向北逐步倾斜。其中，海拔500～1000米之间的中低山占21.2%，海拔250～500米的山丘占22%，海拔250米以下的丘陵占56.8%。最高峰为四明山镇青虎湾岗，海拔979米。中部为姚江平原，包括牟山镇、马渚镇、阳明街道、兰江街道、梨洲街道明伟片、凤山街道、丈亭镇、三七市镇、河姆渡镇（不含车厩片）、陆埠镇（不含兰山、洪山片）。北部为滨海冲击平原，包括临山镇、黄家埠镇、泗门镇、小曹娥镇、朗霞街道、低塘街道。

【气候】

2017年，全市总的气象灾害损失较常年偏轻，气候总体正常。主要气候特点：年平均气温偏高，出现最暖冬天，年高温日数排历史同期第三；年降水量偏多，但有阶段性干旱，其中4月份降水量破历史同期最多纪录；年降水日数较常年偏少；年日照时数正常略偏多。年内主要气象灾害：低温雨雪冰冻、雾霾、连阴雨（暴雨）、强对流（雷电、大风、冰雹、短时暴雨）、高温、干旱、台风等。

【主要气象要素】

气温　年平均气温17.9℃，比常年偏高0.9℃，为历史同期第六。其中，6月平均气温较常年偏低0.8℃，其他各月平均气温均比常年偏高，具体为：1月和7月偏高2.4℃、2.5℃，分别为历史同期第一、第三；4月、5月、8月偏高1℃～2℃，其余各月偏高幅度在0.2℃～0.7℃。年极端最高气温40.8℃，出现在7月24日；年极端最低气温-3.0℃，出现在1月21日。

降水 年平均降水量为1665.4毫米，比常年偏多约16.3%，为历史同期第九。除5月降水在正常范围（略偏少）外，其余月份降水均偏多或偏少，其中3月、4月、6月、9月至11月多于历史平均值，尤其4月偏多近1倍，其他月份偏多1～8成；而其余各月则偏少2～6成。年降水日数153天，比常年偏少1.6天，其中暴雨日5天。

日照 年日照时数为1941.1小时，比常年偏多4.1%，属于正常年景。2月、4月、5月、7月、8月偏多，6月、9月至11月偏少，其余各月在气候平均值上下正常范围内波动。

其他 2016—2017年度，结冰终日为2月13日，终霜日为3月9日，降雪终日为2月9日。2017年度初霜日为11月24日，结冰初日为12月18日。

2017年余姚市主要气象情况表

月份	气温（℃）		降水量（毫米）		雨日（天）		日照时数（小时）	
	实况	距平	实况	距平	实况	距平	实况	距平
1月	7.3	2.4	64.8	-17.5	10	-2.7	110.5	3.7
2月	7.2	0.7	26.6	-54.5	7	-5.7	129.8	24.4
3月	10.6	0.4	155	23.4	15	-0.9	127.8	2.8
4月	17.8	1.9	226.6	114	10	-4.9	196.7	42.8
5月	22.2	1.2	112.7	-1	10	-4.1	224.1	48.4
6月	23.8	-0.8	246.5	56	21	5.7	106.3	-52.4
7月	31.3	2.5	70.9	-79.7	12	-0.7	293.8	56.6
8月	30.1	1.9	98.6	-86.4	13	-0.8	259	38.2
9月	24.6	0.5	266.8	106	20	6.7	123.3	-37.5
10月	19.2	0.3	203.6	122.7	13	2.9	131.1	-27
11月	13.5	0.3	149	66	14	4.5	102.6	-28.4
12月	7.3	0.2	44.3	-15.8	8	-1.6	136.1	2.1
全年	17.9	0.9	1665.4	233.2	153	-1.6	1941.1	73.7

说明：常年资料年代为1981—2010年

【主要气候事件】

冬季冷空气势弱，最暖冬天现 2017年冬季（2016年12月至2017年2月）冷空气活动偏弱，共出现中等及以上强度冷空气6次，其中4次中等冷空气，1次较强冷空气和1次寒潮。冬季平均气温8.1℃，为历史同期最高值，比常年偏高2℃。1月29日最高气温25.8℃，打破1月历史同期最高纪录。

年平均气温偏高，降水变化大 年平均气温17.9℃，较常年偏高0.9℃，全年除6月外，其余各月平均气温均偏高，其中1月和7月偏高2℃以上。年降水量1665.4毫米，比常年偏多约16.3%，月际间多寡变化剧烈，4月、9月至11月偏多5成以上，而2月、7月则偏少5成以上。

梅雨形势较典型，量多且集中 6月9日入梅（常年6月14日），7月5日出梅（常年7月9日），均比常年同期偏早；梅期26天，比常年偏多1天。全市平均梅雨量295.4毫米，比常年偏多；国家气象站241.4毫米，与常年持平（常年240毫米）。其间主要出现两轮强降水过程，分别为6月11—14日和23—26日，其中12日、13日出现大雨到暴雨，局部大暴雨过程。

强对流肆虐，夏季雷暴多 春夏季共出现10余次较明显的强对流天气过程，全市无重大雷电灾害事故发生，但出现多次轻度感应雷击事件。其中，7月14日傍晚到上半夜，出现短时强降水和大风天气，最大46.1毫米，其中19时1小时雨强19.6毫米，全市有11个气象站出现8级及以上大风，最大24.5米/秒（10级），其次姚家站和文山站19.5米/秒（8级）。年内共有28个雷暴日，主要出现在7月至9月，8月最多，达10天，其次7月，有7天。

盛夏多高温，极端破四十 日最高气温35℃以上的高温日数达47天，比常年偏多20天，仅次于2013年（58天）和2003年（51天），为历史同期第三。日最高气温≥37℃日数有25天，≥40℃日数3天。高温时段主要出现在7月和8月，分别有23天和21天，其中7月19日至27日最高气温连续超过38℃，年极端最高气温出现在24日，达40.8℃。

夏季轻旱现，双台风送雨至 7月5日出梅后，全市以高温晴热天气为主，同时降水偏少，7月26日旱情初现，月底全市大部出现轻度干旱。7月30日至8月1日受2017年第9号台风“纳沙”和第10号台风“海棠”外围环流的先后影响，全市普降中到大雨，局部暴雨，面雨量23.4毫米，最大鹿亭上庄站62.1毫米。

“卡努”来影响，雨大风又急 2017年第20号台风“卡努”于10月16日3时25分前后在广东省徐闻县沿海登陆，虽然其距离余姚1500千米以上，但由于有冷空气的配合，对余姚风雨影响仍较大。10月14日至17日全市面雨量152.1毫米，共有7个站点累计雨量超过200毫米，最大三七市大池墩水库346毫米；过程最大风力普遍5～7级，个别8～9级，最大三七市大池墩水库21.3米/秒（9级）。

十一月多阴雨，农作进度缓 11月，全市多雨寡照，共出现3次连阴雨过程，其中14日至18日累计降水量63.9毫米，其间日照时数仅0.8小时；20日至22日累计降水量27.2毫米，其间无日照。雨多光少的天气导致秋季作物生育进程拉长，低洼处出现渍涝，秋收冬种工作受到影响。

大风天气多，日数破极值 全年共有大风日（日极大风速8级以上）9天，为1996年以来最多年份，其中有7次大风是雷阵雨造成的，另外强冷空气活动、寒潮爆发形成的大风有2次。8月20日午后，受带状强回波自西向东影响，回波中心最大强度60～65dBz，有18个自动气象站极大风速超过8级，最大国家气象站达到27米/秒（10级）。

空气益趋善，年末污染重 全市空气质量正常天气占全年67.7%，轻微污染天气占16.1%，轻度污染6.5%，中度污染9.7%，空气清新水平较往年有所改善。12月31日，受输入性污染物影响，全市出现中到重度霾，空气质量差。

（说明：本文采用的常年气象资料，年代平均值为1981—2010年，极值为1961—2017年）

【自然资源】

全市年均地表水资源总量11.66亿立方米，人均水资源量1330立方米。全市水域总面积71.2平方千米，有河流1579条，水库、山塘1137座，湖泊、池塘20座，人工渠道26条。全市年均地下水储量13475万立方米。

全市陆生野生脊椎动物454种，分别隶属于哺乳纲、鸟纲、爬行纲和两栖纲，共31目91科241属。被列为国家一级保护动物的有白颈长尾雉，二级保护动物有河麂、貉、鼬獾、豹猫、红嘴相思鸟等。1998年后，先后建立四明湖、河姆渡、小曹娥杭州湾三个鸟类保护区及市河麂保护小区，总保护面积5300公顷。市境内植物共有蕨类植物26科67种，裸子植物9科47种，被子植物123科1253种，其中具有药用价值的植物共有827种，列入国家一级保护植物名录的有苏铁、银杏、水杉、南方红豆杉、东北红豆杉等，列入国家二级保护植物名录的有金钱松、台湾杉、福建柏、高山柏、榧树、长序榆、榉树、厚朴、凹叶厚朴、鹅掌楸、香樟、野大豆、喜树、香果树、七子花、野荞麦等。

全市已探明有铁、锰、铜、铅、锌、金、银、萤石、黏土、高岭土、石英、饰面石材、建筑用石料、砖瓦黏土、泥炭、矿泉水等15个矿种，31处矿产地。探明的矿产资源特点为建筑用凝灰岩资源丰富，萤石资源一般，其他金属、非金属和能源资源贫乏。

（市史志办、市气象局）

历史文化

【历史沿革】

据《禹贡》记载，余姚在夏、商、周三代为“扬州之域”。春秋时，始属越国，后从吴国，复为越国。战国中期后属楚国。秦始皇三十七年（前210），始置余姚县（一说置于汉），属会稽郡。两汉及魏晋、南北朝，均隶会稽郡。隋开皇九年（589），撤余姚县，并入句章县，属越州，县治设城山（今大隐一带）。唐武德四年（621），复置余姚县，并置姚州。武德七年（624），废姚州，余姚县属越州。唐长庆元年（821），废上虞县，并入余姚县。次年复置上虞县。五代时，余姚仍属越州，隶吴越国。北宋时属越州，庆历年间（1041—1048）升为望级县。南宋建炎五年（1131），升越州为绍兴府，余姚县属绍兴府。元朝元贞元年（1295），升余姚县为余姚州，属绍兴路。明洪武二年（1369），废余姚州复余姚县，属绍兴府。民国元年（1912）废府，余姚县为浙江省直辖，次年属会稽道。民国十六年（1927）废道，余姚县复为省直辖。民国二十一年（1932），属浙江省第五特区行政专员公署。民国二十三年（1934），改属第三行政督察专员公署。民国三十年（1941）4月23日，日军侵占余姚县城，县政府向南撤离，后至天台。民国三十四年（1945）9月，抗日战争胜利后，县政府还治。民国三十七年（1948），第三行政督察专员公署改称第二行政督察专员公署。1949年5月23日，余姚解放，设余姚市军事管制委员会。次月建立余姚县人民政府，隶属宁波专区（1970年改宁波地区）。1983年7月，宁波地区与宁波市合并称宁波市，余姚县属宁波市。1985年7月，余姚撤县建市（县级市）。

【河姆渡文化】

1973年6月，原丈亭区罗江公社在河姆村（今河姆渡镇芦山寺村）西南姚江渡口建排涝站时，发现大量陶器碎片、鹿角及各种动物骨骸的混合堆积物。1973年11月4日至1974年1月10日，1977年10月8日至1978年1月28日，浙江省考古队进行两次较大规模的科学发掘，确定遗址面积约4万平方米，由四个相互叠压文化堆积层构成，文物遗物丰富，保存完好，属于新石器时代遗物，文物特征与长江流域其他新石器时代遗址出土文物不同，即命名为河姆渡文化。河姆渡文化的发现与确立，是中国新石器时代考古的重大突破，证明长江流域和黄河流域同为中华民族远古文化的发祥地，从而改写中国文明发展的历史。河姆渡文化遗址是指遗址蕴含、反映河姆渡文化的人类生产生活及人与自然关系的文化遗存，丰富的栽培稻、成熟的干栏式木构建筑、独特的夹炭陶器和精美的象牙雕刻艺术品等是其主要文化内涵。河姆渡文化遗址主要分布于杭州湾南岸的宁（波）绍（兴）地区东部，越海东达舟山群岛，南至台州路桥区，迄今共发现40余处，集中分布于姚江流域，余姚市境内有20余处。

【余姚四先贤】

严光（公元前39—公元41），又名遵，字子陵。原姓庄，后人因避汉明帝刘庄讳改其姓。余姚人，东汉著名隐士。少有高名，与刘秀同游学。曾数次拒绝王莽新朝征辟。及刘秀建立东汉，授谏议大夫，执意不就，归隐富春山。后再次特征，仍不就。终老于余姚，葬城东客星山。宋范仲淹有“云山苍苍，江水泱泱。先生之风，山高水长”之赞语。

王守仁（1472—1529），幼名云，字伯安，号阳明。余姚人，明代著名思想家、哲学家、教育家和军事家。弘治十二年（1499）进士，因触犯权阉被贬为贵州龙场驿丞，其间认识到“圣人之道，吾性自足”，史称龙场悟道。后以平定宸濠之军功封新建伯、南京兵部尚书、都察院左都御史。谥文成，赠新建侯，葬绍兴兰亭洪溪。其一生文治武功，被誉为“立德、立功、立言皆居绝顶”的“明第一流人物”。

朱之瑜（1600—1682），字鲁屿，也作楚屿，号舜水。余姚人，明清著名学者和教育家。明贡生，朝廷十二次下诏征辟，均不就。清兵入关后，流亡各地参加抗清复明活动。南明亡后，东渡定居日本，在长崎、江户等地授徒讲学二十四年，深受日本朝野推崇，被尊为“胜国宾师”。葬日本茨城县常陆太田市。其为学提倡“实理实学、学以致用”，对后来日本明治维新产生巨大影响。

黄宗羲（1610—1695），字太冲，号南雷，学者称梨洲先生。余姚人，明末清初思想家、史学家、教育家。少年时曾庭锥阉党，为父复仇，崇祯帝叹为“忠臣孤子”，朝野咸誉“姚江黄孝子”。后积极参加复社活动。清兵南下，黄宗羲毁家纾难，拥戴鲁王抗清复明。失败后潜心著述，勤于讲学，在哲学、历史、天文、地理、数学、文学、宗教、文字等领域均有独到研究，有“中国思想启蒙之父”之誉。

【文物保护单位】

全国重点文物保护单位7处。河姆渡遗址，位于河姆渡镇河姆渡村，1982年2月公布；浙东抗日根据地旧址，位于梁弄镇建成区及横坎头村，2006年5月公布；王守仁故居，位于阳明街道武胜门路，2006年5月公布；黄宗羲墓，位于陆埠镇十五岙村，2006年5月公布；鲻山遗址，位于丈亭镇汇头村，2013年3月公布；田螺山遗址，位于三七市镇二六市村，2013年3月公布；大运河（余姚段），2013年3月公布。

省级文物保护单位11处。五桂楼，位于梁弄镇学堂弄，1988年12月公布；胡公岩摩崖石刻，位于阳明街道胜归山，2005年3月公布；王守仁讲学处，位于阳明街道龙泉山，2005年3月公布；通济桥与舜江楼，位于凤山街道北滨江路，2011年1月公布；大隐石宕遗址（含山王庙），位于大隐镇大隐村，2011年1月公布；白云桥，位于鹿亭乡中村，2011年1月公布；泗门谢氏始祖祠堂，位于泗门镇后塘河社区，2011年1月公布；马渚横河水利航运设施，2011年1月公布；姚江（余姚）水利航运设施及相关遗址群，2011年1月公布；孙子秀墓，位于梁弄镇贺溪村，2017年1月公布；成之庄，位于泗门镇西大街社区望安路，2017年1月公布。

【姚剧】

姚剧，原名余姚滩簧，又名鹦歌戏、灯戏、灯班等，属吴语系滩簧类地方剧种，脱胎于余姚当地“车子灯”“采茶蓝”“旱船”等民间歌舞及“雀冬冬”等民间说唱艺术。形成于17世纪中叶，距今已有近300年发展历史。主要流行于浙东余姚、慈溪、上虞等地，是浙江省四大滩簧之一，宁波市第二大地方剧种。1956年9月，经浙江省文化局批准，成立专业的余姚县姚剧团，余姚滩簧正式定名姚剧。同时，在余姚、慈溪一带还活跃着大量业余或半职业性质的民营姚剧团。2008年，姚剧被列入第二批国家级非物质文化遗产保护名录，沈守良被文化部命名为第三批国家级非物质文化遗产项目（姚剧）代表性传承人。

姚剧《王阳明》

【余姚土布】

余姚土布又称“越布”“余姚杜布”，兴起于东汉，在南宋和元明清时期名噪一时。到20世纪80年代，除了余姚，很难看到它的身影。土布制作的基本工序首先是棉花纺线，再次是上色、上浆，最后织成布。土布的工序每一道都有讲究，一般织的花纹土布，一共有632根线。2009年，王桂凤被认定为第三批省级非遗项目余姚土布制作技艺代表性传承人。2011年，余姚土布制作技艺被列入第三批国家级非遗名录。

【方言】

余姚方言处于吴语太湖片临绍小片与甬江小

片交汇地，大部分地区属临绍小片，东南部分地区为甬江小片。自秦汉至中华人民共和国成立，建置和境域基本保持稳定，方言也相对单纯。城区及其周围属临绍小片，梁弄一带更接近于上虞方言；利济塘以北的滨海地区因绍兴移民较多，带有绍兴方言。中华人民共和国成立后，界域迭次更改，原余姚东北部划入慈溪，而原慈溪的西南部及奉化、嵊县、上虞的一部分划入余姚，于是两小片方言交汇。余姚方言既保留古代遗韵，又表现出鲜明个性。语音声调简单朴实，声母清浊有致，韵母丰富多彩。词汇形式灵活，结构丰富，语义生动。语法相当简略，又变化多样。

（市史志办）

区划人口

【行政区划】

2017年，余姚市新增阳明街道中江社区、兰江街道锦凤社区。至年末，在余姚市行政区域范围内，设6个街道办事处、14个镇、1个乡，共有265个行政村、19个居委、39个社区。

【人口】

2017年末，全市户籍总户数304897户，户籍人口837336人，其中非农业人口497920人；户籍人口男女性别比为100∶102.7；18周岁以下人口103343人，60周岁以上人口224053人。2017年，全市出生7099人，在出生人口中，男性3635人，女性3464人，男女性别比为104.9∶100。人口出生率、死亡率分别为8.48‰和8.70‰，自然增长率为-0.22‰，比上年下降0.69个千分点。2017年末，全市流动人口登记在册人数为605208人，其中男性335957人；未成年流动人口99890人，60周岁以上流动人口12035人。

（市民政局、市公安局）

名优特产

【水稻】

水稻为余姚的主产农作物，栽培历史悠久。在距今7000年的河姆渡遗址第四文化层中，发现大量的稻谷、谷壳、稻叶、茎秆及木屑、苇编等堆积物，经鉴定考证，大部分为人工栽培籼稻，从而证明中国是世界水稻的起源地之一，宁绍平原杭州湾地区是稻作起源的中心。1965—1966年，全县水稻亩产分别达445.5千克和515千克，成为全省首批实现农业发展“纲要”和超千斤的县。1988年，全市29453.3公顷粮田平均亩产833千克，成为全省乃至全国第一批实现粮食超“双纲”的县（市）。2006年后，余姚市多次被农业部授予“全国粮食生产先进县（市）”称号。

【茶叶】

余姚田螺山是迄今为止考古发现的中国最早人工种植茶树的地方，把中国开始种植茶树的历史，由过去的距今约3000年，上推至6000年前。据晋代王浮《神异记》记载，余姚人虞洪入山采茗，在瀑布山遇道士丹丘子赠大茗（即瀑布仙茗）。唐代陆羽在《茶经》中三次提及余姚瀑布仙茗，瀑布仙茗也是《茶经》中惟一有名号的茶叶。2017年，市茶叶加工企业宁波十二雷茶业有限公司选送的“四明十二雷”绿茶获得“华茗杯”2017全国名优（绿、红）茶产品质量评选活动优秀奖。

【杨梅】

余姚是中国杨梅的发源地之一，余姚杨梅有乌种、红种、粉红种、白种四大品种群系，荸荠种、粉红种、水晶种、荔枝种、湖南种、早大种、迟种等20余个品种，品种数量之多位居全国前列。其中，荸荠种杨梅是余姚主要栽培品种，以其果实成熟时呈紫黑色，形似荸荠而得名，主要分布于三七市镇、丈亭镇、大隐镇、陆埠镇、凤山街道等姚东地区，俗称“东山乌杨梅”。姚西马渚镇、牟山镇、临山镇一带主产白种、粉红种杨梅，俗称“西山白杨梅”。

水晶种杨梅又名白砂杨梅，为中国品质最优的白杨梅。2017年，“余姚杨梅”入选2017中国果品区域公用品牌价值榜，品牌价值升至10.55亿元，“余姚荸荠种杨梅”获得浙江省“十佳杨梅”称号。

【棉花】

余姚于南宋时开始引种棉花，明代已广泛种植于大古塘以北围垦涂地。其时，棉花品种分江花、北花、浙花三种，其中浙花是指江浙一带的棉花。明末徐光启在《农政全书》中称“浙花出余姚”，说明余姚产棉花不但品种优异，栽培技术也居领先地位。清乾隆年间，棉花种植发展到大古塘以南地区，形成相对连片种植的半稻半棉区。民国时期，全县年均种植棉花3.7万公顷，占全省棉花种植总面积的三分之一以上。1989年，余姚被农业部定为商品棉基地县。1998年，再次被农业部定为优质棉生产基地县。

【榨菜】

余姚市是我国著名的榨菜生产加工基地，是全国最大的榨菜生产加工基地，是农业部命名的“全国榨菜之乡”。截至2009年，全市有榨菜基地面积8000公顷，年产鲜榨菜头5亿千克以上，全市有榨菜加工企业120余家，加工产值12亿元，全国市场占有率达到60%，并出口10余个国家和地区。姚北榨菜秋种春收，菜色微黄，具有质地嫩、脆的特点，种植地主要集中于姚北濒杭州湾的泗门、临山、小曹娥、黄家埠等乡镇，种植连片集中，榨菜圆头大，特别鲜嫩，口感爽脆。2017年，余姚榨菜上榜“全国果菜产业绿色发展百佳地标品牌”和“全国十佳蔬菜地标品牌”，同时获得两项大奖。

【甲鱼】

余姚甲鱼外形色泽光亮，裙边光滑厚实富有弹性，体内脂肪较少呈自然黄，品质上乘，接近野生甲鱼。余姚甲鱼为国家农产品地理标志保护产品。全市生态甲鱼套养面积超2000公顷，年产值超3个亿。2011年，余姚被授予中国生态甲鱼之乡称号。2013年，余姚市水产技术推广中心申报的“余姚甲鱼”通过农业部农产品质量安全中心审查和组织专家评审，实施国家农产品地理标志登记保护。2017年1月13日，第八届中国余姚·河姆渡农业博览会暨第四届中国甲鱼节在中塑国际会展中心开馆，参展人数达27万余人次，总交易额达7515万元，比上届增长3.5%。

【茭白】

余姚河姆渡茭白历经多年选育，具有出苗早、孕茭早、个体大、肉质嫩、品质优、产量高的特点。据河姆渡遗址考证，早在7000年前已有野生茭白生长，在姚东低洼地区历来有种植茭白的习惯。1998年，被浙江省农作物品种审定委员会认定为“河姆渡双季茭白”，并获省农博会银质奖，注册为“古址”牌商标。2017年，余姚茭白上榜“全国名特优新农产品目录”。

【蜜梨】

余姚蜜梨具有个大、均匀、汁多、外观漂亮，含糖量高、品质好的优点。“舜水牌”“嫦娥牌”等蜜梨品牌多次在浙江省、宁波市评比中获奖，成为省、宁波市优质农产品，其中“舜水牌”蜜梨夺得2000年浙江省精品水果展示会一等奖。全市拥有宁波市专业特色村——小曹娥镇曹一村，低塘镇果木园等一大批优质、高效梨生产基地和低塘早熟蜜梨种苗基地。2017年，余姚蜜梨上榜“全国名特优新农产品目录”。

【葡萄】

余姚是浙江省葡萄的重点产区之一，已有20余年栽培历史，栽培区域集中分布在姚西北临山、黄家埠两个乡镇，主栽品种已由过去的“金皇后”“巨峰”调整到“藤稔”“美国提子”等优良品种。全市葡萄生产栽培集中，规模大，品种新、质量好，栽培品种均为当前市场最受欢迎的优良品种，如红提、青提、黑提等均具有味甜、色艳、粒大、耐贮的特点。2017年8月，临山镇味香园葡萄专业合作社选送的“黑美人”葡萄获2017浙江精品果蔬展销会金奖。11月，临山镇成为省级特色农业（葡萄特色）强镇创建对象。同月，“余姚葡萄”品牌入选2017中国果品区域公用品牌价值榜，价值升至8.01亿元。

（市史志办）

经济和社会发展

【经济总量】

2017年，全市实现现价地区生产总值1023.23亿元，比上年增长13.1%，按可比价计算，增长7.6%。其中，第一产业实现增加值46.07亿元，增长3.2%；第二产业实现增加值585.67亿元，增长8.0%；第三产业实现增加值391.49亿元，增长7.4%。三次产业之比为4.5∶57.2∶38.3。按户籍人口计算，全市人均地区生产总值为122175元（按年平均汇率折合18095美元）。

【财政收支】

2017年，全市财政总收入152.45亿元，比上年增长9.1%，其中税收收入140.07亿元，增长8.6%。完成一般公共预算收入90.65亿元，增长7.8%。全市一般公共预算支出102.68亿元，增长9.6%，其中教育、文化体育与传媒、社会保障和就业、医疗卫生、节能环保等民生支出79.06亿元，占一般公共预算支出的77%。

【农业、农村】

2017年，全市实现农林牧渔业总产值70.83亿元，按可比价格计算，比上年增长2.7%。其中，完成农业产值50.38亿元，增长5.2%；林业产值4.17亿元，增长5.9%；牧业产值8.22亿元，下降13.1%；渔业产值6.2亿元，增长4.7%；农林牧渔服务业产值1.85亿元，增长24.4%。全年粮食作物播种面积29672公顷，增长2.5%，粮食总产量20.17万吨，增长3.7%。生猪存栏增长8.4%，出栏下降17.5%；家禽存栏增长9.3%，出栏下降50.2%。新评定宁波市级农业龙头企业4家，省级骨干龙头企业2家，累计111家，其中产值上亿元的达12家。

2017年，全市新增浙江省美丽乡村示范乡镇2个，特色精品村4个；创建宁波市美丽乡村合格村27个，美丽乡村示范村4个、美丽乡村示范乡镇2个和美丽乡村风景线2条。15个村完成省农村生活垃圾机器堆肥试点任务。全市污水治理“首创”项目完工60个。

【工业、建筑业】

2017年，余姚市入选首批“中国制造2025浙江行动”试点示范城市，并荣获宁波市“中国制造2025”国家级试点示范城市建设工作二等奖。全年全市规模以上工业企业实现增加值286.51亿元，增长10.8%。分行业看，在32个行业大类中，21个行业增加值同比上升，占比前十位的行业共完成工业增加值241.42亿元，占规模以上工业增加值的比重达84.3%，比上年提高3.5个百分点（与2016年公报数据比），其中电气机械和器材制造业完成增加值56.34亿元，居各行业之首；汽车制造业增长59.5%，增速居前十位行业之首。全年规模以上工业企业实现销售产值1399.27亿元，增长17.3%。其中出口交货值为376.37亿元，增长9.6%。全年规模以上工业企业实现利税总额134.71亿元，增长27.6%，其中利润总额86.49亿元，增长30.5%。规模以上工业亏损企业127家，占企业总数的10.8%；亏损额4.2亿元，同比下降17.6%。

2017年，全市规模以上工业企业新产品产值率达到42.8%，同比提高2.7个百分点。全年实现规模以上战略性新兴产业增加值129.4亿元，规模以上高新技术产业增加值151.2亿元，分别增长20.8%和17.1%，占规模以上工业增加值的比重分别达到45.2%和52.8%。全年规模以上工业企业科技活动经费支出32.08亿元，比上年增长18.4%，同比提高0.2个百分点（与2016年公报数据比）。“机器换人”自动化技改不断推进，全年规模以上工业企业资产同比增长9.8%，而从业人员平均人数同比增长2.7%，规上工业劳动生产率达13.75万元/人，同比增长7.9%，人均创利税6.47万元，同比增长24.4%。

2017年，全市完成建筑业产值139.08亿元，其中外省产值15.66亿元，分别下降16.8%和38.3%。房屋建筑施工面积870.79万平方米，下降18.7%。全年建筑业从业人员平均人数5.81万人，比上年减少0.49万人。

【固定资产投资、城市建设】

2017年，全市完成固定资产投资616.78亿元，增长7.8%。其中民间投资增长14.4%，第一、二、三产业分别比上年下降49.4%、1%和增长15.6%。商品房销售面积121.81万平方米，比上年下降3.3%。

2017年末，中心建成区面积50.54平方千米。体育场东路道路改建工程、四明东路（城东路—南排江路）道路新建工程等6条道路顺利完工，四明西路西延工程二期（郭相桥中路—直江路）等一批工程正在稳步推进。结合城市交通拥堵治理工作，完成了城区三路口改建工程，新增专用停车位2151个，改建老小区停车位108个。完成南雷南路、谭家岭西路、中山北路等重要路段绿化改造与提升，完成城区各类绿化补种修复50万平方米。新增公共自行车站点8个，总量达到153个，实现租用量150余万人次，日均租用量约4300次。

【贸易、旅游】

2017年，全市商品销售总额1533.16亿元，比上年增长19.2%。其中批发业销售额1078.85亿元，增长20.4%，零售业销售额454.31亿元，增长16.4%，全年完成社会消费品零售总额437.13亿元，增长12%。限额以上社零按商品类别分，服装类和家用电器类商品增速较快，分别增长53.9%和24.6%；粮油食品类下降3.4%，石油类增长1.3%。年末全市限额以上贸易企业达251家，全年实现营业收入522.94亿元，实现利润总额3.29亿元。

2017年，全市举办四明山旅游节等40多项节庆活动，共接待国内外游客1246.56万人次，实现旅游收入115.94亿元，分别同比增长12%和13%。全市农家乐乡村旅游接待游客约638万人次，直接营业收入约6.18亿元，分别增长20.8%和20.6%。大隐镇芝林村成功创建中国美丽休闲乡村，戚海农业科技园被评为全国休闲农业与乡村旅游五星级企业（园区），牟山湖垂钓中心列入浙江省果蔬采摘基地。

【对外经济、招商引资】

2017年，全市外贸自营进出口总额720.22亿元，增长17.2%。其中，出口483.86亿元，增长11.4%；进口236.36亿元，增长31.3%。三资企业、外贸流通企业、自营生产企业分别完成出口额151.16亿元、76.8亿元、255.89亿元，分别增长11.1%、2.5%和14.5%。机电产品出口额349.2亿元，增长12%，占全部出口比重为72.2%；高新技术产品出口额40.47亿元，增长16.5%。欧美市场仍然是出口的主要地区，其出口额占出口总额的62.8%，其中对俄罗斯、美国的出口额实现了35.6%和13.6%的增幅；非洲、亚洲出口额分别增长12.9%和5%。全年新增对外贸易经营备案登记企业584家，累计达2732家。自营出口实绩企业2328家，比上年净增146家，其中超亿元企业93家。

2017年，全市新批外商投资项目69个。实到外资4.5亿美元，下降10.5%。余姚市外实到内资73.9亿元，增长0.15%；宁波市外实到内资72.02亿元，增长12.9%。浙商创业创新实到资金45.02亿元，增长6.8%。

【交通、邮电】

2017年，全年完成公路客运量263万人次，公路旅客周转量35767万人公里；公路货运量1163万吨，公路货物周转量117515万吨公里。完成城区、城乡共7条公交线路的优化完善，共新（改）建公交候车亭50个。余姚至宁波城际列车开通，相关线路已有6条。年末，出租汽车拥有量445辆；城区公交线路21条，投放运营车辆306辆；城乡公交线路88条，投放运营车辆386辆；小型汽车保有量280424辆，其中私人小汽车237954辆。

2017年末，全市共有固定电话用户数27.9万户，移动电话用户数164.5万户，互联网宽带接入用户数50.2万户；完成电信业务收入14.4亿元，增长5.8%。电信、移动、联通、铁通完成邮政业务收入1.45亿元，增长5.5%。

【银行、保险】

2017年末，全市金融机构本外币存款余额1473.86亿元，增长7.1%；金融机构本外币贷款余额1219.32亿元，增长1.7%。年末，全市银行业金融机构达32家，其中政策性银行1家，大型银行4家，股份制商业银行12家，城市商业银行12家，邮储银行1家，农村合作金融机构1家，新型农村金融机构1家。

2017年，全市实现保费收入26.64亿元，比上年增长7.9%。其中，财产险保费收入12.5亿元，增长2.4%；人身险保费收入14.14亿元，增长13.4%。赔款和给付9.35亿元，下降4.2%。其中，财产险赔付支出6.94亿元，下降3.8%；人身险赔付支出2.41亿元，下降5.1%。

【科技、教育、人才】

2017年，获得省技术发明奖三等奖1项，宁波市科技进步奖二等奖3项、三等奖2项；新认定高新技术企业19家、省高新技术企业研发中心3家、宁波市企业研究院1家、省高成长科技型中小企业27家、宁波市工程（技术）中心18家、余姚市工程（技术）中心16家。全市累计拥有各级研发中心328家，其中国家级1家，省级43家，宁波级112家，余姚级172家；拥有省级重点企业研究院4家，省级企业研究院3家，宁波市级企业研究院10家；共发放创新券257万元、研发费补助199家共1256万元；立项国家重大科技专项1项，宁波工业重大项目5项，宁波智团创业项目8项。已有各类众创空间10家，其中宁波市级以上众创空间2家。新增专利申请7841件，授权4283件；其中新增发明专利申请2348件，授权592件，占专利总量的比例分别为29.9%和13.8%。

2017年末，全市共有各级各类学校341所，在校学生总数15.17万人。其中，普通高中10所，在校学生10945人；中职学校7所，在校学生9041人；初中30所，在校学生27162人；小学83所，在校学生65856人；幼儿园211所，在园学生38560人；特教中心1所，在校学生160人。年内，全市投入建成学校共12所，投资2.39亿元。小学、初中适龄人口入学率均达到100%；小学升初中比例为100%；初升高比例达到99.15%。全市通过浙江省标准化评定学校111所，占全市现有义务段学校总数的98.2%。全市拥有浙江省数字校园示范学校3所，宁波市智慧校园示范学校10所。全年全市共实施教育基建项目44个，投入资金3.33亿元。

2017年，成功承办第四届中国机器人峰会暨智能经济人才峰会、首届全球智能制造创业创新大赛以及海内外高层次人才余姚行等重大人才活动，全市新增博士后8人，累计培养和引进国家“千人计划”专家60人，省“千人计划”专家30人（新入选8人），宁波“3315计划”个人12人、团队10个。引进国外人才21人。新建院士工作站2家，累计12家；新建技能大师工作室2家，累计6家；培训高技能人才3695人，总量达2.75万人。新引进人力资源服务机构3家。

【文化、卫生、体育】

2017年，组织开展余姚市第七届全民读书节系列活动，围绕传统节日、文明城市创建、喜迎中共十九大、剿灭劣Ⅴ类水等主题开展内容契合的群众文化活动约680场次。公共文化服务中心完成各类演出配送440场次，四明阁“天天演”演出365场次，受惠群众近6万人次。图书馆提升服务水平，新增图书近5.9万册，接待读者34.8万余人次，“书香余姚”全民阅读数字平台点击量超过371万次。农村“2131”工程放映3000场次，观众50余万人次，公益基地放映300场次，观众4.5万人次。余姚博物馆、河姆渡遗址博物馆、王阳明故居等文物开放点接待110余万人次。梁弄镇以梁弄大糕制作技艺为主体成功申报宁波市首批非遗特色小镇创建单位。虞舜传说和莲华文书分别入选宁波市文广局的国家级、省级非遗申报后备库项目。

城乡居民医疗卫生条件进一步改善。2017年末，全市实有病床3296张，卫生技术人员6384人，其中执业医师（含助理）2441人，注册护士2617人。按常住人口统计，每千人床位数、卫技人员数、执业医师（含助理）数和注册护士数分别达到3.15张、6.10人、2.33人和2.50人。全市适龄儿童七苗覆盖率93.3%，免疫预防服务质量保持全省先进水平。加强妇幼保健服务与管理，实现孕产妇零死亡，全年常住人口婴儿死亡率1.94‰，5岁以下儿童死亡率2.84‰，均稳定在较低水平。全年全市无偿献血8231人次，献血总量249.9万毫升，用血4857人次，用血总量215.2万毫升，无输血安全事故发生。

2017年，创建各类省级群众体育项目30个，新建或改建各类球场37片、健身路径34条。全市已拥有各类球场521个，健身路径1307条，市级体育社团28家，三级社体指导员2216人，人均体育用地面积达2.12平方米，所有公共体育设施和符合条件的学校体育场地设施100%向社会开放，基本形成10分钟城乡体育健身圈。全市已有宁波市业余训练点和体育传统项目学校12所，省级及以上青少年校园足球特色试点学校20所。积极向上输送优秀体育苗子10人。第十三届全运会余姚市体育健儿获2金3银1铜，以及1个第五名、1个第六名，创全运会历史最好成绩。全年体育彩票销售收入1.99亿元。

【民生保障、慈善事业】

2017年，余姚市全体居民人均可支配收入46125元，比上年增长8.5%。其中，城镇居民人均可支配收入52982元，增长8.5%；农村居民人均可支配收入31019元，增长8.5%。按一体化城乡住户调查新口径统计，城乡居民可支配收入比为1.71∶1。2017年，余姚市居民人均生活消费支出29769元，增长7.2%；农村居民人均生活消费支出21903元，增长6.9%。

2017年末，职工基本养老保险、职工医疗保险、失业保险、工伤保险、生育保险参保人数分别达49.5万人、40.3万人、24万人、36.5万人、23.9万人，其中职工基本养老保险、职工医疗保险比上年末分别净增2.3万人、3.0万人。全市城乡居民社会养老保险、被征地人员养老保障参保人数分别为32.5万人和17.5万人，本市户籍人口养老保险参保率达94%。

2017年，全市拥有各类社会福利机构34处，床位6793个，社区服务设施3158处。全市共有低保对象8242户、10807人，其中农村低保7844户、10294人，城镇低保398户、513人。每月支出低保资金591万元。

2017年，全市慈善总会募集善款6325.5万元，比上年增长5%；全年救助支出5632.5万元，增长6.8%。至2017年底，全市慈善总会累计募集已达7.87亿元，累计救助支出6.62亿元，受助46.7万人次。2017年末，全市共有网站注册志愿者5.38万余人；2017年，共开展各种市级志愿服务活动10场。

【生态建设、社会安全】

2017年，全市空气质量优良天数285天，比率为78.1%，比上年提高1.6个百分点。PM2.5浓度为41微克／立方米，下降6.8%。全市改造和新建绿化面积约385公顷，新植珍贵树种31万株，完成四明山区域生态修复约234公顷，创建省级森林城镇2个、省级森林村庄6个、省级生态文化基地1个、宁波市级美丽森林村庄1个，森林生态建设不断深入。排查全市“一大三中”水库等12个饮用水水源地，持续优化水环境。

2017年，全市共发生各类生产安全事故65起、死亡47人，按可比口径，事故起数、死亡人数分别下降8.5%、16.1%。全年共立案查处食品安全各类违法案件257件，其中大要案127件，罚没款331.45万元。全年共受理刑事案件1567件，审结1596件，分别同比下降14.9%和15.6%，判处罪犯2086人；受理各类民商事案件12614件，审结12845件，分别同比下降1.1%和0.2%；受理行政诉讼案件59件，审结63件，分别同比下降45.9%和42.7%。加大对社会高度关注的犯罪活动的打击力度，审结危害食品药品安全、醉驾、涉黄赌毒等犯罪案件共635件。坚决惩治腐败、不作为、滥作为，审结受贿、玩忽职守、滥用职权等犯罪案件11件。

（市统计局）

中共余姚市委员会

综 述

2017年，中共余姚市委统筹抓好稳增长、调结构、促转型、抓改革、惠民生、防风险各项工作，实现现代化创新型生态城市建设的良好开局。制定学习宣传贯彻党的十九大精神计划，各层面累计宣讲2700余场，实现村社宣讲全覆盖。推进“两学一做”学习教育常态化制度化，成立浙江四明山干部学院，学习宣传《习近平谈治国理政》第二卷、习近平总书记系列重要讲话，以及省、宁波市党代会、全会等重要会议精神，进一步增强“四个意识”、坚定“四个自信”。打造全省“最多跑一次”改革领跑县市，制定出台“大脚板走一线、小分队破难题”专项行动余姚方案。

增创发展新优势，狠抓产业转型，把智能经济发展作为“一号工程”，深入推进“中国制造2025浙江行动”县级试点示范建设，研究出台智能经济“1135”政策体系。侨梦苑、浙江机器人产业集团挂牌成立，浙江大学机器人研究院正式运转，中意（宁波）生态园招商引资量质齐升，“千人计划”产业园新增注册项目30个，累计投产45个，智能机器人小镇8个项目投产，智能光电小镇入选省第三批特色小镇创建名单。两次举行“五重二大”项目集中开工仪式，举办第四届中国机器人峰会、首届世界姚商大会、第十九届中国塑料博览会。

召开专门会议部署推进幸福和谐之城建设，第八次获评“中国最具幸福感城市”。“余姚—宁波城际铁路”开通运营，杭甬高速余慈连接线、姚江“西分”等重大工程进展顺利，梁弄镇入选第二批全国特色小镇，成功创建一批美丽乡村示范镇、示范村、风景线。配合做好中央环保督察，“三改一拆”超额完成年度工作任务，剿灭劣Ⅴ类水和首批“污水零直排区”创建通过宁波验收，创建成为“清三河”达标县。

出台关于锻造铁军先锋的意见，部署开展“争做铁军先锋、争立发展新功”活动，3次召开乡镇（街道）党（工）委书记工作交流会，组织开展“打通中梗阻、提升执行力”“知行合一、勇立潮头”大比拼等活动，号召学习胡建江、黄大年先进事迹。落实农村基层党建“浙江二十条”，深化“整乡推进、整市提升”，完成村、社区基层组织换届，推进“前哨支部”建设，全面推广“村民说事”制度，“姚·先锋”“银辉”等党建品牌更加响亮。深化正风肃纪。贯彻落实中央八项规定实施细则精神，推进反腐败斗争，组建成立市监察委员会，完成纪检监察机关职能整合，完善实施“1+3”基层巡察工作制度，制定派驻纪检监察组《履职清单》。

从严从实抓好自身建设，为全市党员干部做好表率。强化民主集中，严格执行市委重大事项酝酿会、市委常委会、市委全会、“五人小组”等议事决策规则，“三重一大”（重大事项决策、重要干部任免、重要项目安排、大额资金的使用）等事项均由集体研究、集体决定。听取民主党派、工商联、无党派人士的意见建议。强化党性锤炼，落实《关于新形势下党内政治生活的若干准则》，固化落实“党员组织生活日”制度。强化法治意识，注重以法治思维和法治方式改进领导、推动工作，组织开展集体学法和普法宣传。强化廉洁自律，遵守《廉政准则》，执行中央“八项规定”精神和省委实施细则的办法、宁波“20条措施”，自觉接受党内外监督，没有发生违纪违规问题。

——（市委办）

重要活动

【市委十五届二次全会】

8月8日，召开中共余姚市委十五届二次全会暨市政府第二次全体（扩大）会议方案。市委委员、候补委员，市人大、市政府、市政协领导班子成员，法检两长，中意（宁波）生态园管委会领导班子成员，在余姚副巡视员及其他副市级以上领导，市纪委委员出席会议。市委书记奚明主持会议。会议贯彻落实党的十八大、十八届历次全会和习近平总书记系列重要讲话精神，按照省第十四次党代会和宁波市第十三次党代会要求，回顾总结上半年工作，研究部署下半年任务。

（市委办）

【重要调研】

聚焦领导关注重点，围绕打造宁波东方文明之都样板区的目标，把文化名城建设作为调研工作的重中之重，深入调研形成《东方文明之都视角下的文化名城建设路径探析》。聚焦基层管理难点，围绕优化基层经济社会发展管理体系、提升管理水平等开展调研，形成《余姚经济开发区城东新城东区属地管理实施方案》《关于调整完善中意宁波生态园 余姚经济开发区 浙江“千人计划”余姚产业园管理体制的总体方案》《关于调整完善中国塑料城和高铁新城开发建设管理体制的总体方案》等方案。聚焦群众反映痛点，把解决人民群众反映强烈的突出问题作为调研工作的切入点，形成《关于市档案馆项目审批过程中有关问题的调研报告》等一批社会民生类调研报告。

（市委政研室）

政策研究

【概况】

2017年，市委政研室学习贯彻落实党的十九大精神，围绕市委中心工作和上级关心、群众关注的重点焦点问题，先后起草宁波市委书记郑栅洁首次到余姚调研汇报、关于深化基层社会治理“一张网”建设工作情况汇报、《余姚市群团改革总体方案》、《关于全面推广“村民说事”制度全力提升基层治理水平的实施意见》等10余篇市委领导讲话稿和市委意见类文稿，形成《东方文明之都视角下的文化名城建设路径探析》《余姚经济开发区城东新城东区属地管理实施方案》等近10篇调研报告，在加快智能经济发展、加大招商选资力度、加强资源要素保障等方面出台政策意见。

把全面深化改革摆在关键位置，谋项目，抓落实，突出机制建设和考核督查。2017年，谋划确定6大领域、27个重点改革创新项目，全市新增省级以上改革试点2个，获得宁波市级以上领导批示16次，基层科协组织建设、物联网电动车防盗工程建设等改革创新经验得到宁波市级以上复制推广。

【政策制定】

2017年，坚持把优化政策体系作为开展政研工作的应尽之责。围绕加快智能经济发展，制定出台《关于加快“中国制造2025浙江行动”试点示范市建设推智能经济发展的若干意见》；围绕加大招商选资力度，制定出台《关于进一步强化招商引资“一号工程”的若干政策意见》《关于进一步完善培育引进总部型企业政策的意见》。

【《关于进一步深化拓展市领导“五联五促”专项活动的实施意见》出台】

4月，市委政研室起草形成《关于进一步深化拓展市领导“五联五促”专项活动的实施意见》，以余党办〔2017〕29号文件印发。《意见》对市领导开展“联系服务基层促破难创优、联系服务群众促民生改善、联系服务企业促转型升级、联系服务人才促创业创新、联系服务项目促跨越发展”专项活动提出实施意见。

（市委政研室）

市委办公室工作

【概况】

2017年，市委办公室在市委领导下，学习贯彻落实党的十九大精神，围绕市委重点工作，落实各项工作措施，推动市委决策的贯彻落实。

【决策服务】

市委办始终把服务领导决策、当好参谋助手作为办公室工作的“第一要务”，围绕现代化创新型生态城市建设，领会和把握市委和市委领导的工作思路，做到参之有道、谋之有方、言之及时。

调查研究　2017年，完成《关于进一步深化拓展市领导“五联五促”（联系服务基层促破难创优、联系服务群众促民生改善、联系服务企业促转型升级、联系服务人才促创业创新、联系服务项目促跨越发展）专项活动的实施意见》《余姚市“争做铁军先锋、争立发展新功”活动方案》《关于进一步落实习近平同志对余姚革命老区发展重要指示精神深化梁弄全国革命老区全面奔小康样板镇建设的总体方案》《东方文明之都视角下的文化名城建设路径探析》《关于加快“中国制造2025浙江行动”试点示范市建设推智能经济发展的若干意见》等重要文稿。全年谋划确定6大领域、27个重点改革创新项目，并根据工作需要，随时增加改革项目。2017年，全市新增省级以上改革试点2个，获得宁波市级以上领导批示16次，基层科协组织建设、余姚打造移动互联网“微法院”等5项改革创新经验得到宁波市级以上复制推广。

文稿起草　2017年，按时保质地完成各类领导讲话稿件、调研文章、汇报材料、经验介绍等文字材料250余篇。在法治工作上，正式制定“法治余姚”建设工作目标管理考核实施细则，《推进刑事案件律师辩护全覆盖》等两个项目被确定为法治宁波建设共建项目，审核报备规范性文件15件。在主体责任履行上，完成市委落实全面从严治党主体责任和主要负责人履行“第一责任人”职责情况的各项报告。在新闻稿审核上，全年审核市委及主要领导新闻稿200余篇。

信息服务　信息工作围绕更好发挥党委信息主渠道作用，进一步提高报送质量，信息服务实现“报送早、情况实、数量多、质量高”。全年完成上级信息考核分1348分（全年目标考核分为800分）。全年共编发《信息通报》37期、《信息通报》（增刊）19期、《信息专报》19期、《每日汇报》190期，总计采用、上报各乡镇（街道）和市直各部门信息1000余条。其中《余姚市坚持“四个最优先”着力打造人才发展生态最优市》《余姚市公安民警胡建江赤胆忠心为人民感动社会》等多篇信息被省委办或宁波市委办录用并得到省、宁波市领导批示，《浙江余姚市深入贯彻落实习总书记重要批示精神推动“黄大年精神”转化为创新发展动力》被省委办公厅以“上报中办专件”形式报至中共中央办公厅，《余姚推进“六个一”工程倾力打造全国智能经济发展样板》等多篇信息被评为宁波级好信息。

【协调督考】

市委办发挥综合协调职能，分解落实项目的领衔市领导，为专项行动迅速启动、高效推进奠定基础。加强对乡镇（街道）和部门之间的工作协调，协调相关部门做好工作，协调各地各部门抽调精干力量，聚合各方各界的资源和力量，协助市委总揽全局、协调各方的政治领导核心作用得到彰显。

年内，将“中国制造2025”“浙商回归”“剿灭劣Ⅴ类水”“大脚板走一线、小分队破难题”抓落实专项行动等省市重点工作列入重点专项考核指标，结合以“双争”为主题的全市乡镇街道党（工）委书记会议，汇总通报全市十余项主要经济指标和重点工作、重点项目完成情况。进一步督促各地各部门认真抓好、落实主要经济指标双底线管理。同时，办好省市两级领导的重要调研事项、重要批示事项、重要交办事项，促进相关工作要求落地落实，并及时向上反馈进展情况和结果。全年共协调处理完成省委、宁波市委领导批示件38起，《今日聚焦》《第一聚焦》曝光问题整改督办10起，相关亮点特色性工作信息被宁波市委督查专报录用5篇，其中被宁波市委主要领导批示肯定4篇。同时对领导关心关注的工作开展常态化督查，并多次组织“回头看”，巩固整改成果。

年内，改变以往每个市直部门甚至社会团体都有对乡镇（街道）考核的模式，对考核指标进行精简，以宁波对县（市、区）考核指标为参照，共有市科协、市档案局、红十字会等21家单位被削减考核，使考核更具针对性和实效性。同时，把目标管理考核工作纳入余姚市城市大数据平台，优化考核程序。目标管理考核工作得到宁波市委书记郑栅洁的肯定批示，并被宁波电视台一套采访，在《浙江日报》头版予以刊登。

【办文办会】

结合教育实践活动，围绕“办文、办会、办事”，对各项工作制度进行梳理完善，规范操作程序，明确标准要求，严格按程序办事，不断推进办公室内部工作的责任制度化、服务规范化、操作程序化。全年共下发市委文件76份，市委办文件94份，会议通知43份。全年共办理大小会议170余次，组织承办上级领导到余姚检查指导和兄弟县市到余姚学习考察共60余批次，确保市委务虚会、第四届中国机器人峰会和塑料博览会等大型会议和重要活动的顺利举行。同时，做好老干部、人事工资、档案管理、文印收发、车辆管理、党报党刊征订等其他后勤服务工作，确保机关工作正常运转。

【队伍建设】

市委办在科级干部的选拔和任用过程中，坚持民主推荐、民主测评、公开公示、组织考察、集体研究、任前谈话等程序。2017年，2名干部提拔为中层副职，1名干部提拔为中层正职，3名干部提拔为副局级，1名副局级干部、3名正局级干部调任其他工作岗位。

持续抓干部思想作风。突出学习贯彻党的十九大和宁波市委十三届三次全会精神这条主线。持续抓好各项改进作风措施的落实，带头贯彻落实中央八项规定和省委、宁波市委改进作风系列措施。2017年，全市各类文件同比减少16%，各类会议同比减少13%，各类简报内刊同比减少17%。

利用余姚革命老区等优势，开展一系列活动。6月，全体人员集中学习习近平关于严肃党内政治生活重要论述；8月，组织全办党员干部赴黄湖监狱现场接受廉政警示教育；10月，全办人员集体观看党的十九大开幕式；11月，集中学习宁波市委十三届三次全会精神。

（市委办）

组织工作

【概况】

2017年，市委组织部在上级组织部门的指导和市委的领导下，贯彻落实党的十九大和省、宁波市党代会精神，开展干部队伍建设、人才队伍建设、基层党的建设，各线工作取得新的进展。

【领导班子和干部队伍建设】

村社组织换届工作完成 2017年，全市302个村社共选举产生党组织班子成员1218名，村（居）委会班子成员1163名，村（居）监会班子成员1147名，村股份经济合作社董事会成员922名。村党组织书记组织意图人选当选率98.9%，37人不符合资格条件被劝退，10人被取消候选人（自荐人）资格。共发放4万余张换届纪律提醒卡，查处1起拉票贿选行为。组建11个联系督导组，每周至少1次进行督导。换届工作得到省和宁波市换届督导组肯定。

年度考核和干部日常调整 修订完善乡镇（街道）、市直部门领导班子和领导干部年度考核实施办法，组织开展2017年度领导班子和领导干部考察。加快推进调整不适宜担任现职领导干部工作实现常态化，提出市管领导干部职务调整十条意见，做好干部日常调整工作。全年共提拔任用市管领导干部42人，转任重要岗位25人，岗位调整159人。做好市委巡查组、派驻中意（宁波）生态园管委会纪检监察组、市社会治理综合指挥中心以及四明山旅游度假区、老区办、招投办等机构设立、调整单位的干部选配工作。

干部培养 全面启动实施“凤来雁归百人计划”“专业干部百人计划”“后备干部百人计划”等“三个百人计划”，分层分类建立动态干部库。健全完善上挂下派等干部实践锻炼制度，把有发展潜力的干部选派到基层一线、重大平台、先进地区或艰苦地区锻炼。全年共有10名干部到国家部委、省直机关、重大发展平台挂职锻炼，9名市直部门后备干部到乡镇（街道）挂职锻炼，4名80后干部参加宁波市“三重三跨”（选派干部到重大工程项目、重要工作任务、重点开发区域挂职，并在机关、企业、高校、基层之间开展跨条块、跨领域、跨体制互派挂职）挂职锻炼，抽调6名干部赴深圳、上海招商引智，选派50余名年轻干部、后备干部到“三改一拆”“五水共治”等急难险重岗位挂职历练。继续推进“姚江学子回归计划”，赴吉林、成都、杭州三地招考，招收24名事业人员，其中硕士研究生16名，首次面向应届优秀毕业研究生公开选拔市管领导干部培养人选。

余姚市面向重点高校毕业生选拔干部座谈会举行

领导干部转岗和退出机制 执行上级文件精神，明确领导干部在离退休年龄3年左右可根据工作需要由市委安排转岗或退出现职。修订完善重点工作督导机制，出台《关于建立市委市政府重点工作督导制度的通知》，设立11个市委市政府重点工作督导组，抽调23名有丰富工作经验的退职正副科（局）级领导干部担任组长和副组长，针对急难险重任务、定期督导发现存在问题或进展滞后的工作，不定期开展随机督导。

干部教育培训 开展党的十九大精神集中轮训。利用两个月时间，分六期安排全体市管干部共计1024人参加集中学习培训。依托姚江讲坛这一市管干部自选大课堂开展党的十九大精神宣讲，各乡镇（街道）分管党群工作的副书记，分管组织、宣传的党（工）委委员，市直部门政工领导及自主报名的市管领导干部共计200余人参加培训。

从严锻造“铁军”先锋，制订年度集中教育培训计划。注重突出重点班次，对15期中青班实行封闭式管理、组织部派员全程管理、班委自主管理相结合的管理模式，军事训练、课堂教育、现场教学、互动教学相结合的教学模式，教师讲课、学生总结、导师指导相结合的课堂模式。组织赴重庆大学举办依法行政专题研修班，赴厦门大学举办“学习党的十九大促进余姚新发展”专题研修班。注重加强统筹协调。市直部门机关党组织书记培训班、新闻发言人培训班、党外代表人士和统战干部培训班等主体班次方案均严格审定把关后实施。每月一期组织开展“姚江讲坛”。配合上级组织部门做好以市级领导为主体的调训工作。

“一报告两评议”工作开展 全年累计个别谈话680人，抽查干部档案123本，对2016年度新提任的229名中层干部开展民主评议，3882人参加，征集干部选任方面的意见建议81条，发现履行程序、中层干部交流、年轻干部培养、台账资料整理、干部档案审核等5个方面的问题141个，以共性问题面上通报、个别问题点对点提醒的方式，做好发现问题的反馈。

落实民主生活会制度。发动各地各单位有序开展2017年度民主生活会。市纪委、市委组织部通过派督导组、安排干部列席、抽查等方式进行全程督导。

落实个人有关事项报告制度 坚持“凡提必核”，组织市管领导干部开展个人有关事项2016年度集中报告，抽调专人做好相关信息的集中输入、汇总分析。优化填报前的教育提醒流程和措施，尽最大可能防止非主观故意触及红线。开展查核结果比对工作，全年函询30人，取消考察对象资格2人，较2016年减少。开展中青班学员初步人选的个人有关事项查核，对不如实填报的4人实施诫勉。

干部监督管理 重视群众监督，畅通网络、电话、信件、短信、来访等“五位一体”干部信访举报渠道，按干部管理权限和情节做好查办、督办、反馈等工作。重视市管干部任前公示举报受理，做好查核处置工作，1名市管干部被终止提任程序。严格出国境审批，市管干部因私出国（境）审批和因公出国（境）备案坚持严格把关和高效便捷相结合。共办理市管干部因私出国（境）审批130人次，因公出国（境）备案56人次。突出关键少数监督，做好经济责任事项离任交接“全覆盖”，实行审计组进点、意见交换等重点环节共同参与，强化经济责任审计，做好经济责任审计结果报告存入个人档案工作。做好市管干部社团兼职的清理规范工作，122名干部主动辞退社会团体兼职职务。

【人才工作】

平台建设 引进大院大所、共建创新载体的节奏逐渐加快。浙江大学机器人研究院、诺丁汉余姚国际研究院等相继落户，中国科学院知识产权协同创新体、中科院宁波材料所智能制造创新港正式落户。

人才引进 全年新引进高科技项目30个，引进国千专家10人，被评为全省重才爱才先进单位。产业园累计注册高科技项目100多个，集聚了一大批以“千人计划”专家为代表的领军人才和高端创业创新团队，其中落户“国千”专家60人、“省千”专家30人。

4月24日至28日，宁波市专家服务企业服务基层余姚行活动正式启动。其间，35位行业专家首先深入余姚企业、单位，提供培训指导，共解决技术难题40多项，达成合作意向10余个。

重大活动 2月21日，中国·余姚首届全球智能制造创业创新大赛启动。5月16日至17日，第四届中国机器人峰会暨智能经济人才峰会在余姚举办。7月1日至2日，省海外高层次人才联谊会新材料分会2017年会暨国际纳米材料高峰论坛在余姚举行。

人才服务 9月27日，余姚市出台《关于实施人才发展新政策加快建设人才强市的意见》。其中发布的“人才新政25条”涉及人才引进、人才培育、发展扶持、服务保障、责任落实等五大方面问题，构建起了一个全方位、全链条的政策支持体系。新政主要包括：将原“3个500万”政策加码升级为“4个500万”；明确提出全面实施“阳明学者”制度、“百企百‘千人’”工程等举措；首次制定人才分类目录，细化人才分类，为人才和用人单位“按图索骥”对照并享受相应政策提供便利。

8月1日，市“千人计划”专家保健中心在市人民医院揭牌成立。10月11日至15日，全市再次开展“千人计划”专家健康体检和疗休养活动，并组织30余位专家赴湖南韶山接受现场红色教育。

工作成就 推动黄大年生前唯一一家企业发展壮大，宁波江丰电子材料股份有限公司成功上市。9月20日，全省人才工作会议在杭州举行，作为6家发言单位中唯一的县市区代表，市委书记奚明作典型发言，向全省介绍人才工作的“余姚经验”。11月21日，宁波江丰电子材料股份有限公司董事长姚力军通过省科学技术重大贡献奖综合评审答辩，成为余姚和宁波获此荣誉的第一人。12月11日，2017年中国侨商会科技创新委员会年会上，甘中学团队获第五批国侨办重点华侨华人创业团队称号。全市人才工作蝉联省“七连优”，宁波“六连金”。

【基层党建】

“整乡推进、整市提升” 锚定“精耕细作100周、达标提升100%”的目标，15个乡镇（街道）完成“整乡推进”达标目标，其中8个乡镇（街道）达到示范标准。按照“看得出、摸得着，有触动、见实效”的要求，围绕立体式、集中式、开放式展示要求，落实240余万元资金用于补助党建阵地显性建设，全市已打造“农家小院·党建园地”等一批不同类型、不同特色的党建走廊、党建片区，条件较成熟的泗门镇、梁弄镇已启动全域党建亮显工程试点工作，全域推进基层党建显性化建设。

两新组织党建工作水平提升 年内，对全市两新组织开展集中排查，共排查各类两新组织22865个，建立党建工作基础台账16773份。在排查摸底基础上，对两新组织党建工作“两个覆盖”（党的组织覆盖和工作覆盖）情况进行“回头看”，组织开展两新组织党建“奋战60天，集中抓组建”专项工作，单建规上企业党支部161家，调整联合支部42家。加强新产业新业态党建，重点打造宁研院、低塘电商园、阳明青创园等示范点，基本形成具有规模效益的新业态党建工作示范群。加强以民办学校和民办医院为重点的社会组织党建工作，完善社会组织党建工作平台，推进社会组织（党建）服务中心建设，辐射服务全市700余家社会组织。探索特色小镇等集聚区党建工作，制定机器人小镇、光电小镇党建工作方案，建立特色小镇党建工作“三单一表”（责任清单、问题清单、任务清单、任务推进表）。

余姚市开展基层党组织书记集中轮训，学习领会系列讲话精神

深化远程教育学用工作 对全市370个远教站点地毯式开展“两查两提高”（全面检查设备情况、提高完好率，督查使用管理情况、提高学用成效）专项活动，实施远程教育“点线建精、整片建强”，创建省级、宁波级远教示范带，建设完成15个远程教育示范片，达标乡镇（街道）比例超过85%，示范乡镇（街道）比例超过60%。发挥远程教育全媒体平台优势，推出党的十九大精神、“两学一做”学习教育常态化制度化、剿灭劣V类水、省党代会等专题内容。深化教育培训，举办换届后全市村干部培训班、示范型潜力型村书记培训班、入党积极分子培训班等。加强精品化、系列化、特色化党员教育片（课件）的拍摄制作，开发《王阳明三字经》《从王阳明话干部担当》等课件，并指导各乡镇（街道）拍摄前哨支部、志愿者服务等电教片。

“前哨支部”建设 按照“抓实基层支部”要求，根据村社辖区面积大、党员数量多等实际情况，运用“支部建在连上”做法，以1个或多个村（居）民小组（网格）为基本单元，共建立村社“前哨支部”988个。选优配强以支部书记为重点的“前哨支部”班子成员，列出支部书记权责清单，细化支委工作职责、权力范围及具体工作要求，把党员日常教育管理基本职能落到“前哨支部”。依托“前哨支部”平台，引导党员干部联户走访群众、联席会商说事、联动聚力实干，真正把“前哨支部”打造为教育党员的学校、团结群众的核心、攻坚克难的堡垒。推进“前哨支部”建设做法经验在宁波市基层党建重点任务推进会上进行发言介绍，相关做法在《中国组织人事报》《浙江日报》等中央和省级媒体刊发。

“党员组织生活日”制度深化完善　结合省关于主题党日活动要求，深化“党员组织生活日”制度，推动全面从严治党落到每个支部、每名党员。强化主题党日针对性，注重发挥红色资源优势，深化17个党性教育现场教学点和30个示范性开放式组织生活基地建设。强化主题党日严肃性，要求基层党支部开展主题党日活动时，落实悬挂一面党旗、佩戴一枚党徽、温习一节党章、学习一段讲话、重忆一片初心、交纳一笔党费、做好一次笔记“七个一”规定要求。围绕强化主题党日实效性，将“党员组织生活日”开展情况列入各级党组织履行基层党建责任制的重要内容，纳入各级党组织书记抓基层党建工作述职评议的重点项目，作为基层党组织和党员评先评优以及不合格党员处置的重要依据。

“姚·先锋”党员志愿服务行动推进　创新推出“姚•先锋”党员志愿服务行动品牌，举办“姚•先锋”党员志愿服务行动启动仪式暨2017年度公益集市，开展“党员志愿服务月”活动。全市成立党员志愿服务总站，乡镇（街道）和市直部门建立33个党员志愿服务分站，农村、社区和两新组织设立340余个志愿服务窗口，构建起标识统一、上下联动、全域覆盖的党员志愿服务网络。举办党员志愿服务启动仪式，如三七市镇推出“37°爱”，马渚镇推出“渚力军”等党员志愿服务品牌。分类组建法律、医疗、农技、环保等方面的党员志愿服务团队，开展志愿服务，增强服务效果。同时，把助推党委政府中心工作作为党员志愿服务重要内容，组织党员志愿者投身治水剿劣、文明城市创建等重点工作，开展破难攻坚、化解矛盾、宣传引导等服务。

“银辉”党建工作探索实施　在28个城区社区和市老年大学建立“银辉”党支部29个，覆盖

9月22日上午，阳明街道组织“银辉”志愿者开展以“党建引领正能量桑榆献礼十九大”为主题的广场志愿服务活动

离退休党员656人，构建起“银耀四明辉映社区”老干部工作体系。探索制定社区“银辉”党支部职责，重点包括组织开展志愿服务、组织主题党日活动、通报发挥作用情况等6个方面内容。明确“银辉”党支部“三不”原则，即不担负发展党员职能、不转接党员组织关系、不收缴统计党员党费。同时，根据离退休干部的爱好特长、居住社区等实际，全市组建“银辉”志愿服务团队156个，“银辉”志愿者1107人，累计开展志愿服务400余次，服务居民2万余人。11月，承办宁波市离退休干部党建工作推进会。

（市委组织部）

宣传思想工作和精神文明建设

【概况】

2017年，市委宣传部制定下发《2017年市委理论学习中心组学习意见》，围绕学习党的十九大精神等主题，组织市委中心组理论学习15次。开展党的十九大精神主题学习宣讲，组建宣讲团，市领导带头到基层开展宣讲，各地运用“小板凳”“小讲坛”等“小载体”形式深入田间地头、车间班组开展宣讲。完善领导干部讲学考学述学评学制度，推进行政村党组织中心组建设扩面提质，完善季度

通报制度，面向基层中心组发放学习资料2.5万余册，收到基层中心组调研文章163篇，全市基层中心组共开展学习活动450余场次。推进“我最喜爱的习总书记的一句话”系列主题宣讲活动，开展主题宣讲30余场，征集优秀网文100余篇，录制朗读汇音视频20余个，两名选手分获宁波市“我最喜爱的习总书记的一句话”主题宣讲比赛一、二等奖，选手王益楠受邀参加全省诵读晚会，《余姚市六大载体推进“我最喜爱的习总书记的一句话”系列主题宣讲活动》在浙江宣传刊出。开展“百场党课进基层、千名书记上党课”活动，举办“勇立潮头话担当”全市第十届微型党课比赛，组建2017年市委理论讲师团、市阳明文化宣讲团、市微型党课宣讲团、市“知水护水”宣讲团，下发宣讲课题200余个，组织各宣讲团赴基层开展宣讲650余场次，受众5.8万余人次。在全市微型党课比赛中，联合全市26家新媒体平台联动开展图文直播和视频直播，开展“最具人气选手”微信评选活动，网页浏览量达17万，1.3万名网友参与。组织开展“党的十九大”微信知识竞赛、“党的十九大精神”H5大赛，参与人数21.3万。提升“理论说唱”宣教品牌，举办第二届全市“理论说唱大比武”，以文艺说唱形式开展宣讲进基层活动30余场次。

制定出台《新闻培优工程方案》，策划“十三五”规划、“剿灭劣V类水”等专题专栏，加大对黄大年、胡建江等重大典型的宣传报道力度。截至10月底，余姚市在中央媒体上发稿取得突破，其中《人民日报》6篇，中央电视台2篇，《光明日报》3篇，《经济日报》2篇，新华社4篇，央广2篇，中新社5篇。在《浙江日报》发稿20篇，其中头版4篇，头版头条1篇。在《宁波日报》发稿112篇，其中头版24篇，头版头条3篇。制定《余姚市重点新媒体建设推进工作方案》，建立以“余姚发布”为龙头，“姚界”APP、“阿拉余姚”APP、余姚新闻网、余姚视听网为主阵地，各地各部门官微、官博为主力军的市级新闻单位新媒体矩阵，打造好“姚界”新闻客户端，下载量接近7万。制定下发《关于进一步加强新闻舆论监督的实施意见》，打造“部门问政面对面”电视访谈、“打造两区三城，加快建设现代化创新型生态城市”一把手访谈和新闻舆论监督《四明聚焦》三档品牌栏目。开展网络空间净化专项整治行动，落实7×24小时网络值班制度，“人工+技术”双管齐下，确保网上舆情动态第一时间捕捉掌握，启动处置程序。2017年，成功处置超凡家电城、模客小镇涉房纠纷，经济开发区刑满释放人员返聘、丈亭油罐车爆炸、榨菜丰收出售难、江西铅山籍人员非正常死亡等30余起涉及余姚敏感舆情，删除各类有害信息2000余条，约谈网站1家，其中处置“2·23”余姚高铁北站学生群殴谣言的案例入选国家网信办可对社会公开的打击谣言案例库。对网络舜军组织架构、人员构成、运作模式进行重新布局和优化调整，出台《余姚市网络舜军管理办法(试行)》，研发“舜云”网军管理平台。

制定全国文明城市创建补短板工作方案，提出九大短板工作，建立文明城市创建组织领导、督查、考核和问责四大机制，组织实施“六大行动”。制定出台《全国文明城市创建工作考核办法》和《文明城市创建工作效能问责办法》。推进解决创建重点难点问题。组织开展“保洁保序保畅通”行动，组织开展文明城市创建工作专项测评，委托第三方机构开展两次城市文明程度指数测评，定期开展多部门联合的网吧整治非法小广告源头治理和周边两部位整治行动，组织文明城市创建宣传和公益广告宣传工作，成功入围第五届全国文明城市参评城市。完成省、宁波、余姚三级文明单位复评工作，7家单位通过省级文明单位现场考评。实施公民道德建设工程，组织开展全市第五届“讲文明树新风”公益广告创作大赛、“余姚好人”季度评选、第五届宁波市道德模范推举、“文明有我，知行合一”主题文艺巡演、“我们的节日”等活动。全年共评选产生30名“余姚好人”，入选“宁波好人”7人，“浙江好人”3人，“中国好人”1人。江丰电子董事长姚力军、市公安局民警胡建江被评为第五届宁波市道德模范。开展“文明出行”志愿劝导、“我为城市洗把脸”、法律卫生消防等专业化志愿服务队进社区志愿活动100余场。深化全民共建美丽家园活动,继续实施“比、评、考”工作制度。2017年，全市共有59个行政村、26个居住小区、1个集镇、21条公路、38家单位提出创建申报。组织开展第二批“最洁美村庄”评选活动,评选产生10个“最洁美村庄”、10个提名奖。开展以“垃圾不落地、出行讲秩序、办酒不铺张、邻里讲和睦”为主要内容的小城镇文明行动，实施农村环卫长效保洁工作实地测评。深入推进“韵之梨洲”、灿“岚”印象等农村文明示范线建设，引导开展区域性创建活动。推荐申报省级文明村5个，宁波文明镇1个、宁波文明村16个。制定下发《余姚市文明校园创建管理办法》，开展首批市级文明校园创建活动，推荐32所学校参评宁波市级文明校园。开展“我的中国梦”主题教育实践活动，开展清明祭英烈、“学习和争做美德少年”、“童心向党”歌咏、“向国旗敬礼”等系列活动，举办优秀童谣征集传唱、中华经典诵读等活动，评选表彰优秀童谣作品47首。推进“春泥计划”实施点、阳光少年成长乐园、乡村学校少年宫、假日学校等社会教育服务阵地建设，组织开展“阳光少年成长乐园主题日”等志愿教育配送活动200余场次。

举办宁波（余姚）阳明文化周活动，举行阳明文化周开幕式、中国阳明心学高峰论坛、《王阳明的心路历程》首发式、吕峥新作《天机破：王阳明》分享会、阳明故里推介会、阳明故里LOGO发布、姚剧《王阳明》演出等活动，阳明古镇建设项目与蓝城集团正式签约。开展阳明文化传播弘扬行动，建立包含王阳明文献资料、书法作品等的阳明文化资源库。推动阳明文化进机关、进学校、进农村、进社区、进企业，共宣讲百余场，听众达35000余人次。鼓励开发阳明文化元素的文创产品。组织开展阳明文化交流活动，接待贵州、赣州、绍兴等地游学团20余批次，全市组织阳明文化研究学者和文创企业负责人赴贵州修文开展考察活动。巩固“阳光文化”品牌，在“余姚阳光文化”微信公众号发布特色文化活动11次，完成“阳光文化直通车”配送演出420余场次,发放“阳光文化爱心卡”4800余张。组织开展迎新音乐会、文化科技卫生“三下乡”集中服务、国庆戏迷乐、喜迎十九大文艺演出、第四届余姚市百姓文化节、第七届全民读书节和第二十三届四明山电影节等文艺活动。实施“一人一艺”全民艺术普及工程，开通“文化余姚”微信公众号，举办“一人一艺杯”全民K歌大赛和全民朗读大赛海选活动。推进农村文化礼堂建管用育一体化工作，开展“礼堂文化节”、文化礼堂“赶集会”、“文化走亲”“喜迎十九大”农村文化礼堂文艺演出等活动，新建农村文化礼堂16家。实施《余姚市文艺精品创作三年行动计划（2015—2017）》，确定姚剧《浪漫村庄》、纪实文学《蕴情的土地》、民间文艺《毁约之殇》等13个项目为2017年度余姚市级文化精品工程重点扶持项目。姚剧《浪漫村庄》、广播剧《呦呦青蒿》、电视动画片《少年王阳明》、歌曲《我心光明》等4件文艺作品获宁波市第十三届精神文明建设“五个一工程”奖，其中姚剧《浪漫村庄》、广播剧《呦呦青蒿》获浙江省第十三届精神文明建设“五个一工程”奖，广播剧《呦呦青蒿》获全国第十四届精神文明建设“五个一工程”奖。实施《重要文学期刊发表成果奖励办法》（试行），对在全国重要文学期刊发表作品的作者予以奖励，谢志强、帕提古丽、干亚群、何桂英等7位作家在相关期刊上发表小说5篇、散文13篇、文学评论1篇、诗歌4组共12首,其中,干亚群散文集《梯子的眼睛》获得首届三毛散文奖。

夯实基层宣传队伍，优化完善市、镇、村三级基层宣传队伍架构，按照“四铁”要求从严锻造宣传铁军。坚持每月一次部机关夜学制度，围绕专题学习中共十九大精神、阳明心学等主题，举办部机关微型党课比赛，组织开展集中学习研讨，集中夜学11场次，外派4名部机关干部参加基层历练或挂职锻炼，组织部机关年度调研文章评选，提升宣传干部综合能力。深入开展2017年全市宣传文化系统调查研究工作，形成重点调研课题37个；先后组织宣传委员培训、政工师培训、文化干部培训等各类培训班10余场次。

【第四届市百姓文化节开幕】

9月8日，第四届余姚市百姓文化节开幕式暨“喜迎十九大　为人民放歌”大型音乐晚会在龙山剧院举行，第四届余姚市百姓文化节正式拉开帷幕。文化节持续近2个月时间，从市、镇两个层面安排设计了“才艺展示”“艺术鉴赏”“艺术培训”“传统文化”等四大版块共70项大活动。活动涵盖赛事活动、展览展示、节庆活动、文化服务、文化消费等。

【宁波（余姚）阳明文化周系列活动举行】

10月31日，宁波市委、市政府主办的2017年宁波（余姚）阳明文化周在余姚市王阳明故居广场开幕。此次阳明文化周活动包括宁波（余姚）阳明文化周开幕式、中国阳明心学高峰论坛、阳明故里推介活动、《天机破：王阳明》分享会、“阳明故里”LOGO发布仪式、《王阳明的心路历程》首发式等多个板块，吸引了来自全国各大高校的专家学者就阳明思想的传承和阳明文化产业的发展展开讨论。从2015年开始，余姚市确定每年在王阳明先生诞辰日举办阳明文化日系列活动。2017年开始，余姚阳明文化日升格为宁波（余姚）阳明文化周，并授牌成立宁波市王阳明文化研究促进会。

10月31日，市委副书记、市长潘银浩在2017宁波（余姚）阳明文化周开幕式上致辞

（市委宣传部）

统一战线工作

【概况】

2017年，全市统一战线共组织招引50多批浙商姚商、30多个海内外工商社团及其20多家基金和商会团组到余姚考察投资，浙商姚商回归实际到位资金43亿元，完成全年目标的107.5%。其中，6月，举办首届世界姚商大会，共签约项目24个，总投资218亿元，并挂牌成立“世界余姚人总会”；全省首个“侨梦苑”挂牌，成功引进基因港、中信智能科技园等36个项目，总投资150多亿元。发挥市工商联牵头协调作用，协助市政府成立20亿元规模“姚商基金”，完成国资中小企业转贷36亿元。推进鹿亭同心基地建设，2017年，宁波、余姚两级统一战线累计落实帮扶项目11个，到位项目帮扶、扶贫帮困资金135万元。

年内，开展“大脚板走一线、小分队破难题”、“项目经理人”行动、“走亲连心•问计问策”专项活动。统战系统先后获评“护航十九大”“全国文明城市创建”先进集体；实施党外干部队伍建设专项行动，组织开展党外年轻干部综合素质竞赛，新提拔市管党外干部2人，挂职锻炼5人。支持民主党派加强自身建设，新发展成员8名，各民主党派、工商联共向各级人大、政协提交各类议案提案、意见建议70余件。

推进少数民族“四微、六进”工作，拓宽少数民族乐业增收渠道，推动在余姚少数民族农户进驻“邮掌柜”电商平台，全年实现销售150余万元。落实宗教事务管理社会化、法治化建设，完成宗教场所视频监控安装联网全覆盖，推进民间信仰场所登记编号，累计完成304家，全年无宗教领域违建和突发事件发生。以港澳台和海外新生代人士为重点，组织开展“浙江首期海外示范性侨团侨领高级研修班学员余姚行”“浙江台湾周余姚智能经济论坛”“姚台阳明文化缘”等活动。

调整完善市委统战工作领导小组及各部门工

作职责，实现统战工作乡镇（街道）、市直部门全覆盖，实现统战部门与其他常委部门考核同分值。建立完善市、镇两级中共领导干部与党外代表人士、非公经济人士、新阶层代表人士联系交友制度，新的社会阶层工作联席会议制度，组统联席会议制度等一系列重点工作机制。创新实施非公领域“亲清”文化品牌建设，围绕11项主题活动，完善政商交往准则和政商协商平台，相关做法在《情系中华》上作经验介绍。

2017年，市委统战部获得全省、宁波统战信息工作二等奖和创新奖，市侨办被评为全省侨务系统先进集体、宁波侨务系统特色引领活动第二名，市台办被评为宁波市涉台优秀调研成果三等奖、宁波市“台胞台属之家”示范点创建单位，市工商联被评为全国“五好”县级工商联、全省工商联系统先进单位，民进余姚基层委被评为“民进浙江省委会先进集体”，农工党余姚基层委被评为农工党中央“组织建设工作先进集体”、“农工党浙江省委会优秀基层组织”，九三学社余姚基层委员会被评为“九三学社省委会先进基层组织”。

【民主党派班子成员及统战干部培训班举办】

6月12—14日，民主党派班子成员及统战干部培训班举办。各民主党派班子成员、各乡镇（街道）统战委员和统战系统各部门干部共计60余人参加培训。培训期间，举办民族宗教工作形势任务、侨务政策解读、对台工作等课堂教学，并赴台州市开展现场教学。

【“同心同向同行·画出最大同心圆”主题演讲比赛举办】

7月12日，“同心同向同行、画出最大同心圆”党外年轻干部主题演讲比赛举办。来自全市乡镇（街道）、部门的28名党外年轻干部参加比赛，共评选出一等奖2名、二等奖3名、三等奖5名。

【省调研组到余姚调研“亲清”文化建设】

9月7—8日，由省纪委派驻省委统战部纪检监察组组长、省委统战部部务会议成员施建荣和省委统战部副巡视员杨卫敏带队的省“构建‘亲清’新型政商关系”调研组一行6人到余姚，专题调研“亲清”文化建设。调研组一行先后到阳明街道、市商会大厦、舜宇集团、宁波江丰电子材料股份有限公司，召开座谈会，听取余姚开展“亲清”文化建设的专题汇报。

7月12日，“同心同向同行、画出最大同心圆”党外年轻干部主题演讲比赛举办

【姚商基金成立大会暨姚商产业园挂牌仪式举行】

9月25日上午，姚商基金成立大会暨姚商产业园挂牌仪式举行。市委副书记、市长潘银浩出席大会并讲话。市委常委、统战部部长卢建国，副市长薛晓伟出席会议。

【新生代企业家联谊会召开换届大会】

12月28日下午，市新生代企业家联谊会召开第二次会员代表大会，全市140余名新生代企业家联谊会会员代表参加大会。会上，与会代表听

12月28日，市新生代企业家联谊会第二次会员代表大会召开

取并审议通过市新生代企业家联谊会第一届理事会工作报告、新修订的《余姚市新生代企业家联谊会章程》，选举产生新一届理事会，聘请联谊会名誉会长和创业导师。

【赵银海一则社情民意信息获国家领导人批示】

市政协副主席、九三学社余姚市基层委员会主委赵银海撰写的《警惕公立医院盲目参与JCI等国外认证》的社情民意信息，被中央统战部《零讯》采纳，并获得中共中央政治局委员、国务副总理刘延东的批示。

（市委统战部）

市直机关党建工作

【概况】

2017年，市直机关党工委下辖部门机关党组织78个，其中机关党委1个，机关党总支部26个，机关党支部230个，共有党员4291人。另有机关工会71个、妇委会小组8个、机关团支部9个。年度工作围绕“服务中心、建设队伍”根本任务，推进市直机关党的各项建设。

贯彻落实《2014—2018年全国党员教育培训工作规划》，12月27—28日，举办两期中层以下机关党员中共十九大精神学习暨党风廉政教育轮训，参训党员600余人。每季度举办一期“机关党员大课堂”，全年辅导党员干部1200余人次。4月，组织68名机关基层党务干部进行为期两天的专题业务培训。5月，组织1100余名全市入党积极分子参加为期两天半的专题培训。6月，组织50余名机关党组织书记赴山东临沂市委党校接受现场教育，进行业务学习。

完善、细化每月23日在机关党组织中开展“党员组织生活日”工作制度，落实活动方案报备制度，强化督查考核制度，建立片组观摩学习制度。组建11支机关专业志愿服务队伍，参与“姚·先锋”机关党员志愿集中服务行动，组织198名机关党员干部职工参加义务献血，动员广大机关党员认领“微心愿”。组织77个市直部门近2000余名机关党员上街头开展“我为城市洗把脸”志愿者清爽行动、文明交通劝导等志愿活动。

牵头组织开展“打通中梗阻、提升执行力”专项工作，会同市委组织部开展“知行合一、勇立潮头”市直机关中层干部风采展示活动，组织21家市级重点项目的牵头单位，共计42名职能科室科长（主任），通过业绩展示、现场问政等方式，搭建机关中层干部互比互学、互竞互励的平台，助推“大脚板走一线、小分队破难题”专项行动的落实。

10月27日，“知行合一、勇立潮头”市直机关中层干部风采展示活动开展

建立市直机关典型事例的常态化挖掘宣传机制，每月组织一期“组织之星”“担当之星”和“风采之星”的评选活动。举办第四届机关文化艺术节活动，从3月初开始至10月底结束，共开展6项文体活动。文化艺术节吸引70余个市直部门和21个乡镇(街道)1000余名党员参加“走红色之路、当治水先锋、建机关铁军”机关干部现场教育活动、“锻造铁军先锋之路”机关干部朗诵比赛等系列活动。

下发《关于2017年研究课题安排的通知》，开展机关党建工作调查研究。各机关党组织上报调查研究成果57篇，报送的《规范县域机关党的组织生活的路径选择——基于余姚市机关党组织生活日制度落实情况的调查与思考》被评为2017年度全省机关党建理论研究成果一等奖，《以“每月之星”评选活动为抓手推进“两学一做”学习教育常态化制度化》被宁波市直机关党工委评为创新性工作优胜奖。

【全市机关干部朗诵比赛举行】

6月28日下午，由市委组织部、市直属机关工作委员会和市总工会主办的“锻造铁军先锋之路”全市机关干部朗诵比赛决赛举行。来自市直机关和乡镇（街道）的10支代表队参加比赛。

（市直机关党工委）

机构编制工作

【概况】

2017年，市编委办实行事前预审制度，在年度用编计划审核、人员出入编办理、中层干部职数备案、编外用工控制数使用核准等机构编制业务办理中，一次性告知办理程序、办理要求、所需材料；实行“一把手”告知制度，当涉及单位主要领导或分管机构编制领导调整时，把机构编制有关政策，以及单位机构编制基本情况梳理成册，第一时间一次性告知新上任领导。

3月，根据宁波市编办确定的科（局）级事业机构总量控制基数，制定《余姚市科（局）事业单位消化方案》并上报宁波。具体做法有：撤销副科（局）级的市智慧城管中心，设立正（科）局级的市社会治理综合指挥中心；撤销副科（局）级的市招投标中心；将市金融办调整设置为市政府直属事业单位等。

开展2016年度事业单位法人年度报告公示工作，完成年度报告公示346家，报送率99%。推进事业单位法人公示信息双随机抽查工作，8月至9月，随机对11家事业单位的年报公示信息进行实地核查。推进事业单位登记工作，印发操作指南手册，全年共办理事业单位法人登记74家，其中设立登记5家，变更登记62家，注销登记7家。完成机关、社团统一社会信用代码赋码工作，全市144家机构换领了统一社会信用代码证，换证率100%。推进机关、社团和事业单位中文域名的注册服务工作，截至年底累计注册中文域名422个。

监督检查机构编制，推进乡镇（街道）、市直部门机构编制工作目标管理考核和机构编制双责联审工作。规范机构编制管理秩序，结合上级督查、审计和自查工作，梳理并编制《机构编制违纪违规问题清单》，并会同组织、人社、财政等部门制定整改措施，对超权限审批机构、变相增设机构、超职数配备领导等问题，通过办理报批手续、规范机构设置、分流安置超配领导、规范核定领导职数等举措逐一进行整改。

【各项体制改革】

2月，推进监察体制改革，完成市监察委员会的组建工作。10月，协同市纪委、市人民检察院，完成反贪污贿赂、反渎职侵权和职务犯罪预防等机构人员“转隶”涉及的人员编制调整和职能整合工作。推进开发区体制改革，调整中意（宁波）生态园管委会对经济开发区管委会、千人计划产业园的管理体制，调整设置中意宁波生态园管委会、经济开发区管委会、千人计划产业园管理中心的内设机构。推进盐业体制改革，10月，制定并下发市级部门盐业管理有关职责分工。推进公共资源交易平台整合，将农村产权交易平台和隶属发改部门的产权交易平台与市招投标中心整合设置为市公共资源交易中心；将市招标投标管理办公室更名为市公共资源交易管理办公室。

【基层治理体系“四个平台”建设推进】

年初，制定并印发《关于加强乡镇（街道）“四个平台”建设的实施意见》，明确总体要求、工作原则、主要任务和配套措施等。3月，召开推进会，对“四个平台”建设工作进行专题部署。4月，制定并出台《建立市级职能部门职责下沉乡镇（街道）准入机制的实施办法》和《加强市级职能部门派驻乡镇（街道）机构属地管理实施办法》，理顺职能部门与乡镇（街道）的工作关系。6月，成立以市委副书记为组长的市基层治理体系“四个平台”建设领导小组，将派驻机构的主管部门纳入领导小组成员单位，并明确成员单位的职责分工。截至6月，全市所有乡镇（街道）均建立综合信息指挥室。赋予乡镇（街道）推荐市管后备干部和聘用派驻机构负责人的建议权，以及派驻机构人员可按照乡镇（街道）同类人员享受年度考核奖和乡镇工作津贴等激励措施。依托市智慧城管中心设立市社会治理综合指挥中心，构建信息共享、统一指挥的运行机制，加强“四个平台”日常运行的指导、督促、考核等工作。

【“双随机、一公开”工作推广】

构建“双随机、一公开”工作与政务督查、行政执法监督、行政执法全过程记录制度、信息公开、纪检监察相结合的工作机制，推广“双随机、一公开”模式。7月，编印并下发《余姚市部门“双随机、一公开”制度汇编》，使各行政执法单位了解和对接其他单位的工作程序、实施步骤、人员编组等。年底，全市25家行政执法部门（单位）均按要求建立“双随机、一公开”制度，共梳理随机抽查事项297项，覆盖率100%，开展随机抽查600余次，涉及文保单位监管、污染源日常监管、公共场所卫生监督、民办教育培训机构监管、企业安全生产监管等领域。

（市编委办）

老干部工作

【概况】

截至2017年末，全市共有离休干部177人、副市级及以上老领导39人（离休3人，退休36人）、退休干部8954人。围绕“点赞新变化、展望十九大”主题，组织开展第二轮正能量短语征集、“畅谈十八大、展望十九大”征文约稿、“老同志眼中的浙江十大新变化”推荐、“老同志建言十九大、省党代会金点子”征集、“喜迎十九大、书画添光彩”书画摄影展、“银辉”志愿服务争创“优秀志愿者”和“优秀志愿团队”等活动。举行国际形势、台海形势、党的十八届六中全会、党的十九大精神等辅导报告6次，参加老干部800余人次；举办城区离退休干部情况通报会3次，参加老干部370余人次；举办市级老领导读书会1期，参加老领导26人；举办离退休干部党支部书记培训班1期，参加老干部100余人；组织“走、看、促”活动7次，参加老干部195人次。打造“银辉”党建工作品牌，城区28个社区成立“银辉”党支部，下设党小组51个，吸纳党员656名。成立“银辉”志愿服务大队，下设志愿服务团队156个，“银辉”志愿者达1107人，城区社区“‘银辉’党建+正能量”志愿服务组织全覆盖。

全年市属城区医院老干部保健室和就医“绿色通道”共接待离休干部、老领导1351人次，其中门诊1078人次，大厅接待241人次，安排专家537人次，开单配药541人次，安排住院32人次，电话咨询241人次。安排老干部体检及体检反馈工作，138位老干部参加。通过“96345”平台为老干部提供生活照顾等服务，“一键通”共接受老干部生活求助、生病急救服务968人次，其中生活服务515人次，生病急救1人次，其他服务452人次。为老干部联系落实保姆或钟点工71人（户），为老干部提供家政服务311人次。全年共协调解决老干部生活照顾、医疗保健、精神慰藉等方面问题65个。坚持每月23日“走访老干部日”，重点走访90岁以上、特殊困难老干部。全年局机关工作人员上门走访老干部2320人次，电话联系老干部4519人次，收集意见建议112条，帮助老干部解决困难、问题165个。

开展“我是党员我奉献”系列活动，组织机关干部参加志愿服务、结对助学、“慈善一日捐”“微心愿认领”、慰问困难群众等活动。加强联系村结对共建工作，开展“送党课下乡”“送医下乡”“送学下乡”等活动。市老年大学2017年共开设班级70个、课程39门、专业9个，招收学员2210人。市老干部活动中心全年开放（除灾害性天气外）。

【“银辉”党支部成立】

9月底，城区28个社区全面成立“银辉”党支部，下设党小组51个，吸纳党员656名。市老年大学成立“银辉”党支部，下设8个党小组，吸纳党员312名。利用老干部党校平台和每月23日“党员组织生活日”活动，组织党员老干部开展集中学习、志愿服务活动。抓好离退休干部党支部示范点建设，开展“一支部一亮点”“一社区一品牌”特色党建工作培树及实例征集活动。

【三级“银辉”志愿服务网络构建】

市级层面成立“银辉”志愿者联合会，根据服务类别组建纠纷调解、宣讲工作、医疗保健、建言献策、关爱工作、文明劝导、科技帮扶、文化建设、以老助老、便民服务等十个指导联络组。街道（乡镇）、市直部门成立市“银辉”志愿者联合会分会，已成立牟山分会、梁弄分会、泗门分会、兰江分会、河姆渡分会、梨洲分会、文广分会7个分会。社区（老年大学）成立“银辉”志愿服务大队（团队），全市建立“银辉”志愿服务大队29个，志愿服务团队163个，吸纳“银辉”志愿者1419人。“银辉”志愿服务组织已开展各类志愿服务活动450余次，服务居民群众2万余人。

【宁波市离退休干部党建工作推进会召开】

11月10日，宁波市离退休干部党建工作推进会在余姚召开。会上，与会人员观看宣传片《银耀四明　辉映社区——余姚城区社区“银辉”党建工作纪实》，市委老干部局、兰江街道党工委、下菱社区“银辉”党支部书记姜荣华等7家单位、个人作交流发言。

（邵　璐）

11月10日，宁波市离退休干部党建工作推进会召开

信访工作

【概况】

2017年，余姚市本级共受理来信来访和领导信箱2892批、7016人次，分别同比上升1.62%和25.15%。其中，来信430件，同比上升8.04%；来访1555批、5679人次，批次同比下降3.66%，人次同比上升29.84%；领导信箱907件，同比上升8.75%。市信访局被评为宁波市十九大维稳安保工作先进集体、宁波市社会治安综合治理工作先进单位、全省信访系统先进集体。

7月，制定出台《中共余姚市委关于建立健全信访工作责任制的实施意见》，细化明确乡镇（街道）和市级部门及其党政主要领导、其他党政领导和信访工作人员的责任内容，明确督查考核内容和责任追究情形、方式，建立“有权必有责、权责相一致、有责要担当、失职必追究”的信访工作责任体系。同时，各乡镇（街道）和部门出台具体的实施办法。

年内，制定出台《关于进一步加强信访事项规范化办理工作的实施办法》，形成职责清晰、内容全面、流程顺畅、运行高效的业务体系，实现信息全录入、业务全流转、数据全生成、办理全公开，努力实现咨询投诉举报事项平均办理时长缩短10%以上，无效重复次数减少50%以上，企业和群众满意度达95%以上。

【市信访局机关内设科室及下属事业单位调整】

市信访局不再内设市长电话办公室，“12345”政务服务热线的相关职能划至市社会治理综合指挥中心。市信访局成立市“12345”政务咨询投诉举报中心，负责“12345”政务热线及统一政务咨询投诉举报平台的指导监督工作，承办和督办处理上级转送、交办的各类网上信访，管理市本级领导、部门、乡镇（街道）的网上信箱及业务指导工作，监督检查信访事项的回访核实工作，管理信访信息系统，以及受理领导交办的其他事项。

【徐加爱到余姚接待信访群众】

7月20日上午，省委常委、公安厅厅长徐加爱带领相关部门负责人到余姚接待信访群众。在市信访局，徐加爱接待信访群众，听取信访人的诉求，并就相关问题的调处提出指导意见，要求相关单位抓紧落实。随后，徐加爱对余姚社会综合治理情况进行调研。

（张锡波）

党校工作

【概况】

2017年，市委党校（省委党校四明山分校）按计划共举办主体班次21期（其中中青班1期），培训学员2250人次，协办市政协委员培训班5批次，参训205人，承办姚江讲坛7期。与江阴市委党校、临沂市委党校等地方党校和重庆大学、厦门大学等高等院校开展办学合作，全年共组织教师进机关、到乡镇、入社区、走农村，为干部群众宣讲近200余场次，受众超过10400余人次。

全年共接待外训班级247个，培训学员14401人次，其中接待省外主体班次23个，培训学员1406人次；承接外来考察团队及会务团队163个，接待7091人次。与镇海电厂、镇海炼化、温州电力等多家单位建立长期合作机制。制定和完善《余姚市干部教育培训现场教学基地建设管理办法》，桃花岭烈士陵园、梁弄打造革命老区奔小康样板镇展示中心等新的现场教育基地和配套课程加快开发。

全年，共组织参加省市科研管理工作会议12次，提交科研管理总结材料10篇。参与省市科研活动68项，申报省级课题9项，立项4项，结题2项。申报宁波市级课题5项，立项5项，结题7项。撰写提交论文36篇，获省、宁波级奖项7篇，论文发表、专著出版9篇。完成《提升小曹娥镇城镇功能 服务湾区经济发展》《余姚市实施前哨支部标准的经验思考》两篇咨政报告，成为浙江省县级党校智库研究中心理事单位之一。

年内选派1名年轻教师到省委党校挂职锻炼，选送骨干教师赴中央党校、省委党校参加党的十九大精神解读等师资培训班。制定出台《教职工外出离校统计制度》《教职工宿舍管理规定》。加强设施设备运维和改造提升，完成全省干部教育培训工作培训班、“双峰会”等接待任务，配合市委筹建浙江四明山干部学院。

【浙江省加强和改进干部教育培训工作培训班举行】

3月28—29日，全省加强和改进干部教育培训工作培训班在市委党校举行。省委组织部副部长邹晓东出席开班仪式并讲话，杭州、绍兴、舟山、余姚市委组织部，省直机关工委，浙江大学有关负责同志作交流发言。培训班在研讨如何加强和改进新形势下干部教育培训工作的基础上，部署2018年度全省干部教育培训工作任务。

【市委党校成为全国首家县级党校智库研究中心的理事单位】

4月27日，浙江省县级党校智库研究中心暨中国法治实践学派调研基地（余杭）在杭州市委党校余杭区分校揭牌，是全国首家县级党校智库研究中心。市委党校成为全国首家县级党校智库研究中心的十大理事单位之一。浙江省县级党校智库研究中心是依托杭州市委党校余杭区分校组建，由临安、鄞州、余姚等党校以及专家学者共同参与的县级党校智库建设联盟，以智库理论政策研究和重大实践问题为主攻方向，服务党委政府决策，以大党校视角，整合全省县级党校系统智力资源，成为出思想、出成果、出人才的重要阵地。

【浙江中华文化学院传统文化现场教学基地设立】

6月4日下午，浙江中华文化学院在市委党校举行授牌仪式，正式确定市委党校为浙江中华文化学院传统文化现场教学基地。浙江中华文化学院、浙江中华文化海外传播促进会和宁波市社会主义学院有关领导，市委党校常务副校长徐耀华，市社会主义学院副院长毛建忠、赵奇伟、赵瑞林等参加授牌仪式。

【浙江四明山干部学院挂牌成立】

9 月 12 日，浙江四明山干部学院成立揭牌仪式在市委党校举行。省委组织部副部长赵雄文，省委党校校委委员、教育长陈立旭，宁波市委常委、组织部部长、党校校长钟关华，宁波市委党校常务副校长卓厚佳出席仪式并揭牌。

9 月 12 日，浙江四明山干部学院挂牌成立

【市第十五期中青年干部培训班举办】

10 月 10 日，余姚市第十五期中青年干部培训班在市委党校开班，来自全市各乡镇（街道、开发区）和市直部门的 43 名优秀中青年干部参加培训。该期中青班为期两个月，其中集中学习 1 个月，社会调研 1 个月。在培训过程中，首次采用模块化课程设计、结构化研讨教学、信息化学员管理。

（马　震）

档案工作

【概况】

2017 年，市档案局深化“异地查档、跨馆服务”工作，全年接待档案查阅 2652 人次，有效利用 4077 卷 / 件次。完成档案扫描 19863 卷、4525 件，共计 3015449 页，目录检录 1038971 条。全市有 38 家单位完成登记备份，新增数据量 403.33GB。做好 2017 年年鉴史料的记载和余姚大事记的记写。组织开展市档案史料研究会研讨活动，编辑完成 2017 年号《余姚档案史料》会刊。重点档案编研项目——《二十世纪九十年代赵建荣余姚影像集》入选“浙江省百项档案编研精品”。新馆建设 PPP 项目被列入财政部 PPP 项目库，完成前期各项准备工作。

年内，加快推进馆藏档案数字化项目。档案数字化加工继续由上海中信公司提供服务，第三期数字化加工项目进入扫尾阶段，所有数字化加工数据完全脱机备份，移交的全文数据挂接至馆藏档案管理系统，供社会查阅利用。完成全市上年度档案登记备份工作，对馆藏及基层备份所有数据进行可读性检测、整理，部分数据报送至宁波市局，由宁波市档案局统一将数据移交至兰州市档案局进行异地登记备份，确保数据绝对安全。

完成全市民生档案查阅指南编制工作，对市级档案馆和基层档案室所保存的档案内容进行基础性排摸、调查，掌握全市档案总体分布情况。通过加强窗口管理，规范服务行为，创新服务手段，推行主动服务、超前服务、延伸服务，全年档案窗口有效打印 6245 页，复印 2707 页，出证明 180 次，摘抄 448 卷，查阅内容主要涉及婚姻档案、精简下放、养老保险、入伍档案、招工档案、人事调动、知青档案、建房档案、册籍档案等。完善运行流程和公开制度，加强馆际协作和馆室协同，通过联入宁波“异地查档、跨馆服务”工作平台，为社会提供更加便捷的档案公共服务。切实抓好档案安全工作，加强日常检查和定期巡查，做好库房检查、设施设备维护、温湿度控制等工作，确保档案馆库实体安全。通过使用磁盘阵列、硬件防火墙等技术手段，确保档案信息化数据安全。按要求划分物理独立的内外网，确保涉密信息系统、涉密计算机和涉密载体只在内网运行，严防档案信息失泄密。按照《保密法》及其实施条例和《各级国家档案馆开放档案办法》等要求，做好馆藏档案解密和开放工作。

年内，开展档案征集征购工作，内容涉及图书资料、家谱资料、照片档案、名人档案、地方档案等，名人档案有陈玲娟的家族珍贵史料和美术作品。征购“余姚地方档案文献”资料，涉及政治、经济、商业、盐务等领域。购买的图书资料有《余姚土布制作技艺》（浙江省非物质文化遗产代表作丛书）《西潮•新潮》（蒋梦麟回忆录）《王阳明心学》等共76册。

年内，做好“三改一拆”“五水共治”“美丽乡村”等系列档案工作的监督和指导，继续做好农村文化礼堂建档工作，加强农村土地确权工作建档指导和成果检查，建设虚拟档案室系统，逐步实现乡镇（街道）、中心村（社区）档案便民利用服务平台全覆盖。结合《档案法》颁布30周年暨《宁波市档案工作条例》实施20周年，组织举办各类活动。同时，组织参加档案干部能力提升班等业务培训，加大中高级档案专业人才培养，健全档案专业人才库，推进“115”档案人才工程建设。推进网络教育培训和继续教育培训，组织举办全市档案从业人员业务培训暨继续教育培训班，全市各单位档案从业人员共有230余人参加培训。

全年梳理出“最多跑一次”事项10项，其中，公共服务事项4项，权力事项6项。组织开展全市“最多跑一次”行政许可事项文件材料归档范围和保管期限编制报审工作，下发《关于开展“最多跑一次”事项归档范围和档案保管期限报审工作的通知》，并对相关单位进行培训和指导。完善档案领域执法协作配合机制，会同市法制办，组织开展政府信息依申请公开文件材料规范化管理调研，形成《余姚市政府信息依申请公开档案管理规范》。对接“四张清单一张网”（权力清单、责任清单、企业投资负面清单、财政专项资金管理清单和政务服务网）建设，根据行政执法“双随机”抽查监管工作的要求，制定全市档案行政执法随机抽查事项清单、抽查对象名录库、随机抽查实施方案。

【“家庭档案进文化礼堂”活动举办】

6月9日“国际档案日”当天，市档案局组织在兰江街道四明社区举办“家庭档案进文化礼堂”活动。活动中，市档案局督导科科长徐然向社区居民作家庭档案知识讲座，重点讲解家庭档案的概念、作用，如何整理和制作家庭档案，以及需要注意的问题，并展示2件档案馆珍藏的家庭档案电子相册。活动现场还发放《家庭档案册》及《家庭档案小知识》《漫画档案之以案说法》等宣传册。

【《二十世纪九十年代赵建荣余姚影像集》出版】

8月，由市档案局组织编写的余姚市档案馆珍藏系列之四《二十世纪九十年代赵建荣余姚影像集》，由中国文史出版社出版发行，并入选“浙江省百项档案编研精品”。影像集分为名邑余姚、胜迹留芳、古建遗韵、街头拾贝、古树名木五个篇章，共有248张照片，其内容以反映20世纪90年代的余姚城乡风貌和余姚明清建筑遗存为主，结合名胜古迹和古树名木等。

【陈玲娟向余姚档案馆捐赠史料和美术作品】

8月28日下午，官桥陈氏家族史料捐赠启动仪式在余姚档案馆举行。陈玲娟女士委托儿子赵一新先生（省历史学会副会长），在仪式上向余姚档案馆赠送珍贵史料和美术作品，共计6大类22件。其中有陈玲娟创作的美术作品，徐悲鸿亲赠弟子陈玲娟的墨宝，沙孟海为陈玲娟国画的题记，中央电视台为陈训慈抗战抢运文澜阁《四库全书》摄制的纪录片，陈训正（屺怀）评传，陈训慈传记，运书日记，家族成员各个不同历史时期的旧照片等。104岁高龄的陈玲娟女士早年就读于杭州艺术专科学校（中国美术学院前身），后又考入中央大学艺术系，是国画大师徐悲鸿、林风眠的学生。

（许建红）

党史地方志工作

【概况】

2017年，市史志办连续第四年获宁波市年度考核第一名。撰写《关于新建中国共产党余姚历史馆的报告》《关于组建全市家谱中心》《关于进一步加强我市阳明文化的挖掘弘扬工作》等有关调研、建议、报告，获市委、市政府主要领导批示肯定，相关建议成为市委、市政府决策。

党史工作方面，党史三卷初稿基本完成，进入交叉审稿阶段。开展地方党史资料征集，先后征集到余先、彭林、吕炳奎等老一辈革命家的相关史料。对丈亭、河姆渡、大隐、牟山等地开展党史、革命史相关研究。《浙东延安梁弄》等图书正式出版。

地方志工作方面，市政府组织召开全市乡镇（街道）志书编写推进会，落实乡镇（街道）志书编写任务。全市有志书编写任务的20个乡镇(街道)中，正式启动编写10个，4个乡镇完成部分初稿。《舜宇年鉴（2017）》正式出版，成为宁波地区首家出版年鉴的非公企业。2月，召开《余姚年鉴（2017）》编写培训会。《从余姚茹墟徐氏家谱管窥明朝社会》等作品正式出版，多部部门（行业）志和家（族）谱志在宁波评比中获奖。参与宁波（余姚）阳明文化活动周的各项工作，阳明书院于11月9日正式开院，《王阳明的心路历程》等作品出版。

革命胜迹保护方面，上王岗战斗纪念馆新建工程完成土建，进入内部装修布展。梨洲革命历史纪念馆重修工程完成设计方案和招投标工作。泗门成之庄正式开馆。市级党史纪念场馆确定选址，完成装修布展方案。方志馆建设工程纳入市档案馆新建项目。朗霞街道新新红色公园、季卫桥红色纪念碑亭等一批新修、新建项目进行规划设计。

宣教工作方面，举办纪念草茅庵重建四明主力武装70周年系列活动、纪念中国共产党建党96周年暨浙江省新四军历史研究会合唱艺术团专场音乐会。做好革命家子女清明祭扫、中国新四军研究会抗战文物普查等常规接待活动。在《余姚日报》开设“岁月余姚”专版，发挥“岁月余姚”微信公众号、“岁月余姚”讲师团、“岁月余姚”史志服务团队等载体作用，完善“余姚史志”网站、《余姚史志》杂志等宣传平台建设。开展史志工作“六进”活动，赴机关、行政村、社区、学校、企事业单位等开展余姚地方党史、历史文化、姚江人物、家风家训等各类课程宣讲30余场次。

【《余姚日报》“岁月余姚”专版开办】

3月开始，市史志办与余姚日报社合作，推出“岁月余姚”专版，首期专版于3月19日刊发。“岁月余姚”专版内容以记述余姚地方历史文化、历代名人、传统风俗、地方党史、军史、革命史为主，于每月的最后一个星期日在《余姚日报》上出刊一整版。

【基层志书编写工作推进】

1月11日，市史志办到鹿亭乡，就《鹿亭乡志》纲目进行评审指导。2月16日，市史志办到梁弄镇，实地了解该镇志书编写进展，并开展现场指导。3月15日上午，全市召开全市乡镇（街道）志书编写工作推进会，全市各乡镇、街道、经济开发区地方志工作分管领导及联络员，各基层志书编纂人员参加会议。6月2日下午，鹿亭乡召开乡志编纂工作动员培训会。9月4日，市史志办到马渚镇，实地了解该镇志书编写开展情况，对《马渚镇志》编写工作进行现场指导。9月26日，市史志办组织召开了乡镇（街道）志编纂培训会，培训会由余姚历史文化概述、志书编写业务辅导、集体讨论三部分组成，全市20个乡镇（街道）的32位编写人员参加会议。9月27日，小曹娥镇召开《小曹娥镇志》编纂工作动员会。11月8日，大岚镇召开《大岚镇志》编纂工作动员暨培训会议。

【《浙东延安·梁弄》出版】

由中共余姚市委党史研究室、市新四军历史研究会、中共余姚市梁弄镇委员会共同编写的《浙东延安·梁弄》于5月正式出版。全书共分九章，介绍了梁弄的革命胜迹、革命英烈、战斗战役以及地方党群组织发展等情况。浙东抗日根据地中的红军将士、浙东敌后各界临时代表大会名录等资料是首次公开出版。

（市史志办）

涉台工作

【概况】

2017年，全市召开第七次台胞台属代表大会，总结市台联过去五年的工作，确定今后一个时期的任务，审议并通过市台联第六届理事会的工作报告，修改并通过《余姚市台胞台属联谊会章程》，选举产生市台联第七届理事会，张志红任会长。8月，成立市赴台学生联谊会，推选出第一届理事会成员，通过联谊会筹备报告，并组织开展多次联谊、培训活动。启动新一轮“台联之家”创建活动，出台并下发《关于开展“台联之家”创建活动的工作意见》，新选定兰江街道锦凤社区和梨洲街道学弄社区作为新创建点，实现城区四街道“台联之家”基层交流示范点全覆盖。

市台办以机器人峰会、世界姚商大会等大型活动为契机，邀请台商参加，洽谈合作意向。带队台商参加昆博会等，进行专题招商。年内对全市21个乡镇（街道）以及经济开发区台企发展现状进行排摸，完善台企数据库。建立健全台商投诉协调领导小组机制，加大对台商台胞投诉求助案件的协调落实，全年共收到各类求助案件18起，均得到解决。

市台办以活动为平台深化姚台多领域合作，举办“姚台邻里节”、浙江台湾周余姚专场、2017“姚台阳明文化缘”交流等大型涉台交流活动。同时，以做好“家门口台湾同胞工作”为抓手，策划开展“巾帼创业、梦想2017”女台胞台属三八节联谊活动、海台青年篮球友谊赛、台联志愿者服务队应急救护培训、台商中秋暨重阳联谊活动等。全年共接待台湾中兴大学、南投民宿观光协会、台湾台胞权益保护考察团、台湾京剧艺术交流团等团组15个、400余人。

12月28日，市第七次台胞台属代表大会召开

【“姚台邻里节”活动举办】

6月11日，全市举办以“姚台邻里情、两岸一家亲”为主题的2017“姚台邻里节”活动，来自台湾南投县竹山镇里长团、在余姚台胞台属代表、城区四街道社区负责人、居民代表、演出嘉宾等100余人参加此次活动。开幕式上，城区四街道的5个社区分别与台湾南投县5个里结成友好合作关系。

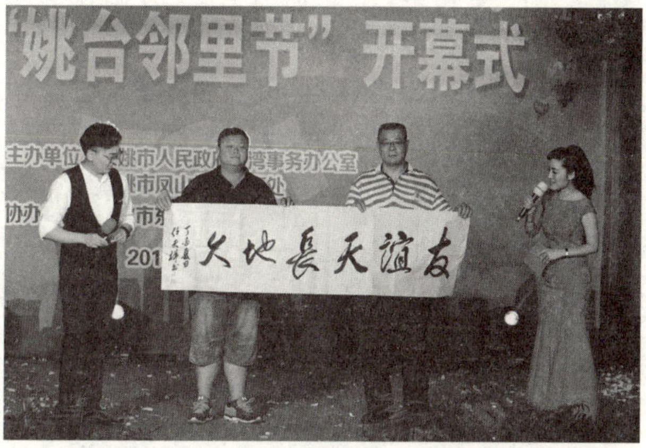

6月11日，“姚台邻里节”活动现场

【姚台智能制造产业对接会举行】

9月22日，2017浙江·台湾合作周余姚专场活动“姚台智能制造产业对接会”在余姚太平洋大酒店举行。此次活动以“聚焦智能制造·助推产业升级”为主题，通过与台湾区电机电子工业同业公会合作，邀请到姚台两地智能制造领域的150余位行业专家和企业家代表参加。会上，市经信局负责人向姚台两地的企业家代表介绍余姚“中国制造2025”的发展规划和支持政策。台湾鼎新电脑副总裁陈刘杰、台湾车王电子股份有限公司董事长蔡裕庆、台湾新代科技股份有限公司董事长蔡

9月22日，姚台智能制造产业对接会举行

尤铿、宁波舜宇智能科技有限公司总经理翁九星四位专家围绕“智能制造——引领企业转型升级”进行主题演讲。随后进行以“从精益生产到智能制造”为主题的互动交流环节。

【“姚台阳明文化缘”交流活动举行】

11月6日，2017“姚台阳明文化缘”交流活动在王阳明故居举行。此次活动作为宁波阳明文化周系列活动之一，以“弘阳明文化，传姚台情缘”为主题，以咏诵会的形式，开展两地民间艺术的互动交流，解读和展示王阳明的思想精华和实践故事。台北宁波同乡会、台南善化文艺专家一行参加活动。

（市台办）

综合指挥

【概况】

2017年，余姚在宁波大市内率先打造基层社会治理直通车，把“四个平台一张网”“12345”政务咨询投诉举报热线，“智慧城管”整合在一起，建立全市非紧急类社会管理事务流转的大枢纽，由市综合指挥中心统筹协调。3个系统同址运营，按照“前台分别受理，后台协同处置”的原则处理事务。

市综合指挥中心依托基层治理体系“四个平台”信息系统，全年共受理、流转、交办、督办乡镇（街道）综合信息指挥室上报的各类社会管理事务81件。对涉及社会治理的网络信息数据进行分析研判，提出意见建议，加强预防预警。依托综治视联网，推动重大疑难或跨部门、跨区域、跨条块的社会治理事项联动处置。

负责管理“12345”政务服务热线的接听，受理政府职能范围内市民各类服务需求，提供有关咨询服务。受理政府职能范围内各类投诉举报，将来电事项转送到相应职能部门，进行协调、督办。负责承办和督办处理上级转送、交办的来电事项。负责对全市各部门来电事项办理的业务指导和培训工作。9—12月，市本级“12345”政务热线坐席总接通量为15374件，其中有效通话量11562件，受理宁波交办件2422件。反映内容比较集中的有城乡建设、环境保护、农村农业、交通运输、商贸旅游及政策法律。

负责管理智慧城市管理系统的运行，负责城市管理问题的受理、分流和督办工作。全年共发现各类问题39082件（含简易案卷），应处置37161件，已结案37155件，结案率为99.98%，及时处置36550件，及时结案率为98.36%。月结案率保持在99.8%左右，月及时结案率保持在98%以上。配合相关职能部门做好城市管理的综合协调工作，通过视频监控实时掌握城市管理现状，为城市管理、建设和发展规划提供决策依据。

年内，全市22个乡镇（街道）、经济开发区均建有综合信息指挥室，主任由政法书记兼任，常务副主任由中层正职担任。下设306个村（社区）级综合指挥平台，由村（社区）主要领导负责分管，治保（调解）主任负责日常运行。全市有1428个网格（含48个非执行网格和44个执行网格），有网格总长312人、网格长1425人、网格指导员865人、专兼职网格员（含网格志愿者）4275人。2017年，全市共上报事件80993件，其中一级事件74958件、二级事件4361件、三级事件1593件、四级事件81件，分别占总数的92.5%、5.4%、2%、0.1%。在四级事件中，涉及到信访矛调、安全生产、市政绿化等问题，占比分别为40.7%、14%、12%，结案率均为100%。市综合指挥中心每月召开乡镇（街道）综合信息指挥室工作例会。

截至11月底，各乡镇（街道）均已出台网格考核办法，每月有工作通报，对网格工作人员排名表彰。市综合指挥中心和乡镇（街道）综合信息指挥室每月均开展网格长业务培训，利用视联网、下村个别辅导、小范围集中强化等形式帮助网格长熟悉“33+1”类网格准入事项及金融、五水共治、环境保护等内容，规范事件上报和关闭流程。5—12月，全市网格活跃度从72%上升到99%，网格长走访巡查数从388354次增加到1258914次，基础信息完整率从51.2%提升到77.7%。在宁波大市积分前1000位的网格长中，余姚占近26%，各项工作数据居宁波大市前列。乡镇（街道）、村（社区）管理账号登录率从8月的25.5%和97.8%变为12月的31.4%和99.4%。在市综合指挥中心组织的三次网格拉练中，各地响应度逐步提升。9月，防台拉练有568个网格响应，上报事件741件；10月，消防拉练有737个网格响应，上报事件1174件；11月，重点区域安全普查有656个网格响应，上报事件1125件。

【市级指挥中心建立】

8月中旬，根据市编委余编发〔2017〕9号文件，市社会治理综合指挥中心正式成立，是宁波市内唯一明确机构编制的实体性工作机构和综合性工作平台。原市综合行政执法局下属市智慧城管中心和原市信访局“12345”政务咨询投诉举报中心一并划入市综合指挥中心挂牌运行，相关事项交接和人员编制划转等工作于10月全部完成。市综合指挥中心内设综合科、业务科、协调督查科和信息技术科。

（林晨赟）

督查考核工作

【概况】

2017年，市委督查考核办共协调处理完成省委、宁波市委领导批示件38起，《今日聚焦》《第一聚焦》曝光问题整改督办10起，相关亮点特色性工作信息被宁波市委督查专报录用5篇，其中被宁波市委主要领导批示肯定4篇。

年内，将“中国制造2025”“浙商回归”“剿灭劣Ⅴ类水”“大脚板走一线、小分队破难题”抓落实专项行动等省市重点工作列入重点专项考核指标，结合以“双争”为主题的全市乡镇（街道）党（工）委书记会议，汇总通报全市十余项主要经济指标和重点工作、重点项目完成情况。进一步督促各地各部门抓好、落实主要经济指标双底线管理。开展每半个月一次的督查，通报各乡镇（街道）土地确权工作“三率”进展情况，并送各乡镇（街道）的联系市领导。由市督查考核工作领导小组牵头，对全市“五重二大”项目、“中意宁波生态园”和“千人计划产业园”两大战略性平台建设以及“五水共治”“三改一拆”“平安余姚”等重点工作进展情况进行督查，收集汇总重点工作（项目）完成情况及存在困难和意见建议。

1月起，对乡镇（街道）和市直部门目标管理考核体系进行调整，制定“1+3”考核体系，并于6月21日和7月6日，先后通过市委重大事项酝酿会和市委常委会审议。变多头考核为单一考核，将全市目标管理考核工作纳入市督查考核工作领导小组领导下，由市委督查考核办负责具体组织实施乡镇（街道）和市直部门目标管理考核工作。目标管理考核结果作为领导班子和领导干部年度考核的重要依据。结合宁波对县（市、区）考核指标，与2016年相比，共有市科协、市档案局、红十字会等21家单位被削减考核。把目标管理考核工作纳入余姚市城市大数据平台，优化考核程序。

（市委督查考核办）

保密工作

【概况】

2017年，全市没有发生失泄密事件。年内，市保密局将涉密文件、电脑硬盘、保密废纸、报刊杂志统一纳入回收范围。下发《关于做好涉密文件涉密载体集中统一清退的通知》《关于做好报刊杂志统一回收的通知》，全年共回收涉密文件1579份，电脑硬盘636个，保密废纸54.14吨，报纸杂志13.5吨。市保密局落实保密检查制度，查防结合，坚持“以查促防、以查促管、以查促教、以查促改”，全年查处各类违规事件48起。重点抓好计算机网络的安全管理，依托互联网接入口保密监测平台，对全市党政机关办公电脑实行24小时监测。注重实地检查，年内对10余家单位开展保密工作抽查，重点检查保密工作台账资料、涉密文件的管理、涉密电脑使用情况，对检查中发现的问题，提出整改意见。开展一年一次的全市非涉密计算机自查工作，全市112家单位共有4823台电脑进行自查，自查率超过85%。

【保密宣传教育】

2017年，市保密局进乡镇、入部门送保密培训课4次，“余姚保密”微信公众号推送保密工作动态、国外保密时讯、信息安全事件，保密知识、案例通报、保密故事114篇，组织各单位观看保密教育专题片20余次。年初，联合市普法办利用城区各大广场的普法宣传栏以及医院、酒店、商场、超市等公共场所的473个电视广告位，对《保密法》进行为期三个月的滚动宣传。9月，为迎接党的十九大胜利召开，市保密局开展了为期一个月的“保密宣传月”活动，组织各地各部门举办“画说保密”图片展40余场，同时利用保密工作微信群开展保密法知识有奖竞答活动。

【保密队伍建设】

2017年，市保密局重点抓好保密队伍建设，要求全市112家单位选择政治性强、作风正、纪律严、业务精人员到保密岗位，并且加入保密工作微信群。在保密员队伍管理上，市保密局通过保密工作微信群，宣传各种保密知识，交流保密工作经验，传递工作动态，分享工作心得。

（市保密局）

余姚市人民代表大会

综 述

2017 年，市人大常委会在市委领导下，履行宪法和法律赋予的职责，依法组织召开常委会会议 7 次、主任会议 10 次，听取和审议“一府两院”专项工作报告 26 个，就有关重大事项作出决议、决定 12 项，依法任免地方国家机关工作人员 124 人次。

市人大常委会突出监督重点，注重监督实效，依法履行监督权、决定权、任免权，加强和改进代表工作，强化自身建设。围绕中心强职能，着力促进经济提质增效；履职为民增福祉，全力推进民生持续改善；聚焦法治促公正，加快推进依法治市进程；立足代表优服务，充分发挥代表主体作用；转变作风提效能，切实提升履职行权能力。同时，综合运用会议审议、视察检查、工作评议、专题询问、跟踪督查等方式，打好监督“组合拳”。在人民代表大会会议期间举行民生实事项目票决、完善全市预算监督管理等方面进行探索和尝试。

（市人大办）

重要会议

【市十七届人大一次会议】

2017 年 2 月 8 日，余姚市第十七届人民代表大会第一次会议在余姚影城召开。会议听取和审查市人民政府市长潘银浩所作的《政府工作报告》；审查和批准《余姚市 2016 年国民经济和社会发展计划执行情况的报告》及《2017 年国民经济和社会发展计划》；审查和批准《余姚市 2016 年财政预算执行情况和 2017 年财政预算》；听取和审查市人大常委会孙钜昌所作的《市人大常委会工作报告》；听取和审查市人民法院院长应启明所作的《市人民法院工作报告》；听取和审查市人民检察院检察长吴超所作的《市人民检察院工作报告》。

会议依法选举诸晓蓓为市人大常委会主任，韩永丰、谢勇毅、姚桂珍、严忠苗、俞剑清、余烽为市人大常委会副主任。会议依法选举潘银浩为余姚市人民政府市长，李森苗、王安静、黄琪、毛丕显、薛晓伟、黄和庆为余姚市人民政府副市长。会议依法选举杜瑾为余姚市监察委员会主任，依法选举应启明为余姚市人民法院院长，依法选举吴超为余姚市人民检察院检察长，依法选举马颖颖、王茂政、吕银淼、朱开方、李明、李国建、杨军、吴宁、吴旭翡、吴建平、余鹏、余张新、汪忠宝、张翊、张维、张建荣、陈万里、陈吉锋、邵金耀、周红霞、郑先锋、宓贤通、胡铁钧、闻学、姜学东、姚文昌、姚惠平、顾素君、顾赛波、黄宝康、黄琼筱、韩健、韩静安为市十七届人民代表大会常务委员会委员。市委书记奚明在会议闭幕时讲话。

【市人大常委会会议】

2017 年，共举行市人大常委会会议 7 次。会议具体情况如下：

2 月 11 日，召开十七届人大常委会第一次会议。会议表决通过市监察委员会提请的有关人事任免事项；举行宪法宣誓仪式。

3 月 9 日，召开市十七届人大常委会第二次会议。听取和审议市发改局局长周成伟受市政府委托所作的《关于 2017 年市 2000 万元及以上政府投资项目和重点工程计划安排的报告》；审议通过《市人大常委会 2017 年工作要点（草案）》；审议市政府《关于 2016 年法治政府建设工作情况的报告》；表决通过市人大常委会主任会议、市政府、市法院和市检察院提请的有关人事任免事项，任命张丽娜、林海、叶向东为余姚市人民政府副市长；会议分类逐项表决通过 2017 年余姚市 2000 万元及以上政府投资项目、重点工程计划安排中的 20 项新建项目。

5 月 23 日，召开市十七届人大常委会第三次会议。听取和审议市经信局局长黄红珍受市政府委托所作的《关于我市中小微企业发展情况的报告》；听取和审议市住建局局长谢高受市政府委托所作的《关于我市房地产及相关“危改”工作情况的报告》；听取和审议市文广局（旅游局）局长李岳定受市政府委托所作的《关于我市旅游工作情况的报告》；审议并通过《余姚市人大常委会关于加强自身建设提升履职能力的决定（草案）》；审议并通过《余姚市第十七届人大常委会代表资格审查委员会组成人员名单（草案）》；表决通过有关人事任免事项；会议接受周红霞辞去余姚市人大常委会委员职务的请求并作出决定。

7 月 28 日，召开市十七届人大常委会第四次会议。听取和审议市财政局副局长鲁永飞受市政府委托所作的《关于 2016 年市财政决算情况的报告》，作出《关于批准 2016 年市财政决算的决定》；听取和审议市审计局局长何吉忠受市政府委托所作的《关于 2016 年市财政预算执行和其它财政收支的审计工作报告》，并对审计工作报告反映问题的整改情况进行满意度测评；听取和审议市发改局局长周成伟受市政府委托所作的《关于 2017 年上半年全市国民经济和社会发展计划执行情况的报告》；听取和审议市财政局副局长鲁永飞受市政府委托所作的《关于 2017 年上半年市财政预算执行情况的报告》；听取和审议市发改局局长周成伟受市政府委托所作的《关于 2017 年市 2000 万元及以上政府投资项目重点工程计划调整情况的报告》，表决通过市 2017 年 2000 万元以上政府投资、重点工程计划调整情况中的 5 个项目；听取和审议市国土资源局局长项立秋受市政府委托所作的《关于地质灾害防治工作情况的报告》；书面审议市政府《市政府关于我市中小微企业发展情况 房地产及相关危改工作情况 旅游工作情况审议意见研究处理情况的报告》；会议接受张丽娜、林海、叶向东辞去市人民政府副市长职务的请求并作出决定；会议接受闻学辞去余姚市人大常委会委员职务的请求并作出决定，表决通过市政府、市人大常委会主任会议、市人民法院提请的有关人事事项。

9 月 28 日，召开市十七届人大常委会第五次会议。会议听取和审议市政府民政工作和安全生产工作的自查报告和调查报告，并对民政工作和安全生产工作分别进行满意度测评；听取和审议市环保局局长鲁海滨受市政府委托所作的《关于剿灭劣Ⅴ类水暨创建“污水零直排区”工作的报告》；审议通过《余姚市人大常委会预算审查监督办法（草案）》；审议通过《余姚市人大常委会关于实施民生实事项目人大代表票决制的决定（草案）》；书面审议市政府《关于地质灾害防治工作情况审议意见研究处理情况的报告》；表决通过市人民法院提请的有关人事任免事项。

11月24日，召开市十七届人大常委会第六次会议。会议听取和审议市政府《关于市十七届人大一次会议代表建议办理情况的报告》；审议通过市政府《关于2017年市级预算调整情况的报告》和《关于余姚市公共文化中心项目投资概算调整情况的报告》；审议通过《余姚市人大常委会关于进一步加强对街道财政预算监督的若干规定》和《余姚市人大常委会关于进一步加强对街道财政监督的若干规定》；书面审议市政府《关于民政和安全生产工作评议意见整改落实情况的报告、关于剿灭劣V类水暨创建“污水零直排区”工作情况审议意见研究处理情况的报告》；表决通过市政府、市人大常委会主任会议、市人民法院、市人民检察院提请的有关人事任免事项。

12月26日，召开市十七届人大常委会第七次会议。会议听取和初审市政府关于2017年国民经济和社会发展计划执行情况及2018年国民经济和社会发展计划（草案）的报告；听取和初审市政府关于2017年预算执行情况和2018年预算草案的报告；听取和初审市政府关于2018年民生实事候选项目形成情况的报告；听取和审议市政府关于2018年市2000万元及以上政府投资项目、重点工程计划安排情况的报告；听取和审议市人大常委会主任会议关于召开余姚市第十七届人民代表大会第二次会议有关情况的说明，并作出相关决定；听取和审议市人大常委会主任会议关于提请审议余姚市第十七届人民代表大会第二次会议议程和各项名单草案等的议案；审议市人大常委会工作报告稿；审议市人大常委会2018年工作要点；听取和审议市人大常委会代表资格审查委员会关于代表变动情况和补选（选举）代表的代表资格审查报告；审议决定人事任命事项；审议市政府关于2018年市级部门预算安排情况的报告（书面）。

（市人大办）

调研考察活动

【“代表进部门”活动开展】

5月至6月，市人大常委会集中组织5个小组共200余名市人大代表开展“代表进部门”活动。市人大代表分别走进市安监局、市环保局、市民政局、市水利局、市民宗局开展活动，市人大常委会主任诸晓蓓，副主任韩永丰、谢勇毅、姚桂珍、严忠苗、俞剑清、余烽分别参加活动。

【“大众创业、万众创新”工作考察情况】

6月20日，市人大常委会开展视察活动，专题视察全市“大众创业、万众创新”工作的推进情况。市人大常委会主任诸晓蓓参加视察并讲话。市人大常委会副主任韩永丰、谢勇毅、严忠苗、俞剑清参加视察活动。副市长薛晓伟汇报全市“双创”工作推进情况。

市人大常委会全体委员及财经工委议事小组成员首先到宁波舜宇智能科技有限公司，听取公司负责人介绍，了解该公司智能制造发展情况。在正庄发展有限公司，全体委员及财经工委议事小组成员了解公司的发展历程、主攻方向以及“双创”工作开展情况。随后召开座谈会。

【市重点工程建设考察情况】

10月24日，市人大常委会视察组对余姚市部分在建重点工程开展视察。市人大常委会主任诸晓蓓，副主任韩永丰、谢勇毅、姚桂珍、俞剑清、余烽参加视察。市委副书记、市长潘银浩，副市长黄琪陪同视察。

视察组一行先后实地视察城区污水收集系统五期工程世南东路（东旱门路至城东路）工程和杭州湾跨海大桥杭甬高速连接线（杭甬高速至余夫公路段）工程建设进展情况。

在随后组织召开的座谈会上，视察组听取市政府关于1—7月2000万元及以上政府投资新建项目中未开工项目进展情况和此次视察活动中两个重点工程进展情况的汇报。视察组对重点工程建设工作给予充分肯定，并就进一步关注民生、加大宣传、加快工程进度等提出意见和建议。

（市人大办）

重大事项

【决议通过】

1月10日，余姚市第十六届人民代表大会常务委员会第三十五次会议通过《余姚市人民代表大会常务委员会关于市人大常委会工作机构名称和相关人员职务名称变更的决定》，将余姚市人民代表大会常务委员会法制工作委员会更名为余姚市人民代表大会常务委员会法制内务司法工作委员会。

5月23日，余姚市第十七届人民代表大会常务委员会第三次会议通过《余姚市人大常委会关于加强自身建设提升履职能力的决定》。

7月28日，余姚市第十七届人民代表大会常务委员会第四次会议通过《余姚市人大常委会关于批准2016年市财政决算的决定》。

9月28日，余姚市第十七届人民代表大会常务委员会第五次会议通过《余姚市人大常委会关于实施民生实事项目人大代表票决制工作的决定》和《余姚市人民代表大会常务委员会预算审查监督办法》。

11月24日，余姚市第十七届人民代表大会常务委员会第六次会议通过《余姚市人大常委会关于批准2017年市级预算调整的决议》和《余姚市人大常委会关于进一步加强街道预算监督的若干规定》，修订《余姚市人大常委会关于加强乡镇预算监督管理工作的指导意见》。

（市人大办）

人事任免

2017年，市人大常委会依法行使人事任免权，全年任免国家机关工作人员124人次。

【任命】

张丽娜为余姚市人民政府副市长。

林海为余姚市人民政府副市长。

叶向东为余姚市人民政府副市长。

顾赛波为余姚市人大常委会城建环保工作委员会主任。

韩家娓为余姚市人民法院审判委员会委员。

严波为余姚市人民法院审判委员会委员。

杜健为余姚市人民法院立案庭庭长。

齐志强为余姚市人民法院刑事审判庭庭长。

严航为余姚市人民法院民事审判第一庭庭长。

叶科技为余姚市人民法院民事审判第二庭庭长、审判委员会委员。

吕利群为余姚市人民法院低塘人民法庭副庭长。

谢桂荣为余姚市人民法院马渚人民法庭副庭长。

姚建林为余姚市人民法院立案庭副庭长。

徐洪为余姚市人民法院刑事审判庭副庭长。

王澈为余姚市人民法院民事审判庭第四庭副庭长。

刘东方为余姚市人民法院审判员。

徐晓飞、施建尧、刘瑾、黄高明、张洪平、万银巨、康文辉为余姚市人大常委会凤山街道工作委员会委员。

严锡利、杨秀儿、冯肖筱、陈德明、竺玉芳、郑亚芳、余鹏、陈伟东、陶亚军为余姚市人大常委会阳明街道工作委员会委员。

蒋柏松、严浩迪、张剑波、闻淼、卢迪飞、殷丽萍、蔡雪君、罗绍利、徐荣南为余姚市人大常委会梨洲街道工作委员会委员。

孙惠清、张国东、许俊宇、郑丽娟、李秀敏、朱建立、李建艇为余姚市人大常委会兰江街道工作委员会委员。

干一峰、马松苗、吴建岳、沈志华、符亚军、徐莹峰、张叶飞、蔡祎、施丽君为余姚市人大常委会朗霞街道工作委员会委员。

岑斌、周伟明、张依成、卢国增、唐明岳、韩红脉、陈庆波为余姚市人大常委会低塘街道工作委员会委员。

杨国元为余姚市人民政府办公室（法制办公室）主任。

周成伟为余姚市发展和改革局局长。

黄红珍为余姚市经济和信息化局局长。

朱小国为余姚市教育局局长。

朱刚为余姚市科学技术局局长。

杨荷锋为余姚市民族宗教事务局局长。

余承嗣为余姚市公安局局长。

王文辉为余姚市民政局局长。

顾天祥为余姚市司法局局长。

施建苗为余姚市财政局（地方税务局）局长。

陈为梁为余姚市人力资源和社会保障局局长。

项立秋为余姚市国土资源局局长。

鲁海滨为余姚市环境保护局局长。

黄晓帆为余姚市规划局局长。

谢高为余姚市住房和城乡建设局局长。

茅建刚为余姚市综合行政执法局（城市管理局）局长。

蔡柏灿为余姚市交通运输局局长。

姚俊杰为余姚市水利局局长。

张建培为余姚市农林局局长。

刘国钧为余姚市商务局（粮食局）局长。

李岳定为余姚市文化广电新闻出版局（旅游局）局长。

陈亚南为余姚市卫生和计划生育局局长。

何吉忠为余姚市审计局局长。

阮岳军为余姚市统计局局长。

蒋狄波为余姚市市场监督管理局局长。

张志红为余姚市安全生产监督管理局局长。

成立海为余姚市财政局局长。

陆国栋为余姚市人民政府副市长。

楼鼎鼎为余姚市人民政府副市长。

金浩明为余姚市农林局局长。

孙雪波为余姚市安全生产监督管理局局长。

吕银淼为余姚市人大常委会法制内务司法工作委员会主任。

吴建传为余姚市人大常委会朗霞街道工作委员会主任。

马安平为余姚市人大常委会城乡建设环境保护工作委员会副主任。

陈四清为余姚市人大常委会农业和农村工作委员会副主任。

周清波、黄芳、徐晶婷、胡文慧、赵建钢、陈汝钿、邱泽松、翁希玲、许茶花、黄建青、张亚青为余姚市人民陪审员。

陈思红为余姚市人大常委会教科文卫工作委员会主任。

戚国芳为余姚市人大常委会阳明街道工作委员会副主任。

高权为余姚市发展和改革局局长。

王文权为余姚市经济和信息化局局长。

王文辉为余姚市财政局局长。

茅建刚为余姚市民政局局长。

刘湛为余姚市人民法院审判委员会委员。

邵培莉为余姚市人民法院梁弄法庭副庭长。

舒琦毅、袁冠飞、瞿鑫、洪森、徐海高、张剑、密锜淋、刘晓清、尚洁、邱青霞、劳暖君为余姚市人民法院审判员。

周幼冲、鲁贯毅、姜人瑜、许维娟为余姚市人民检察院检察员。

谢丽庆为余姚市人大常委会梨洲街道工作委员会主任。

【免去】

赵银海的余姚市人大常委会城建环保工作委员会主任职务。

杜健的余姚市人民法院民事审判第一庭庭长职务。

齐志强的余姚市人民法院民事审判第二庭庭长职务。

严航的余姚市人民法院立案庭庭长职务。

叶科技的余姚市人民法院低塘人民法庭副庭长职务。

姚建林的余姚市人民法院审判监督庭副庭长职务。

徐洪的余姚市人民法院行政审判庭副庭长职务。

陈国辉的余姚市人民法院审判员职务。

潘忠强的余姚市人民法院审判员职务。

李国忠的余姚市人民检察院检察委员会委员、检察员职务。

陈亚军的余姚市人民检察院检察员职务。

章裕明的余姚市人民检察院检察员职务。

施建苗的余姚市财政局局长职务。

张建培的余姚市农林局局长职务。

张志红的余姚市安全生产监督管理局局长职务。

闻学的余姚市人大常委会法制内务司法工作委员会主任职务。

王茂政的余姚市人大常委会朗霞街道工作委员会主任职务。

吕银淼的余姚市人大常委会办公室副主任职务。

顾素君的余姚市人大常委会农业和农村工作委员会副主任职务。

余炯炯的余姚市监察委员会委员职务。

孙富国的余姚市人民法院审判员职务。

郑先锋的余姚市人大常委会教科文卫工作委员会主任职务。

姜学东的余姚市人大常委会梨洲街道工作委员会主任职务。

屠柏荣的余姚市人大常委会阳明街道工作委员会副主任职务。

王文辉的余姚市民政局局长职务。

茅建刚的余姚市综合行政执法局（城市管理局）局长职务。

周成伟的余姚市发展和改革局局长职务。

黄红珍的余姚市经济和信息化局局长职务。

成立海的余姚市财政局局长职务。

王剑波的余姚市人民法院审判委员会委员职务。

陈志和的余姚市人民法院审判委员会委员职务。

陆金城的余姚市人民法院审判委员会委员职务。

张秋海的余姚市人民检察院检察员职务。

张钱江的余姚市人民检察院检察员职务。

（市人大办）

人大代表建议批评和意见办理情况

【概况】

市十七届人大一次会议期间，收到代表议案0件，建议、批评和意见213件。其中，涉及交通、通信、能源类45件，财政、金融类8件，农业、农村、水利、国土类37件，社会保障、人事类7件，教科文卫类43件，社会治安、道路管理类18件，城建、环保、规划类37件，商贸、旅游类9件，其他9件。

根据有关法律法规的规定，有67家单位承办市十七届人大一次会议以来213件代表建议，其中大会期间代表提出的建议206件，闭会期间提出的建议7件。从代表建议办理情况看，其中对办理工作满意的192件，占91.43%；基本满意的18件，占8.57%；不满意的0件。对办理结果满意的185件，占88.10%；基本满意的19件，占9.04%；不满意的6件，占2.86%。对办理结果不满意的建议，经重新督查交办后，2件建议代表表示满意，1件建议代表表示基本满意，仍有3件建议代表对办理结果不满意。从办理结果看，所提建议问题已解决或基本解决（A类）的67件，占31.90%；部分解决或列入计划逐步解决（B类）的116件，占55.24%；因条件、能力所限近期尚不能解决的（C类）25件，占11.91%；未被采纳或留作参考（D类）的2件，占0.95%。

（市人大办）

余姚市人民政府

重要会议

【市政府全体（扩大）会议暨廉政工作会议】

2月20日召开。市政府市长、副市长、市长助理，市政府工作部门主要负责人，各乡镇长、街道办事处主任，市直有关部门主要负责人，市府办副主任出席会议，邀请有关部门负责人列席会议。市委常委、常务副市长李森苗主持会议。会上，市府办副主任冯彦增对2017年《政府工作报告》任务分解作有关说明，市委副书记、市长潘银浩作重要讲话。

【市政府常务（扩大）会议】

2017年，市政府召开常务会议9次（含扩大会议）。会议具体情况如下：

1月9日，召开市政府第四十五次常务会议。审议通过高铁新城控制性详细规划和城西工业园一期、长安、城南、火车站周边地块等四个编制单元控制性详细规划。

1月19日，召开市政府第四十六次常务会议。审议通过《余姚市“十三五”治理城市交通拥堵规划》《余姚市泗门镇总体规划（修编）》《余姚市河姆渡镇总体规划（2012—2030）》和河姆渡镇镇区、镇西地块、罗江工业园《控制性详细规划》《政府工作报告（送审稿）》，研究关于推进新型居住证制度有关情况和《余姚市流动人口量化积分申评办法（暂行）》、余姚市2016年度国民经济和社会发展计划执行情况及《2017年度国民经济和社会发展计划（草案）》、2017年余姚市十方面民生实事有关情况等具体事项。

4月24日，召开市政府第一次常务会议。审议通过《余姚市矿产资源规划（2016—2020年）》《余姚市耕地保护经济补偿实施办法》《余姚市“十三五”土地整治规划》及《2017年土地整治任务分解建议方案》《余姚市畜牧业绿色发展规划》《余姚市卫生计生事业“十三五”发展规划》《大岚镇总体规划局部调整》《大岚镇镇区控制性详细规划》《大岚镇旅游服务设施专项规划》。

6月12日，召开市政府第二次常务会议。审议通过《余姚市安全生产主要风险分析及对策研究》《余姚市水污染防治行动计划》《余姚市“十三五”教育发展规划》，研究关于要求作出凤山新村1号至6号地块危旧房改造项目房屋征收决定等具体事项。

7月14日，召开市政府第三次常务会议。审议通过《余姚市违法用地和违法建设监管责任追究办法（试行）》《鼓励我市企业利用多层次资本市场发展壮大的若干政策意见》《2016年余姚市财政决算（草案）》，研究关于2017年1000万元及以上政府投资项目、重点工程计划调整情况和2017年上半年预算执行情况等具体事项。

8月1日，召开市政府第四次常务（扩大）会议。市政府市长、副市长、市长助理，市人大常委会、市政协分管领导、中意（宁波）生态园管委会分管领导，各乡镇（街道）主要负责人及市直有关部门主要负责人参加会议。市委常委、常务副市长李森苗主持会议。会议专题研究半年度经济形势及下步工作措施，市委副书记、市长潘银浩作重要讲话。

9月29日，召开市政府第五次常务会议。审议通过《余姚市打造“更具吸引力、竞争力的开放合作先行区”对接“一带一路”国家战略行动纲要（2017—2020）》《小曹娥镇总体规划》《牟山镇总体规划》《余姚市土壤污染防治工作实施方案》，研究关于要求作出新西门区块（市职技校北侧地块）危旧房改造项目房屋征收决定等具体事项。

11月3日，召开市政府第六次常务会议。审议通过《余姚市姚东自来水有限公司供水区域内自来水试行价格定价方案》《市属国资国企整合重组及管理体制改革实施方案》《余姚市最低生活保障实施办法》，研究关于市公共文化中心初步设计概算调整等具体事项。

12月21日，召开市政府第七次常务会议。审议通过《余姚市“十三五”养老老龄服务体系发展规划》《余姚市养老设施专项规划》《余姚市域医疗服务共同体建设实施方案》，研究关于余姚市2017年度城乡社区治理工作情等具体事项。

【市长办公会议】

2017年，市政府召开市长办公会议13次。会议具体情况如下：

1月9日，研究关于调整原模具市场处置方案、余姚市2016年国民经济和社会发展计划执行情况及《2017年国民经济和社会发展计划（草案）》、2017年余姚市50万元及以上政府投资项目和重点工程计划安排情况、2017年度主要经济指标安排方案、2017年余姚市政府民生实事项目情况、2016年度财政预算执行情况及2017年度财政预算安排情况、《政府工作报告（初稿）》等具体事项。

2月17日，研究关于余姚市国有（集体）资产清理工作方案、余姚市中心城区保洁保序保畅通专项行动方案、余姚市农村危旧住宅房屋治理攻坚战专项行动实施方案、合作共建浙江大学机器人研究院（余姚）、余姚市第二人民医院新院战略合作协议、甬易支付有限公司员工持股试点方案、进一步强化招商引资“一号工程”工作意见、2017年《政府工作报告》主要任务分解有关情况等具体事项。

3月21日，研究关于余姚市政府与中信集团合作打造“中国云城”、2017年度全市房屋拆迁征收与安置房建设计划、姚江上游余姚“西分”工程采用EPC（设计、采购、施工）总承包方式进行招标、第四届机器人峰会筹备工作情况、余姚市深化医药卫生体制综合改革先行先试推进方案等具体事项。

4月24日，研究关于余姚市2016年投融资运作情况和2017年投融资计划安排情况、加强市级职能部门派驻乡镇（街道）机构属地管理实施办法和建立市级职能部门职责下沉乡镇（街道）准入机制实施办法、余姚市地质灾害综合治理专项行动方案及2017年度地质灾害防治方案、余姚市行业协会商会与行政机关脱钩实施方案等具体事项。

5月18日，研究关于推进小微企业园区建设实施意见、加快企业闲置资产盘活促进经济提质增效发展实施意见、余姚市工业和信息化产业投资基金组建、2017年度余姚市招商引资奖项评比办法、余姚市围涂造地工作、余姚市饮用水源突发环境事件应急预案编制情况、余姚市小城镇环境综合整治有关情况等具体事项。

6月12日，研究关于余姚市危险化学品安全综合治理实施方案、金融支持实体经济实施意见、第十九届中国塑料博览会总体方案，余姚市乡镇（街道）地表水交接断面、考核断面点位设置及考核办法等具体事项。

6月30日，研究关于G228陆埠互通及S319丈亭互通建设工程（胜陆公路余姚段）PPP项目、设立中科协同创新体、四明湖水库防洪能力提升方案、余姚市人民政府与宁波市职业技术学院共建阳明学院补充协议等具体事项。

8月10日，研究关于实施工业企业“350”梯度培育计划的若干意见、余姚市生活垃圾生态型填埋场建设方案、余姚市违法用地违法建筑联动执法快速处置意见、余姚市违法用地违法建筑防控监管实施意见、余姚市地质灾害综合治理工作实施办法、加快推进省教育现代化市创建相关政策、设立姚商基金、设立人才资源产业发展基金等具体事项。

9月1日，研究关于余姚市黏土砖瓦企业整治淘汰实施方案、余姚市城乡生活污水一体化管理办法及农村生活污水治理设施非首创项目运行维护方案、余姚市盐业体制改革实施方案、天下玉苑项目招商进展情况等具体事项。

10月16日，研究关于舜龙公司等四地块收储及运作方案、余姚市政府性债务风险应急处置预案、调整全市乡镇（街道）财政管理体制方案、余姚市菜牛定点屠宰场建设方案等具体事项。

11月3日，研究关于第九届中国余姚·河姆渡农业博览会暨第五届中国甲鱼节方案、余姚中泰生态农业园项目、进一步加强新形势下耕地占补平衡工作、完善国有建设用地转让二级市场试点实施方案、宁波舜通集团有限公司组建方案等具体事项。

11月17日，研究关于2017年市级预算调整情况、舜宇集团“一企一策”政策调整情况、加快保险创新工作实施方案、新华书店并入宁波新华书店集团有关情况、余姚市被征地人员养老保障待遇和缴费标准调整情况及余姚市城乡居民基本养老保险待遇调整情况、余姚市农村公路改造提升工程建设实施意见等具体事项。

12月21日，研究关于余姚市2017年国民经济和社会发展计划执行情况及《2018年国民经济和社会发展计划（草案）》，2018年余姚市50万元及以上政府投资项目、市属国有企业承担建设项目、重点工程计划安排情况，2018年余姚市政府民生实事项目情况，2018年度主要经济指标安排方案，首批“350”企业入库名单，2017年度财政预算执行情况及《2018年度财政预算（草案）》《市级部门预算资金安排情况以及政府工作报告（初稿）》等有关事项。

（市府办）

2017年市政府十方面民生实事

【概况】

2017年，按照民生实事工程实施计划，通过全市各地各有关部门的共同努力，十方面民生实事工程全面完成，各项工作达到或超过预定目标任务。

【促进安居乐业】

城区3个老住宅小区——长新新村、舜北四小区、子陵新村，整治改造工程全面推进。农村困难群众危旧房改造181户，完成目标任务的181%。新增改造农村电网329.18千米，完成目标任务的113.51%。城镇新增就业人员26459人，城镇失业人员再就业5892人，开发公益性岗位1080个，分别完成目标任务的120.27%、122.75%和108%，城镇登记失业率控制在1.09%。新增创业实体14295家，自主创业人员小额担保贷款发放额达5985万元，分别完成目标任务的117.17%和399%。扶持农村电商创业1074人，农村电商创业带动就业人数达到3789人，分别完成目标任务的107.4%和108.26%。农机实用人才培训809人，完成目标任务的101.13%。实施24.3万平方米棚户区（危旧房）改造工程，完成目标任务的162%。

【保障市场供应】

启动余姚海吉星农副产品批发市场迁建工程，全套建筑施工图审图完成，获取能评合格证，建筑工程规划许可证、施工许可证办理中。现场临水、临电、场地平整完成，试桩完成，围墙施工准备中。市第三中心粮库工程建设推进，移交市公建中心，进行招投标公示程序。创建流通领域星级食品安全示范店102家，完成年度计划的102%。

【交通治堵保畅】

推进G228陆埠互通及S319丈亭互通工程建设，完成PPP招标工作。余姚至宁波城际列车6月正式开通。东环北路、北环东路改造工程全部完工。新建农村联网公路42千米，完成目标任务的147.89%。实施堵点去化、车道优化工程，舜水北路与南河沿路、子陵路与中山北路、新建路与北滨江路等城区三路口改造工程完工，共计改造面积15700平方米。实施河姆渡遗址博物馆停车场项目建设，通过国家文物局审批，征地前期准备中。完成三七市到人民医院的“健康专线”延伸，新建（改造）公交候车亭50个，完成九垒山和城西2个公交首末站建设。

【公共文化建设】

完成市公共文化中心建设工程项目初步设计论证，PPP项目实施方案已通过审批。启动档案馆建设工程，PPP项目实施方案已通过审批。全市59个行政村和23个小区完成“美丽村庄”“美丽小区”创建，建成16家农村文化礼堂。制作发放“道德绿卡”170张。开展24小时自助图书馆借还系统和装修工程招投标。完成公共文化配送演出440场次，完成目标任务的104.76%，农村电影免费放映3300场次，完成目标任务的110%。

【生态环境整治】

实施污水零直排工程，全面推进城区截污纳管工程，完成城西工业园区污水总泵站新建工程、候青江区域污水纳管改造工程，基本完成城区污水收集系统五期工程中市政污水管网建设工程、河道截污工程、小曹娥城市污水处理厂三期扩建工程，加快推进老小区雨污改造工程。第一批梁弄、四明山、大岚、鹿亭等4个乡镇和经济开发区通过宁波市“污水零直排区”验收。实施小城镇环境综合整治行动，四明山镇提前通过省级考核验收，剩余5个乡镇（街道）基本完成各项验收准备工作。完成98家企业挥发性有机污染物治理，淘汰10蒸吨/小时及以下高污染燃料锅炉238台，更新新能源公交车32辆，分别完成目标任务的163.33%、476%、160%。回收农药废品包装物92吨，实际处理87.4吨，完成处理目标任务的124.86%。新建投用5座传统公厕及1座生化公厕，完成2座生化公厕主体工程。

【城乡教育提升】

推进市技师学院相关筹建工作，完成市技工学校与市职成教中心学校的整合及申报材料整理，省评审组专家完成现场评估。完成老年大学（二期）工程建设初步设计。完成余姚中学扩建工程。扩大学前教育资源，适龄幼儿入读普惠性幼儿园达81%。

【社会保障扩面】

推进“全民参保登记计划”，本市户籍人口养老保险参保率达94%，医疗保险参保率达99%。向12.05万具有本市户籍年满60周岁及以上享受城乡居民基本养老保险基础养老金的人员，发放每人500元春节慰问金，共计发放6025万元。进一步健全社区养老服务体系，完成阳明街道富巷社区和凤山街道永丰村2个区域性居家养老服务中心建设。

【卫生服务拓展】

实施“助你好孕”助孕服务项目，已完成1084户，完成目标任务的108.4%。实现公立医疗机构云诊室全覆盖，已建成云诊室27家、远程会诊中心6家。推进市、镇两级医院门诊（住院楼）改造工程，市人民医院血透室工程、市第三人民医院门诊楼、兰江街道社区卫生服务中心扩建工程等8个改造工程项目均已开工。

【治水防洪排涝】

姚江上游余姚西分工程EPC Ⅰ标、Ⅱ标完成初步设计，导流明渠兼临时航道全面开工。完成陶家路江整治二期主体工程、姚西北供水干管联网工程。完成梁弄镇、鹿亭乡等5座山塘水库治理和2条小流域治理。完成河道清淤204万立方米，完成年度计划的185.45%。完成低塘街道黄湖村等

3个村级生态河道整治工程和小曹娥镇曹娥村等2条断头河打通工程。

【公共安全保障】

完成对112家高危企业安全生产风险辨识评估。城中消防站工程初步完成选址。在部分群租房等区域已完成安装独立式烟感报警器2万个。在304家学校建设校园警务联络室，实现中小学和省三级以上幼儿园全覆盖。

（市府办）

市政府办公室工作

【概况】

2017年，市府办在市委、市政府的领导下，围绕全市中心工作，发挥参谋助手、综合协调、督查落实、服务保障作用，保障市政府各项工作高效运转和各项决策部署的全面落实。年内健全完善党组理论中心组学习、党组书记讲党课、专家辅导讲座等学习制度，参加姚江讲坛、党的十九大精神轮训等学习教育，特别专题举办学习十九大精神辅导会，邀请省委党校郭祥才教授作讲课辅导。先后配合有关部门制定出台即违即拆、国资清理、企业上市等一批针对性强的政策措施。

2017年，被提拔市管干部3人，调动交流17人，提任中层干部10人。

年内，完成机器人峰会、姚商大会、塑博会等重大活动保障任务，统筹抓好“两城”联创、“最多跑一次”改革、国有（集体）资产清理、民生实事项目推进等重点工作落实。通过及时联络沟通，妥善处理涉房矛盾纠纷、璟月湾项目企业破产重整、黏土砖瓦窑关停淘汰等问题。

完善专门督查、联合检查、随时抽查等督查督办机制，加大督查检查力度。全年共开展各类督查63次，编辑各类督查信息34期，办理上级领导批示59件、市政府领导批示106件、人民来信批示34件，办理宁波市人大代表建议14件和政协委员提案3件、市人大代表建议213件和政协委员提案244件。市府办被评为宁波市政府督查工作先进单位。

重新修订完善市政府工作规则，高质量撰写专题调研报告和讲话文稿、工作报告、纪要通报，及时编发各类政务信息。全年会议减少15.42%，文件压缩16.84%。

全年审批因公出国（境）108人次，同比下降20%。全面推进行政复议体制改革，加强政府法治监督，规范行政执法行为，助力“法治政府”建设。全年主动公开政府信息1.5万条，主动介入各类行政调解8528件，调解成功81%。加强应急管理，建立完善应急平台，编制专项预案5个，开展应急宣教演练。提升流动人口服务管理，推行新型居住证制度，实施量化积分申评。做好公务接待，完成大型展会，各级领导、外地客商等接待任务。加强电子政务服务，“中国·余姚”门户网站连续9年获得“宁波市政府系统示范网站”，获得2017年度中国政务网站领先奖、第十六届（2017）中国政府网站绩效评估县级市政府第二名。

完善办公室党组会议制度，凡属干部推荐任免、重要事项部署、大额经费开支等“三重一大”事项，一律提交集体研究决定。加强机关党建。落实“三会一课”、民主评议党员、日常教育管理等制度，开展党组领导班子民主生活会和各支部专题组织生活会。落实发展党员工作八项制度，全年新发展预备党员1人，转正党员1人，培养入党积极分子1人。做好党组织和党员信息采集、党费收缴等工作，组织开展“文明出行”志愿劝导执勤活动，做好结对村和农户的走访慰问、帮扶工作和慈善公益事业。

推进廉政建设。履行全面从严治党主体责任，全面落实“一岗双责”，层层签订党风廉政建设责任书，形成一级抓一级、层层抓落实的廉政建设工作机制。建立完善中层和重点岗位干部廉政档案和个人重大事项报告制，对30位中层正副职干部实行一人一档动态管理。强化廉政警示教育，学习“四风”警示案例，开展廉政谈心谈话，组织参观全国廉政教育基地慈城清风园。落实中央八项规定实施细则精神及省市贯彻办法，专门制作并上墙公布《公务费用报销一览表》，“三公”经费支出同比下降15.68%。加强纪律作风、值班备勤和制度执行检查，运用好监督执纪“四种形态”，对苗头性、倾向性问题及时提醒整改。

（市府办）

决策咨询

【概况】

2017年，市咨询委、市发展研究中心开展各项决策咨询和调查研究活动，先后完成市争先进位态势分析及对策研究、推进中心城区有机更新发展的若干建议、关于加快姚东片区融入宁波“名城名都”发展战略的对策建议、关于重构全市国有资产管理体系的对策研究、关于四明山旅游度假区建设的几点建议、余姚加快融入和参与“一区两圈一战略枢纽”建设的对策研究、推进城中村及城郊村环境综合整治提升方案、宁波智能经济人才开发对策研究、关于市重点城市综合体和商务楼宇相关情况的调研报告、关于推进中意（宁波）生态园开发建设的对策研究、关于加快推进余姚融入杭州湾经济区的对策建议等11项重大课题。全年评选政府工作创新奖项目20项，刊发《咨询研究》6期，《决策参考》96期，《余姚决策咨询》1期，开展调研活动21次，共219人次参加课题调研活动。

组织召开《政府工作报告》决策咨询座谈会，12名参会委员就2017年度余姚市政府工作报告提出建议44条，部分建议被吸纳入政府工作报告中。开展2016年度政府工作创新奖评选工作，14名咨询委员采用综合评分法，从20个候选项目中评选出10个政府工作创新奖获奖项目。

年内，通过成果寄送、课题委托、课题咨询等方式，加强同上级智库交流。通过专题培训、课题论证、成果寄送等形式，加强与市咨询委市外委员的交流。通过课题开展、学习考察等形式促进特约咨询员参与咨询委工作。通过专题调研、成果发布、课题研讨等形式，加强与部门、乡镇（街道）的交流沟通。根据课题研究需要，组织有关部门和委员、特约咨询员到全国先进地区进行学习考察和工作交流。

（市咨询委）

应急管理

【概况】

2017年，市应急办编制《余姚市城镇住宅房屋使用安全突发事件应急处置行动方案》《余姚市饮用水源突发环境事件应急预案（试行）》《余姚市高速公路突发事件应急预案》《余姚市政府性债务风险应急处置预案》和《余姚市食盐供应应急预案》5件市级专项预案。同时，全市乡镇（街道）、各行政村对防汛防台应急预案和行动方案进行重新修编。

年内，落实由市应急办、市督查室、市公安局等单位组成的联合检查组开展常规督查工作。市“双联中心”全年共接到报警439065起，有效处警185206起。其中市公安局处理175961起，同比下降4.3%；其他联动单位共处理警情9245起，同比上升5.1%。

全年累计向宁波办公厅报送紧急信息8条，向本级领导发送紧急信息109条、700余人次，编写含有紧急信息刊物32份，未出现一起因瞒报、漏报、迟报、误报受上级领导批评的情况。

【应急演练】

根据年初演练工作计划安排，督促指导全市开展演练工作。6月7日上午，供电部门组织开展全市大面积停电应急桌面演练。6月7日下午，市国土资源局在陆埠镇举行突发性地质灾害应急预案演练。6月16日上午，市安监局会同公安、消防、交警、医疗、环境勘测等多部门在小曹娥滨海新城举行全市危险化学品泄漏事故应急救援演练。6月21日下午，市住建局举行物业行业防汛抗台应急抢险演练。

【应急宣教工作开展】

2月，投入使用“余姚应急”微信公众号。5月12日，举办“关注应急·守护生命”万达广场主题宣传活动，现场发放各类宣传资料4000余份，接受群众咨询400余人次。4月，会同市教育局、团市委联合下发《关于开展中小学生“关注应急·守护生命”主题宣传海报设计大赛活动的通知》，共收到优秀作品105幅。

【社会应急救助】

4月12日，根据应急联动中心指令，战狼应急救援队、户外山地救援队、长三角救援队、众益救援队、当地派出所、联防在大隐镇双溪口水库附近开展联合搜救老人行动。6月25日，战狼应急救援队12位队员随行抗洪救灾装备参与兰溪抗洪抢险工作，先后出动60余次，转移群众27人，向村民运送物资50次。

（市应急办）

流动人口服务与管理

【概况】

2017年，全市共有登记的流动人口59.9万人，其中男性33.3万人，女性26.6万人，比2016年同期增加5.37万人，16周岁以下登记9.9万人，共发放浙江省居住证6万张。当前登记出租房屋9.7万户、39.39万间。

2017年初，市流管办出台《关于推行新型居住证制度的通知》，按照“全员登记、依规领证、凭证服务”的工作要求，做好新型居住证的实施工作。同时，不断拓展居住证功能，居住证已具有优惠游览市部分旅游景点、申请信誉贷款、享受公交9折优惠等7项使用功能。

年内，出台《余姚市流动人口量化积分申评办法（暂行）》，制定流动人口量化积分赋分办法、量化积分申评操作办法、操作人员工作职责及制度等一系列规章制度。依托政府门户网站开设量化积分网上受理平台，以及“余姚发布”开设微信端受理，在21个乡镇（街道）设立量化积分受理窗口，实现线上线下同步受理和全天候办理。

投入经费200余万元配置“流管通”移动终端865台，加强流动人口基础信息收集。投入经费50余万元，开展全市出租房屋“二维码”建设。全市流动人口登记率达95%，信息准确率达98%，出租房屋登记率达98%。探索分层分类的出租房屋管理模式，落实出租房屋管理各方责任，加强对重点人群、重点房屋、重点区域的管控。

【优化公共服务】

不断改善民办流动人口子女学校的办学条件，做好流动人口随迁子女义务教育入学工作。流动人口子女在余姚总就读人数为47994人，其中在民办流动人口子女学校就读7413人，公办学校40581人，公办学校接纳率为84.55%。做好流动人口计生计划免疫工作，0～7岁流动儿童建卡61095人次，接受免费疫苗接种137853人次，流动儿童免费疫苗接种率99.29%。2017年，全市纳入重点管理的外来人员怀孕对象9796人，终止妊娠82人，劝返户籍地生育711人。全年共举办劳动力交流洽谈会123期，为求职者提供各类岗位89962个，与企业达成就业意向10230人。流动人口参与劳动技能培训7850人次。共立案受理涉及流动人口的劳动争议仲裁案件598起，为1185人挽回经济损失1864.2万元。

【促进融合】

年内，开展职工健身运动会、新余姚人科普宣传周“小候鸟”关爱行动等7项活动。全市共建立和谐联谊会205个，其中宁波市级30个。和谐联谊会全年开展义务巡逻10000余人次，调解纠纷450余起。

（市流管办）

接待工作

【概况】

2017年，市接待办共计接待宾客511批次、4831人次。随同市委、市政府领导带队赴桐乡、余杭、滨江区学习考察1次，赴西安周至县参加扶贫结对活动1次。先后接待浙江大学党委书记金德水，省政协副主席黄旭明、陈小平，中国科协党组成员、书记处书记王春法，副省长成岳冲，省纪委书记刘建超，宁波市委书记郑栅洁等领导到余姚考察调研，完成第四届中国机器人峰会、阳明文化周活动、第十九届中国塑料博览会等重要大型活动、大型会议的组织、协调和接待工作。

（市接待办）

机关事务管理

【概况】

2017年，市机关事务管理局开展国有（集体）资产清理工作，探索办公用房统一权属登记、调剂调配、规范使用、维修改造、集中处置“五统一”管理。推进市行业协会商会与行政机关脱钩改革，首批38家行业协会的办公用房已腾退或规范使用。完善建工大楼行政服务中心入驻方案。做好市“两会”、第四届中国机器人峰会、首届世界姚商大会、第十九届塑博会、“最多跑一次改革”专项审计组、土地确权办、“大脚板走一线，小分队破难题”办、全国卫生城市和全国文明城市创建等会务和活动的后勤服务保障工作。

年内，建立健全公共机构能耗统计机制，完成全市328家公共机构名库基本数据录入工作，将教育、卫生、民政、人社等系统的二级公共机构全部列入能耗统计范围，实现能耗统计全覆盖。召开全市公共机构网络版能源资源消费统计软件培训会。

【办公用房统一管理】

年内，对全市行政事业单位的办公用房分布、使用情况进行排摸登记，局部厘清办公用房的权属和使用管理情况，将17处房产过户到市机关事务管理局名下。制定房产调配方案，做好市监察委员会、市社会治理综合指挥中心、土地确权办等10余家单位的办公用房调配、置换等工作。建立完善办公用房智能图形管理系统，75家单位的办公用房数据录入并更新。组织实施市预备役营营房整修、机关食堂餐厅修缮、市行政中心公安执勤点等工程建设。梳理现有存量房屋及土地情况，制定盘活方案。

【公共机构节能管理】

6—7月，市机关事务管理局开展公共机构节能检查和专项督查活动，对全市32家市直部门和乡镇（街道）进行节能督查。推广应用节能新产品新技术，完成机关大院LED灯改造项目工程和电梯改造工程。开展节能宣传月活动，通过公共机构节能海报、标语、标识优秀作品展览，印制发放空调开关警示标贴，发送节能公益短信等多种形式，推动节约型机关建设。

【市公务用车管理服务中心建立】

年内，建立市公务用车管理服务中心，建立完善车辆使用管理、派车登记、驾驶员月度绩效考核等制度，健全车辆管理台账，与各派驻单位签订《派驻公务用车使用管理协议》，完善公车使用管理流程，明确涉改单位的保留车辆、参加车改对象等事项，实行定点加油、定点维修、定点保险、定点停放等管理制度。派驻应急公务用车全部安装GPS卫星定位系统，由市公车管理服务中心信息化管理平台实时监测。截至年底，全市43家单位115辆公务车辆纳入公务用车信息化管理平台。公开拍卖52辆涉改车辆，其中拍卖成交40辆，拍卖成交总额640300元，全额上交市财政，对因手续不全流拍和无法进行拍卖处置的车辆作报废处置。按照“统一标识，分级实施”的原则推进公务用车标识化管理工作，6月底前完成全市公务车辆标识喷涂工作，并建立电子档案。做好非参公事业单位车改准备工作，对各级各类事业单位人员、车辆情况开展摸底调查。

（市机关事务管理局）

行政审批

【概况】

2017年，市行政服务中心及各分中心共受理各类审批服务事项905430件，其中各分中心766076件，办结902864件，各分中心765851件。收取各类税费3.87亿元，其中各分中心0.27亿元。宁波市第三方回访9359人次，群众平均满意率99.32%。

市审管办通过政务网站、政务微博、微信公众号和办事大厅等途径进行政务公开。到12月底，共回复市民来信4封、市长电话9件、部门信箱1件，回应网上群众热点3件。通过门户网站主动公开动态信息310条，发布原创政务微博信息52条（累计792条），发送政务微信公众号推文17篇，受理微信预约39件。

【“最多跑一次”和“一窗受理、集成服务”改革】

3月起，全市全面实施“最多跑一次”改革，先后出台《余姚市人民政府关于印发余姚市加快推进“最多跑一次”改革实施方案的通知》和《余姚市人民政府办公室关于余姚市行政审批“一窗受理、集成服务”改革实施方案的通知》。

2月初起，市审管办会同市编办，指导各部门全面梳理并分批公开群众和企业到政府办事“最多跑一次”的行政审批事项。累计梳理并分3次公布“最多跑一次”审批事项1051项，占全市审批事项的97%，超过省里“到年底覆盖80%行政权力事项”的要求。同时，市审管办组织对可通过网上申请、网上办理、快递送达办事结果的“零上门”事项进行梳理，共梳理出246项，并实现全程浙江政务服务网网上办理。在此基础上，全面开展审批事项规范化办事指南的优化调整，形成市行政服务中心“最多跑一次”审批事项清单与办事指南，并在办事大厅公示。

推进企业投资项目“最多跑一次”改革，推进基本建设项目审批服务区建设，做好涉及基本建设项目的18个部门、52大项、102个子项的网上导入，并在11月底前通过投资项目在线审批监管平台2.0版实现“企业在线申报、平台一口受理、部门网上办理”，实现投资项目从立项、报建、建设到竣工的全流程的“一网通办”。到12月底，基本建设项目审批服务区共办理企业投资项目审批234个。项目平均办理时间14个工作日，实现项目审批提速80%。建设工程项目验收平均办理时间缩短至27个工作日。中介机构平均提速80%，服务费用下降50%。

3月底起，市行政服务中心设立商事登记、不动产交易登记、基本建设项目审批、公安服务、社会事务一区、二区等六大“一窗受理”服务区，共设置受理窗口41个，咨询窗口4个，出件窗口6个，实行“前台综合受理、后台分类审批、统一窗口出件”的行政审批运行模式。到12月底，各服务区共办理各类业务139354件，其中办理快递送达441件（10月起快递费用由财政买单）。市行政服务中心6个分中心将办理系统统一纳入浙江政务服务网和在线监管体系。各分中心共设置受理窗口101个、咨询窗口12个、出件窗口20个。

市委编办、市审管办在泗门分中心开展“最多跑一次”和“一窗受理、集成服务”改革试点工作。对进驻的16个市级部门和1个镇级事项窗口的办理事项进行分类，分三批共列出129项的“最多跑一次”事项清单，占进驻的135个事项的95.6%。4个市级进驻部门服务区（不动产交易登记、商事登记、基本建设项目审批、公安服务）和3个泗门镇级事项服务区（社会保障、民生服务、综合服务），共设置综合窗口36个，形成“4+3”模式。到12月底，各服务区已办理审批业务60760件，其中，服务对象选择快递送达的62件。10月19—20日，市审管办分两批对全市镇级便民服务中心全体工作人员230人进行业务技能培训。

【宁波首个特定区域企业投资项目承诺制改革试点推进】

2017年，余姚市在中意（宁波）生态园和千人计划产业园两个产业园区推行特定区域企业投资项目承诺制改革，为宁波市第一个开展承诺制改革的试点。特定区域企业投资项目承诺制改革是指政府在特定区域通过制定企业投资项目准入标准和负面清单，凡是负面清单外符合准入标准的项目投资，投资企业都可按照自愿原则与政府相关职能部门签订具有法律效力的承诺书，签订承诺书的事项不再进行审批。年内已完成《关于大力推进余姚市特定区域企业投资项目承诺制改革的意见》拟定、承诺制改革试点流程图编制、区域能评、区域环评、区域交评等区域评介工作。

【施工图联合审查与联合测绘】

在市行政服务中心设立“施工图联合审查”专窗，推进建设、人防、气象、消防施工图审查“多审合一”。修订完善余姚市基本建设项目联合测绘实施办法，实现规划检测（核实）测量、土地勘测定界（复测）、房产实测绘“三测合一”，并对施工图联审办理时限进行压缩，大型项目的建设、消防、人防图纸审查从原先的27个工作日，压缩至10个工作日，中小型项目由原来的24个工作日压缩至7个工作日。全市已有80个项目实现施工图联审，联审时间压缩82%。

【商事登记领域改革】

在原“五证合一、一照一码”的基础上，全面推行“多证合一”与证照联办，推进外贸企业“十一证合一”。与3家银行、40个服务网点签订服务协议。设立“政银合作”延伸服务平台，向企业延伸，申请人员可就近选择指定银行，无偿享受代办人员提供企业名称核准、企业注册材料收集、营业执照领取、银行账户开立等“一站式”综合服务。在商事登记服务区分类设置企业登记、经营许可、证照联办综合受理窗口，实行“联合审批、证照联办”。至12月底，共办理各类证照联办与“多证合一”3059件，其中“多证合一”执照57份。

【企业投资项目全程代办服务】

以新设立的市级代办服务机构为龙头，对企业投资项目实行免费代办，建立完善市、镇两级代办服务体系。至2017年底，全市已建立市级代办机构1个，乡镇（街道）代办服务机构23个，配备项目代办服务员34名。

【宁波市统一受理平台应用】

7月起，全市组织6个主要使用统建系统（权力运行系统）的单位率先试用宁波市统一受理平台。9月15日起，市行政服务中心与各分中心全面启用宁波市统一受理平台，50个事项的自建系统与统一受理平台对接调通成功。截至年底，共通过统一受理平台受理办件53151件。

【市投资项目审批代办服务中心设立】

8月14日，市投资项目审批代办服务中心设立，为隶属市审管办管理的、市财政全额补助的公益一类事业单位，主要职责是：对全市重大投资项目投资人申办的建设项目审批依法实行全程无偿代办服务；指导、协调、监督乡镇（街道）项目审批代办工作。核定事业编制4个，编外用工（特岗）控制数4个，设主任和副主任各1人。

（市行政审批管理办公室）

外事工作

【概况】

2017年，市外事办共审批因公出国（境）54批、108人次，较上年明显下降。护照收缴率为100%，因公出国人员无一违反外事纪律。

【礼宾接待】

5月5日，市长潘银浩在太平洋大酒店会见日本大建工业株式会社总社长伊田正则一行。

9月22日，市委常委、中意（宁波）生态园管委会副主任韩柏顺会见瑞典国家创新局局长Charlotte Brogren一行。

11月7日，市委常委郑传统在太平洋大酒店会见宝理工程塑料贸易（上海）有限公司董事长龙典之一行。

【主要出访】

6月18—25日，市人大副主任姚桂珍带团出访捷克、斯洛文尼亚，进行交流和商务洽谈，与捷克拉贝河畔利萨和斯洛文尼亚多姆扎莱两市正式签订友好交流城市协议。

10月25日—11月1日，市委常委郑传统带团出访德国、意大利，参加欧洲宁波周活动。

【对外交流合作】

3月10日，前中国驻爱尔兰大使徐建国、爱尔兰精文集团董事长陈文等一行到访，副市长薛晓伟出席接待活动，初步洽谈中爱建立国际友城事宜。

7月3—4日，爱尔兰中国科学技术交流协会会长陈文一行到余姚进行访问，副市长薛晓伟出席接待活动，代表团在余姚期间参加商贸对接会，并参观富佳电器、贝仕迪电器和大叶园林等企业。

【涉外管理】

2017年，市外事办按照“统一领导、归口管理、分级负责、协调配合”的原则，协同市有关部门及乡镇（街道），处置涉外案（事）件。

1月19日，配合市公安局出入境做好尼日利亚人在太平洋大酒店死亡事件的处置。

3月23日，处置余姚游客在英国议会恐怖袭击中受伤事件。

9月6日，处置余姚游客在泰国遭遇车祸事件。

（孙雪丹　朱　琼）

侨务工作

【概况】

2017年，市侨办（市侨联）发挥侨务部门联系海外的桥梁纽带作用，加强与中意（宁波）生态园、千人计划产业园、中意启迪等招商平台的对接联系，围绕智能经济、新材料新能源、生命健康、环保节能、航空汽车等全市重点发展的新兴产业，对每个线索或项目进行“妈妈式”“一站式”全程服务。6月，首届世界姚商大会期间，成功邀请卢焕伦、李国生、王俊、徐德清、邵勇等10多名海外姚商带项目参会。大会期间，共有10多个项目到余姚进行实地考察与对接洽谈，其中4个侨资项目成功落地签约，涉及生物医药、绿色储能、现代服务等产业，投资规模超过5亿元。开设涉侨行政服务窗口1个，受理相关事项5件。不断完善涉侨信访工作接访和办理机制，全年共接待侨界群众来访21人次，处理信访件6件。

年内，继续开展“侨助美丽乡村”工作。侨办领导多次深入鹿亭乡开展走访调研，根据各村的实际困难开展解困帮扶活动，为鹿亭乡引荐12个侨捐项目，捐赠金额超过300万元。2017年，“侨助美丽乡村建设”最新的3个侨捐项目为宁波太平洋慈善基金会分别出资60万元和30万元筹建的沿夹岙村村民活动室项目与晓云村危桥修复工程，以及宁波海外青年英才创新创业委员会副会长徐帅出资捐赠消防车。

持续组织开展“夏送清凉、冬送温暖”暖侨惠民活动，探望慰问侨界代表人士、部分海高人才、困难和老年侨眷以及困难群众100余人次，向37名困难归侨侨眷发放3.4万元救济资金。继续做好余姚市魏绍相奖学金、余姚中学董伟助学金等发放工作，向99名贫困学生发放奖助学金15.8万元。全年共受理侨胞爱心捐赠152.01万元，其中捐赠资金132.01万元、捐赠物品20万元，开展各类公益慈善项目3个。

年内，成立“江丰电子”“中意启迪”等四家“侨之家”。组织开展跨境电商培训班、知识产权专题培训、“侨谊杯”篮球友谊赛、“感受幸福美丽余姚”活动等。组织留联会全体理事和部分侨眷30余人赴杭州开展“相约春天·感受G20”现场考察活动，组织侨界志愿队服务队参加市红十字会的应急救护培训，开展侨界群众剿劣志愿服务活动，开设历史文化讲堂，邀请黄宗羲第十三代孙黄耀作《旷世大儒——黄宗羲》的主题讲座，组织部分侨界代表考察“国千”专家企业——宁波创润新材料有限公司，组织侨界政协委员赴朗霞街道、泗门镇考察宗亲文化建设。举办“余姚侨界文艺大会演”活动。

年内，出版发行《记忆乡愁 最美余姚》画册，在香港举行首发式。邀请2017香港青少年宁波游学团一行50余人到余姚考察“阳明文化”，赴余姚中学听取程载国作的《阳明文化》讲座。4月23日、5月1日，举办“萧萧总是故园声”——萧纯园•牧佳父子敬乡画展和胡荷清画展。推动王阳明故居挂牌“中国华侨国际文化交流基地”。8月3日，接待2017“四海一家·浙港同行”香港青年参访团一行，带领80余名来自香港的青少年参观余姚“侨梦苑”侨资企业宁波江丰电子材料股份有限公司、河姆渡遗址博物馆、王阳明故居与梁弄浙东区党委旧址。

8月3日，香港青年交流团在余姚访问，在河姆渡遗址博物馆合影留念

4月20日，浙江省首期示范性侨团侨领培训班学员40多人，走进余姚，开展为期两天的参观访问

【王阳明故居“中国华侨国际文化交流基地”揭牌】

6月22日上午，“中国华侨国际文化交流基地”揭牌仪式在余姚王阳明故居举行，浙江省侨联副主席、宁波市侨联主席李承成与余姚市委常委、统战部长卢建国共同为基地揭牌。自2006年重新修复开放以来，王阳明故居已接待来自美国、日本、韩国、俄罗斯、德国、比利时、中国香港、中国台湾等国家和地区的游客万余人次。

6月22日，王阳明故居“中国华侨国际文化交流基地”揭牌

【“侨助美丽乡村”援建三个项目落成】

7月25日，鹿亭乡沿夹岙村村民活动中心落成启用仪式、鹿亭乡晓云村危桥修复工程落成仪式与鹿亭乡消防站专用消防车捐赠仪式在鹿亭乡举行。近年来，余姚侨办将鹿亭乡作为“侨助美丽乡村建设”基地，侨办领导多次深入鹿亭乡开展走访调研，根据各村的实际困难开展解困帮扶活动。

此次由宁波太平洋慈善基金会分别出资60万元和30万元筹建的沿夹岙村村民活动室项目与晓云村危桥修复工程，宁波海外青年英才创新创业委员会副会长徐帅出资捐赠的消防车是余姚侨办“侨助美丽乡村建设”最新的三个侨捐项目。宁波市侨办向三个落成项目的捐赠者颁发捐赠证书。2012年8月，宁波、余姚两级统战部门牵头启动“美丽乡村•鹿亭同心实践基地”建设，在鹿亭乡开展了“侨助美丽乡村建设”活动。五年来，共为鹿亭乡引荐12个侨捐项目，捐赠金额超过300万元。

【黄大年纪念画册发行】

9月，由浙江大年科技集团、吉林大学地探学院黄大年团队、宁波智能制造产业研究院主办，余姚市侨办（市侨联）主持编印的《心系大我 大年永在》黄大年纪念画册印成发行，并在市2017侨界“喜迎十九大、欢度国庆节”大型文艺会演活动现场首发。黄大年是国际知名的归侨战略科学家，其唯一的创业项目落户在余姚“侨梦苑”内。

【驻外侨务联络站建立】

11月22日，市侨办主任、侨联主席黄孟丹向到余姚探亲、现旅居美国的余姚籍侨胞孙华君颁赠聘书，聘请其为余姚驻美国洛杉矶侨务联络站负责人，余姚首家驻美侨务联络站建立。11月30日，余姚市驻印度尼西亚、澳大利亚、日本侨务联络站成立，市侨办主任、侨联主席黄孟丹分别向印度尼西亚浙江总商会常务副会长翁利泽、澳大利亚宁波同乡会副会长洪建顺、日本宁波商会会员邵利芬颁发聘书，聘请他们分别担任相关海外侨务联络站负责人。至此，余姚市驻外侨务联络站已达4家。

【甘中学团队获国侨办重点华侨华人创业团队称号】

12月11日下午，2017年中国侨商会科技创新委员会年会举行，甘中学团队获第五批国侨办重点华侨华人创业团队称号。这是继江丰电子姚力军团队之后，余姚第二个获此称号的创业团队。

（市侨办）

电子政务

【概况】

2017年，市委市政府电子政务办从服务民生、服务政务办公两方面着手，服务全市70个乡镇（街道）、部门网站建设，开展考核评测，技术支撑全市34个部门“一窗受理”网上办事，推进“最多跑一次”，保障150余个政府单位安全高效的网上办公。

2月，启动市电子政务数据中心安全建设及信息安全保障服务项目建设，更新安全设备12套，新建服务器及存储设备，为宁波首个建成异地云备份系统的县（市、区），12月完成终验并正式投入使用。

4月，组织实施电子政务协同办公系统容灾备份服务采购项目，实现宁波、余姚两地数据容灾备份服务。5月，首次采用购买第三方用电子邮箱服务的方式，提供政务办公电子邮箱应用。9月，根据省政府统一部署，在全市政府机关推广应用阿里钉钉政务办公系统。

6月，完成全市“一窗受理”平台部署，配置事项918项。全年公布全市“最多跑一次”事项681项，对接完成省、宁波市级业务系统办事事项150项，组织16个部门申请政务服务网电子印章19个，利用省公共数据工作平台实现数据共享应用5000余次，获2017年度政务服务网宁波平台考核先进单位。

截至年底，电子政务数据中心机房用电负载达30千瓦，利用率达25%。整合各部门电子政务设备达66台，市旅游局、市司法局、市规划局等14个单位托管的服务器48台、交换机7台、存储11台、各类安全设备3台。

【“中国·余姚”门户网站正式上线运行】

6月，“中国·余姚”门户网站和政府信息公开平台完成升级改版正式上线运行。同时，平台部署从传统服务器迁移宁波市政务云平台。全年发布信息 33879 条，全年发布政策解读文件 100 余件。2017 年，连续第 9 年取得“宁波市政府系统示范网站”称号，获 2017 年度中国政务网站领先奖、第十六届（2017）中国政府网站绩效评估县级市政府网站第二名。

（市电子政务办）

扶贫开发与对口扶贫协作

【概况】

2017 年，余姚市四明山区域实现经济总收入 139.55 亿元，其中工业 99.27 亿元，农业 11.79 亿元，第三产业 28.49 亿元。农民人均收入 19845 元。市四明山旅游度假区管委会按照生态保护、产业提升、民生服务三大类的总体要求，以乡镇申报、市级牵头部门审核，并在市重大问题酝酿会讨论通过的流程，确立 2017 年生态发展项目 32 个，计划投资 5820 万元，其中宁波、余姚两级补助 2910 万元。截至年末，有 17 个项目完工并送审，15 个项目完成总工程量的 75% 以上。

全年有 7 个行政村列入村庄整治建设提升工程，计划总投资 2195 万元，其中宁波、余姚两级财政补助 2100 万元，镇、村自筹 95 万元。全市完成内聚外迁 100 户、295 人，整村拆迁自然村 2 个，均于 12 月初通过市旅管会、市财政局、第六纪检组的联合验收。落实修建资源型机耕路 23 条，其中新建 1 条，修建 21 条，村内道路 2 条，总投资 467 万元，落实补助资金 251 万元。

年内进一步促进低收入农户增收，完成新一轮低收入农户信息采集、认定录入工作。推行商业保险补助模式，通过与人保财险余姚公司合作“余姚市低收入户医疗保险帮扶项目”，共实施补助 63 人次、42.8 万元，其中大病首诊补助 4 人次、4 万元，特殊病种住院补助 59 人次、38.8 万元。完成低收入农户生产和创业扶助调查，扶持低收入农户 116 户，补助资金 6.4 万元，经营组织带动低收入农户 1 个，补助扶持资金 2 万元，合计资金 8.4 万元。

【贵州省望谟县对口帮扶】

9 月 4—6 日，由市委副书记、市长潘银浩带队，市府办、市对口协作办、市财政局、市交通局、市农林局一行 8 人赴贵州望谟开展对口帮扶工作。在实地考察 2017 年帮扶项目新屯街道新屯村新农村建设和贵州光秀生态食品有限公司后，与望谟县政府进行对口帮扶座谈会，确定王母街道甘莱村示范芒果基地、油迈瑶族乡纺织文化园、平洞街道板栗加工 3 个年度对口帮扶项目。全年落实帮扶资金 500 万元，其中余姚市和宁波市财政局各 200 万元，宁波舟山港集团 100 万元。此外，余姚市政府安排帮扶资金 30 万元用于救助望谟县 72 名高考贫困学生，其中录取一本学生 12 名，每名资助 5000 元；录取二本学生 60 名，每名资助 4000 元。

【吉林省延吉市对口帮扶】

8 月 2—5 日，由副市长黄和庆带队，市对口协作办、市财政局、市经信局、临山镇相关负责人，以及宁波日晟农林科技有限公司和宁波科环新型建材股份有限公司 2 家企业一行 7 人赴吉林省延吉市开展对口帮扶工作。实地查看帮扶项目格林满屋专业农场草莓种植和新兴工业集中区及吉林（延边）浙江产业园，落实结对帮扶专项资金 200 万元用于建设依兰镇格林满屋专业农场草莓种植项目，落实救灾资金 50 万元用于延吉市“7•20”洪灾损失。

8 月 9—10 日，市委书记奚明和市对口协作办主任张建培赴吉林延边开展对口帮扶合作。

（市四明山旅游度假区管委会）

政协余姚市委员会

综 述

2017年，市政协及其常委会在市委的领导下，在市政府和社会各界的支持配合下，围绕两大主题，履行三大职能，全年共召开常委会议5次，主席会议12次，常委会专题协商2次，专题视察4次。

开展协商议政。围绕推进“中国制造2025浙江行动”县级试点示范区建设及文化强市建设组织常委会议专题协商，以主席会议专题听取汇报形式开展重点提案办理协商，就民间收藏文化建设、畜禽养殖业发展、文史资料整理出版等内容组织双月恳谈协商，围绕防范金融风险、知识产权保护、文史资料利用等内容开展界别协商，与党政部门开展对口协商。

加强民主监督。聚焦全面剿灭劣Ⅴ类水，开展“干、查、督”大行动和“河长制”全覆盖专项民主监督活动；紧盯“最多跑一次”改革，开展专项集体民主监督活动；着眼城市品质提升，开展中心城区保洁保序保畅通专项行动开展民主评议；就基层社会治理一张网建设、职成教工作、中意宁波生态园建设、小城镇环境综合整治等群众关注热点开展专题视察。

组织建言献策。切实抓好加快四明山区域发展重点课题的调研工作，认真组织农民增收、外贸转型发展、住房保障和改革、传承弘扬余姚传统特色文化、知识产权保护、民营教育培训机构管理等专题调研，全年共形成调研报告12篇，《关于推进基层政协对口协商创新发展的思考——以余姚市政协为例》一文获省人民政协理论研究会征文二等奖。

助力民生改善。以生态品质之城建设为主题举行协商交流会，通过《议政通报》形式向党委政府咨政建言15篇，以《社情民意》的方式整理报送信息20多条（篇），组织为民服务活动20余场次，市政协十三届一次会议以来的244件提案全部办复。

汇聚各方力量。开好每季度一次的民主党派、工商联负责人座谈会，举办以“话团圆、谋发展、喜迎十九大”为主题的中秋茶话会，开展“光辉历程——纪念中国共产党建党96周年书画展”等活动，出版《余姚运河史话》《萧萧总是故园声——王阳明与余姚》等专著，《让文化成为城市的特殊标记》等高质量通讯文章相继刊登。

强化自身建设。组织全体委员分5批赴江苏江阴党校进行培训，开展走访委员活动30余次，联系委员125人；制定出台《关于进一步发挥政协界别作用的实施方案》，开展界别组“五个一”活动；梳理修订《政协机关制度汇编》，编印《政协办通讯》7期，建立机关党建微信群，开办“政协微讲坛”，建立谈心谈话、提醒谈话、诫勉谈话等“三种谈话”机制。

（市政协）

重要会议

【市政协十三届一次会议】

2017年2月7日至10日，中国人民政治协商会议第十三届余姚市委员会第一次会议召开。会议听取并审议政协第十二届余姚市委员会常务委员会工作报告和提案工作报告；列席市第十七届人大一次会议，听取并讨论政府工作报告。以无记名投票的形式，选举陈长锋为政协第十三届余姚市委员会主席，叶文龙、魏利民、徐栋芳、赵银海、朱卫东、缪正刚为副主席，张建乔为秘书长，周松庆等47人为常务委员，讨论并通过政协第十三届余姚市委员会第一次会议决议。

市政协十三届一次会议专题发言一览表

序号	专题发言题目	发言人
1	加快现代物流业发展　提升经济发展动能	孙　文
2	关于推动乡村旅游健康持续发展的建议	韩玉仙
3	关于推进小城镇环境综合整治的建议	方锦鑫
4	综合施策　全面提升姚江考核断面水质	孙明霞
5	关于深入推进我市企业转型升级的建议	舒学军
6	关于我市农村生活污水治理的建议	李海松
7	关于加快推进我市模具产业发展的建议	杨益芳
8	推进分级诊疗工作　提高人民健康水平	王　伟
9	增强禁毒合力　打造平安余姚	沈　杰
10	加快四明山区域统筹发展　打造老区全面小康样板	周　优

【市政协常委会会议】

2017年，市政协召开常委会会议6次。会议具体情况如下：

1月12日下午，召开市政协十二届二十三次常委会会议。会议审议通过关于召开市政协十三届一次会议的决定，市政协十三届一次会议议程（草案）、日程（草案），市十二届政协常委会工作报告和提案工作报告，政协第十三届余姚市委员会委员名单，市政协十三届一次会议列席人员范围；审议推定市十二届政协常委会工作报告和提案工作报告报告人名单；审议市政协十三届一次会议主席团和秘书长名单（草案）、副秘书长名单（草案）、提案审查委员会名单（草案），政协第十三届余姚市委员会第一次会议委员分组办法及召集人名单（草案）；同意陈洪逵、周银燕同志因年龄原因辞去市政协十二届副主席职务。

2月10日上午，召开市政协十三届一次常委会会议。会议审议通过政协第十三届余姚市委员会副秘书长名单；同意徐嘉雄任政协第十三届余姚市委员会办公室主任，朱初雷任政协第十三届余姚市委员会提案委员会主任，徐峰任政协第十三届余姚市委员会经济科技和城建资源环境委员会主任，李臻颖任政协第十三届余姚市委员会教文卫体和文史资料委员会主任，万科达任政协第十三届余姚市委员会社会法制和港澳台侨委员会主任，王卫锋任政协第十三届余姚市委员会委员工作委员会主任。

6月28日下午，召开市政协十三届二次常委会会议。会议专题协商“中国制造2025浙江行动”县级试点示范建设工作，市经信局负责人介绍“中国制造2025浙江行动”县级试点示范区建设工作情况，9名政协常委、委员就试点示范建设工作中的融合发展、人才体系、品质建设、创新能力、结构升级、要素保障等方面内容提出意见建议。市政协主席陈长锋主持会议并讲话，副主席魏利民、徐栋芳、赵银海、朱卫东，秘书长张建乔出席会议。市政府副市长毛丕显到会听取协商意见。

8月23日下午，召开市政协十三届三次常委会会议。会议同意马安平、叶旭彬、朱小国辞去政协第十三届余姚市委员会委员职务，增补岑忠良、陈永润、罗怀青为政协第十三届余姚市委员会委员。

10月27日下午，召开市政协十三届四次常委会会议。会议专题协商“文化强市建设”。市文化广电新闻出版局（旅游局）负责人介绍全市推进文化强市建设工作情况，8名政协常委、委员围绕文化强市工作中的阳明文化、名城申报、文化设施、人才队伍、姚剧事业、民间收藏、文化旅游、文艺创作等方面内容提出意见建议。市政协主席陈长锋主持会议并讲话，副主席叶文龙、徐栋芳、赵银海、朱卫东、缪正刚，秘书长张建乔出席会议。市政府副市长王安静到会听取协商意见。

12月27日下午，召开市政协十三届五次常委会会议。会议审议通过关于召开政协第十三届余姚市委员会第二次会议的决定、政协第十三届余姚市委员会第二次会议议程（草案）、政协第十三届余姚市委员会第二次会议日程、市政协常委会工作报告和常委会提案工作报告、政协第十三届余姚市委员会第二次会议列席人员范围、政协第十三届余姚市委员会第二次会议委员分组及召集人列席人员名单、政协第十三届余姚市委员会第二次会议会风会纪监督组名单；审议推定市政协常委会工作报告和常委会提案工作报告报告人名单；同意吴春莉、陈思红、赵科伟、胡建波、戚国芳辞去市十三届政协常委、委员职务，同意李志业、陈建泰辞去市十三届政协委员职务，增补叶文溢、刘湛杨万里、李松涛、何丽、沈红、秦伟杰、黄能飞为市十三届政协委员。

（市政协）

提案工作

【概况】

市政协十三届一次会议以来，共收到以提案形式提出的意见、建议266件，经审查，立为提案的244件，其中民主党派、人民团体、政协专委会和联络委提出的集体提案23件，委员提案221件。其中，生态文明建设和社会建设类提案分别占34%、31%，文化建设类提案增速明显，达15%。提案由市政府交64个部门办理，并按规定要求办结。据统计，意见、建议得到采纳和落实的88件，占36.1%；列入计划逐步落实的141件，占57.8%；因条件、能力所限近期尚不能落实的15件，占6.1%；提案采纳或部分采纳率达到93.9%。提案者对办理情况的反馈是：对承办单位办理工作的满意率为93.9%，基本满意为6.1%，对承办单位办理结果的满意率为91%，基本满意为9%。

8月3日上午，市政协召开十三届六次主席会议，专题听取市政协十三届一次会议重点提案办理情况。会上，各重点提案主办单位主要负责人分别就提案办理工作进展情况进行汇报，重点提案撰写者及其他与会人员发表意见和建议。市政协重点提案督办领导当场点评提出督办意见。

市政协十三届一次会议重点提案一览表

案号	提案者	案由	主办单位	市政府领办领导	市政协督办领导
55	民进余姚市基层委员会	关于加快推进阳明故里建设的几点建议	市文广局（旅游局）	潘银浩	陈长锋
53	金黎君	关于推进文化旅游资源开发的建议	市文广局（旅游局）	王安静	叶文龙
11	周　峰	关于发展智能经济的建议	市经信局	毛丕显	魏利民
35	宋蓉琴	关于打击企业逃废银行债　打造诚信余姚的建议	银监余姚办事处	薛晓伟	魏利民
161	顾春雷	关于进一步规范农民工工资应急周转金使用的建议	市人社局	李森苗	魏利民

续表

案号	提案者	案由	主办单位	市政府领办领导	市政协督办领导
198	农工党余姚市基层委员会	关于推进小城镇环境综合整治的建议	市住建局	黄　琪	徐栋芳
103	刘国锋	关于加快推进我市社区养老的建议	市民政局	黄和庆	赵银海
157	毛静波	关于做好“二孩”生育服务和“助孕”项目的建议	市卫计局	王安静	朱卫东
199	九三学社余姚市基层委员会	综合施策　全面提升姚江考核断面水质	市环保局	毛丕显	缪正刚

（市政协）

重要活动

【“五水共治”专项集体民主监督活动】

2017年，市政协根据省、宁波市政协要求，结合市“五水共治”工作重点，制定出台《关于聚焦全面剿灭劣Ⅴ类水 联动开展“‘五水共治’决战治污水 大战防洪水排涝水”专项集体民主监督的实施方案》和《建立健全“五水共治”体制机制 实行全覆盖“河长制”专项民主监督的工作方案》等民主监督方案。由主席会议成员带队，组织100余名委员，集中分赴全市各乡镇（街道）开展“干、查、督”大行动和“河长制”全覆盖专项民主监督活动，共查看226条河道、28个水质断面、93个小微水体，19个农村生活污水治理设施已经运维的村、10个防洪排涝工程和6个地质灾害隐患点，发现并反馈各类问题110余个，提出对策建议40条。

【市中心城区保洁保序保畅通专项行动民主评议】

6月起，市政协围绕中心城区保洁保序保畅通专项行动，重点就落实推进“三保”行动各项措施情况开展民主评议活动。市政协抽调部分委员组成4个评议调研组，分别围绕保洁、保序、保畅通等方面工作情况进行走访调研，并于9月13日下午召开会议，以评议调研组为单位对有关工作情况进行民主评议。提出推进基础设施建设、补齐主要短板，破解人员经费难题、强化要素保障，提升精细管理水平、促进常态长效，营造共管共享氛围、凝聚工作合力等对策建议。

【基层社会治理“一张网”建设视察】

6月10日下午，市政协组织部分政协委员对全市基层社会治理“一张网”工作进行视察，市委副书记、政法委书记叶枝利陪同视察并讲话。委员们先后实地了解梨洲街道南雷里社区、明伟村“一张网”建设情况，现场视察梨洲街道综合指挥室、市社会治理综合指挥中心。在随后召开的座谈会上，委员们听取市委政法委负责人的情况介绍，并就加强监督考核、加大宣传力度、理顺工作机制等方面问题，提出对策建议。

6月10日，市政协组织开展基层社会治理“一张网”建设工作视察活动

【“最多跑一次”专项集体民主监督活动】

8月至9月底，市政协组织部分政协委员组成监督调研组，开展“最多跑一次”专项集体民主监督活动。监督调研组通过现场查访服务窗口、随机走访企业群众、现场召开部门座谈等监督形式和

方法，深入了解全市“最多跑一次”改革举措落实的相关情况。提出梳理规范“最多跑一次”事项、统一乡镇（街道）“最多跑一次”事项标准等建议。

【职成教工作视察】

9月25日下午，市政协组织部分政协委员对全市职成教工作进行专题视察，副市长王安静陪同视察并讲话。委员们先后视察市职业技术学校丰南校区、市职成教中心，实地了解全市职成教工作推进情况。在随后召开的市政协推进全市职成教工作座谈会上，委员们听取市教育局主要负责人的情况介绍，并就技师学院建设、中等职业教育多元化、智慧教育云课堂建设等问题，提出对策建议。

【关注生态品质之城建设协商交流会】

11月21日下午，市政协举行协商交流会，与会政协委员围绕“关注生态品质之城建设”这一主题，与政府有关部门负责人进行面对面的交流沟通。市住建局主要负责人通报全市生态品质之城的建设情况，与会政协委员就如何建立长效保洁机制、提升物业管理水平、规划生态品质之城建设、有效管理乱搭乱建现象、更好发挥水利工程作用、解决城市“牛皮癣”问题、加快历史文化名城建设、提升老小区改造工程等问题提问。市住建局、市综合行政执法局、市环保局、市水利局、市交通运输局、市规划局、市公安局等相关部门负责人作出解释与解答。

【中意（宁波）生态园建设视察】

12月1日上午，市政协组织部分政协委员专题视察中意（宁波）生态园建设情况，市委副书记、市长潘银浩陪同视察并讲话。视察中，政协委员先后到吉利余姚工厂项目施工现场和中意（宁波）生态园招商展示中心，实地了解园区开发建设情况。在随后召开的市政协推进中意（宁波）生态园工作座谈会上，委员们听取园区的工作情况介绍，并就园区规划、基础设施建设、完善公共服务、产业结构规划、商贸工作、环境保护等问题建言献策。

（市政协）

12月1日，市政协组织委员专题视察中意（宁波）生态园建设情况

中共余姚市纪律检查委员会·监察委员会

综　述

2017 年，市纪委、监察委贯彻落实中央和上级关于党风廉政建设和反腐败工作的决策部署，统筹推进“五位一体”总体布局和协调推进“四个全面”战略布局，强化监督执纪问责，严肃党内政治生活，加强党内监督，深入正风反腐，推进纪检监察体制改革，锻造执纪铁军，推动全面从严治党向纵深发展。围绕上级和市委决策部署开展监督检查，加强对党章党规党纪执行情况和党的十九大精神贯彻落实情况的监督检查，组织全市党员干部参加党章党规党纪考试。推进监察体制改革试点工作，完成市监察委员会组建，加强市委对反腐败工作的统一领导。持续落实“两个责任”，实施“四项报告”制度，全市各地各部门全部向市委、市纪委报告年度履责情况。保持惩治腐败高压态势，实践运用“四种形态”，全市党政纪处分数量继续保持在高位。纠正“四风”问题，抓好中央八项规定精神的贯彻落实，严防享乐主义、奢靡之风反弹回潮。扎实推进党内监督教育，实现巡察干部集中办公和统一管理，推进市委一届任期内巡察全覆盖工作，开展“纪在身边”常态化警示教育和家风建设活动。

（市纪委）

重要事项

【市纪委十五届二次全会】

2 月 17 日，市第十五届纪律检查委员会第二次全体（扩大）会议召开。会议传达习近平总书记在十八届中央纪委七次全会上的重要讲话、中央纪委常委会工作报告、省纪委十三届六次全会精神和宁波市纪委十二届六次全会精神，总结 2016 年党风廉政建设和反腐败工作，研究部署 2017 年工作任务。审议通过《中国共产党余姚市第十五届纪律检查委员会第二次全体会议决议》。市委书记奚明讲话，市委常委、纪委书记、监察委员会主任杜瑾代表市纪委常委会作工作报告。

【纪检监察体制改革】

2017年，完成市监察委员会组建工作，与纪委合署办公。市纪委监察委机关实行执纪监督和审查调查部门分设，将派驻纪检组更名为派驻纪检监察组，授予部分监察职能。完成人员转隶，开展思想交流和业务交流，做好“全融合”。编制《监督执纪工作流程图》，初步形成制度体系，规范使用监察措施。加强市委对反腐败工作的领导，完善与司法部门的协作配合机制，办理3起职务犯罪案件，处理3人。

【协助落实主体责任】

协助市委下发《2017年党风廉政建设和反腐败工作组织领导与责任分工》，明确市委、市政府领导班子成员的47项责任内容，以上率下明确履责要求。出台《党风廉政建设主体责任考核细则》《乡镇街道 市直部门党风廉政建设和反腐败工作考核扣分标准》，层层压实责任。协助开展年度主体责任落实情况专项检查，对21个乡镇（街道）、51个市直部门开展检查考核。严格执行党内问责条例，5名科局级干部、2名中层干部因履责不力受到处理，持续释放失责必问、问责必严的强烈信号。

（市纪委）

党风政风监督

【概况】

2017年，围绕“最多跑一次”改革、“大脚板走一线、小分队破难题”等重点工作开展监督检查，发现问题75个，发出监督提醒通知书41份，问责处理不担当、不廉洁、不作为、不实干的干部94人。严明村级换届纪律，从严从紧加强村（社区）组织换届风气监督，党纪处分8人。全市累计开展正风肃纪检查771次，发现问题175个，处理相关人员143人次。针对群众反映强烈的工作日午餐饮酒、节假日公车私用、滥发津补贴、公款购买消费烟酒、工作时间出入娱乐场所等情况，运用多种形式开展专项检查，共查处违反中央八项规定精神案件13起，对29人进行党政纪处分和组织处理。加大通报曝光力度，两次点名道姓通报群众身边的“四风”和腐败问题，涉及9起、17人。运用函告方式督促整改，对发现的制度不完善、执行不规范等轻微违规问题，下发《监督整改函》71份，整改问题114个。

（市纪委）

纪律审查

【概况】

2017年，全市各级纪检监察组织共受理初信初访187件，对问题轻微的286名党员干部进行约谈提醒。共立案200件，审结201件，给予党政纪处分198人，挽回经济损失215.77万元。发挥市委反腐败协调小组作用，进一步完善市纪委与市直部门、司法部门之间的问题线索移送、分析研判、分流处置机制，全市共处置问题线索293件实做好纪律审查“后半篇”文章，针对违纪行为和制度漏洞，实行“一案三审”制度，审事实与审原因并举，审本案与审追责结合，审处理与审建议同步，下发监察建议书3份，追责5人。

（市纪委）

巡察工作

【概况】

2017年，市委出台《中共余姚市委巡察工作实施办法》，制定《中共余姚市委巡察工作规划（2017—2021）》，组建专兼职相结合的市委巡察组。

完成3个乡镇（街道）和6个部门单位的常规巡察，对6个单位开展巡察“回头看”，共发现问题366个，移送问题线索65个，立案3件。全面开展区域帮扶领域专项巡察，共发现问题107个、移送问题线索20个，立案3件。

（市纪委）

宣传教育

【概况】

2017年，完成市管领导干部廉政档案建设全覆盖，实现一人一档、动态管理。组建市纪委清风讲师团，累计开展党风廉政建设主题宣讲330余场次，覆盖党员干部近1.7万人次。不断提升“一馆五基地”教育功能，继续建设浙东抗日根据地革命廉政史迹馆和王阳明故居、严氏宗祠、蒋梦麟故居、中共余姚市四明山第一党支部纪念室、侵华日军火烧长泠江史迹馆。合力打造“一村三社”家风建设示范点，发挥大岚镇柿林村沈氏宗祠、泗门镇西大街社区家风家训馆、兰江街道四明社区家风文化馆（墙）、梨洲街道学弄社区家风主题文化广场的引领作用。聚焦基层权力规范化建设，建成中国社科院中国廉政研究中心余姚调研基地。

（市纪委）

民主党派

中国国民党革命委员会余姚市支部委员会

【概况】

2017年，民革余姚支部共发展新党员5名，现共有党员25名，其中2名党员被评为民革宁波先进党员，多名党员在工作岗位上获得先进。党员钱荣麓当选为宁波律师协会副会长，党员陈海燕当选为市青联委员。10月，组织党员赴山东枣庄民革实践教育基地开展坚持和发展中国特色社会主义主题教育。11月，召开学习贯彻中共十九大精神报告会，推荐支部党员积极参加上级民革和统战部门组织的培训会、报告会，为每位党员全年订阅《联谊报》和《南风窗》。全年有10篇反映支部工作和支部党员事迹的文章在《余姚日报》《绿叶》，以及政协、统战各类信息宣传平台刊登，党员毛静波出版个人文集《走过时光》。

在2017年“两会”期间，主委张翊参加市人大十七届一次会议，并当选为市人大常委；副主委劳士权等8名党员参加了市政协十三届一次会议，党员钱荣麓当选为市政协常委、副秘书长，共提交《关于推动我市旅游企业联动营销促进旅游经济发展的建议》等2件集体提案、10件个人提案，并作题为《加快现代物流业发展 提升经济发展动能》的大会发言。其中，党员毛静波的提案《关于做好“二孩”生育服务和“助孕”项目的建议》被列为市政协重点提案。同时，党员钱荣麓参加了宁波市人大十五届一次、二次会议，提交提案2件。此外，《关于解决住房保障家庭退出难的建议》等2篇信息被政协《社情民意》录用。2017年，支部党员还参加由市政协、市委统战部等组织的政情通报会、民主协商会、座谈交流会，为全市经济社会发展建言献策。

社会服务活动方面，继续开展与陆埠镇卫生院和鹿亭乡龙溪村的同心结对帮扶工作。春节前夕走访慰问龙溪村困难群众和贫困大学生。10月，赴陆埠翁岙村开展送医下乡活动。继续发挥支部同心志愿服务队作用，引导党员立足岗位，发挥自身优势，开展各类社会服务，先后开展种植“同心林”、赴鹿亭绿色环保行动、为海军驻余姚某部官兵进行普法讲课、大型爱心义卖、为环卫工人送清凉等志愿服务活动。协助民革宁波市委会举办了“知行合一”书画特展创作活动。

（民革余姚支部）

中国民主促进会余姚市基层委员会

【概况】

2017年，民进余姚市基层委员会组织会员学习参政议政、课题调研、社会服务、信息撰写等业务，推荐基层委员会班子成员和会员参加新任省委会、宁波市委会委员培训班、宁波民进基层支部主任培训班、宁波市民主党派市委委员培训班、宁波民进思想宣传骨干培训班、余姚市政协委员培训班、余姚市党外代表人士培训等。组织会员参加各类历史文化和法律、人文、科技等专题学习讲座，开展“多读书、读好书”活动。组织会员开展每月一次的主题活动，开展“不忘合作初心、继续携手前进”专题教育活动等。参加宁波市基层支部达标考核，经民进宁波市委会考核，三个支部荣获2016年度先进，其中，教育二支部获优秀支部，并制作《春风化雨 爱满民进》宣传册，综合支部在宁波城际铁路余姚服务基地布置“民进之家”活动室。

年内，发展周迪儿、万丽珏、褚善德、丁清华、沈琳旦5名新会员。首次开展年度优秀会员评比表彰活动，有9位会员被评为优秀会员。全年当选宁波市人大代表1人，宁波市政协委员1人，余姚市人大常委1人，人大代表3人，余姚市政协常委2人，政协委员18人。

年内，参加民进全国基层组织建设经验交流会，主委朱初雷作题为《知行合一讲实效 爱满民进促发展》的经验交流。接待民进南宁市委会“培育壮大县域特色产业”课题调研组一行、民进镇江市委会、民进浙师大基层委员会、民进柯桥区基层委员会和民进建德市基层委员会组织建设学习考察团等。基层委员会班子成员赴台州黄岩民进支部参观考察。组织女会员开展“三八”妇女节乡贤文化调研活动，开展摄影作品大赛等。支持各支部继续开展“五个一”活动，并给予活动经费保障。教育一支部组织会员考察姚北地区美丽乡村建设现状。11月，组织在职会员调研金华武义古村落保护及旅游资源开发利用情况，并考察武义一中的创新教育工作。教育二支部组织会员“看姚北新貌、送健康关怀”下基层送温暖活动，5月，组织会员在四明山开展“情满四明 感受书香”爱心赠书活动，组织在职会员赴溧阳开展“寻访革命足迹”红色文化主题实践活动。综合支部组织会员到江苏开展“不忘合作初心，继续携手前进”主题教育实践活动。此外还组织部分会员观看原创话剧《大江东去》、试乘“余姚—宁波阳明号”城际列车等。

【参政议政】

年内，基层委员会负责人多次参与党代会工作报告、《政府工作报告》《法院工作报告》等征求意见座谈会及政协主席民主恳谈会、全市民主党派工作座谈会等，提出意见建议。韩玉仙在市政协十三届一次全会上作《关于推动乡村旅游健康持续发展的建议》的大会发言。市政协十三届四次常委会上，金晶和吴春艳分别作《切实发挥公共文化设施功能作用》《加强全市文化队伍建设》的发言。多名会员兼职相关部门行风监督员，提出意见建议。

两会期间，提交《关于凝聚民间收藏资源 提升地域文化效应的建议》等集体提案6件，各类个人人大建议和政协提案22件，其中《关于加快王阳明故里建设的几点建议》的集体提案被市政协列为重点提案，被评为优秀提案。

年内，确立四个调研课题，其中以教育一支部为主撰写的《吸引姚江学子回归 助推“智造强市”建设》的调研报告转化为2018年政协全会的发言材料。以教育二支部为主撰写的《关于余姚现存古建筑（群）的维修保护与开发利用的几点思考》在余姚市名城名镇名村保护论坛做交流发言。综合支部撰写的《关于加大餐饮污水治理力度的建议》作为民进宁波市委会中标课题，撰写的《关于避免新建PPP项目重大合同风险的建议》，被民进宁波市委会采纳。

全年上报宁波民进各类信息共48篇，正式录用35篇，上报余姚政协各类信息共42篇，正式录用各类信息22篇。其中，朱初雷撰写的《民进余姚市基层委员会献礼十九大送文化下乡活动》被《联谊报》头版刊登，李珊珊撰写的《借鉴出租车管理办法 健全共享单车监管》等多篇社情民意信息被民进宁波市委会录用，基层委员会被评为2016年度余姚市政协反映社情民意工作先进单位。

【对口协商】

2017年，主要领导受市教育局、交通局、综合执法局的邀请，参加对口联系部门的活动，就新会员发展、在职会员的提升等开展协商。5月，基层委员会与市文化广电新闻出版局（旅游局）开展对口联系活动，重点就阳明故里建设、民营博物馆打造、全域旅游发展、旅游示范区建设等方面内容进行交流协商。11月，与市环保局开展对口联系活动，主要就构建成熟有效的环保体系、加大环保宣传力度、增强部门执法联动等方面内容进行讨论。

【社会服务】

年初，在兰江街道四明社区举办“送春联进万家”公益活动。10月19日，与市政协教文卫体文史委联合，在鹿亭乡龙溪村文化广场举行了“献礼十九大”送文化下乡文艺演出。年内，组织会内10名骨干教师先后到大隐镇中和梁弄镇中同心教育服务基地开展送教下乡活动。

【先进成果】

钟春科被民进浙江省委会评为2012—2016年度优秀会务工作者。程载国获得“宁波市名师”称号；戚国棋获“浙江省生物竞赛优秀教练”称号；姜建光指导学生获宁波市学生文明礼仪比赛及展演一等奖，其本人获优秀指导教师奖；甘全军获得2017年宁波市“百优”班主任称号；黄耀获得“余姚市优秀教师”荣誉称号，并在教育部国培计划（2017）做《春风化雨 润物无声——与老师们聊英语教学中的文化浸润魅力》讲座；鲍建立获得“宁波市名师”称号；诸焕灿宣讲32场，参与撰写书籍《王阳明的心路历程》，编写书籍《知行合一说阳明》，其课题《姚江书法史》在宁波立项；方其军被列入浙江省新荷计划人才库，其自选诗集《炊烟》由团结出版社出版等。翁潇潇的论文《四部联动 深化内心听觉》获宁波市论文评比一等奖；王亦红主编完成校本教材《走进王阳明》；陶琳的论文《以生为本的合唱课堂教学探索》获宁波市中小学音乐教育教学论文评比三等奖。金晶获评宁波市领军拔尖人才，音乐作品《水的故事》获宁波市音舞节银奖，舞蹈作品《河姆渡稻花香》获第九届“小荷风采”少儿舞蹈大赛浙江赛区银奖；符利群获浙江省优秀文学作品一等奖，两次获宁波市“五个一工程奖”。

【《余姚运河史话》出版】

《余姚运河史话》由民进余姚市基层委员会和市政协教文卫体文史委合编，诸焕灿任主编，8位民进会员共同参与，于11月正式出版，并在马渚镇举行首发式。该书主要对浙东运河在余姚境内的概况、两岸古镇商埠、山川桥渡坝闸、运河两岸名人等八方面作了记述，总计17.5万字。

（民进余姚市基层委员会）

农工民主党余姚市基层委员会

【概况】

2017年，农工党余姚市基层委被农工党中央评为“组织建设先进集体”，被农工党浙江省委会评为2016—2017年度先进基层组织，被农工党宁波市委会评为2016—2017年度宁波市先进基层组织。全年共发展3名新党员，分别为人民医院中医科主任姜宏伟、人民医院放射科副主任医师韩春宏、马渚镇副镇长徐然。党员李象钧被评为“余姚市名中医”，毛肖丽被评为2017年度第二季度“余姚好人”，汪正权因工作被媒体报道、朱延芳在省市学科教学竞赛上获奖、党员方锦鑫获得余姚市青年岗位能手称号，被评为省先进党务工作者，并在政协大会作《关于推进小城镇环境综合整治的建议》发言，他的《民生工程建设“穿越”高铁线路遇阻亟待重视》经农工党中央采用上报全国政协。李志业的《将党外干部称谓改为"非中共干部"》被全国政协录用。

年内，组织班子成员参加市委统战部举办的民主党派领导班子培训班、定期召开的班子例会等，利用理论学习、制度建设、交流沟通等方法，抓班子建设。开始建立健全台账制度，将所有涉及组织生活记录、工作大事记、年度计划和总结、财务收支情况等内容进行入册建档。

年内，与市审计局、市统计局、市市场监管局、市卫生计生局、市公安局五个部门开展对口联系活动。各支部开展"不忘合作初心，继续携手前行"活动，考察农工党一干会址与嘉兴南湖革命纪念馆。考察余姚市农村生活污水工程建设活动、考察大岚镇农村生活污水零直排区建设与小城镇综合整治工作活动。相关党员参加基层委班子成员会议以及各类参政议政培训会议，参加市委会组织的考察调研活动，撰写调研信息。

年内，与市委老干部局合作赴基层开展送医、送药、送温暖的活动。赴大岚镇南岚村开展社会服务工作。与市残联开展合作，利用残联服务大篷车的平台，走进社区开展扶残、助残服务活动，为社区残疾居民送医、送药、送书籍、送法律等。组织部分专家党员赴余姚四明山区开展送医、送药进山区活动。在陆埠镇卫生院建立同心基地。余姚市人民医院支部开展支部党员赴市特教中心开展帮扶活动、特教中心学生进医院实践活动，举办特奥健康计划活动，带领残障儿童开展模拟就医等活动。

【特奥健康计划活动】

6月9日上午，农工党余姚市人民医院支部联合特殊奥林匹克东亚区、余姚市人民医院部分科室专家、余姚市志愿者协会共50余名志愿者走进余姚市特殊教育中心开展"2017年特殊奥林匹克运动员特奥健康计划——余姚站活动"。此次活动由农工党余姚市人民医院支部发起，来自市人民医院眼科、口腔科、营养科的22名专家医生为特教中心60名智力障碍学生提供了包括远近视力检查、遮盖试验、立体视检查、电脑验光、营养健康宣教等20余项专业的医疗服务。农工党余姚市人民医院支部于2016年成为余姚市特教中心爱心联盟单位。

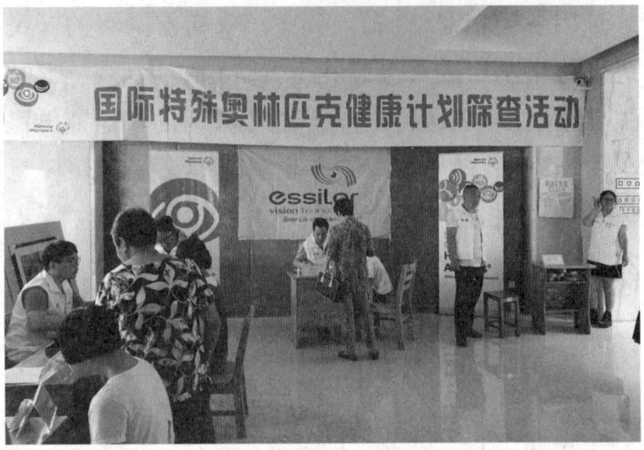

6月9日，国际特殊奥林匹克健康计划筛查活动开展

【进社区扶残、助残服务活动】

2017年6月20日，"阿拉帮"农工党余姚市基层委员会助残服务队与余姚市残联流动服务车一起到阳明街道新城市社区，为社区的残疾人士提供扶残、助残服务。农工党余姚市基层委员会派出7位专家医生参加现场义诊，为残疾人士及社区居民提供了包括内科、骨伤科、五官科、小儿科、眼科、皮肤科、针灸科7个科目的诊疗服务。在社区的集中服务点，专家们为残疾人士及社区居民做各项检查，解答各类问题，对一些患病的居民给予个性化的指导。活动中，余姚市基层委还有一位律师党员为残疾人士提供法律咨询和法律援助服务。同时，购买了价值6000余元的150册书籍赠送给残疾人士和社区活动中心。除提供集中服务外，参加活动的农工党员还分头来到残疾人家里，上门提供医疗救助和赠送书籍。

【进山区义诊活动】

10月24日，农工党余姚市基层委员会部分党员赴四明山区大岚镇南岚村开展义诊活动。此次活动的义诊团队由中医内科、骨伤科、针灸、妇科、消化内科等专家党员组成。活动现场，专家党员们为群众提供各类疾病的诊断、咨询及测血糖、测血压等服务，并为每位参加义诊的群众送上一份药品。据统计，此次义诊活动共为近300名山区群众提供了医疗服务，并向当地群众赠送了5000多元的基本药品。

（农工党余姚市基层委员会）

九三学社余姚市基层委员会

【概况】

2017年，九三学社余姚市基层委员会有社员81人，其中新发展社员4名。社员中担任副市级领导职务1名，担任副局级以上领导职务7人。3人被推荐为宁波市人大代表，4人当选为余姚市人大代表，16人提名为余姚市政协委员。全年召开全体会议4次，基层委会议8次，组织退休社员重阳节活动1次，集体学习考察活动4次。基层委下属一支社被社省委、社宁波市委评为社会服务先进基层组织，被社宁波市委评为宣传工作先进集体；二支社被社省委、社宁波市委会评为先进基层组织；三支社被社宁波市委评为宣传工作先进集体、信息工作先进集体。

在市两会期间，共提交政协大会发言材料1篇，集体提案3件，委员提案21件，人大代表建议2件。其中，《综合施策 全面提升姚江考核断面水质》的政协大会发言，被市政协确定为重点督办提案，并评为优秀提案。集体提案《关于加快传统光机电仪产业智能化 夯实智能经济发展基础的建议》《关于优化我市教师绩效工资分配制度的建议》《关于在饮用水源保护区率先开展“污水零直排区”建设的建议》《关于甬余城际铁路余姚境内增设站点的建议》，均得到政府相关部门关注，提出的建议意见大都被相关部门采纳。在宁波市人代会上提交的《关于完善我市特色小镇长效机制的建议》《关于加快和优化我市轨道交通商业综合开发工作的建议》等得到宁波市委、市政府的肯定和重视，多数建议意见已被采纳与落实。

全年担任人大代表、政协委员的社员共参加由市委、市人大、市政府、市政协及市委统战部召开的各类民主协商会、政情通报会、座谈会、学习会、培训会17次，计180余人次；参加由市人大、市政协组织的视察、考察活动30余人次。加强与市发改局、市规划局、市农林局、市住建局、市科技局等5个政府部门开展对口联系活动。

2017年，《打造阳明心学高地 不断增强文化自信》《规范政府和社会资本合作（PPP）模式发展的建议》中标社省委参政议政调研课题。2016年完成的社省委参政议政中标课题——《关于防范村级债务风险的建议》，被社省委选用作2017年省政协提案素材，并被评为参政议政成果三等奖。《新时期民主党派提升合作共事能力的实践与思考》被评为2017年度统战文化理论研讨活动二等奖。

全年共上报各类宣传信息67件，其中，《一本社史看九三学社文脉六阶段四精髓》入编社中央《“九三学社文脉与传承”论文集》，《警惕公立医院盲目参与JCI等国外认证》的社情民意信息被中央统战部《零讯》2017年专报第262期予以录用，并得到时任中央政治局委员、国务院副总理刘延东批示。同时，有31篇社情况民意信息被上级录用。

【特色项目拓展】

2017年，九三学社余姚市一支社继续与浙江省农科院第一支社合作，在牟山镇结对共建服务三农示范基地，联合开展以“高产、抗病两系早杂‘陵两优0516’”为主题的结对共建服务三农活动，合力打造社会服务工作的新品牌。同时，基层委与市科协联合开展“科技下乡”等社会服务活动，配合九三学社宁波市委会开展宁波市统一战线鹿亭同心实践基地活动。

（九三学社余姚市基层委员会）

社会团体

余姚市工商业联合会（总商会）

【概况】

2017年，市工商联（总商会、企业联合会、企业家协会）被全国工商联评为全国“五好”县级工商联，被省联评为全省工商联系统先进单位，并获得宁波市工商联系统工作创新一等奖等荣誉。全年新增会员500余人次，增长10%，新组建2家市外籍在余姚直属商会，完成2家异地商会的前期准备工作。4家基层商会换届如期完成，召开新生代企业家联谊第二次会员代表大会。选举产生新一届领导班子，进一步完善联谊会章程，建立例会制度和会费收缴制度，推动会员建立“亲清”自律公约。5月12日，九届四次执委（扩大）会议召开，会上调整班子成员3人，通过《余姚市商会财务管理规定》，进一步规范会费收支管理。出台《余姚市工商联异地商会年度考核办法》。召开党风廉政建设专题会议，签订《党风廉政建设责任书》。组织全体机关干部在宁波威远清风廉政文化教育基地和宁波帮博物馆举行学习教育活动。开展重点岗位廉政风险点排查活动。

全年新增工商界别政协委员2名。《关于推进智能制造政策落地的几点建议》作为优秀提案在市政协十三届二次会议上进行发言。围绕促进市经济转型升级和创新发展，开展有关课题调研。先后向市委、市府主要领导提交《当前我市民营企业发展有关情况报告》《关于县级试点示范“中国制造2025”政策落地情况的调研》等调研报告。

年内，继续举办“亲清”讲堂，全年办班6次，参加人数300余人次。5月底，邀请甘中学博士作《新形势下智能制造》的讲座，与企业家们进行面对面的座谈交流。组织民营企业家赴贵州遵义开展革命传统教育。12月底，在新生代企业家换届会议上，市工商联7位优秀企业家被聘为新生代企业家联谊会创业导师。

6月3日，首届世界姚商大会召开，500余位乡贤参加，世界余姚人总会成立揭牌，工商联代表全体与会姚商发表《姚商宣言》。共签约项目24个，总投资218亿元，11个项目现场签约。组织开展异地商会、同乡社团定点招商活动。建立健全辖区内的姚商信息数据库。召开小型投资对接会、余姚重点产业和投资平台推介会。召开市外姚商创业创新恳谈会。开展“天涯海角”访姚商、叙乡情活动。由市领导带队，分四批走访北京、上海、广州、杭州四地的重点浙商姚商，宣传家乡引资政策，推介招商引资项目。建立市外姚商及其在姚亲属关爱机制，建立健全与市外姚商及其在姚亲属经常联系和走访慰问机制，开展各类乡情联谊活动。

市企业公共服务平台共收录9450家企业作为服务的对象，推送政策、服务信息共计43514条。企业转贷互助基金自2010年成立以来，共开展转贷业务5301笔，金额627.7亿元，惠及中小企业900余家。与统战部、银监办就金融服务达成新的合作形式，建立商会法律顾问制度，与市司法局、市人民法院共同开展“法律进民营企业”等活动，与国税、地税部门共同成立“余姚市纳税人权益维护中心”。

年内，组织开展第十六次“光彩爱心月”活动，全市180多家会员企业及44个街道（乡镇）、村商会出资和实物捐赠等共计2000多万元。市总商会家属联谊会组织会员开展“爱心构和谐，寒冬送温暖”走进梨洲街道茭湖村的结对帮扶活动。助力“五水共治”行动，组织基层商会和会员企业投身农村污水治理，开展清洁生产。推广“村企结对、双向互动”共建新农村经验，引导企业参与美丽乡村建设和城乡统筹发展。

【首届世界姚商大会举行】

6月3日，首届世界姚商大会举行。大会共邀请余姚市外重点浙商姚商及余姚籍知名人士200余人，余姚市企业家300余人参加。大会以“乡里乡亲道乡情、合力合心谋发展”为主题，以全面推进招商引资“一号工程”，动员引导各地浙商姚商关注家乡、投资家乡、反哺家乡为主要内容。会上，世界余姚人总会成立揭牌，姚商代表宣读倡议书。大会期间，签约项目共计24个，总投资218亿元，其中乐视体育小镇及乐视体育总部搬迁项目、浙江余姚工业园区置信小微企业产业园项目等11个项目现场签约。大会系列活动分“天涯海角访姚商、叙乡情”活动、“天南地北聚姚城、谋发展”两个阶段。其间，还举行市外姚商创业创新恳谈会、投资项目对接洽谈活动、人工智能高端峰会、市外姚商家乡行考察等配套活动。

（市工商联）

余姚市总工会

【概况】

2017年，全市累计建有基层工会3668家，其中单建工会3367家，联合工会301家，覆盖企业15119家，职工人数47.8万人，工会会员共45.5万人，入会率95.09%。全市共有宁波市示范乡镇（街道）工会4家、宁波市五星级活力工会169家、余姚市三星级以上示范工会349家，乡镇（街道）四星级、三星级示范工会共计1932家。宁波市模范职工之家8家，宁波市厂务公开民主管理示范单位7家。完成首家村级（北郊村）“党工联盟”工作阵地建设。全年有6人获宁波五一劳动奖章，3家单位获宁波市五一劳动奖状，2人获港城工匠称号，1人获浙江工匠称号，1人获全国五一劳动奖章。市劳模协会累计各级劳模415人，全国级劳模6人，省部级劳模62人，省级先进30人，宁波级劳模88人，余姚级劳模229人。

截至年底，全市已签订集体合同和工资协议3155份，覆盖企业13189家，职工413250人。其中，区域性集体合同和工资集体协议235份，覆盖企业10669家，职工201869人，行业性集体合同和工资集体协议9份，覆盖企业386家，职工18792人。已签集体合同企业工资协议续签率保持100%。全年职工服务中心调处劳动争议案件134件，涉及金额189.7万元；乡镇街道联合调解中心共调处劳动争议案件912件，涉及金额1428.6万元。

年内，开展治水重点工程立功竞赛，表彰先进个人10人，先进集体5个。共发放宣传资料37700余份，组建治水小分队32个，开展巡查活动60余次。开展第十三届职工合理化建议评选活动，800余家企事业单位开展合理化建议竞赛，提出合理化建议1.2万余条，评选出“金点子”合理化建议34项，优秀合理化建议74项，直接为企业创造经济效益达2.98亿元。制定下发《关于学习宣传贯彻〈宁波市企业工资集体协商条例〉》，在全市开展企业工资集体协商精细化管理培训，重点培育了1个行业（区域）性工资集体协商精细化示范点和2家宁波市级工资集体协商精细化管理示范企业。

年内开展两节送温暖、重特大疾病专项救助、临时救助、“金秋助学”等帮扶救助活动，共计发放各类慰问金124万余元。全市497家企事业单位的88291人次职工参保，总金额272万余元；770人次职工得到互助保障金赔付，为患病职工减轻医疗负担213.63万余元。开展“百名职工解困脱困”活动，全市共有470名困难职工在市总工会建档，率先脱贫105名。开发“余姚疗休养”个人报名平台，1.9万余名干部职工参加疗休养活动，其中市总工会组织42批次，1426人参加。

年内，推介“甬工惠”微信公众号，线上推出各类活动38次，投入金额25.7万元。“5·1服务卡”全市激活卡量4万余张。联合农商银行推进“蓝领通”工作，全年共授信4532人，金额4.6亿元，其中2493人申请贷款共2.5亿元。各级工会共投入资金600余万元，举办各类演出活动300余场次，参与职工20万余人次。组织33家宁波市级和谐企业参加企业社会责任评价工作培训，其中15家企业开展了企业社会责任评价。新增宁波市级和谐企业3家，宁波市和谐企业创建标兵单位1家，已建工会企业参与和谐企业创建面动态保持在98%以上。全年开展110余场竞赛，4000余名职工参赛，5人获宁波首席工人称号。开展“百名工匠传帮带”活动，评选出15对市级“好师傅好徒弟”。组建“千名技工志愿服务队”，为全市中小微企业免费上门服务。

【市劳模协会第五次会员代表大会召开】

11月7日，市劳模协会召开第五次会员代表大会，选举产生市劳模协会第五届理事会。来自全市各条战线的189名劳模代表参加会议。大会审议通过《余姚市劳动模范协会章程》《余姚市劳动模范分组活动制度》，并按照新章程选举产生了第五届协会理事会，徐栋芳当选为新一届劳模协会会长。

11月7日，市劳模协会第五次会员代表大会召开

【“十百二千”工程启动】

2月，市总工会启动“十百二千”工程，包括“百名劳模扬风采”“百场竞赛比技能”“百名工匠传帮带”“百次培训提素质”“百篇文章讲正气”“百家商场搞普惠”“百名困难职工解困脱困”“百场文艺进基层”“百场体育活动激活力”“百个节目进资源库”，表彰千名优秀职工及培育千名技师志愿队。

（市总工会）

共青团余姚市委员会

【概况】

2017年，团市委以党的十九大为契机，组织开展“青春喜迎十九大，不忘初心跟党走”主题宣讲、“一学一做”专题学习研讨、撰写心得体会、演讲比赛等活动。同时，利用微信、微博等新媒体，推出“喜迎十九大”“新时代中国特色社会主义思想体系”“不忘初心，牢记使命——余姚青年畅想新五年”“红领巾献礼十九大，我为队旗添光彩”等专题。组织开展“不忘初心跟党走”“红领巾相约中国梦”等主题教育实践，举办“我的梦·中国梦”

余姚市少儿歌曲演唱比赛、“童心演绎中国梦”课本剧大赛等活动。联合《余姚日报》、余姚广播电台FM96.6频道推出“团递青春正能量　勇立潮头谋新篇”专题栏目，邀请奥运冠军、优秀创业青年、“向上向善好青年”分享团、先进志愿者代表发声，以人物传记形式对31位不同领域的优秀青年进行专题采访报道。完成《阳明文选青少年绘本》制作，开展第一期余姚市致良知青年学苑学习活动及10余期“知心·致行”阳明讲堂。青年之声”“青春余姚”微信公众号全年共发布各类推送176篇。

举办2017青年干部精英能力提升班，开展“双百双进”、“展示新风采、团递正能量”青工风采节、“行行出状元”青年职业技能大赛、青年文明号助推“最多跑一次”改革、青年突击队“六比六争”“十大青年创业之星”“优秀青年岗位能手工作室”等活动。全年共培育表彰各级青年文明号78家、青年岗位能手48人、青年突击队38个。承担团中央第16届全国大学生机器人大赛的赛务工作。

推出“情暖姚城、志愿先行”“我为城市洗把脸”“小积分，大梦想”等志愿服务项目，制作纪录片《志愿爱》《峰·芒》。利用寒暑假开展“小小银行家”“小小邮递员”“小小茶艺师”等公益课堂。截至2017年末，余姚志愿服务网共有注册志愿者12.8万余人，志愿服务团队865个，志愿服务时长225万小时。在全市范围内招募10000余名青年“河小二”，共同助力“五水共治”。全年集中巡河230余次，参与者2.5万余人次。开展“一员双岗双建功”活动，全市各级团组织发动团员青年主动认领“社会岗”。

全年培训青年电商3000余人次。联合相关银行，全年共发放小额贷款788笔。全年挂牌确立“渔绿园”“艇之梦”等10家农场为“青创农场”。市青少年法律援助中心全年累计接听各类青少年法律咨询热线1690例，援办青少年刑事案件231件，民事案件225件。开展“彩虹计划”“共青团与人大代表、政协委员面对面”“花季护航社会观护团”等系列活动。全年借助新中宇、圆梦大学、爱心义卖等渠道发放关爱资金138.11万元。健全团干、社工与志愿者队伍联动工作机制，推动青少年事务社会工作服务纳入政府购买范围，全年共有102人参加各级各类社会工作者职业水平考试。推进“筑梦计划”“伙伴计划”，架构青少年综合服务平台体系，解决服务青年“最后一公里”的问题。截至2017年末，已形成青春·梦家园、青年汇、舜耕历山等特色示范点，其中阳明青创空间被评为省示范性“青年之家”。

【余姚市第十次少代会召开】

12月18日，中国少年先锋队余姚市第十次代表大会召开，大会审议并通过了市第九届少工委工作报告，选举产生了市第十届少工委委员，叶文溢、吴文当选为市第十届少工委主任，姚文倩被聘任为市少先队总辅导员。大会明确了今后三年余姚少先队工作的指导思想，提出了具体的工作任务。会上，“市十佳雏鹰红旗大队”“市十佳少先队辅导员”“市十佳少先队员”“市优秀少先队员”“市

“河小二”助力“五水共治”

12月18日，中国少年先锋队余姚市第十次代表大会召开

少先队事业功臣”等一批少先队工作先进集体和个人受到表彰。

【《阳明文选青少年绘本》首发仪式举行】

12月18日上午，青少年阳明心学启蒙读物《阳明文选青少年绘本》举行首发仪式。《阳明文选青少年绘本》由市青联、市少工委编辑出版，自2016年11月立项，经过一年多的甄选、绘画、改编、修改后正式出版。作品从《阳明文选》中甄选了8篇适合青少年立志勤学的书信、文章为蓝本进行绘制，将王阳明的《教条示龙场诸生》《赠郭善甫归省序》《从吾道人记》等文章提炼并辑选成册。

12月18日，《阳明文选青少年绘本》首发仪式举行

（团市委）

余姚市妇女联合会

【概况】

2017年，市妇联做好全市所有村（社区）的“会改联”工作和乡镇（街道）妇联组织架构完善工作，产生村（社区）妇联主席313名，副主席416名，执委1365名，实现村（居、社区）妇联主席100%进入村（居、社区）两委。乡镇（街道）妇联主席21名，副主席61名，执委344名，新增执委164名。市妇联组织举办村（社区）新一届妇联主席培训班，分两期对全市724名村（社区）妇联主席、副主席进行业务培训。各乡镇（街道）妇联也对执委开展培训。继续推行乡镇（街道）妇联工作竞优制。推动建立网格化基层妇女工作网络，形成“功能性妇女小组”“网格型妇女小组”，建设最小单元格妇女组织。家事合议工作获宁波市最佳特色工作奖和最受群众欢迎奖，网上妇联工作获宁波市特等奖，平安家庭创建第三方测评位居宁波第一。

全年孵化成立旗袍协会、千年渡公益服务中心等6个女性社会组织。全年联合农商行共为23名女能手发放小额贴息贷款296万元，发放小额贷款贴息25万元。推荐优秀农产品女电商参加宁波市女性农产品电商“创业集市”活动。推荐优秀女能手参加省、宁波等各级各类农展会、各类创业项目推介会。继续指导市女能手协会旗下的“姚江农嫂”生鲜超市，使超市股东通过转让等方式集中在6位女能手。培育规范一批巾帼来料加工示范基地，全年新增基地18个，经纪人14名，提供就业岗位500余个。

全年共申报各级巾帼文明岗20家，其中余姚级10家，宁波级7家，省级3家。表彰余姚市十佳“巾帼建功”标兵。市妇幼保健所妇女保健科和牟山镇第一幼儿园园长吴芳分获全国巾帼文明岗和全国巾帼建功标兵。组队参加宁波市巾帼文明岗品牌建设研讨会，市妇保所、国税梁弄分局文明岗在品牌建设会上作经验推广交流。

策划印发“姚江农嫂”产品推荐册第一季。市女能手协会会长金建芬的“好唧哉”品牌杨梅通过出境检测，销往加拿大、新加坡等国家，突破全市杨梅销售历史。开展巾帼电子商务培训，共178名女性从事网店销售，年销售额100万元以上的19人。挖掘并宣传女性电商成功典型，推出年销售过亿元的陆埠镇GAGAZHANG淘宝店主张小燕、朗霞85后女大学生沈莹颖等典型。

成立市、镇两级“知书女性”微讲堂，全年共开设课堂教学17场次，微课20余次。开展“最美家庭”寻找活动和绿色家庭、文明家庭等各类家庭评选、“我爱我家”家庭才艺秀、“幸福家，文明年”摄影比赛、“我的家风家训”征集活动、“教子有方”进校园暨全市亲子阅读活动启动仪式、一元城市生存挑战等活动。全年共75场家庭教育讲座送到基层，受教人数达6000余人。新增市级示范家长学校10家。联合教育局、文明办等单位印发《余姚市关于指导推进家庭教育的“十三五”规划》。

市妇联联合平安家庭创建工作成员单位召开联席会议。强化法治宣传，以“平安家庭”创建带动反家暴、禁毒、防艾、反邪等工作。围绕“剿灭劣Ⅴ类水”、美丽家园创建、平安余姚创建、小城镇环境综合整治等中心工作，实施美丽庭院提升工程，开展巾帼志愿服务。

全年全市各级妇联组织共接待来信来访来电共计3456件，其中来信来访2904件，接听来电552件，结案率98%以上。全年受理家事纠纷989件，审结873件，审结率88.3%，可调撤率80%。争取资金380万元为近8万名妇女进行免费妇女健康检查及“两癌”筛查服务。定期组织专门人员对妇女健康工程进行走访、检查。开设健康知识讲座25场次，培训人员达2000余人。组织各乡镇(街道)、机关妇委会做好2017年康乃馨救助“我为贫困患病姐妹捐10元”活动，收到捐款191526.7元，有7名患“两癌”困难妇女每人获得1万元的康乃馨补助。借助“农商行之心”帮扶基金，为“困难母亲希望工程”募集资金26万元，为32名贫困大学生每人提供5000元助学金，为80名困难母亲每人提供800元或2000元的疾病救助。做好“国寿女性安康保险”宣传推广工作，覆盖到全市21个乡镇（街道），参保妇女超过3万人，全年投保额290多万元，其中61位投保妇女获260多万元的理赔。建立树兰基金帮助困难患病妇女，建立1元生存挑战基金帮助特殊少年儿童。联合阳光宝贝母婴开展冬季送温暖活动。全年累计发放救助金额100多万元。全市各级妇女组织结合“三八”妇女节、春节等节日开展困难妇女和困难儿童帮扶活动。

【市妇幼保健所获全国巾帼文明岗】

4月22日，全国妇联在北京召开全国城乡妇女岗位建功先进集体、个人表彰大会，公布《关于表彰全国巾帼文明岗 全国巾帼建功标兵 全国巾帼建功先进集体的决定》。余姚市妇幼保健所被授予全国“巾帼文明岗”称号，余姚市牟山镇第一幼儿园园长吴芳被授予全国“巾帼建功标兵”称号。

【“知书女性”微课堂设立】

7月7日，“知书女性”微课堂开班仪式举行，同时首课开讲。“知书女性”微讲堂分市、镇两级，招募基层妇联干部、相关业内人士担任“知书女性”微主播，通过市、镇“知书女性”粉丝群，采取网络课堂教学、信息推送和每日美文诵读相结合的方式，向粉丝们不定时提供相关知识。2017年共开设课堂教学17场次，微课20余次。

7月7日，市妇联“知书女性”微讲堂开班仪式暨“做智慧女性，培育优良家风”讲座举行

（市妇联）

余姚市科学技术协会

【概况】

2017年，市科协履行纲要办职责，制定《2017年余姚市全民科学素质工作要点和职责分解》，部署年度纲要实施工作。召开纲要工作领导小组办公室成员会议。全年开展公民科学素质和技能培训8万余人次，发放科普宣传、培训资料10万余份。承接宁波市民生实事工程“千场万人智能手机知识普及工程”，培训合格人员1016人。评选表彰2013—2017年纲要工作先进集体10个、先进个人10人。邀请11位中科院老科学家科普演讲团成员

作科普报告27场，受众近万人次。开展科普报告和科普资源“五进”（进农村文化礼堂、进社区、进学校、进企业、进机关）“三送”（送科技、送文化、送健康）等活动。评选年度市级基层科普行动计划优秀项目11个，建成村级科普馆1个。创建宁波优秀农村科普示范基地、农村专业技术协会各1个，评选优秀农村科普带头人1名。举办“智能七巧板”“电子百拼操作”“DI创新思维活动”等各类培训，举办青少年“迎六一玩转科学”“科技创新大赛”、童玩节等活动，指导全市各中小学校开展校园科技节、科技周活动。组织中小学生参加DI全球总决赛、第七届全国纸折飞机挑战赛、宁波市科技嘉年华、青少年航模赛、中小学生计算机程序设计比赛等，共获得宁波市级以上奖项1132个。

全年在《余姚日报》等媒体上，专题宣传优秀科技工作者19人次。走访、慰问王正国、孙优贤、陈亚珠等建站院士与2名余姚籍新入选院士，以及优秀科技工作者代表和部分生活困难科技工作者，共计200余人次。市级学会（协会）举办论文写作专题培训16次，撰写科技论文58篇，举荐入选2017年宁波市领军和拔尖人才培养人员10名。

新建市人民医院王正国院士工作站和宁波长振铜业有限公司院士工作站为宁波市级院士工作站，江丰电子材料股份有限公司院士工作站创建为全市首家国家级示范院士专家工作站。构建院士工作站拟建梯队企业3家，其中中国光学学会顾瑛、李儒新两位院士分别与舜宇集团签署了建站意向。新建企业科协2家，指导企业科协开展“讲创新、比贡献”活动，攻克技术难题53个，获得发明专利125项，制定各类标准15项，提出合理化建议131条。市级学会（协会）开展年度服务科技创新项目15项，实施“富硒茶研发”“盆景果树引进”等金桥工程项目3个，提交科技工作者建言12则，开展重点学术活动8项，举办科技工作者沙龙3期，承接政府转移的项目评估、标准制定、教育培训、决策咨询等职能。加强与院士、专家和海内外科技团体的交流协作，开展院士专家企业行、“海智宁波之旅”余姚行等活动3次，分别邀请蹇锡高、王玉忠、王正国院士到余姚作学术报告。组织企业参加海智项目推介会、宁波市“3315计划”企业环保项目专场推介会和“商业模式创新与中小企业转型升级”科技论坛等活动。

参与起草市委《关于加强和改进党的群团工作实施意见》，制定实施《余姚市科协系统深化改革实施方案》。市科协第十一次代表大会召开，科技工作者在市科协代表大会代表和新一届委员会中的比例提高，来自基层一线的代表占总数的92%，4位兼职副主席分别在农、教、医、工行业领域中产生。市教育学会、统计学会、水产学会等市级学会（协会）换届选举，更多一线科技工作者加入科协组织。

【“千场万人”智能手机知识普及工程启动】

3月14日，市科协组织13个乡镇（街道）农函大辅导站相关负责人、辅导老师和市专家科普讲师团部分专家20余人，参加宁波市科协“千场万人”智能手机知识普及工程启动仪式暨业务培训。由市科协承担的宁波市级民生实事工程——智能手机知识普及工程正式启动。“千场万人”智能手机知识普及工程是宁波市的一项民生实事工程。

【中国工程塑料复合材料技术研讨会召开】

8月16日，2017年中国工程塑料复合材料技术研讨会开幕。会期共三天，国内工程塑料复合材料行业和余姚市涉塑企业代表近200人参加此次研讨会，共同探讨改性塑料在汽车、家电、医

8月16日，2017年中国工程塑料复合材料技术研讨会召开

疗、包装、建材、3D 打印等领域的应用。会议期间，中国工程院院士王玉忠及 20 余位专家、教授作了改性塑料技术研究方面的学术报告。

【市科学技术协会第十一次代表大会召开】

12 月 19 日，市科学技术协会第十一次代表大会在余姚影城召开。238 名来自各条战线的科技工作者代表参会。省科协副主席王忠民、宁波市科协党组书记崔秀良、余姚市委书记奚明出席开幕式并讲话。开幕式上表彰了 2013—2017 年度市十佳优秀科技工作者。

12 月 20 日上午，大会完成各项预定议程，在余姚宾馆闭幕。大会选举产生余姚市科协第十一届委员会主席、副主席和常务委员，鲁建灵当选为余姚市科协第十一届委员会主席，王文杰、王胜战、陆哲学、袁海鸿、符娟娣、黄苏洲、鲁劲松当选为余姚市科协第十一届委员会副主席，王胜战等 21 名同志当选为余姚市科协第十一届委员会常委。会议审议通过了第十届委员会的工作报告。

12 月 19 日，市科学技术协会第十一次代表大会召开

【中科院老科学家科普演讲团到余姚宣讲】

4 月 24 日，由市科协组织的中科院老科学家科普演讲团报告会举行。此次报告会共邀请马润林、陈洪、张德良、刘大禾、赵晓光、张劲硕等 6 位科学家，分别在余姚中学、长安小学、马渚镇校、小曹娥镇校、大岚镇校、陆埠镇校、二六市小学，以及东江、酱园街社区，举行了 12 场科普报告。

9 月 25—26 日，中科院老科学家科普演讲团及中国科普作家协会的专家一行 5 人，分别到余姚泗门镇政府、酱园街社区、余姚中学、第一实验小学、第二实验小学等 12 家单位，开展 15 场科普报告。

据统计，截至 2017 年下半年，中科院老科学家科普演讲团到余姚 10 次，邀请到科学家、专家 44 位，共举行 110 场科普报告，受益中小学校师生、社区居民、领导干部和公务员等 5 万余人。

中科院老科学家科普演讲团在余姚宣讲

【宁波长振铜业有限公司院士工作站挂牌】

9 月 23 日，2017 中国浙江宁波人才科技周开幕仪式暨 2017 年新建院士工作站挂牌仪式在宁波国大雷迪森广场酒店隆重举行。宁波长振铜业有限公司总经理宋长洪应邀参加此次活动，并接受工作站授牌。

9 月 23 日，宁波长振铜业有限公司院士工作站挂牌

【冯煜芳、马余刚入选两院院士】

11月27日至28日，两年一度的两院院士增选名单公布，余姚籍学者冯煜芳当选为中国工程院机械与运载工程学部院士，余姚籍学者马余刚当选为数学物理学部院士。至此，余姚籍两院院士已达9人，其中中国科学院院士6人，中国工程院院士3人。

（市科协）

余姚市社会科学界联合会（余姚市社会科学院）

【概况】

2017年，市社科联（社科院）年度工作获评宁波市社科联系统先进单位。年内，新发展会员单位1家，累计共104家；市级科普示范基地12家，市社科联宣讲团24人，聘请特约研究员10人。组织社科普及讲师团成员12人，开展"六进"（进机关、农村、社区、企业、学校、军营）宣讲活动109场次。举办社科现场教学课13场次。组织学协会召开首届虞世南学术研讨会、阳明故里研讨会和余姚古村落研讨会等三次学术会议。5篇课题论文分别获得宁波市哲学社科规划领导小组、中国文联、省文联中国古村落高峰论坛、浙江省第十一届精神文明建设理论研讨会奖项。全年课题立项数量居宁波县级社科联前茅，全省精神文明建设论坛获奖论文占宁波市宣传系统三分之一。组织学协会开展"踏阳明足迹，悟阳明智慧"——四明山和会稽山阳明文化游学活动2次。正式向国家商标局注册"阳明故里""阳明讲堂""阳明圣城"知识产权商标。2018年宁波哲学社科规划领导小组重点课题项目《加快补齐发展村级集体经济短板的路径研究》立项，推荐《市场取向改革在浙江余姚的实践和创新——"中国塑料城"的经验与启示》为2018年浙江省"四个强省实践的基层典型案例研究"课题。举办余姚"娱乐养老"全民科普周比赛，全市22个民间社团参赛，参与市民4000人次。举办市第四届百姓文化节项目"舌尖上的余姚"。

年内，协助完成中国古村落调研立档课题三本图书《柿林》《中村》《金冠》文字定稿，召开3个村课题组会议两次。协助编撰完成《余姚老行当》科普图书样稿，完成社科联列入2017年市文化精品工程赵永焕、张亚萍的两部科普书籍。开发阳明文化、浙东革命根据地材料5份，社科联本级完成科普类研究材料11份。余姚智能产业经济（机器人）首次选入《2017宁波蓝皮书》。

年内，走访学协会单位27家，接访各类研究者22人次，协助本土学者赴宁波、杭州等市水利系统举办"河姆渡水文化讲座"，召开余姚水文化专家座谈会。对接洽谈拟成立"新加坡郑永年中国问题研究工作室"前期筹备工作。接待贵州省、辽宁省、广东省河源市等地社科联主席，广东省和平县等宣传部，江苏省如皋市、绍兴市、建德市等11个地区社科联（院）到余姚考察交流。

新发展王阳明祖居地"阴地龙潭王氏宗祠"为市级科普基地，协助梁弄镇创办全国首家"红领巾电台"并开播，创设"红色梁弄科普馆"，指导泗门镇成之庄明清古建筑群开辟科普项目"中国科举文化博物馆"，协助低塘街道历山村"虞舜传说纪念馆"舜文化社区读本编撰工作。王阳明故居成功创建省科普示范基地并挂牌。推荐河姆渡遗址博物馆、红色梁弄科普馆申报省科普先进单位。与浙江电视台合作拍摄电影纪录片《追寻400》，联合余姚电视台开拍《上梁》栏目，协助市电台播出《"山海经"余姚故事》8期，利用电台交通频道主讲"河姆渡文化""余姚风俗"。

【电影纪录片《追寻400》拍摄播出】

3月至8月，全市首部红色材题电影纪录片《追寻400》由市社科联联合浙江电视台，先后在杭州、南京、宁波、上海、梁弄等地拍摄，市社科联参与创作文字脚本。纪录片时长约45分钟，以浙东抗日根据地为主要内容，通过红色故事、人物和市社科联专家、党史专家讲述，还原浙东抗日根据地红色反间谍工作组（敌工委时期称400小组，又称反间谍小组）的故事。影片入选浙江省向中国人民解放军建军九十周年、党的十九大召开献礼片，于10月1日国庆节晚上在浙江卫视影片播出。

【新增省级社科普及基地】

8月28日，浙江省社科联发出通知（浙社科联发〔2017〕27号），命名45家单位为第七批“浙江省社会科学普及基地”。由市社科联申报的余姚市王阳明故居纪念馆社科普及基地，被命名为“浙江省社会科学普及基地”。全市省级社科普及基地增至2家。

【科研课题成果获省级奖项】

8月29日，在杭州之江饭店举办的浙江省第十一届精神文明建设理论研讨会暨“礼仪与文明”论坛上，《余姚王阳明等先贤传统家训礼仪的当代意义解读》等2篇学术课题论文，获得科研成果优秀奖。同时，市社科联特约研究员褚纳新的《浙东压胜钱》书籍获省文艺最高奖项“浙江映山红奖”。

（市社科联）

余姚市文学艺术界联合会

【概况】

2017年，市文联依托文艺家志愿服务团和8个服务分团，开展各类文艺活动，举办“金鸡贺岁”2017年迎春画展，“与古为徒”吕亮、姚泉永、张兴杰三人书法作品展，2017余姚市“文艺与时代同行”系列活动启动仪式暨“春之声”广场音乐会，“一江清水迎福祉”余姚市剿灭劣Ⅴ类水文艺作品征集，余姚市“美丽乡村”村歌歌词集首发式暨村歌《我的家乡兰山》音乐短片首映式，“舞林争锋，炫动姚城”——市第二届舞蹈精英大赛，“书香余姚”主题摄影展，“雪莲花”——胡雪咏、胡荷清姐妹画展，“江河甬念”——张钟速写艺术画展，庆五一“千名文艺工作者下基层”采风巡演走进舜宇集团，市“治水剿劣”宣传文艺演出，“萧萧总是故园声”——萧纯园·牧佳父子敬乡画展，市美协赴牟山开展“剿灭劣Ⅴ类水”创作采风活动，市美协中青年创作座谈会，余姚市“一人一艺”全民艺术普及工程暨余姚市舞蹈家协会“名师进校”讲座，中国美院陈斗斗博士设计艺术讲座，“擦亮余姚”环卫摄影赛，“小丁画大家——中国文化名人漫画肖像展”，“画家画战士、丹青颂八一”余姚美术家走进军营，市文艺工作者走进消防大队慰问演出，余姚市第四届“最美武术人”颁奖晚会，“众手浇开文明花”——全国文明城市创建书画影作品社区巡展，“汲真畅意”——徐军辉山水画作品展，“时代作品：《最后的王》”创作研讨会，“姚韵越音”走进美丽兰山村，“石”说王阳明传奇一生暨市首届“雅石共赏日”展览，市名城名镇名村保护利用论坛，吕峥新作《天机破·王阳明》分享会，卓立清——毛锦芳十万小楷作品展，帕蒂古丽长篇小说《柯卡之恋》新书首发暨签售等40余场活动。此外，市文联开展文艺志愿服务，形成“文联工作一盘棋”的工作合力。年内建立省作协余姚梁弄创作基地。

全年有10个项目列入宁波、余姚两级扶持计划，其中宁波3个、余姚市委宣传部7个。广播剧《呦呦青蒿》获全国、省“五个一工程”奖，姚剧《浪漫村庄》获省、宁波市“五个一工程”奖，电视动画片《少年王阳明》和歌曲《我心光明》获宁波市“五个一工程”奖。干亚群散文集《梯子的眼睛》获首届“三毛散文奖”。褚纳新《浙东民间压胜钱》获第六届省民间文艺理论著作类映山红奖。郑飞军作品《浓艳秋光》获第八届浙江花鸟画展优秀奖。帕蒂古丽散文《水乳交融的村庄秘境》列入中国作协2017年少数民族重点作品扶持篇目，小说《百年血脉》和《柯卡之恋》分获中华出版物奖提名奖。民协会员施灵敏获宁波市农民画剪纸作品大赛金奖、省校园剪纸教学论文评比二等奖。在第六届浙江省曲艺新作会演中，宁波走书《一张饭卡》获创作银奖，董鹊玲获表演银奖等。

年内，符利群加入中国作协，谢志强加入中国评论家协会，22名会员升级为省级会员。全市累计有国家级会员46人，省级会员229人。青年作家方其军入选省第五批“新荷计划人才库”，美协会员翁赟烨入选2017年度省造型艺术青年人才培养“新峰计划”名单。央视戏曲音乐频道《翰墨戏韵》栏目摄制组为宁波市美协名誉理事、市美协顾问陈全尧摄制书画专题节目。

【“送欢乐·下基层”慰问演出走进余姚晚会举行】

1月8日晚上，由中国文联、中国电视艺术家协会主办，中央电视台CCTV-7乡村大世界、余姚市政府承办的“送欢乐·下基层”慰问演出走进浙江余姚活动主场晚会开幕。慰问演出以“在希望的田野上”为主题。活动分主场晚会、小分队慰问演出和“小康工程”慰问演出。小分队慰问演出分别在梁弄镇横坎头村和朗霞街道天华村联建小区小广场举行，“小康工程”慰问演出在朗霞街道天华村西宅举行。

【“文艺与时代同行”系列活动正式启动】

3月19日上午，2017余姚市“文艺与时代同行”系列活动启动仪式暨“春之声”广场文艺演出在余姚龙泉山西麓文化广场举行。活动由市委宣传部和市文联联合主办，市音乐家协会、市舞蹈家协会、市文化馆和市音协音乐文艺志愿服务团承办。系列活动共安排20项活动。

3月19日，余姚市“文艺与时代同行”系列活动启动仪式暨“春之声”广场文艺演出

【《余姚市“美丽乡村”村歌歌词集》首发】

5月31日上午，《余姚市“美丽乡村”村歌歌词集》首发式暨村歌“我的家乡兰山”音乐短片首映式，在陆埠镇兰山村举行。该书历时两年创作、编写，由宁波出版社出版，收录35首村歌歌词及部分曲谱的创作。

【省作协余姚梁弄创作基地成立】

11月7日上午，省作协余姚梁弄创作基地成立仪式在梁弄镇正蒙学堂内举行。揭牌仪式上，梁弄镇党委副书记、镇长诸仲玖致辞，市委常委、宣传部部长王娇俐，宁波市文联党组书记、副主席王晓勇，省作协党组成员、秘书长晋杜鹃分别讲话，省作协和余姚市领导共同为省作协余姚梁弄创作基地揭牌。仪式结束后，来自青海、新疆的20多名作家在现场进行创作采风。

（市文联）

余姚市残疾人联合会

【概况】

2017年，共新鉴定残疾人2039人，全市累计持证残疾人23693人。组织全市残联系统开展“精准服务大走访、固本强基大调研”活动，完成残疾人基本服务状况和需求信息数据动态更新工作、状况监测工作，掌握残疾人生存状况和各项政策落实情况。完成村（社区）、乡镇（街道）、市三级换届选举工作，产生新一届市残联主席团组成人员。深化“两学一做”学习教育，开辟每周一推送的指尖上的课堂——“网上微学堂”，共创编36期。推进残联流动服务车下基层工作，按照定期和机动服务相结合的模式，深入基层开展“三进六送六帮”服务。全年共下乡70次、服务1800余人。“阿拉帮抬起脚板下基层”机关党员志愿活动案例获评市直机关“组织之星”。

全年发放残疾人困难生活和护理补贴8400万元，补助27.3万人次。为118名残疾学生和贫困残疾人家庭子女提供学费和住宿费减免、专项救助金、成才奖励金等共计67.7万元。为9639名残疾人发放基本医疗保险定额补助246万元。继续免费为全市所有持证残疾人实施综合医疗保险。

发放精神病人专项医疗救助卡2864人，资金314万元。实施贫困残疾人大病和精神疾病患者住院医疗救助200余人，资金80余万元。联合人社部门，继续推进残疾人城乡居民社会养老保险参保定补工作，补助5600人。以市四套班子领导春节、全国助残日开展走访慰问为契机，动员各级党委、政府和社会各界开展走访慰问活动，全年共走访慰问贫困残疾人9697人次，资金956万元。

全年开展免费助听器、助视器验配，免费假肢安装118名；人工耳蜗植入或处理器升级、髋关节患者置换手术补助等机构康复补助100余人；完成精神病作业疗法、脊髓损伤伤友康复训练等57人；实施辅具适配1345人，无障碍设施进家庭195户。全市康复服务率达99.98%。

实现市机关、国企定向招录残疾人零的突破，招录公务员2人，推出国企岗位1个。对就业年龄段10130余名残疾人开展就业培训实名制登记工作。开展技能培训380人。举办第十届残疾人就业洽谈会，全年多渠道帮扶实现残疾人就业150人。全年共征收残保金6989万元，清退372万元，涉及企业234家，残疾人350人。开展企业劳动监察98家。加强残疾人扶贫基地建设，全年安置或辐射带动残疾人406人。加强6家企业工疗站规范化建设，提升269名残疾人精神、智力辅助性就业水平。

推动文化助残“五个一”工程和特殊艺术“六进”活动，全年文化助残883余人次，组织“六进”活动23场次。配合体育局抓好市十五届运动会大众部残疾人组羽毛球、乒乓球和象棋比赛。组队参加宁波市第九届残疾人坐式排球比赛。承办省冬季项目运动员宁波地区选拔活动，并向省输送优秀运动员4人。在“华诺菲”杯全国残疾人田径锦标赛中，肢残人黄柯烽获男子成年组T36级400米、800米第1名。

全年在《余姚日报》等主流媒体刊登新闻82篇；市电视台制作专题3期；市电台联办栏目“同一片蓝天”每天5～7次滚动报道；被上级残联网站采用信息433篇，“余姚残联”微信公众号推送158条。

【“阿拉帮”阳光志愿助残服务平台建立】

3月，余姚市出台具体指导意见，完善注册志愿者管理机制，落实“一表一库二清单三回执”工作举措，建立“活动平台＋服务品牌＋志愿者队伍”的志愿助残工作体系，14个部门联合出台“阿拉帮”阳光志愿助残服务活动实施方案和助残志愿者注册管理制度，搭建“开放式志愿助残服务基地＋志愿服务团队（个体）”“残联流动服务车＋志愿服务团队（个体）”和“身边的微助残随手拍有奖征集”活动等三大服务载体，打响“阿拉帮”助残服务品牌，推动社会化志愿助残服务的开展。全市共成立志愿助残服务团队31支，注册助残志愿者1769名，创建开放式志愿助残服务基地11家，推出服务项目53个，签约爱心联盟单位36家。全年组织开展志愿助残服务活动50余场次，服务残疾人2000余人次。在第27个“全国助残日”前夕，组织开展“阿拉帮”阳光志愿助残服务活动启动仪式，并以市、乡镇街道分级负责的形式，组织发动全市各志愿服务团队（个人）开展志愿助残服务活动。

（市残联）

余姚市关心下一代工作委员会

【概况】

2017年，余姚市关工委形成“关工委＋协会＋工作团队”的组织体制。余姚市关心下一代志愿者协会成立。修订“五好”基层关工委测评办法和测评细则，新命名“五好”基层关工委90家，全市共有宁波市级和余姚市级“五好”基层关工委207家。新建187家民营企业关工委，累计达305家。评选余姚市关心下一代工作先进集体42个，先进个人78人。全市开办“假日学校”213所，共投入经费185.84万元，参加学生总数14634人，其中在余姚“小候鸟”1836人，参与服务工作的志愿者1830余人。全市23家单位、44人被评为优秀“假日学校”和先进工作者。全年共筹助学金25.85万元，结对帮扶困难学生187人。109名“五老”网吧义务监督员对全市201家网吧开展监督活动500余次，评选“放心网吧”66家。开展第十二届十佳“小孝星”评选和第二十届青少年英才奖评选活动。

组织开展“以史明理知荣辱、以史明心正志向、以史明责话践行”红色主题教育活动。开展“弘扬红色文化、传承革命精神”缅怀先烈祭奠活动，参与活动青少年约68400人次。在市中小学综合素质实践基地打造“红色四明、薪火相传”体验传承中心，开展“三体验、六走进”红色教育活动，市财政专项资金拨款11.5万元。

开展青少年普法教育活动，全市130所中小学校，114080名中小学生参加。被中国关工委、司法部和中央综治办授予“青少年普法教育示范区”；5家单位获“全国青少年普法教育活动先进集体”；4家单位获“全国青少年普法教育活动优秀组织奖”；15人获“全国青少年普法教育活动先进个人”和“全国青少年普法教育活动优秀辅导员”称号；25名学生在全国青少年法律知识竞赛中获奖。在全省青少年“珍爱生命、文明出行”道路交通安全主题教育活动中，东风小学、新建小学、梨洲小学和第一实验小学获得优秀组织奖，116名学生分别获得一、二、三等奖。

调整充实全市三级关爱帮教团队，为20余名未成年犯罪嫌疑人做观护、帮教工作。组织34名心理辅导志愿者和30余个亲子家庭走进市福利院，开展关爱孤残儿童活动21次。动员“五老”人员与全市305名留守儿童结对。开展“甬润童心·情系四明”关爱留守儿童服务活动，成立第二家“宁波市关爱留守儿童工作站”，并在大岚镇、四明山镇和鹿亭乡共成立了22家留守儿童亲情屋。

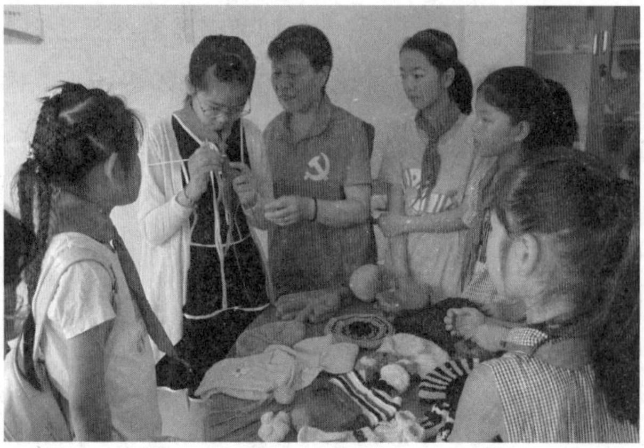

假日学校小朋友向老同志学编织

【关爱留守儿童服务活动开展】

10月17日上午，“甬润童心·情系四明”关爱留守儿童服务活动在大岚镇中心小学举行。活动中，有关单位负责人介绍了大岚镇留守儿童亲情屋的基本情况，宣读了“甬润童心”关爱留守儿童倡议书，并先后进行“五老”人员、“代理妈妈”、爱心大使代表与留守儿童亲情屋的结对仪式，市女企业家协会爱心助学仪式及宁波市关工委向关爱留守儿童工作站授牌仪式。

“五老”人员结对山区留守儿童

【余姚市关心下一代志愿者协会成立】

11月7日上午，余姚市关心下一代志愿者协会成立大会召开。会议要求各级关工委和广大“五老”以及志愿者们要时刻牢记宗旨，切实增强服务

11月7日，市关心下一代志愿者协会成立大会召开

青少年的责任感和使命感；要充分发挥优势，始终坚持服务青少年的正确方向，引导青少年听党话、跟党走；要切实加强管理，努力开创关心下一代志愿服务工作新局面。会议审议通过了协会章程，选举产生了志愿者协会第一届理事会，并成立了7个工作团队。

（胡百钦）

余姚市红十字会

【概况】

2017年，余姚市人民政府办公室下发《关于印发〈余姚市红十字事业“十三五”（2016—2020年）发展规划〉的通知》。市红十字会系统全年接受款物价值741.3万元，投入使用款物价值707.08万元，13500余人受益。为区域仓库及市级救援队配备物资与设施约16万元。组织博爱送万家、六一送关爱、酷暑送清凉、金秋助学等人道救助活动。新设孤儿及困境儿童综合保险项目、“邦尔助医”基金、“阳明助医”基金、“金翼向阳花”助学资金4个人道救助项目。举办“金海豚”生命关爱公益夏令营、“与爱同行”中小学生剪纸大赛、“未成年人一元钱城市生存挑战”“快闪图书馆——公益捐赠”等活动。举办水域救援专业技术培训班、赈济救援与应急救护技能拓展班。红十字众益赈济救援队开展城市应急搜救，全年出动60余次，找回32名失联人员。红十字战狼应急救援队出征兰溪，参加抗洪救灾。

年内，开展应急救护培训“五进”活动，在公共场所投放9台AED（自动体外除颤仪），举办AED操作专题培训班。组织全市首届企业职工应急救护技能竞赛。组织5000名中小学生参加《中华人民共和国红十字会法》暨全国红十字应急救护知识竞赛，获中国红十字会最佳组织奖三等奖。继续实施职高生救护员全员培训计划，2629名学生获证书。全年新增救护员3337人，普及培训30478人。

全年新增造血干细胞捐献志愿者102人，马渚中心卫生院90后护士刘玲波捐献造血干细胞，先后获得“余姚好人”“宁波好人”称号。器官捐献登记志愿者26人，实现捐献5例（余姚户籍2例，实现零的突破）。遗体（角膜）捐献登记志愿者22人，实现角膜捐献5例，遗体捐献3例。

全年组织红十字专业化志愿服务活动近200次，服务时间累计6680小时。承办2017宁波（余姚）红十字志愿服务颁奖典礼。“‘救’在四明——红十字应急救护公益讲座”被列入中国总会2017年志愿服务试点项目。

召开全市乡镇（街道）红十字会换届工作现场观摩暨动员部署会，完成乡镇（街道）红十字会建会后的首次换届选举工作。全市村（社区）红十字服务站建设实现全覆盖。马渚镇金马社区完成“红十字博爱家园”建设项目，入选中国红十字总会基层备灾救灾建设成果展。

4月16日，市红十字会召开第五届理事会第三次（扩大）会议召开

【红十字博爱送万家活动启动】

1月22日，余姚市“红十字博爱送万家”活动启动。“博爱送万家活动”实行市、乡镇（街道）、村（社区）三级联动，以造血干细胞捐献者、人体器官和遗体（角膜）捐献者家庭、无偿献血者、红十字志愿者等困难家庭为主，结合因病、因灾、因祸等特困家庭及麻风病人，对筛选出来的最需要帮助的困难人群进行慰问，共救助困难家庭4708户（人），发放慰问款物192万余元。

【全市首届企业职工应急救护技能大赛举办】

9月6日，市红十字会举办全市首届企业职工应急救护技能竞赛，比赛被纳入余姚市劳动竞赛委员会2017年“百场竞赛比技能”职工职业技能群英赛，各乡镇、街道共21支代表队参加。经过理论知识竞赛与应急救护技能竞赛，三七市镇红十字会代表队获得团队第一名，队员沃立柱获个人第一名，并被推荐授予“操作技能标兵”称号。

【“救”在四明——红十字应急救护公益讲座启动】

2月28日晚，“救”在四明——红十字应急救护公益讲座项目在兰江街道四明社区启动。该项目被中国红十字会列入2017年红十字志愿服务项目发展计划。该项目将应急救护员培训内容分为理论和实操一体的5个大课，又增设社区居民日常生活中最易碰到的意外伤害内容的5个小课，学员可以选择性参加专题培训学习，更可以通过5大5小不同专题、16学时以上的系统学习，取得“红十字救护员证”。讲座每月开设一期，半年为一轮。全年受益1500余人，直接救护3名意外伤害者。

【“金海豚”生命关爱公益夏令营活动举办】

8月16日至23日，市红十字会联合市教育局、团市委、市关工委共同主办第二期“金海豚“生命关爱公益夏令营。活动由宁波太平洋慈善基金会全程资助，市红十字志愿服务总队和市蚂蚁公益服务中心联合承办，以“爱在阳明，情系四明，红十字伴你共成长”为主题。来自四明山区乡镇的22名中学生体验了10天9晚的夏令营生活，内容涵盖红色文化、传统文化、地方特色文化、公益理念实践等活动。

（许燕青）

余姚市慈善总会

【概况】

2017年，市慈善总会募集善款6325万元，发放救助款5632万元，有3.59万人（户）次困难群众得到慈善救助，154个公益项目得到帮扶。截至2017年底，累计募集善款7.87亿元，发放救助资金6.62亿元，受助困难群众41.52万人次。

【“慈善一日捐”活动开展】

4月，市委办、市府办联合发文《关于开展2017年“慈善一日捐”活动的通知》，要求动员全市社会各方力量，倡导“依靠社会办慈善，办好慈善为社会”理念，打造爱心城市品牌，发挥慈善救助对政府的补充作用。市慈善总会同时发文，表彰“慈善楷模”“慈善之星”。“慈善一日捐”活动随即在全市展开，有1360家单位、2.41万人次参与捐款活动，共募集善款1244万元。

【发展慈善冠名基金】

2017年，新建慈善冠名基金28家，基金规模1486万元，累计发展慈善冠名基金306家，基金规模2.46亿元，全市冠名基金到账1694万元。全市265个行政村、36个社区建立慈善帮扶基金，基金规模1.55亿元，年内到账基金881万元。

【“三助二扶”项目开展】

全年发放助学金355.1万元，资助困难学生1880人。对1260名精神病患者实施慈善施药，助医支出811.2万元。向1528户困难家庭发放助困资金200万元，帮助87户农村收入农户改造危旧房4934平方米，补助资金24.3万元。全市6个慈善扶贫产业基地辐射带动150户困难群众创业脱贫，投入帮扶资金44万元。

（市慈善总会）

余姚市新四军历史研究会

【概况】

2017年，市新四军历史研究会成立泗门分会，编印出版《浙东延安·梁弄》《烽火三七市》，编印工作简报6期，撰写论文、纪念文章6篇，其中《草茅庵重建革命武装的重大意义与启示》在宁波市委召开的论文交流会上交流并获奖。协同有关部门组织开展“纪念草茅庵重建四明武装70周年启动仪式”，协助开展“草茅庵建军70周年”“朱洪山烈士诞生100周年”座谈会。

年内，宁波、上海等地新四军历史研究会先后到余姚考察。1月16日，宁波市新四军历史研究会副会长萧群、王泰栋一行到余姚指导考察工作，共同研讨历史研究会的工作思路和方向；3月31日，上海市新四军历史研究会浙东、浙南分会会长王幼云，顾问毛之价到余姚祭奠革命先烈，开展座谈会交流工作；4月18日，上海市新四军历史研究会会长刘苏闽带领副会长陈辉、副秘书长廖方民等到余姚考察调研。此外，6月29日，浙江省新四军历史研究会合唱艺术团在梁弄镇文化广场进行专场演出。9月25日至26日，上海市新四军历史研究会《大江南北》杂志社工作会议在余姚河姆渡宾馆召开。

【市新四军历史研究会泗门分会成立】

1月11日，市新四军历史研究会泗门分会正式成立，余姚市人大副主任、市新四军历史研究会会长宋建勋、中共余姚市泗门镇党委书记徐康林出席成立仪式，并向分会授牌授印。

【草茅庵重建四明主力武装70周年系列活动举行】

5月19日，“不忘初心，牢记宗旨”主题党日暨草茅庵重建四明主力武装70周年系列活动在陆埠镇余鲍陈村举行。活动中，宁波军分区副政委徐政道向余鲍陈村捐赠慰问品，宁波市委党史研究室主任姚晓东、宁波市新四军历史研究会副会长萧群向陆埠镇党委和余鲍陈村党总支赠送红色革命书籍，余姚市民兵代表俞仲达宣读《传承革命精神 铸就当代铁军》倡议书。宁波军分区政治委员朱宝定讲话并宣布“重上草茅庵，重走建军路”活动正式开始。随后，宁波军分区领导及机关干部、余姚市相关领导、各区县（市）人武部干部、余姚市专职人武干部、陆埠镇青年团员代表等以徒步行军方式，重走草茅庵建军之路。在走上草茅庵后，参加人员现场接受宁波市委党史研究室专家胡国忠的党课教育，并开展向党旗宣誓和签名等主题党日活动。

5月19日，“不忘初心，牢记宗旨”草茅庵重建四明主力武装70周年系列活动举行

【纪念朱洪山烈士诞生100周年系列活动举行】

8月9日是朱洪山烈士诞生100周年纪念日。陆埠镇政府组织开展祭扫烈士墓、召开座谈会、烈士事迹巡回展览等纪念活动。8月8日，陆埠镇、洪山村的干部代表，市新四军历史研究会陆埠联络组部分成员一起到洪山村黄土岭，祭扫朱洪山烈士墓，向烈士敬献花圈。8月9日，纪念朱洪山烈士诞生100周年座谈会举行。

【朱之光逝世】

10月3日，浙江省政协原副主席朱之光因病医治无效，在杭州逝世，享年100岁。11月29日上午，朱之光骨灰安放纪念仪式在余姚市梁弄镇革命先辈纪念林举行。朱之光1918年2月出生于浙江余姚，1938年加入中国共产党，发动开展“茶农请愿”斗争，建立浙东游击指挥部独立大队，在余姚组建浙东游击指挥部独立大队并任大队长。后历任四明地区南山县县长、中共四明地委工委副书记、宁波专署专员、中共浙江省委统战部副部长、浙江省第四、五届政协副主席等职，是第一届全国人大代表。

【上海市浦东新区新四军历史研究会“梁弄调研教育基地”挂牌】

10月24日至25日，上海市浦东新区新四军历史研究会一行40余人，在会长顾国平的带领下，到余姚学习参观考察，并在梁弄正蒙学堂举行“上海市浦东新区历史研究会梁弄调研教育基地”揭牌仪式。

（市新四军历史研究会）

法治·军事

政法工作

【概况】

2017年，全市推进重大决策社会稳定风险评估工作，全年对130项关乎群众切身利益的重大事项进行风险评估，未发生一起因评估不到位导致重大矛盾纠纷发生的事件。开展“除暴缉枪顶格严管”百日大会战、“黄赌毒”专项整治，案件受理数、刑事案件发案数、交通事故全口径死亡人数、火灾起数分别同比下降8.7%、33.6%、20.42%、27%；破案总量、总破案率、刑事打处数、治安（行政）处罚总数分别同比上升15.8%、8.8%、9.9%、34.9%。全年群众安全感满意度达97.46%，连续11年获浙江省“平安县（市、区）”称号，考核成绩名列宁波第一、全省第九，创历史最佳。

年内，落实重症精神病人监管“以奖代补”政策，向71名易肇事肇祸严重精神障碍患者监护人发放监护费用16.8万元。网络舆情信息巡控实行24小时不间断巡查，重点敏感信息第一时间得到处置，共落地查证网民368人，发现处置网上各类有害信息4100余条。建立重点部位、重要物品巡查监管机制，18个乡镇（街道）成立特勤中队，巡特警人员增至614人。修订《保障和促进非公有制企业健康发展的实施意见》，出台《为“建设现代化创新型生态城市”提供优质司法保障的意见》。建立“和为贵”“崇德堂”“河姆古渡”等一批品牌调解室，全市人民调解员达1597人，其中专职调解员414人，全年共化解矛盾9767起。全国首家移动办案诉讼平台“余姚微法院”建成投用。设立宁波市知识产权综合运用和保护第三方平台余姚工作站，妥善审结著作权、商标权、不正当竞争等知识产权纠纷238件。开展打击金融领域恶意逃废债专项行动。全年政法战线共有114个集体和295名个人受到宁波级以上表彰，市公安局缉毒民警胡建江获评“最美浙江人——2017年度浙江骄傲人物”。

2017年，全市针对党的十九大、各级“两会”、金砖峰会、第四届世界互联网大会等重大活动，抽调各相关部门成立工作专班，统一部署、指挥、协调，实行“2+6+X”研判会商制度和每日会商机制。运作期间共组织开展每日会商37次，搜集研判涉稳情报信息220余条，编发《维稳要情专报》

19 期。市公安局、兰江街道等 7 个集体和 75 名个人受到宁波市级以上表彰奖励。全市在维护社会政治稳定、确保治安状况良好、保障经济秩序平稳、保障公共安全、处置突发公共事件、基层社会治理、基层平安创建 7 个领域开展“迎接十九大、平安再夺冠”专项行动。

【“雪亮工程”建设深化】

2017 年，全市启动新一轮社会治安动态时间监控系统建设，市委政法委、市公安局联合印发《关于加快推进余姚市“雪亮工程”工作的通知》。全年完成市级监控项目 1800 个，新建和整合各类监控点位 22000 余路，新建人脸卡口 443 路，泛卡口 510 路，物理地址（MAC 地址）采集 876 套，物联网无线射频识别（RFID）基站 2010 个。

【“一张网”建设开展】

2017 年，全市依托基层社会治理“一张网”体系，集成市智慧城管中心、12345 政务咨询投诉等平台功能，在宁波大市率先成立实体化运作的社会治理综合指挥中心，并向基层延伸，形成市、镇、村、网格四级运行机制，全市共设立 22 个镇级综合指挥室，306 个村级综合指挥平台，划分网格 1428 个，参与网格工作的网格总长 312 人、网格长 1425 人、网格指导员 865 人，各类专兼职网格员（含网格志愿者）4275 人，全年共上报处理事件 80993 件。

【“双十佳”评选活动开展】

2017 年，全市政法系统开展争做铁军先锋“十佳政法干警”“十佳政法单位”评选活动，市公安局交通警察大队车辆管理所、阳明派出所、低塘派出所、刑事侦查大队视频技术中队，市人民法院民事审判第四庭、执行局执行监督科、陆埠人民法庭，市人民检察院未成年人刑事检察科、公诉二科，市司法局凤山司法所获得“十佳政法单位”称号。市公安局房敏杰、蒋杰、王芳敏、郑浙童，市人民法院盛辉、唐平君、张传宏，市人民检察院戚吉琼、宋方平，市司法局马燕尔等获得“十佳政法干警”称号。

（王　徽）

法制工作

【概况】

2017 年，市法制办安排书面学习《中华人民共和国民法总则》《中华人民共和国环境保护税法》等法律法规摘要 8 期，法制参考 6 期。市法制办全年共参与各种事项协调会 56 次，审核各类文件、征求意见稿 267 件次。3 月，先后向市人大常委会分管领导汇报全市近年来行政复议和应诉工作办理情况，向市政府常务会议提交 2016 年度全市法治政府建设工作相关情况，向市人大常委会提交 2016 年度市政府依法行政工作报告。

全年共出具合法性审查意见书 21 份，向宁波市政府、市人大报送行政规范性文件 20 件，接收部门、乡镇（街道）行政规范性文件报备 13 件。对全市 2016 年底前 240 件以市政府、市政府办公室名义发布的行政规范性文件进行清理。规范对合同管理的审查工作，加强对 PPP 模式合同、基金设立运营类合同的审查管理模式的探索和学习，对以市政府名义订立的 38 件合同提出审查意见。

梳理全市各行政执法主体和行政执法人员资格。在浙江省行政执法证件管理系统中，于 10 月 30 日向社会公告第一批行政执法主体单位，其中法定行政执法机关 56 家，授权行政执法机关 19 家，受委托行政执法机关 43 家。组织全市 238 名行政执法人员参加培训及考试，通过人数 187 人，通过率 78.6%。

通过政府信息公开平台主动公开各类政府信息 13376 条，全年共收到依申请公开 243 件，按期答复 243 件。对市政府发布的重大决策、重要规划方案、市政府常务会议议定事项等进行权威解读。全年共制作发布政策解读 46 篇。共向宁波市法制办和市法制办报送法制信息 921 条。全年共收到行政复议申请 81 件。其中，受理 79 件，不予受理 2 件。市政府为被申请人的行政复议案件 2 件，1 件被宁波市政府维持，1 件申请人撤回申请。

年内，重新聘请8名市政府法律顾问，聘期两年。根据省法制办要求，指导完成余姚市21个乡镇（街道）及28个市直部门外聘政府法律顾问的人员输入登记工作与日常服务记录工作。先后于9月、11月，组织全市法制干部集中培训班，对各乡镇（街道）、市直有关部门从事法制工作的分管领导、法制科室负责人和工作人员进行法制培训。

【行政执法监督员招聘】

6月，市法制办向社会公开招聘第二批特邀行政执法监督员。共有13名监督员被提名，并于10月17日市长办公会议讨论通过，正式持证开展监督工作。暑假期间，市法制办带领行政执法监督员，在市卫监所的执法过程中，开展对市游泳场所的突袭检查行动。从许可证、设施设备、水样检测、标识标志、保洁措施等方面展开监督检查。存在隐患的游泳场合在监督之后进行自我整顿。

【行政执法案卷评查】

8月，市法制办开展对行政许可和行政处罚情况的案卷检查工作，抽取28家主要行政执法部门，共260本案卷进行集中评查。现场检查3家执法部门，案卷46本。对行政执法案卷评查中存在的问题进行通报并给出整改意见。在报送宁波市案卷质量检查评比的案卷中，市交通运输局选送的案卷被评为宁波市十佳行政处罚案卷。

（市法制办）

公 安

【概况】

2017年，市公安局设有7个职能科室和19个直属机构，下属23个派出所，共有民警883人，民警数占全市户籍人口的1.04‰。全年未发生重大群体性事件、重大恶性刑事案件、有影响的涉黄涉赌涉枪治安问题、较大以上交通和火灾事故。共受理案件1.86万起，同比下降8.7%。立行政案件1.23万起，查处5665起，行政拘留3440人。刑事拘留2659人；提请批准逮捕1278人，构罪不捕325人，存疑不捕161人；移送起诉2593人，相对不诉290人，存疑不诉4人。共计作出行政处罚7240人，其中局裁决3541人，所裁决3672人，警告27人。办理行政复议案件11起，同比下降154.5%；行政诉讼14起，同比下降77.7%，无一行政诉讼案件败诉。办理各类信访投诉1707件，与上年相比上升52%。其中省厅交办信访积案24件，办结23件，促成15名信访人停访息诉。组织开展局领导集中下访、接访活动，接待来访群众52批90人次。全年市看守所入所3036人次，出所3041人次，市拘留所入所3052人次，出所3218人次，未发生被监管人员脱逃、监管人员非正常死亡案件。完成大型活动安保13次，完成各类警卫任务6起。市公安局被省公安厅评为信访工作考核县级优秀单位，被评为宁波市优秀公安局。

年内，市公安局完成余姚市社会治安动态视频监控系统一期再建项目1200个，三期新建项目600个，推进二期再建项目建设工作。乡镇（街道）建成监控点位6948个，市局视频平台整合各类监控点位14097路。投入1200余万元对全局21个派出所、5个业务大队进行“三位一体”建设改造。

制定《余姚市公安局调整不适宜担任现职中层领导干部实施办法（试行）》《余姚市公安局领导干部“双对双排”考核实施方案（试行）》。开展中层干部试用期满考察、半年度全局中层干部考察各1次，调整干部43人，行政警告处分派出所所长1名，免去1名不称职的副所长职务。创新完善中层干部后备人才库选拔机制，分别入库中层正职、副职后备干部30人和45人，其中提拔中层正职20人、副职30人，交流中层干部59人。出台《余姚市公安局队伍违规行为记分办法》。全年共组织各类常规检查督查205次，对37个单位和53名民警共计违规记分364分。4人被党政纪处分，9人被通报批评，1人被诫勉处理，1人被责令作出书面检查，14人被提醒谈话。

社会巡控 组建除山区4所外的17个派出所应急力量中队，组织开展2次全市特勤区域应急演练和1次实战拉练，开展防暴队形演练等科目战术培训。全年累计出动巡控警力2.02余万人次，警车4500车次，盘查可疑人员2.52余万人次，可疑车辆2400辆次，城区街面盗抢发案同比下降25.8%。

实有人口管理　开展“实有人口实有房屋”大采集、大排查、大整治行动，共采集户籍人口现住址12.5万余条，在警务E超市中人房分离13.8万余条。办理违反流动人口管理行为案件1667起。办理出租房屋违反消防安全行为案件5起，拘留5人。在余姚城区55家外来人口集中居住公寓楼、45家大中型企业员工宿舍试点安装智能门禁管理系统。

出入境管理　全年共受理、审核、上报、批准公民因私出国（境）8.02万人次，与2016年基本持平。其中批准公民因私出国2.77万人次，出境5.24万人次。接待临时到余姚的国（境）外人员2.17万人次，与2016年基本持平。受理、审核、上报外国人、台湾居民签证、签注、证件及延期87人次。全年共查处各类涉外事（案）件27起29人，其中“三非”（非法宗教活动、非法宗教宣传品、非法宗教网络传播）案件7起，共遣返197人，行政处罚30人。市公安局出入境管理大队被省厅出入境管理局评为成绩突出一类文明窗口。

道路交通安全管理　开展“创文明交通、治秩序乱象”系列行动、城区“保洁、保序、保畅通”专项行动、“三车”整治行动、小城镇环境综合整治“车乱开”治理专项行动、“决战60天、全力压事故”专项整治行动，持续保持对酒驾、毒驾、三超一疲劳、工程车违法的常态严管措施。全年共接交通警情92536起，同比上升2.7%，受理道路交通事故42950起，同比下降9.23%，查处各类交通违法764567起，同比上升22.1%。交通事故全口径死亡人数152人，同比下降20.41%，未发生一次死亡3人以上交通事故。

消防安全管理　开展居住出租房消防安全综合整治活动、夏季消防安全专项整治活动和全市消防安全大排查大整治专项攻坚行动。全年共办理消防行政审批事项503项，其中消防设计审核36项，消防设计备案182项，消防验收33项，竣工验收消防备案151项，开业前消防安全检查101项。检查社会单位8021家次，下发行政处罚决定书289份，临时查封决定书139份，行政强制执行决定书12份，责令“三停”（停工（业）、停产、停课）48家，罚款78.79万元，组织火灾事故调查82起。全市共发生火灾427起，同比下降2.3%，直接财产损失349.88万元，同比下降47.64%，受伤1人，死亡2人。

行政审批工作　2017年，市公安局深化行政审批制度改革，推进“最多跑一次”改革，实行“一窗受理、集成服务”新模式和让“数据跑”代替“群众跑”等改革举措。公安机关受理事项中的90项实现“最多跑一次”，实现率90%。全年共受理各类审批、服务项目3954件，其中即办件3758件，承诺件187件，所有事项均在公开承诺期限内办结，未发生差错，正确率和满意率均为100%。年内，公安行政审批窗口收到感谢锦旗9面，6次被市行政审批中心评为“优胜窗口”。

反恐工作　2017年，市公安局深入推进反恐怖防范工作，对反恐重点行业、单位及场所开展5232家次检查，下发通报18期，发现整改问题和隐患486处。完成全市36家基督教堂、2家天主教堂、28家佛教场所的内部及外部视频监控安装和联网应用。

【惩治违法犯罪】

2017年，市公安局深化打击犯罪新机制建设，在10个主要派出所成立基础打击中队，开展“除毒瘤、净土壤”、打击侵财型犯罪、“除暴缉枪顶格严管”百日大会战等专项行动，打击黑恶势力和“盗抢骗”“黄赌毒”“食药环”等各类违法犯罪。

惩治刑事犯罪　全年共立刑事案件6281起，同比下降33.6%，破案率32.9%，同比上升5.8%，移送起诉犯罪嫌疑人2593人，同比上升6.5%。

侦破命案　全年共发命案3起，发案数同比下降72.7%，破获3起，命案破案率100%，另破命案积案2起。

惩治黑恶势力 全年共破获故意伤害、故意损坏财物、聚众斗殴、寻衅滋事、非法拘禁、强迫交易、组织卖淫、敲诈勒索、开设赌场、强迫卖淫等涉黑涉恶案件120起，刑事拘留犯罪嫌疑人245人。打掉涉黑涉恶团伙15个，成员94人。

惩治侵财型犯罪 全年共立“盗抢骗”侵财型案件9319起（包括治安案件），同比下降23.7%，破获1421起，同比下降8.5%，破案率15.4%。刑拘“盗抢骗”侵财犯罪嫌疑人1319人，同比上升27.93%。其中刑拘通信（网络）诈骗犯罪嫌疑人229人，同比上升573.53%。

惩治毒品犯罪 全年共抓获涉毒犯罪嫌疑人164人，强制隔离戒毒人员227人，查处吸毒人员713人。侦破公安部“2017-44”号目标案件。创新毛发检测技术用于吸毒人员管控，是年，余姚籍登记在册吸毒人员有效管控率95.25%、毛发检测阴性率98.3%，居浙江省第一位；新滋生率仅2.89%，居浙江省末二位；吸毒人员管控实现“零滋事、零肇事、零出事”目标。12月26日，宁波市禁毒工作现场会在余姚召开，学习推广余姚吸毒人员管理工作经验做法。

惩治经济犯罪 全年共受理经济案件64起，其中立案33起，破案32起；抓获经济犯罪嫌疑人106人，移送起诉67人，涉案金额1.8亿余元。受理逃废债案件12起，立案4起，采取强制措施6人，为银行挽回损失1200余万元。先后破获组织、领导传销活动案件3起，抓获犯罪嫌疑人50人，教育遣返传销人员500余人。

8月2日，公安部禁毒局副局长熊德生（左二）一行到余姚市局专题调研吸毒人员分类分层次管控工作

惩治涉黄涉赌犯罪 全年共破获涉赌案件248起，刑拘涉赌犯罪嫌疑人386人，破获涉黄案件25起，刑拘涉黄犯罪嫌疑人41人。

惩治食药环违法犯罪 全年共协调、指导和为主侦破各类危害食品药品、污染环境等案件36起，抓获各类违法犯罪嫌疑人87人，其中侦破公安部督办污染环境案件2起。

惩治网络犯罪 全年共查处涉网刑事案件72起，抓获犯罪嫌疑人279人，其中破获省公安厅督办网络侵犯公民个人信息案件3起。

【护航中共十九大维稳安保工作】

2017年，市公安局以“白加黑”“5+2”的工作态势，确保中共十九大期间余姚社会大局稳定，取得公安口重点对象管控到位，实现“零滋事、零上访”，并为61名非公安口重点对象有效管控提供支撑。维稳安保期间未发生一起有重大社会影响的案事件和安全事故，接警数同比下降9.1%，案件受理数同比下降34.09%，刑事案件发案数同比下降32.4%。受理道路交通事故数同比下降14.32%，未发生一次死亡3人以上较大交通事故，火灾事故“零伤亡”，火灾起数同比下降82.76%。实现余姚“不去人、不出事”总目标。余姚市9个离开余姚通道核查“过滤”离余姚人员32.18万人次，

10月25日，市公安局交警大队“铁骑机动队”开展日常巡逻

发现、拦截（缉获、劝返）各类重点人员130人。中共十九大维稳安保工作在全省“迎接十九大、忠诚保平安”专项活动中名列宁波大市第三，得到余姚市委市政府和上级公安机关肯定。

【市电动车智能防盗管控系统建成】

2017年，市公安局以“企业投资+政府实施”形式在宁波大市范围内率先建成物联网RFID电动车智能防盗管控系统。全年共安装电动车智能防盗标签354668辆，实现已安装防盗电子标签的电动车被盗案件破案率65.11%，追回率75.28%，比未安装的分别增长60.73%、71.03%。8月24日至25日，宁波物联网电动车防盗工程建设现场会在余姚召开，推广余姚经验做法。

4月24日，市委常委、局党委书记、局长余承嗣与浙江大华智安物联网技术有限公司负责人就余姚市电动车智能防盗管控系统项目合作签订共建协议

【市看守所迁建工程开工】

2017年，市公安局成立“看守所迁建工作领导小组”，加强同文广、规划、国土、发改、建设等单位对接协调，按照发展改革委要求，在6月初完成220千伏华溪线电力铁塔改迁、文物影响保护评估报告的批复等开工前的所有13项工作。市看守所迁建工程于2015年5月立项，列入余姚市重点工程，项目总投资3.1858亿元，获得中央投资补助6390万元。工程选址在余姚市马渚镇菁江渡村，占地面积9公顷，建筑面积55849平方米，设计关押容量1900人。

12月6日，市公安局举行余姚市看守所迁建工程开工仪式

【市公安局受到省委省政府表彰】

11月30日，省委、省政府在杭州召开全省公安系统功模表彰大会，市公安局3个集体和10名个人受到省委省政府表彰。“甬绍系列持枪抢劫杀人案”余姚专案组被浙江省人民政府授予集体一等功，共有1个集体和1名个人立一等功，4个集体和4名个人立二等功，6个集体和40名个人立三等功。

【向胡建江学习活动开展】

2017年，市公安局召开全市公安机关向“铁军先锋•人民卫士”胡建江学习动员大会，组织“学习胡建江同志，做党和人民的金色盾牌”主题活动。开辟学习专栏，报送各类信息、简报、材料20余篇，在中央、省、市各级主流媒体平台上发布报道50余篇，深化对胡建江先进事迹宣传。

胡建江获评全省“最美公务员”

4月22日，市公安局阳明派出所民警胡建江和同事在外地执行一起抓捕行动时，被一名贩毒嫌疑人刺伤，伤势严重。6月26日，“浙江省第三届最美禁毒人”评选活动在杭州举办，胡建江获得“特别致敬奖”。9月，中共浙江省委作出决定，授予胡建江省优秀共产党员称号。11月30日，全省公安系统举行功模表彰大会，胡建江获“全省模范人民警察”称号。12月25日，全省“最美公务员”先进事迹报告会上，胡建江获评全省“最美公务员”。

（市公安局）

检　察

【概况】

2017年，市人民检察院获评“全国检察宣传先进单位”。全年共受理移送审查逮捕案件963件、1361人，批准逮捕各类刑事犯罪嫌疑人821人；受理移送审查起诉案件1795件、2786人，提起公诉2145人。批准逮捕故意杀人、强奸、放火等严重暴力犯罪嫌疑人24人，起诉抢劫、抢夺、盗窃等多发性侵财犯罪嫌疑人873人，起诉非法吸收公众存款等犯罪嫌疑人28人。批准逮捕电信网络诈骗犯罪嫌疑人47人。对涉嫌犯罪但无社会危险性的，决定不批捕290人；对犯罪情节轻微、依法不需要判处刑罚的，决定不起诉206人。在党的十九大、世界互联网大会等重大节点期间排查信访风险案件25件，全年共妥善处理集体访、告急访76人。

强化监督，对不构成犯罪或证据不足的，不批准逮捕225人，不起诉3人。督促侦查机关立案5件，追加逮捕、起诉4人。提出刑事抗诉7件，两级法院采纳5件。对不需要继续羁押的55名犯罪嫌疑人建议释放或变更强制措施。加强对606名社区矫正人员的日常监管，对严重违反监管规定或监外执行条件消失的，督促收监执行8人。依法提请宁波市院抗诉6件，法院再审后全部予以改判，查实虚假诉讼标的额857万元。向市公安局移送涉嫌虚假诉讼犯罪嫌疑人3人。对12件作不支持监督申请或终结审查决定的案件，做好释法说理工作，1件民事行政生效裁判监督案被浙江省院评为民行监督优秀案件。

配合做好反贪、反渎、预防3个职能机构及15名检察人员转隶。加强与监察委员会的协作配合，设立专门办案组织，对监察委员会移送的职务犯罪案件依法审查起诉3件、3人。完成两批共37名员额检察官遴选工作。推行检察官办案责任制，落实执行检察官权力清单；建立新型司法办案组织，组建检察官办案组17个；完善案件承办确定机制，以随机分案为主、指定分案为辅；入额院领导带头直接承办案件53件，一线办案力量得到充实。推进内设机构改革，优化精简内设机构3个。会同市公安局在宁波率先出台《重大疑难复杂案件会商制度实施办法》。探索开展逮捕案件诉讼式审查制度。构建以证据为核心的刑事指控体系，建立书面审查与调查复核相结合的亲历性办案模式。

强化生态环境司法保护，向市公安局派驻环保检察室，合力打击破坏生态资源犯罪，起诉48人。探索“专业化法律监督+恢复性司法实践+社会综合治理”的生态检察模式。惩治危害食品药品安全犯罪，起诉33人。加大打击骗取惠农帮扶资金、失业保险金犯罪力度，起诉48人。修订《保障和促进非公有制企业健康发展的实施意见》，起诉侵犯非公企业和非公经济人士合法权益犯罪嫌疑人

市人民检察院开展“防治校园欺凌，护航未成年成长”主题开放日活动

82人。打击侵犯知识产权犯罪，起诉37人，发布知识产权刑事司法保护白皮书。

制定服务“一带一路”建设、助力“剿劣战”专项行动等工作指导意见，1起案件获评宁波市人民检察院服务“一带一路”建设典型案例。受理行贿犯罪档案查询1090次，为当事人提供案件信息查询505次。在全省率先推行繁简分流办案模式，采用“四公开”方式保证案件办理的质效。推进“智慧姚检”建设，全面部署完成远程庭审、高清远程案件会商系统建设。

探索构建保护为先、回归为重、预防为主的“三位一体”未成年人检察工作模式，2起案件入选宁波市检察机关未成年人司法保护精品案例。推进未成年人检察服务中心建设，打造“姚•蓝工作室”。注册成立“检爱公益服务中心”，推进预防未成年人犯罪宣讲活动进校园。成功办理全市首起公益诉讼案件，督促行政机关追缴生态环境修复费用136万元。全年在网上公开案件程序性信息2775条，法律文书1952篇，法律文书公开比例达到98.5%。利用新媒体“余姚e政厅”，及时回应社会关切问题。

【“阳明思辨”文化品牌建设】

2017年，市人民检察院打造“阳明思辨”余姚检察文化特色品牌，推进精神文化、理论文化、专业文化、制度文化、兴趣文化等5种文化建设。

4月，市人民检察院推行机关干部夜学制度，拉开“阳明思辨”理论文化建设的序幕。每月集中全院干警开展夜学，采取邀请专家讲学、业务能手经验交流、专题学习等形式，学习内容主要包括理论知识、政策解读、专业技能和检察实务等方面。6月，市人民检察院成立“检爱”志愿者服务队，开展一系列志愿服务活动。9月，市人民检察院举行“一星一影”评比活动，推选优秀党支部和党员干警分别参与市直机关第五期“组织之星”和“担当之星”的评比。12月1日，市人民检察院举行新一轮“姚检论坛”活动，全院青年干警结合工作实际，围绕“毒品犯罪”主题做深入交流。同月，市人民检察院举行“姚检人”优秀作品集中展出活动，展示内容健康向上、反映余姚检察文化及检察精神风貌的书画摄影作品。此外，市人民检察院推进院志（史）编纂工作，成立专项工作领导小组、编纂工作办公室，聘请曾在院工作过的老领导和退休人员任编纂顾问，搜集、整理、编写体现余姚检察事业发展和变化轨迹的历史资料。

【《廉政约谈办法》出台】

9月，市人民检察院出台《廉政约谈办法》，按照分级负责约谈的原则，明确各级约谈主体和对象，明确约谈次数、应当启动约谈的情形等，限定各责任主体每年进行廉政约谈工作的次数，并填写上报相应的《廉政约谈情况表》，形成廉政约谈倒逼机制。市检察院针对不同阶段的廉政防范风险，根据“没有问题、有倾向性问题、有一般问题”三个层次，将廉政约谈分为工作性约谈、警示性约谈和告诫性约谈三类。

（陈朝旺）

法　院

【概况】

2017年，市人民法院共有在编干警181人，其中员额法官71人。全年共受理各类案件24296件，办结24614件，同比分别上升14.27%、16.01%。其中，新收刑事案件1567件，审结1596件，分别同比降低14.88%、15.56%。新收民商事案件12614件，审结12845件，分别同比下降1.14、0.31%。新收行政诉讼案件59件，审结63件，分别同比降低45.87%、42.73%。新收执行案件7917件，执结7969件，同比分别增长28.36%、33.87%。先后被评为宁波市优秀法院、全国法院宣传工作先进集体、浙江省实施妇女儿童发展规划先进集体、宁波市法院调研工作先进集体等。

深化团队办案模式改革，组建59个新型审判团队。推进司法责任制改革，落实随机分案和裁判文书签发机制，由法官对案件质量终身负责。完善案件质量保障机制，成立专业法官会议。推进以审判为中心的刑事诉讼制度改革，会同公安、检察机关制定《刑事诉讼中证人 鉴定人出庭作证实施细则》，已在多起案件中实现关键证人出庭作证。

出台《为“建设现代化创新型生态城市”提供优质司法保障的意见》。依法推动17家“僵尸企业”有序退出市场。创新运用“清算式”重整手段，既保留企业优质资源，调动重整人积极性，又保护债权人合法权益。推动设立宁波市知识产权综合运用和保护第三方平台余姚工作站。出台《“大脚板走访企业、分类别服务企业”若干意见》，全年共走访市重点企业123家，收集意见建议50余条，编发《防范企业经营法律风险提示手册》。

协调市委成立“解决执行难协调工作领导小组”，市“两办”联合印发《关于支持基本解决执行难工作意见》，支持基本解决执行难工作纳入“法治余姚”建设考核。开展“夏季雷霆攻坚”系列执行活动，促使123名被执行人自觉履行义务。建立执行悬赏保险机制，助力解决“被执行人难找、财产难寻”难题。在全省首创VR全景技术展示拍卖品。截至年末，共对1187名拒不履行义务的被执行人实施布控，司法拘留286人次，将3305名“老赖”纳入全国失信被执行人名单并限制高消费。实际执行率、民事裁判自动履行率等主要指标位居全省法院上游，在全省法院执行攻坚擂台赛中获宁波地区唯一优胜单位，执行标的到位率64.31%，居宁波全市法院第一。

建立准单亲家庭未成年人无痕关爱、家事巡回审判点、红十字心理咨询帮扶等机制。开展送法“六进”活动，未成年人审判法庭获评宁波市级优秀法治教育基地。在宁波率先成立行政争议调解中心，实质性化解行政争议24件。打造以执行办事大厅为前台、执行指挥中心为枢纽的执行工作新模式。推进新型诉讼服务中心运行，接待当事人2万余人次。设立律师服务中心，保障律师执业权利。推广网上立案、延伸立案、跨域立案，在临山镇、河姆渡镇试点设立自助立案终端机。对确有困难的刑事被害人、执行申请人发放救助金56万元。立案庭被省高院授予“集体二等功”。与妇联等12家部门、行业组织开展诉调对接，诉前化解1715件，诉前化解率达13.68%。施行立案环节先行调解，组建6个一体化审判团队，为当事人提供一站式服务，累计调撤案件1372件，立案调撤率达50.88%。

【“余姚微法院”正式投入使用】

11月17日，全国法院系统首个移动互联网全业务生态平台——“余姚微法院”正式投入使用。

7月，市人民法院开展“雷霆攻坚”集中执行行动

11月17日，“余姚微法院”上线运行

“微法院”借助微信小程序、远程音视频等技术手段，实现移动在线案件送达、调解等诉讼程序。当事人可通过余姚法院微信公众号或搜索小程序“余姚微法院”登录，在完成身份认证后，即可在微信上进行立案，实时查看案件进展。

【“一站式门诊”立案服务开通】

3月初，市人民法院成立诉讼服务中心，开通“一站式门诊”立案服务。诉讼服务中心面积700平方米，同时成立“立调中心”，组成6个固定先行调解团队，编入具有独立编制的诉讼服务管理办公室，专门负责民商事案件先行调解工作。工作人员即时接收当事人申请、指导填写有关文书、引导签署调解同意书，并开展诉讼释明、程序指引、风险提示等工作，实行首问负责制。

【行政争议调解中心成立】

7月14日，市人民法院组织举行余姚市行政争议调解中心成立仪式。调解中心为全市首个行政争议协调委员会下设机构，主要负责三类行政争议案件的调解工作。一是事关民生、事关稳定、事关和谐和涉及影响重大、复杂或诉讼人数较多的行政争议案件；二是上级督办和涉及多个行政机关或重大疑难的行政争议案件；三是政策性强，不适宜采用行政诉讼方式裁决的重大敏感行政争议案件。此外，该中心还将通过对重大行政争议的协调，及时发现行政机关工作中存在的问题，并提出解决问题的意见和建议。

（市人民法院）

司法行政

【概况】

2017年，市司法局相继完成重大活动期间“两类”人员的管控工作。“平安护航十九大”期间，摸排全市“两类”人员3200余人次，对重点对象落实严管措施，对违规矫正对象警告102例，收监5人。截至年末，全市共接收社区服刑人员643人，减少613人，共有在册社区服刑人员606人。全市共拥有全国级“民主法治示范村”3个，省级23个，宁波级46个，余姚级190个，民主法治示范村达标率突破97.3%。17家单位入选全市首批星级职工普法工作室。年内被授予“全国青少年普法教育示范区”称号。5家调解组织获评宁波市首批“人民调解委员会规范化建设示范点”。丈亭镇三江老娘舅工作室、三七市镇和为贵调解工作室、梁弄镇崇德堂志愿者调解工作室等一批个性化调解室成立。

2017年，全市共组织开展纠纷排查942次，预防纠纷377起。各类调解组织共调处纠纷12541件，成功12101件，调处成功率达96.5%，涉及金额18063.9万元。探索矛盾纠纷排查调处“五步调解法”，形成纠纷预防、责任落实、化解结案的一体化工作模式。

为重点工程提供公证服务，办理各类招投标公证和国土出让公证127件。7月，开展惠企便民法律服务专项行动，走访企业3007家，参与企业大走访2385人次，召开座谈会84次，举办法律讲座26场，发放法律服务联系卡698份，发现法律问题（漏洞）92个，出具法律意见书或风险提示函72份，帮助解决问题354个。办理各类借款抵押协议公证100件，规范民间借贷总金额达7000万元。

建立“之江法云”微信塔群，开展“指尖”法律服务，累计开展法律咨询764次，法制宣传1729次，为群众解决具体问题233次。与市人民法院开设“家长课堂”加强未成年服刑人员的监管帮教，开展服刑人员未成年子女关爱行动。全年共衔接878人，落实责任田558人，提供就业服务315人次，社会救济5人次。市公共法律服务中心全年共受理法律援助案件790件，解答来电咨询2983件，接待来访2753批、3641人次，为当事人挽回经济损失1225万元。

年内，推行法律援助工作站代为受理申请制度，推行法律援助“容缺受理”机制，推进市法院、市检察院、市看守所法律援助工作站值班律师工作。实施“名所名品名律师”培育工程。全市8名律师成功申报三级律师，11名律师成功申报四级律师；钱荣麓律师当选为宁波市律师协会副会长。成立宁波市律师协会余姚分会。

全年开展法制宣传、法律咨询活动50余场，推送普法微信500余条、微博400余条，发送普法短信30余万条，发放宣传资料7万余份，新增38名“七五”普法讲师，开展专题讲座18场次。各级法律顾问共修订涉法文书23件，开展法治宣传和讲座80场次，配合调解纠纷156次，提供法律咨询服务3854人次。全市共建立村（社区）法律顾问“e服务微信群”92个，村（社区）入群覆盖率79%，提供法律咨询252人次，开展法治宣传74次，化解矛盾纠纷52件次，进行法律援助和法律服务指引114人次。

选址陆埠镇龙虎草堂打造“黄宗羲法治思想基地”。与国税、地税、教育等部门合作建成市税收普法教育示范基地。联合市职工疗养中心在四明湖开元山庄、阳明温泉山庄等地开展“法律进疗休养基地”工作。创作市普法卡通使者“明明”。与市公共文化配送中心合作，将法治元素纳入公共文化配送单。精选“以案释法”典型案例汇编成册，建成案例库定期向社会发布。与多部门联合开展“防治校园暴力、共建法治校园”舞台剧评选、演出活动，“平安法治”征文活动和公益广告创意大赛。

余姚普法卡通使者“明明”

【普法卡通形象“明明”启用】

6月，市司法局、市普法办宣布启用普法卡通形象“明明”。该卡通形象原型来自獬豸，代表中国传统的法治精神，象征着公平正直。取名灵感源自余姚四先贤之一的王阳明先生，明又有清明、廉明、明白之义，与普法主旨相契合。“明明”颜色以红、橙、咖啡色等暖色调为主，胸前绘有“12•4”宪法宣传图形标识，喻示法在心中。普法卡通形象的推出在宁波市尚属首例。

【宁波律师协会余姚分会成立】

11月10日上午，宁波市律师协会余姚分会成立大会召开。会议首先由宁波市律师协会会长叶明宣读律师协会成立批复及协会组成人员，随后由宁波市司法局律师管理处处长王明珍向余姚分会授牌。接着，宁波市律师协会余姚分会会长徐敏作表态发言。最后，余姚市副市长黄和庆讲话。余姚现有律师事务所12家，律师132人，2016年业务创收近6000万元，市、镇（街道）两级政府法律顾问和农村法律顾问实现全覆盖。

11月10日，宁波律师协会余姚分会成立

【市税收普法教育基地建成】

11月中旬，由市国家税务局、市地方税务局、市司法局和市教育局联合宁波职业技术学院阳明学院打造的税收普法教育基地初步建成。基地总面积共1360平方米，其中展厅面积200平方米。展厅围绕税史钩沉、税种概览、依法治税和税收带来家乡美4个板块展现了税收基本知识和余姚地区的税收实践情况；拥有实训教室6个，200人阶梯教室和580人阶梯教室各1个。该基地将面向全市领导干部、广大企业会计和职业技术学院的学生开展税收知识宣传、举办税收实务培训。

【市首届星级职工普法工作室评选结果出炉】

12月，由市司法局联合市普法办、市总工会开展的首届星级职工普法工作室评选活动结束，17家普法工作室脱颖而出，其中马渚镇“阿良”工作室获评五星级职工普法工作室，三七市镇“和为贵”调解工作室等9个工作室获评四星级职工普法工作室，河姆渡“同心”法律服务基地等7个工作室获评三星级职工普法工作室。

（市司法局）

军　事

【概况】

2017年，市人武部完成新兵征集任务，大学生比例为68.7%。9月6日，在市龙山剧院举行欢送新兵大会暨文艺演出。10月13日，组织2017年度退役士兵欢迎仪式暨专场招聘会，到场企业55家，推出219个岗位，81人达成意向，28人现场签约成功。对专武干部进行考核，1名副部长提拔为部长，1名部长交流调整为乡镇副书记，8名干事提升为副部长。

投入资金近20万元，购买各类物质器材，在二等甲级医院设立征兵体检站。对国防工程进行治理整顿，成立领导小组和管理小组，把工作纳入市军警民联防工作。

逐步走开“兵员工作地为主编组”的路子，按照“三便于”的原则合理调整编组，同时加强对外出民兵的教育管理。

【军事训练】

全年组织民兵应急分队，参加森林灭火、水上救援和反恐维稳等训练。10月25日至27日，市人武部对全市专武干部和民兵连长进行集中强化训练。集训围绕“平时服务、急时能急、战时应战”的要求，进行学习贯彻中共十九大精神、国防形势教育、征兵业务学习、民兵训练组训能力提高等内容的学习训练。11月，组织民兵应急连到奉化区丰岭岙训练基地，进行跨区机动，快速部属、开展临战训练、现地考核等训练。组织2期民兵信息员集训。

【新兵征集任务完成】

9月4日，全市举行2017年度定兵会议。会上，市人武部相关负责人以乡镇（街道）为单位，宣布预定兵员名单。随后，体检组、政治考核组、乡镇（街道）相关负责人综合确定定兵意见。市征兵工作领导小组负责人还就定兵后的相关工作进行了部署。

（市人武部）

农业·农村·水利

农 业

【概况】

2017年，全市种植小麦2800公顷，亩产约260千克，比上年增加57千克。早稻种植面积约4133.3公顷，亩产460千克，属历史高产年份。晚稻面积约15733.3公顷，亩产约570千克。蔬菜实收面积约为17533.3公顷，同比减少3%，总产量70.8万吨，同比增加23.6%，总产值10.54亿元。林业可实现产值9.53亿元，其中茶叶产值1.67亿；杨梅产值3.8亿元，增幅5.6%。全市水产产值约5.47亿元，水产品总产量2.35万吨，均较上年略有增长。尚存海洋渔船27艘，捕捞量为1400吨。全市全年肉类总产量约为2.86万吨，同比减少14.6%；畜牧业产值7.2亿元，同比减少31.4%。

全市改造和新建绿化面积约385.27公顷，新植珍贵树种24.6万株，完成四明山区域生态修复约273.07公顷。创建省级森林城镇2个、省级森林村庄6个、省级生态文化基地1个。

创建省级现代生态循环农业“十百千”工程示范主体，建设示范区1个、示范点14个。开展第四轮畜禽综合治理，拆迁关停畜禽养殖场700家，拆除棚舍面积32.1万平方米，投入财政补偿资金8195.45万元。推进畜禽养殖污染线上监控，落实市、镇、村三级联动网格化监管员401人，生猪存栏50头以上、牛存栏5头以上养殖户，实现线上线下全程监控。集中回收农药废弃包装物80吨，销毁60吨。

申报宁波市级农业龙头企业4家、省级骨干农业龙头企业2家。新评定规范农民专业合作社1家，创建宁波示范社2家，省级示范社1家。申报创建省级示范家庭农场3家，宁波级6家，余姚级8家。组织各类农业培训班、观摩会50余次，受训2350余人次。新申报无公害产品20家，完成无公害产地换证48个，无公害产品换证68个。

完成农村土地确权登记约1.98万公顷家庭承包经营耕地的实测工作（实测面积约2.1万公顷），占应测面积的99.8%。完成测绘村数222个，占99.1%。审核签字确认农户数13.95万户，签字确认率90.9%。完成公示村数202个，占应公示村数的90.2%。完成合同签订农户数1.95万户，占应确权农户数的12.7%。完成一事一议筹资筹劳审批

42个。农信担保业务覆盖18个乡镇（街道），50余个行政村，在保余额4296万元，同比增长27%。

组织三期农技人员继续教育班，各类农业实用技术培训班、观摩会50余次，受训人数2350次，组织开展大型农业科技下乡5次，接受咨询800次，共发放各类资料1300余份。

【罗氏沼虾养殖拉开序幕】

3月21日，市水产技术推广中心技术人员奔赴市青丰水产养殖场，现场指导开展罗氏沼虾第一批苗种放养，利用锅炉加温保持大棚水温在25℃～26℃，进行中间培育，提高苗种成活率。此次，共放苗320万尾，5月投放到外塘进行高效养殖。市青丰水产养殖场于2016年开始尝试南美白对虾与罗氏沼虾混养，在南美白对虾产量不高的情况下，收获罗氏沼虾每亩175千克。

【市智慧渔业在线监测系统服务试点通过现场验收】

6月19日，市水产中心组织有关专家，对试点安装于市冷江鳖业有限公司的一套智慧渔业在线监测系统运行效果用哈希多参数水质分析仪进行比对，认为该系统监测数据准确、可靠，可有效反映所测池塘养殖水体水温、溶解氧和pH值的实际情况。在线实时监测智慧渔业系统的建立，使养殖户通过现场监控中心，或手机、平板电脑、电脑等信息终端，实时掌握养殖水质环境、水产行为、气象等信息，及时获取异常报警信息及水质预警信息，并可以根据监测结果，实时调整控制设备和饲料投喂设备等。

【市首本林权不动产登记证书发出】

6月27日，市不动产登记服务中心窗口为大岚镇后朱村股份经济合作社负责人颁发林权不动产登记证书。这是全市首本林权不动产登记证书。余姚成为宁波市第一个实施土地、房屋、海域、林权“四证合一”不动产登记的县（市、区）。5月起，全市开展林权不动产登记准备工作，在学习其他地区先进经验基础上，结合当地实际，与农林、测绘等相关单位沟通协调、调查摸底，并进行多次交流研讨，做好前期准备工作，确保顺利颁证。

【渔船固定式定位仪安装】

7月，市渔政管理站在泗门渔船临时停泊点对全市27艘海洋小型渔船安装了新一代“渔船固定式定位仪”。它由太阳能供电、GPS定位、移动无线网络传输组成，具有不可拆卸功能，实现一机一船的身份识别，对在港渔船的实时定位监控，同时，能够提供船舶一年的航行里程统计数据，管理伏休期船舶情况、船员身份管理等。

【《四明湖省级湿地公园总体规划》通过评审】

8月30日，《四明湖省级湿地公园总体规划》专家评审会由市农林局组织召开。评审会上，国家林业局华东院就《四明湖省级湿地公园总体规划》编制背景、现状、存在的问题，以及规划工作的总体建设思路、总体目标、功能区划、主要内容、保障措施、项目效益及实施计划进行汇报。与会领导和专家听取汇报后与编制小组人员进行讨论和交流。最后经专家组讨论研究决定，《四明湖省级湿地公园总体规划》评审通过。

8月30日，余姚市四明湖省级湿地公园总体规划评审会召开

【中泰（余姚）生态农业园项目签订土地租赁协议】

12月25日上午，中泰（余姚）生态农业园项目在市农林局举行土地经营权租赁合同签约仪式，项目由市现代农业园区开发有限公司与泰国正大畜牧投资（北京）有限公司签订。中泰（余姚）生态农业园作为市政府重点农业招商引资项目，经过

近半年时间的对接协商，双方达成合作意见。生态农业园位于余姚市滨海现代农业先导区，规划经营土地面积2000余公顷，总投资17亿元，项目定位“江南海田·生态绿洲”，目标打造为国家级现代农业产业园区。

【农作物秸秆综合利用加强】

2017年底，全市秸秆综合利用率为92%。年内出台《余姚市农作物秸秆综合利用实施方案》，成立秸秆综合利用工作领导小组，同时明确各乡镇（街道）作为秸秆禁烧和综合利用的责任主体。

河姆渡镇开展茭白草有机化利用，由余姚信利生物科技有限公司在该镇试行茭白草有机化利用。全年累计收集处置茭白草5000余吨，加工生产的有机肥直接销给山区的茶农、果农。加强姚北片种植区域农作物秸秆饲料化利用，姚北3个大型牛羊养殖场累计消纳农作物秸秆1.68万吨。

（市农林局）

农业机械化

【概况】

2017年，市政府出台《余姚市农机化发展“十三五”规划》《余姚市创建浙江省农业“机器换人”示范市实施方案》等农机化发展指导性文件。全年完成农机购置补贴资金1325.18万元（报废更新补贴4.1万元），其中，中央资金907.60万元，宁波市资金220.13万元，余姚市资金193.35万元，引导农户投资2130万元，受益农户348户，开展农机专项资金监督检查3次。截至年末，全市实现粮食生产耕种收综合机械化率93%，水稻耕种收综合机械化率94%，高效植保机械化率65%，机械化烘干率81%。成功创建浙江省农业“机器换人”示范县（市），成为全省首批成功创建的2家示范县（市）之一。

全年补贴购置农业机械462台，其中特色产业机械255台。推广无人植保飞机14台，无人机总量达到20台；引进新型筑埂机5台；推广山区适用小型水稻脱粒机70台；引进、试用热风炉烘干设备5台，完成首期热风炉应用技术培训30人；开展超级稻机械精量穴直播示范应用553公顷；首推水稻插秧施肥一体机使用技术试验；开展不等距8行水稻插秧机作业对比试验。三七市镇田螺山农机合作社、阳明街道芝丰农机合作社完成宁波市水稻生产全程机械化示范区建设333公顷；马渚镇庆德农机合作社实施水稻机插“1+N”叠盘育供秧示范项目，年供秧大田面积267公顷；黄家埠镇实现高粱收获机械化作业率超过50%；低塘街道、黄家埠镇、河姆渡镇建成粮食烘干联合输送装置4套。全年组织各类农机培训80期，培训各类农机化人员5017人次，其中列入市政府十项民生实事工程的新型农机实用人才培训809人次。举办宁波市首届农机中级维修工培训班，21人取得资格证书。秸秆机械化处理、资源利用率保持在90%以上。《加快新型农机示范推广　助力特色农业增效》项目获2017年度政府工作创新三等奖；成功创建省农业“机器换人”示范市，成为“2017年余姚市智慧城市建设十件大事”之一。

全年市财政安排50万元，用于农机农艺融合示范基地、智慧农机示范基地及农机化技术应用示范基地创建工作。创建油菜和西兰花农机农艺融合点各1个；建成核心面积26.6公顷的鲜玉米和毛豆全程机械化作业示范区各1个；实施宁波市农机科技推广项目2个；首次引进竹笋烘干设备1套，单日可加工春笋5000千克，降低生产成本近50%。宁波市下拨40万元，用于省级农机专业合作社示范社以及农机综合服务中心的创建工作，新建智慧农机装备示范基地4家，农机化作业与应用基地6家。全年完成“企社共建”合作社3家；拓展碾米、包装等农机经营服务产业链合作社7家；建立“2+N”农机综合服务中心4家；5家宁波市区域性农机服务中心农机维修网点从三级资质升格到二级。全市共有农机合作社71家，农机作业服务公司6家，合作社联合社、联合会各1家，农机维修网点62家，农机服务组织承担全市90%以上农田机械作业。全年共组织开展跨区作业机械72台次，完成跨区作业面积5134公顷，收入700万元。

全年共开展上路检查140人次，检查拖拉机312台次，纠正违法驾驶行为107人次。检查农机合作社、农机大户等单位86家次，发现隐患25起，整改率100%。登记外籍拖拉机63台次，驾驶人58人次，处罚拖拉机驾驶人违法行为23起，暂扣证件17本次，暂扣脱检拖拉机6台、无牌拖拉机1台，纠正违章驾驶行为84起，受理拖拉机违法消分考试6人次，发放安全宣传资料500余份。开展农田农机作业检查46人次，检查作业农机62台次，免费实地检验农机2300余台次。全市农机安全事故控制在上级下达指标以内。公开"最多跑一次"事项7项，印发办事服务指南5000份，累计办理审批服务事项1400余项。开展"一次不用跑"服务事项，全年共办理"一次不用跑"服务事项2156件。办理政策性保险纯农田作业拖拉机1672台、联合收割机435台，补贴资金27.4万元；办理政策性报废拖拉机194台、报废补偿资金54.9万元。

【首个以合作社为主体的水稻生产全程机械化示范区建成】

1月初，由齐力农机服务专业合作社为实施单位的水稻生产全程机械化示范区在牟山镇粮食功能区内落牌，这是余姚市首个以合作社为创建主体的水稻生产全程机械化示范区。示范区共建面积346公顷，具备提供农机社会化服务、水稻生产全程机械化技术推广等功能，示范区实现水稻耕种收综合机械化率93%，机耕、机收率100%，机栽率77%，机械植保率71.4%，秸秆还田率99%，机械烘干率79%。

【浙江农业之最水稻机插擂台赛举行】

4月19日，浙江农业之最水稻机械插秧擂台赛在马渚镇瑶街弄村举行，来自浙江各县市的24支代表队参加角逐。参赛选手们用统一规格的六行9寸机机型高速乘坐式插秧机，在一块面积约为0.23公顷的方块田内进行比赛。比赛还邀请相关方面的专家评委们，通过对选手们的参赛作品的株距、插秧深度、平均每穴株数、邻间行距、漏插率、漂秧率、直线稳定性等方面进行评比。最终评出一、二、三等奖若干，分别获得5000元、3000元、1000元奖金和"浙江省水稻机械插秧技术能手"称号。余姚人余军林用时26分30秒完成0.23公顷的机插作业，综合得分93分，获得冠军，成为此次浙江农业之最。

4月19日，浙江农业之最水稻机械插秧擂台赛举行

【水稻插秧施肥一体机使用技术试验成功】

6月7日，宁波市首推的水稻插秧施肥一体机使用技术在阳明街道的市芝丰农机专业服务合作社试验成功。此次试验是利用装配在久保田高速插秧机上的龙舟同步精量施肥机的联合体，在机插秧的同时创造性地完成施肥。此次试验融合农机和农艺，通过水稻插秧同步精量施肥技术与水稻机插常规施肥技术的对比试验，探索适合宁波地区农艺需求的水田节肥增效技术。该试验属中央财政扶持试验项目，分5个试验田块。项目通过对插秧施肥一体机的性能测试、秧苗生长情况的跟踪、产量的比对，评定其作业质量。

6月7日，水稻插秧施肥一体机使用技术试验成功

【3个示范项目通过考核验收】

9月27日，由鸿盛农机专业合作社承担的鲜玉米生产全程机械化示范项目和康绿农机专业合作社承担的毛豆生产全程机械化示范项目通过专家组考核验收。11月14日，由庆德农机服务专业合作社承担的水稻机插“1+N”叠盘育供秧示范项目通过专家组考核验收。专家考评组现场查看相关机械设备，听取项目实施情况汇报，对项目资料进行查阅核对，认为3个项目资料齐全，示范面积和各项技术指标均已达到项目要求，示范效果明显，3个项目均达到优秀等级。

【2个宁波农机科技推广项目通过验收】

11月22日，由市农机局年度申报的2个宁波市农机科技推广项目通过专家组考核验收。2个项目分别是鹿亭高山竹笋专业合作社承担的《春笋机械化烘干技术的引进应用》及宁波市姚江源机械有限公司承担的《夏秋茶加工关键装备的研发与应用》。专家组通过听取情况汇报，查阅文件资料，经质询和讨论，认为两个项目验收材料齐全，资金使用规范、合理，完成了合同书规定的各项要求，经济效益与社会效益明显。

【余姚市创建成为省农业“机器换人”示范市】

12月5日，由省农业机械管理局副调研员蔡朝永带队的考评验收组，到余姚开展省农业“机器换人”示范市创建考评验收工作，通过实地查看、听取汇报、查阅资料，通过余姚创建浙江省“机器换人”示范市考评验收。余姚成功创建成为省级农业“机器换人”示范市，为宁波市唯一。

（市农机局）

农村工作

【概况】

2017年，全市新增美丽乡村合格村27个，创建美丽乡村示范村4个、美丽乡村示范乡镇2个和美丽乡村风景线2条（通过初验）。年内农业综合开发推进。新启动农业综合开发土地治理项目4个，治理面积2060公顷，共有7个贷款贴息项目符合资金结算要求，获得贴息资金442万元。深化农业供给侧结构性改革取得进展。制定“1+12”抓落实行动方案，各子方案均落实到位，并按规定时间节点推进。选派第十一批农村工作指导员392人，其中宁波市派26人（包括4名科技特派员），余姚市派166人（包括92名金融指导员），开发区及乡镇(街道)200人。组织农指员参加宁波市“最美农村工作指导员”评选活动，7人获得宁波市“最美农村工作指导员”荣誉称号。

农村生活垃圾分类展开试点。明确垃圾分类“3+1”模式（即可回收垃圾、有害垃圾、其他垃圾+厨余垃圾）。79个村开展垃圾分类，并在鹿亭乡、大隐镇15个村试点农村生活垃圾机器堆肥。污水治理取得进展。全市114个首创项目年底完工60个（年度目标任务为50个）。36个村世行农村生活污水项目基本完成竣工验收及审计。

【第三次全国农业普查进入入户登记阶段】

1月1日起，第三次全国农业普查进入正式入户登记阶段。此次农业普查主要目的是查清农村地区“人、地、业、居”新情况，普查标准时间点为2016年12月31日24时，主要对象为全市境内的农业经营户、农业经营单位、居住在农村且有确权（承包）土地的住户，列入农业普查范围的村（居）民委员会、乡镇（街道）等。经过前期的清查摸底，此次农业普查全市共设1972个普查小区，普查对象16.8万户，其中规模农业经营户1545家，农业生产经营活动单位1260余家，入户登记持续到3月。

【28个政策性农险品种开设】

2017年，全市新开设政策性农业保险品种28个，总险种达70个，在全国率先实现主要农产品保险全覆盖。政策性农业保险是推进农业供给侧改革的重要内容，也是帮助农民群众战胜自然灾害、实现丰产丰收的重要环节。2016年，余姚在全省率先推出茶叶、杨梅气象指数保险，使政策性农业保险品种达到42个。其中，种植业参保52287户，保险金额7.9亿元，保费收入2920万元；养殖业参保49户次，保险金额2.9亿元，保费收入680多万元。在战胜三次台风和小麦赤霉病等灾害中，种植业理赔3010万元，养殖业理赔680多万元。2017年，全市推出榨菜、樱桃气象指数保险和甲鱼养殖保险，新开设的28个农险品种中，各类农业机械机损险、人员短期意外险、第三者责任险达到13个，为全国最多。此外，还增加农业从业人员短期人身意外险、家庭农场综合保险等新品种。

【农林产业项目首批补助发放】

根据市政府出台的《关于四明山区域发展生态旅游和农林产业奖励实施办法（试行）》有关规定，市农林局、市财政局公布首批列入补助的农林项目名单，大岚天雾茶厂在新昌新开设瀑布仙茗经销门市部、屹诚花果专业合作社精品经济果园观光园和蓝莓种植基地建设、鹿亭乡白鹿村农业精品观光园建设、梨洲街道屹立茶厂新品种茶叶基地建设等一批项目得到总额45.56万元的补助，这是余姚市鼓励四明山区域生态产业发展的具体举措之一。

【四明山区域污水零直排工程全面启动】

8月，随着乡镇污水收集工程（四明山区域四乡镇）项目通过立项审批，市山区污水零直排工程全面启动。项目涉及梁弄镇、四明山镇、鹿亭乡、大岚镇共4个四明山区域乡镇，计划铺设DN75～DN300污水管约162千米，修复雨水管道约8千米，新建人工湿地处理设施27处、污水提升泵站15座，预计投资1.49亿元。该工程由市城市排水有限公司负责立项和资金筹措，具体项目建设委托各乡镇实施。

【余姚市创建成为国家级出口蔬菜质量安全示范区】

9月15日，国家质检总局公布2017年国家级出口食品农产品质量安全示范区名单，市国家级出口蔬菜质量安全示范区榜上有名。余姚是全国农业机械化示范区、全国蔬菜产业发展重点县市，已形成榨菜、西兰花、青刀豆等特色和优势蔬菜产业，年出口额超2800万美元。2016年12月起，市政府启动国家级出口蔬菜质量安全示范区创建工作，构建起“政府主导、部门联动、行业推动、全民行动”的工作机制，建成企业诚实守信、产品质量安全、监管科学有效、产业配套完整的国家级出口蔬菜质量安全示范区。

【加强耕地占补平衡工作新政出台】

年内，市政府办公室发出《关于进一步加强新形势下耕地占补平衡工作的通知》，明确市、乡两级政府耕地占补平衡责任，提高建设高质量水田价格标准，全面开展高标准农田建设。《通知》自2017年11月1日起执行。

【农机安全生产综合治理三年行动计划启动】

年内，市农业机械安全生产综合治理三年行动计划正式启动。该行动计划的目标要求是：到2020年，全面落实农机安全生产责任制，农机安全生产隐患排查治理和农机领域安全生产专项整治工作持续开展，农机安全预防机制、农机安全长效管理机制基本健全，农机安全生产治理能力显著提升，较大以上农机事故有效遏制，农机安全生产形势持续保持平稳向好，与2017年相比，全市农机安全生产事故起数、死亡人数要分别下降30%。同时，明确主体责任，农机安全生产责任制全面落实；加强安全宣传教育，农机手安全责任意识明显增强；加强拖拉机年度检验和报废淘汰，上道路拖拉机存量下降至1200台；农机安全生产检查监督制度健全，农机安全防控能力和事故处置能力进一步提升；信息互通加强，平安农机建设进一步深化。

（市农办）

水利建设

【概况】

2017年，在重点水利工程建设方面，全市提前开工建设姚江上游余姚西分工程、陶家路江三期整治工程和城区堤防三期加固工程，基本建成城区堤防一期、二期加固工程，陶家路江二期整治工程，城北圩区候青江泵闸工程及四明湖水库下游河道（余姚段）整治一期工程。四期围区横塘南块造地工程全面完工，海塘除险治江围涂四期工程完成临海北块土方吹填加高工程。在面上水利项目方面，实施宁波市级小型农田水利建设项目，整治农田灌排河道9.58千米；完成5个乡镇（街道）、8个村的农民饮用水提升工程，受益人口8080人；完成河湖库塘清淤235万立方米；新建高效节水灌溉面积627.4公顷，超额完成年度目标任务；开展镇（村）级水环境整治，完成黄家埠水环境示范镇二期建设和9个村级水环境整治；完成小曹娥片区的2条断头河打通工程；加强生态调水工作，全年累计调水11658万立方米。

【高效节水灌溉工程接受水利部督导检查】

5月26日，水利部督导组张永健一行对市2017年高效节水灌溉工程进行督导检查。此次督导工作，通过座谈会、工程资料查阅及实地检查等方式开展。督导组认为余姚高效节水灌溉工程起步早，推进有力，对余姚采用“先建后补”“建管一体化”的高效节水灌溉模式给予肯定。

【姚江干流防洪整治工程项目档案通过验收】

11月，由宁波市档案局、宁波市水利局、余姚市档案局组成的工程档案专项验收专家组对姚江干流防洪整治工程项目档案管理工作进行专项验收。专家组通过听取汇报、现场查阅资料等方式进行检查后，验收组组长毛凌翔在反馈会上对该项目的档案管理工作给予肯定，同时对后续需完善的工作提出指导意见。最后，验收组专家一致同意姚江干流防洪整治工程项目档案验收通过。

水政水务

【概况】

2017年，全市涉及水利部门办理的审批件均实现“最多跑一次”目标，并全面开通网上申请服务及快递寄送服务。基本构建完成“2+2+X”水利工程标准化政策制度体系，完成78个水利工程标准化管理创建工作，超额完成原定计划，其中省定的34项目标任务全面通过验收。年内按照新标准足额征收水资源费，建立由局领导班子成员带队的河道保洁季度监督检查工作机制。抓好“无违建河道创建”工作，加大水政执法力度，全年共查处各类水事违法案件60余起，其中立案查处1起，拆除涉水违章建筑2886平方米，恢复水域面积8705平方米。

【“世界水日”“中国水周”系列宣传活动开展】

3月22日是第二十五届“世界水日”，3月22日至28日是第三十届“中国水周”。3月18日上午，市水利局在泗门镇汝湖公园组织党员、团员等志愿者开展“加强水域保护，改善生态环境”为主题的户外宣传活动，通过现场咨询、播放视频、分发宣传资料等方式进行水法知识宣传。活动过程中，市水利局为市民分发各类宣传资料2000余份，展示近几年全市查处的占用河道、乱倒泥浆入河、非法取水、危及水利工程安全等案例。

【《基于生态环境的水闸群联合优化调度关键技术研究与示范》项目获省水利科技创新奖】

3月20日，省水利厅公布2017年省水利科技创新奖项目名单，由市水利局与省水利河口研究院共同承担的《基于生态环境的水闸群联合优化调度关键技术研究与示范》项目获二等奖。鉴定委员会认为：该项研究成果总体上达到国内先进水平，在水闸生态调度创新方面达到国内领先水平。该项目开展以来，已发表论文10篇，培养了2名硕士研究生，6人晋升职称，其中3人晋升为教授级高级工程师。

【双溪口水库通过标准化管理省级验收】

10月26日，省水利工程标准化验收组对市双溪口水库标准化管理创建工作进行考核验收。经过水库工程实地考察、资料查阅和质询、听取创建汇报、验收评定等考核步骤，双溪口水库标准化管理以91.5分通过考核验收。

【隐溪河创建宁波市“五水共治”典型示范河道通过验收】

12月13日，市水利局会同市发改局等相关部门对创建宁波市“五水共治”典型示范河道的隐溪河进行验收。根据《宁波市五水共治办领导小组办公室治污水工作组关于要求报送典型示范河道的通知》，2015年，市水利局确定大隐镇隐溪河作为宁波市“五水共治”污水治理典型示范河道。位于双溪口水库下游的隐溪河，是大隐的母亲河、双溪口水库的主泄洪河道，起点位于双溪口大坝，终点位于隐溪河姚江出口，全长5757米，途经3个行政村。大隐镇根据总体方案，主要完成三大新建项目：隐溪河堤防绿化美化工程，河道清淤工程，防汛通道、护岸及附属工程建设。

水　文

【概况】

2017年，全市水雨情特征总体正常，主要有以下特征：一是降雨总体偏多；二是降雨时空分布不均，梅汛期多于台汛期；三是梅雨偏重，入梅和出梅偏早，梅雨量偏多；四是台风影响次数与常年持平，局部影响较重；五是双台风在同一地点登陆，间隔时间短，历史罕见；六是台风登陆最远，影响历史罕见；七是水库水势基本平稳，蓄水安全；八是河网水位受台风影响，出现超正常水位，汛情明显。

雨情　2017年，全市面平均年降水量为1681.9毫米，较常年同期（1519.5毫米）偏多10.7%，相比前两年有所减少。据全市80座遥测雨量站实测资料统计，各站年降水量在1300～2100毫米左右，为降水偏丰年份。从降水时空分布看，总体表现为南多北少、汛期多于非汛期。其中陆埠、梁辉水库南部山区和大岚等部分地区最大，绝大部分站点在1700毫米以上，个别站点超过2000毫米，最大站为梨洲街道张公岭站，降水量为2097毫米；姚江和滨海平原地区相对较小，绝大部分站点在1600毫米以下，个别站点低于1400毫米，最小站为丈亭镇烂蛇弄站，降水量1327毫米。

水情　2017年，全市水库、河网水情总体正常，除第20号台风“卡努”影响期间，部分河网出现超保证水位和部分小（一）型水库出现超警戒水位外，其余绝大部分时间均维持在汛限水位以下运行。4座大中型水库除梁辉、双溪口水库在短时略超警戒水位外，四明湖、陆埠水库全年均保持在汛限水位以下运行。四明湖水库年最高水位15.65米（5月3日），梁辉水库年最高水位45.05米（12月3日），陆埠水库年最高水位46.14米（10月22日），双溪口水库年最高水位63.53米（4月13日）。相比水库，河网水情发展较为明显，特别是西上河区部分河网和姚江干流，在“6·11”梅暴雨、“9·23”强降雨和台风“卡努”影响期间，河网水位均出现不同程度上涨，且涨幅较大，防汛形势较为严峻。

防汛抗旱

【概况】

2017年，全市重视防汛防旱工作，在汛前开展安全检查和整改。一方面防范强降雨袭击。6月9日进入梅雨期后，全市降雨过程增多，降雨强度增强，出现2次较为明显的强降雨过程，分别于6月12日23时30分和6月24日14时启动防汛Ⅳ级响应。防指办及时通过电话、短信预警平台向有关防汛责任人发出预警信息，要求加强对重点部位的巡查，对存在的安全隐患，做到早发现、早防范、早排除，确保安全。另一方面防御台风影响。2017年汛期，台风“纳沙”、“泰利”和“卡努”对全市产生外围影响，其中第20号台风“卡努”影响期间，全市普降暴雨、大暴雨，过程面雨量为152.1毫米，整个影响过程从10月14日至17日持续三天。水库因前期水位均较低，水情平稳，全市4座大中型水库均保持在警戒水位以下运行。

【山洪灾害防御救援演练开展】

7月11日上午，市人民政府防汛防旱指挥部在梁弄镇组织开展“山洪灾害防御救援演练”。此次演练主要有山洪预警发布、危险区域人员转移、溪道除险、应急救援、医疗急救、救灾物资输送、受灾人员安置等内容，民兵水上应急分队，水利抢险服务队，梁弄镇镇、村干部服务队（梁弄镇人民政府），市长三角公益救援中心，战狼户外公益救援队，梁弄镇医疗救护队6支抢险救援队伍参加演练。

【市洪水风险图编制工作大纲通过审查】

8月9日，省水利厅、省水利水电勘测设计院、宁波市防指办、宁波市水利水电规划设计研究院，余姚市水利局、市防指办等有关单位的领导和专家对市洪水风险图编制工作大纲进行审查。与会专家听取洪水风险图编制承担单位的汇报，并进行讨论，一致同意余姚市洪水风险图编制工作大纲通过审查。会议认为承担单位提交的编制工作大纲技术路线正确，洪水风险分析方法合理，工作内容全面，符合余姚实际，可作为下阶段洪水风险图编制工作的依据。

（张　洁）

工业·工业园区

综 述

2017 年，余姚市实施“中国制造 2025 浙江行动”县级试点示范“一号工程”。中意（宁波）生态园落地建设吉利新能源汽车、清华启迪科技城、精进电动等项目 16 个，总投资超 238 亿元；浙江“千人计划”产业园累计注册项目 112 个、投产 45 个。中国云城成为国家“千企千镇工程”首个落地项目，全省首个国家级华侨华人创新创业聚集区“侨梦苑”、中科院协同创新体挂牌成立，智能机器人小镇 8 个项目实现投产，智能光电小镇列入省第三批特色小镇创建名单。实施“两化融合”“企业上云”工程，全省首创互联网经济 GDP 统计核算体系，互联网经济规模突破千亿大关，实现“上云”企业 2300 余家，软件产业产值增速超 30%。

（市经信局）

工业经济

【概况】 2017 年，全市工业经济实现规上工业产值 1467 亿元，规上工业增加值 286.5 亿元，分别增长 15.4%、10.8%；规下工业增加值增长 8%；实现规上利润 86.5 亿元，增长 30.5%；工业投资 262.5 亿元。降本减负、“最多跑一次”系列改革政策落地生效，“350”企业梯度培育计划、小微企业园区建设工程启动实施，百强工业企业实现产值 784 亿元，大丰实业、江丰电子成功上市，舜宇集团被列入宁波千亿级重点企业培育名单，舜宇光电信息获评工信部制造业“单项冠军”示范企业。“小升规”企业 127 家，开工新建小微园区 5 个。启动“两个全覆盖”区域试点，实施“机器换人”重点专项 199 个，智能化改造诊断 75 家、智能化工厂（数字车间）项目 15 个，智能制造工程服务公司累计达 32 家（宁波级 11 家）。在绩效评价、政策创新、体制改革上探索试点，出台“中国制造 2025”若干意见及小微企业园区建设、闲置资产盘活、“350”

企业培育等政策，淘汰关停落后产能企业 17 家、高污染燃料锅炉 238 台，腾出用能空间 3.5 万吨标煤，万元工业增加值能耗下降 4.3%。

【余姚市入选“中国制造 2025 浙江行动”试点示范区】

1 月 4 日，全省经信工作会议在杭州召开，会上宣布，余姚市成功入选“中国制造 2025 浙江行动”县级试点示范区，成为全省首批、宁波唯一县级试点示范区。

“中国制造 2025”以智能制造为主攻方向，近年来，余姚坚持工业强市战略，基本形成以家电、光电信息、新材料、节能照明、模具、汽车零部件等为主，具有一定特色和竞争力的产业体系，涌现出舜宇集团、大丰实业、王龙科技等一批在国内外具有较高市场占有率的单项冠军。同时，余姚实施人才强市战略，累计引进国家“千人计划”专家 50 人，孵化了江丰电子、创润新材料、智畅机器人等创业创新项目；组建宁波市智能制造产业研究院，创办智造企业 14 家。

浙江省 2015 年 12 月出台“中国制造 2025 浙江行动”纲要，并启动工业强县试点示范工作。余姚已制定《“中国制造 2025”余姚行动计划》《余姚市建设“中国制造 2025 浙江行动”试点示范市实施方案》。

【江丰电子成功上市】

6 月 15 日，宁波江丰电子材料股份有限公司首次公开发行股票并在 A 股创业板挂牌上市，成为宁波第二个国家“千人计划”上市公司。江丰电子创建于 2005 年，是科技部、发展改革委及工业和信息化部重点扶植的一家高新技术企业，专门从事超大规模集成电路芯片制造用超高纯金属材料及溅射靶材的研发生产。创业团队核心人员由海外高层次归国留学人员构成。先后承担了国家 02 重大专项、国家 863 重大专项、发展改革委高技术产业化项目、工业和信息化部电子发展基金等国家级科研及产业化项目。

6 月 15 日，江丰电子挂牌上市

【大丰公司获评国家企业技术中心】

1 月，经发展改革委、科技部、财政部、海关总署、税务总局批准，浙江大丰实业股份有限公司技术中心被认定为“国家企业技术中心”，成为“演艺装备与服务重点认定领域”全国首家认定的企业，也是全市唯一一家拥有“国家企业技术中心”的企业。

【舜宇光电信息获评制造业“单项冠军”示范企业】

12 月 20 日，工业和信息化部发布《关于公布第二批制造业单项冠军企业和单项冠军产品名单通知》，认定舜宇光电信息为中国制造业“单项冠军”示范企业。

（市经信局）

主要行业

【概况】

2017 年，全市主攻机器人、光电信息、高端金属合金材料、智能家电、新能源汽车及关键零部件 5 大产业，战略性新兴产业、高新技术产业、装备制造业增加值分别增长 20.8%、17.1%、13.9%，在规上工业增加值的占比达到 45.2%、52.7%、67.4%。分行业看，在 32 个行业大类中，21 个行业增加值同比上升，占比前十位的行业共完成工业增加值 241.42 亿元，占规模以上工业增加值的比重达 84.3%，比上年提高 3.5 个百分点，其中电

规上工业增加值前十大行业

单位：亿元

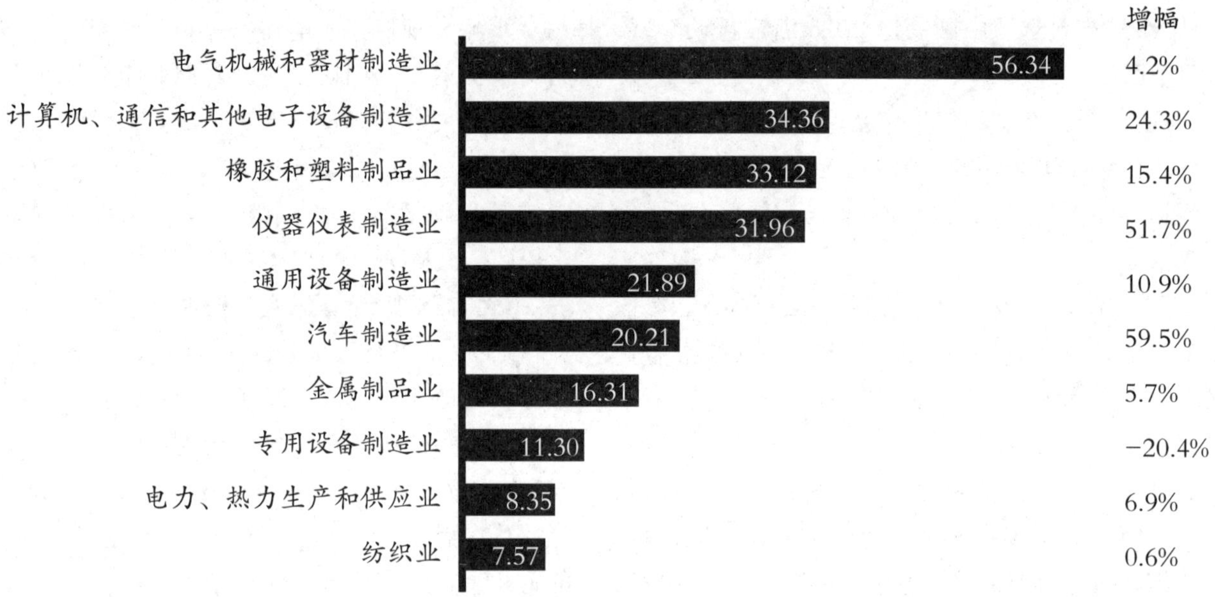

气机械和器材制造业完成增加值 56.34 亿元，居各行业之首；汽车制造业增长 59.5%，增速居前十位行业之首。

【市钢卷尺行业联盟标准制定】

11 月 1 日，余姚钢卷尺联盟标准专家评审会举行，来自全国工具五金标准化分技术委员会、上海市工量工业研究所、宁波市标准化研究院等机构的专家，审查并一致通过《余姚钢卷尺联盟标准》，标志着余姚市钢卷尺行业有了统一的质量技术标准。该标准由市五金制品协会牵头，宁波长城精工实业有限公司联合宝丰、蓝达等钢卷尺行业骨干企业共同起草制定。

（市经信局）

优秀企业

【全市工业企业年度销售 50 强】

舜宇集团有限公司
宁波世茂铜业股份有限公司
宁波容百锂电材料有限公司
宁波大沃化纤科技有限公司
余姚市新华鑫纤维销售有限公司
浙江大丰实业股份有限公司
富诚汽车零部件有限公司
宁波王龙科技股份有限公司
宁波神通模塑有限公司
宁波德昌电机制造有限公司
宁波长振铜业有限公司
浙江国华余姚燃气发电有限责任公司
宁波富佳实业有限公司
宁波科环新型建材股份有限公司
浙江新纶化纤有限公司
宁波更大集团有限公司
宁波大叶园林设备股份有限公司
浙江峻和橡胶科技有限公司
余姚大发化纤有限公司
余姚世纪华通金属实业有限公司
浙江基伟休闲用品有限公司

浙江新盛锦纶有限公司
浙江金瑞薄膜材料有限公司
浙江亿达控股集团有限公司
宁波天邦股份有限公司
宁波正耀汽车电器有限公司
宁波江丰电子材料股份有限公司
浙江金马实业有限公司
宁波格林威尔电器有限公司
宁波捷丰现代家俱有限公司
宁波天瑞电器有限公司
宁波生久柜锁有限公司
余姚市舜吉塑化有限公司
浙江松原汽车安全系统股份有限公司
海通食品集团余姚有限公司
宁波耀泰电器有限公司
宁波兴敖达金属新材料有限公司
宁波山阳特殊钢制品有限公司
宁波比依电器有限公司
宁波创基机械有限公司
余姚舜宇智能光学技术有限公司
浙江欧伦泰防火设备有限公司
宁波唯尔电器有限公司
浙江帅康电气股份有限公司
宁波百仕高联合工业有限公司
余姚市富达电子有限公司
宁波冠中印染有限公司
宁波赛特勒电子有限公司
宁波昊阳新材料科技公司
正庄发展有限公司

（市经信局）

电网建设与电力供应

【概况】

2017年，市供电公司累计投入电网建设资金5.61亿元，变电容量开工20万千伏安。全社会用电量首次突破90亿千瓦时，达90.28亿千瓦时，同比增长11.77%；完成售电量82.14亿千瓦时，同比增长11.34%；全社会最高负荷17次创历史新高，达到187.09万千瓦，同比增长20.68%；公司营业收入51.04亿元，实现利润4494万元，分别增长10.84%和12.86%，全员劳动生产率达每人每年187.6万元。

截至2017年底，余姚电网拥有500千伏变电所1座，220千伏变电所7座，110千伏变电所29座，35千伏公用变电所18座，合计变电容量849.45万千伏安。35千伏及以上输电线路合计长度达到1478.14千米，其中110千伏线路56条，共498.87千米，35千伏线路31条，共470.50千米。10千伏公用线路599条，线路总长度4995.8千米。开关站288座，10千伏公用配电变压器6529台，总容量284.3万千伏安。

【经营管理】

建立权责清晰的法人治理结构，调整公司工作规则和议事规则，健全企业运行机制。推进“全能型”供电所建设，临山、丈亭两个供电所率先完成班组和岗位调整，逐步推进末端业务的融合，临山供电所被评为省公司五星级供电所。加强变电运维一体化管理，两个班组实现合并，提高变电运维工作效率。加大班组建设力度，临山供电所获评省公司五星级班组和绩效管理标杆班组，三家单位获得宁波公司班组建设“优胜”流动红旗。大岚、四明山两个供电服务站投运。构建质量监督网络，在省内率先开展配网设备全检；加大库存物资管控力度，库存总额压降346.84万元，同比提升28.19%。

【电网建设与发展】

推进第二个500千伏电源点建设，市政府成立专门协调机构，市领导多次进行实地督导，100基塔基完成施工。全年开工220千伏工程2项，110千伏工程5项，成功投运宁波地区首座车载式110千伏移动变电站，缓解姚东区域供电压力。加快推进输变电工程前期工作，220千伏滨海变取得核准批复。确定2个输变电工程提前投运，3个“十四五”

规划项目提前至“十三五”实施，多项工程的建设用地和资金得到落实。编制农网改造“一所一方案”，建成11个新增城农网项目，对40个中心村电网进行改造。梁弄入选省公司农村配网示范区名单，梁弄横坎头建成精品台区带，临山杨岙小区公变入选省公司“百佳精品台区”。推进智能电表运维试点，5个公变台区完成智能化改造。在城东新区建成余姚首座电动汽车快充站。

【安全生产】

坚持“管业务必须管安全”，梳理各级岗位安全职责148条。设立“安全教育提高室”，累计对68名违章人员开展教育培训，低压“小、散”作业得到全面管控，公司累计安全生产日超过9800天。开展“学安规、考安规”竞赛，在宁波公司调考中获得团体一等奖；累计整改安全隐患592条，消除电气火灾隐患90余条次。开展反恐消防、重要用户保电等应急演练，公司成为华东地区第一家通过应急能力建设评估的县级供电企业。安全管理案例获得宁波公司“安全生产365•平安伴我行”评选一等奖。应对高温高负荷，对132条10千伏线路进行负荷调整，对216处关键设备进行红外测温，消除隐患317处，累计处理高低压故障8900余起。加大设备整治力度，5座110千伏变电站完成C检，6条110千伏线路防雷设施实施改造。以“一图一核一查”的方式推进配网图实治理，关键设备准确率超过99%。山区线路安装智能开关13台、故障指示器200台，故障判断准确率达到95%。全年实施合环热倒205次，减少10千伏线路停电410条次。开展带电作业194次，减少停电时户数19372小时•户。

【营销与优质服务】

16项业务实现“一次也不跑”，5项业务实现“最多跑一次”。创新推行流动服务车，实现山区居民新装当日受理当日送电。率先入驻市行政服务窗口开展居民“水电气”联合过户，累计为1184户居民提供服务。联合政府部门、用电方开展“中国机器人峰会”停电应急演练，首次开展重要保电用户停电应急实战演练。培育营业厅“精英主管”，两名员工获评宁波公司“十佳服务之星”，23名员工获评四星级及以上受理员，宁波地区最多。

全面推广线上办电及现场移动作业模式，全年快响平台线上接入率达89.3%，营销移动作业终端应用率达81.76%。主动对接市重点工程，为侯青江泵站等16个重点项目提供“一站式”服务。加大市场拓展力度，全年实电能替代增售电量1.61亿千瓦时，节约电量2636万千瓦时，节约电力0.66万千瓦。扩大直购电试点范围，1813家企业参与直购电交易。政企联动推进居民电采暖安装，与6个住宅小区签订电采暖推广战略协议，208套住宅用上电采暖设备。服务新能源发展，完成非居民并网光伏项目33个、居民项目883个，合计并网容量分别达到30238千瓦和57672千瓦，同比增长6.1%和4.1%。

【余姚有电百年主题活动举行】

12月1—2日，“新电力、新农村”科技论坛暨余姚有电百年主题活动在梁弄举行。论坛以“探索农村再电气化新路，全力服务乡村振兴战略”为主题，来自国家能源院、中国电力科学研究院、浙江省能源局、省电力学会等机构的百余名专家共同探讨新时代农村再电气化、全力服务乡村振兴战略的途径和方法。《余姚有电100年纪事》和《余姚有电100年印记》两本书于12月1日正式出版发行。

1917年10月，余耀电灯公司开业，开启余姚电力之光。2007年，余姚在宁波大市内率先建

国网浙江余姚供电公司获得全国五一劳动奖状

成新农村电气化县，2008年实现“镇镇电气化”，2009年实现“村村电气化”。

（国网浙江余姚市供电公司）

中意（宁波）生态园

【概况】

2017年，中意（宁波）生态园实现工业总产值316亿元，销售收入302.2亿元，利润总额15.7亿元，分别同比增长12.3%、13.7%和18.3%。其中，直属规模以上企业实现工业总产值196亿元，销售收入183.2亿元，利润总额9亿元。全年实现固定资产投资120.7亿元，同比增长35.82%，其中工业投资46.8亿元。全年实现科技经费投入5.66亿元，R&D（研究与试验发展）经费投入4.12亿元。

年内，按照“适度超前、多规融合”的原则以及产业发展需求，将园区产业布局由原先“一园五基地”提升为“4+1+1”，即4个产业基地、1个科技城和1个本地企业转型升级示范区，分别为新能源汽车及新材料产业基地、节能环保产业基地、高端装备（通用航空）产业基地、生命健康产业基地、中意启迪科技城和本地企业转型升级示范区。

根据“4+1+1”产业布局，推进落地项目开工建设，签约项目加快落地，深度洽谈项目签约。至2017年底，意大利赫拉环保固废处理、吉利link&co品牌30万辆新能源整车、精进电动电池管理系统、德国玛汀瑞亚宏泽低压铝铸件二期、美国JAC高级汽车行李架等11个重大招商项目现已落地，总投资超过200亿元。其中，德国玛汀瑞亚宏泽低压铝铸件二期、美国JAC高级汽车行李架等项目已建成投产。意大利帕柯斯抗菌塑料、美国峰威光储能、台湾眼科医材、台湾卫风科技薄膜、华讯方舟地效翼船、和创智建自主网设备、中飞通航等12个项目现已签约，总投资超过80亿元。意大利高端智能门、晶科LED车灯、三立LED车灯、永源新能源物流车、瑞典智能花园设备、约印生命健康产业基金等10余个项目深入洽谈，总投资超过100亿元。

全年新建市政道路26千米。其中，曹一北路、建民北路北延、兴业路一期等道路竣工投用；吉利地块土地整理建设完成；中意（宁波）生态园基础设施建设PPP项目一期工程完成总工程量的70%；完成企业服务中心展馆及装饰、招商中心装饰等工程；建设完成110千伏昊阳输电线等工程，推进滨海新城电力系统二期、人和路、兴园路电力系统等工程；加快实施中意生态园企业员工宿舍、滨海新城欧美标准厂房（二期）等项目。

以市场化为导向，采用PPP、融资租赁等多样化融资渠道来降低融资成本，推进开投公司非公开发行公司债和海外美元债（开发区）的发行工作，与兴业银行、农业银行、光大银行、宁波银行分别发起4个母基金，首期募资总规模超18亿元。厘清中意（宁波）生态园、余姚经济开发区、浙江千人计划余姚产业园三大资产负债，完成13个已开工或立项工程项目主体变更。按照“公司化治理、市场化运作”的原则，推进生态园下属国有公司改革，完善公司治理框架。全年生态园下属国有公司融资22.63亿元。

2017年，生态园严格落实安全生产责任制，规模以上企业签定率达100%，规下企业签定率达98%以上。建立消防“1+5”救援应急体系，即1支“生态园——小曹娥”消防专业队伍，5个企业微型消防站。

强化企业环保整改，加大环保设备整改投入，改进生产工艺和技术，建立健全企业环保制度和人员，提升企业治污减排能力。同时聘请环保专家技术团队，配合开展园区企业环保整改，从专业角度协力提升园区整体环境质量。立案查处违法排放企业10家次，确定模具城内污水纳管改造企业60家，落实VOCs（挥发性有机物）排放达标企业5家。

【市“五重二大”项目第一批集中开工】

2月16日上午，2017年市“五重二大”项目第一批集中开工仪式在中意（宁波）生态园园区举行。此次集中开工建设共有76个项目，总投资

295 亿元，年度计划投资 84.9 亿元，涉及智能经济项目、基础设施项目、防洪治水项目、交通项目、产业类项目、商贸旅游类项目、社会事业类项目和棚户区改造项目等方面。

【中意启迪科技城开工】

11 月 10 日上午，中意启迪科技城在中意（宁波）生态园拉开开发建设的序幕。中意启迪科技城总规划面积 100 公顷，按照“金融引领、产业先行、产城融合”理念开发建设，包括启迪时尚文创孵化基地、中意文化创新产业发展中心、智能制造产业加速器和智能工厂示范基地等。开工典礼上，首批总投资 34 亿元的 12 个项目签约入园，包括甬矽电子（宁波）有限公司、余姚爱优特电机有限公司、上海百傲科技股份有限公司、启迪宜美时尚科技有限公司等。

【军民融合产业基金成立】

11 月 11 日上午，在中国空军成立 68 周年之际，中意（宁波）生态园军民融合产业基金举行框架合作协议签约仪式，中飞通航科技有限公司在中意（宁波）生态园启动运营。中意（宁波）生态园军民融合产业基金由中飞通航科技有限公司、中意（宁波）生态园控股有限公司、深圳天禄滢富股权基金有限公司及其他社会资本共同出资组建，基金总规模 100 亿元，首期 10 亿元。其中，中意控股公司出资 20%，主投落户生态园的军民融合和通用航空相关产业。

【甬矽电子在中意（宁波）生态园开工】

12 月 20 日上午，甬矽电子（宁波）股份有限公司成立暨高端 IC（集成电路）封测项目开工仪式在中意（宁波）生态园举行。该项目从签约到落地开工仅用时 3 个月。甬矽电子是一家半导体封装测试企业。2016 年底以来，公司在全国范围寻找投资建厂目的地，于 2017 年 8 月第一次与中意（宁波）生态园接触，10 月正式签约，11 月土地和厂房落实。高端集成 IC 封装测试项目占地面积 8.4 公顷亩，总投资 16.9 亿元。

（生态园管委会）

浙江省余姚经济开发区

【概况】

2017 年，余姚经济开发区实现工业总产值 317 亿元，销售收入 302 亿元，利润 15.71 亿元，税金 9.8 亿元，分别同比增长 12.28%、13.74%、18.29% 和 20.28%。其中 126 家规上工业企业，完成工业总产值 196 亿元，销售收入 183 亿元，利润 9 亿元，税金 6.4 亿元，分别同比增长 13.8%、13.91%、22.71% 和 24.34%。全年实现固定资产投资 112 亿元，同比增长 20%，其中工业投资 55 亿元。获得 2017 年度浙江省经济开发区综合考评第一名，实现综合考评“八连冠”。

全年完成科技经费投入 7.5 亿元，R&D（研究与试验发展）经费投入 4.65 亿元。新申报高新技术企业 9 家，到期重新认定高新技术企业 5 家。批准市级工程技术中心 3 家。完成创新型初创企业 26 家。申请专利 550 件，授权专利 290 件。17 个项目列入“机器换人”重点专项，总投资 7.5 亿元，其中设备投资 6 亿元，竣工后预计可减员 400 余人。

（余姚经济开发区管委会）

浙江余姚工业园区

【概况】

2017 年，全年完成财政总收入 67322 万元，其中一般公共预算收入 35268 万元。实到外资 4520 万美元，余姚市外内资 11 亿元，分别同比增长 50.7% 和 47.9%。实现社会消费品零售额 33.6 亿元，限上批发零售业销售额 21.5 亿元，分别同比增长 15% 和 45%。规模以上工业企业 86 家，实现产值 100 亿元，销售收入 95 亿元，利润 5.5 亿元，分别同比增长 13%、13.1% 和 30%。新增高新技术企业 1 家，发明专利 144 件，授权专利 26 件。

全年共实施机器换人项目65个，同比增长100%，更大集团和新丽经纬的2个技术改造项目被列入2017年度宁波市工业投资（重点技术改造）项目，中亿装备的自动化项目被评为省级首台（套）项目。成功出让姚北新城核心区4幅住宅地块，总出让面积16.45公顷，总出让金额6.97亿元，总溢价4620万元。

【2017中国（余姚）国际裘皮博览会举行】

7月2—5日，2017中国（余姚）国际裘皮博览会——2017余姚国际皮草订货展在余姚举行。订货展吸引了60多家知名品牌企业，展示裘皮服装、服饰近5000件，吸引了3000多家客商到场参观和洽谈购销业务，并与中国皮革协会毛皮专业委员会等知名机构达成战略合作。订货展第二季于8月18日开馆，第三季于10月17日开馆。

8月18日，2017余姚国际皮草订货站开馆仪式

【2017首个国际毛皮联合拍卖会正式开拍】

10月18日，“2017NAFA·中皮联合拍卖会”在余姚中国裘皮城内开拍。此次拍卖会以线上竞拍的形式，使用“中皮在线皮皮拍”微信全网拍，拍卖的主要是中咖啡、马赫根尼、本黑水貂干板以及狐狸干板，吸引了众多客户参与竞拍。作为NAFA（北美裘皮拍卖行）和中国皮草在线首次合作的、以线上竞拍的模式进行拍皮的拍卖会，是NAFA靠近中国市场、贴近中国客户服务的一步，具有重要意义。

【浙江余姚工业园区组团考察温州小微企业园】

6月26日—27日，浙江余姚工业园区管委会邀请市经信局、市住建局、市规划局、市国土局和消防大队等部门相关人员，赴温州考察小微企业区创建工作。考察团实地考察了永兴南园小微企业创业园和置信·时尚小微园（在建）。永兴南园小微企业创业园由温州市龙湾区永兴街道进行监督并管理，园区占地25.78公顷，总建筑面积39.05万平方米，总投资8亿元，该园区改变了以往只建厂房而忽视配套设施的方式，建设有职工宿舍楼、食堂、篮球场等配套设施，融入了新内涵。置信·时尚小微园由温州置信集团有限公司下属房产开发公司投资新建，园区占地8.21公顷，总建筑面积19.7万平方米，总投资5.7亿元，是一个按“企业生产、产业配套、生活配套”功能布局的多功能复合型园区。考察团与置信集团就置信·余姚小微园建设中的土地出让、建设方案及后续管理服务等问题进行了交流与磋商。

（童　毅）

浙江“千人计划”余姚产业园

【概况】

2017年，浙江“千人计划”余姚产业园新增注册项目27个，累计注册项目112个，其中投产项目47个(41个项目实现销售)。累计引育“国千”专家60位，“省千”专家30位，“国万”专家1位。

【全省首个“侨梦苑”落户余姚】

2月8日，国务院侨办下发文件，批准同意浙江“千人计划”余姚产业园为“侨梦苑”，全省首个、全国第14个“侨梦苑”正式落户余姚。“侨梦苑”是国务院侨办与地方政府联合打造的国家级侨商产业聚集区和华侨华人创新创业聚集区。宁波“侨梦苑”以浙江“千人计划”余姚产业园为核心区，辐射拓展至中意（宁波）生态园和宁波电商经济创新园区，形成“一核两翼”的建设格局。5月，国侨办主任裘援平出席“侨梦苑”揭牌仪式，并实地参观考察“侨梦苑”、奇点机器人体验馆，出席海

5月16日，国侨办主任裘援平（前排左二）考察侨梦苑及其园区内企业

外专业人士创业创新座谈会。6月，在上海举办余姚“侨梦苑”专场推介活动，向到场的60多位在沪专家学者、海外高层次人才推介余姚“侨梦苑”。全年共开展各类联谊活动10次，接待侨胞230余人次，开展各类引资引智活动15次，引入资金总投资0.7亿美元。

【浙江大学机器人研究院落户】

4月24日，市政府与浙江大学签署《余姚市人民政府—浙江大学共建浙江大学机器人研究院（余姚）框架协议》，决定共同建设浙江大学机器人研究院（余姚）。研究院落户浙江“千人计划”余姚产业园，由浙江大学直属运行管理，主要从事机器人技术研发、技术成果转化与机器人产业培育。

【中国科学院知识产权协同创新体落户】

5月16日，中国科学院知识产权协同创新体（宁波·余姚）在中国机器人峰会期间挂牌成立。该机构落户浙江“千人计划”余姚产业园，由中科院知识产权运营管理中心、余姚市人民政府、弘一资本集团有限公司、舜宇集团有限公司共同建设运营。

【市“五重二大”项目第二批集中开工】

7月26日上午，市“五重二大”项目第二批集中开工仪式在浙江“千人计划”余姚产业园举行。此次第二批集中开工项目是指在6月至9月之间开工的重大项目，涉及工业、基础设施、社会事业和商贸旅游等四大方面。参加开工的项目共有41项，总投资154.67亿元，年度总投资29.30亿元。

（浙江“千人计划”余姚产业园管理中心）

城西工业园区

【概况】

2017年，总投资7.36亿元的城西工业园肖朗路东侧城镇化建设PPP项目于6月成功招标，并于8月正式签署《城西工业园肖朗路东侧城镇化建设PPP项目合同》，项目于2017年底前开工建设。

智能光电小镇暨舜宇新基地一期项目第一批生产用房9.5万平方米和变电所投入使用，第二批生产用房8.5万平方米于5月开始建设。舜宇项目配套自来水管和污水管道完成施工，启动配套道路建设，完成相关道路的路灯和监控安装，并协助做好临时停车场的选址建设以及阳明派出所城西警务站装修的准备。根据舜宇二期建设需求，完成23.4公顷土地规划调整和农转用的审批。城西工业园一期控制性详细规划修编于9月经市政府批准，智能光电小镇城市设计完成优化调整。后续需要建设的项目包括丰立路等7条道路，庙根江等4条河流和肖朗路、通环路两侧绿化带，在年内完成立项和规划选址。小镇报批土地农转用约39.07公顷，其中道路4条，约6.53公顷，河流2条，约3.87公顷，产业地块4个，约28.67公顷。完成220千伏屯上线和35千伏溪桥线两条高压线的电力改造以及35千伏临变站的建设。

2017年底前，农批市场迁建项目开工建设，配套两路高压输电线的迁改和电力塔迁建完成，同时完成该地块的楼园村道改道施工。

安置房一期北区工程完工并开始验收。安置房一期（北区）工程总占地面积约4.34公顷，总建筑面积约12.6万平方米，可纯安置房屋面积7.7万平方米。年内完成附属工程及专业配套管线、智能化、电梯、发电机组等工程，已经完成涉及的相关规划、邮政、园林、路灯、自来水及市政主管部门的验收，准备人防、消防、房产、住建备案验收资料。

【智能光电小镇入围浙江省第三批特色小镇】

8月2日，在嘉兴市嘉善县召开的全省特色小镇规划建设工作现场推进会上，浙江省级特色小镇第三批创建名单正式公布，余姚智能光电小镇榜上有名。智能光电小镇作为市级重大产业升级项目之一，于2016年4月正式启动。项目计划总投资190亿元，总占地约51.53公顷，共分三期开发。先期在建的一期项目，计划建设18万平方米和一座变电所，总投资为19.8亿元。小镇总体布局包括“两心引领、四区协同、两轴一带、蓝绿交织”（“两心”：智造核心、商贸中心；“四区”：光电智造区、商贸文创区、品质居住区、文化休闲区；“两轴”：智造生产轴、商贸服务轴；“一带”：水岸休闲带）。小镇目标是以创新、协调、绿色、开放和共享为发展理念，打造智能光电产业高地、创新高地、人才高地和中国特色小镇示范基地。

（市城西开发建设指挥部）

高铁新城

【概况】

截至2017年12月底，铁投公司债务余额67.25亿元。全年累计融资24.81亿元，累计偿还借款16.31亿元，累计支出约9.22亿元，其中项目建设支出4.59亿元，利息支出4.25亿元。成功注册余姚市首单非公开定向债务融资工具（PPN），额度15亿元，期限5年，并于4月13日成功发行5亿元，截至12月底，已发行9亿元。与厦门国际银行、台资银行、民生银行等申请流动资金贷款、与国泰君安证券公司对接短期融资券融资，额度10亿元，与浦发银行对接中期票据融资等。

2017年，高铁新城建设指挥部联合凤山街道、市动迁办定期召开拆迁工作领导小组会议，每月汇总，通报完成进度。年内，云示范区1.8平方千米，站南路以北0.6平方千米征迁基本完成。站南路以南1.2平方千米已完成集体土地上房屋拆迁签约清零。推进中山北路以东区块房屋拆迁，做好人工湖、舜宇东路前期相关工作，舜宇路规划选址结束。

年内，开展中国云城项目前期各项基础工作，市政府已和中信共同完成项目一期3.2平方千米的控制性详细规划的修编工作。华晟基金管理（深圳)有限公司于2月17日组建完成中国云城（余姚）产业发展基金，作为该项目的社会资本方和政府合作方。4月17日，市政府与宁波余姚华晟云城投资管理合伙企业（云城基金）签订合作合同和4个专项合同。4月28日，一期出让用地总面积约为23公顷，已由中信摘牌。5月15日，中国云城项目举行开工启动仪式。

年内，中国云城产业招商工作开展，余姚市与中信团队专门成立“中国云城”产业招商工作领导小组，建立招商项目储备库，入库在谈项目达50余家。5月15日，中国云城启动仪式上，华为等12家单位与中信华晟基金、余姚市政府签订三方合作协议。6月3日，世界姚商大会上，6家入园在谈企业应邀参加。同时，北站综合体商业广场招商进行，20余家餐饮住宿门店已开门营业，商铺出租率达87%，商场已正式对外营业。此外，机器人市场在机峰会前对外试营业。博览城试营业及博览会期间，共有来自全国各地的机器人企业36家。机器人博览城交易市场内部招展工作进行。

【中国云城暨国际机器人交易博览中心奠基动工】

5月15日上午，国家“千企千镇工程”首个落地项目——中国云城暨国际机器人交易博览中心在余姚市奠基动工。动工仪式上举行了中国云城重点产业招商项目签约仪式，项目合作范围涉及云系统开发、云平台建设、城市产业大数据平台、大数据学院与大数据中心、智慧城市创新中心、工业互联网产业园、创新生态产业基地等。

中国云城位于余姚市高铁新城地块，是发展改革委、中国城镇化促进会等6个部门共同推动实施的国家“千企千镇工程”的首个落地项目，是

5月15日，中国云城暨国际机器人交易博览中心奠基动工仪式举行

5月15日，2017长三角机器人博览会开幕典礼

余姚市委、市政府与华晟基金合作，以“产城融合”与“产融结合”为目标，以集聚和孵化大数据技术、“互联网+”、智能制造等高新技术类产业为主要特征的城市综合开发运营项目。项目规划控制区20平方千米，一期3.2平方千米，总投资约203亿元，其中云示范区1.8平方千米，投资约100亿元。

【长三角机器人交易博览城开业】

5月15日上午，2017长三角机器人博览会在余姚开幕，全国首个综合性机器人博览交易市场——长三角机器人交易博览城正式开业。长三角机器人交易博览城位于高铁余姚北站西交一号楼。博览城共分四层，总建筑面积达1.57万平方米。一层和二层集中展示工业机器人、服务机器人及其系统集成方案；三层以场景化的模式展示机器人在智能健康、智能教育、智能家居等方面的系统呈现，并可进行人机互动；四层为行政办公区，提供相关配套服务。首批开放一层区域，有30多家企业入驻。博览城以“机器人一站式解决平台”为主题，定期开展需求对接会，为商户和企业搭建资源对接平台和创新发展服务平台，并针对本地特色产业，如小家电、模具、汽车配件等，在不同领域召开“中国机器人供需对接会”。

（高铁新城建设指挥部）

商　贸

国内贸易

【概况】

2017年，全市实现社会消费品零售总额437.1亿元，同比增长12%。实现批发零售业销售额1533.2亿元，同比增长19.2%；其中，批发业销售额1078.9亿元，同比增长20.4%；零售业销售额454.3亿元，同比增长16.4%。实现住宿餐饮业营业额55.2亿元，同比增长9.7%；其中，住宿业营业额9.2亿元，同比增长3.9%；餐饮业营业额46亿元，同比增长11%。

据市商务局统计，中秋、国庆“双节”8天假期期间，15个监测点（4家商业广场、1家商场、2家超市、2家餐饮、1家家电卖场、2家汽车4S店、1条商业特色街、1家酒吧、1家影院）共实现销售额（营业额）13102.74万元，同比增长11.7%。万达广场、华润五彩城、舜大财富广场、银亿四明广场四大商业广场共实现销售额5962.8万元，同比增长19.1%。其中，万达广场通过举办“酷炫灯光秀”等特色活动吸引客流，周客流达到39万余人次，实现销售2157.3万元，同比增长27.2%；华润五彩城推出“熊本畅游之旅”主题活动，实现销售额2214.9万元，同比增长44.5%，客流同比增长33.9%。商场、超市两大传统零售业双双出现增长，重点监测的百货商场实现销售额1880.8万元，同比增长4.9%。三江、家家福两家超市共实现销售额2070.4万元，同比增长12.27%。受监测的酒吧、商业特色街实现营业额479.9万元，同比增长14.4%；受监测的1家影院实现营业额92.8万元，同比增长140.3%。

【第三届余姚购物节举办】

8月中旬，2017余姚购物节开幕，以“魅力姚城、悦享生活”为主题，坚持“以节造节、以市促销”，举办电商之夜、集“阿拉卡”、抢“阿拉券”、全城寻宝、电竞手游争霸赛、全城五折狂欢日、“七夕”相亲大会、汽车音乐节10大主题活动。购物节共推出50多场次促销活动，共实现销售额1.28亿元，同比增长19.5%。其中，余姚华润五彩城销售额2989.41万元，同比增长33%；万达广场销售额2777.2万元，同比增长22.8%；华联商厦销售额1756万元，同比增长13.6%。线上平台发放现金抵用券累计15万元，实现销售额25万余元，达成意向订单100余万元；线下车展共售车167辆，成交额2000余万元。

【海吉星农批市场项目推进】

海吉星农副产品批发市场迁建工程项目由市商务局及市场中心与深圳市农产品基金管理有限公司共同投资建设，交易区占地约14.87公顷，配套4.07公顷，总建筑面积约23万平方米，总投资达10亿元。该项目计划工期为460个工作日，已完成土地摘牌、招投标、设计勘察、图纸会审等前期准备工作，施工设备已经进场，年底前开始施工。

【市首家吉林大米及土特产直营店开业】

12月，通过市商务局和吉林省延边州商务局、延吉市粮食局共同合作，由宁波舜大股份有限公司出资成立的首家吉林大米及土特产直营店（余姚市润丰食品有限公司）在余姚开业。直营店通过小区物业代送、微信预约送货上门、电商平台等销售形式，既销售有机大米，也供应普通的绿色无公害吉林大米和其他土特产。

【二手车交易市场秩序集中整治】

年内出台《余姚市二手车交易市场秩序专项整治工作方案》，自4月1日至9月30日，由市商务局、市综合行政执法局、市公安局、市市场监管局等部门成立联合执法组，分三阶段集中整治二手车交易市场及经营主体无证经营、跨门营业、占道停放、价格欺诈等违法违规行为。

（黄启航）

对外贸易

【概况】

2017年，全市进出口总额首次突破700亿元，达到720.2亿元，同比增长17.2%，各类外贸企业超过2500家。其中，实现自营出口483.9亿元，同比增长11.4%；实现自营进口236.4亿元，同比增长31.3%。进口增速高于同期出口增速，进出口结构更趋平衡。从出口市场看，出口欧洲165.5亿元，同比增长14%，出口北美138.5亿元，同比增长13.7%，二者合计占出口总量的62.8%；出口“一带一路”沿线市场134.7亿元，同比增长7.7%，占出口总量的27.8%。从出口产品看，实现机电产品出口349.2亿元，同比增长12%，占出口总量的72.1%；实现高新技术产品出口40.5亿元，同比增长16.5%，占出口总量的8.5%；实现塑料制品出口10.3亿元，同比减少8.6%；实现家具休闲用品出口9.7亿元，同比减少8.5%。

2017年，全市创办境外企业12家，同比减少40%，累计创办境外企业387家，同比增长3.2%。实现中方投资额8700万美元，同比减少42.3%；实现境外承包工程劳务合作营业额13530万美元，同比增长1.6%。

全年全市实现服务贸易进出口额46亿元，其中服务贸易出口额36亿元。实现服务外包执行总额28.1亿元，同比增长23.3%，其中服务外包离岸执行额16.9亿元，同比增长33.4%。

研究出台《余姚市融入“一带一路”建设综合试验区打造开放合作先行区行动纲要（2017—2020）》，从对外贸易、境外投资、招商引资、平台建设、文化交流、人才引进六大方面加强与“一带一路”沿线国家的联系协作。引导外贸企业进一步细分国际市场，在巩固欧美传统市场的基础上，开拓中东欧、东南亚、非洲、南美等“一带一路”沿线新兴市场，以多样化的市场资源和销售网络分散贸易风险、规避贸易壁垒。1—12月，出口越南9亿元，出口俄罗斯15.8亿元，分别同比增长36%和35.6%，均高于全市出口平均增幅。

【全市198家外贸企业亮相第121届广交会】

2017年，市商务局通过前期组织发动、摊位争取，以及对报名企业的筛选审核，全市共有198家企业获得参展资格，共设摊位383个。其中，第一期参展企业以家电、电子电气、汽配、建材和五金工具为主，共有133家企业参展，同比减少3家，设有摊位259个，同比增加2个；第二期参展企业以轻工业品、日用消费品和装饰礼品为主，共有33家企业参展，同比减少2家，设有摊位63个，同比减少2个；第三期参展企业以纺织服装、食品、箱包和文体用品为主，共有32家企业参展，同比减少4家，设有摊位61个，同比减少4个。

【余姚企业参加中国—中东欧国家投资合作洽谈会】

6月9日，全市20余家企业组团参加在宁波举行的第三届中国—中东欧国家投资合作洽谈会。此次洽谈会以“深化合作、共促互赢”为主题，来自波黑、捷克、匈牙利等国家的投资促进机构分别介绍当地的投资环境和投资合作项目，涵盖农业、食品、日用消费品、汽车制造业、石油化工、医疗健康、信息技术服务、物流商贸、新能源等领域。市行业龙头企业参加洽谈对接活动，年出口额达1200万美元的浙江峻和橡胶科技有限公司与波黑、捷克的汽车生产项目进行对接，初步达成合作意向；年出口额达5500万美元的宁波耀泰电器有限公司与中东欧地区的户外灯具经销商开展跨境电商对接会。同时，余姚企业与来自捷克的客商开展洽谈，就沿线基础设施建设投资项目达成合作意向。

（黄启航）

经济合作

【概况】

2017年，余姚市依托中国机器人峰会、姚商大会，加强与上海、长三角地区交流、合作，实现长三角地区合作项目7个，投资额达5.5亿元。用好“宁波周”、余姚异地商会等资源，强化与中西部、东北产业对接，达成合作项目20多亿元。全年组织参与家电展、电动工具展、中国国际机械工业展、宁波服博会、义乌装博会等展会7个，参展企业近200家。完善山海协作政府领导互动机制和园区共建共管机制，余姚、松阳双方市领导多次就山海协作产业园开展互访、座谈，全年组织7批次余姚企业赴产业园开展实地考察。开展对口帮扶，实施百村结对工程，落实帮扶资金60万元。6月8日，松阳县—余姚市山海协作结对帮扶签约仪式在余姚举行。

（市经信局）

招商引资

【概况】

2017年，全市新批外商投资项目69个，同比增长16.95%；合同外资8.67亿美元，同比下降9.2%；实到外资4.8亿美元，同比下降4.57%。余姚市外实到内资73.9亿元，同比增长0.15%；宁波市外实到内资72.02亿元，同比增长12.88%。浙商创业创新实到资金45.02亿元，同比增长6.78%，其中引进项目实到资金15.43亿元，资本回归实到资金29.59亿元。年内，先后赴德国、意大利、北京、上海、广州、深圳等地开展招商引资活动，邀请参会或上门拜访客商企业数80余批次，接待来访客商100余批次。市领导带队分别赴北京、上海、深圳、杭州，拜访中信集团、启迪控股、远洋集团、华为科技等企业；赴德国和意大利参加智能制造产业合作交流会和宁波—意大利（米兰）通用航空产业对接会等。重点接待或考察温德克集团、新松机器人、德稻集团、深圳泉眼等企业；新引进中泰生态农业园、余姚吉润汽车部件有限公司、浙江中意启迪科技发展有限公司、浙江机器人产业集团等重大内外资项目。

【三个重大项目签约】

4月17日，“中国云城”、四明湖“丁山岛”旅游综合体、“山水绿活”四明山时光小镇旅游度假区等3个重大项目集体签约，总投资240亿元。“中国云城”项目总投资约203亿元，总规划面积3.2平方千米，其中云示范区1.8平方千米，投资约100亿元。四明湖“丁山岛”旅游综合体即宁波哲学文化旅游度假小镇，位于市四明湖丁山岛，由宁波乡旅投资开发有限公司投资建设，一期投资约5亿元。“山水绿活”旅游度假区由市政府牵手浙江

4月17日，三个重大项目签约仪式举行

山水绿活旅游开发有限公司斥资32亿元打造，占地3.13平方千米，内有落差53米的白水冲瀑布及26条小溪。

【中国机器人峰会开幕式上26个项目签约】

5月16日上午，以"智能+时代，智胜未来"为主题的第四届中国机器人峰会暨智能经济人才峰会在宁波余姚四明湖国际会议中心开幕。共有26个项目在开幕式上现场集体签约，总投资达368.74亿元，分成三大类：中科院协同创新体战略合作等综合类项目7个，总金额295.85亿元；和创智建北斗导航等智能制造类项目8个，总投资58.58亿元；方太数字化工厂等智能制造应用集成改造类项目11个，总投资14.31亿元。

【首届世界姚商大会11个项目签约】

6月3日，以"乡里乡亲道乡情、合力合心谋发展"为主题的首届世界姚商大会在余姚举行。大会期间，总投资218亿元的24个项目落户余姚。其中11个项目在现场签约，包括智能制造产业园项目、浙江通迪与四川三洲核能重组项目、宁波峰威电池储能项目、基因港年产100吨NMN（β-烟酰胺单核苷酸）项目、西旺集团养老项目等重点项目。

【第十九届浙洽会上3个项目签约】

6月9日，第十九届中国浙江投资贸易洽谈会宁波市重大外资和港资项目签约仪式在宁波举行。市帕柯斯抗菌塑料材料项目、汽车保险杠项目和高架互通区块物流项目3个项目完成签约，共计总投资1.86亿美元，合同外资和港资4000万美元。

【宁波·深圳投资合作推介会上1个项目签约】

6月28日，2017宁波·深圳投资合作推介会暨重大项目签约仪式在深圳举行。市地效翼船基地项目在会上签约，总投资约20亿元。

【余姚市与正大集团战略合作协议签订】

8月10日，余姚市与正大集团就建设中泰生态农业园签订战略合作协议。中泰生态农业园位于滨海新区，占地约0.33万公顷，拟将建成精品果蔬生产基地、优质水稻产业基地、中药材产业基地、中泰国际贸易区和中外百家企业农庄。

【市政府驻上海、深圳招商办事处成立】

市政府成立驻上海、深圳招商办事处，对接长三角和珠三角等地的产业转移，通过参加各类展会（推介会），发放宣传资料、上门拜访企业或邀请客商到余姚实地考察等，收集企业信息和市内外客商信息，为小分队招商奠定坚实的基础。通过引进新装备、新材料、新一代信息技术等三大战略性新兴产业项目及关联配套项目和人才，不断增强余姚的区域综合竞争力。

【阳明古镇项目签约】

10月31日，市政府与宁波开投蓝城集团签订阳明古镇项目协议，阳明古镇保护建设的正式启动实施。阳明古镇项目以武胜门历史文化街区、府前路历史文化街区、龙泉山、山后新村地块等区域为主，总投资约60亿元。

【第十九届塑博会上9个项目签约】

11月7日上午，第十九届塑博会举行涉塑产业招商推介暨项目签约仪式，总投资共44.5亿元的9个项目签约，其中超亿元项目8个，占签约总金额的98.88%；超10亿元的项目1个，占签约总金额的58.43%。项目依托市塑料模具、家用电器、汽车零部件等传统优势产业，涵盖智能制造、节能环保、跨境电商、房地产开发等多个行业和投资领域。

【宁波（北京）投资合作洽谈会上2个项目签约】

12月20日，宁波（北京）投资合作洽谈会暨项目签约仪式在北京举行。余姚市有2个项目在现场签约，其中中关村东升科技园产业基地项目总投资达 100 亿元。

（市招商局）

电子商务

【概况】

2017 年，全市深入实施“互联网 + 消费”战略，以电商扩内需、促消费、助转型。全年实现网络零售额 119.2 亿元，同比增长 37%；新增电商相关企业 121 家，累计达到 1600 家；新增电商活跃网店 200 余家，累计超过 7000 家，网络零售额达 117 亿元，同比增长 36%；新建电商村级服务点 30 个、社区智能柜 50 个，累计分别达 280 个、220 个；限上和规上企业电商应用率分别超过 75% 和 50%。塑料城网上交易额达 276.06 亿元，获商务部 2017—2018 电商示范企业称号。中国皮草在线入驻单位 163 家，交易额达 5375 万元。亿人网络所服务的本地企业超过 600 家，获阿里全国十佳服务之星、阿里跨境电商生态伙伴奖等称号。跨境电商发展迅速，指南针、鸿升壁炉、得力电器等企业已在境外共建立 12 个海外仓，阳明跨境电商集聚区和慧家跨境电商集聚区被认定为全市首批跨境电商园区。农村电商进万村服务点达 258 个，社区快递智能柜建设已超过 150 个，历山村等 6 个村确认为省“电子商务专业村”。全市有 9 个电子商务产业园区，共入驻电商企业 265 家，累计交易额达 63.65 亿元。余姚位列“2016 年中国跨境电商创业二十五佳县（市）”排行榜前三。阿里研究院发布 2016 年“电商百佳县”排行榜，余姚名列第 12 位，位居宁波市第 1 位、浙江省第 8 位。同时，全市借助电子商务开辟外贸新蓝海，打造自营出口新优势，培育壮大跨境电商产业，全年实现跨境电商出口额 3.7 亿美元，同比增长 43.1%，新增 16 家试点企业，新认定两家跨境电商产业集聚区并举行授牌仪式。

【市电子商务公共服务中心网站上线】

7 月 26 日，由市商务局、宁波市电子商务促进会、阿里巴巴主办的市电子商务公共服务中心网站上线暨阿里巴巴跨境电商生态峰会召开，来自市工农业、外贸企业、电商企业等近 1100 名代表参会。会上，市电子商务公共服务中心网站上线。

【余姚获“电商百佳县”称号】

8 月，阿里研究院发布 2016 年度“电商百佳县”排行榜，余姚成功入榜，排名居宁波市第 1 位（提升 1 位）、浙江省第 8 位（提升 1 位）、全国第 12 位（提升 5 位）。近年来，市委、市政府重视电商工作，将其列入“十三五”规划和每年的政府工作报告，仅 2016 年申报的电商政策专项资金就超过 1700 万元，已建成并投入运营的电商园区总数达到 7 个，其中 6 个被认定为市级电商园区，总面积达到 9 万余平方米。

【亚马逊—余姚跨境电商专场活动开展】

6 月，市商务局会同海创会及亚马逊中国联合举办“Amazon Business”跨境电商专场活动，全市 100 余家外贸、电商企业的业务代表或负责人参加。由亚马逊公司业内专家介绍亚马逊平台及余姚市应用跨境电商开拓海外市场的优势，讲解如何通过亚马逊平台实现全球开店，并对跨境电商物流、店铺营销推广、结汇、多语言解决方案等方面进行介绍说明。

【阿里巴巴跨境电商千人峰会举行】

7 月 26 日，由市商务局、宁波市电子商务促进会、阿里巴巴主办，余姚市电子商务协会、余姚市电子商务公共服务中心承办的电商公共服务中心网站上线仪式暨阿里巴巴跨境电商生态峰会在太平洋大酒店举行。全市工商、外贸、电商等企业代表以及政府相关部门负责人共 1100 余人参会。大会以“共享、助力、跨越”为主题，除颁奖环节，还有阿里巴巴资深管理经理、专家讲师、优秀网商代表讲解跨境电商的发展趋势、市场分析和成功经验。

（黄启航）

供销合作社

【概况】

2017年，全市供销社系统实现总销售25.16亿元，比上年增长10.06%，获全省供销社系统综合业绩考核特等奖、全省农合联建设先进单位和全省供销社（农合联执委会）服务体系建设先进单位。年内推进生产、供销、信用“三位一体”农民新型合作经济组织体系建设，抓好乡镇农合联实体化运行，建设现代农业服务平台、农村电商服务平台、信用合作服务平台、品牌设计和推广平台、乡村环境服务平台五大服务平台，推动农合联服务资源的有效整合和合理配置。

年内建立农合联与农村商业银行的战略合作机制，余姚农村商业银行向农合联会员提供“农合通”信贷产品，推出“农资公司＋农资经营户”“专业合作社＋社员”等融资模式，并面向农合联会员进行信用等级评定和授信服务，授信额度达到20亿元。推开农信担保业务，与农信机构建立协作关系，全年实际在保余额达4506万元。拓展农业政策性保险，申报实施杨梅采摘期气象指数、榨菜产业气象指数保险试点。

实施农业品牌化战略，引导创建“味香园”等农产品区域公共品牌，并以“品牌＋合作社＋互联网”为重点开展线上线下统一营销，建立起农产品品牌培育、保护、推广和监管机制。发挥农产品经纪人队伍作用，创新经营方式和营销模式，做好品牌推广、产销统筹的工作。各级农合联拥有“味香园”葡萄、“康绿”蔬菜、“明凤”甲鱼等国家级及省级农产品品牌11个，其中“味香园”入选全国30佳农产品品牌，其注册的“余姚葡萄”品牌价值达8.01亿元。

制定《余姚市再生资源回收行业发展规划》和《余姚市再生资源回收行业指导手册》，牵头组织主城区四街道对废旧物品回收点进行整顿规范，参与农村生活垃圾分类中可回收物的政策制定和布局，推进“再生资源回收＋垃圾分类”两网融合。同时引导各级农合联会员参与美丽乡村建设，做好农药废弃包装物回收工作，全年回收农药废弃包装物105吨，回收率达92%以上，居宁波市首位。

【乡镇农合联实体化运行】

2017年，余姚被列为全省乡镇农合联多元化建设试点县市。出台《关于加强乡镇农合联实体化运作的实施意见》，市供销联社和有关部门，整合涉农资源，集聚服务功能，以多种方式推进乡镇农合联为农服务实体平台建设。2017年，在泗门镇新建农业产业区域性、综合服务型的农合联；在梁弄镇打造以促进农产品销售为目的，为民宿、农家乐及观光采摘园服务的农旅结合型农合联；在小曹娥镇新建以“都市后厨”为定位，第一、二、三产业融合发展的混合型服务农合联；在临山镇组建以味香园葡萄专业合作社为主体的葡萄特色产业农合联；在三七市镇组建提供农机社会化服务的产业合作型农合联；在黄家埠镇打造基层供销社、现代农业综合服务中心、农合联深度融合的综合服务型农合联；在鹿亭乡建设集农产品销售、电商物流、金融保险、农旅服务等功能于一体的村级农合联服务社，打造山区乡镇的便民服务型农合联。市供销联社获得全省农合联建设先进单位。

【首家农合联村级服务社建成运行】

2017年，市供销联社和鹿亭乡党委政府联合市供销电商公司、顺丰速运、农村商业银行、人保公司等单位，整合服务资源，在鹿亭乡中姚村等地开设村级农合联服务社，把村级服务社建设同乡镇农合联体系建设紧密结合起来，将政府公共服务职能与农产品购销、电商物流、金融保险等相结合。鹿亭乡中姚村服务社于11月9日建成运行，服务范围包括农产品销售、生产生活资料提供、小额贷款、农业保险、代缴水电费和市级医院就诊代为挂号等，举办鞭笋、番薯粉丝2期小型营销活动，农产品实际销售额超过5万元。同时，白鹿、石潭、李家塔、上庄等5个村级服务社也开展建设工作。

（市供销联社）

烟草专卖管理

【概况】

2017年，市烟草局（公司）围绕省局（公司）与宁波市局（公司）提出的发展战略，完成各项目标任务。全年累计销售卷烟49683.45箱，同比增长1.02%；实现含税销售额21.65亿元，同比增长5.9%；单箱销售额4.36万元，同比增长4.83%；实现重点品牌销售42995.71箱，同比增长2.45%，占比为86.54%，提高1.21个百分点；专项品牌销售，金圣实现销售160.16箱，同比增长1.47%，七匹狼实现销售862.07箱，完成目标100.12%；社会库存为6250箱，同比减少6%；社会可销天数为28.45天。

年内，两款定制卷烟的培育工作上，利用好客户经理和青年突击队两支队伍，全年玉溪（创客）目标客户1880户，进货面占比36.06%；云烟（乌镇之恋）目标客户628户，订货客户达670户，占比10.56%。在支付宝推进工作中，首批试点客户成功实现卷烟支付宝结算，目标560户，成功开店客户达629户，占比10.56%。

全年共查获卷烟2.36万条，其中假冒烟794.5条，走私烟280.6条，查获卷烟条数同比增长153.8%；查获各类涉烟违法案件218起，同比减少42.3%；5万元以上真烟案件24起，同比减少29.4%。

【查获真烟非法流通案件】

3月15日，市烟草局接到群众举报，称在杭甬高速发现一辆疑似满载卷烟的箱式货车。市烟草局立即组织人员配合高速交警在杭甬高速余姚路段各收费站进行设卡检查。最终，将嫌疑车辆拦停检查。在伪装的车箱内，现场查获国产卷烟利群（长嘴）、利群（软红长嘴）、中华（软）3个品牌卷烟，共计2836条，案值达78万余元。

【余姚烟草送货线路缩减】

8月1日，在历经1个多月的测算、规划、协调和磨合之后，余姚烟草成功缩减1条送货线路，节约28.84万元，为全宁波烟草物流“降本增效”再添一笔成绩。这是市烟草局2017年卷烟物流配送的一项重点工作，也是余姚烟草第三次缩减送货线路，5年内将17条送货线路减至13条，共缩减4条送货线路。

（市烟草局）

盐务管理

【概况】

2017年，全市销售各类盐产品60628吨，其中腌制盐55725吨，小包装盐2962吨，工业盐604吨。全年共出动盐政人员890人次，检查食盐零售店、配送点、蔬菜加企业、餐饮、单位食堂总计5871家次。对全市68家蔬菜加工企业和500余家蔬菜粗加工农户进行摸底排查，监控用盐数量。全年共立案4起，其中移送公安1起，行政处罚2起（2起案件为同一当事人，已并案处罚），共查获省外小包装食盐1522箱。

【榨菜腌制用盐供应】

市盐务管理局按计划组织腌制盐调运入库，旺季期间建立稳定的装卸和运输队伍。榨菜收割旺季期间单日最大出库量达4000余吨，做到加工企业和农户用盐满意、用盐安全。

【“防治碘缺乏病日”宣传活动开展】

5月16日，市盐务管理局会同余姚市疾病预防控制中心、市第四人民医院等部门在泗门镇华联商厦门口开展以“每天一点碘，健康多一点”为主题的第二十四届“防治碘缺乏病日”宣传活动，向广大群众宣传和普及有关碘缺乏病防治及科学补碘知识，正确引导群众健康、科学地食用碘盐。

【食盐放心消费“四进”活动开展】

9月初，由市盐务管理局、市经信局、市市场监督管理局和市疾控中心四部门联合主办，浙盐集团余姚市盐业有限公司承办的“食盐放心消费四进活动——进机关、进学校、进企业、进社区”全面展开。活动宣传食盐政策，普及科学用盐知识，推广澳洲海盐，分别在社区、机关、学校、企业以不同形式开展宣传活动，共发放宣传资料5万余份，同时通过报社、电视台等媒体进行报道。

（市盐务管理局）

中国塑料城

【概况】

2017年，中国塑料城实现市场交易额1020亿元，比上年增长10.8%；交易量960万吨，增长11.6%。其中，现货市场交易额605亿元，增加6.1%，交易量482万吨，增加9.5%；网上交易额实现415亿元，增加18.6%，交易量478万吨，增加13.8%。甬易支付实现支付结算量742.8万笔，支付结算额1300亿元，累计商户达400余家，注册会员达170万户。年底规模企业达295家。全年累计引进内资1.16亿元，完成年度工作目标考核指标的116%，引进外资100万美元，完成年度考核指标的100%。对接“中国制造2025”，全年新注册企业超200家。中国塑料城被评为“全国商品交易市场系统文明诚信经营示范市场”和“浙江省四星级文明规范市场”。网上市场被省工商局认定为“浙江省五星级文明规范市场”，成为省首个五星级电子商务类“大宗商品”市场。塑料城管理委员会被评为“全国商品交易市场系统十佳市场管理委员会”和“全国商品交易市场会员先进单位”。

2017年，成功举办18个展览会，展览面积总计达26万平方米，标准展位13000个，成交额或协议资金达61亿元，参观人数54万人次。第十九届塑博会举办，共吸引国内外427家企业参展，实现总交易额38亿元。一年两次的中国慧聪（余姚）家电交易会继续三地联展，召开“中国慧聪家电展智融国际物联网论坛”，两届慧聪家电交易会实现意向采购金额18.2亿元，共吸引有效客商7.6万余人。

全年配合市市场监管局做好各类仓库假冒原料查处和相关案件处理的跟进工作，立案查处假冒塑料案件14件，查扣假冒塑料32.15吨，案值129.6万元，其中移交公安机关的案件4件，罚没款130余万元。市场信用AAAAA级企业已由上年年底的136家增加到311家，AAAA级、AAA级企业分别达446家和1666家，AAA级以上企业占比达90%。

打造塑料家电020产业小镇。慧聪家电产业新城一期全年投资4.5亿元，慧聪家电城建设项目东区、西区结构已全部封顶，西区整体工程完成竣工验收。一期核心区投资超百亿的中国云城（余姚）产业基地启动。

北化院首研新材料项目，一期投入6000万元，占地面积约31.73公顷，9月正式投产运行。“中一”体检中心项目，总投资3000万元左右，进入全面装修阶段。军民融合塑料研究院军用关键材料研发生产基地项目进入前期规划设计阶段。佰所仟讯（上海）电子商务有限公司与浙塑网上交易市场合作项目，在12月底前确定最终合作方式。兴建余姚塑化产业供应链金融基地项目，在第十九届塑博会期间签订合作框架协议。

招商引资蓄力升级。引进优质企业入驻塑料城。其中，慧聪网旗下的“买化塑”平台自2015年引入余姚，吸引近5300家化塑企业入驻。到年底，买化塑实现交易总额累计达53.65亿元。利用余姚市电子商务产业园（慧聪电商公园）等平台资源，吸引56家优秀电商企业入驻，整体入驻率达到100%，园区内入驻的电商企业平台交易总额达到115亿元（含促成交易）。

以市东方国际物流有限公司为代表，推行每周7×24小时物流服务制度，开设指定地点提货入库服务。扩建新仓库约1500平方米，堆场面积15000平方米左右。市东方国际物流有限公司践行“优质优价”，全年累计转场数量4826标箱，掏箱数量3796标箱，关检联合监管场库业务创利94万元。甬易支付深化改革。市政府市长办公会议通过

《浙江甬易电子支付有限公司员工持股试点改革方案》，市国有资产管理局批复同意《员工持股实施方案》。甬易支付资产已由余姚中禾信资产评估事务所有限公司评估，员工持股转让的价格向国资报备确认，已上报中国人民银行办理相关手续。

【网上交易市场通过“塑料电子商务国家级服务业标准化试点项目”验收】

4月25日下午，浙江省质监局专家组按照《关于做好国家级服务业标准化试点项目评估工作的通知》的要求，采取“听、查、看、问”等考查方式，对浙江塑料城网上交易市场承担的“塑料电子商务国家级服务业标准化试点项目”进行考核验收。专家组考察服务现场、查阅标准化资料、进行质询并与部分人员交流，经讨论后，认为市场标准化体系规范有效、标准化工作宣传、实施到位，建设成效显著，较好完成试点任务要求，经全面考核评估，一致同意试点项目通过考核验收。

【塑料城网上交易市场入选商务部“电子商务示范企业”】

9月6日，商务部发布2017—2018年度电子商务示范企业入选名单，浙江塑料城网上交易市场获评“电商服务类”示范企业。

浙江塑料城网上交易市场是我国首家塑料电子交易中心，以塑料撮合交易为突破口，运用信息技术与电子商务模式，颠覆塑料流通的传统交易模式，实现塑料全程电子商务，并针对客户的不同需求，整合供应链资源，提供资金周转、物流等方面的增值服务。2016年，浙江塑料城网上交易市场营业收入达2857.68万元，为2016年的近3倍；2017年上半年，营业收入已远超2016年全年，达7446.84万元，同比增长503.75%。

【中国塑料城、浙江塑料城入选“中国商品市场百强”】

在9月26日召开的第十届中国商品市场峰会上，中国社会科学院发布多项榜单。中国塑料城、浙江塑料城网上交易市场分别列“中国商品市场百强”第8位、第23位。同时，中国塑料城（浙塑市场）列“网上网下融合市场30强”榜单第一位。

经过多年创新发展，中国塑料城创造交易总量、交易品种、电子商务等十几项“全国第一”。2016年，中国塑料城实现市场交易额920亿元（现货市场交易额570亿元、网上交易额350亿元），交易量860万吨（现货交易量440万吨、网上交易量420万吨）。此外，中国塑料城加快网上网下融合步伐，网上市场交易额和交易量均接近总交易量的一半。推出第三方交易支付平台“甬易支付”，2016年支付结算业务额破1000亿元。

【第十九届中国塑料博览会举行】

11月8—11日，第十九届中国塑料博览会举行。此次塑博会以“塑料发展新动能——创新与变革”为主题，设塑料原料展区、塑料机床模具展区、塑料机械展区等3大展区，展览面积4.2万平方米，展位2000个，吸引国内外427家企业参展，有效客商2.65万人，实现总交易额38亿元。中石化、德国阿博格、日本宝理、奥地利威猛等国内外知名企业集中亮相。其中，中石化等企业首次进行现场生产、演示、推广等活动。其间，同步举办第十三届中国塑料产业发展国际论坛，首次提出“塑博周”展会举办时间概念，确定每年11月的第一个完整周为“塑博周”，签约9个项目，总投资44.5亿元。

第十九届中国塑料博览会现场

（徐佳文）

出入境检验检疫

【概况】

2017年，余姚出入境检验检疫局完成出入境货物15661批次，货值6.6亿美元。其中，出境货物14245次，货值4.1亿美元；入境货物1416批次，货值2.5亿美元。签发各类原产地证书5.1万份，金额16.1亿美元，分别同比增长7.27%和7.67%。其中签发各类区域性优惠原产地证书2.2万份，金额5.6亿美元，分别同比增长16.21%和8.19%。

年内，建立国家级出口质量安全示范区2个，省级出口质量安全示范区1个。9月，余姚市成功创建国家级出口蔬菜质量安全示范区。全年出口各类蔬菜2690万美元，同比增加0.5%，销往日本、美国、加拿大等23个国家和地区，实现安全卫生项目国外零通报。加强对出口企业的专项帮扶，11月29日，海通食品集团余姚有限公司通过质检总局输日冷冻菠菜生产企业考核专家组现场和书面考核，成为余姚地区首家对日本出口冷冻菠菜推荐企业。

2017年，余姚检验检疫局主动对接地方大项目建设，配套“方案优先”“一项一策”等便利化措施，支持新材料、新能源汽车和光电信息产业发展。重点扶持金瑞薄膜10万吨多功能薄膜项目进口高端设备，联合第三方检测机构——上海机床研究所对总计4亿元进口高端设备实施逐台检验，提出技术整改建议150余条，两条生产线就位生产，日产量达160吨。针对重大企业专业设备实际，制定相应措施，玛汀瑞亚汽车底架生产线、舜宇集团“智能光电小镇”等重要进口设备投产。

2017年，余姚检验检疫局重点开展涉及欧盟、美国等国家和地区的技术壁垒措施研究和应对，特别针对中东欧国家开展专题调查，完善技术性贸易措施体系，协助企业应对技术壁垒。全年共计对144家辖区企业开展出口企业受国外技术性贸易措施的影响调查，深入36家企业进行现场指导，组织各类技贸培训14次，培训人员210人次，在各类新闻媒体上发布技贸预警类信息82篇，撰写技贸类质检总局专报信息10篇，向297家“千点工程”企业及电器、灯具行业协会发放《技术性贸易措施最新通报》信息11期。

年内，加大对辖区进口食品全过程检验监管力度。入境前，做到新增食品进口商100%备案，对需办理进境检疫审批手续的进口食品，实施检疫审批制度；入境时，加强进口食品口岸查验，实施监督抽检为主、风险监测为辅、专项检测为补充的进口食品检验监管体系；入境后，加强对进口食品收货人实施定期监督管理，督促企业建立食品进口和销售记录。建立并完善进口食品质量安全追溯协作机制，实现进口食品“源头可溯、去向可查、风险可控、责任可究”。开展国庆、中秋节前进口食品安全联合执法检查，重点排查水产品、红酒、奶粉等5大类产品、22个样品，确保节日期间辖区消费者食品健康安全。联合地方相关部门，全面清查辖区进口冷冻肉品销售市场。

承担宁波检验检疫局“最多跑一次”改革试点任务，梳理12项办事事项清单，创新实施原产地证书签证“在线审核、双向寄送”、证书审签“零跑路”、“检验检疫处理通知书”直接传送等4项改革措施，实行“一窗受理、集成服务”工作模式，实现所有办事事项“最多跑一次”和75%事项“零上门”。推进检验检疫全程无纸化，全程无纸化率为97.2%。

【打造自贸协定出口实施示范区】

2017年，余姚检验检疫局打造余姚“自贸协定出口实施示范区（行业）”，对示范区内企业提供原产地签证服务，对重点企业实施一对一帮扶，通过邮件、集中培训、企业走访、建立专门微信群等形式向相关企业宣贯自贸协定政策。全面实施一站式签证服务，开通产地证签证绿色窗口，同时实行午休以及节假日预约加班制度。2017年，示范区内企业产品签发自贸区产地证6890万美元，金额同比增长3.66%，按照平均减免5%估算，可减免关税345万美元。

【出口商品质量提升“春雨行动Ⅱ”】

2017年，余姚检验检疫局实施出口电器等重点产业“双百”服务工程，对23家企业开展“缺陷消除”精准帮扶。开展应对技术性贸易措施培训、咨询服务，对90家企业开展技贸措施影响调查，完成《出口灯具产品应对国外技术性贸易措施手册》，服务地方产业发展。推动成立由企业主导的标准联盟组织，推动重点行业企业采用国际先进标准，加大联盟标准制修订力度。2017年，示范区骨干企业“燎原灯具”成为浙江省首批企业标准“领跑者”。

（余姚检验检疫局）

海 关

【概况】

2017年，海关驻余姚办事处共审核报关单2208份，征收税款3.27亿元；审批减免税货物26票，审批货值1344万美元，减免税款612.1万元；办理加工贸易电子手册660份，备案金额2.39亿美元；完成企业稽、核、巡查182家次，补税717.6万元。全年实现进出口总值720.2亿元，同比增长17.2%，占宁波市外贸进出口总值的9.5%；以美元值计为106.3亿美元，历史上首次突破百亿美元大关；其中，出口483.8亿元，增长11.4%，进口236.4亿元，增长31.3%。全年新增加工贸易企业20家；新增减免税业务7家。新增注册企业566家，接听企业咨询电话1500余次，发放宣传资料70余册，开具各类证明文件12份。对30家企业通过企业信息备案系统审核。深化综合治税，做好税收分析预测，全年共吸引属地企业税源回流2亿元。通关无纸化、电子支付、汇总征税等税收便利措施不断推进，“最多跑一次”落地生根。“自报自缴”工作推进，自2016年10月底推广以来，辖区内19家企业开始适用该模式申报。贯彻“压缩三分之一通关时间”部署，通关时间从年初的18.02小时压缩到5.59小时。

【业务监管】

按照总关固体废物监管实施方案，暂停东方堆场固体废物的相关业务。开展打击洋垃圾走私有关工作，落实进口固体废物“三个100%”查验要求，全年共验放废塑料513票，涉及集装箱1885个。金关二期加工贸易账册管理系统的试点工作成功进行，为下步总署扩大试点奠定基础。常规稽查“双随机”和主动披露制度持续推进，通过新模块完成对宁波飞虹文化用品有限公司等4家企业主动披露工作。推进“国门利剑2017”联合专项行动，全年完成稽查作业43起，发现问题作业22起。移交缉私案件线索10起，立案5起，货值121.65万元，涉及税款17.46万元。

【服务经济】

研究制定拟上市企业扶持和促进方案，明确帮扶清单。全年共走访企业39家，实地解决企业改制、信用等级调整等难题12个，做到一厂一策，实现精准帮扶。参与中意宁波生态园等辖区重大项目，成立减免税专家小组，助推企业机器换人，帮助企业减负增效。确定13家重点帮扶企业，召开政策宣讲会2次，参加企业35家、获训人员60人次。完成11家企业重新认证工作，2家企业成功升级为一般认证企业，完成海关注册企业统一社会信用代码变更维护工作。推进税政调研，全年共完成税政调研3篇。定期报送地区特色产品发展情况和具有前瞻性、趋势性的外贸进出口分析专报，为地方经济发展出谋划策，全年共撰写并报送相关工作专报5篇，工作动态8条。

（海关驻余姚办事处）

财政·税务

财政管理

【概况】

2017年，余姚市财政总收入152.45亿元，比上年增长9.1%，其中一般公共预算收入90.65亿元，增长7.8%。一般公共预算支出102.68亿元，增长9.6%。

【财政收入】

从征收部门看，2017年，国税部门完成收入95.63亿元，增长8.7%（上年同期营业税收入转列国税部门增值税基数）；地税部门完成收入49.69亿元，增长4.1%；财政部门完成收入7.13亿元，增长74.8%。全市一般公共预算收入占财政总收入的比重为59.5%；一般公共预算收入中税收收入的占比为86.3%。全市非税收入完成12.38亿元，增长14.9%。

【财政各项改革推进】

1月1日起，将新增建设用地有偿使用费等3项政府性基金收支转列一般公共预算。深化预决算信息公开，做好财政专项资金清单公开。进一步规范乡镇国库集中支付业务，推进乡镇预算执行动态监控系统建设和统一支付平台推广应用。

【财政运行】

“三公”经费比上年下降1.5%。对27个民生项目实施绩效评价。开展新一轮乡镇（街道）财政体制调整，在财力上进一步向乡镇（街道）倾斜。第二期会计领军（后备）人才培训班开班。全年完成置换政府债券额度34.8亿元。

【预算执行情况】

2017年，余姚市一般公共预算收入90.65亿元，完成调整预算的100.2%，增长7.8%，加上转移性收入60.86亿元（上级补助收入26.33亿元，上年结转结余收入7.05亿元，调入资金5.04亿元，调入预算稳定调节基金7964万元，债务转贷收入21.64亿元），收入合计151.51亿元。全市一般公共预算支出102.68亿元，完成调整预算的98.1%，增长9.6%，加上转移性支出19.69亿元（上解上级支出15.57亿元，补充预算稳定调节基金4.12亿元），债务还本支出20.64亿元，年终结转结余8.50亿元，支出合计151.51亿元。收支相抵，全市一般公共预算收支平衡。

2017年，经宁波市政府核定，余姚市人大常委会批准，全市政府债务限额126亿元，其中当年新增限额12亿元。全年宁波市分配余姚市政府存量债务置换债券34.77亿元，新增债券2亿元，合计36.77亿元（一般债务21.63亿元，专项债券15.14亿元）。至年底，全市政府债务余额123.94亿元(一般债券83.28亿元,专项债券40.66亿元)。

【政府性基金预算执行情况】

2017年，余姚市政府性基金预算收入64.55亿元，完成调整预算的91.0%，增长100.3%，加上转移性收入23.37亿元（上级补助收入1.09亿元，上年结转结余收入7.14亿元，债务转贷收入15.14亿元），收入合计87.92亿元。全市政府性基金预算支出63.77亿元，完成调整预算的88.7%,增长86.0%,加上转移性支出2.72亿元（上解上级支出1.75亿元，调出资金9670万元），债务还本支出14.14亿元，年终结转结余7.29亿元，支出合计87.92亿元。收支相抵，全市政府性基金预算收支平衡。

【国有资本经营预算执行情况】

2017年，余姚市国有资本经营预算收入2.64亿元，完成调整预算的100.3%。全市国有资本经营预算支出800万元，完成调整预算的90.9%，加上调出资金2.07亿元，年终结转结余4930万元，支出合计2.64亿元。

【社会保险基金预算执行情况】

2017年，余姚市社会保险基金预算收入77.92亿元，完成预算的94.6%。全市社会保险基金预算支出78.39亿元，完成预算的98.4%。收支相抵，全市社会保险基金本年结余-4660万元。

【乡镇（街道）财政管理体制调整】

按照《预算法》和建立现代财政制度的总体要求及“保基本、保运转、保重点、控风险”的原则，余姚市制定新一轮乡镇（街道）财政体制，在财力上进一步向基层倾斜。全市20个乡镇(街道)(泗门镇另外实行单独的卫星城市财政体制）实行“核定收支、超收分成、短收赔补”的财政体制，即根据乡镇财政状况，确定收入基数，分别对基数内和超基数部分财政收入进行分成，并实行短收赔补，根据目前乡镇(街道)所承担的职责核定支出基数。

【非税收入收缴新系统上线】

在前期做好交警罚没款和部分教育收费等非税收入网上缴费试点基础上，4月启动非税收入收缴管理系统升级改造,7月1日上线运行。截至年末，全市有49家单位纳入非税收收入收缴新系统，其中20家单位安装智能POS机67台，10家单位政府非税收入已经通过统一公共支付平台进行试点收费。全年累计业务量为：POS机348笔、16.56万元；银联370笔、15.47万元；支付宝32351笔、445.68万元。

【会议、培训定点场所招标】

2017年，余姚市财政局通过公开招标，确定宁波太平洋大酒店等17家单位为行政事业单位会议、培训定点场所，服务期限为两年（2018—2019年）。定点场所政府采购内容包括会议、培训住宿房间价格，会议室租金和伙食费。除余姚市党政机关，全国其他地区行政事业单位到上述单位开会也可享受协议价格。

【国有集体资产清理】

制定《余姚市国有集体资产清理工作方案》，对全市党政机关、事业单位、国有（集体）控股企业的土地和房产及各类社会低效用地、闲置厂房情况进行全面清理。2月20日，召开全市国有集体资产清理工作动员大会和业务培训会，对清理工作进行动员部署。3月，全市党政机关、事业单位、国有（集体）控股企业完成各类国有集体资产的清理排查。8月初,出台《余姚市国有(集体)资产权证补办操作办法》和《国有（集体）资产处置方案指引》,并开展权证补办工作。至2017年底，权证补办工作尚在进行中，初步形成全市不动产盘活处置方案。

【国资国企整合重组及管理体制改革启动】

2017年，余姚市启动国资国企整合重组及管理体制改革。改革的目标任务是：通过2017—2019年三年时间的努力，市属国企战略定位更加清晰，功能作用有效发挥，结构布局更趋合理，资本效率显著提高，发展质量明显提升，形成一批主业突出、竞争力强、对“两区三城”建设支撑带动作用明显的市属国资集团（公司）。2017年，组建市属国企集中统一出资平台余姚市舜财投资控股有限公司，并启动集团改组工作。

（市财政局）

国家税务

【概况】

2017年,市国税局共组织税收收入99.34亿元,同比增长21.83%。按财政总收入口径的税收收入为95.61亿元，同比增长21.97%。其中直接组织入库税收收入82.8亿元，同比增长31.07%。办理免抵调库增值税16.54亿元，同比下降9.94%；办理出口退税44亿元，同比增长7.9%。

2017年，市国税局全年税收总量在宁波市14个征收单位中居第6位。全年入库增值税65.1亿元,同比增长32.12%,剔除前5个月新扩围“营改增”税收后同比增长21.57%；入库企业所得税13.87亿元，同比增长30.35%；入库消费税0.09亿元，同比下降10.26%；入库车辆购置税3.73亿元，同比增长18.55%。全市纳入重点税源监控的209家企业全年入库直接税收收入26.21亿元，同比增长16.25%，占全市直接税收收入的31.65%。

2017年，市国税局共落实减免税14.15亿元，同比增长21.13%。“鼓励高新技术”“促进小微企业发展”“支持三农”和“改善民生”四项合计减免税9.31亿元，占减免税总额的65.8%。2017年，市国税局落实增值税转型政策，累计固定资产进项税额实际抵扣10.8亿元，同比增长59.25%。全面推进“营改增”,新增不动产进项抵扣1.29亿元。

年内，全面落实国家税务总局20条压缩办税时间举措。取消行政审批事项58项，幅度达92%；对143项办税事项实行即时办理，比例达97%；取消253种报送资料,对251个涉税事项实行“全市通办”。创新便民服务方式：全力推广“二维码”代开发票，全面推行实名办税；完善电子税务局，升级网上申领发票、自助代开发票等8项功能，使74.4%的事项实现“零上门”；在国地税相互进驻办税全覆盖的基础上，试点推行“一窗一人一机”联合办税新模式。深化纳税信用管理：年内与6家金融机构合作为137家中小企业提供纳税信用贷款8022万元。在纳税人满意度调查中，继2016年获全国第十名、宁波第四名的成绩后，2017年获宁波第二名。

【“营改增”后续管理】

开展“营改增”政策大辅导、税负分析、部分行业小规模纳税人自开增值税专用发票试点，基本实现所有行业纳税人税负下降的目标。推进征管模式转变：全面实行分级分类管理和风险管理，全年通过风险应对入库税款5.12亿元，其中纳税评估入库7889万元。铺开社会化管理试点：构建“国地税牵头、部门参与、乡镇（街道）共管”的小规模税源社会化管理新格局，试点地区小规模纳税人征税面和税款征收率实现双提升。

【法治税务建设】

推进国家税务总局“三项制度”（行政执法公示制度、执法全过程记录制度、重大执法决定法制审核制度）试点，建成宁波国税系统首家公职律师办公室，公职律师人数比例居系统首位。成功创建为宁波国税系统法治基地。联合地税、司法等部门在阳明学院创建税收普法教育示范基地，成为宁波首批示范基地之一。创立市办税员协会。整顿税收秩序，依法重点推进“打票”“打骗”行动，全年共查补收入9784万元，其中立案检查企业405家，查补收入3784万元，突破大要案5件。

（黄　慧）

地方税务

【概况】

2017年，市地税部门共组织各项收入107.51亿元，增长3.3%，其中，税收收入44.27亿元，下降12.1%；社会保障基金收入57.82亿元，增长23.6%；其他非税收入5.42亿元，下降21.2%。税收收入增长原因主要是制造业复苏和契耕两税、土地增值税清算、司法拍卖等一次性税收增收及征收管理和风险管理加强；减收原因主要是营业税改征增值税、两个所得税征收方式调整和房产税、土地使用税征期变动及跨年度、股权交易、委托代征、利息股息红利等一次性税收减收。其他非税收入减收主要原因是水利建设基金停征，剔除水利建设基金，增收 0.56 亿元，增长 11.5%。

年内，落实宁波市局下发的《企业所得税核定征收工作指引》。落实土地增值税、耕地占用税、印花税、车船税、城镇土地使用税、契税管理规程。对 12 个风险项目、2433 家企业进行风险应对和纳税评估，入库税款 6400 万元。开展税收网格化管理模式、小规模纳税人税收社会化管理与服务工作试点。做好进驻点及国地税互相委托代征工作，全年共计征收地方税 5000 余万元。全面清理数据质量，共清理数据 40948 条。完成 14150 户纳税人纳税信用等级评定，评出 A 级 1591 户、D 级 60 户。贯彻落实各项减税轻费政策措施，2017 年地税部门共减免税费 10.7 亿元。制定贯彻落实环保税法实施方案，做好环保税开征前的准备工作。以“问计求策优服务，齐心合力促发展”为主题，开展纳税 50 强企业走访调研活动。开展以“深化税收改革，助力企业发展”为主题的第 26 个全国税收宣传月活动，组织开展“国地合作开税课，知行合一助创业”、余姚 e 政厅网络直播访谈、“直递通深化放管服，网格化为企添活力”等系列活动。组织开展专项检查和打击发票违法行为专项行动，加大对举报案件查处力度，全年共查补税费 1881 万元。推进税务稽查随机抽查，建立健全“双随机、一公开”机制。

全年梳理公布群众和企业到政府办事事项 69 项，其中可实现“最多跑一次”的 63 项（实现“零上门”办事事项 10 项），不能实现、列入负面清单的 6 项。做好减证便民工作，推进减层级、减事项、减材料、减环节“四减少”，取消“会计从业资格证审批”行政审批事项 1 项，取消库外行政审批权力事项若干，精简“房地产交易税收申报”“房地产交易税收申报”等事项材料。推进“一窗受理、集成服务”和“互联网 + 政务服务”工作，2 项事项进驻市行政服务中心并实现政务服务网“在线办理”，其余事项均能在分局“一窗受理”，部分分局探索“快递通”服务实现办结件快递送达。

【税收普法教育示范基地建设】

3 月 30 日下午，市国税局、市地税局在市职成教中心学校报告厅举行税收普法教育示范基地授牌仪式。税收普法教育示范基地设在市职成教中心学校，基地面积 1360 平方米，其中展厅面积 200 平方米，配备专职管理人员、讲解员，设置税史钩沉、税种概览、法治实践和税收带来家乡美 4 个板块。拥有实训教室 6 个，面向学校师生和社会各界定期组织税收专业知识和税法宣传辅导培训。此外，市国税局、市地税局、市教育局、市司法局联合开展宁波市税收普法教育示范基地创建活动，被评为宁波市级税收普法教育示范基地。

【内控机制建设推进】

2017 年，市地税局成立以局领导为正副组长，各科室、单位主要负责人为成员的内控工作领导小组，并出台内控管理制度和内控机制建设实施方案，明确构建基本制度、管理制度、操作规程和风险目录 4 个方面内控制度体系。编制符合余姚地税管理现状的内控操作指引和风险目录，梳理并明确了税收征管、纳税服务、税务稽查、税务政务管理等 9 大类 900 多条风险点，部署事前预警、事中监控、事后处置的全过程防控措施。

【税收执法大督察开展】

2017 年，市地税局成立大督察专项工作领导小组，召开大督察联席会议和动员会议，明确 8 个方面 30 项督察内容，实行自查、重点抽查及与日常督察相结合的方式。自查阶段，累计分析疑点数据 570 条，最终确认疑点 299 条，自查覆盖面达到 100%。重点抽查阶段，共发现 10 大类 20 个问题，涉及纳税人 329 户次。整改落实阶段，通过逐户逐项整改、建立整改台账、跟踪整改动态的方式抓好问题整改。市地税局被国家税务总局评为“税收执法大督察工作成绩突出的集体”。

（市地税局）

金 融

综 述

2017年，全市银行业金融机构32家，本外币存款余额1473.86亿元，同比增长7.11%，贷款余额1216.86亿元，同比增长1.3%，全市存贷比82.73%。表内外社会融资规模总量1654.27亿元，比年初增长2.75%。社会融资规模增量44.35亿元，比上年增加15.42亿元。全市银行机构不良贷款余额31亿元，不良贷款率2.54%，分别同比减少18.25亿元和1.56个百分点。

全市中心支公司以上的保险机构共计36家，累计实现原保险保费收入26.64亿元，同比增长7.95%。其中，财产险业务保费收入12.5亿元，同比增长2.39%；人身险业务保费收入14.14亿元，同比增长13.38%。保险赔付支出9.35亿元，同比减少4.16%。其中，财产险赔付支出6.94亿元，同比减少3.82%；人身险赔付支出2.42亿元，同比减少5.12%。财产险和人身险赔付支出实现双降。

2017年，全市有小额贷款公司3家，全年累计放贷32.71亿元，同比下降3.63%。截至12月末，贷款余额为5.09亿元，同比上升36.1%。逾期贷款余额0.89亿元，逾期率17.49%，同比下降10.05个百分点。

截至年末，全市有境内外上市企业8家，新三板挂牌企业9家，宁波股权交易中心挂牌企业81家。

金融管理与服务

【概况】

2017年，市金融办正式升格成立。截至年底，全市仍正常营业的类金融机构共81家。全年化解不良贷款48.6亿元，出台《防范和打击企业恶意逃废银行债务行为约谈实施方案》，加大对恶意逃废债企业的打击和制裁，联合公安部门，两次约谈共17家企业，涉及7家银行，共计债权3.17亿元。

牵头制定《关于改善金融生态环境的工作方案》《关于金融支持实体经济的实施意见》等方案，加大金融对实体经济的支持力度，加大产业培育力度。推广城乡小额贷款保证保险、政策性农业保险、出口信用保险、科技贷、农信贷等支持政策。2017年，全市共发放贷款11笔，贷款余额达2780

万元；兑现2016年度城乡小额贷款保证保险补助金额300万元至有关保险机构，惠及企业近700家。

以“大脚板走一线，小分队破难题”专项行动为载体，建立市领导上市企业联系走访制度。2017年，由市领导带队，走访上市后备企业31家，排摸梳理存在难题46个。制定《关于鼓励企业利用多层次资本市场发展壮大的若干政策意见》，加大企业在股份制改造过程中扶持力度。2017年，对朗迪股份、大丰实业、江丰电子3家企业兑现奖励资金2374.54万元。全年完成11个基金及股权投资基金管理公司的会商工作，合计注册资本38.46亿元，推动优质基金落户余姚，其中姚商基金于9月25日成功落户余姚。

【市金融工作办公室升格成立】

8月14日，余姚市机构编制委员会发布《关于设立市人民政府金融工作办公室的通知》，原归属余姚市人民政府办公室的金融工作办公室升格成为余姚市政府直属事业单位，机构规格确定为正科（局）级，设综合管理科、金融服务科、地方金融科和资本市场科4个职能科室。

【宁波市建设工程综合保险服务中心余姚分中心成立】

12月，宁波市建设工程综合保险服务中心余姚分中心成立仪式在中国太平洋财产保险股份有限公司余姚支公司举行，市金融办、市住建局、市发改局、市公共资源交管办等相关部门领导出席仪式，并为余姚分中心揭牌。

（杨晟曌）

中国人民银行余姚市支行

【概况】

截至2017年末，全市金融机构本外币存款余额1473.86亿元，比上年增长7.1%。金融机构本外币贷款余额1216.86亿元，增长1.3%。年末全市银行业金融机构达32家，其中政策性银行1家，大型国有商业银行4家，股份制商业银行12家，城市商业银行12家，邮储银行1家，农村合作金融机构1家，新型农村金融机构1家；非银行金融机构45家。全市实现保费收入26.64亿元，比上年增长7.9%。其中，财产险保费收入12.5亿元，增长2.4%；人身险保费收入14.14亿元，增长13.4%。赔款和给付9.35亿元，下降4.2%。其中，财产险赔付支出6.94亿元，下降3.8%；人身险赔付支出2.41亿元，下降5.1%。

【信贷管理】

2017年，人行余姚市支行推进金融支持“中国制造2025”试点，制定下发《金融支持余姚建设“中国制造2025 浙江行动”县级试点示范区专项行动方案的通知》，联合政府相关部门，及时启动金融对接“浙江千人计划”余姚产业园及机器人小镇专题活动。搭建合作平台，建立银政企对接互动机制，召开余姚机器人产业及应用项目融资对接会，8家重点扶持企业现场与银行签订融资意向6.4亿元。加强与政府部门沟通合作，与经信等部门合作实施工业企业“350”梯度培育计划、“三个500万”扶持政策，通过贷款贴息、利率优惠、调剂信用担保额度、银政共担风险机制等政策引导，鼓励商业银行加大对科创企业的信贷支持力度，累计发放“千人计划”配套信贷16笔，金额10183万元。

【外汇管理】

年内做好全口径外汇业务服务，支持涉外实体经济发展，引导辖内银行落实全口径信贷资金支持和让利优惠，优化境内外金融资源配置，降低涉外企业经营成本。推广跨境资金新政策，年内办理2笔宏观审慎跨境融资，分别为人民币1.5亿元和53万美元。加强政策宣传和培训，举办涉外企业负责人座谈会2次，对外汇银行部门负责人和经办人培训1次。做好事中事后核查，防范异常跨境资金流动。开展经常项下非现场核查423家次企业（新增B类企业12家），现场核查47家企业；国际收支间接申报现场核查银行3家，贸易信贷调查现场核查企业1家；对外汇业务异常11

家企业进行现场约谈。加大外汇违规违法线索的查处力度，累计上报虚假转口贸易、虚假贸易融资和个人分拆逃汇等违规线索12条，其中个人分拆逃汇线索9条，涉及违规金额371.1万美元，企业违规线索3条涉及金额568.74万美元。立案查处7起违规案件，涉案金额878.79万美元，处罚款人民币186.95万元。

【支付管理】

在泗门镇兰海村、楝树下村和梁弄镇贺溪村开展电子支付示范村创建工作，提高网银和手机支付有效用户数量。开展空头支票改革试点，统一部署及时上线，分类处置存量空头支票违规行为1135件，其中因企业吊销、注销原因结案1108件，免予处罚24件，处罚3件，处罚款4500元。推进开户许可纳入外贸企业“证照联办”。整合规范助农金融服务点的布设，清理调整34个服务点，将45个服务点从村委会调整至商场商店。推动国库工作提质增效。优化完善现有国库事中监督系统，将试点预算支出科目范围扩大至48个；做好辖内储蓄国债管理各项工作，做好对储蓄国债承销机构的巡查工作；继续规范罚没收入收缴入库流程，完成余姚市城市管理行政执法局等13家单位罚没收入收缴入库流程改革。做好货币金银管理工作。加强对辖区配置硬币自助兑换机的金融机构的督导，组织2次大篷车进农村宣传活动。截至年末，共兑换各类硬币3557118枚，金额927984.9元。加强流通人民币管理，提供残缺污损人民币鉴定服务28次；持续开展“反宣币”治理，截获5元券别“反宣币”100张，并推促公安部门立案调查。

【金融稳定】

落实金融管理到位，防范发生区域性金融风险。成立余姚市银行业金融机构信贷文化自律组织，从协调银企关系、共防金融风险、维护金融生态等方面进行自我约束。关注辖内2家法人银行流动性动态、信贷投放规模和节奏，运用宏观审慎评估和存款保险核查，及时跟进辖内银行表外业务、同业业务，以及跨市场、交叉性金融业务发展状况。防范发生区域性金融风险，对辖内三类企业和互联网金融风险状况进行风险排查，参与打击非法集资行动，联合市金融办等部门对全辖类金融机构进行排查。

【普惠金融】

人行余姚市支行以梁弄试点为重心，抓普惠金融工作。提升城乡居民公用事业费用缴纳便利化水平，推广付费通业务，业务缴费种类涵盖通信费、水费、数字电视费、电费、燃气费等，基本实现付费通业务全覆盖，业务推广在宁波辖内6家支行处于领先地位。持续推动智慧支付建设，在3所市级医院、18个乡镇（街道）医院开展实施“银医通”工程，累计投放自助机具107台；推出“智慧校园卡”“校园智慧缴费通”服务，全市5万多名学生参与自助缴费；实现余姚高铁北站停车场二维码快捷智慧支付；桐江桥菜场、梁弄镇菜场智慧支付设施布放率已分别达到50%和80%以上。加强农户信用档案建立，农户信用档案采集168350户，采集率达80%以上，在辖内21个村开展新型整村授信。主动对接“三个500万”“350梯度培育计划”等政府扶持政策，为企业发放科技成长信贷16户，金额1.32亿元。推动“普惠金融、校园启蒙”工程，成立试点工作领导小组，完成6所学校17个班的“金融知识进课程”试点工作。组建成立市金融知识讲师团，搭建银行业金融机构与6所试点学校定期联系机制。开展金融“移动课堂”活动，组织金融讲师团进社区、进农村、进企业、进市场宣讲。

（人行余姚市支行）

银行监管

【概况】

2017年，银监余姚办事处支持和推动银行业机构对接余姚市全面建设“中国制造2025浙江行动”县级试点示范区专项行动，要求保持制造业贷款合理、稳定增长。继续推动和引导银行机构实施小微企业三年成长计划，鼓励和支持城乡小额保证保险、税银合作等业务，协同余姚工商联，筛选有贷款需求的小微企业名单对接银行。通过“年初定计划、年中盯进度、年末抓实效”，推动机构出清存量风险，严控增量风险。余姚银行业机构不良贷款余额和不良率分别比年初下降18亿元和1.56%，全年累计处置不良贷款48亿元。强化机构监管，协同宁波银监局对农商行开展全面现场检查暨“两会一层”（董事会、监事会、高管层）“三三四”（三违反、三套利、四不当、银行业存在的十个方面问题）专项检查，对邮储银行代理机构开展内控和管理情况现场检查。加强整治金融秩序，紧抓打击逃废债。与政府部门沟通，传递监管声音，指导银行定期搜集、整理并报送涉嫌逃废债企业信息。联合地方政府部门开展互联网金融监测排查、清理整顿、依法取缔等工作。督促辖内银行完善“双录”（金融类产品销售过程的同步录音录像），提高信访投诉处理能力，按照流程操作，全年妥善处置16件信访投诉。

（银监余姚办事处）

银行业

【中国工商银行股份有限公司余姚分行】

年末，表内外各项贷款余额达200多亿元，较年初新增11.2亿元，其中表内余额165亿元。各项贷款余额四家银行（即中国工商银行、中国农业银行、中国银行、中国建设银行，以下简称四行）占比34.1%，总量增量均位于同业第一。成立小微企业中心，实现1000万元以内小微企业信贷业务一体化全流程处理。全年累计新发放项目融资40.63亿元，创历史新高。为市人民医院和市第三人民医院配备“银医通”设备，自助办理挂号、结算等业务。启动“工商企业通”，为企业提供从企业名称预先核准到设立登记全过程的“一站式”代办服务。

（工商银行余姚分行）

【中国农业银行股份有限公司余姚市支行】

2017年，支行下辖二级支行17个，营业部1个，离行式自助银行22家。年末，各项本外币存款209.58亿元，比年初增加7.5亿元，总量四行占比39.15%，总量、增量分列四行第一、第二。各项本外币贷款131.77亿元，比年初减少7.47亿元，总量四行占比28.35%，总量、增量均列四行第二。全年实现中间业务收入1.34亿元，四行排名第二。全年实现国际业务结算量59.92亿美元，同比增长16.54%，继续保持系统第一、四行第一。年末不良贷款余额5.77亿元，较年初减少3.4亿元，不良率4.38%，较年初下降2.2个百分点，不良余额、不良率实现“双降”。

（黄洁琼）

【中国银行股份有限公司余姚分行】

年末，本外币各项存款余额74.50亿元，比年初增加0.98亿元。本外币各项贷款余额80.86亿元，比年初减少9.41亿元。实现国际结算业务量24.61亿美元，同比减少0.95亿美元。实现拨备前利润18362万元，同比增加11.41%。

推出个人理财质押项下流动资金贷款业务，创新担保方式，为“中国制造2025”名单内企业某材料有限公司发放个人理财质押项下流动资金贷款5800万元，解决企业因抵押物不足不能放贷的难题，同时帮助企业规范财务报表。推出“税融易”贷款业务，按照企业的纳税额核定授信额度，无需抵押担保，叙做“税融易”贷款业务1笔，金额50万元。

创新推出“中银E贷—个人网络消费贷款”业务，通过自动化授信模型或人工审批给出授信额度后，客户可通过网上银行、手机银行、在线金融超市APP等电子渠道进行额度激活、在线用款、在线还款的个人消费贷款产品。当年累计申请人数171人，通过审批146人，累计用款984万元，年末余额212万元（信用贷款）。投产智能柜台，提供开卡、补卡、激活卡、查询余额、打印流水、开通电子银行、重置密码、人民币汇款、购买理财等十余种业务。

11月2日，联合余姚金融办、宁波市股权交易所举办“甬股交挂牌孵化宣介会”

客户无需排队等候、无需填写繁杂的单据，即可自助实现原来需要柜台办理的业务。截至年末，8家网点投产智能柜台。

11月2日，中国银行余姚分行联合余姚市金融办、宁波市股权交易中心举办“甬股交挂牌孵化宣介会”，介绍多层次资本市场及甬股交业务，宣讲中行“网融易”“科技贷”“挂牌贷”等科技金融系列产品。市金融办主要领导，各乡镇街道资本市场联络员、余姚中行50家优质中小企业代表等100余人参加。

（陈　蓉）

【中国建设银行股份有限公司余姚支行】

年末，本外币存款余额99.07亿元，一般性存款余额99.07亿元。各项贷款余额93.53亿元。内设8个部门，下辖17个营业网点。9月至10月，富巷菜场储蓄所、下蒌储蓄所和富南储蓄所先后升格为支行。全年新布局兰江中学、舜北公园警银亭自助银行。全年办理“小微快贷”97户，“云税贷”70户。以理财业务、债券业务、股权投资类业务等新型投行业务为切入点，做好区域内重点项目的筛选对接。年度个人住房贷款累计发放9.61亿元，发放量列当地市场第一。落实“两防”工作责任制，提升全行案件防控能力和合规管理水平，获得“宁波市五星级治安安全单位”称号，是余姚市唯一一家获此荣誉的金融机构；在银行业金融机构第五轮安全评估中取得第一名。开展普惠金融活动，参加“文明出行”志愿劝导活动、“金融知识普及月”活动，开展结对助学活动、“金融服务进社区”活动、金融防诈骗、反洗钱和防范非法集资宣传活动。

（杨双双）

【交通银行股份有限公司宁波余姚支行】

2017年，支行辖属有5个二级支行和13家自助银行。年末本外币存款余额61.8亿元，新增1.7亿元。贷款余额63.1亿元，打包核销处置不良贷款3.6亿元，置换政府债1.85亿元，实际贷款较年初增加6.39亿元。被中国银行业协会授予“银行五星级网点”称号，被宁波市评为“市民满意文明示范网点”。

（交通银行余姚支行）

【中国邮政储蓄银行余姚市支行】

2017年，邮储银行余姚支行全年累计代发各类社保资金150万人次，代发金额约为12亿元。全年累计代扣社保及医保35万人次，代扣金额约为4亿元。支行针对三农及小微客户提供家庭农场（专业大户）贷款、小额循环贷、信用村小额贷款、粮食收购订单贷款、农业机械购置补贴贷款、农户联保贷款、农户保证保险贷款、公司加农户贷款、农民专业合作社贷款等多个产品体系，全年累计发放三农和小微贷款1176笔、4.99亿元。

（邮储银行余姚支行）

【宁波银行余姚支行】

年末存款余额92.67亿元，较年初增长11.3亿元，增幅13.87%。储蓄余额39.1亿元，其中定期29.7亿元，较年初新增1.2亿元，增幅4%。日均存款余额93.7亿元，较去年增长13.3亿元，增幅16.5%。贷款余额43.9亿元，较年初增长2亿元，增幅4.67%。在人民银行年度综合评价中被评为A等行。年内联合地方国家税务局，面向本地各大企业推广“线上税务贷”和“税银e贷”产品。

（宁波银行余姚支行）

【宁波银行余姚中心区支行】

年末存款余额61.4亿元，存款规模列区域同业第九位，较年初增长4.9亿元。其中储蓄余额33.9亿元，较年初增长4.2亿元，区域同业增量排名第三位，储蓄存款占支行存款总额的55%，公司存款27.5亿元，占比45%。年末贷款余额26亿元。税务贷累计客户数249户，累计授信10075万元，其中2017年新增客户153户，累计新增授信金额6297万元。2017年，宁波银行与国税合作推出“线上税务贷”，成为辖内首家推出线上申请办理银税合作信用贷款银行，实现在线申请贷款、在线信息核查、在线风控管理。年内获辖区内银行业金融机构2017年度综合评价A类行。下辖网点余姚新城市社区支行荣获2017年度阳明街道新城市社区“全国文明单位创建优秀组织”。

（宁波银行余姚中心区支行）

【宁波余姚农村商业银行股份有限公司】

2017年末，余姚农村商业银行各项存款余额324.19亿元，比年初增加29.48亿元，增幅10%。各项贷款余额224.83亿元，比年初增加14.61亿元，增幅6.95%。不良贷款余额3.37亿元，占比1.5%。实现国际业务结算量9.07亿美元。实现账面利润4.09亿元，纳税金额10127万元。

2017年，余姚农村商业银行实施“普惠金融整村推进”活动，将金融服务搬到百姓聚集的广场、农贸市场等地方，为农村百姓集中提供预授信、开办银行卡、水电煤气代缴签约等服务。全年普惠金融共整村推进76个自然村，共计服务农村百姓约1.5万人次。

（郑旭芳）

5月30日，余姚农村商业银行在丈亭镇龙丰村菜市场开展“普惠金融整村推进工作”活动

【中国农业发展银行余姚市支行】

年末，各项贷款余额109073万元，日均贷款162046万元，各项存款余额24372万元，日均存款26208万元。全年实现账面利润1823万元。全年累计发放贷款33662万元，累计收回贷款164054万元，净收回130392万元。其中累放粮食收购贷款23400万元，支持收购粮食7055万千克；累放地储粮油贷款5262万元，支持企业轮换地方储备粮3784万千克。支持销售各类粮食10911万千克，实现销售收入29256万元，销货款实现100%归行。收回储备粮贷款7754万元，购销贸易企业收购贷款15500万元，收回地方调控粮食收购贷款6800万元。累放水利建设中长期银团贷款5000万元。

（孙 魏）

【上海浦东发展银行余姚支行】

年末本外币一般性存款余额50.39亿元，比年初增加0.26%。其中储蓄存款余额10.28亿元，比年初增加50.47%。本外币贷款余额52.14亿元，比年初增加0.06%。不良贷款余额7003万元，不良率1.34%。国际结算业务量5.19亿美元，同比减少7.49%。全年实现账面利润1.06亿元。

（浦发银行余姚支行）

保险业

【中国人民财产保险股份有限公司余姚中心支公司】

2017年，中国人民财产保险股份有限公司余姚中支公司全年账面保费49578万元，市场份额为38.31%，增速6.91%，高于市场3.21个百分点。保费增量3206万元，市场增量占比69.45%。车险增速3.77%，高于市场增速0.04个百分点，非车险增速16.19%，高于市场12.61个百分点。

年内，人保余姚中心支公司致力于民生工作的开拓和保险创新事业的发展。低收入户医疗保险、困境儿童救助保险相继签约落地，全市180余万辆电动自行车参与电动车防盗保险项目，各类特色农产品指数保险落地。在2017年宁波保险业创新项目评选中，人保余姚中心支公司的孤儿和困境儿童综合救助保险项目、低收入户医疗保险项目、电动车防盗保险项目、特色农林渔业指数保险项目共四项入选“2017年宁波保险业十大创新项目”。

（人保余姚中心支公司）

【中国人寿保险股份有限公司余姚市支公司】

2017年，公司实现股份保费收入19096.6万元，同比下降2.06%。寿险首年保费收入8879.51万元，同比下降24.98%，其中首年期交保费收入2229.26万元，同比下降14.08%；短期险保费收入1552.11万元，同比增长36.95%；续期保费收入8665.02万元。短期赔付率52.32%，同比增加19.57%。

（中国人寿余姚支公司）

【中国太平洋财产保险股份有限公司余姚支公司】

全年实现保费收入24788万元，同比增长-1.65%，全年累计赔款支出12264万元，赔付率50.91%，同比降低11.4%。市场份额19.20%。12月15日，成立宁波市建设工程综合保险服务中心余姚分中心。年内根据四明山区保险试点方案，推出香榧气象指数保险。

（太财保余姚支公司）

【中国太平洋人寿保险股份有限公司余姚支公司】

2017年，中国太平洋人寿保险股份有限公司余姚支公司完成总保费14992万元，达成全年经营目标的105.5%。全年完成新保业务7329万元，同比增长14.92%。其中个人新保业务3645万元，同比增长32.1%，团体新保业务3684万元，同比增长0.03%，完成续期业务7663万元。

（张兆权）

【中国平安财产保险股份有限公司余姚支公司】

全年完成保费收入24986万元，增长10.6%，市场份额为20.52%。其中，车险保费22893万元，增长10.3%，市场份额为22.05%。非车保费2093万元，增长13.3%，市场份额11.66%。全年赔款支出14010万元，综合赔付率62.2%，增长13.36%，综合成本率93.5%。

（平安产险余姚支公司）

综合经济管理

发展与改革

【概况】

2017年，全市实现现价地区生产总值1023.23亿元，比上年增长13.1%，按可比价格计算，增长7.6%。其中，第一产业实现增加值46.07亿元，增长3.2%；第二产业实现增加值585.67亿元，增长8.0%；第三产业实现增加值391.49亿元，增长7.4%。三次产业之比为4.5∶57.2∶38.3。按户籍人口计算，全市人均地区生产总值为122175元（按年平均汇率折合为18095美元）。

年内推进“最多跑一次”改革，开展“一窗受理、集成服务”改革，推广“双随机、一公开”模式，加大乡镇覆盖面，共梳理“最多跑一次”事项1141项，比重达96.4%。深化商事登记领域改革，推进“联合审批、证照联办”，共颁发“多证合一”执照53份。完善基层治理体系，设立市社会治理综合指挥中心，建立乡镇综合信息指挥室，构建信息共享、上下联动的运行机制。加强资源共建共享，推进资源平台整合，设置市公共资源交易中心。调整完善中意（宁波）生态园、经济开发区、“千人计划”产业园管理关系。推进智能经济发展，成功创建省首批“中国制造2025浙江行动”示范县，举办第四届机器人峰会暨智能经济人才峰会，研究出台“1+8+Y”的智能经济政策体系。开展全省首批产业集群跨境电子商务试点，开展跨境电商制度创新、管理创新、服务创新。推进工业用地弹性供应试点，全市累计成交弹性出让土地6宗、面积约9.69公顷，帮助企业降低初始用地成本1582.1万元。

【阳明温泉山庄地热采矿许可获批】

1月20日，阳明温泉山庄地热采矿许可获得省国土资源厅批准，这是全市钻获成功并开发利用的第一口地热井。阳明温泉山庄地热采矿许可的位置位于陆埠镇南雷村，开采范围0.444平方千米，井深2500米，地热水地下温度72℃，地表面出水口温度42℃，每天最大出水流量600立方米，年生产规模8.75万立方米。根据水质分析，地热水含有氟、硅、铁、锰等对人体有益的微量元素。

2004年，经国土资源部批准，余姚阳明山庄实业有限公司首次获得探矿权，并委托一家地质勘查单位实施勘查作业。2010年3月，编制提交阳明温泉山庄地热资源勘查报告。2014 年 7 月，提交补充勘查报告。2017 年 1 月，省国土资源厅批准采矿许可，由此实现了余姚地热资源勘查攻深找盲的突破。

【四明山区域发展规划纲要出台】

3 月，《宁波市四明山区域发展规划纲要（2016—2020）》发布。规划提出，余姚市将把四明山区域建设成为宁波市环境优美的绿水青山涵养区、长三角重要的休闲旅游目的地、百姓生活和谐幸福的革命老区和国家“两山理论”的实践探索区。《规划》提出，把四明山打造成为长三角重要的休闲旅游目的地。提升建设 3 个旅游门户区，打造 3 条旅游精品线，布局形成 4 大旅游功能片区，游客接待量达到 1700 万人次，旅游总收入 85 亿元左右。

（市发改局）

招投标

【概况】

2017 年，余姚市公共资源交易市级平台共完成 339 项工程招标任务，涉及预算金额 39.29 亿元，中标金额 35.95 亿元，节减资金 3.34 亿元，节减率 8.50%。完成政府采购任务 2270 项，涉及预算金额 4.20 亿元，成交金额 3.73 亿元，节约资金 0.47 亿元，节支率 11.19%。在原有公共资源交易的基础上，市级平台拓宽进场范围，如苗木采购和非住宅房产交易价格评估服务中介机构选择、信用信息平台动态评价中介代理机构选择、标准化管理评估验收技术服代理机构选择、工程 EPC（设计、采购、施工）总承包招标代理服务机构选择、综合布展等进场项目。

【余姚市公共资源交易管理办公室设立】

8 月 14 日，余姚市机构编制委员会发布关于设立市公共资源交易管理办公室的通知，余姚市招标投标管理办公室调整设置为余姚市公共资源交易管理办公室，机构性质确定为市政府直属的承担行政职能的事业单位，明确 8 项工作职责，增设政策法规科、产权交易监督科。余姚市招标投标中心和余姚市产权交易所整合设置为余姚市公共资源交易中心，为余姚市公共资源交易管理办公室管理的公益类事业单位，明确 10 项工作职责。

【指导乡镇（街道）公共资源交易分中心工作】

市级平台通过召开分中心主任例会、协作网交流、刊发《分中心动态》、集中走访、派员授课、提供咨询等方式对乡镇（街道）公共资源交易分中心开展经常性服务帮助，并组织基层工作人员到市级平台现场观摩，利用工作 QQ 群实时互动，在邀请招标方式控制、示范文本规范操作、评审人员库建立等方面工作进行检查指导，规范基层公共资源交易工作。依托市级平台的电子化功能，各分中心均实现网上注册、网上信息及招标文件发布（包括图纸）、网上下载招标文件、网上报表统计汇总等功能应用，促进市镇两级数据的互联共享。2017 年，21 个乡镇（街道）分中心累计完成各类工程建设、农村产权、采购等其他公共资源交易 1092 项，成交金额 9.43 亿元，通过工程招标、物品采购，节减资金 0.68 亿元，通过集体资产处置，增加集体收入 130 万元。

【工程监督管理】

年内会同市住建局完成市 22 家招标代理机构及其人员 2016 年度考核工作，对定级情况进行通报。在余姚市公共资源交易网“曝光台”进行不良行为记录公示 2 次，计 3 家建筑业企业，向行政主管部门移交违反招投标法提供虚假材料投标 2 起，向公安执法部门提送扰乱开标秩序行为 2 人，要求各部门按相关规定进行处理，并在《余姚日报》刊登扰乱开标秩序的违法行为。

【政府采购监督管理】

实行通用货物网上竞价。将小型通用货物全部纳入宁波政府采购“网上竞价”系统，举办操作培训会，建立政府采购 QQ 业务交流群，推进宁波大市范围内网上公开竞价采购开展，全年累计发布 726 项。开展政府采购代理机构考核检查。会同市财政局通过审查采购项目档案资料、实地查看等方式，抽查了6家在余姚开展业务的采购代理机构共30个项目，对发现问题进行汇总及反馈，提出整改要求，抽查结果报送上级财政部门。

（杨　洋）

工业国有资产经营

【概况】

2017年，市工业国资公司共帮助企业解决融资困难698家次，解决企业周转资金76.48亿元。其中，转贷互助基金共为266家企业实现转贷640笔，金额74.55亿元；新增投资11户，金额5065万元；新增担保47户，金额14255万元。年内进一步优化服务结构，注册资本由1亿元增加到3.4亿元，增资后单户担保贷款最高额度由原先的500万提升到3000万元。坚持低收费、高效率、不盈利原则，化解企业与银行间的债务风险。推进国资国企整合重组，做好宁波舜工实业投资有限公司筹建前期工作。不断拓展合作空间，把握资金运作重点。

年内进一步规范服务管理，资金规范运作，审批严格把关，风险加强防控，整改落实到位。进一步加快机制创新，创新金融合作服务机制，创新投融资模式，支持建立新型创新创业平台。进一步加强债务管理，注重债务监管，多形式加快债务追讨，做好债务核销。

（杨林蓉）

国土资源管理

【概况】

2017年，市国土资源局在市委、市政府和省、宁波市国土资源主管部门的领导下，落实最严格的耕地保护制度和最严格的节约用地制度，为余姚市经济社会发展提供国土资源保障。连续四年（2014—2017）被宁波市国土资源局评为宁波市国土资源系统先进集体，市国土资源局党委被宁波市委授予“先进集体”。

【保障建设用地】

2017年，余姚市共上报农用地转用20个批次，新增建设用地约342.53公顷，其中农用地约322.33公顷，耕地约311.13公顷。供应土地279宗，总面积约525.27公顷，收取出让金71.5亿元。分别比上年增长117%、191%和163%。建立重点项目用地保障机制，优化土地要素保障。吉利汽车项目用地约44.07公顷，舜宇光电小镇用地约39.33公顷，浙江“千人计划”余姚产业园（余姚智能机器人小镇）项目用地约44公顷，中国云城项目用地约27.27公顷和余姚市小微企业集聚区用地约39.33公顷等一批重点项目，给予100%的用地指标和规划空间的保障。

试行工业用地弹性出让新办法，被列入创新推出工业用地弹性出让的试点市，制定出台《余姚市工业用地弹性供应实施办法（试行）》，规定在原有工业用地一次性出让国有土地使用权年限50年的基础上，新增加20年和30年两种出让年限，允许企业用地先租赁后出让，把国有土地供应分为租赁和出让两个阶段。截至年末，成交6宗工业用地，面积约9.67公顷，收取出让金3648万元，与原50年期的工业用地相比，帮助企业降低初始用地成本1582万元。强化“批而未供”“供而未用”存量建设用地的消化利用。2017年，全市消化“批而未供”土地约354.27公顷，完成城镇低效用地再开发约121.2公顷，盘活存量建设用地约122.4公顷。4月27日，市国土资源局出台《余姚市国土资源局完善国有建设用地使用权交易工作实施意见》，建立宁波市首个土地交易信息网络平台。截至年末，在市土地二级市场交易平台登记的转让和受让单位226家，成功交易72家，土地面积约65。47公顷，交易金额10亿元。市国有土地二级市场建设，被评为余姚市2017年度市政府工作创新三等奖。

【耕地占补平衡】

2017年，全市21个乡镇（街道）与市政府重新签订耕地保护责任书。改进完善全市各乡镇（街道）界桩界牌的设置工作，全市共设立保护标志牌298个，其中市级保护标志牌1个，镇级保护标志牌41个，村级保护标志牌256个，保护界桩1700个。全市重新调整后的永久基本农田划定方案、数据库和举证材料全部通过省国土资源厅审查。全市划定永久基本农田约34559.47公顷，并择优约15875.73公顷纳入永久基本农田示范区。推进省政府“611”耕地保护工程。2017年，余姚市建成标准农田约674.13公顷、高标准基本农田约3095.4公顷、垦造耕地约571.13公顷，均超额完成宁波市政府下达的年度任务。连续12年实现全市耕地占补平衡目标。市政府制定下发《关于进一步加强新形势下耕地占补平衡工作的通知》，实行耕地“占一补一”“占优补优”“占水田补水田”的新规定，落实年度新增耕地指标和规范补充耕地指标的使用管理等新的举措。

【不动产登记】

2017年，全市共受理各类不动产登记101257件，办结99801件，发出不动产证书48831本，办理不动产证明21953份，办理抵押登记融资金额765亿元。探索实现海域、林地不动产登记。完成大岚镇后朱村17宗林权的权属确认审核登记工作，6月27日，颁发全市第一本林权类不动产权证。4月28日，市不动产登记中心为中意（宁波）生态园控股有限公司颁发全市第一本海域使用权不动产证书，海域面积约1.794公顷，在宁波市各县（市、区）中率先实现土地、房屋、海域和林权“四证合一”。市不动产登记服务中心被评为2015—2016年度余姚市劳动模范集体。

【地质灾害防治】

2017年，全市完成地质灾害隐患点避险搬迁19处，共124户、357人，工程治理8处，共83户、233人解除地质灾害威胁，完成专业监测7处共39户，超额完成年初宁波市政府下达的全年消除地质灾害隐患点25处的目标任务。截至年末，全市剩余地质灾害隐患点14处，涉及村民57户，除1处因政策处理还在落实之中，其余都签订治理协议。同时，加强群测群防、动态巡查、预警监督应急演练、宣传引导等工作，全市未发生地质灾害伤亡事故。继续贯彻“村民审请、村级审报、乡镇街道审批、市管农转用”的农村村民建房制度改革，建立健全市农民建房用地台账和审批备案制度，实现农村村民无房户、危房户实名动态监管。2017年，全市共批准村民建房1138户，基本保障农村无房户和危房户的建房需求。制定《余姚市国土资源局群体性 突发性事件应急处置工作预案》和《平安护航十九大进一步做好当前国土资源信访维稳工作实施方案》，继续实行重大疑难信访案件班子成员包案制度。全年共受理各类信访572件，比上年下降56%，办结率达到100%，无越级到省、宁波市集体上访事件。

【矿产资源管理】

7月17日，市第三轮矿产资源规划获得宁波市政府批准。新编规划新设采矿权建筑用石料矿9个、矿泉水2个，采矿权数量比上一轮规划减少3个，建筑用石料矿年开采量不低于100万吨。加强矿产资源开发利用监督，实施“国土所每周一巡、矿管科和监察大队每月一查、矿山储量每季一测、矿山监管每矿一人”的共同监管制度。对矿山企业矿产资源开发利用情况，利用信用信息平台，做好信息审核和录入工作。2017年，中央环保督查组进驻浙江省并对余姚市进行下沉督查，省国土资源厅组织实施矿产督查兼矿产资源勘查开采信息公示实地核查，对余姚市莫海建村有限公司和鹿亭乡赤石矿区多金属矿进行专项督查，督查反馈情况良好。

【地政执法监察】

重视卫片整改工作，余姚市2016年纳入卫片执法范围的违法用地图斑下发后，全市开展专项整治行动，共拆除违法用地106宗，面积约9.09公顷，其中耕地约8.33公顷，补办完善手续29宗，面积约6.13公顷，其中耕地约4.24公顷。通过整改，全市违法占用耕地比例降至2.45%，低于宁波市国土资源局提出的5%的考核目标。贯彻省国土资源厅“亮剑行动”，全市共摸排出违法用地历史积案1932件，其中1829件是历年来申请法院而未能受理的案件。针对历史遗留问题，主动与市法院对接。截至2017年末，完成1827件案件的申请工作。清查打击新增违法用地，巩固全市“三改一拆”“创建无违建乡镇（街道）”“亮剑行动”专项整治成果。9月，市委办印发《余姚市违法用地违法建筑防控监管实施意见》《余姚市违法用地违法建筑联动执法快速处置实施意见》《余姚市违法用地和违法建筑监察责任追究办法（试行）》三个文件，构建“查办分离、即查即拆”的快速处置机制。全年发现处置新增违法用地案件37起，制止违法采矿案件64起。

【市永久基本农田划定成果通过宁波市级验收】

5月5日，宁波市局林合聚副巡视员率永久基本农田划定成果验收组对市永久基本农田划定工作进行验收。验收组首先听取市永久基本农田划定工作报告，查看并讨论基础数据、图表册、调查成果等内业资料。经过查看资料和实地踏勘，验收组对市永久基本农田划定工作成果表示肯定。

【余姚率先完成地面沉降易发区地质灾害危险性分区评估】

年内，由市国土局组织、浙江省工程勘察院编制的《余姚市地面沉降易发区地质灾害危险性分区评估报告》，通过浙江省地质环境监测院、宁波市地质环境监测站等5家单位专家组的评审，并且完成备案工作，成为宁波地区率先完成该项工作的县（市、区）。市国土局组织开展《余姚市地面沉降易发区地质灾害危险性分区评估报告》的编制工作，完成调查面积102平方千米，调查线路86千米，地质调查点69个，利用工程地质钻孔17个，水文地质钻孔4个。

【市土地二级市场首宗交易完成】

10月18日上午，一幅闲置两年、面积为6596平方米的工业用地通过市土地二级市场平台成功交易，交易双方宁波力汇新材料有限公司和宁波佰钢机械制造有限公司在市行政审批中心办理该幅国有建设用地使用权的预告登记。这是全市土地二级市场建设以来完成的首宗交易。

（童志龙）

市场监督管理

【概况】

2017年，市市场监管局围绕“简政放权、放管结合、优化服务”改革要求，在各部门中率先启动“最多跑一次”改革，累计发布“最多跑一次”事项159项、“零跑”事项58项。在9个所（分局）增设电子登记设备，在70余个银行网点开通代办服务。全年共办结“最多跑一次”事项5.5万余件、“零跑”事项2700余件。新登记各类市场主体18863户，同比增长29.8%，年新增数和增长率均创历史新高。截至年底，全市经济主体总数已达112064户，注册资本（金）1400.75亿元。

三年新增小微企业1.05万家、完成“个转企”855户，市阳明电子商务产业园入选省十大小微企业集聚发展优秀平台。三年新增省级信用管理示范企业3家、宁波级16家；培育首批宁波信用示范小微企业8家；公示各级“守重”企业272家。承办全省网上网下融合示范市场试点工作现场会，新创建省三星级市场1家，中国塑料城被评为“中国网上网下融合市场三十强”。

全年有18家企业新导入卓越绩效管理模式，新增省级卓越绩效管理示范企业1家、省先进质量管理孵化基地1个，丰茂橡胶获余姚市市长质量奖，大丰实业获省政府质量奖提名奖。推进“标准化+”行动，3家企业被列入“浙江制造”标准研制立项计划，5家企业主持或参与起草12个国家和行业标准，2家企业入选全省首批企业标准“领跑者”名单。首次在泗门镇谢家路村开展社会治理类标准化管理试点培育，2个工业、2个农业和1个服务业标准化试点项目获宁波级立项。塑料城网上交易市场承担的“国家级电子商务服务业标准化试点项目”通过验收。

推进省食品安全市创建，加快基层食安办规范化建设和农产品质量安全监管体系建设，城区农贸市场农产品质量追溯体系和快速检测体系建成率达100%。完善药品安全监管长效机制，5个乡镇（街道）成功创建宁波药品安全示范乡镇。食药安全整治推进，开展排雷“百日攻坚”“平安护航十九大”百日行动等集中整治，“餐桌安全治理”、保健食品会销、进口食品和冷链运输监管等工作持续得到加强，医疗器械生产质量管理规范全面落实，一批突出的食品安全隐患得到治理。

连续五年开展流通领域食品安全星级示范店创建，累计培育一星级示范店615家，二星级102家。全年成功培育宁波美丽消费示范经营单位51家；完成上市食品定量抽检5507批次，合格率98.55%；完成食品定性检测125370批次，不合格420批次；完成美发用品、母婴用品、成品油、小家电等商品抽检254批次，不合格检出率18.9%。推进“千万学生饮食放心工程新三年行动”，共创建校园“阳光厨房”121家，建设率达到87.05%，学校及幼儿园食堂大宗食品统一配送或定点采购率达100%。推广餐饮单位主体责任自查报告的做法被评为2017年度政府工作创新奖；在全宁波率先探索“阳光厨房”第三方建设机制，获宁波市场监管系统创新奖。推动出台食品安全责任保险，投入200万元为9类重点区域及领域的公共食品安全提供政府托底保险。

查处各类严重经济违法行为：会同公安部门深入开展性保健假药“龙卷风”行动，累计查获假药160余种、超6000粒，32人被公安机关实施强制措施；启动“议题管理”模式加强塑料行业商标专用权保护，建立健全跨部门打假快速反应机制，累计查办假冒塑料案件27起，移送公安部门13起，移送外地市场监管部门8起，查扣假冒塑料200余吨，累计罚没388.91万元，涉及知名塑料品牌十余个，相关打假成果多次在国家和省级平台上宣传通报，日本宝理等国际知名企业赠锦旗致谢；开展“打传整治再升级”行动，破获组织、领导传销活动案件2起，捣毁窝点18个，查处“天津天狮”“善心汇”等传销案件36起，移送传销犯罪嫌疑人30余人，教育遣返传销人员近200人。

【质量技术监督管理】

推进“计量惠民”工作，去年共检定民用“三表”49161只、加油枪750支，抽检商户计量器具3501件，完成314台医疗卫生机构计量器具的免费检定。不断加强危化品、压力容器、起重机械、电梯、锅炉等重点领域的特种设备安全隐患排查治理和违法查处，共发现安全隐患322项，整改完成率100%，发出安全监察指令书87份，查处相关案件13起，完成89家企业高污染燃料锅炉的淘汰改造。开展电线电缆、净水器、减压阀等产品的监督抽查，邀请业内专家共建CCC认证联络微信群，完成各类产品抽检335批次，查处不合格产品24批次，查办产品质量案件67起，罚没款48.85万元。6月以来，组织开展第十六个全国安全生产月活动，开展特种设备安全生产月活动，强化特种设备安全。

【放心消费创建工作开展】

打造“放心消费在浙江”余姚品牌。全年培育省级“放心农贸市场”示范单位6家、“双千双百”示范餐饮单位29家、放心商店46家、放心网店47家，创建宁波级放心消费社区和街区各1个，113家企业参与省“万家企业无理由退货”承诺，华润五彩城和阳明温泉山庄被认定为省放心消费示范区。全年共受理投诉举报4581件，同比增长29.15%，有效消费投诉处理率97.2%，为消费者挽回经济损失312.3万元。

【“双随机、一公开”监管工作实施】

实施“双随机、一公开”监管，建立健全“双随机”执法人员库和抽查对象库，组建检查小组31个，实施现场“双随机”检查927家次。完成年报及公示信息抽查工作，企业、个体户、农民专业合作社的年报率分别为94.06%、90.31%、93.03%。推动市场主体清冗提质，共办理企业简易注销4618家，对查无下落主体实施列异2426家，依职权注销个体工商户2641家，吊销企业461家，注销食品经营许可证1243张。

【企业简易注销登记实施】

根据国家工商总局统一部署，自2017年3月1日起，市市场监管局在全市范围内启动企业简易注销登记改革。此次改革呈现四大特点：一是“简”化企业市场退出成本，二是“简”化企业注册环节，三是“简”化申请材料，四是“简”短审批时限。

【市首张“三小一摊”食品生产经营登记证核发】

5月5日，位于雁湖北路的餐饮经营户朱建设在梨洲市场监管所领到食品生产经营登记证，是全市首张“三小一摊”食品生产经营登记证。根据5月1日开始施行的《浙江省食品小作坊小餐饮店小食杂店和食品摊贩管理规定》，对食品小作坊、小餐饮店、小食杂店和食品摊贩的生产经营从原来的许可登记改为备案登记，经营户只需提供4份材料，“最多跑一次”即可办理登记证。

【市首本食品生产许可证核发】

5月26日，小曹娥绿波蔬菜专业合作社法定代表人莫登森在市行政审批中心市场监管窗口领取食品生产许可证，是食品生产许可审批权限下放到县级局后市市场监管局核发的首本食品生产许可证。

【全市夏季活禽交易市场首次暂停】

6月14日零时起至6月30日24时止，市H7N9禽流感联防联控办公室决定，在全市范围内停止活禽交易并禁止外来活禽进入余姚市。2017年以来，全市已采取三次临时性休市制度，其中主城区已永久关闭活禽交易。对于休市期间，违法违规开展活禽经营活动的将依法予以处罚，触犯法律的将移交司法机关处理。

【市首家电商品牌工作指导站成立】

10月，市市场监督管理局为余姚电商协会低塘分会品牌工作指导站授牌，市首家电商品牌指导站正式挂牌成立。近年来，各乡镇（街道）设立电商园区促进电商产业迅速发展。2月下旬，低塘电创园区全市50余家电商企业进行“规范电商经营行为，促进地方经济发展”为主题法律法规培训。4月初，该试点开展题为“保护知识产权，助推创新驱动”的国际贸易知识产权风险管控培训。

【市食品安全法律法规知识电视竞赛首次举办】

11月17日下午，由市市场监管局行政执法人员和食品生产经营企业、食品行业协会、消费者代表、乡镇（街道）工作人员组成的6支代表队在市电视台展开食品安全法律知识竞赛决赛。食品业务科室队获得竞赛一等奖，兰江市场监管所队和稽查法规队获二等奖，低塘市场监管所队、临山市场监管所队和泗门市场监管分局队获三等奖。

（市市场监管局）

物价管理

【概况】

2017年，全市居民消费价格上涨0.9%，八大类商品和服务项目价格同比涨跌呈“六升二降”格局。衣着类上涨0.2%，居住类上涨4.3%，交通和通信类上涨0.9%，教育文化和娱乐类上涨2%，医疗保健类上涨1.5%，其他用品和服务类上涨1%，食品烟酒类下降1.4%，生活用品及服务类下降0.8%。年内继续深入推进资源价格改革，完成余姚姚东自来水有限公司供水区域内自来水试行价格的定价工作，推进剩余乡镇自来水厂的价格改革工作，完成水资源费和污水处理费的政策落实。推进医疗服务价格改革，同步实施有关医疗服务价格调整，做好后续评估工作。推进政府定价项目清单化，规范定价程序，加强成本调查和成本监审，健全政府定价制度，促进政府定价科学化、规范化、透明化。

（市发改局）

安全生产监督管理

【概况】

2017年，全市共发生各类生产安全死亡事故

（包括工矿企业、生产经营性道路交通、生产经营性火灾、水上交通、渔业船舶）44起、死亡47人，较去年同期分别下降17%、16.1%。其中，工矿商贸事故10起，死亡10人；生产经营性道路交通事故34起，死亡37人；未发生水上交通、渔业船舶生产安全事故；未发生较大及以上生产安全事故。

【安全生产责任落实】

市安委会推进市级6个专业安委会的运行考核，督促乡镇（街道）全部建立了“1+X”安委会组织体系。各地各部门按照《余姚市党政机关安全生产职责规定》要求，出台相应的文件，明确各岗位职责，确保各级安全监管责任落实。乡镇（街道）形成“一把手”总负责、分管综治维稳工作的副书记牵头抓、各线分管负责人具体抓的安全生产监管工作格局。对企业的安全生产主体责任内容进行系统明确，修订完善安全生产目标管理考核办法，提高安全生产考核在市级综合考评中的权重。

【风险隐患防治】

年内完成全市区域性风险评估工作，对17个行业领域的42类主要风险的辨识分析，判定高风险9类，较高风险23类，低风险10类，辨识重大风险源29个，形成《余姚市安全生产主要风险分析及对策研究》，制定风险管控举措，明确风险管控责任。完成112家高危企业安全生产风险辨识评估，判定重大风险企业7家，较大风险企业12家，一般风险企业14家，低风险企业79家。制定《余姚市安全生产综合治理三年行动计划》。推开乡镇（街道）的区域风险辨识评估，完成小曹娥镇的先行试点工作。按期完成省、宁波市、余姚市三级政府挂牌督办的18个重大隐患治理。全市5800余家规模以上企业、高危企业通过宁波市生产安全事故隐患排查治理信息系统上报工作信息，录入率、季报率、一般隐患整改率均居宁波市各县（市、区）前列。围绕7个体系建设和33项工作任务，完成10个重点工程。启动全市火灾隐患重点领域（区域）集中排查治理专项行动，明确以群租房、“厂中厂”、高铁沿线区域和小餐饮业、喷涂行业、塑料原料储存点、沿街（路）小商铺和各类市场为整治重点。

【行业领域监管力度强化】

工矿领域开展矿山、烟花爆竹、“三场所二企业”等行业的专项整治，对468家相关生产经营单位进行了全覆盖安全检查，提升改造102家，转型升级45家，取缔、关闭23家。推进为期3年的危险化学品安全综合治理行动，建立危险化学品安全监管、危化品道路运输监管和油气管道管理3大监管信息平台。建立余姚市职业病防治工作联合工作机制，完成六类行业职业病危害专项治理，启动重点行业的职业危害专项整治。消防领域开展集中整治，对社会单位开展消防检查7535家次，发行政处罚决定书304份，临时查封决定书139份，行政强制执行决定书12份，责令“三停”46家，拘留45人，处罚金额73.71万元。道路交通领域，排查临水临崖高落差隐患路段3万余米，完成80%以上的整治任务。查处各类交通违法67万余起，其中酒驾753起，醉酒309起；查处电动自行车、二（三）轮摩托车、电动三（四）轮车等“三车”交通违法8.6万余起，暂扣车辆7847辆，行政拘留1008人。建设领域，对建筑施工领域关键岗位到岗履职、违法装修行为和危险性较大项目进行重点整治，组织开展4次集中专项检查，检查在建工程项目75个次，发出整改通知单74份，通报批评企业28家次，行政处罚24个，处罚金额350万元。特种设备领域开展安全专项整治，巡查单位481家，重点监督检查单位183家，发出监察指令书87份。其他各行业领域也开展安全专项整治。

【安全生产监管防线巩固】

推动安全生产“双随机”检查制度实施，建立完善重点企业“叠加式”监管制度。2017年，市安监局作出事前监督行政处罚129起，罚没金额112.75万元，事前预防性执法数量同比增加109起。抓好国庆、春节和重大会议等重点时段、重大活动的安全监督检查。为保障党的十九大顺利召开，开展安全生产大检查活动，共排查治理一般隐患13万余个，相关部门对各类非法违法行为作出行政处罚479起（除道路交通），罚款230余万元，通过各类媒体曝光严重违法行为企业17家，停产整顿12家，关闭取缔3家，追究刑事责任1人。依法对10起工矿商贸领域的生产安全死亡事故进行调查处理，对12家事故责任单位、14名事故责任人进行行政处罚，追究刑事责任1人，罚款403.21万元。市安监局与市国土局、市人社局、市公安局等部门联合开展矿山、危险化学品等工伤事故多发行业领域的执法检查。

【各项安全保障落实】

2017年，新增四级标准化企业78家，新增三级标准化企业59家，三级以上标准化企业换证数259家，对2家四级标准化企业实行“摘牌”。以企业为主出资，市政府和各乡镇（街道）出台配套政策，先后投入880万元，委托第三方专业机构为1395家企业在安全检查、安全培训等方面提供技术咨询、专业指导等服务。其中，对37家高危企业投保安全生产责任险。全市近96%的村（社区）安全生产协管员已履职开展隐患协查、信息报送等工作。年内协查企业3.5万余家。推动高危企业安全监管信息平台建设，有11家企业、160余个视频监控接入平台。在小曹娥、滨海园区建立以1支专职救援队，9个应急救援分队和若干重点企业自建应急队伍为基础的化工集聚区“1+9+N”应急救援队伍。初步建立危险化学品市级应急救援监控平台。各地各部门先后组织市级危险化学品泄漏事故应急救援演练、突发性地质灾害应急救援演练、防汛抗台应急抢险演练等活动。安装“智慧式”用电安全监管设备603套，电瓶车智能充电设施867套，独立式感烟火灾探测报警器11万余个。开展全国第十六个安全生产月系列活动，全市超过50万人受到安全教育。安监系统组织培训企业主要负责人4958人，安管员5421人，特种作业人员1620人，其他从业人员近15万人次。创建完成1个国家级、1个宁波市级、5个余姚市级安全文化建设示范企业。完成21个乡镇（街道）安监所星级评定，完成220家重点单位微型消防站建设，完成对21个乡镇（街道）派出所民警的消防监督业务培训。开展22个交管站建设，推动370名交通协管员队伍建设。

（胡　蓉）

6月2日，宁波安监局局长陈强到余姚调研安全生产标准化和社会化服务工作

审 计

【概况】

2017年，市审计局共对30家单位开展审计和审计调查，查出管理不规范金额7.76亿元，挽回损失5.65亿元，向纪委及有关主管部门移送案件线索40件，审计报告得到市政府主要领导批示11次，被采纳审计建议43条，被审计单位制定整改措施101项。内部审计指导工作连续11年获得浙江省和宁波市审计系统考核优胜单位，局机关获余姚市2017年度民主评议机关先进集体。

【财政审计】

对2016年度市本级预算执行和其他财政收支进行审计。主要审计市本级预算执行和市招商局、市商务局、朗霞街道办事处、阳明街道办事处预算执行情况。7月28日，市审计局受市政府委托，向市第十七届人大常委会第四次会议作《关于2016年度余姚市财政预算执行和其他财政收支审计情况的报告》和《关于2015年度审计工作报告反映问题的整改情况》，获全票通过。

【政府投资项目审计】

修订《余姚市国家建设项目审计暂行办法》，单项工程送审额度提高至1000万元，市级项目竣工决算送审额度提高至2000万元。完成工程决(结)算项目357个，送审资金88.6亿元，核减政府投资项目支出6.14亿元。完善政府项目审计管理、投资控制、跟踪审计等方面制度，引入第三方中介机构复核机制,通过复审再次核减工程支出3923万元。加强中介管理，健全建设单位、施工单位、中介机构等多方业务会商制，与协审单位签订廉政合同，进行纪律方面的培训，组织召开协审中介机构负责人业务经验交流座谈会，依法审计，廉政审计。

【政策执行审计】

把促进中央、省、宁波市出台的稳增长、促改革、调结构、惠民生一系列重大政策措施落实作为审计工作的重中之重，开展保障性安居工程跟踪审计、重大项目实施三年滚动推进情况专项审计调查、企业去产能政策落实情况专项审计调查、基本公共文化服务资金专项审计调查、“最多跑一次”政策落实专项审计调查、小城镇环境综合整治行动推进情况专项审计调查6个项目。

【农村审计】

组织开展村级审计项目109个，其中财务收支审计72个，村干部经济责任审计32个，专项审计5个，审计总金额30.83亿元，收回各类款项160万元，挽回直接损失21万元，落实审计整改措施322条。开展乡镇内审项目58个，审计资金总额6.71亿元;组织村级工程结算项目672个，送审金额7.69亿元，核减3835万元。

【内部审计】

加强对全市内审机构的分类指导，组织14期285人次参加各类业务培训。全市各内审机构共完成审计项目2470个，审计资金总额131.07亿元，促进增收节支7.29亿元，采纳审计建议意见1059条，2个内审项目被评为宁波市内审优秀项目，其中1个被评为浙江省内审优秀项目。健全国家审计与内部审计的联系指导机制。市农村集体经济审计中心被评为浙江省内部审计先进集体，徐建汀被评为浙江省内部审计先进工作者，市农村集体经济审计中心、余姚农村商业银行、郎霞街道监察审计室被评为宁波市内部审计先进集体，徐建汀、马剑萍、陈建波被评为宁波市内部审计先进工作者。

【大数据审计】

完善审计大数据平台，实施部门、乡镇、行政村三级联网动态监测，掌握各单位财务运行情况。医保基金专项审计调查项目通过大数据分析核查,市政府召开4次专题会议研究医保整改工作，追回医保基金1400余万元，向公安机关移送案件线索7起且全部立案侦查，4条审计建议写入政府工作报告，推动相关单位出台制度3项。1篇案例入选全省大数据审计优秀案例，2人分别入选省计算机审计专业领军人才、业务骨干人才。

【全市经济责任审计联席会议召开】

3月2日下午，全市第十次经济责任审计工作联席会议召开。会议听取并审议2016年度全市经济责任审计工作情况，确定2017年度经济责任审计项目计划。按照计划，2017年，对8家单位11位市管领导干部开展经济责任审计。

【全市内部审计工作会议召开】

3月16日，全市召开全市内部审计工作会议，各乡镇（街道）、市直有关部门及企业内审机构负责共50余人出席会议。会议总结回顾过去一年工作，通报表彰一批先进集体和先进工作者，全面部署2017年内部审计工作。会上，市内部审计分会常务副会长张焕昌作了工作报告。市审计局局长、内审分会会长何吉忠肯定全市内审工作所取得的成绩，分析了余姚内审因机构改革面临的新形势、新问题，并就再创余姚内审新局面提出工作要求。

【省教育厅审计组开展“中小学经费”专项审计调查】

5月22日至27日，省教育厅对余姚市中小学和学前教育、中职教育专项经费进行专项审计调查。审计调查的内容包括：（一）中小学校收费政策执行情况。（二）学前教育专项经费管理使用情况。（三）改善中职学校办学条件中央补助资金管理使用情况。（四）中职学校学生资助经费管理使用情况。（五）跟踪检查2012年省教育厅组织的全省中小学校经费专项审计调查整改落实情况。

审计组对余姚八中、世南小学、低塘镇中心幼儿园等8家单位的经费使用情况进行抽查，对专项资金的规范使用给予肯定，同时针对财务存在的问题和不足提出意见和建议。

【市人大常委会将审计整改工作纳入预算审查监督办法】

余姚市第十七届人大常委会第五次会议审议通过《余姚市人民代表大会常务委员会预算审查监督办法》，并于10月11日公布施行。《办法》共47条，涉及审计工作的条文9条，从四个方面将审计整改工作纳入预算审查监督范畴。

（毛维益）

统　计

【概况】

2017年，市统计局围绕上级统计部门工作部署和区域改革发展战略目标，坚持“求真求新求精求实求效”五大方针，提供统计监测服务，巩固基层基础建设，推进重大普查调查，管理源头数据质量，落实从严治党要求。

年内参加经济运行监测联席会议，注重向党政领导提供主要经济指标预测、重点领域跟踪分析及区域横向对比分析等个性化服务，根据决策关注重点、热点及时调整分析聚焦点。完善统计专报和数据月报的内容形式，编印《余姚统计》简报3期。运用互联网尤其是微信渠道宣传统计监测分析成果，将分析材料制作成通俗明了的图文解读资料，通过《余姚日报》，“姚界”APP，微信公众号“余姚统计”“余姚发布”“最余姚”等发布。第八届“中国统计开放日”当天，“余姚统计”官方微信公众号正式上线。

【固定资产投资统计】

加强投资数据质量管控，由市府办正式发文在全市开展进一步规范项目投资统计工作的专项行动，出台相应的投资项目入库、数据质量审核等配套细则文件以及事后督察方案，成立以市委督察考核办牵头，由市发改局、市经信局、市统计局组成的督察小组，对全市投资数据质量进行专项督察。市政府召开由各乡镇（街道）、市直各有关部门分管领导参加的会议，传达相关文件精神，布置工作任务，进一步引导乡镇（街道）和部门投资统计工作规范化。

【市情市力重大普查调查】

完成第三次农业普查工作，组织动员2357名普查员、普查指导员和各级普查机构的工作人员，共登记农户16.84万户，农业生产经营单位1444家，规模农业生产经营户1635家，填报21家乡镇表和217个村级表。市统计局被评为第三次全国农业普查省级先进集体。组织开展2017年5‰人口抽样调查工作,全市共涉及12个乡镇（街道)、16个村(社区)共计1707户调查户,对全市各村(社区）基本情况表的人口样本框总数进行数据评估。

【新一轮住户调查样本轮换】

重视样本轮换工作，结合余姚实际制定样本轮换实施方案并由市府办下发《关于认真做好住户调查样本轮换工作的通知》，及早谋划并组织开展抽样框整理、村级单位抽选、调查小区确定、样本户抽选、开户及试记账等工作，选聘村（社区）干部为辅助调查员，完成350户记账户轮换工作。

【社情民意专项调查品牌树立】

连续第12年开展乡镇（街道）领导班子公众满意度调查。2017年，将乡镇（街道）领导班子公众满意度调查经验进行推广并首次开展市政府组成部门公众满意度评价，着重从履行职能、依法行政、办事效率、“最多跑一次”、服务态度、作风形象、勤政廉政等方面内容，探索通过街面拦访、电话调查、微信问卷等方式对25个政府组成部门工作公众满意度进行综合评价，以期建立起一套相对完整的以群众满意为目标的评价体系。组织开展全国文明城市创建问卷调查，配合做好迎检入户调查工作。完成全国党风廉政建设民意调查、全省群众安全感调查、宁波市政府为民办十方面实事调查等多项其他调查任务。

【数据质量监管机制落实】

每季度深入各乡镇（街道）进行调研走访，尤其是对重点行业、重点企业和统计基础薄弱的企业单位开展统计指导。健全数据审核制度，落实上级关于投资、工业、能源、贸易、服务业等重点专业数据质量审核评估办法，确保数据真实准确，防止异常波动。

【名录库建设维护】

继续完善工商、税务、民政、编办等部门名录信息交换比对机制，完成1745家单位的一套表调查单位清查工作。持续跟踪监测新增“准规模”单位，及早将符合条件的企业单位纳入联网直报和抽样调查范围。2017年，通过四上企业月、年度审批纳入一套表字典库新增单位共计198家，年度退出83家，5000万元以上投资项目入库35个，退出38家。全年名录库新增入库1316家，其中法人单位1178家，产业活动单位138家。

【统计执法普法开展】

对60家企业进行稽查，对其中9家单位给予当场警告行政处罚，对1家单位因提供不真实统计资料的统计违法行为给予警告并处罚款人民币1万元的统计行政处罚，该案卷被评为2017年度宁波市统计行政处罚优秀案卷。同时，对2家单位发出责令改正通知书。贯彻落实《中华人民共和国统计法实施条例》，组织基层统计人员参加专题培训班。坚持面对面培训与网络培训相结合的统计教育培训模式，在4个乡镇（街道）以及城区分10期开展统计岗位知识培训班，876人次参加培训。

（市统计局）

交通·信息

公路管理与建设

【概况】

2017年，全市共新建公路33.8千米（含新建农村联网公路29.4千米），改建公路46.54千米（含改建农村联网公路21.54千米），公路建设投资187111万元。截至年底，全市公路里程1983.22千米，其中国道（包括高速公路）124.55千米，省道153.45千米，县道401.62千米，乡道341.81千米，村道961.79千米。按技术等级分有高速公路41.992千米，一级公路196.879千米，二级公路106.108千米，三级公路182.082千米，四级公路1414.158千米。公路密度127.38千米/百平方千米。

全年完成重点工程投资11.3162亿元，为年度投资计划的112.9%，其中，杭州湾跨海大桥杭甬高速连接线工程主体工程基本完工；杭甬高速余慈连接线余姚段（浒溪线K11+000—K12+066）北幅路面基本完工；梁周线拓宽改造工程一期工程主体工程基本完工；胜山至陆埠公路完成项目公司组建并开工；甬余线（姚州大桥至余姚大道段）改建工程、杭甬高速至沿海北线高速余姚连接线一期工程等稳步推进；投资5236万元完成寺慈线、李俞线等41.1千米的大中修工程；投资10145万元改造和新建农村联网公路65.57千米。

提升公路两侧环境。拆除国省道和县道公路沿线全部高炮广告18块，拆除违法建筑387平方米，拆除非公路标志861块，整治马路市场150个，处理赔补偿案件519件，收缴赔补偿款共计41.2万元。

开展安全隐患排查。运输方面，开展专项检查15次，整改落实各类安全隐患59起；公路方面，共排查并整治安全隐患节点413个、隐患问题78处，完成3处市级挂牌督办重大事故隐患路段整治。同时，依托全市辖区公路已建成的127套高清固定监控、15套交通流量观测站、8块可变情报板，全年共收集路网信息1176条，编发处置指令单646份、“每日路况信息”158份。

路政方面，联合执法共查扣违法货运车辆609辆，卸载货物9265.31吨；交警按超载处罚413辆次，对驾驶员的驾驶证扣分共2182分；运政处罚违法改装车辆152辆，责令116辆货车改正违法改装行为，割除加高栏板；城管处罚违法装运渣土车辆 45 辆；农机部门处理农机违规车辆 43 起。超限电子检测设备共检测货车 1042.1 万辆次，检测出超限车辆 22.2 万辆次，经审核后，发出违法行为告知书和信息 24267 封（条），完成非现场执法超限处罚案件 1486 件，路面执法共扣违法货运车辆 545 辆。

运政方面，开展“天网九号”专项整治行动，打击非法营运行为、无危险品运输资质的车辆违规违法运输行为、非法从事客运的“黑大巴”及辖区内非法营运组客窝点等。共开展执法专项整治行动 6 次，出动 54 人次，查扣无证营运车辆 1 辆，处罚“黑车”1 辆、“黑大客”2 辆、危险品车 4 辆，整改落实各类安全隐患 60 起。

完成城区、城乡共 7 条公交线路的优化完善；创新公交运行模式，适时推出定制公交，开通 2 条通勤公交、1 条健康专线和 1 条健身旅游专线；改善候车环境，完成 2 个公交首末站和 329 国道余姚段沿线 50 个公交候车亭新（改）建工作。投放新能源公交车 32 辆。截至 2017 年底，全市公交线路共有 112 条，运营车辆 692 辆，29 个公交站场分布城区和 12 个乡镇（街道），公交出行实现市域全覆盖。同时，加大对公交驾驶员服务质量考核力度，开展文明出行劝导和各类志愿服务活动。

【交通运输部公路局调研组到余姚督导调研】

2 月 21 日下午，交通运输部公路局副局长孙永红一行到余姚督导调研超限超载运输治理工作。调研组一行先后实地考察浒溪线 K16+300（原梁周线收费站段）路面电子称重检测卡口和市公路治超执法大队。

【市首个交通行业 PPP 项目签约】

12 月 22 日，市首个交通行业 PPP 项目，即 G228 陆埠互通及 S319 丈亭互通建设工程（简称胜陆公路余姚段）PPP 项目在市交通运输局成功签约。胜陆公路是宁波市经济社会转型发展三年行动计划重点交通投资基础设施建设项目，也是宁波市“十三五”综合交通规划中的重点交通基础建设项目之一，是沟通宁波杭州湾新区、慈溪、余姚等城市建设发展的重要交通基础工程。胜陆公路余姚段起点为慈溪胜山，路线由北往南跨高铁在 S319 甬余线设丈亭互通，跨过杭甬运河及萧甬铁路后在 G228（古乍线）设陆埠互通，终点接在建杭甬高速陆埠互通，路线全长 9.218 千米，投资概算 25.47 亿元。

胜陆公路余姚段 PPP 项目是余姚市级交通建设史上投资最大的基础建设项目之一，也是余姚市交通行业第一个政府和社会资本合作项目，是交通行业政府和社会资本合作的一个起点。

【九垒山公交首末站启用】

3 月 6 日，九垒山公交首末站正式启用。该公交首末站位于九垒山村委会斜对面，距离旧址约 100 米，占地约 0.11 公顷，于 2016 年 11 月开始建设，站内有营运公交线路 202 路（九垒山—南站），投入公交运力 14 辆，其中 5 辆在站内过夜，共投入资金 80 万元左右。

【泗门镇至小曹娥镇 103 公交线路开通】

7 月 28 日起，泗门镇至小曹娥镇 103 公交线路开通。线路单程 21.2 千米，全程 42.4 千米。线路按照古塘站单向发车，日发 19 班次运营，运营时间为夏令时 6：00—17：10，冬令时为 6：10—17：00。

【新临山公交首末站启用】

12 月 28 日，位于临山镇临临路 81 号的新临山公交首末站正式启用，原临山老站停止使用。新临山公交站占地约 1.13 公顷。临山镇内部区间公

12 月 28 日，临山镇新公交站投用

交和临山镇至余姚中心城区的主干公交网络进行了统筹规划调整，原临山老站内所有5条线路入驻该新公交站。此外，还新增1条公交线路537路（西站—临牟公路—临山）。

【四明东路（城东路—南排江路）道路新建工程完成建设】

四明东路（城东路—南排江路）道路新建工程作为2017年全市打通断头路的重要项目，概算总投资4961万元，全长478米，宽40米，主要建设内容包括道路工程、管线和箱涵工程、道路配套工程（照明、交通设施及绿化工程）。截至12月，沥青路面摊铺完成，照明、交通设施等工程完成建设，正式通车。

四明东路（城东路—南排江路）新建道路

（市交通运输局）

水　路

【概况】

全市境内有定级航道10条，里程共计约45千米。2017年，杭甬运河余姚段航道疏浚项目通过验收；杭甬运河蜀山待泊区养护项目完工。为确保杭甬运河余姚段通航安全，市交通运输管理所严格执行运河巡航管理规定，全年共巡查航道60天次，巡航里程约1400千米。全年水路客运量5341人次，旅客周转量2.67万人千米；货运量9.38万吨，货物周转量1875万吨千米。杭甬运河过境船舶1.3万余艘次，通过货运量323万吨。

（市交通运输局）

铁　路

【概况】

2017年，全市铁路旅客发送596.7万人次，到达597.4万人次；铁路货运发送17.8万吨，到达133.5万吨。截至年底，经停余姚的图定旅客列车143列，其中经停余姚北图定动车组列车125列。2017年余姚北站客运量相比2016年增长了11%，日均客运量近1.4万人次，其中，5月1日客运量29076人次，创历史新高。6月10日，余姚至宁波城际铁路正式开通试运营。境内拥有客运火车站点2个，货运火车站点2个。

铁路北站创新管理机制，成立综合执法大队，新设市交警大队高铁执勤站。4月5日，实施地下停车场新收费标准，地下停车场长期停放车辆减少，盘活现有停车资源。完善交通设施，站南路两侧加装警示桩等阻车设施，站北路增加临时停车位近170个，区域内增添交通标示标牌63块。11月3日，北站区域周边道路违停抓拍系统、地下停车场接送通道等两个工程公开招标，11月7日起进入全面施工阶段。邀请相关专业人士，调研、论证北广场送客通道改造工程。

2017年，铁路北站广场区域发挥余姚市首个志愿服务文化广场的阵地与平台作用，联合其他单位或公益组织联合开展“3•5”市“与爱心同行•做文明市民”、“这个冬天，志愿爱温暖文明城”“12•5”国际志愿者日暖冬关爱行动等14个主题志愿服务活动。全年累计2590余名志愿者报名参加志愿服务活动，累计提供服务时间达15000小时。

【宁波至余姚城际列车开通】

6月10日，宁波至余姚城际动车组开通试运营。城际列车每日开行8对，余姚发往宁波早班车时间为早上6点整，宁波发往余姚的末班车时

6月10日，宁波至余姚城际列车开通试运营

乘客体验宁波至余姚城际列车

间为晚上8点05分，最高时速可达160千米/小时，在途时间约为35分钟。车票票价在浙江省物价局批复基准票价12元基础上，综合客流等其他因素后，执行单程票价10元。列车开行采用地铁运营模式。宁波站和余姚站都安装有进出站闸机，乘客可刷卡进出车站。此外，全市与城际列车对接的公交线路有6条，分别是102路、201路、301路、402路、207路和107路。

（铁路北站综管办）

海　事

【概况】

2017年，海事余姚办事处辖区共有渡口3处，姚江水上营运的公司1家，其他登记的航运类公司3家；登记渡船4艘，年渡运量约3.4万人次；营运的水上公交船2艘，姚江夜游及水上公交乘客约7000人次。全年开展船舶安全检查22艘次，查出缺陷15项，均要求船舶营运前纠正。杭甬运河水上巡航430次，巡航时间1074小时，巡航里程5075海里。杭甬运河蜀山船闸过闸船舶检查3749艘次，客渡船检查260艘次，杭州湾南岸砂石船检查8艘次。全年共出动执法人员1300人次。全年未发生一起交通事故，水上安全形势持续保持稳定。

（海事余姚办事处）

邮　政

【概况】

2017年，余姚市邮政分公司共计实现业务总收入14508.08万元，同比增长5.53%，实现净利润1441.71万元，同比增长31.3%。其中，金融业务收入8344.77万元，较上年增长14.55%。全年储蓄余额新增达10.43亿元；累计实现代理保险系统内保费1.57亿元；理财保有量21.2亿元，全年新增5106万元，基金有效销量累计2061.6万元。包裹快递业务累计实现业务收入2841.38万元，同比增长97.6%。其中快递包裹收入2590万元，标准快递收入143.15万元，国际小包收入60.89万元。函件业务累计完成业务收入632.86万元。集邮业务累计实现收入332.44万元。报刊业务累计完成业务收入861.88万元。

按照中国邮政集团公司制定的《浙江省各市县分公司机构编制调整实施方案》，自2017年7月起，中国邮政集团公司浙江省余姚市分公司机构编制调整，成立综合办公室（安全保卫部、党委办公室）、市场营销部、包裹快递部、渠道平台部、集邮与文化传媒部、运营管理部，原机构撤销。

【远东分拔中心建成启用】

4月9日，投资100多万元的远东分拔中心建成启用，“双十一”期间集包占比与分拨质量位居省内县级处理中心第一位，成为二级中心局。

【“阿里巴巴速卖通中邮余姚仓”正式开通】

5月26日，“阿里巴巴速卖通中邮余姚仓”正式开通。客服能力建设逐步完善，对原有客服人员进行重置分流，采用社会化运作的模式进行整体服务台席外包，处理问题件与赔偿件客服工作。

（赵园园）

信息基础设施建设管理

【概况】

2017年，全市通信网络基础环境继续升级，全市网络基础设施建设投入达27798万元，同比增长12.52%；其中，移动网络建设投入20346万元，同比增长11.20%；光网建设投入7452万元，同比增长16.29%。加快完善基础信息平台及重点信息系统建设，全市共建设完成信息化重点项目22个，投入8100万元。持续推进网络基础设施建设，城镇地区及行政村固定宽带、光网、4G网络覆盖率均达100%，41个小区实现网络基础设施共建共享；完成4G和4G+物理站点1630个，开通800MLTE基站400个、工业物联网基站48个、4G+网络建设基站200个。推进“无线城市”建设，已建成无线热点410个、AP2223个，通过省、宁波免费无线WIFI上网工程检查考核，其中宁波考核核查中余姚列第一。

（市经信局）

大数据建设

【概况】

2017年，市经信局组织召开专题推进会2次、数据采集协调会12次，推进城市大数据平台建设，平台于10月26日正式上线，采集涉及45个部门的各类政府数据1182项，平台数据存储量达53GB，记录数超过4.3亿条。初步编制《余姚市城市大数据平台数据资源目录》，明确各项数据的共享属性和更新频率。启动大数据应用服务于政府决策的调研、设计、开发工作，完成42个部门、56个数据应用的摸底工作，推进市公安局数据碰撞分析系统等14个应用试用，“余姚市死亡人员信息库”等4个应用开发，以及高新技术企业信息核查比对系统等多个应用调研设计。启动全市数据资源共享平台建设和政务数据资源目录梳理工作，制定相关建设方案。

（市经信局）

智能经济

【概况】

4月20日，国内影视设备、文体设备生产龙头企业浙江大丰实业股份有限公司在沪市主板上市。6月15日，宁波江丰电子材料股份有限公司成功在A股创业板挂牌上市。金盾电子、伟立机器人登陆新三板。发力主抓机器人产业，发挥宁波智能制造研究院和塑料研究所产业支撑作用，攻克国家机器人产业发展规划确定的十大标志性产品中的七项。由宁波市智能制造产业研究院打造的全省首个机器人体验馆建成开放，体验馆共设11个主题展厅，展出的机器人80%由宁研院自主研制生产。浙江大学机器人研究院、中科院创新协同体也相继挂牌成立。宁波芯路通讯科技有限公司成功研发国产汽车MCU（微控制器）第二代芯片。

【首届全球智能制造创业创新大赛举行】

2月21日，中国·余姚首届全球智能制造创业创新大赛启动。大赛历时4个月，在全球范围内搜寻新材料、先进制造、节能环保、智能制造、可穿戴设备、医疗器械、物联网等领域的优质项目，获胜者最高可获得2000万元的政策“红包”。大赛吸引115个海内外高层次人才项目参与，以全球路演中心远程选拔和现场路演选拔相结合的形式，通过欧洲（意大利）赛区、北美（亚太）赛区两场视频路演以及德国现场选拔赛，选拔出12个优质项目进入总决赛。总决赛于5月15日举行。

【车用控制器芯片成功研发】

6月，国产汽车MCU（微控制器）芯片由宁波芯路通讯科技有限公司研发成功。宁波芯路通讯科技有限公司的科研团队以美国硅谷高层次留学归国人员为主，团队的领头人是国家“千人计划”特聘专家秦岭博士。创办两年多来，该公司已成功申请专利20余项。其首颗车用传感器芯片（XL3600）和首颗汽车控制芯片（XL6600）均已试生产，各项性能达到国际先进水平。该项目已被列为宁波市“中国制造2025”重点项目。此次，芯路通信车用MCU芯片的成功研发，填补了国内自主知识产权车用控制芯片领域的技术空白。

（市经信局）

电信业

【中国电信余姚分公司】

2017年，中国电信余姚分公司累计完成税后主营业务收入40062万元（国内口径），完成率居本地网各县（市、区）分公司第六位。截至2017年底，固定电话用户21.94万户，新增0.81万户；移动用户29.90万户，新增11.55万户；宽带用户25.10万户，新增3.86万户；ITV（网络电视）用户12.04万户，新增3.89万户。

年内加快城市信息化网络基础设施建设，累计完成网络投资7200万元。其中完成光网建设方面投资3200万元，光接入能力达72.5万线。波分100G设备城南、泗门完成建设，实现端到端万兆业务互通。安装调试30个点位的中兴皖通接入层汇聚设备，解决高速率政企业务接入问题。年度共完成无线项目投资4000万元。完成4GLTE五期项目，为宁波市首个，共安装开通800MLTE基站400个。持续做好1800MLTE基站的安装开通工作，其中，4G+网络建设基站200个，主要分布在城区及中心乡镇，覆盖面积约60平方千米，所有基站全部投入运行。同时，建设了350个物联网（NB-IoT）基站，覆盖全市的首张物联网（NB-IoT）基本搭建完成，为城市信息化建设提供了网络保障。

3月底，由电信承接的“12345”政务服务整合热线正式开通上线。电信承接了台席、系统、人员等全方位的服务外包。开通10个月，整合21条政务热线中的18条（除人社、公积金、司法援助），达到省政府规定要求。截至12月底，接听市民来电近4万次。

从6月开始，中国电信余姚分公司按照市委市政府、市公司关于小城镇环境综合整治的具体要求，对责任片区的“线乱拉”现象进行专项治理。其中，泗门镇、朗霞街道、梁弄镇、大岚镇、四明山镇、鹿亭乡6个乡镇街道在2017年完成线路的“上改下”整治任务，并顺利通过考核验收。

（周　园）

【移动通信】

截至2017年底，中国移动余姚分公司通信用户达到100万户，累计净增用户5万余户，运营收入同比增长1%以上。累计净增份额100%，日通份额较2016年底提升0.5个百分点，实现日通份额连续三年提升，且提升幅度位居地区第二。分公司流量同比增长1倍以上，改善度处于地区第三。为进一步提升用户流量收入，提升户均流量，分公司重点以2G/3G迁移、沉默用户激发、流量包提档、高流用户新增占比提升、大视频软件安装活跃、各类免费流量资源叠加利用等措施，提升上网用户流量渗透率，流量包使用率。

年初开展一系列“外来务工市场系列营销活动”，从营业、渠道、集团、社区等通道做好新增市场的营销服务工作。围绕实名一体化工作，通过提升高流放号占比，严格把控渠道双零一低比例，加大末梢渠道铺卡力度，提升新增用户质量与数量。年初成立直销团队，家庭全业务快速提振，特别是有线宽带新增，持续保持超份额发展，各项衍生业务带动均创历史新高。直销团队获得2017年度市公司“虎跃奖”，即年度综合第二名。年内围绕专线收入提升、紧盯ICT项目和教育转型升级，年度通信与信息化收入完成排名地区第六。统付收入提升明显。年初进行投诉梳理查找网络问题，针对一些老小区、楼宇高层、四明山山区等投诉热点难点专门成立建设创新工作小组。以小微站点模式，如小区广告、高楼美化对打、山区H杆体、室内小系统等解决一大批难点和热点。9月，提前完成4G+一号工程，获“疑难基站劳动竞赛”一等奖。

（中国移动余姚分公司）

【联通余姚分公司】

2017年，中国联合网络通信有限公司宁波市余姚分公司下辖9个营业厅、7家员工/社区沃店、3个区域营销中心、4个中心部门（公众销售支撑中心、综合支撑中心、建维中心、政企客户营销中心），共有员工110余人。4月7日，在“2017互联网+智慧互动课堂教育教学应用论坛”上，余姚联通总经理张正明与余姚市小曹娥镇中心小学就智慧校园项目进行现场签约。5月4日，成功中标市卫生计生局专网备用光纤项目合同。9月29日，成功中标余姚市双溪口水库启闭机控制系统更新改造工程。12月24日，余姚联通召开物联网平台展示推介会，共约60余家企业的信息化领导参会。

2017年，联通余姚分公司推进多层级渠道体系建设，加大流量宣传，继续强化网络规划、优化、整治、保障和管理工作，各个通信工程建设项目按计划顺利推进，支撑响应能力和网络质量进一步提升。年内，余姚联通配合各级部门抓好小城镇环境综合整治“线乱拉”的专项治理工作，对道路改造和新建重点工程管线改迁工作加强规划与管理，在各类项目投资工作中，提高前瞻性、计划性和有效性，提升项目管理与投资决策水平。

（联通余姚分公司）

城乡建设·环境保护

城乡规划

【概况】

2017年，市规划局推进乡镇总体规划修改完善工作，批准的乡镇总体规划达到13个。全市14个建制镇启动34个区块控制性详细规划的编制工作，其中14个区块获得市政府批准实施，13个区块通过规划评审。全市新一轮启动村庄规划171个，其中140个村庄规划获得市政府批准实施，22个村庄规划通过规划评审，启动村庄规划覆盖率达98%，批复率达82%。推进村庄设计试点工作，棠溪村被纳入2017年宁波市村庄设计试点名单。城区四街道的9个编制单元约25平方千米控制性详细规划获得市政府批准实施；西货站、老方桥、阳明西拓等9个编制单元约25平方千米控制性详细规划完成评审；启动5个编制单元约8平方千米控制性详细规划编制工作。

推进重点地区规划的优化提升工作。中意（宁波）生态园和滨海新城总体规划完成修编，并获得市政府批准实施；浙江“千人计划”余姚产业园总体规划通过市城市规划委员会审议；完成机器人小镇、智能光电小镇和模客小镇的城市设计工作，并组织开展机器人小镇、城西工业园一期、模客小镇编制单元控制性详细规划编制工作。

深化完善“多规融合”成果，建立全市“多规融合”一张图和分级控制线管控体系。优化调整基本农田控制线、城镇建设用地控制线以及绿线、蓝线、紫线等控制线体系。深化落实《余姚市环境功能区划》和“多规融合”有关要求，加强生态功能区的分级分区保护，组织开展市域1∶2000生态保护红线划定工作，规划方案通过专家和部门论证。开展教育设施、停车场、海绵城市建设、地下综合管廊等专项规划编制。泗门、临山等镇开展天然气、消防等专项规划的编制工作，大岚、梁弄等镇开展旅游设施专项规划的编制工作，其中大岚镇旅游设施专项规划获市政府批准实施。

在制定《余姚市小城镇环境综合整治行动工作方案》的基础上，组织完成17个小城镇环境综合整治规划的编制工作。其中马渚镇小城镇环境综合整治规划方案获评“省小城镇环境综合整治规划优秀规划”。

开展余姚市历史文化名城保护规划和府前路、

武胜门历史文化街区保护规划的报批工作，完成省级有关部门的意见审查。保庆路历史文化街区保护规划通过市城市规划委员会审议；临山历史文化名镇保护规划以及柿林、金冠、中村历史文化名村保护规划通过省市部门及专家联席评审；浪墅桥、晓云历史文化名村保护规划通过市县部门及专家联审。建筑修善类项目中，调整后的中峰庙、成之庄修缮工程完成竣工验收。

全面完成历史建筑普查工作，通过普查确定全市域历史建筑共计588处，其中首批普查确定132处，第二批普查确定456处，并征求完成首批推荐的30个建议名单所在街道社区（村）以及产权人意见。加强对临山镇、柿林村、中村、金冠村等第五批省级历史文化名镇、名村的宣传，组织开展“访名村、记乡愁”大型主题活动，组织学生、市民代表访名村、走名镇、游名城。五车堰村成功申报省级传统村落。

【市首个小城镇环境综合整治规划通过评审】

2月10日上午，市小城镇环境综合整治行动领导小组办公室召开余姚市大岚镇小城镇环境综合整治规划的评审会议。会议认为，《大岚镇小城镇环境综合整治规划》结合大岚镇自身现状，对小城镇的环境卫生、城镇秩序和乡容镇貌等三方面进行分析，并提出相应的整改措施及任务分配，规划内容全面详尽，特色和亮点突出，工作措施切合大岚实际易于实施。会议原则同意通过评审。这是全市第一个小城镇环境综合治规划。

【市公共文化中心再造余姚新地标】

7月20日，市公共文化中心设计方案通过市城市规划委员会审议。市公共文化中心位于市中心区，地处三江口，姚江北侧，侯青江东侧，南临北姚江路，东临城东路，周边三山（玉皇山、蛇山、龟山）环绕，总用地面积5.7万平方米，总建筑面积77000平方米，其中地上面积52000平方米。其中，剧院约9000平方米，观众容量1200人；公共图书馆约10000平方米，按国家一级图书馆设计，馆藏图书80万册以上；文化馆包括姚剧保护传承中心10000多平方米；活动中心约11000平方米，含职工、青少年、妇女儿童活动中心和文化教育培训中心；文化配套7000多平方米，包括影院、食堂和商业用房等。该项目被列为2017年余姚市重点建设工程，总投资约6亿元。

（市规划局）

测绘与地理信息

【概况】

2017年，全市测绘与地理信息工作围绕“五位一体”总体布局和“四个全面”战略布局，推进行政审批制度改革，提升测绘依法治理能力，丰富基础地理信息资源，夯实测绘与地理信息工作基础，推动测绘地理信息成果社会化应用，提升地理信息公共服务水平。

年内首次采用“双随机”方式组织开展年度测绘资质巡查和测绘成果质量监督检查等工作。对测绘单位资质状况、质量体系运行情况、测绘成果档案及保密管理等内容进行抽查，要求测绘成果使用单位加强保密管理，及时做好使用完成后涉密测绘成果的销毁工作，并抽取5家测绘单位的部分测绘成果委托浙江省测绘质量监督检验站进行成果质量监督检查，并通报检查结果，加强测绘与地理信息行业监管工作。

【基本建设项目联合测绘推进】

制定发布《余姚市基本建设项目联合测绘实施办法（试行）》，将基本建设项目竣工验收环节中的规划检测测量、土地勘测定界、房产实测绘等合并为一个包，由一家测绘单位实施，利用联合测绘的“加法”实现基本建设项目在办理时间和测绘收费中的“减法”。

【“问题地图”专项检查开展】

制定并印发《余姚市全覆盖排查整治“问题地图”专项行动工作方案》，在全市开展全覆盖排查整治“问题地图”专项行动。重点针对危害国家统一、主权和领土完整等严重问题的地图，存在危害国家安全和利益等严重问题的地图，以及不符合地图管理有关规定的地图和行为进行检查，检查涉及各级政府、重点企业网站、微博、微信公众号，地球仪生产企业、图文广告公司、新闻出版单位、书店、博物馆等区域。

【1∶2000地形图测绘全覆盖首次完成】

实施全市域1∶2000地形图测绘项目。结合农村土地经营权调查工作，开展平原地区约1000平方千米1∶2000地形图测绘。为尽快形成全市1∶2000地形图全覆盖，组织开展南部山区约380平方千米1∶2000地形图测绘。上述两项工作的实施，实现全市除杭州湾水域外的1∶2000地形图全覆盖。

【宁波市2000坐标系启用】

5月，余姚市启用宁波市2000坐标系。根据《宁波市2000坐标系启用实施方案》，制定《余姚市启用宁波市2000坐标系工作实施方案》，加强与宁波市规划局的技术对接，组织完成各类控制点、基本比例尺地形图、航空航天遥感影像、基础地理信息数据库等数据的坐标转换工作。

（市规划局）

住房和城乡建设

【概况】

2017年，市住建局围绕省建设厅、宁波建委工作要点，按照市委、市政府提出打造“二区三城”的工作要求，突出“产城融合、城乡统筹、上下协同、形神兼备”建设理念，把握民生工程和行业管理两个抓手，提升城市综合承载能力和服务水平。

【工程建设】

道路工程　年内市住建局推动8项道路工程的建设，其中四明东路（城东路—南排江路）等6条道路完工，四明西路西延工程二期（郭相桥中路—直江路）等一批工程继续推进。结合城市交通拥堵治理工作，完成城区三路口改建工程，新增专用停车位2151个，改建老小区停车位108个。牵头抓好闲置地块利用，新增临时停车场11个，停车位927个。完成海绵城市和地下综合管廊建设专项规划，并通过市政府审批。

治污排涝工程　借助“剿灭劣V类水”专项行动，牵头做好中山河治理工作，完成城西工业园区污水总泵站、城区污水收集系统五期工程、小曹娥城市污水处理厂等一批工程建设。推进梁周线污水管道改造工程、侯青江区域污水纳管工程等工程建设，基本完成中心城区排涝工程二期等一批排涝工程建设。

老小区改造　启动老小区新一轮改造。舜南新村和南园新村完工，舜北四小区、长新新村、子陵新村三个小区全面施工，下菱北小区、东园新村等做好前期准备工作。

市政工程　新增公共自行车站点8个，总量达153个，实现租用量150余万人次，日均租用量约4300次。完成南雷南路、谭家岭西路等重要路段绿化改造与提升，完成城区各类绿化补种修复50万平方米，加快姚江公园、蛇山公园的建设。路灯亮灯率和设施完好率均在99%以上，完成城东路、北环路等路段1200余盏LED路灯改造。

代建工程　2017年，市住建局公建中心承建项目29个，其中完工项目12个，在建项目7个，新增项目10个。机器人峰会场馆二期工程、府前路北侧地块改造一期项目、牟山湖安置房二期等项目完工；兰墅三期二区块安置房项目加快推进；建工服务中心、第二人民医院、市中医医院进行装修；市人民医院肿瘤治疗中心新建工程、第三中心粮库等进场施工。

【行业监管】

市政公用行业　加强供水行业、燃气行业监管工作及市政公用设施的管护工作，启动中高层住宅二次供水试点工作。做好污水纳管和批后监管工作，全年发放排水许可证462份，对17家存在违规排放行为的排水户发放整改通知书。

住房保障　建立起以公共租赁住房为主体，经济适用住房和限价房为辅的多层次住房保障体系，实施购租结合、实物购房和货币补贴并举的保障方式。全年发放公租房租金补贴376.46万元，新增经济适用房货币补贴15户，另外还通过转性方式完成公租房消化1430套的任务。

房地产业 加速推进绿城、恒大、碧桂园、星光等一批品牌房企居住项目建设工作，加强周边配套设施建设，打造一批品质宜居区块。继续抓好市场监管工作，2017年商品住宅销售面积为90.75万平方米。受棚改推动，二手房住宅交易件数和面积分别同比增长25.3%和25.5%。全年城区和乡镇新建普通商品房成交均价分别为11241元/平方米和5670元/平方米。

建筑行业 市住建局组织开展安全生产专项检查6次，检查在建工程项目144项次，发出整改通知单114份。对个别房产项目未批先建以及桩基肢解发包的违法行为进行查处，做出行政处罚19项次，处罚金额290万元。做好新型建筑工业化工作，组织完成评审项目20个，认定的装配式面积约28.19万平方米。以中央环保督查为契机，基本完成9座黏土砖瓦窑淘汰工作。

城乡危旧房治理 完成排查农房20余万户，约3262.4万余平方米，农村D级危房66户全部完成腾空改造治理。完成241幢丙类房屋的治理改造任务，基本完成宁波市在册C、D级危房的实质性解危工作。完成成片危旧房改造面积24.29万平方米，超额完成考核目标。

村镇建设 协调抓好三个专项工作推进：做好小城镇环境综合整治相关工作，首批达标乡镇127个项目全部启动，第一批6个乡镇通过省考核验收，其中泗门镇被评为省级样板，梁弄镇被评为中国特色小镇；开展美丽县城创建工作，完成投资96.14亿元，为年度投资目标的106%；推进“三居”（安居、宜居、美居）专项行动，完成10个重点改旧村的改旧设计工作并通过评审，3个村庄设计方案分别获得宁波二、三等奖。

【双休节假日商品房网签备案服务推出】

1月1日，市房屋交易服务中心推出“双休、节假日到岗”商品房网签备案服务。该项服务时间为双休日、节假日（春节除外），中心设专人值守，为各房地产开发企业销售人员提供答疑解惑、办理商品房买卖合同网签备案等服务。信息科工作人员坚持每日（包括双休日、节假日）对商品房买卖合同、存量房转让合同备案件数、建筑总面积进行统计，并于每周五对全市商品房库存量进行更新与分析。

【市公建中心一批学校项目正式交付】

8月29日，由市公建中心承建的朗霞成职校工程正式移交使用，标志着市城区2017年新增加两所新学校——云河绿洲幼儿园、朗霞成职校。至此，市公建中心承建的一批学校项目均已交付。

余姚中学新建教学楼、余姚八中新建教学楼两个项目在8月上旬完成交付；云河绿洲幼儿园项目在8月中旬完成验收；朗霞成职校项目于8月中旬完成竣工验收。

【存量房交易成功对接宁波市房产市场监管服务平台】

10月，全市存量房交易成功对接宁波市房产市场监管服务平台。该平台具有一体化、真实性、可靠性、共享性等特点，发布的房源均系通过核验的真实房源（带核验码），房源动态自动更新；中介机构及人员受到监管，信用和行为得到公示；交易信息与地税系统“联网共享”，在完成存量房交易合同网签备案时，相关信息将自动传送到地税部门，大幅缩短群众办税时间。

截至9月底，全市68家房产经纪机构已经完成机构备案，具备存量房网签资格。备案经纪机构经过网签培训后，能对居间成交的房屋交易在新系统进行网签备案。此外，市房屋交易服务中心在市行政服务中心设立自助网签服务点，为经纪机构存量房网签提供咨询服务。

（市住建局）

建筑业

【概况】

2017年，全市建筑业总产值140亿元，省外建筑业产值15亿元。获浙江省建设工程钱江杯奖（优质工程）4项，获浙江省建设工程钱江杯奖（优秀勘察设计）2项，获宁波市建设工程结构优质奖1项，获宁波市甬江建设杯优质工程奖1项，宁波市建设工程优秀勘察设计奖9项。

2017年初，发布建筑业发展工作领导小组文件内容，由分管副市长为组长，市政府各职能部门为成员单位。起草并由市建筑业发展工作领导办公室正式发文《关于印发2017年度余姚市建筑业发展工作目标责任分解的通知》，明确各部门的职责和考核内容。根据《余姚市建筑业转型升级做大做强扶持政策实施办法（试行）》文件要求，于3月初开展2016年度全市建筑业企业做大做强、创优获杯和资质晋升奖励申报工作，12家建筑施工企业获得做大做强补贴190万元，5家企业获得建筑业发展专项资金奖励34.25万元，共计建筑业奖励金额为224.25万元。

做好关于宁波市建筑业人才培育经费补贴申报工作，推动市建筑业企业参与人才培育和人才引进工作。16家建筑企业申报2016年度人才培育、人才引进经费补贴通过审查，合计下发5.4万元财政补贴。评选2017年度建筑业先进企业32家，涵盖勘察设计、施工、监理、检测等企业。对本地建筑业企业争创地市级及以上优质工程的企业，给予资金奖励。

年内，与市金融办、市发改局和市公共资源交管办共同下发《关于转发宁波市金融办 宁波市住建委 宁波市发改委 宁波市交管办 宁波市保监局关于开展建设工程综合保险试点工作的通知》，按照上级要求执行担保制度，市建设工程综合保险包括工程投标保证保险、建设合同履约保证保险、建设工程质量保证保险和建筑业企业人工工资支付保证保险4个险种。

宣传培训新版资质标准，对接做好技术工人培训工作，对当年培训技术工人取得中级工及以上证书并在浙江省建筑市场监管与诚信信息系统注册的给予企业500元／人的补助，为企业资质升级及换证落实人员做好准备。做好浙江省建筑市场监管与诚信信息平台基础数据的输入工作，审核通过企业134家，人员信息2400余条。借用市建筑业企业协会平台，为建筑业企业与小额贷款公司牵线搭桥，帮助企业解决融资难问题。推进装配式建筑工作，在浙江捷城建筑科技有限公司召开装配式建筑现场观摩会。

2017年，推进建筑施工现场项目部关键岗位人员脸部识别考勤。新项目开工前需完成施工和监理项目部关键岗位管理人员人脸信息的录入。对企业施工现场关键岗位人员人脸识别考勤情况进行不定期通报，对部分不按要求进行人员到岗考勤的企业，列入重点监管名单。共计通报表扬42家次，通报批评24家次。

（市住建局）

城市投资建设管理

【概况】

2017年，宁波舜建集团有限公司共借款59.60亿元，归还到期借款51.76亿元，支付利息及财务成本等9.96亿元，收入10.99亿元。全年共投入城建资金10.06亿元，其中拨付市政工程款4.51亿元，安置房等工程款3.79亿元，区块开发、征地拆迁款1.76亿元。截至年末，集团公司合并总资产367.08亿元，净资产117.72亿元，资产负债率67.93%。全年公开拍卖住宅48套，面积6459平方米，商铺10套，面积3857平方米，回笼资金5615.70万元。推出7个安置房小区共619套房源，用于山后新村、山西新村（二轻宿舍）、花园新村、凤山新村4个棚户区改造项目。截至年末，已累计销售住宅138套，面积12902.2平方米，商铺4间，面积272平方米，收入10766.7161万元。

2017年，集团公司下属市政公用企业供水8231.23万立方米（市自来水公司4354.63万立方米，市第二自来水公司3876.60万立方米），管网水水质综合合格率平均为99.92%（市自来水公司99.98%，市第二自来水公司99.86%），水费回收率平均为99.31%（市自来水公司99.84%，市第二自来水公司98.77%）；供气4858万立方米，气费回收率99.68%，新增通气用户7973户；污水收集量5961万吨，再生水售水量56.40万吨，处理工业废水2213.30吨。天然气公司在建项目17项，完成投资1789.55万元。其中，新建工程在建项目8项，完成投资521万元；续建工程在建项目9项，完成投资1268.55万元。敷设天然气主干管10千米，庭院管15.035千米。老小区改造完成1022户。

西南组团完成全民健身中心北侧地块约5.76公顷土地，开丰路西侧、南兰江路南侧地块约7.72公顷土地移交。府前路北侧地块改造一期项目完成总工程量的45%。黄山公园周边区块（兰江街道三凤桥、谭家岭村）完成调查摸底，制定拆迁计划，编制征收、拆迁安置的概算。

姚西北供水干管联网工程完工投用，累计完成投资1.59亿元，铺设自来水管道约26.2千米；马渚、渚山水厂新建污泥脱水系统工程完工，进入试运行阶段；姚东水厂及原水管网铺设工程，2017年完成投资2500万元，累计完成投资约2.6亿元；完成姚东水厂土建标段结算审计和工程款支付，完成自控工程验收、水厂设备调试等工作，供水管道工程Ⅰ标段（河姆渡段）、Ⅱ标段（三七市镇、千人产业园、Ⅳ标段（丈亭镇）已全部完工，Ⅲ标段（三七市镇、丈亭镇）剩余0.3千米；姚东五镇配水管网及一户一表改造工程，推进工程相关工作；南兰江路（开丰路—梁周线）DN1000原水管道安装工程，完成实施方案批复、规划许可证等前期手续办理，完成工程招标和合同签订，正在办理施工许可证；东环北路（子陵路—北环东路）DN1200给水管道安装工程，完成现场踏勘、估算、招标形式的确定，设计招标、地下管线测绘、水保审批、规划选址、项目建议书批复等前期工作，进行初步设计。梁弄镇环湖截污工程完成竣工验收，完成投资3045万元，铺设管道28千米。

【原余姚城投集团有限公司整合重组为宁波舜建集团有限公司】

根据《余姚市市属国资国企整合重组及管理体制改革实施方案》文件精神（余党办〔2017〕87号），余姚城投集团有限公司将整合重组为宁波舜建集团有限公司。宁波舜建集团系国有法人独资企业，有下属子公司3家、二级子公司6家、控股公司2家、参股公司4家、托管公司1家。至2017年底，合并总资产达367亿元。集团公司秉承“投资城建、福荫百姓、经营城市、共筑家园”的企业宗旨，坚持着眼盘活存量、做优增量、主动减量、激发能量，以转型促发展，致力于打造集投资、融资、开发、建设、经营“五位一体”的国有资本投资运营模式，成为城市开发建设运营商、国土资源整备开发商、城市公共服务提供商和国有资本投资运营商。

【市首单40亿元中期票据和永续中票成功注册】

4月28日，集团公司下属余姚市城市建设投资发展有限公司首单中期票据和永续中票同时通过中国银行间市场交易商协会审批，40亿元中期票据成功注册，是全市首家获得中期票据注册成功的公司。市城投公司此次中期票据无担保，注册额度自《接受注册通知书》发出之日起2年内有效，其中20亿元中期票据由兴业银行股份有限公司和中国工商银行联席主承销，5年期；20亿元永续中票由国家开发银行和中国光大银行联席主承销，5+N年期。8月，成功发行中期票据一期5亿元，票面利率5.13%；9月，成功发行中期票据（永续）一期5亿元，票面利率5.93%。

【15亿元面向合格投资者公开发行公司债券成功发行】

2017年，完成城投公司15亿元面向合格投资者公开发行公司债券的发行，分三期，限期五年，每期5亿元。第一期于3月22日发行，票面利率为5.18%；第二期于7月14日发行，票面利率为

5.2%；第三期于11月6日发行，票面利率为5.47%。

【全市首个采用BT模式建设的安置房项目正式交付】

2017年9月，兰墅公寓三期安置房正式展开交房工作。该项目由集团公司下属余姚市城市建设投资发展有限公司开发，省建设投资集团有限公司承建，是余姚市首次采用BT建设模式投资建设的安置房项目。项目建成小区位于兰江街道兰墅村，姚江小学以东至河道，总建筑面积180473平方米，共建住宅1064套、商铺21套、地下车位955个、地下储藏室1064间以及配套设施用房等。项目总投资10.5亿元，自2012年11月开工建设，并于2016年年底顺利通过综合验收。截至2017年底，已交付住宅841套，地下储藏室841间。

（宁波舜建集团有限公司）

城市拆迁安置

【概况】

2017年，全市共计完成房屋征迁面积54.2万平方米，签约户数4584户。其中上年度延续项目完成签约面积28.3万平方米，签约户数2347户。新启动项目完成签约面积25.9万平方米，签约户数2237户。高铁新城核心区块一期、剑江村中下河江区块、花园新村地块危旧房改造项目、山后新村地块危旧房改造项目、谭家岭村区块改造工程（史家地块）、城西工业园拆迁征收工程三期（老黄家、白墙门）、牟山湖休闲度假区二期新富区块等22个地块均已全部完成签约。

年内全市开展房屋拆迁（征收）“清零”专项行动，包含剑江村下木桥自然村南地块、杭甬高速公路杭州湾跨海大桥连接线方桥互通、白山头二期地块（集体部分）、兰墅桥村区块、城区实验高中配套道路、城西工业园等共计16个房屋征迁项目，总“清零”目标任务320户，约9.6万平方米。全年共计完成“清零”项目13个，完成户数299户、约8.7万平方米，腾出发展空间约179.13公顷。

2017年，全市新启动危旧房改造项目3个，分别为凤山新村1号至6号地块、原余姚中学周边区块、山西新村书城西侧区块、新西门路区块，涉及户数1886户，面积10.97万平方米。其中凤山新村1号至6号地块均已完成签约，1号地块签约率为99.71%（剩1户），其余五个地块签约率均为100%；原余姚中学周边地块签约率100%；山西新村书城西侧地块因被征收人同意征收“意愿征询率”未达90%，征收工作已终止。

成立余姚市城中村改造工作领导小组，明确2017—2020年改造计划。2017年，城中村改造拆迁项目共计完成签约180户60798平方米，其中调产安置户数154户54907平方米，货币安置（包括房票安置）35户5891平方米。

全年共计调配安置房2247套，面积24.4万平方米；做好闲置房源收回工作，总计收回住宅现房493套，面积4.8万平方米。加强安置房源动态管理，与市城投集团有限公司共用安置房源管理系统，实现北辰雅苑、白鹂江景、方圆人家、兰墅公寓三期等25个安置小区的动态数据共享。

【房屋征迁“清零专项行动”首个项目完成】

3月2日，随着第46户被征迁户签字同意，杭甬高速杭州湾跨海大桥连接线方桥互通项目顺利完成征迁工作，成为全市2017年房屋征迁“清零专项行动”中首个完成“清零”的项目。杭甬高速公路杭州湾跨海大桥连接线方桥互通项目位于阳明街道西街村后孙自然村、中严巷自然村，涉及被征迁户46户。2016年下半年，该项目征迁工作正式启动，阳明街道成立征迁领导小组，通过入户调查、政策宣传、征迁方案答疑等准备工作，确保征迁工作顺利推进。

（金晓倩）

城市秩序整治管理

【概况】

2017年，余姚市中心城区网格化管理模式继续深化，市综合行政执法局（城管局）城区各中队按照网格勤务管理“七定”模式开展工作，通过“延时增量”方式，在“早中晚”等重点时段对重点区域加强管理，全年共计办理一般程序案件853件，开展各类整治行动530次，抄告违停车辆29304辆次，开展日常劝导35585次。

3月起，全市启动“保洁保序保畅通”专项行动。环卫保洁工作开始实施定人、定时、定点、定责分段保洁制和分段管理制，实行第三方考核模式。洒水、机扫频次提升，做到一、二类道路不少于每天2次，三类道路不少于每天1次。所有环卫车辆全部安装GPS定位系统，并落实持证运输、持证上岗及定期检查和通报制度。垃圾分类收运体系初步形成，获评宁波市城管环卫系统垃圾分类工作先进。

4月起，由城管与交警合作，对城区10条重要路段开展常态化联勤执法工作，以劝导、抄告相结合的方式，对车乱占道、车乱开乱停等行为进行严管，全年共查处人行道违停5720起。

5月，制定出台《城市建成区非法小广告源头清理整治工作方案》，确定以联合打击查处制“癣”窝点为主的长效机制，开展整治行动，由综合执法部门与城区四街道分工合作，对非法小广告清理实现“无缝”对接。全年共处理非法小广告乱张贴等行为467起，责令自行改正194起，停机215起。

8月下旬，由市政府组织成立全国文明城市创建市容秩序联合整治领导小组，下设办公室，并组建由综合执法、公安、交警、市场监管、环保、农林、商务7部门共计43人参与的联合执法中队，对中心城区57平方千米范围内8米以上主干道街容秩序开展联合整治行动，重点打击“一跨十乱”（跨门营业，乱设摊、乱设置、乱吊挂、乱堆放、乱停放、乱派发、乱占道、乱挖掘、乱搭建、乱倾倒）现象，将以往间歇式、单兵作战式的整治工作转变为长效化、持续性、高强度的“地毯式”联合整治行动。全年共向城区内各临街单位、商户（房东）发放告知书10万余份，开展联合整治行动229次，参与人员7800人次，整治各类违法违规行为6330起，实施证据保存5597件，行政处罚7388起（含违停抄告）。

【“我为城市洗把脸”志愿者清爽行动启动】

2月19日，“我为城市洗把脸”志愿者清爽行动暨“擦亮城市”环卫摄影比赛活动启动仪式在新建公园举行。活动以“不乱丢、随手捡”为主线，组织志愿者参与道路清扫保洁、环卫设施大清洗、白色散落垃圾捡拾、城中村居住小区卫生等五大清爽行动。截至9月30日，活动吸引来自小强志愿、长三角公益、城管义工等团体的2000余名志愿者参与，并收到摄影比赛参赛作品300余份，其中50份优秀作品于新建公园展出。

【桐张岙垃圾填埋场渗滤液改造工程动工】

2月27日，桐张岙生活垃圾填埋场渗滤液处理设施提升改造项目正式启动。该项目于2014年获得市政府批复，旨在解决渗滤液排放水质化学需氧量、氨氮含量不稳定的问题。项目主体设备采用的是美国进口技术，于9月15日进场安装，11月15日设备安装完成。附属工程于9月27日完成招投标，11月13日强电外线接入，11月23日配电箱、变压器安装完成，12月7日成功通电。质检部门于11月28日到现场对项目进行验收，并于12月13日出具验收合格报告，项目正式投入试运行。

【综合行政执法改革首批划转事项公布】

参照浙江省委、省政府关于深化行政执法体制改革的实施意见，对综合行政执法改革划转事项进行梳理，共梳理出452项首批划转的行政处罚事项和适用法律依据清单，市政府于9月29日发文公告，市综合行政执法改革职能划转正式启动。

（市综合行政执法局）

2月19日，“我为城市洗把脸”志愿者清爽行动暨“擦亮城市”环卫摄影比赛活动启动仪式举行

环境保护

【概况】

2017年，市环保局以建设现代化创新型生态城市为目标，以中央环保督政和省环境保护专项检查为契机，以提升全市生态环境质量为主线，推进生态文明建设和污染物减排等工作，加大重点区域污染治理力度，推动全市环境质量持续改善。

推进生态文明建设，优化生态保护体制机制，完成1∶10000国家生态红线初步划定。起草出台《余姚市水污染防治行动计划》《余姚市土壤污染防治工作实施方案》，初步建立覆盖全市各乡镇（街道）的监测体系，对12个饮用水水源地进行排查督改。

2017年，共办结环保准入及监测项目557件，其中审批406件，“三同时”验收151件，登记表备案347件；完成监督性监测99家次，竣工验收监测126家次，出具各类监测报告433份。对20项行政权力事项实施“最多跑一次”改革，实现率100%。打击行业反弹回潮、外来固废倾倒等各类环境违法行为。全年共计下达处罚决定书464件，罚款金额1683万元，申请法院强制执行128件；对造成污染环境犯罪的行为，依法移送公安机关追究刑事责任，已移交公安立案查处环境刑事案件9件；共受理信访2983件，办结2971件。

督促宁波众茂姚北热电完成2台燃煤锅炉低氮燃烧改造，宁波光耀热电完成2台75吨／小时燃煤锅炉的烟气超低排放改造。加强宁波科环水泥窑脱硝设施、热电厂脱硫脱硝设施、城市污水处理厂等重点减排项目的运行监管。全市累计建成96套废水污染源刷卡排污系统和6套省控废气污染源刷卡排污系统，发放排污许可证108家，13个建设项目新增排污权指标进行交易，交易金额共297.615万元。开展2017年排污权有偿使用征收工作，共缴纳1660.677万元。出台实施姚江断面水体达标稳定方案，姚江浦口闸和车厩两个断面水体重点工程127个项目中，已完成33个，开工建设94个，完成投资额26亿元。

2017年，市环保局以“宣传为主、突出服务、高压执法”逐步提高公众生态满意度和知晓率。在原有市环保局官方微博基础上，开设微信公众号平台，参与e政厅访谈和部门问政面对面栏目，在一报两台基础上扩大环境保护宣传面，提高环保舆情发现率和处置率水平。开展专业环保志愿服务队进社区活动，为市民提供环保主题宣教活动、环保法律法规咨询、环评审批咨询、受理环境问题投诉等志愿服务项目。从全省生态环境满意度评价结果显示，全市生态环境满意度得分77.36分，同比提高7.64%，排名全宁波大市第2位和浙江省第58位，分别同比提高4位和22位。

【“余姚环保”微信公众号成立】

4月，市环保局正式推出“余姚环保”官方微信公众号，集环保宣传与环保信息发布于一体，内容涵盖环保动态、微信息、便民服务三大板块，板块下设十个子栏目，其中动态资讯栏目推送最新环保信息，余姚空气栏目实时更新空气质量指数。

【中央环保督政】

8月11日至9月11日，中央第二环境保护督察组入驻浙江省开展督查工作，全市成立余姚市迎接中央环保督察工作协调联络组，印发《余姚市迎接中央环保督察工作方案》《中央环保督察余姚市督办监察工作方案》。上下联动做好信访办理。采取“一日一会商、一日一汇报”的形式，部门、属地乡镇（街道）联动，较好地完成中央督察组转办的153件信访件的办理，并对交办信访件处置落实情况进行“回头看”。推进督察重点问题整改落实。对重点督察的13个问题排定具体整改时间表，在整治现有问题的基础上实现长效提升。2017年底，桐张岙垃圾填埋场渗滤液处理提升改造工程主体设备完成安装并已调试运行；众茂姚北热电有限公司6号、5号、4号垃圾炉全部完成优化改造；第一台炉排炉建设7月启动土建工程，主要设备12月初进场；渗滤液预处理工程的方案设计完成。解决重点区块或行业环境问题。开展饮用水源地、畜禽养殖等整治提升，同时做好“四无”（无证无照、无安全保障、无合法场所、无环保措施）企业集聚区块的整治。督政期间，鹿亭乡关停畜禽养殖57家，整治提升泗门镇113家电线电缆企业，梁弄镇、临山镇铝压铸行业均拟定整治方案。

【局领导走进“e政厅”访谈、《部门问政面对面》】

6月1日，市环保局局长鲁海滨、副局长陈启昂、总工程师李鹏走进“余姚e政厅”访谈网络直播，以“推进两美余姚建设，不断改善环境质量”为主题，介绍全市环境质量的总体状况，回答群众关心的18个环境保护相关问题。

7月23日，市环保局局长鲁海滨、副局长吴建军走进《部门问政面对面》电视直播，解答8个群众关心的热点环保问题，直播结束后对3个现场提问进行点对点答复以及信息公开工作。

【突发辐射环境污染事件应急演习】

12月12日下午，全市开展突发辐射环境污染事件应急演习。此次演习由宁波市环保局和余姚市人民政府联合主办，市环保局、三七市镇人民政府、浙江浦宁不锈钢有限公司承办，宁波市环保局、市环保局、市公安局、市安监局、市卫生计生局等单位参加演习。

（贝美娴）

环境综合整治

【概况】

2017年，市环保局做好水、大气、土壤等环境综合治理。全年环境空气优良率达78.1%，同比提高1.6个百分点，PM2.5年均浓度41微克/立方米，同比下降6.8%。开展“五水共治”“污水零直排区建设”和“剿灭劣Ⅴ类水体行动”，实施“河长制”，通过“标本兼治、防治并重、城乡统筹、陆海联动”全体系治理，成功剿灭劣Ⅴ类水体，出台《余姚市水污染防治行动计划》（简称《水十条》）。同时，对12个饮用水源地进行排查督改，起草《余姚市饮用水源突发环境事件应急预案（试行）》，开展为期半年的饮用水源保护区专项巡查（4—10月），同时做好饮用水源地保护和水质预警监测工作。在考核交接断面、沿姚江、主要水体设置164个监测点位，初步建立覆盖全市各乡镇（街道）的监测体系。

推进工业废气、汽车尾气、建筑扬尘、餐饮油烟和秸秆焚烧“五气共治”。制定《2017年余姚市大气污染防治计划》，重点推进挥发性有机污染物（VOCs）和机动车尾气治理工作，年内将60家VOCs治理工作纳入余姚市2017年民生实事工程，会同其他部门开展餐饮油烟、扬尘、秸秆焚烧等治理。全年完成挥发性有机物（VOCs）治理企业98家，累计完成治理178家；开展机动车上路筛查比对22次，筛查车辆近6000辆。

通过“监管和治理”并举，推进固体废物处置监管和土壤污染防治工作。开展“医疗废物”、“铁拳2号”夏季治废等专项行动，完成危险废物存量清零工作，共检查16家医疗卫生机构，出动执法人员480余人次，检查企业135余家次，查处涉嫌违法企业2家。联合执法清理整顿电子废物、废轮胎、废塑料、废旧衣服、废家电拆解等再生利用行业，出动执法人员60余人次，排查再生利用企业17家，其中关停取缔违法违规企业7家，清理整顿企业3家。起草出台《余姚市土壤污染防治工作实施方案》（简称《土十条》），为土壤污染防治工作明确路线图。

重点推进电镀行业整治提升，通过加快园区建设、建立综合主体、原地提升改造等方式推进电镀行业优化布局和转型升级，对留存的企业同样按照搬迁企业的建设要求进行整治提升。新建的滨海新城电镀园区共规划用地约24.47公顷，分两期建设，其中一期约10.67公顷，二期约13.8公顷，其余开展原地整治的企业正按照一厂一策的要求整治。巩固榨菜废水处理系统正常运行，通过4个乡镇扩建调节池，增加蓄水能力，基本未出现排水不畅等问题，会同住建等部门初步拟定榨菜废水处理提升改造方案。

【《余姚市水污染防治工作计划》发布】

7月2日，市政府印发《余姚市水污染防治工作计划》（以下简称《水十条》）。《水十条》主要内容分为总体要求、主要任务和附件三部分，共10条33款，52个重点工程，具体措施235项，每项措施均明确牵头部门和参与部门。计划通过10—20年，通过全面控制水污染物排放、推动经济发展绿色化、加强水资源保护和节约、保障水生态环境安全、严格环境执法监管等十方面，全面防治水污染。《水十条》明确到2017年，全市水环境质量明显改善，实现辖区内劣Ⅴ类水体全面消除；到2020年，县级以上地表水考核断面Ⅰ～Ⅲ类水水质比例、功能区达标断面比例均达100%；到2030年，水生态系统功能基本恢复，确保全市水环境质量实现逐年改善。

【市全域剿灭劣Ⅴ类水工作通过宁波市级验收】

10月17日，余姚市全域剿灭劣Ⅴ类水工作通过宁波市级验收，国控、省控和宁波市控断面稳定保持在Ⅲ类水，3个劣Ⅴ类县控断面通过宁波验收，225个劣Ⅴ类小微水体全部通过本级自查销号。为了剿灭全域劣Ⅴ类水体，余姚市制定出台剿灭劣Ⅴ类水相关方案，以“工程治水、源头治水、科技治水、生态治水”为主线，突出河长责任导向，按照“五张清单”制定“一点一策”方案，开展剿劣工作“督、查、巡、看”行动，确保剿灭劣Ⅴ类水工作完成。全年共安排剿劣项目104个，累计完成投资9.99亿元。开展企业专项执法行动12项，出动执法人员1.1万余人次，检查企业4800余家次，共查处行政处罚案件373件，罚款1348万元。

【《余姚市土壤污染防治工作实施方案》发布】

10月31日，市政府印发《余姚市土壤污染防治工作实施方案》(简称《土十条》)。《土十条》主要内容分为总体要求和目标、主要任务和附件三部分，共10条27款，具体措施73项，每项措施均明确牵头部门和参与部门。计划用10—20年时间，从掌握土壤环境质量状况、实施农用地分类管理、加强污染地块风险管控、加大未污染土壤保护等十方面，全面防治土壤污染。同时，明确到2020年，全市土壤环境质量总体保持稳定，受污染耕地安全利用率达到92%左右，污染地块安全利用率达到92%以上；到2030年，全市土壤环境质量稳中向好，受污染耕地安全利用率达到95%以上，污染地块安全利用率达到95%以上，确保全市土壤环境质量逐年改善。

（贝美娴）

节能降耗

【概况】

2017年，余姚市全社会GDP能耗同比下降3.2%，GDP电耗同比上升3.9%，规上工业增加值能耗同比下降4.3%。全社会用电量90.28亿千瓦时，同比增加11.77%。淘汰关停不锈钢熔炼企业3家，铜冶炼企业3家，锻造加工企业1家，铸造企业2家，砖瓦窑企业8家。继续开展高污染燃料锅炉的淘汰改造工作，关停淘汰高污染燃料锅炉238台，完成宁波下达目标任务的216.4%。开展小城镇综合整治“低小散”企业（作坊）整治提升工作，关停淘汰和规范提升“低小散”企业（作坊）239家，6个列入年度小城镇考核验收的乡镇（街道）都通过省验收考核，并且在“低小散”专项工作中基本上没有扣分。

做好节能与落后产能淘汰各项指标的年度目标任务分解工作。明确各乡镇（街道）“十三五”的节能目标总任务，分解落后2017年度各乡镇（街道）及主要涉能部门的节能与淘汰落后目标任务。同时加强同统计等相关部门的联系，对能耗的相关数据做到月度有通报、季度有评价，督促各地和有关部门推进节能降耗各项工作措施的及时有效落实。

2017年，本市级能评审查项目145个，同比增加216.4%；固定资产投资额达282.1亿元，同比增加62.88%；预计达产后新增工业增加值为156.87亿元，同比增加23.52%；综合能耗按等价值为48万吨标煤，同比增加3.7%；工业项目增加值能耗为0.5052吨标煤/万元，同比降低2.2%。同时推进区域能评的相关工作，编制《余姚市试行“区域能评+区块能耗标准”改革的工作方案》，首批启动阳明街道的光电小镇、浙江“千人计划”余姚产业园、中意（宁波）生态园三区域开展区域能评，至2017年底，光电小镇的区域能评通过专家评审，浙江“千人计划”余姚产业园、中意（宁波）生态园两区域的区域能评报告也在年内基本完成。

继续强化重点领域节能，抓好重点企业节能。抓好项目建设，2017年度上报节能改造项目32项，计划总投资5000万元，预计节能1.5万吨标煤。推行清洁生产审核工作，全年新增清洁生产审核企业15家。继续区域和重点企业的工业循环经济试点示范工作，生久柜锁、中杭新材料两家企业申报省绿色企业。推进分布式屋顶太阳能光伏发电项目建设，协调解决项目实施过程中碰的电力接入、资金报等相关工作。截至年底，全市已有0.5兆瓦以上的分布式光伏发电项目18个，共计38兆瓦，年发电量达3112.8万千瓦时。

（市经信局）

人力资源·社会保障

人事人才

【概况】

2017年，全市招考公务员81名（含择优选聘的选调生村干部6名），招聘录用事业人员485人（含教育系统214人、卫生系统143人）。遵循考录招聘制度，全方位打造“阳光”考录，实现制度“零缺失”、违纪“零容忍”、考试“零投诉”和监督“零盲区”。响应上级要求，面向残疾人进行招考，公务员面向残疾人招考2人，事业单位面向残疾人招考1人。开展面向2018年普通高校应届优秀毕业研究生公开选拔领导干部工作。

市人社局配合制定市人才新政25条，拟定各个配套实施办法。1人入选“国家外专千人计划”，入选宁波市茶花奖和优秀海工各1人，19人入选宁波市领军和拔尖人才培养工程。新建省级企业博士后工作站3家，累计共16家，其中国家级5家，总量居宁波第二。举办宁波市首次专家服务企业服务基层活动，帮助35家单位解决技术难题40多项。推进余姚国家级留学生创业园建设，留创园创业服务工作得到上级部门肯定，在全国会议上作经验交流。年初，中国宁波人才市场首家分市场在余姚正式挂牌，全年推出120余场招聘会。

按照市委、市政府总体部署，组建领导小组及下属相关小组，完成市技工学校与市职成教中心学校资源整合，报编办同意确定新学校的人员编制数，任命新学校领导班子，新学校组织架构基本搭建。“筹建期”学校教师人均绩效工资增加1万元政策已落实，总投资6000万元的实习实训大楼完成设计招投标。

改善企业军转干部的生活条件，落实中央和地方的有关解困政策，通过走访沟通，设法解决个别企业军转干部的实际困难。同时，完善健全各级管理网络，关注企业军转干部思想动态，建立日常联席会议制度，制定维稳解困工作方案，做好服务与政策宣传解释工作，重视企业军转干部的来信来访和矛盾化解工作。

【中国宁波人才市场余姚分市场揭牌】

3月2日，中国宁波人才市场余姚分市场揭牌仪式暨春季大型招聘会在余姚市人力资源市场举行。会上，宁波市人力社保局副局长周永全和余姚市委常委、组织部部长林伟共同为中国宁波人才市

3月2日，中国宁波人才市场余姚分市场揭牌仪式暨春季大型招聘会举行

场余姚分市场揭牌，宁波市人才服务中心与浙江“千人计划”余姚产业园管理中心相关负责人就小微企业人力资源微服务进浙江“千人计划”余姚产业园活动进行了签约。现场共有125家企业参会，推出岗位近500个，需求人才近2400名，2000余人进场洽谈。

（市人社局）

就业与劳动关系

【概况】

2017年，余姚市城镇新增就业人员26459人，城镇失业人员再就业5892人，其中困难人员再就业1637人，分别完成目标任务的126%、130.9%和199.6%，城镇登记失业率为1.09%。扶持农村电商创业335人，农村电商创业带动就业1695人，分别完成目标任务的104.7%和105.9%。新增创业实体14295家，创业带动就业75240人，发放创业担保贷款5985万元。培训高技能人才3695人，完成目标任务的105.6%。新增大学生创业288人，扶持大学生创业实体993家，分别完成目标任务的110.8%和110.3%。

继续落实全民创业乐业增收新三年计划，向各地各部门下达各项指标任务。继续做好充分就业市和创业型城市创建工作。同时，发挥就业创业联合会帮扶创业作用，通过吸纳会员、举办沙龙、组织考察、发布信息等多种形式开展针对性帮扶，会员单位总销售额与成立之初相比增长30%以上。

推进以“双爱”为核心的和谐劳动关系。参加宁波市局组织的宁波市首批双爱活动示范企业和示范乡镇（街道）的评选推荐工作，经评审，共有5家企业、2个乡镇（街道）获得宁波市首批双爱活动示范企业和乡镇（街道）。组织参加宁波市双爱活动成果摄影展，共推荐摄影作品50余件，1件作品获奖。收集整理测评资料，做好相关准备，代表宁波市完成省劳动关系和谐指数测评工作。

打造无欠薪余姚。按照处置欠薪属地管理原则，通过日常巡查、劳动用工信息采集、劳动关系反向调查活动相结合的方式，排查劳资纠纷隐患，由各基层劳资纠纷协调组织及时调处。建立劳动者维权绿色通道，实行欠薪案件快立、快调、快审、快结制度，协调相关部门处置可能引发群体性事件的欠薪案件。全年共向公安部门移送拒不支付劳动报酬案件5起，涉及职工58人，涉及金额138.16万元。

【农村电子商务创业就业扶持】

年内，举办第二届农村电商创业大赛，共吸引73支创业团队报名参赛，赛后推出资本相亲会和互联网人才对接招聘会，部分获奖项目获得银行贷款授信和投融资公司的注资意向，总额度超过6000万元。完成首批5家市级电商（农村电子商务）创业园认定工作，并落实好3年30万元的补贴政策。以农业经营主体、农村青年等为重点对象，开展农村电商、微商创业和经营培训，全年共完成农村电商培训1451人。

（市人社局）

社会保障

【概况】

2017年，市人社局继续实施“全民参保登记计划”，开展精准扩面，余姚市户籍养老保险参保率达到94%，医疗保险参保率达到99%（目标任务分别为93%和98%），社保卡金融账户激活率达到73%以上。全年开展劳动保障专项检查5次，涉及用人单位4703家、劳动者9万余名，对36家严重违反法律法规的用人单位实施行政处罚。共受理劳动争议案件820件，结案839件（包括2016年未处理案件88件），结案率92.4%，调解率76.8%。

1月起，14.2万名符合条件的企业退休（职）人员基本养老金人均月增资127.62元。12月起，被征地人员养老保障待遇每档增资30元，城乡居民社会养老保险基础养老金标准每人每月提高10元。适当降低社会保险费率、减征社会保险费。推进社会保障卡项目建设，共制作社保卡99万张，激活73万张，部分新增退休人员养老金、失业人员失业金已通过社保卡发放。学生医保缴费通过社保卡代扣代缴工作完成，扣款成功率达到93%以上。

重视社会保险基金监督工作，建立健全预警信息分析，加大社保经办机构内控机制建设工作力度。配合上级部门完成区域帮扶领域专项巡察工作，对6个乡镇（街道）的公益性岗位补贴资金管理使用和城乡居民医疗保险参保费免缴情况进行检查。加大违规违法行为查处力度。年内，6家药店因存在严重违规行为被解除医保定点服务协议，1家药店被处以违规金额两倍的罚款，开创宁波市定点药店因违规被行政罚款的先例。配合公安部门对骗领失业保险金6000元以上人员进行立案查处。

【余姚医保个人账户实现“家庭共济”】

1月1日起，余姚市推出个人账户家庭共济政策，结余资金可以支付配偶、子女、父母的医疗保障费用。实现家庭医疗共济，需要先进行账户绑定。历年个人账户有结余的职工医保参保人员可作为发起人，申请建立共济网，将发起人本人及其家庭成员纳入共济网。共济网的组建可以通过宁波医保通APP或人力社保自助服务设备办理，也可由发起人持本人及其家庭成员社保卡，到市医保经办机构服务窗口办理。共济网内成员可申请建立本人的共济健康账户，将本人历年个人账户资金的部分或全部划入共济健康账户，也可预设为每年固定金额自动划入共济健康账户。参保人员就医结算时，共济健康账户资金可按规定由共济网内成员共同使用。使用时，先用本人历年个人账户资金，后用本人共济健康账户资金，不足使用或本人无医保历年个人账户的，使用其他成员的共济健康账户资金。

【市医保定点零售药店实时监控系统上线运行】

2017年，全市216家医保定点零售药店完成监控设备安装和调试，定点零售药店实时监控系统上线运行。该监控系统配备高清摄像头、高保真型拾音器，采用高效的人脸监控和比对系统，在实现本地存储的同时，实现远程PC客户端及手机客户端浏览功能，可在任意时间、任意地点，通过公用网络查看远端的实时图像，调用远端的录像信息，参保人员在药店购药的声像信息能得到完整清晰的展现。

（市人社局）

文化·旅游·传媒

公共文化

【概况】

2017年，全市推进完善公共文化设施。市公共文化中心项目完成项目初步设计文本，PPP项目实施方案、财政承受能力报告和物有所值报告经市财政局审核并报宁波市财政局。指导黄家埠镇和陆埠镇袁马村创建宁波市第三批公共文化示范区（项目），指导临山镇湖堤村创建省文化示范村。文化礼堂理事会建设工作推进。做好2017年度市企业文化中心创建指导工作，全市新创建14家。

开展群众文化活动。作为宁波市“一人一艺”全民艺术普及工程试点县，全面铺开“一人一艺”全民艺术普及工作，制定《余姚市“一人一艺”全民艺术普及工程建设实施意见》，开展群众文化艺术培训和活动。选择泗门镇等4个镇（街道）为试点单位，并在“全国文化馆总分馆制建设交流研讨会”上做经验介绍。2017年，全市围绕全民艺术普及工作的各类活动、培训和辅导累计达680余场次。举办“舞林争锋、炫动姚城”余姚市第二届舞蹈精英大赛，组织开展余姚市第七届全民读书节系列活动，包括余姚市阅读联盟成立授牌仪式、“书香余姚”主题摄影大赛优秀作品展览和《公共文化服务保障法》知识竞赛等活动。围绕传统节日、文明城市创建、剿灭劣Ⅴ类水等主题，开展内容契合的群众文化活动。此外，与临海、仙居等地开展文化走亲5次。

推进公共文化服务。公共文化服务中心以演出配送为重点，完成配送440场次，覆盖全市40个村级服务点。文化馆重点提升四明阁“天天演”品牌影响力，指导12支骨干业余文艺团队开展演出365场次，受惠群众约6万人次。此外，做好场馆免费开放工作，举办展览20期。图书馆提升服务水平，全年新增图书5.9万册，接待读者34.8万余人次，“书香余姚”全民阅读数字平台点击量超过371万次。同时，推进24小时自助图书馆建设。新华书店组织“阅读嘉年华”、图书优惠促销、“我和新华书店不得不说的故事”有奖互动活动等80周年系列纪念活动。农村电影放映3000场次，观众50余万人次，公益基地放映300场次，观众4.5万人次。“周末课堂”举办培训85期，“周末影院”放映电影54场次，“周末戏院”演出52场，

"周末书市"让利促销。

持续壮大基层人才队伍。组织开展类别多样的培训活动，如全市基层公共文化队伍培训班、全市农村放映员和公益放映基地放映员培训班、广播电视安全播出业务培训、2017全国大型户外领队公益培训班（余姚站）、户外运动三级社会体育指导员培训班、企业职工社会体育指导员培训班暨全市职工广场舞工间操培训等，带队参加省文化礼堂建设培训班、宁波市公共文化业务培训班等。

加强文艺精品创作。姚剧保护传承中心做好姚剧《浪漫村庄》剧目巡演工作，该剧获浙江省精神文明建设"五个一工程"奖和宁波文艺奖特别荣誉奖等荣誉。同时，重排姚剧《王阳明》，举行公演。文化馆绘画作品《空椅子》入选第十一届全国水彩·粉画展，《乡情》入选纪念叶浅予诞辰110周年"潇洒桐庐"全国中国画作品展，《四明山花》获2016年浙江省纪念中国共产党成立95周年群星中国画大展兰花金奖，《飞回来的孝心》等3篇故事入选第四批中国好故事，在宁波市第十二届音乐舞蹈节上摘得1金1银2铜。同时，注重对外文化交流。引进话剧《大江东去》、美国钢琴演奏家安托尼奥·克鲁奥斯音乐会、欧洲著名交响乐团——"欧联盟LSC交响乐团"等精品文化。

【《梦幻河姆渡》在河姆渡遗址博物馆试播】

4月20日，省内博物馆系统首部实景4D影片《梦幻河姆渡》在河姆渡遗址博物馆免费试映。2014年，市政府投资1900万元建设河姆渡遗址博物馆4D影院，制作影片《梦幻河姆渡》。影片脚本经专家组10余次讨论，几易其稿，以母系氏族社会男女青年相识、相爱为主线，齐心协力抗击自然灾害为主题，运用出土文化元素为道具，立体展示7000年前河姆渡先民的生产、生活。该片由中央电视台导演金铁木执导。

【宁波"一人一艺"云平台设备演示会举行】

6月15日上午，宁波市文广局、宁波市文化馆和余姚市委宣传部、市文广局以及泗门镇共同在泗门镇文化中心召开"一人一艺"云平台设备演示会。泗门镇是宁波和余姚"一人一艺"全民艺术普及工作试点镇，有关全民艺术普及的各项工作已在该镇全面铺开。演示会后，相关技术人员对设备进行现场展示。该设备主要包括"一人一艺"全民艺术普及数字化云平台的一体机和资源宝，每套资源服务终端有五个不同主题，分别为艺术培训馆、艺术活动馆、老年艺术馆、少儿艺术馆、女性艺术馆。同时，与会者还就宁波市"一人一艺"云平台建设和"互联网+"全民艺术普及创新大会会展等工作商量和对接。

【"数字资源进文化礼堂"主题活动举办】

9月1日上午，市图书馆联合牟山镇文化站在牟山镇文体中心举办"数字资源进文化礼堂"主题活动，重点推广介绍"书香余姚"全民阅读平台。平台设计方专业讲师在现场给大家介绍平台PC端和手机端海量数字资源的获取方式、检索功能等使用方法，交流平台使用的技巧和心得。活动现场共发出宣传折页、纪念品400份。部分乡镇文化站长、牟山镇中老师、学生及家长，村民共400余人参加活动。

（市文广局）

文化遗产

【概况】

2017年，全市继续增强文化遗产保护研究利用，继续做好国家历史文化名城申报工作，完成《国家历史文化名城申报》文本撰写及文本初稿的设计制作，并通过市级相关部门和专家评审。配合做好保庆路历史街区建筑测绘及方案设计、府前路历史街区修缮工程1期B区方案评审。完成全国可移动文物普查和全省古籍普查工作。配合宁波市一普办编辑做好《宁波市第一次全国可移动文物普查成果系列丛书》余姚卷相关工作，完成筛选珍贵文物清单和全景图共计953件。同时，做好全省古籍普查统校工作和古籍修复工作。完成国保单位《鲻山遗址保护规划》第一轮审核，完成王守仁故居、黄宗羲墓等国保单位以及12处省保、市保单位“四有”档案的编制及补充完善，完成360份文物档案电子化。继续做好大运河余姚段遗产定期监测和情况上报，完成全市所有文物建筑白蚁调查和文物危房情况调查，并对29处文物建筑实施安全鉴定。完成《张房魏氏老宅修缮工程设计方案》等5处文保工程方案的编制及审批事项。朗霞泥堰徐宅等5处文保单位（点）修缮工程通过验收。新四军浙东纵队政治部旧址完成方案编制、住户搬迁。全年对近20处不可移动文物实施局部抢修或维护工程，朗霞、鹿亭、大隐等多个乡镇（街道）的文物建筑得到修缮和保护。文物利用和研究进一步加强。王守仁故居修复开放十周年活动举行，阳明书院在阳明先生讲学处中天阁成立开讲，由文保所发起的全国阳明史迹保护研究联盟在余姚成立。龙虎草堂和中天阁完成改造提升。王阳明故居国家AAA级旅游景区创建成功。《潮起东南——河姆渡文化图录》《萧萧总是故园声——王阳明与余姚》正式出版，《阳明文化遗产保护研究》简讯正式发行，王守仁故居LOGO和网站正式起用。

余姚市河姆渡博物馆、余姚博物馆、王守仁故居等文物开放点接待超110万人次。策划“5•18”国际博物馆日系列活动。“文博小课堂”“我快乐，我是河姆渡小传人”等品牌活动不断提升影响力和知名度。开展“走近青瓷”“三白三毛”互动体验区中小学生实践课堂、暑期夏令营等活动25场次。举办“遥远的对话——大地湾遗址考古成果特展”“玉出东方——红山文化玉器精品展”等临时展览16个。“王阳明·姚江王氏家规家风传习苑”和“至善堂”两个教育基地成为廉政文化教育品牌。

不断完善非遗保护利用。做好非遗项目申报记录工作，公布第五批余姚市级非物质文化遗产代表性项目名录，“围千宴”等6个项目入选。省级非遗项目大隐石雕传承基地——余姚市大隐石刻加工厂入选第二批浙江省非物质文化遗产生产性保护基地。梁弄镇以梁弄大糕制作技艺为主体成功申报宁波市首批非遗特色小镇创建单位。虞舜传说和莲华文书分别入选宁波市文广局的国家级、省级非遗申报后备库项目。完成传统戏剧姚剧的保护成果汇总，报送文化部非遗司。完成浙江省非物质文化遗产保护文献成果征集，上报11套非遗书籍和23套非遗活动音像资料。《姚剧音乐》入选浙江省非物质文化遗产“十佳百优”图书评选推荐候选名单。参加非遗展演和培训。组织非遗项目参加第12届义乌文交会“浙江非遗衍生品生活主题馆”展、第六届中国成都国际非物质文化遗产节、宁波市第四届阿拉非遗汇展览展示和北仑民俗文化庙会展等活动。做好国家级非遗项目姚剧的传承弘扬，举办第二届姚剧文化周、“中华优秀传统文化传承发展”讲座“四进”活动、“姚剧进校园”等交流活动。全年组织非遗课堂培训和非遗传承人进校园培训百余次，带队参加宁波市非遗专业干部及传承人培训班、省非遗传统戏剧类项目师带徒辅导等培训活动。加强非遗保护利用。设计生产国家级非遗项目余姚土布的衍生创意产品和梁弄大糕的外包装盒。

【余姚新增两处省级文物保护单位】

1月，浙江省人民政府公布第七批省级文物保护单位，余姚新增2处列入省保名录，分别是孙子秀墓和成之庄。孙子秀墓位于梁弄镇贺溪村建隆自然村建峒岙石井山东坡，是余姚迄今发现的规模最大的一座古墓葬。成之庄位于泗门镇西大街社区望安路14号，是清代浙东地区的地主庄园，现存建筑建于清同治二年（1863）。建筑整体坐北朝南，三进三纵，总占地约3500平方米。至此，余姚拥有全国重点文物保护单位7处，省级文物保护单位

成之庄全景

11处，市级文物保护单位98处，文物保护点94处。

【文物火灾隐患排查整治活动开展】

2月14日，由市文广局副局长朱月芬带队，文物科、文保所负责人组成的检查组专程对市保庆路历史街区和府前路历史街区的文物消防工作进行督查，要求所属乡镇（街道）和社区落实安全工作主体责任，全面排查和消除火灾隐患，加强对住户的消防监管和宣传。市文物管理委员会办公室下发《关于加强全市文物消防工作的紧急通知》，要求各乡镇（街道）组织开展文物火灾隐患排查整治活动。各乡镇（街道）陆续启动对全市各级文保单位、文保点进行全面火灾隐患排查。文物部门将持续跟踪各文保单位及文保点火灾隐患的整改落实情况，及时准确地掌握各文物安全动态。

【首次文物双随机抽查开展】

2月，市文化市场行政执法大队组织一次文物双随机抽查行动。检查过程中，执法人员重点检查各木质古建筑内各类消防设施能否安全使用，灭火器压力是否处于正常值，有无乱搭建情况等。此次共抽查各级文保单位15家次，横跨城区4街道。主要分为木结构建筑民居、古代桥梁、庙宇等类型，发现1家文保单位私自搭建温室，要求限期整改恢复原貌，2家文保单位灭火器材不足，要求文保所进行配齐。

（市文广局）

文化产业

【概况】

2017年，全市文创产业实现增加值61.03亿元，同比增长29.2%；文特产业实现增加值46.67亿元，同比增长45.4%。

浙江大丰实业4月在上交所主板挂牌上市；2017年实现主营业务收入17.1亿元，同比增长5057%；被评为省重点文化企业，“舞台装备海外推广”项目列入2018年文化部“一带一路”文化贸易与投资重点项目。大丰实业和飞虹文化用品有限公司被认定为2017—2018年度国家文化出口重点企业。舜宇智能光电小镇、余姚机器人智慧小镇、梁弄时光小镇、河姆渡文化风情小镇等文化产业发展项目进展顺利，阳明古镇、阳明森林公园和文山创意广场SOS演艺等多个项目成功签约。联创彩印有限公司被评为省成长型文化企业。阳明一八八文创园区实现产值约2.5亿元，同比增长38%；实现利润8427万元，同比增长31%；纳税额693万元，同比增长32%。文山创意广场实现产值2.85亿元，同比增长9.71%；实现利润2703万元，同比增长14.26%；纳税额722.48万元，同比增长10.91%。

2017年，全市文化产业招商引资合同金额突破273.1亿元，其中到位资金28.06亿元。宁波开投蓝城集团与市政府签约，计划投资60亿元建设阳明古镇；智慧“云城”项目于5月15日开工建设；梁弄镇时光小镇项目建设方案基本确定，控制性详细规划已通过；陆埠镇阳明森林公园项目已经签约，归入国家AAAA级旅游景区建设内容。引进河姆渡镇音乐小村项目，签订意向协议，计划总投资3亿元。引进浙江超迹海皮文化传媒有限公司、浙江爱花动漫设计有限公司、宁波盛世映画影视文化传媒有限公司等文化创意设计及动漫影视制作类企业。

开展文化金融走一线活动，举办金融机构服务文化企业对接会，7月以来共签订信贷合作项目32个，涉及资金5.48亿元。实施文化企业人才培训提升工程，组织文化企业管理人员参加培训活动和文化产业博览会，组织有关文化园区管理人员和部分创意类文化企业负责人到兄弟区县市考察学习。做好浙朵云文化产业大数据平台企业注册工作，协助文化企业、文化园区申请宁波市级及以上专项资金扶持。继续兑现文化产业发展专项扶持资金。完善文化产业工作机制，建立各成员单位产业信息上报制度，完善乡镇（街道）文化产业发展信息联络系统，使统计部门掌握小微文化企业发展情况。

（市文产办）

文化市场

【概况】

2017年，市文广局推进“最多跑一次”改革，100项行政审批事项100%纳入“最多跑一次”事项清单，占办事事项总数80%，并在浙江省政务服务网公示。持续推进联合审批，通过“一门受理、抄告相关、联合审批、限时办结”的联审标准化运行机制，提高审批效率，全年共进行联合踏勘7次，联合验收经营单位7家次。增强服务意识，完成审批事项“星级服务”标识工作，截至12月底，完成本部门126个行政许可事项的“星级服务”标识工作。创新举措，通过制作两款动态的H5操作教程、最多跑一次“私人订制”服务和“一站式压缩包”申报示范文书等方式，实现行政审批提速增效。其中“一站式压缩包”申报示范文书，采用“填空+选择”的方式，该举措被宁波电台作为最多跑一次“零审批、零上门、零投诉”的典型进行采访。全年共计受理各类审批服务事项185件，其中承诺件125件，即办件58件，承诺提前率88.89%，实际提前率97.92%，群众满意率100%。新设立文化经营单位79家。在市行政服务中心的月度优胜窗口评比中，文广窗口10次蝉联两月考核“优胜窗口”。

加强文化市场监督管理。以“扫黄打非”工作为核心，以保驾护航党的十九大为主线，以打造平安文化市场为目标，全面加强市场监管。及时调整市级“扫黄打非”和文化市场管理工作领导小组成员，逐步健全市、乡镇（街道）、村（社区）三级监管网络。围绕“4·26”知识产权日，开展侵权盗版及非法出版物集中销毁活动、保护知识产权宣传等主题活动。通过网吧市场专项整治、电影市场专项整治、印刷行业专项行动、“扫黄打非”进基层网格化、小城镇环境综合整治“线乱拉”专项治理等行动，推进文化行业和谐发展。

加大文化市场执法力度。加强日常监管的同时，开展文化市场“双随机”抽查工作、文化类经营场所摸底调查、全国文明城市创建、“护航十九大”百日攻坚专项行动等各项专项行动，共出动执法人员1382人次，检查各类文化经营单位3416家次，查处立案51起，罚没款71400元。加大执法队伍建设，在邀请上级专家、业务骨干授课和参加上级培训的同时，制定年度学习计划，每月开展一次集中学习会。规范案件办理流程，成立案件评查小组，论证自由裁量适用等办案环节，进一步确保案件处罚结果的公平公正。加强部门协作，每季度向市教育局通报网吧接纳未成年人情况，市关工委义务监督员向本单位通报网吧监督情况。开展暑期市场集中检查，重点对城中村、城乡结合部以及农村地区，外来务工人员相对密集周边的网吧进行重点排查。8月1日至8月8日，出动执法人员27人次，检查经营单位71家次，共查处违规案件5起，其中4家网吧涉嫌接待未成年人进入营业场所，1家娱乐场所涉嫌娱乐场所接待未成年人案，均已立案。

指导文化企业申报各类国家、省、市政策资金扶持，完成2017年度宁波市动漫游戏产业发展、2017年度中央财政文化产业发展、2017—2018年度国家文化出口重点企业和重点项目、浙江省新闻出版广电局关于开展向实体书店购买阅读服务等专项资金申报工作。针对部分传统文化企业经营日趋困难现状，开展行业调研，强化风险引导，推进传统企业转型升级，促进文化市场良性发展。专题召开电影市场专项整治会议，学习《电影产业促进法》。推进市新华书店并入宁波新华书店集团工作。市姚剧保护传承中心开拓演出市场，共演出430场，演出收入515.9万元；市新华书店图书销售额达6700万元，实现税前利润780万元；电影公司公益电影放映3300余场次，实现税前利润916万元；市全民健身中心实现收入392万元。

完善安全生产责任体系，调整安全生产工作领导小组，印发《余姚市文化广电新闻出版局（旅游局）关于全面落实安全生产“党政同责　一岗双责”责任制的通知》，明确各科室安全职责，单位主要负责人与各分管领导签订安全生产责任书。落实企业安全生产责任，与网吧、印刷企业、电影院、娱乐场所等签订安全生产责任状，文化行业基本实现全覆盖。开展“护航十九大”安全生产检查，8—12月，每月出动10组检查组，累计出动检查人员120人次，检查企业105家次，发现并整改隐患41处，整改率达100%。开展各类专项检查。2017年，陆续对漂流企业、游泳场所、人员密集场所、旅游大巴、防汛抗旱、非住宅房屋、文物等开展专项检查，排查安全隐患。组织漂流景区救生、游泳场所应急救生等培训和应急演练。

【市文广局审批窗口推进“一件事”改革】

12月7日，市文广局审批窗口进一步巩固开展网上“联合审批、证照联办”的“一件事”操作技能，进行数据共享业务、系统对接实操，以此加快推进“一件事”的规范化、标准化，确保牵头负责的12件涉及多个部门的“一件事”，只要跑一次就办成。全市首批公布的“一件事”共涉及45项证照联办类、12项其他类，其中市文广局窗口牵头的12项。

【互联网视听节目服务备案制管理正式启动】

12月25日，市文广局行政审批窗口受理余姚日报社申请的互联网视听节目服务备案，这是余姚第一家传统媒体申请互联网视听节目服务备案。窗口对申请材料进行初审，同时向浙江省新闻出版广电局发文请示，服务对象的申请材料和请示文件由宁波市文广局审核上报。

【市文广局窗口获评宁波市文化行政许可“十佳”案卷】

12月26日，驻市行政服务中心窗口的《余姚红狐网咖网吧申请互联网上网服务营业场所设立审批》，入选宁波“十佳”文化行政许可案卷。

（市文广局）

旅　游

【概况】

2017年，全市共接待国内外游客1246.56万人次，同比增长12%；实现旅游总收入115.94亿元，同比增长13%。编制完成完成《余姚市旅游发展总体规划修编》编制工作。指导创A景区规划编制，并组织召开规划评审会议。成功创建中国美丽休闲乡村1处（大隐镇芝林村）、全国休闲农业与乡村旅游五星级企业（园区）1处（余姚市戚海农业科技园）和浙江省果蔬采摘基地1处（牟山湖垂钓中心）。

2017年，全市启动浙江省全域旅游示范县（市、区）创建工作。指导四明山镇大山村成功创建为浙江省首批休闲旅游示范村，大岚镇和四明山镇入围浙江省“旅游风情小镇”创建名单。浙东（四明山）抗日根据地旧址群创AAAA级通过省旅游景评委景观质量品质评定，柿林村、中村和金冠村创建成为浙江省AAA级村庄景区。

2017年，项目招商共完成重大旅游项目投资签约额67亿元，完成固定资产投资额5亿元左右，涉及四明湖国际会议中心改扩建、玉兔岛环境优化、余姚蝶来紫溪原舍民宿、天港禧悦酒店等工程。四明山“唐诗之路”项目完成竣工验收，余姚境内三大观景平台（夏家岭、狮峰台、四明台）全部竣工，大岚镇旅游集散中心完成主体建筑建设，黄泥岭民宿完成外观建设，鹿亭中村“树蛙”原舍开始基础建设。新改建旅游厕所11座，新建停车场3座，新建旅游服务中心1座。

2017年，全市农家乐乡村旅游接待游客约638万人次，直接营业收入约6.18亿元，分别同比增长20.8%和20.6%。在宁波各县市（区）中率先出台《余姚市民宿管理办法（试行）》《余姚市四明山区域实施乡村旅游奖励办法》等支持民宿产业发展的政策，形成民宿集群发展。四明山区域5个民宿“集聚区”，总接待床位2000多张，餐位12620个。指导19家饭店、9家餐馆开展“旅游推荐饭店”和“旅游推荐餐馆”申报工作。截至12月底，团队景区游览接待28.4万余人次，团队住宿接待房间12098间。继续开展“幸福家乡欢乐游”活动，截至12月底，五家收费景区累计接待市民99025人次。

2017年，重点举办“鸡年余姚行，好礼来相送”

春节系列活动、四明山旅游节、2017 中国余姚杨梅节等40多项节庆活动。与市供销联社合力打造的“美丽四明山”智慧农旅平台顺利上线。宣传册《姚味》获宁波市旅游宣传品（纸质类）二等奖，微信公众号同步推出“余姚味道，听得见的好味道”专题。

【“美丽四明山”智慧农旅综合服务平台上线】

7月26日，“美丽四明山”智慧农旅综合服务平台正式上线。平台集农旅资源在线购买、景点门票销售、旅游攻略等信息发布、农产品在线销售、行程预约、智慧导览导游、智能停车、在线支付、全景VR体验、交通流量提示、实时公交等功能于一体。截至年底，平台已入驻110家农家乐、45家酒店民宿、28个景点景区以及一定数量的公共停车场、避灾点、医疗点等公益性设施，共计拥有超过5万的关注粉丝，超过60万次的总点击量，举办超过30场营销宣传活动，“旅游服务＋农产品”累计销量超过260万元。平台的服务区域从大俞村、柿林村、中村、横坎头村、金冠村、芝林村6个旅游重点村扩大至梁弄镇、大岚镇、四明山镇、鹿亭乡、梨州街道、陆埠镇、河姆渡镇、大隐镇四明山区域的8个乡镇（街道），服务内容由单一的农产品销售转变为农旅结合、包含经营性服务和公益性服务于一体。“美丽四明山”电商平台获得2017年省级金奖。

（市文广局）

牟山湖旅游开发

【概况】

2017年，市牟山湖休闲度假区管委会按计划有序推进招商引资、规划编制、拆迁安置、基础配套等工作。全年投入开发建设资金1.37亿元，其中，用于征地拆迁资金0.63亿元，用于道路、安置房等基础设施配套建设资金0.74亿元。

【基础配套建设】

1月11日下午，环湖大道（北）一期道路附属工程—路灯安装工程（K2+200—K2+780）举行工程验收。4月20日上午，125千伏安临时变安装工程结算审核现场勘察。4月27日，牟山镇镇东路两侧绿地景观工程审计。5月，由萧甬铁路有限公司委托代建的余姚牟山至牟山湖公路跨萧甬铁路（K82+480）工程通过交工质量评定和交工验收。

【拆迁安置工程】

牟山湖安置小区计划总面积约为25.87公顷，一期由浙江兆通置业有限公司竞得建设，占地面积约5.53公顷，总建筑面积11.8万平方米，总投资约4.86亿元，于2013年底开工建设，2017年建成完成分配。安置房二期占地约1.67公顷，总投资约1.13亿元，总建筑面积2.97万平方米，由舜龙房产摘牌，于2016年3月进场施工，2017年已完成竣工验收，进入交房备案阶段。安置房三期着手筹备，三期用地约6.24公顷，总建筑面积15万平方米，总投资6.5亿元，2017年土地已完成报批，进入图审阶段。

【牟山湖度假区开发方案部门初评会进行】

9月30日，牟山湖度假区开发方案部门初评会在市政府会议室进行。会上，融创中国、恒大集团、万科集团、东方文旅对牟山湖度假区的空间规划、产业植入方案及合作模式等做了报告。市发改局、市经信局、市财政（地税）局、市国土资源局、市规划局、市住建局、市文广局（旅游局）、市招商局参加初评会议。

（孙亚勤）

广播电视

【概况】

2017年，余姚市广播电视台围绕市委、市政府中心工作，做好市十七届人大二次会议和市政协十三届二次会议、宁波市党代会和“两会”、第四届中国机器人峰会暨智能经济人才峰会等重要会议、重大活动的宣传报道，以及争创全国文明城市和国家卫生城市、打造智能经济示范区、“剿灭劣Ⅴ类水”等重大主题宣传的策划报道。成功保障党的十九大和世界互联网大会等重大会议期间的网络与安全播出工作，全年无安全生产和安全播出责任事故发生。

全年广播新闻稿件分别在宁波广电集团新闻综合频率、浙江广电集团浙江之声播出254条次和40条次，电视新闻稿件分别在宁波广电集团、浙江广电集团各频道播出599条次、378条次。挖掘全市经济社会发展的亮点，组织记者深入基层一线，从余姚的经济社会发展成绩、历史文化、风土人情中挖掘新闻线索。做好广播电视各类创优、推送工作，39件作品获得宁波市级以上奖项54个，其中一等奖奖项14个，广播剧《呦呦青蒿》获全国精神文明建设“五个一”工程奖。此外，在市第五届“讲文明树新风”公益广告创作大赛中，市广播电视台选送的5件作品获奖。

牵头推出电视问政节目《部门问政面对面》。《姚江桥头》《党的生活》《农科纵横》《快乐碰碰车》等本土化、地域性的专题节目关注民生民情。《阳光女孩》《阳明医院》《小城芳菲竞风情》《青山里的一片绿叶》等23部专题片，通过中国黄河电视台在国内展播，并在美国斯科拉卫星电视网播出。

网络公司创新推出电视专题频道整村推进业务，33个行政村共2万余户用户享受到优质电视节目。广告公司拓展会展业务，办好广电家博会、广电车展。传播公司承办中国机器人峰会开幕式、余姚市职工才艺大赛及制作余姚城市形象宣传片。全年共主办或承办各类商业性、公益性的会展、演艺、赛事、宣传活动100余场次。

【“广电讲堂”开讲】

3月30日晚，“余姚广电讲堂”开讲，市广播电视台党组书记、台长马军辉向70余位采编人员进行讲课。2017年开始，市广播电视台在宣传线组织实施采编人员素质提升工程，建立采编人员夜学制度，设立“广电讲堂”。“广电讲堂”每个月举行一次，围绕观念转变、创新创优、图像拍摄、文稿写作、后期制作、现场播报、新媒体技术应用等内容组织专题讲座。授课师资以台领导、业务骨干为主，适当外聘相关高校、学会的专家学者或新闻单位资深编辑记者授课。

【《部门问政面对面》首播】

5月31日晚8时30分，《部门问政面对面》首期节目“保洁保序保畅通”在余姚台新闻综合频道首播，并通过相关网站、新闻客户端、微信推送。《部门问政面对面》每两个月组织一场，每期问政围绕固定主题展开，坚持问题导向、群众导向、发展导向，搭建一个民众、媒体、政府沟通交流的平台，相关部门“一把手”根据提问，现场陈述观点、提出解决办法或承诺完成期限。问政节目中相关问题的解决情况，由有关部门督查落实，新闻媒体进行跟踪报道。

【《呦呦青蒿》获全国精神文明建设“五个一工程”奖】

9月27日，全国第十四届精神文明建设“五个一工程”表彰座谈会在京召开。会上，由中央人民广播电台、浙江广播电视集团和余姚市广播电视台联合制作的三集广播连续剧《呦呦青蒿》获得全国精神文明建设“五个一工程”奖。《呦呦青蒿》以中国中医研究院终身研究员屠呦呦在诺贝尔奖颁奖典礼上的精彩演讲开场，选取了临危受命、钻研古籍、深入疟区、激发灵感、土法提取、以身试药、科学萃取、临床救人等主要情节，再现了屠呦呦带领课题组发现提取抗疟药物青蒿素的过程。此外，《呦呦青蒿》之前还获得了浙江省第十三届精神文

5月10日，广播剧《呦呦青蒿》剧组走进宁波效实中学

明建设“五个一工程”奖。

（市广播电视台）

余姚日报

【概况】

2017年，余姚日报社组织抓好党的十九大、市两会、机器人峰会、全国文明城市、黄大年、胡建江、“最多跑一次”改革、剿灭劣V类水、“大脚板走一线、小分队破难题”等重大主题、重大活动、重大事件、重大典型的宣传报道和创新，开展“行走四明，飞阅余姚”系列采访报道活动。全年有70多件次作品获得各级新闻奖，其中23件作品获2016年度全国县市区域报新闻奖，宁波新闻奖一等奖作品5件。全年《余姚日报》报纸出版356期，发行量3.1万份；《卫星城导刊》出版24期，发行量3.5万份；《金色年华》出版19期，发行量2.1万份。新媒体用户超30万户，其中“姚界”客户端用户破8万，日报微信用户破16万。周日改出《舜江周刊》，“姚界”客户端推出在线读报、在线收听并发力图文与视频直播。全年实现营业收入5078万元，利润总额502万元，资产总额达到8572万元。

建好新型主流舆论阵地，加快媒体融合步伐，建设融媒体内容生产平台一期。开展战略合作，通过协办专栏专版，推出特别报道，发布综合资讯，联办各类活动，承揽会展节庆，扩大图书出版，开办体验培训，组织摄影旅游、新媒体代运维等项目化拓展，挺进大文创大健康蓝海。经宁波国资委批准合股兴办医养综合体项目。

【“喜迎十九大——飞‘阅’余姚 行走四明”系列主题报道活动启动】

9月6日，由市委宣传部、余姚日报社共同组织的“喜迎十九大——飞‘阅’余姚 行走四明”系列主题报道活动启动。从9月8日起，《余姚日报》、余姚新闻网、“姚界”APP全媒体联动，正式推出“行走四明”系列报道。截至10月17日，共刊出22篇，同时配发“飞‘阅’余姚”航拍照片，全方位展现党的十八大以来余姚21个乡镇（街道）和经济开发区的建设成果。

【《王阳明的心路历程》出版】

10月31日，在王阳明诞生545周年纪念活动的开幕式后，《王阳明的心路历程》首发式在王阳明故居传习苑举行。《王阳明的心路历程》由中国文史出版社正式出版，是由中共余姚市委宣传部、余姚日报社组织编写，吴光、陈利权任主编，市史志办参与撰写，杭州、余姚多位王阳明研究学者共同协作完成。全书分为“降生世家：立志学圣”“龙场悟道：吾性自足”“巡抚南赣：明德亲民”“南昌平叛：益信良知”“学宗姚江：桃李天下”“星落青龙：此心光明”六章，围绕“致良知”和“知行合一”核心，叙述王阳明的生平事迹和思想发展过程。被列为宁波市文产资金扶持项目。

（余姚日报社）

《王阳明的心路历程》

教育·科技

综　述

2017年，余姚市共有各级各类学校341所，在校学生总数15.17万人。其中，普通高中10所，在校学生10945人；中职学校7所，在校学生9041人；初中30所，在校学生27162人；小学83所，在校学生65856人；幼儿园210所，在园学生38549人。

2017年余姚市各级各类学校教职工、在校学生基本情况表

学校	学校数（所）	在校学生数（人）	教职工数（人）
合　计	341	151857	13696
公立学校	117	105164	8903
民办学校	224	46693	4793
一、大专	1	144	25
二、普高	10	10945	1163
公立普高	8	8220	922
民办普高	2	2725	241
三、职高	6	9041	773
直属职高	5	8654	728
社会力量办职高	1	387	45
四、初中	30	27162	2494
民办初中	1	3781	294
公立初中	29	23381	2200
五、小学	83	65856	4275
民办小学	0	1947	117
公立小学	70	57051	3704
民工学校	13	6858	454
六、特教	1	160	36
七、幼儿园	210	38549	4721
公立幼儿园	3	7554	1079
民办幼儿园	207	30995	3642
八、其他单位			209

制定实施第二轮特殊教育提升行动计划，推进普及十五年特殊教育。2017年，全市适龄残疾儿童少年中，学前三年入学率达到80%以上，义务段入学率达到98.36%，高中段入学率达到60%。全市投入建成学校（幼儿园）共12所，投资2.39亿元。小学、初中适龄人口入学率均达到100%；

小学升初中比例为100%；初升高比例达到99.15%。全市通过浙江省标准化学校评定学校111所，占全市现有义务段学校总数的98.2%。全市拥有浙江省数字校园示范学校3所，宁波市“智慧校园”示范学校10所。全年全市共实施教育基建项目44个，投入资金3.33亿元。新增正高级教师3人、省中小学教坛新秀3人、省第五届师德先进个人1人，新增宁波市第七批名教师6人、宁波市第三批中等职业学校专业首席教师2人、宁波市首届名班主任3人，评选余姚市第十四届小幼特教坛新秀180人。2月，获批成为省第三批基本实现教育现代化县（市、区）。8月28日，市委、市政府召开全市推进教育现代化工作会议。

全年出台《余姚市“十三五”教育发展规划》《余姚市加快创建浙江省教育现代化市的实施意见》《关于加快发展现代职业教育的实施办法》《关于进一步完善城乡义务教育经费保障机制的通知》《余姚市乡村教师支持计划实施办法》《余姚市住宅小区配套幼儿园建设管理实施办法》6个政策文件。改善校园安防条件，全市公办学校（幼儿园）和民办省三级以上幼儿园建成304家校园警务联络室，实现全覆盖。推进现代学校制度建设，全市14所学校被评为宁波市级及以上“依法治校示范校”。推进“最多跑一次”改革，22项“最多跑一次”项目实现一窗办、网上办、及时办。

2月9日，余姚市创建成为省第三批基本实现教育现代化县（市、区）评估现场

8月28日，市委、市政府召开全市推进教育现代化工作会议

深化义务段课程改革，评选出第二批精品拓展课程，多次在省里作典型发言；推进“一校一品”和“一校多品”特色创建，全市113所义务段学校，97所有特色项目。通过全国青少年普法教育示范区创建评比，梨洲小学等4校（单位）获“全国青少年普法教育先进集体”称号。全市中小学校心理健康教育辅导室实现全覆盖，实验学校获评全国第二批心理健康特色示范学校。在宁波市首批文明校园评选中，全市有20所学校上榜。加强德育队伍的培养和管理，搭建“名班主任、骨干班主任、新秀班主任”三级发展梯队，评选余姚市首届名班主任5人，第二届骨干班主任30人，首届新秀班主任66人。推行素质教育。肖东二小女子乙组足球队获省校园足球联赛冠军，实验学校和泗门镇校获浙江省舞蹈比赛一等奖，姚北实验学校获省中小学教师中华经典诵读大赛一等奖，世南小学获全球DI青少年创新思维大赛综合类第二名，余姚中学在第34届全国青少年信息学奥林匹克竞赛中获1金1银1铜，市五职校学生打破纸飞机直线距离全国纪录，并在全国比赛中斩获6项一等奖。入围第四批国家级农村职业教育与成人教育示范县（市）创建名单，成立省级名师工作室2个，3位教师代表宁波参加全国第二届职业学校班主任基本功大赛，均获得综合一等奖。在全国中等职业学校“创新杯”教师信息化教学说课大赛中，共获一等奖4个、二等奖2个。牟山成校创建为首批全国城乡社区教育特色学校，丈亭成校、泗门成校创建为宁波市特色示范成校。加强校企合作、产

学研融合，浙江大学机器人研究院正式成立运行，阳明学院逐步做强做大，推进技师学院筹建工作。

（陈汉春）

师资队伍

【概况】

2017年，全市获第二届全国中职班主任基本功大赛一等奖3人。全年新评浙江省中小学教坛新秀3人，市瑞云学校丁再军获浙江省第五届师德先进个人，余姚中学王爱娣入选2017年省“万人计划”教学名师遴选推荐对象。新评宁波市第七批名教师6人，宁波市第三批中等职业学校专业首席教师2人，新评宁波市首届名班主任3人，新评宁波市十佳班主任1人，宁波市百优班主任8人，2人入选宁波市拔尖人才第二层次人选。新评余姚市首届名班主任5人，市第二届骨干班主任30人，市荣誉班主任31人，市首届中小学新秀班主任66人。组织余姚市第十四届小幼特教坛新秀评选工作，共获奖180人，其中一等奖33名，二等奖59名，三等奖88名。推荐实验学校张少云、四中刘召新、子陵中学赵建权参评2013—2017年度余姚市十佳优秀科技工作者。

截至年底不重复统计，全市有骨干教师校长398人，其中省特级教师11人，宁波市名校长8人，宁波市名师21人，宁波市名班主任3人，宁波市优秀“双师型”教师10人，宁波市学科骨干教师64人，宁波市专业首席教师1人，余姚市名校长4人，余姚市名师15人，余姚市学科骨干教师229人，余姚市名班主任2人，余姚市骨干班主任30人。

全年共调整局管校级领导78人，其中提拔任用30人，平级转任20人，免（兼）职16人，到龄退任12人。启动学校校长助理选聘工作，促进全市学校管理队伍年龄结构的优化。加强名校长管理。根据《余姚市名校长管理暂行规定》，组织15位宁波市和余姚市名校长到武汉华南师范大学培训。加强校级后备干部培养，举办余姚市教育系统第十二期局管后备干部培训班。

全年公开招聘新教师214人，其中第一批面向2017年全日制普通高校应届优秀毕业生招聘中小学教师74人，第二批招聘事业编制教师140人。全市职校专业课教师中“双师型”教师达81.2%以上。各职业学校都根据本校的专业设置和教学需要，注重建立一支特聘兼职教师队伍，教育局5所直属职高共有特聘兼职教师110人。

做好教师支教工作，出台《余姚市教育局关于做好2016学年义务教育中小学教师支教工作的通知》，对全职支教安排原则、全职支教类型、全职支教教师要求、支援学校要求、受援学校要求和教辅室要求做出全面具体的规定，全年初中支教21人（骨干2人），小学支教12人（骨干7人）。做好教师流动工作，全年教职工流动515人，骨干教师交流19人。全年共计发放科研津贴401.382万元，发放名师工作室工作经费24万元，发放2014学年—2016学年城区学校21个骨干交流支教教师发放交通和生活津贴59.2万元。

（陈汉春）

学前教育

【概况】

2017年，全市有幼儿园211所，在园儿童38560人，其中公办幼儿园23所（31个园所），公办幼儿园招生覆盖率为20%。年内，云河绿洲小区幼儿园投入使用，新的马渚镇中心幼儿园建设完成，月梅公寓小区幼儿园正式启动，基本实现每个乡镇（街道）至少建有1所公办幼儿园的目标。新增普惠性民办幼儿园11所，公办幼儿园和普惠性民办幼儿园招生覆盖率达到80%以上。重视学前教育师资队伍建设，全市幼儿园教师持证上岗率达到98.34%，有专业技术职务的幼儿园教师比例达到66.81%。等级幼儿园招生覆盖率达到

95.26%。制定实施第三轮学前教育三年行动计划，制定新的学前教育网点布局专项规划，推进网点建设和撤并低小散幼儿园工作。出台余姚市小区配套幼儿园建设管理办法。加强幼儿园规范管理，通过省三级幼儿园和规范办园专项督导。

【《余姚市住宅配套幼儿园建设管理实施办法（试行）》出台】

6月13日，市教育局、市住建局、市规划局、市国土局、市发改局联合发文，出台《余姚市住宅配套幼儿园建设管理实施办法（试行）》，就小区配套幼儿园建设作出要求。2017年，云河绿洲小区配套幼儿园投用招生，城东月梅公寓、汇翠花园小区配套幼儿园先后移交给教育部门。

（陈汉春）

义务教育

【概况】

全市有初中30所，在校学生27162人，教职工2494人；小学83所，在校学生65856人，教职工4275人。义务教育段接收外来务工人员随迁子女47439人，其中在公办中小学就读40581人。出台《2017年余姚市义务段学校招收流动人口子女入学工作意见》，继续采用由各乡镇（街道）审核和安排入学的办法，做好外来务工人员子女入学工作。姚江中学建成投用，城东穴湖小学新建工程实质性启动。合并临山镇两所初中，正式启动四明山区域教育网点调整工作，大岚镇中全体学生于9月转入梁弄镇中学习。

根据浙江省教育厅下发的《关于深化义务教育课程改革的指导意见》和制定实施本市的《深化义务段课程改革实施方案》，在完善课程结构、加强课程建设、改进课程实施、变革教学方法、改革评价方法等诸方面加以推进。

继续实施义务段招生零择校。微调招生政策，统一安排招生流程，规范招生程序。根据宁波教育局和上级有关文件精神，实行以新型居住证为基础的招生办法，以流入地为主解决外来务工人员子女的入学问题。制定四个外来务工人员子女入学的基本条件。在招生第二阶段，在不突破事业计划的前提下，根据缴纳社保、取得浙江省居住证（IC卡式）的时间长短来安置不完全符合条件的外来务工人员子女入学。加大对薄弱学校和民办流动人口子女学校的帮扶力度，出台政策，组建8个教育共同体和30对结对帮扶学校，并在管理统一机制、教育教学一体化机制、人员流动机制、考核评价机制等方面做出探索。

【市小学科学拓展性课程研讨会举行】

3月21日，市小学科学拓展性课程研讨会暨师徒结对活动在小曹娥镇小举行，全市小学科学骨干教师及其所带徒弟、第四区域科学教师参加此次科学研讨活动。活动为期一天。上午观摩两堂科学拓展课，分别为东风小学教师朱吴波的《垃圾围城》和实验二小教师孙杰峰的《用放大镜拍照》。下午，教研员郑水军就两堂课进行点评。特级教师任洪为大家做《“核心素养”观照下 科学拓展性课程的教学》讲座。

3月21日，余姚市小学科学拓展性课程研讨会暨师徒结对活动现场

【余姚在第二十界全国青少年五好小公民主题教育读书活动中获奖】

8月23日，市教育局关工委获得第二十届全

国青少年五好小公民主题教育读书活动“优秀组织奖”，陈云海获评教育部关工委读书活动20周年“先进个人”，武海彬获评二十届主题教育活动“先进个人”。姚江小学获评主题读书教育活动“示范学校”，余姚七中高二（10）班获评“优秀班集体”，陆埠镇初级中学计芦益获评全国“诚信友善好少年”。在读书征文比赛中，余姚二中张慧茹的《属于我们的“圈子”》、第一实验小学潘则成的《一个也不能少》均获得全国特等奖，实验学校叶栋的《救赎》等87篇优秀作品分别获得一、二、三等奖。

【余姚中小学生在中国·宁波纸飞机挑战赛中获奖】

10月12日，在第七届中国·宁波纸飞机挑战赛暨第十一届宁波市纸折飞机大奖赛中，毛科炜以48.20米成绩获得纸飞机直线距离总冠军，并打破45.43米的全国纪录；黄家埠镇初级中学的覃高获得冲浪滑翔总冠军。在各组别的单项比赛中，市第五职校的毛科炜和牟山镇中的罗智喻、青港小学的相东俊、低塘小学的严安琪，包揽直线距离所有组别冠军；黄家埠镇中的覃高、杨佳意，横塘小学的李琛，陆埠镇校的陈泓名，包揽冲浪滑翔所有组别冠军；市五职校的汪夏琳获得留空时间项目中学女子组冠军。据统计，在此次比赛中，余姚共有119人次获得一等奖。

【泗门镇小、实验学校分获省中小学舞蹈大赛一等奖】

11月，在浙江省中小学舞蹈大赛中，由泗门镇中心小学老师干雅雯和戴铁燚编排的舞蹈《牙牙和泡泡》获得小学组一等奖，由余姚市实验学校老师刘珂莹和章红艺编排的舞蹈《小小小小鸟》获得初中组一等奖。

（陈汉春）

泗门镇中心小学编排的舞蹈《牙牙和泡泡》

余姚市实验学校编排的舞蹈《小小小小鸟》

高中教育

【概况】

2017年，全市有普通高中10所，在校学生10945人；中职学校7所，在校学生9041人。高中段接收外省籍学生4129人。2017年高考成绩创历史新高。全市普高3291人参加高考，一段总上线1052人，一段总上线率31.97%。其中纯文化学科（不包括艺术类、体育类）一段上线860人，上线率26.2%，创历史新高。艺术类、体育类考生一段上线192人。余姚中学上清华、北大8人。全市职高1176人报名参加高考，高职单考单招录取955人。入围第四批国家级农村职业教育与成人教育示范县（市）创建名单，成立省级名师工作室2个（四职校陈伟、职成教中心陈雅萍），3位教师代表宁波参加全国第二届职业学校班主任基本功大赛中均获得综合一等奖。在全国中等职业学校“创新杯”教师信息化教学说课大赛中，共获一等奖4个、二等奖2个。牟山成校创建为首批全国城乡社区教育特色学校，丈亭成校、泗门成校创建为宁波市特色示范成校。

制定并推进《普高多样化发展三年提升行动计划》。余姚中学创建为省一级特色示范高中，高风中学、四中、七中、二中和八中创建为省二级特色示范学校，三中、五中基本通过省二级特色示范学校初审。各校继续推进宁波市普高特色六个创新项目建设，逐步培育形成各校特色。

按照上级教育行政部门的统一部署，探索推动全市职业教育综合改革。继续推进“一校一品”专业特色建设，市职教中心中德合作IHK、阿里巴巴商学院、机器人创新团队，二职校农业实验园建设，市职技校《工业产品设计》，市四职校《物联网技术》，市五职校《旅游商品创意设计》《普职融通》等职业教育综合改革先行先试项目陆续展开。市职教中心成为省现代学徒制试点学校，市四职校成为省教学诊断与改革试点学校。

全市启动中等职业学校专业教学资源库建设项目、精品课程建设项目和校本教材的开发。职成教中心学校专业教学资源库初步建成上线，全市入选宁波市级一批二批专业精品课程达10门，开发校本教材78种，正式出版35种以上。各职校组建技能集训队，开展“师生技能节”“校企技能竞赛”等活动提升师生的专业技能水平。全市职校师生参加2017宁波市职业教育技能大赛，获得一等奖35项，二等奖80项，三等奖101项；参加全国职业院校技能大赛，获得一等奖1项，二等奖9项，三等奖3项。3月，全国第二届班主任大赛中，获3个一等奖，4个单项奖。11月，宁波市班主任基本功大赛，获一等奖1人，二等奖2人。在各类评选中，1人获省最美教师，1人获宁波市名班主任，1人获宁波市百优班主任，4人获宁波职教之星，1人获优秀毕业生。市职成教中心学校的“践知行合一，办匠心教育”德育品牌被宁波工匠精神培育提升工程立项。在宁波“经典诵读诗会”和“教师文艺专场”比赛活动中获得3个二等奖，1个三等奖。

贯彻《宁波市职业教育校企合作促进条例》，通过在企业建立实习基地、培训企业职工等形式，使校企合作更加紧密。全年新建5家制造业校外实训基地，全市共设立校外实习基地37家。各职校与100余家企业签订长期合作协议。成立4个职教集团，市职技校成为市模具协会、家电协会副会长单位，市职成教中心学校成为市汽修协会、烹饪协会理事单位。全年非学历培训达10000余人次。各职校与西部地区学校结对，如汪清县职业教育中心、安龙县中等职业学校、新疆库车县职业技术学校、成都崇州职业技术学校等，交流职业教育理念、管理、师资建设经验。

【童洁获评全国“最美中职生”】

2月17日，在团中央学校部、全国学联秘书处、中国青年报社共同举办的2016年度全国“最美中学生”“最美中职生”寻访活动中，市职成教中心商贸部14商1班学生童洁获评全国“最美中职生”。

【全国中等职业学校班主任基本功大赛获奖】

3月18—20日，在第二届全国中等职业学校班主任基本功大赛中，市职成教中心学校梅海江、市第四职业技术学校张晓宏、市第五职业技术学校李照君三位中职班主任获得3个综合一等奖，4个单项奖。

第二届全国中等职业学校班主任基本功大赛余姚市获奖选手

【市二职校在全国职业院校林业技能大赛中获奖】

5月26日，在辽宁举行的第二届全国职业院校林业技能大赛中，市二职校代表队的参赛选手温小丽获得“礼仪插花”（中职组）竞赛项目一等奖（第三名）；吴申建获得“林木种子质量检测”（中职组）竞赛项目三等奖；指导老师卢娟苗获优秀指导教师奖。余姚二职校代表队是代表浙江省参赛的唯一一支代表队。

【全国中等职业学校“创新杯”教师信息化教学说课大赛获奖】

12月22日，在2017年全国中等职业学校“创新杯”教师信息化教学说课大赛中，余姚选手共夺得4个一等奖，2个二等奖。其中，四职校老师赵怡获得德育类一等奖，一职校老师茅吉鸿获得机械类一等奖，职成教中心老师李芬、楼红霞分别获得汽修类和文秘类一等奖。职成教中心老师黄金梅、吴凯分别获得电工电子类和汽修类二等奖。

（陈汉春）

高等教育

【概况】

2017年，余姚市人民政府和宁波职业技术学院共建阳明学院。宁波职业技术学院将模具系整体划归阳明学院，对阳明学院按照二级学院管理办法进行管理，市职成教中心为阳明学院提供办公、教学和生活场所，并作为联合办学单位共同对阳明学院进行管理。该学院重点为模具专业，有4个模具专业的班级，全日制学生200余名。

学院采用校企合作和“现代学徒制”模式，该学院长期与宁波舜宇模具股份有限公司、宁波富佳实业有限公司、宁波锦隆电器有限公司等10余家余姚企业进行校企合作，这些企业为学生提供实践基地。学院每周开展第二课堂让学生进入到现代学徒制跨企业训练中心进行生产性实训，根据模具课程设计参与模具制作实践操作。同时该学院的教师承担企业的课题研究。2017年，阳明学院学生获得10余项国家级、省级和市级各项技能大赛的奖项。

阳明学院近几年来开展国家级的CAD/CAE/CAM真实模具设计与制造实践国培项目、三维建模数字化设计与制造培训、注塑模CAD/CAE师资培训、冲压模具工程师资培训等，连续三年承办机械模具类国培师资培训，引进全国顶尖教学资源，邀请国内行业专家授课，并更新先进的教学软件与设备，提供新颖的培训方式和全方位的训练项目。学院建有宁波地区高校中设备和软件最全、最先进的“产品精密智能制造实训室”“CAD/CAM/ERP/MES实训室”“数控三轴五轴加工实训室”“注塑智能成型实训室”等。

（陈汉春）

社区教育

【概况】

2017年，余姚市有社区学院1所。根据国家、省、市三级教育行政部门规划，制定全市“十三五”各项指标行动计划表，共5类13项，组织符合条件的单位开展各类创建申报工作，有17个单位组织在15个不同的创建项目中创建成功、获得表彰。其中，指导推荐丈亭成校、泗门成校被评为宁波特色示范成校，陆埠成校、大隐成校通过宁波社区教育扶助项目评估，三江好管家、久久红学吧被评为宁波社区教育品牌项目，小曹娥成校、丈亭成校分别有教育助农项目立项。组织并成功创建成为省学习型城市，推荐并指导黄家埠成校创建成为省现代化成校，丈亭成校企业职工胜任力培训获评省成人教育品牌项目。阳明社区历史文化研究小组和黄家埠镇横塘村学养社团被评为2017年宁波市优秀社区学习共同体。

组织社区学院、各乡镇（街道）社区教育中心申报省级、宁波市级社区教育项目实验，结题四项，其中1项被评为优秀实验项目；新立项五项，其中3个项目获宁波市重点实验项目立项，2个项目获宁波一般实验项目立项。鼓励各校开展教学科研工作，2017年省教育科研规划课题结题1项，获得2016年度宁波市教育成果（职成教类）二等奖1项，2016—2017年度宁波市职成教教学研究立项课题一等奖1项，2017年宁波市教育科学规划研究重点课题立项1项，一般课题立项1项，2017年宁波市教育科学规划研究成人教育专项课题立项1项，2017—2018年度宁波市职成教教学研究课题立项4项。

【老年培训项目推新】

3月，浙江老年开放大学余姚学院在余姚市社区学院挂牌，各乡镇（街道）社区教育中心在市社区学院指导下相继推出老年教育电脑初中级、太极拳中级、智能手机、歌咏、合唱、书法、旗袍、越剧等培训项目，全年培训8563人次。

【余姚入选第四批国家级农村职业教育与成人教育示范县】

5月27日，在教育部办公厅公布的第四批国家级农村职业教育与成人教育示范县创建入围名单中，余姚市名列其中，成为继慈溪之后，宁波市又一入围县(市)。此次全国共有43个县(市、区)入围，浙江省入围5个县（市、区）。

（陈汉春）

余姚中学

【概况】

2017年，余姚中学通过省一级特色示范学校评估，获评“宁波市首批智慧校园示范校”、浙江省数字教育资源建设与应用实践基地学校（化学）、甬派教育科研培育中心、宁波市创新教育与创新实验室建设验收第一名、浙江省中小学教师信息技术应用能力提升示范学校，被宁波市教育局推荐为省课程建设样板学校。参与省教研室组织的

《新课程新高考理论和实践指南》编写工作。全校教师共发表学术论文33篇，各级各类获奖46篇。

开办“姚中之声”电台，开展“致良知”教育微型课。相继开展第十二次“感受浙大”励志活动、第五届“模拟长征”40公里远足活动、体育节、第七十七届校运会暨第四届模拟国际奥林匹克运动会、2018届18岁学生成人仪式、第二十三届校园文化艺术节活动、“吴睿睿与她的学生们”音乐会、美国青年钢琴家安托尼奥·特鲁奥斯钢琴演奏会、全国第二届“青少年科学素养大赛院士专家进校园活动”、中科院老科学家科普教育（第5～6期）、英语诗歌大赛、第五届“山海之盟”暑期夏令营、模拟联合国、模拟政协活动等。

学校加强国际教育交流与合作，成功举办“互联网+教育资源全球化与共享”2016年中外中学校长高峰论坛，与美国、加拿大、英国、澳大利亚、新西兰5国16所外国院校建立合作关系。先后组织学生赴英国（伊钦学院）、美国（哈佛大学）开展夏令营游学活动。多名学生被国外名校录取。

2017年高考中，余姚中学共有437名学生上一段分数线，一段上线率为95.6%；吴裕诚等8人被北京大学、清华大学录取；何一鎏高考成绩700分，名列全省第38位；姚中书院上一段分数线58人，一段上线率63.4%。

2017年余姚中学获奖情况表

学科	竞赛名称	获奖情况
数学	2017年全国高中数学联赛	全国一等奖3人、二等奖7人、三奖10人。团体优胜奖。
	2017年浙江省数学竞赛	省一等奖25人（大市第2）、省二等奖14人、省三等奖8人
	第14届东南地区奥林匹克数学竞赛	高一高二8位选手获得5银3铜
物理	2017年全国高中生物理竞赛	全国一等奖1人、二等奖3人、三等奖5人
	首届浙江省高中物理竞赛	省一6人（大市第3）、省二21人
化学	2017年全国高中生化学竞赛	全国一等奖2人、二等奖1人、三等奖6人。团体优胜奖。
	2017年浙江省化学竞赛	省一等奖4人、省二等奖2人、省三等奖15人，集体优胜奖
生物	2017年高中生物学全国联赛	全国三等奖4人
	2017年浙江省生物竞赛	省二15人、省三44人
信息	第23届全国信息学奥林匹克联赛	全国一等奖39人
	第11届亚太地区信息学竞赛	2金1银1铜
	第34届全国信息学奥林匹克冬令营竞赛	1金3银
	第34届全国信息学奥林匹克竞赛决赛	徐泽涛获金牌，入选国家集训队、保送北大；陈冲获银牌，签约上海交大一本线；宋航海获铜牌，签约北大降60分
语文	第十九届“语文报杯”全国中学生作文大赛	全国一等奖4人、二等奖1人、三等奖1人，省一等奖10人、二等奖15人、三等奖23人
英语	全国高中生英语能力竞赛	一等奖4人、二等奖6人
地理	第十届“地球小博士”全国地理科技大赛	一等奖8人、二等奖20人、三等奖16人
体育	2017届浙江省青少年田径锦标赛	2人分获第1、第2名

学生代表队在国际太空城市设计大赛（中国区决赛）中获中国赛区冠军；在第二届“登峰杯”全国中学生结构设计比赛中获4VS4创新赛冠军、3VS3对抗赛二等奖；学术作品获2个二等奖、3个三等奖，2人参加复赛，数学建模获二等奖；华东机器人比赛，获得一等奖1个、二等奖1个、三等奖2个。

【阳明先生铜像揭幕式举行】

6月18日，致良知涌泉学苑2017年度余姚学习会暨阳明先生铜像揭幕式在余姚中学隆重举行。

6 月 18 日，阳明先生铜像揭幕式现场

铜像由国家级艺术家赵闯创作，苏州德盛桥梁公司张春光捐赠。揭幕仪式结束后，来自全国各地的良知好友和学校部分师生近 500 人参加以“天降大任，唤我心归来”为主题的阳明心学学习会。

【“卓越教师的专业成长”高峰论坛举行】

10 月 25 日，由教育部中学校长培训中心主办，广东省中山市第一中学、江苏省常州市第一中学、江苏省南菁高级中学和浙江省余姚中学共同协办的“卓越教师的专业成长”高峰论坛在余姚中学颐高科技楼五楼学术厅举行，来自全国近 60 所中学的 180 人参加论坛。

【2017RoboCom 国际公开赛华东地区选拔赛举行】

12 月 16—17 日，2017RoboCom 国际公开赛华东地区选拔赛在校体育馆举行。来自华东地区的近 500 名学生参加比赛。余姚中学俞潇晗、王梓萌两位选手组队获得中学组季军，获得代表华东地区参加 2018 年 RoboCom 国际公开赛全国总决赛资格。此外，余姚中学还获得二等奖 1 队，三等奖 2 队。

（余姚中学）

科学技术

【概况】

2017 年，全市实现高新技术产业主产值 714.1 亿元，同比增长 19.8%，占规上工业企业总产值的比例达到 48.7%；高新技术产业增加值完成 151.2 亿元，同比增长 17.1%，占规上工业企业增加值的比例达 52.8%。发明专利申请数 2349 件，同比增长 21.45%，发明专利授权数 593 件。完成宁波市创新型初创企业认定备案 136 家，27 家企业被认定为 2017 年浙江省高成长科技型中小企业。新认定高新技术企业 19 家，高新技术企业通过复评 48 家。新认定国家级技术中心 1 家、高新技术企业研发中心 3 家，宁波市企业研究院 1 家，宁波市企业工程技术中心 18 家，余姚市级企业工程技术中心 16 家。1 个项目列入国家 02 重大科技专项，争取到国家财政科技补助 3045 万元。1 个项目获国家重点研发计划“智能机器人”重点专项支持，争取到国家财政科技补助 1290 万元。获 2016 年度省科技进步奖三等奖1项，宁波市科技进步奖二等奖1项，三等奖1项。发放创新券257万元。征集企业技术难题8项，牵线60余家企业与高校院所洽谈。签约合作项目100余项，技术合同金额4000余万元。浙江大学、浙江工业大学、浙江工商大学等驻余姚技术转移中心全年实现技术交易总额564.3万元。通过省知识产权工作示范市复评。

【中科院协同创新体（宁波·余姚）组建】

4月6日，中科院知识产权运营管理中心、余姚市人民政府、弘一资本集团有限公司、舜宇集团有限公司四方进一步深化3月17日签署的框架协议内容，并协商签订战略合作协议，组建中科院协同创新体（宁波·余姚）。各方确定以普惠制造为目标，以开源方式共建智能制造技术共性技术平台（自主ICCC体系），降低企业技术门槛，为区域企业提供技术支撑。并组建总额20050万元、第一期为5012.5万元的专利基金。

【宁波市知识产权第三方平台余姚工作站成立】

4月24日上午，宁波市知识产权综合运用和保护第三方平台余姚工作站成立仪式在中意（宁波）生态园举行。宁波市知识产权第三方平台余姚工作站将面向包括中意（宁波）生态园和浙江"千人计划"余姚产业园在内的余姚经济开发区所辖企业，延伸提供宁波市知识产权综合运用和保护第三方平台的知识产权诉调对接、知识产权运用和转化、快速维权与联动、学术宣传交流与人才培养四大服务机制。同时，工作站将与中意（宁波）生态园管委会、余姚经济开发区、余姚法院知识产权巡回法庭建立联络机制，并定期召开三方联络会议，全面整合园区内行政调解、维权援助、法律服务三大纠纷化解资源。

【全国大学生机器人大赛举行】

5月25日—27日，由共青团中央、全国学联主办，余姚市人民政府承办的第16届全国大学生机器人大赛Robocon（南方赛区）在市梦麟中学举行，来自厦门大学、武汉大学、电子科技大学等

5月25日，第16届全国大学生机器人大赛开幕式

全国大学生机器人大赛现场

39所高校的代表队同台竞技。此次比赛以我国古代传统礼仪和游戏"投壶"为背景，比赛题目为"舞盘雅乐"，比赛任务是"投掷飞盘"。各参赛团队综合运用机械、电子、控制等技术手段完成规则设置的任务，以集中场地赛为主。最后南方赛区决出16只参加全国决赛的队伍，同时决出南方赛区冠、亚、季军。

（市科技局）

医疗卫生·体育

综 述

【医疗卫生】

2017年，全市共有各级各类医疗卫生机构535家，实有病床3296张，卫生技术人员6384人，其中执业医师(含助理)2441人,注册护士2617人。按照常住人口统计，每千人床位数、卫技人员数、执业医师（含助理）数和注册护士数分别达到3.15张、6.1人、2.33人和2.5人。全市公立医疗机构门急诊总量1104.11万人次，同比增长9.78%;出院人数9.72万人次，同比增长4.85%;平均住院床日8.48天，与上年基本持平。

全市适龄儿童七苗覆盖率93.3%，免疫预防服务质量保持全省先进水平。全市平均期望寿命80.78岁，常住人口孕产妇死亡率0，常住婴儿死亡率1.94‰，5岁以下儿童死亡率2.84‰。全年全市无偿献血8231人次，献血总量249.9万毫升，用血4857人次，用血总量215.2万毫升，无输血安全事故发生。

（张夏儿）

【体育】

2017年，市体管中心的主要工作任务是强基础、重实效，以大群体格局引领全民健身，贯彻落实《全民健身条例》和《奥运争光计划纲要》，实施省“四提升四覆盖”工程，提升群众身边的“六边”（完善群众身边的体育组织，加强群众身边的体育指导，支持群众身边的体育赛事，建设群众身边的体育设施，丰富群众身边的体育活动，弘扬群众身边的体育文化）工程，注重体育事业和体育产业协调发展，青少年业余训练和群众体育统筹发展，完善幸福余姚、健康余姚相适应的全民健身公共服务体系。全市拥有各类球场521个，健身路径1307条，市级体育社团28家，三级社体指导员2216人,人均体育用地面积达2.12平方米。

上半年，与市财政局共同协商调整《余姚市全民健身设施建设和经费补助实施办法》。全年开展各级各类有届次的全民健身赛事、各类杯赛、邀请赛约200余场次。4月至12月，举办余姚市第十五届运动会，前后历时九个月。“全民健身日”主题日志愿服务工作开展制度化。余姚市获得2018年第十五届世界精武武术文化大会承办权。

完善教体结合机制，做好规定内的青少年业

余训练统筹工作。建立教体工作会议机制。训竞科完成《2016年度余姚市中小学生体育竞赛成绩汇编》，全市中小学体育竞赛运动员资格注册1409人，宁波市青少年体育比赛运动员资格注册180人。召开教体联席例会，对2016年的三所市体育特色学校和中小学生体育竞赛的团体小学部、初中部前十名和高中部前六名进行表彰和授牌。根据实际参赛规程变化等情况，对运动员有关户籍、注册、保险等事项进行调整和改进。为保障运动员人身安全，由乡镇（街道）中心卫生院以上医疗机构提供健康证明和人身意外伤害保险证明。

全市有百余名优秀体育苗子在上级集训。在中华人民共和国第十三届运动会上，余姚市体育健儿获2金3银1铜、1个第五名、1个第六名，创全运会历史最好成绩，实现本土选手在全运会上金牌零的突破。

（市体管中心）

疾病防控

【概况】

2017年，全市共报告甲、乙、丙类传染病21种、7810例，全年无重大传染病疫情发生。重点做好H7N9、麻疹、手足口病、登革热等疫情防控工作。H7N9流感病例发生后，启动联防联控工作机制，牵头召集成员工作会议，通过取缔场外活禽交易、落实清洗消毒与休市、加强流感病例监测、开展风险评估等工作，应对H7N9突发疫情。会同市应急办开展全市基层医疗机构重点传染病防控应急处置培训和演练，举办“守望健康”宣讲比赛。市疾控中心获宁波市疾控系统应急演练团体优秀单位。

做好在册社区戒毒康复人员艾滋病综合防控工作，落实结核病报告、转诊、追踪、管理和治疗，举办全市中学生“世界防治结核病日”手抄报比赛。高血压和糖尿病病人规范化管理率分别达60.8%和60.75%。完成全市碘营养水平及病情监测工作。对全市9068名小学三年级学生开展窝沟封闭，封闭率94.74%。

开展以“基本公共卫生，我服务你健康”为主题的宣传月活动。城乡居民规范化电子健康档案建档率达91.23%，健康档案合格率90.86%，健康档案动态使用率70%以上。全市满周岁本地儿童七苗覆盖率95.26%，刚满周岁流动儿童七苗覆盖率91.81%，全年无重大预防接种不良反应。为83431名65周岁以上老年人开展体检工作，体检率70.6%，同时完善电子健康档案及进行健康评估工作。

【省死亡慢性病漏报和成人行为危险因素调查完成】

作为2016年度省死亡慢性病漏报和成人行为危险因素调查的监测点，市凤山街道、河姆渡镇、丈亭镇、大隐镇、大岚镇5个乡镇（街道）自2016年下半年以来，组织专业人员进行死亡、慢性病漏报和成人行为危险因素情况的入户现场调查，并对纸质档案进行审核、复核以及电脑双录入工作，同时抽取每个乡镇（街道）10～12名调查对象进行电话随访，做好质量控制。经统计，此次全市成人行为危险因素调查共调查300人，其中15～69岁279人，70岁及以上21人。居民死亡漏报调查共查到死亡个案214例，漏报9例。查到慢性病个案268例，漏报37例。

【2017年青少年健康危险因素调查项目启动】

根据《健康浙江2030行动纲要》和省疾控中心统一安排，余姚市作为全省30个监测点之一，启动青少年健康危险因素调查项目。根据省疾控中心随机抽样，市临山、泗门、低塘、阳明、丈亭、兰江、陆埠、梨洲、凤山9个乡镇（街道）的19所初中、高中（职高、技校）被列为调查监测点。调查人数估计在800人左右。调查内容包括学生的人口学资料、健康状况和生活质量、体力活动、慢性病危险因素、电脑上网、饮食习惯、交通安全、暴力相关行为、艾滋病、卫生习惯、严重伤害、性行为12大类。至5月中旬，在完成学生的现场问卷调查后，进行问卷收集、整理、录入工作，同时进行数据整理和分析。

（张夏儿）

医疗诊治

【概况】

2017年，市级医院门诊389.02万人次，同比增长4.07%；出院9.06万人次，同比增长6.21%；基层医疗机构门急诊总量715.09万人次，同比上升13.16%。市级医院临床路径总例数占出院病例总数的比例增长近19个百分点。建立区域胸痛中心，并通过中国胸痛中心总部认证，成为2017年第五批次中国基层胸痛中心。王正国院士工作站落户市人民医院，市人民医院同时加入中国创伤救治联盟。

开展基层医疗机构“六门诊、二中心”（全科门诊、中医门诊（馆）、预防保健门诊、适宜特色专科门诊、妇幼保健门诊、儿童保健门诊及健康管理中心、康复中心）星级化建设，有7家基层医疗机构成功创建三星级以上全科门诊，15家成功创建三星级以上中医药门诊，9家成功创建三星级以上健康管理中心。低塘中心卫生院、三七市镇卫生院、小曹娥镇卫生院3家单位被国家卫计委评为2016—2017年度群众满意的乡镇卫生院。凤山街道社区卫生服务中心创建为“全国优质服务示范社区卫生服务中心”和“省百强社区卫生服务中心”。

制定实施《余姚市家庭医生制服务质量控制追踪管理方案》和《余姚市家庭医生签约服务绩效考核指导意见》，建立月度通报和季度督查制度，开展“我与家庭医生有个约定”为主题的家庭医生宣传月活动等各类宣传。凤山街道社区卫生服务中心推出首个家庭医生签约特色服务包，为签约人员提供口腔（龋齿）预防保健签约服务。全市共签约148998人，重点人群签约136501人，重点人群签约率63.38%，在宁波市名列前茅。

【宁波地区首个复合手术室启用】

9月29日，由市卫生计生局统筹区域医疗资源，耗资2000万元，在市人民医院筹建的宁波地区首个、也是全国县级医院急诊科中的第一个复合手术室，正式投入使用。该手术室融合现代医学影像学、材料科学、血管腔内技术和传统外科技术，使原本需要分别在手术室、介入导管室分期才能完成的重大手术，合并一站式完成。手术室使用以来，成功开展神经科颈动脉支架术，心内科冠脉支架植入术，肝癌、食道癌、胆管癌等肿瘤介入等手术401台。

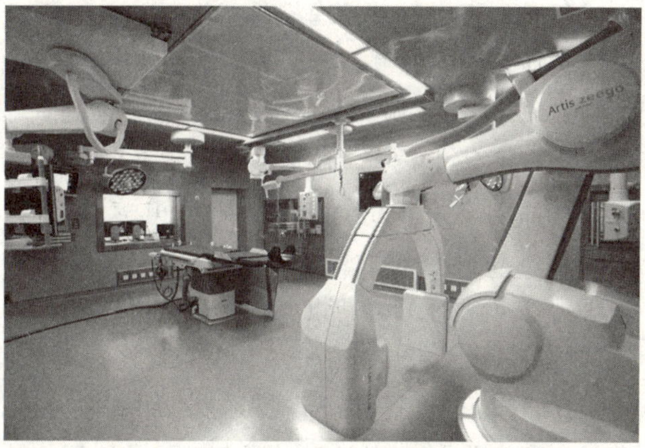

9月29日，宁波地区首个复合手术室启用

【市胸痛中心通过中国胸痛中心总部认证】

11月，市人民医院通过中国胸痛中心总部认证。该胸痛中心与市120急救站、市内25家医疗卫生单位签署合作协议，并与宁波市第一医院确立PCI患者双向转诊关系。按照胸痛中心总部认证要求，该胸痛中心结合区域特色进行建设。该胸痛中心通过10个月的运行，从2016年急诊PCI量16例，DTB（患者到达医院大门至心脏血管球囊扩张时间）平均时间128分钟，到2017年1—10月急诊PCI量43例，DTB平均时间90分钟，最短一例仅39分钟。

（张夏儿）

医政管理

【概况】

2017年，余姚市作为宁波市唯一一个县（市、区）被列入全省11个县域医共体试点县（市）。出台《余姚市市域医疗服务共同体建设试点工作方案》，明确“促进四个均衡化、推进四个一体化”8项重点任务。12月，召开医共体建设动员大会，试点工作启动，组建由4家市级医院为牵头单位，联合其他市级医院及乡镇卫生院（社区卫生服务中心）组成的4个医共体。

开展“医疗质量管理推进年”活动，组织开展医疗质量安全大排查、大整治行动和医院感染控制专项行动，举办全系统医疗质量管理知识竞赛和全市中医适宜技术、临床检验等医疗技能系列竞赛等活动，并举办全市医疗质量和医疗安全管理培训班。制定出台《余姚市医疗质量控制中心管理办法（试行）》，新设立门诊管理、中药、血液透析等3个质控中心。

在“双下沉，两提升”工作中，市中医医院普外科和影像科由宁波市医疗中心李惠利东部医院专科托管，市人民医院和市二院与上海新华医院结成联盟医院，市中医医院与上海中医药大学中医文献研究所进行全面签约合作。全市市级医院与沪杭甬等地三甲医院建立紧密合作关系的学科增加到37个，市四院在宁波市李惠利医院的全面托管下，取得宁波市“双下沉，两提升”考核双优秀的好成绩。在全省率先出台《基层医疗卫生机构和公立医院医疗服务基本作业清单》，明确不同层级公立医疗机构功能定位和服务范围，确定基本作业任务33项。制定出台《余姚市基层医疗卫生机构首诊疾病种类目录》，引导基层医疗卫生机构强化相关病种诊疗能力，落实基层首诊。全市双向转诊病人60341人次，较上年同期增加15.74%，其中下转病人26799人次，较上年同期增加15.63%。全市县域内就诊率86.46%，基层医疗卫生机构门急诊量占比达64.77%。

【两个项目获2016年度余姚市政府工作创新奖】

3月，2016年度余姚市政府工作创新奖评选结果揭晓，市卫生计生局申报的《下沉优质医疗资源 构建健康保障机制》和《加强中医药供给侧改革 提升基层中医药服务能力》两个项目分别获得2016年度市政府工作创新一、二等奖。

2016年以来，市卫生计生局不断深化破题医改初心，开展“三化”“五下沉”等一系列管理办法的创新，辐射带动基层医疗服务能力的提升，逐步构建分级诊疗体系，较好地满足市民对优质医疗资源的需求。基层中医馆已覆盖全市21家基层医疗机构，全市所有乡镇（中心）卫生院、街道社区卫生服务中心均能开展10项以上的中医药适宜技术，96%的社区卫生服务站、98%的规划内村卫生室能开展5项以上的中医药适宜技术。

【《余姚市基层医疗卫生机构首诊疾病种类目录》出台】

11月，余姚市在宁波大市率先制定出台《余姚市基层医疗卫生机构首诊疾病种类目录》，其中乡镇级首诊疾病52种，中心级首诊疾病60种。该目录是加快构建分级诊疗体系、深化综合医改先行先试的基础性工作，旨在进一步明确基层医疗卫生机构功能定位，引导其规范做好基本医疗服务工作，引导其逐步提升医疗服务能力，引导患者基层首诊，推进合理有序就医。对于列入首诊疾病种类目录的，均为凭基层医疗卫生机构医疗技术力量可以诊疗的病种，原则上应由乡镇（中心）卫生院、街道社区卫生服务中心提供首诊及后续诊疗服务，确保尽力收治，不得轻易上转。同时，随着基层医疗服务能力的提升，首诊疾病种类目录也适时更新及扩大。

（张夏儿）

卫生监管

【概况】

2017年，市卫生计生局行政审批工作进一步规范，涉及“最多跑一次”改革事项共18个大项，46个子项，“最多跑一次”实现率达到100%。出台《余姚市卫生和计划生育局行政处罚和社会抚养费征收审核审批规定》和《案件审理委员会工作规则》，制定实施《余姚市卫生计生系统法治宣传教育第七个五年规划》，修订《余姚市非法行医举报奖励办法》。全年共行政处罚180余家次，罚款金额40余万元，共取缔无证行医窝点20家次，其中移送公安机关追究刑事责任的6起，无1起相对人投诉或引起行政复议、行政诉讼。开展医疗机构依法执业分级监管和公共场所开展量化分级工作工作，完成医疗美容专项整治、夏季游泳场所专项整治等行动。

加强内部制度建设，健全权力运作机制。修订完善《行政处罚审核审批规定》《定期业务学习制度》《内部稽查制度》3项制度，制定实施《重大案件集体讨论制度》。实行案例学习讨论制度，每月对一个典型案件进行专题讨论。细化自由裁量规范，提高行政处罚的公平性。案件办理全程网上流转，压缩权力寻租空间。所有案件均在浙江省行政服务网上进行实时流转。全年共有131个案件在网上进行流转。

【案件审理委员会成立】

5月，市卫生计生局组建案件审理委员会，并制定工作规则。案件审理委员会由局长任主任，分管领导任副主任，主要任务是对案情重大、复杂、难以定性的案件集体讨论作出处理决定。工作规则还明确案审会召集、主持及基本原则等工作规程。

（张夏儿）

中医药工作

【概况】

2017年，余姚市先后通过省级、国家级专家的层次评审，创建为全国基层中医药工作先进单位。市中医医院依托上海中医药大学新成立2家国家名中医工作室，每周2～3名上海各级中医专家到余姚坐诊指导。市二院建立中西医结合儿科病房，市四院在上海中医药大学附属岳阳中西医结合医院帮扶下，中医妇科、痛风专科等专病专科得到发展。各基层医疗机构完成“中医馆”建设，均至少能开展4类5项以上的中医药适宜技术。制定出台《余姚市促进中医药融合妇幼健康工作实施方案》，将妇幼保健工作纳入全市中医药工作。完成第三批“余姚市名中医”和首批“余姚市民间名中医”评审工作，评出名中医专家7人，市人民医院马伟明被确定为第六批全国老中医药专家学术经验继承工作指导老师。组织开展《中医药法》主题宣传月活动。全年合计开展中医药适宜技术推广培训8次，参加人员共计620余人次。举办全市中药知识专题讲座，启动全市西医人员学习中医（西学中）培训班。

【市首个中医类院校合作协议签订】

9月9日，市中医医院与上海中医药大学中医文献研究所签订全方位合作协议，并进行上海中医药大学中医文献研究所临床科研基地，党团共建基地，以及严世芸、王庆其名中医工作室授牌仪式。上海中医药大学将在余姚设立两个沪上名中医工作室，并定期组织名中医专家到余姚坐诊，同时市中医医院将每年选派优秀中医专业技术人员，前往研究所参加培训，开展人才交流和医学科研活动。

【创建“全国基层中医药工作先进单位”工作接受国家级评审】

11月14日，国家中医药管理局评审组一行四人，对市创建“全国基层中医药工作先进单位”工作进行评审。根据现场抽签结果，评审组专家深

11月14日，创建“全国基层中医药工作先进单位”工作接受国家级评审

入河姆渡镇卫生院、陆埠中心卫生院，三七市镇卫生院所辖的幸福村上新桥卫生室，兰江街道社区卫生服务中心所辖的江南新城社区卫生服务站进行实地查看和访谈。同时，系统查阅全市中医药工作相关资料。

（张夏儿）

医疗科研

【概况】

2017年，市人民医院神经外科学、临床放射学入选第二轮宁波市县级医学龙头学科。完成第一轮基层特色专科终末验收工作，并启动第二轮建设申报工作。全市共有住院医师规范化培训在培学员286人。有454人参加低年资医务人员业务考试，合格428名，合格率94.27%。主办宁波市级以上继续教育项目11项，培训达2294人次。全年共有21个医药卫生科技项目立项，市人民医院临床放射科《区域医学影像会诊中心的建设和价值》获浙江省医药卫生科技进步奖三等奖，急诊科《县区域急诊医学一体化模式的建立及其示范应用》获宁波市科学技术奖二等奖。有16位专家入选宁波市医药卫生科技咨询与评审专家库。

【王正国院士工作站揭牌启动】

11月16日，王正国院士工作站揭牌启动仪式在市人民医院举行，成为全市医疗卫生领域建设的第一家院士工作站，也是全市建设的第12家院士

11月16日，王正国院士工作站揭牌启动仪式举行

工作站。王正国是我国著名急诊创伤专家、中国工程院医药卫生学部首批院士、国际交通医学会主席、中国人民解放军医学科学技术委员会常委，是我国冲击伤、创伤弹道学、交通医学研究的主要创始人之一，其团队在严重创伤的基础与临床研究领域拥有丰富的科研经验，并产出大量开创性研究成果。

【市人民医院成为首批省儿童生长发育专科联盟成员单位】

4月6日，市人民医院儿童生长发育中心启用暨关爱儿童生长发育互助基金启动仪式举行。中心配备有体格测量设备、骨密度检测仪、视力筛查仪等先进设备，涵盖高危儿管理、内分泌学、儿童营养、儿童神经心理发育行为等学科，为宁波地区首个“儿童生长发育中心”。同时，关爱儿童生长发育互助基金正式启动。该项基金由宁波富佳实业有限公司发起，用于救助困难家庭的高危早产儿。自中心运行以来，接诊生长发育异常患儿5000余人次。10月起，市人民医院与浙江大学医学院附属儿童医院内分泌科开展长期合作。12月7日，由浙江大学医学院附属儿童医院牵头的浙江省儿童生长发育专科联盟正式成立，市人民医院作为首批成员单位加入联盟。

（张夏儿）

爱国卫生运动

【概况】

2017年，余姚市成功创建为国家卫生城市。在开展小城镇综合整治卫生乡镇创建专项行动中，抓好梁弄、泗门、朗霞、大岚、鹿亭、四明山6个乡镇（街道）的卫生创建工作，梁弄镇成功创建为国家卫生镇。做好病媒生物防制工作，加强四害密度监测，开展季节性统一消杀工作。开展全民健康素养促进活动，重新调整市级健康教育讲师团，利用电台、报纸、车站和各单位电子屏等多种媒体进行大众健康传播。加大控烟工作力度，出台全市范围的规范性文件。启动健康余姚建设，拟订《健康余姚2030行动纲要》，并做好召开全市卫生与健康工作大会的各项准备工作。

【余姚市获评国家卫生城市称号】

6月23日，余姚市被国家爱国卫生运动委员会命名为国家卫生城市。全市国家卫生城市创建工作始终围绕市委、市政府“三改一拆”“五水共治”“四边三化”等中心工作，并通过完善城市基础设施、深化重点专项整治、提升环卫工作水平、加大环境保护力度、加强健康促进与教育等系列组合拳，持续推进爱国卫生运动。数据显示，2016年，全市居民人均期望寿命达80.60岁，达到中等发达国家水平；孕产妇死亡率、五岁以下儿童死亡率均提前实现联合国千年发展目标，处于全省、全国前列水平。

（张夏儿）

余姚市人民医院

【概况】

截至2017年底，市人民医院有开放床位1354张，职工2036人，其中在编职工1354人，具有中高级专业职称工作人员764人。2017年，医院门急诊就诊202.5万人次，出院病人5.77万人次，平均住院床日7.81天，住院手术2.03万例。获得“全国综合医院中医药工作示范单位”称号，被评为“宁波市2016年度无偿献血爱心单位”，加入浙江省医学营养治疗（营养科）专科联盟。急诊科科研成果获宁波市科技进步二等奖，两个学科入选“第二轮宁波市县级医学龙头学科”。妇产科邵华江获全国“五一”劳动奖章，两位专家入选省专业技术二级岗位聘任人选，袁海鸿等五人入选2017年宁波市领军和拔尖人才培养工程，输血科吴华平在宁波市级技能竞赛上荣获一等奖，消化内科主任周建波获“余姚劳动模范”称号，两位中医师被评为“余姚市名中医”。年内开展建院70周年系列活动。

成立H7N9防控领导小组及工作小组，由医院主要领导担任组长，全面负责医院的H7N9防控工作。明确医院各部门的职责，修订和完善《余姚市人民医院人感染H7N9禽流感医疗救治预案》。

【呼吸病中心启用暨第三届阳明呼吸病论坛举行】

1月7日上午，市人民医院呼吸病中心启动仪式举行，市人大副主任姚桂珍、市卫生计生局局长陈永润为中心成立揭牌。呼吸病中心整合呼吸内科、胸外科等临床专科，依托重症医学科，实现临床诊断、检查、治疗全方位服务体系，是宁波市首个为患者提供科学、全面、规范诊疗服务的呼吸病专科诊疗中心。中心建筑面积约900平方米，设有专业诊室、肺功能室、内镜检查室、复苏室和多媒体MDT室等，同时配套相关医疗设备。仪式结束后，第三届阳明呼吸病论坛展开。论坛分设成人和儿童两个专业分论坛。

【妇产科大型义诊暨产科中心启用仪式举行】

3月8日上午，“幸福妈妈　健康丽人”妇产科大型义诊暨产科中心启用仪式举行，产科中心正式投入使用。新成立的产科中心面积约240平方米，位于住院部三楼和门诊楼连接处，毗邻产科病房和分娩室。设有产科普通门诊、专家门诊、产科高危妊娠门诊、母乳喂养咨询等多种优质特色门诊，并有胎心监护室、产科B超室、新生儿疾病筛查室、妇幼保健室等系列配套诊室，实施门诊和病房一体化管理。

【重症医学科二期改造工程正式建成投用】

3月29日，市人民院重症医学科（ICU）二期改造工程正式建成投用。此次工程改造面积约1250平方米，在原有HDU、LDU和VIP-ICU共19张床位的基础上，再投用15张床位，其中4张为独立区域的重症负压隔离病房，用于收治具有传染性的非甲类危重病人，11张为GICU，用于收治综合救治需求高，救治周期长的重危病人。

【邵华江获全国五一劳动奖章】

4月，中华全国总工会授予市人民医院妇产科专家、宁波大学医学院教授、硕士研究生导师邵华江全国五一劳动奖章。邵华江从业35年，任妇产科主任28年，他的“笑气吸入性分娩镇痛的临床研究”成果填补华东地区空白，达到国内先进水平，已推广到全国各地。

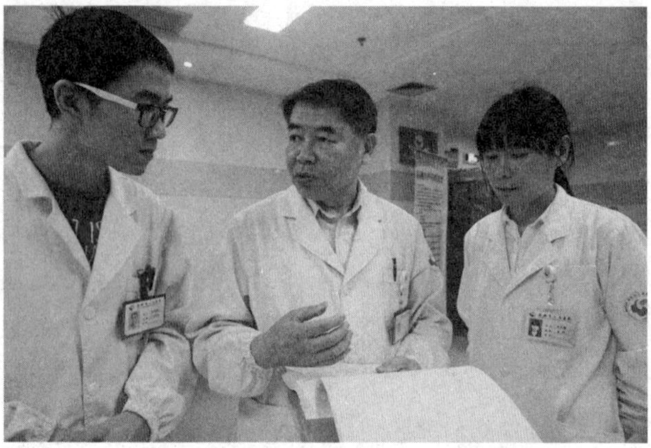

邵华江获全国五一劳动奖章

【市人民医院消化疾病诊疗中心姚东分中心揭牌成立】

5月17日下午，市人民医院消化疾病诊疗中心姚东分中心在河姆渡镇卫生院揭牌成立。根据协议，市人民医院将定期派遣专家开展内镜操作及手术指导，双方将通过人员培养、双向转诊通道、科研教学等合作，提升卫生院在消化病诊疗方面的技术能力。

【“千人计划”专家保健中心揭牌】

8月1日上午，“千人计划”专家保健中心在市人民医院健康管理中心揭牌。设立“千人计划”专家保健中心，旨在提升在余姚“千人计划”专家等领军人才的健康保障水平。中心专设服务人员一名，对接服务专家，提供专家健康档案管理、健康保障服务追踪，并成立专家团队，由各专科高级技术职称医师及高年资主治医师组成，负责“千人计划”专家的疾病诊治与健康咨询，并协调开展多学科会诊服务。

8月1日，“千人计划”专家保健中心揭牌

【市人民医院（阳明医院）建院70周年纪念大会举行】

8月1日上午，市人民医院（阳明医院）建院70周年纪念大会暨上海交通大学附属新华医院、胸科医院合作签约仪式及第三届阳明海峡两岸医院管理知行论坛举行。纪念大会上，医院签约加入上海新华医院泛长三角联盟。会后，第三届阳明海峡两岸医院管理知行论坛举行。

【市人民医院加入“中国创伤救治联盟”】

11月18日上午，第五届阳明急救论坛开幕式暨中国创伤救治联盟签约启动仪式在市人民医院举行。医院由此开启区域救治体系建设的合作项目，与全国100多家医院共同推进“安全中国、百县工程”。

11月18日，“中国创伤救治联盟创伤救治中心建设单位”揭牌

在下午的主题沙龙上，专家们和浙江省10家创伤联盟县市级医院的院长展开交流。沙龙以“最佳的治疗、可及的资源——浙江县域医院急诊外科建设”为主题，与会者就急诊外科团队的能力建设、亚专科拓展、核心技术，以及完善区域创伤救治体系，推进区域创伤中心的建设步伐等内容展开讨论。

【市人民医院肿瘤治疗中心建设项目正式开工】

11月27日上午，市级重点工程——市人民医院肿瘤治疗中心项目正式开工建设，肿瘤治疗中心项目总投资为1.5亿元，总建筑面积1.32万平米，设计床位153张，日门诊量1000人次，工程预计2018年底竣工。该项目综合肿瘤放疗、化疗、介入治疗、康复与安宁疗护等治疗于一体，为肿瘤患者提供更加全面、更加专业、更加个性化的诊疗服务，将成为宁波北部规模最大、设施最先进的现代化肿瘤治疗中心。

11月27日，市人民医院肿瘤治疗中心建设项目正式开工

（陈 莹）

体育设施和管理

【概况】

2017年，全市根据《余姚市全民健身设施建设和经费补助实施办法》，推进体育场地设施建设，对部分乡镇（街道）文体中心和村级体育设施进行针对性改建提升。确定48个体育场地设施按政

策给予相应补助。

继续推进体育惠民工程，鼓励基层单位创建各类省级群众体育项目，向上级部门争取资金，改善公共体育设施。全年创建的各类省级群众体育项目30个全部完成。全市新建或改建各类球场37片，健身路径34条，三级社体指导员130人，三级裁判员37人。所有公共体育设施和符合条件的学校体育场地设施百分之百向社会开放，形成十分钟城乡体育健身圈。

竞技体育

【概况】

2017年，余姚市运动员参加国家第十三届运动会，获2金3银1铜，1个第五名，1个第六名，创全运会历史最好成绩。

此外，世南小学输送选手闻人云涛在中国·莱芜全国跆拳道锦标赛中获得女子49公斤级冠军，在韩国举行的跆拳道世界锦标赛中获得女子49公斤级铜牌，在西安举行的中国跆拳道公开赛中获得49公斤级冠军，并获得奥运积分10分。东风小学输送选手伍佳慧在日本藤沢举行的帆板世界锦标赛中获女子帆船RS：X级亚军。参加浙江省第十四届少年儿童田径冠军赛暨第十三届全国学生运动会田径测试赛，获得4金6银3铜，在全省76支队伍中以总分126分的成绩排在乙级队的第二名，甲、乙级队第五名。

组队参加由宁波市教育局和体育局联合主办的宁波市青少年体育竞赛乒乓球、拳击、武术套路、篮球、足球、田径、射击、自行车八个项目的比赛，共获10金16银29铜。各点、传校在宁波传校训练点比赛中，共获得金牌19枚，银牌26枚，铜牌23枚。子陵中学、舜水中学分别组队参加全国

9月13日，李金达在母校泗门镇中心小学作演讲，与学弟学妹合影

青少年“未来之星”阳光体育大会浙江分会场暨浙江省第四届青少年学生阳光体育运动会中学生田径比赛，共获3金4银3铜，其中子陵中学获2金3银3铜，获初中组团体总分第三名。肖东一小、肖东二小、阳明中学、市五职校等分别在省校园足球联赛和宁波市校园足球联赛中获奖。

年内，全市获评国家级足球特色学校四所：第二实验小学、河姆渡镇中心小学、丈亭镇初级中学、兰江中学。获省级足球特色学校五所：东风小学教育集团东江校区、肖东第二小学、丈亭镇三江小学、余姚中学、子陵中学。先后向上级输送优秀体育苗子10人。共有余姚级点传校23所，宁波级点传校12所，国家级、省级青少年校园足球特色学校21所。省体育传统学校阳光体育后备人基地2所，余姚市体育特色学校37所。

【余姚市运动员创全运会历史最好成绩】

2017年，余姚市运动员参加国家第十三届运动会，获2金3银1铜，1个第五名，1个第六名。其中，由泗门镇校输送到宁波水上运动基地的李金达，夺得皮划艇男子双人1000米划艇冠军，以及皮划艇男子单人1000米划艇第五名。明伟姜家渡的陈丹妮在女子跑跳二项全能比赛中以总分1741分获得冠军。引进选手李玲获女子撑杆跳亚军。市实验第一小学输送到宁波水上运动基地的庄水彬在皮划艇静水男子双人1000米皮艇和男子单人1000米皮艇中夺得2枚银牌。小曹娥镇幼儿园输送到宁波镇海蹦床技巧学校的周权获得男子蹦床团体第三名。泗门镇校输送到宁波体育运动学校的周科琦获男子跑跳二项全能第六名。

群众体育

【概况】

2017年，全市贯彻实施《全民健身条例》，以“全民健身月（日）”为抓手，开展群众体育赛事及活动。指导市级协会、市直部门系统、机关企事业单位、体育俱乐部等开展各级各类赛事活动。组队参加宁波市及其他上级赛事。加大对残疾人体育工作的支持力度，支持开展残疾人体育活动。加强对体育社团日常活动的经济补助和支持，鼓励各体育社团组织开展各类群众性体育活动和赛事，以举办活动和赛事形式，组织和带动广大群众投入到全民健身活动中。

市第十五届运动会于4月至12月举行，历时9个月，共设31个大项、34个小项，参赛人数共计7758人。承办“武王盛会”（余姚站）王中王挑战赛、中国·余姚环四明山自行车骑游大会暨马自骑资格认证等国际级、全国级交流赛事6场；承办“富佳杯”浙江省春季少儿围棋段位赛、浙江省幼儿体育大会体育舞蹈表演大赛暨浙东体育舞蹈精英邀请赛、省第七届老年人运动会兜球比赛、“金健杯”浙江省第四届门球网友单打争霸赛4场省级赛事；承办“体彩杯”第九届群众登山大会（余姚石门站）、宁波百万市民健身大联动暨第十届群众登山大会（春季站余姚鹿亭）、“体育彩票杯”宁波群众登山大会（余姚石门站）等宁波级赛事7场。开展各级各类有届次的全民健身赛事、各类杯赛、邀请赛约200余场，群众参与达5万余人次。

各体育协会、体育俱乐部组队参加上级赛事。市武术协会和精武体育会联合组队，在“和也杯”第12届浙江国际传统武术比赛中获青少年组30金13银2铜，中青年组19金10银3铜。3位企业体育骨干在“和也杯”第二届浙江省企业武术大赛中夺得4块金牌。小曹娥镇女子拔河队代表宁波市女队参加浙江省第三届体育大会拔河比赛。市门球协会为主组成的宁波一队在省第三届体育大会门球比赛中获第三名，并获得男子单打冠军、男子双打冠军和男子团体亚军。市武术协会获省会员发展工作先进协会和省武术“六进”工作先进协会称号。市精武体育会获省武术活动开展先进协会称号，会长张宝勇获武术工作突出贡献个人奖。市健身运动协会（体育舞蹈协会）主席沈敖忠获省体育舞蹈先进工作者。阮月明、韩建绒、黄荷英、邵永映、施彩华获得省排舞运动协会优秀教练员、省排舞推广大使称号。

【市第十五届运动会举行】

市第十五届运动会于4月至12月举行，历时9个月。市运动会设青少年部、大众部和老年部三个组别的比赛，共设31个大项、34个小项。青少年部按市体育局、市教育局2016—2017年度市中小学生体育竞赛总规程执行，全市中小学生设80个代表队。大众部和老年部以各乡镇（街道）、经济开发区为单位组团参赛，共设22个代表团。老年部增设佳木斯健身操和兜球两个项目，大众部成年组增设登山和足球两个项目。运动会开幕式在梦麟中学举行，参赛人数共计7758人。其间，举行“圆梦中华演唱会”等五个大型群众性文体节目汇演，参与600人次。

体育产业

【概况】

2017年，全市贯彻国务院、省、宁波市关于加快发展体育产业，促进体育消费相关政策，支持体育产业的发展，挖掘民间资本投资体育产业，助力体育小镇打造，升级赛事运营、户外旅游、体育培训等产品，拉升体育消费人口。

用好上级下拨的体育产业引导资金，扶助本市体育企业发展。借用社会力量的投入，促使体育产业的开发。大丰实业股份有限公司、博生跆拳道俱乐部两家单位申报省体育产业发展引导资金项目成功；博生篮球公园、陈剑乒乓球俱乐部、黄家埠兜球、腾宇体育文化发展有限公司4家单位申报宁波市体育产业发展引导资金项目成功。经过上级部门实地考察，获得补助近200万元。组织9家体育企业成功参展中国·宁波体育产业博览会。

全市共有体彩网点共计138家，其中普通电彩店62家，标准竞彩店16家，升级竞彩店60家。体彩全年销售总额达1.9886亿元，筹集公益金800多万元。根据《余姚市体育彩票销售管理办法》，授予14个网点为最佳销售网点，18名业主分获金点子奖、创新奖、优秀片组长、进步奖等称号。体彩站网格式分开操作，加强巡查力度。从店面招牌、LED显示屏安装，室内环境美化布置，专管员专业识的提升，网点店内规划等，提出合理化意见和建议，扶助多家网点跻身四星行列，完成42家网点形象包装工程。

全年投入近30万元用于宣传体彩活动。全年余姚体彩中出千万元大奖2个，650多万元大奖1个。余姚市获全国千强网点4家，大奖网点4家。市体彩站全年共组织体彩网点业务培训会议4次，组织片组长会议4次，新升级竞彩和落后竞彩网点培训2次，11选5驻点培训2次，专管员下网点巡查超400人次，分发宣传资料20多万份，安装、维修机器约200余次，并完成体彩网点终端机清洗除尘工作。

（市体管中心）

社会民生

人民生活

【概况】

2017年,余姚市居民人均可支配收入46125元,比上年增长8.5%。其中,城镇居民人均可支配收入52982元,增长8.5%;农村居民人均可支配收入31019元,增长8.5%。按一体化城乡住户调查新口径统计,城乡居民可支配收入比为1.71∶1。2017年,城镇居民人均生活消费支出29769元,增长7.2%;农村居民人均生活消费支出21903元,增长6.9%。

年末,职工基本养老保险、职工医疗保险、失业保险、工伤保险、生育保险参保人数分别达49.5万人、40.3万人、24万人、36.5万人、23.9万人,其中职工基本养老保险、职工医疗保险比上年末分别净增2.3万人、3万人。全市城乡居民社会养老保险、被征地人员养老保障参保人数分别为32.5万人和17.5万人,余姚市户籍人口养老保险参保率达94%。2017年,全市拥有各类社会福利机构34处,床位6793个,社区服务设施3158处。全市共有低保对象8242户10807人,其中农村低保7844户10294人,城镇低保398户513人。每月支出低保资金591万元。

2017年,全市城镇新增就业岗位2.65万个,5892名失业人员实现再就业,其中困难人员1637人。全市有4665家企业进入市人力资源市场招聘,发布就业信息92781条,10153人达成就业意向。推进“大众创业、万众创新”,全年新增创业实体14295家,创业带动就业75240人,新增大学生创业288人,开发公益性岗位1080个。全年完成技能人才培训0.45万人次,各级投入农民培训资金共385.8万元,完成各类农民培训0.94万人次。年末,城镇登记失业率为1.09%。

(市发改局)

人口与计划生育

【概况】

2017年,市卫生计生局实施计划生育目标管理责任制考核,执行“一票否决”制度,全年共审核单位724家、个人4638人。建立推行统计“互查、互改、互助”、网上生育登记宣传、出生人口信息定期公开等出生人口动态监测管理三项制度。全市户籍出生数（包含补报）6645人，同比减少517人，其中，一孩4203人，同比下降2.12个百分点；二孩2372人，同比上升1.9个百分点；多孩25人，同比上升0.23个百分点。全市计划生育率为98.95%。加大“两非”案件打击力度，全市出生人口性别比为107.22，同比下降1.6个点，为5年来最低。

农村部分计划生育家庭奖励扶助对象同比增加1414人，计划生育家庭特别扶助对象同比增加130人，全年共发放奖扶、计生公益金以及独生子女奖励费4382余万元。在宁波市率先建立计生特殊家庭急危重伤症人员救治绿色通道，明确需要紧急救治的独生子女伤残死亡家庭成员可在全市四家定点医院优先抢救、优先检查和优先住院。坚持流动人口出生情况月度分析制度和每月一次孕妇重点管理对象信息反馈制度，开展流动人口健康促进示范企业、学校和健康家庭评选活动。梨洲街道社区卫生服务中心创建省级优生优育优教示范点，市四院等5家单位成为市级优生优育优教示范点。在各乡镇（街道）社会事务办统一增挂卫生计生办牌子，整合机构队伍，并组织计生干部参加业务培训。

坚持孕产期风险防控预警机制，实施围产保健路径管理项目，成立危重新生儿救治中心。开展妇幼健康优质服务年活动，优化出生缺陷三级防线，婚检率再次位居宁波大市首位。实施孕产妇心理健康筛查，创新用“三张量表”及早干预产后抑郁症，了解全市孕产妇心理健康状况。开展“妇幼健康宣教先行”专项行动，与妇联共同举办全市妇幼健康金牌讲师大赛。重大公共卫生妇幼项目达标率100%。开展城乡妇女免费“两癌”检查项目，全市宫颈癌筛查70045例，乳腺癌筛查73489例，发现恶性肿瘤49例，并及时诊治。实施“助你好孕”项目，共为1084对夫妇提供健康检查、专家会诊、辅助生育等服务，该项目被列入市政府民生实事工程，被评为2017年度宁波市计生创新项目。开展“花样年华”关爱项目，对16503名妇女进行围绝经期综合性干预。

召开第六次会员代表大会，产生新一届理事会，启动计生协会员重新登记、换发新版会员证等工作。开展特殊家庭帮扶项目，重点做好生活照料项目的指导监督工作和综合保险项目的服务理陪工作；新建2个青春健康教育示范点和1个青春健康家长培训学校。在梁弄镇湖东村开展流动人口协会示范创建，协同安徽省青阳县成立驻姚首家流动人口协会。举办“阳光青春、携爱同行”“5•29”大型广场活动和“健康余姚、生育关怀‘5•29’环牟山湖健步走”活动。

【省卫计委专家在余姚督查全国生育状况抽样调查工作】

7月4日，省卫计委基层指导处副处长龚豪勇等一行，到余姚市泗门镇和兰江街道调研，开展2017年度全国生育状况抽样调查工作进行督查指导。调研会上，泗门镇和兰江街道相关领导就目前抽样调查工作开展的情况和下一步打算作汇报。在了解情况后，督查组还听取基层对于如何更好地开展计划生育工作的意见和建议。

【全省首个医疗机构计划生育协会成立】

11月23日，市第四人民医院计划生育协会成立暨第一次会员大会召开，该院成为全省首个成立计划生育协会的医疗机构。市计生协会员已达11万多名，在协助政府紧密联系群众，落实计划生育基本国策，促进人口长期均衡发展与家庭和谐幸福方面发挥作用。

（张夏儿）

住房公积金管理

【概况】

2017年，全年归集住房公积金119066.63万元，完成年度计划的107.27%；提取住房公积金

89256.87万元，完成年度计划的129.36%；公积金贷款发放62879.5万元，完成计划的89.83%；公转商贴息贷款发放75163.9万元，完成计划的107.38%；回收贷款35608.07万元，完成计划的122.79%；实现增值收益3544.5万元，完成年度计划的93.28%。公积金存贷比为90.59%，住房公积金缴存余额293144.32万元，住房公积金个人贷款余额265547.12万元。发现并处理公积金骗提事件2起。

年初，提请市政府办公室下发《关于下达2017年度住房公积金扩面任务的通知》，将2017年度住房公积金扩面目标任务分解下达至各乡镇（街道）和经济开发区。全年共新增单位216家，新增缴存人员12422人，净增5772人，分别完成年度计划的138%和160%。在扩面工作中跟进执法手段，共审核企业27家，新增缴存人员1000余人。

扩大异地贷款发放范围，对住房公积金缴存在省外但在余姚购房的借款申请人开通办理住房公积金贷款。共出具异地缴存证明58份，共计发放省内省外异地贷款98笔，金额4830.2万元。年内调整个贷政策两次，降低最高贷款额度，确定可贷额度以按住房公积金账户余额的一定倍数计算的方式。完善委托提取操作规程，将组合贷款中的商业按揭贷款部分纳入按月委托提取范畴，一年一提更改为每个月划转，同时将委托提取对象扩展到所有直系亲属。6月1日实行以来，为800多户借款人办理该项手续。全力做好年度基数调整工作。

3月下旬，中心组织人员对5家住房公积金业务承办银行进行2016年度委托业务的考核，并反馈书面意见。加强对签约楼盘的日常跟踪管理，全年共审核8家房产公司提交的9个楼盘的资料，对3家房产公司3个楼盘共计发放的496户公积金贷款户进行权证办理情况的核对，退还保证金240万元。

落实“最多跑一次”事项，明确5项权利事项和1项公共服务事项为“最多跑一次”事项，并按照上级有关要求进行梳理、公布，多次修改完善各事项的办事指南。优化窗口设置，增加缴存提取办理窗口数量，增设综合咨询岗，实现归集缴存一窗式服务。全年窗口接待近3万人次，接听“12329”服务热线17000多人次。开展市级“文明窗口”复评工作。

【住房公积金宣传月广场服务活动举行】

4月21日上午，市住房公积金中心联合6家公积金业务承办银行在龙山西麓广场举行住房公积金宣传月服务活动。活动现场设置公积金缴存、提取、贷款、行政执法等咨询台，并开展有奖答题活动。活动当天共接收现场咨询90余人次，现场发放《住房公积金提取办理指南》《住房公积金贷款办理指南》《住房公积金缴存办理指南》等宣传资料350余份。

【市住房公积金年度基数调整工作完成】

7月31日，全市完成2017年度住房公积金基数调整工作。市住房公积金中心共发放基数调整、结息对账文件1450余份到各公积金缴存单位，共为1424家单位、61899名职工办理住房公积金年度基数调整业务。

（杨　潽）

社会服务

【概况】

2017年，市民中心坚持“优质高效、服务于民”的服务宗旨，依托标准化体系进一步提升服务水平。自3月底始，因行政职能划分，12345政务类求助和96345服务类求助实行分割。市民热线全年共受理市民来电81232件，同比减少20%。其中，生活服务类求助68509件，占总求助量的84.34%，同比增长21.56%；公众咨询类求助12706件，占总求助量的15.64%，同比下降12.44%；事务类17件，约占总求助量的0.02%。求助事项办结率100%，服务回访满意率99.98%。

2017年，市民中心抓牢阶段性的民生热点，为市民答疑解难。充分运用网站、论坛、微博和微信，做好“两微e体化”网络民生体系建设。2017年，e政平台留言1661条，回复率达92.7%。其中，三七市镇、市人社局、市公安局、市教育局、市国土资源局留言量排名前五位。组织参与志愿服务活动。12月22日上午，组织志愿者前往梨洲街道陈洪村参加志愿便民服务活动，向村民提供便民服务。协力做好老干部服务工作。全年共受理老年人“一键通”求助件6606件。市民中心与市委老干部局建立长期合作关系，搭建优质高效的服务平台，做好老干部工作，提供服务。

办好《市民月报》，刊登贴近百姓生活的优秀文章，共编印《市民月报》6期，印发数量13200份。及时更新中心网站内容，对互动交流版块的留言提问做到有问必答、及时回应。发展新媒体渠道。“余姚市民中心”微信服务号整合多项服务资源，提供加盟单位联系方式，每月发送3～4条生活服务信息。

2017年，市民中心正式施行接线员分组制，选举产生两名内部组长试行监督，进一步完善考核机制。加强交流学习。组织人员参加宁波市81890求助服务中心业务培训会、工作交流会，分别同嘉兴96345、嘉善政协等进行交流学习。11月，组织人员参加市网络和信息安全专题培训班及2017年度宁波市级青年文明号争创集体负责人培训班。

（市民中心）

民政工作

【概况】

2017年，全市民政系统贯彻落实市委、市政府的各项决策部署，以“创出新业绩，树立新形象”为总目标，以“保障基本民生，优化社会服务，创新社会治理”为工作主线，推动社会保障、社会治理和社会服务水平的提升。

【社会救助事业】

城乡居民最低生活保障　修订出台《余姚市最低生活保障办法》和《医疗支出型家庭纳入低保的实施办法》，将支出型贫困家庭纳入到社会救助范围当中，填补低保救助的盲区，构建梯度化、全方位的低保救助政策体系。12月1日起，最低生活保障标准由原来的月人均664元调整为720元，提标幅度达8.4%。截至年末，全市最低生活保障对象共计8242户10807人，每月支出低保金591万元。

低保边缘户救助　2017年，新增低保边缘户2817户3746人，退出157户461人。截至年末，全市共有低保边缘户4085户6831人，占全市总人口的0.81%。

医疗救助　会同市财政局、市人社局、市卫计局联合出台《关于进一步完善医疗救助工作的意见》，加强医疗救助与因病支出型低保的有效衔接，简化医疗救助特殊对象的认定条件。全年共救助患病困难群众约1572人次，支出医疗救助金1391万元。继续开展大病致贫困难群众的帮扶工作，共为47位困难群众提供帮扶基金245.7万元。实施白内障“复明工程”，帮助53位困难群众复明成功。

助房助学助困　完成困难群众危旧房改造181户，超额完成市民生实事工程100户的任务要求。继续实行困难群众子女助学工作，共下拨补助金243.4万元，惠及351位困难专、本科生。安排临时救助资金共320万元，其中委托乡镇（街道）审批238万元，市级审批82万元，帮助246名因临时性、突发性事件而受困的群众度过难关。全年救助各类流浪乞讨人员541人。

防灾减灾救灾　新建10个避灾安置场所，全市避灾安置场所达到226个。开展综合减灾示范社区建设，2个社区（村）获得全国综合减灾示范社区称号，1个获得全省综合减灾示范社区称号。截至年末，全市创建成为全国综合减灾示范社区（村）共24家，全省综合减灾示范社区（村）14家。开展防灾减灾日主题宣传活动及各类应急演练，全年共组织各类防灾减灾技能现场操作培训20余场，开展应急演练30余次。

【社会福利事业】

散居孤儿基本生活保障 全市有散居孤儿15人。通过发放基本生活费予以保障，标准为基本生活费每人每月1031元，孤儿抚养、监护补助金每人每月200元，全年支出共26.59万元。

困境儿童基本生活保障 2017年核定困境儿童人数544人，其中低保补差505人，其他困境儿童39人。全面落实困境儿童基本生活费发放机制，标准为每人每月1031元，全年共发放困境儿童基本生活费271.12万元。

“五保”供养 全市有“五保”对象937人，全部入住敬老院或实行户院挂钩进行集中供养，年支出五保金1430万元。

福利彩票 2017年全市福利彩票销售2.68亿，为国家筹集公益金7800万元。

【养老事业】

养老规划 编制出台《余姚市“十三五”养老老龄服务体系发展规划》和《余姚市养老设施专项规划》。

机构养老 组织消防等部门对23家养老机构进行整改后的验收，为符合各项整改要求的18家养老机构核发养老机构设立许可证，全市养老许可证的核发率达到88%。新建河姆渡镇老年公寓，扩建陆埠镇老年人服务中心，新增养老床位数500张。开展全市养老机构质量升级专项工作，对35家养老机构进行整治。医养结合覆盖面进一步扩大，全市100%的养老机构、50%以上的村（社区）居家养老服务照料中心与社区卫生服务机构签订服务协议。

居家养老 首次将居家养老服务品牌企业作为居家养老服务照料中心的建设和运营的主体，完成阳明街道和凤山街道两个区域性居家养老照料中心的建设。居家养老医养结合覆盖面进一步扩大，196个村（社区）居家养老服务照料中心与社区卫生服务机构签订服务协议，占比达到65%。

【基层政权与社区建设】

村（居）委会换届选举 完成第十一届村委会换届选举和第十届居委会换届选举。其中第十一届村委会换届选举，265个村中“自荐直选”的村248个，占比93.6%，一次选举成功的村225个，占比85%。共登记选民593564人，参加投票的选民589181人，参选率99.3%。265个村选出村委会成员980人，其中主任265人，委员715人。第十届居委会换届选举，37个社区直接选举率100%。共登记选民133232人，参加投票选民116339人，参选率87.3%。37个社区选出居委会成员197人，其中主任37人，委员160人。与此同时，19个散居型（村改居）居委会也完成新一届居委会的换届选举工作。

城乡社区建设 推行“全能社工”和“一门受理、后台协同办理”运行模式。在凤山街道、阳明街道试点成立社区工作站，指导和管理辖区内社区的专职社工开展社区服务工作。推进城乡社区建设，阳明街道新城市社区、梨洲街道学弄社区入选宁波“十佳品质社区”，泗门镇成功创建成为全国农村社区建设示范单位。

社区工作者队伍建设 支持鼓励社区专职工作者参加社会工作师职业资格证书统一考试，截至2017年底，全市社区专职工作者中持有社会工作职业水平证书比例达到38.9%，其中城区街道各社区专职工作者中考取助理社会工作师的103人，社会工作师40人，专职社工持证比例达到50.7%。提高社区专职工作者职业资格津贴标准，取得中、初级社会工作职业水平资格证书并被聘为社区专职工作者的，提高到每月享受400元、200元的津贴。开展首届“优秀社区工作者”评选活动，20人被评为市首届优秀社区专职工作者，4人被评为宁波市社区工作领军人才称号，1人被评为浙江省社区工作领军人才称号。

【双拥优抚安置】

双拥工作 坚持双拥活动经常化，支持部队建设，开展科技拥军、法律拥军、文化拥军活动，协调有关部门为驻地官兵解决子女就学、部队出行等实际困难。牟山镇出资90余万元为牟山电子对抗部队家属园修路，市交通局为牟山部队开通一条公交专线。2017年，全市社会各界累计向驻姚部队赠送价值200余万元的慰问金及慰问品。

优抚工作　截至年末，全市享受定期抚恤补助的重点优抚对象1164人，其中“三属”（烈士遗属、因公牺牲军人遗属、病故军人遗属）101人，在乡老复员军人211人，精减老复员军人92人，带病回乡退伍军人129人，参战参核退役人员301人，在乡残疾军人238人，在职残疾军人92人。另有1955年退伍军人276人，1956—1959年退伍军人402人，60周岁以上农村籍退役士兵7145人。上调60周岁以上农村籍退役士兵老年生活补助标准，提高至每服一年义务兵役每人每月补助30元，全年共计发放补助金1380万元。深入推进“爱在优抚”社会化服务，市、乡镇（街道）、村（社区）基础网络基本建立。

安置工作　发放2016年度退役士兵一次性经济补助金1936.9万元，标准达到44273元/人。完成2017年度退役士兵报到接收工作，共接收秋季退役义务兵331人，冬季退役士官36人。完成4名符合政府安排工作条件退役士兵安置任务。组织做好2017年秋季退役士兵职业技能培训工作，310人参加培训，参训率达到87%。

【社会组织工作】

社会组织培育发展　开展社会组织登记注册再提速行动，登记注册工作由法定60个工作日提速到5天，各类变更和注销审批，由法定30个工作日提速到3天。组织开展“姚先锋”2017年度公益集市活动和“福彩杯”第二届公益项目设计大赛。

社会组织监管　完成683家社会组织年度检查工作，对40家社会组织开展社会组织评估工作，至2017年底，参评的市级社会组织累计数为249家，评估率达到45%。开展行业协会商会与行政机关脱钩工作，完成脱钩34家，占比60%。推进社会团体整合归并，截至年底，归并整合社团47家，市级整合11家，整合比例23%。

社会组织孵化平台建设　投入200余万元，重新打造全省领先的市社会组织服务平台，为社会组织提供全方位的服务和技术支持。同时建立街、镇级社会组织服务平台10家，社区社会组织服务平台16家。

【专项社会事务工作】

地名管理　完成全市第二次全国地名普查工作，通过宁波、省检查验收。

婚姻收养登记　共办理结婚登记3563对，离婚2025对，办理收养登记40件。

殡葬管理　加大滥建坟墓整治力度，2017年整治滥建坟墓91座。继续实施余姚市惠民殡葬政策，全年减免各类基本丧葬费用共计413万元，惠及6390户。

钦寸水库移民安置　历时近7年的钦寸水库移民安置工作成功通过终验，被宁波市政府评为先进集体。

【“低收入户医疗保险帮扶”项目启动】

2017年，余姚市启动“低收入户医疗保险帮扶”项目，对城乡最低生活保障对象、低保边缘户、“五保”（保吃、保穿、保住、保医、保葬）户实施商业医疗保险救助。该项目的救助范围为大病首诊补助和特殊病种住院补助。

【市孤儿及困境儿童综合救助保险项目正式启动】

5月31日上午，余姚市孤儿及困境儿童综合救助保险项目在市儿童福利院举行签约仪式，对全市所有孤儿和困境儿童实施综合救助保险项目正式启动。此项目救助范围包括意外身故、意外残疾、意外医疗、住院补助和第三者责任。救助对象发生属于保险责任的事故时，可以向中国人民保险余姚中心支公司申请获得相应补助。

【医疗支出型家庭最低生活保障实施办法出台】

10月1日起，《余姚市医疗支出型贫困家庭最低生活保障实施办法》开始正式执行，医疗支出型贫困家庭可以纳入低保救助，改变以往单纯收入（财产）作为贫困的认定标准。

《办法》明确具有本市户籍的家庭因共同生活的家庭成员患病或遭受意外人身伤害，在提出申请前12个月的家庭总收入扣除家庭支出的医疗费用后，人均月收入低于本市最低生活保障标准，且家庭财产符合当地最低生活保障家庭财产状况规定的可以给予最低生活保障。医疗支出型贫困家庭最低生活保障的受理、审核、公示、审批、保障金计发都依照全市最低生活保障办法有关规定执行，首次复核在纳入最低生活保障六个月后进行，如被复核家庭不配合提交相关复核材料，则停止最低生活保障救助。

【《余姚市最低生活保障实施办法》出台】

12月1日起，《余姚市最低生活保障实施办法》开始正式施行。新办法对低保的保障范围、保障标准、申请审批程序、监督管理作出规定，扩大了最低生活保障对象的范围，细化了最低生活保障的申请和审批程序，加强了最低生活保障工作的监督管理，强化了对违法行为的信用监管。

（市民政局）

民族工作

【概况】

2017年，市民宗局以开展民族工作“四微、五进”（“四微”：微组织、微窗口、微热线、微平台；“五进”：进乡镇（街道）、进学校、进企业、进社区、进农村）活动为抓手，营造民族团结氛围。指导舜北小学、梨洲小学、天华小学办好校园民族文化节，帮助华孚纺织、日樱电器、百隆纺织企业做好流动少数民族员工的权益保障、服务管理等工作，支持东溪村、大岚村、临城村等民族文艺服务小分队开展志愿服务。发展“微组织”，建立“新余姚人调解委员会”等“微组织”42个，设立社区民族互融倾心坊、邻里互助中心、民族之家等“微窗口”，开通热线电话、微博、微信、QQ等“微热线”，搭建帮扶会等创业就业、个人提升、才能展示“微平台”。

年内，以季卫桥社区民族工作为依托，打造全市性民族团结进步教育基地——余姚民族文化馆，建设“一馆、一廊、一室、一站、一店”。利用“余姚民族之家”微博、“余姚民族之家”微信公众号、“同心微余姚”APP等新媒体平台，宣传先进典型在余姚的生动实践。开展“庆国庆、迎十九大”主题征文、“民族风”艺术作品征集、“幸福余姚•多彩民族”笑脸征集和“牵手民族小花•共圆书香童梦”等活动。

对全市清真拉面店进行调查摸底，开展穆斯林临时礼拜点整治工作。加强与少数民族重点代表人士的情感沟通，在6个少数民族流动人口集聚社区、企业、经营点设置民族舆情信息调解员，及时掌控基层动态，调处矛盾纠纷。全年妥善处理矛盾纠纷4起。

落实少数民族政策。做好中考、高考少数民族考生的民族成分审核，为180名中考生和25位高考生办理加分和优先录取审核手续。通过实施“民族发展致富项目”，对12处少数民族发展项目进行检查指导，并邀请农技专家等对帮扶项目进行“一对一”的技术培训。组织市少数民族联谊会与“邮掌柜”平台举行签约仪式，22户在余姚少数民族农户进驻平台，实现全年销售约100万元。使用好宁波民族发展帮扶资金，对11个乡镇（街道）中的12户少数民族农户实施精准帮扶。

【“市人大代表进市民族宗教局”视察活动开展】

5月25日上午，市人大常委会组织朗霞街道、低塘街道、小曹娥镇、临山镇的35名市人大代表视察民族工作，市委统战部副部长、市民族宗教局局长杨荷锋向代表们汇报近年来民族工作情况。座谈中，与会代表肯定民族工作取得的成效，并对下步工作提出要求。

（市民宗局）

宗教工作

【概况】

2017年，市民宗局会同乡镇（街道）与各宗教场所签订安全责任书，全面落实安全管理责任，关注重点场所和重点时段的安全维稳工作。开展基督教聚会点调查治理工作，引导各聚会点纳入就近合法教堂管理，无新增涉宗违法建筑。加强对宗教网站、微博、微信的调查、管理和引导，关注并及时妥善处置网络舆情。推进宗教场所视频监控建设联网应用工作，全市68个宗教场所基本做到全覆盖。牵头召集多个部门参加协商会，到新昌大佛寺、奉化雪窦寺等地实地考察，探索理顺西隐禅寺管理体制。处理宗教场所开展养老服务的规范管理工作，指导督促进行限期整改，并获得民政部门登记发证。

学习宣传新修订的《宗教事务条例》，分别在中国佛学院普陀山学院和南京金陵协和神学院举办佛教场所负责人、基督教场所负责人培训班。推进“三张清单一张网”建设，68家宗教场所完成统一社会信用代码赋码和换证工作。全年共受理行政许可28件，依法作出许可决定28件，行政处罚0件，没有因行政许可而提起的行政复议和行政诉讼案件。10月，选派7名宗教重点乡镇（街道）分管领导到宁波市社会主义学院参加为期一周的法规政策培训。

【宗教中国化】

开展“寻梦中国、正言正行”主题教育实践活动，8月下旬至9月初，分别在佛教界和基督教界进行宗教中国化的动员，并对宗教中国化研讨工作进行部署。开展宗教界第二届“双十佳”评选活动和宗教界爱国主义教育周活动。5月中旬，选派10名教职人员参加宁波市汉传佛教第九次讲经交流会，大乘庵的释果音获得三等奖。12月，举行“余姚市汉传佛教第二次讲经交流会”。组织市佛教协会班子成员到浙江嘉善、安徽九华山等地进行学习考察。指导基督教开展“基督教中国化”神学思想研究。组织市基督教两会班子成员到南京圣训堂、南京市基督教两会进行学习考察。

【民间信仰规范整治年】

开展民间场所规范整治工作，消除民间场所安全隐患，制止民间信仰场所乱建滥建，建立健全人员、财务、治安、消防、环保、文物保护、环境卫生、档案等管理制度，推进民间信仰场所登记编号和规范管理工作，创建6家“五好”民间信仰活动场所管理示范点。

（市民宗局）

老龄工作

【概况】

2017年末，在册受惠高龄老人达3.23万人，共计发放资金2178.54万元。重阳节期间，对全市90周岁以上的老年人发放每人200元的慰问金，市领导给其中8位百岁老人送去慰问品和慰问金，共计发放100.34万元。全市连续8年给60周岁以上老年人发放500元的春节慰问金。此外，622位因社区家庭困难、空巢的老人享受政府购买服务，4200余户老年人家庭享受“一键通”电话服务，751名不同程度的失能失智老人，其养老机构享受运营补贴106万元，87名失能失智低保老人享受养老服务补贴50.47万元。

全市建有区域性居家养老服务照料中心5个，居家养老服务照料中心283个，居家养老服务实现全覆盖，覆盖老年人数达到19万人次。通过《居家养老服务机构等级评定》，完成居家老服务机构等级评定107个，其中AAA级11个，AA级57个，A级39个。全市240个村、348个点参加居家养老服务机构政策性保险，14个乡填（街道）养老服务机构与基层医疗卫生机构签订合作协议。2017年，全市各养老机构开展安全专项整治工作，21家养老机构进行安全专项整治。同时，对各养老机构开展消防安全整改工作，截至2017年底，共有30家养老机构完成消防整改。

全市各级老龄部门强化社会各界维护老年人合法权益的责任，做好老年人信访工作和涉老纠纷的调解工作，查处侵犯老年人合法权益的案件，强化舆论监督作用，加强老年法律服务工作。2017年，老年法律援助中心共援助涉老案件15余件，接待来信来访 40 余次。在宁波市率先实现老年证即时办理，全年办理老年证 12035 件。在全市 21 个乡镇（街道）和市民政局各设立 1 个老年证办理网点，配发制证设备 22 套，制证时间由原来的两个月缩减到现场立等可取。

做好老年电大春秋两季的招生、教材发放和结业工作，对直属班、马渚、低塘、梁弄、陆埠 5 个教学点试行免费送教活动，开设第二、第三课堂。其中马渚、低塘 2 个教学点被评为 2017 年省级老年电大教学示范点。到 2017 年末，全市共设老年电大及教学点 197 个，在校人数达到 8000 余人，累计结业 24 万余人次。老体协举办新农村、街道社区和市直系统 3 个老年人运动会，共有 6270 名老年人参赛。定期举办气排球、地掷球等单项比赛，共有 2650 名老年人参赛。倡导开展老年服务活动，组织“以老助老”“银龄互助”行动，至 2017 年末，全市共有银龄互助协会 255 个，老年志者达 1 万余人。

开展“敬老月”活动，组织老年文体活动 50 余次，参加活动的老年人达 8000 余人次，以医疗服务、家政服务、理发服务等为主要形式的服务活动 121 次，参与享受老年人达 12000 余人次。中国新闻摄影学会会员吴大庆为余姚所有健在的 56 位百岁老人拍摄照片，并制作《余姚“百老汇”》画册。组织敬老文明号的创建评比，宣传发动社会各行各业和各界人士支持和参与尊老爱老敬老孝老活动，有 2 人分获全国和省敬老爱老助老模范人物称号，9 家单位分获省、宁波市级敬老文明号称号。与中国人口福利基金会和长三角救援组织联合，组织开展向全市 200 多名阿尔茨海默症患者发放“黄手环”的活动，全年共有 26 名走失老人因佩戴黄手环被及时找到。

【获评“敬老文明号”“敬老爱老助老模范人物”】

2017 年，全国老龄工作委员会发文公布第二届全国“敬老文明号”和全国“敬老爱老助老模范人物”的表彰决定。宁波洽丰休闲用品有限公司董事长罗家炜获全国“敬老爱老助老模范人物”。8 月 8 日，浙江省老龄重点工作推进会议通报表彰全省第二届省级“敬老文明号”先进集体和全省敬老养老助老模范人物。市国网浙江余姚市供电公司梁弄供电所、鹿亭乡老龄委郑交方分获“敬老文明号”和“全省敬老养老助老模范人物”。

【市 2 个电大教学点获省级示范教学点】

6 月 29 日，浙江老年电视大学年中工作报告会议在杭州市千岛湖召开。会议对全省各优秀教学点进行表彰，马渚镇老年电大教学点和低塘街道芦城村老年电大教学点获省级示范教学点的称号。

余姚自 1998 年成立老年电大教学点，2015 年成立余姚市老年电视大学，现共设 41 个教学点、1 个直属样板班和 208 个教学班，95% 的乡镇（街道）建立老年电大教学点，77% 的行政村有老年电大教学班（点）。

（市老龄办）

街道·镇乡

凤山街道

【概况】

2017年，凤山街道完成财政总收入9.4亿元，比上年增长12.4%；一般公共预算收入5亿元，增长8.23%。街道作为“中国制造2025”宁波市智能化改造诊断工作试点区域，完成规上工业产值、利润分别为45亿元、2.2亿元，同比增长12%、14%。全年完成技改投入6.2亿元，共实施技改项目11个，其中3个项目列入宁波市重点跟踪服务对象。新认定余姚级工程中心1家、宁波市创新型初创企业6家、申请发明专利78件。高新技术产业投资额4.4亿元，同比增长73.9%。佳贝思锂电池、德昌EPS汽车电机、梦莹家具卫浴成套产品等项目推进。街道引进外资2500万美元，完成宁波市外实到内资2.3亿元，余姚市外实到内资2.6亿元，浙商创业创新实到资金2.5亿元，完成固定资产投资19.6亿元。

全街道拥有商贸企业4828家，2017年净增80家，新增限上企业5家，全年限上批发零售业销售额增幅达38.5%，社会消费品零售总额增幅10.5%。街道以“三街”（北滨江路月光经济一条街、东旱门路餐饮一条街、61省道汽车交易一条街）“二城”（五彩城、银泰城）“一园”（文山电子商务园）为重点，形成商贸发展特色。61省道汽车销售规模初步形成，五彩城销售额上涨，文山创意广场电商企业逐步入驻。

按时完成第三次农业普查工作。推进养殖功能区和标准化农田建设。推进杨梅、草莓、蔬菜等生产基地建设，完成杨梅上山步道建设两年计划。优化为农服务，推进政策性农业保险。做好土地承包经营权确权登记颁证工作，九垒山、蜀山两个行政村按计划推进。

年内，拆迁征收年度目标任务为26万多平方米，任务量位居全市第一。全年共完成签约2037户，面积27.6万平方米。已完成高铁新城核心区块（一期）、余慈连接线拓宽改造工程、金山路道路拓宽工程、剑江相关自然村等8个区块的“清零”工作。

围绕全国文明城市创建、国家卫生城市创建和美丽家园建设，农村生活污水治理工程以全市第一的速度，完成首创PPP项目的全竣工，城市污水收集五期工程推进。城北圩区城区部分堤防加固工程建设全线竣工。永丰鲍家坛排涝泵站完成建设。丹凤西区雨污水改造工程投入运行。剑江村、九垒山村铁路立交、公交202路终点站建设全部完工。抓好违法用地违法建筑防控监管，创建“基本无违建街道”。投入439万元，推进子陵新村老小区改造工作。对辖区内无物业管理老小区的破损基础设施进行改造和维护。投入1200多万元推进农村“三居”工程建设。开展灭污剿劣，清淤河道13000余米，6个小微水体完成剿劣目标。街道和酱园街社区、季卫桥社区、胜一村获得全国文明城市创建先进集体称号。永丰村、五星村、街道环卫所获得国家卫生城市创建先进集体称号。

优化教育网点布局，街道第二中心幼儿园、穴湖小学、阳明小学、同光小学等新建、扩建工程按计划推进。完善校园安全考核、隐患排查治理和重大事项报告制度等一系列安全工作机制，确保校园安全。与上级医疗机构实施战略合作，通过“送出去、请进来”方式，推送医务工作者到上级医院参加轮训，邀请市中医医院、康复医院等中医专家定期下沉坐诊。深化家庭医生服务，推进“互联网+医疗”模式。2017年，街道社区卫生服务中心被评为全国优质服务示范社区卫生服务中心，省百强社区卫生服务中心。

街道户籍养老保险参保人数42797人，参保率94.3%；城乡居民医保参保人数28818人，参保率98.7%。做好失业退休人员资格认定。开展技能培训，推进群众创业增收。完善本地及外来务工人员劳动保障，全年受理劳动争议纠纷案件44件，涉及金额352万余元。全年共发放各类低保金、困难救助金800余万元，受惠1.2万余人次。

开展街道中层干部调聘工作，提拔中层干部12人。统筹安排基层组织换届工作，从严把关资格联审，以绩效为导向定事选人，完成15个村（居、社区）的班子换届，新调整配强村（居、社区）主职干部8人，做好党员后备队伍建设，培养入党积极分子49人，发展预备党员42名，预备转正58人。

增强党员干部防腐拒变意识。突出全面从严治党，立案查处违纪违法党员9名，其中开除党籍2人，党内警告7人。规范基层权力运行，打造“阳光公开”样本村。强化村级“三资”管理，收缴各类违规资金486万元，核减工程款150万元。村级招待费实现零支出。

【首个企业文化会客厅成立】

8月18日下午，位于同光村的宁波大叶园林有限公司成立全市首家企业文化会客厅。此次在大叶园林企业文化会客厅展出的作品有约60多副，其中包括书画作品、摄影作品、剪纸作品，有些是企业员工自己创作的，有些是从各处收集来的，还有一些作品是由社会上的一些书画爱好者提供的。作品的题材多以余姚本地的文化为主。

【中国科协领导到季卫桥社区考察调研】

7月19日上午，中国科协党组成员、书记处书记王春法到季卫桥社区考察调研社区科普工作。科协领导一行在社区工作人员带领下，重点参观考察社区老年科普养生馆、青少年科普活动中心等科普场地和设施，对社区开展的老年科普队数独培训、关于老年养生知识的进一步精细挑选等工作做出了指导，还对青少年科普活动中心的科普展具进行了体验。

【姚城首个城市书屋成立】

6月，凤山街道将东江社区图书馆搬至五彩城一楼儿童服务中心，作为城市书屋。城市书屋的借阅系统与市图书馆相连接，即宁波范围内借阅的图书都可在此借还。城市书屋配备专人提供图书借阅、整理等服务。馆藏书册数量超2000册，涉及各类书目，周末日均读者流量超过500人次。

（徐　丹）

阳明街道

【概况】

2017年，阳明街道常住人口149392人，其中本地户籍人口95611人。完成规模以上企业工业产值296亿元，利润28亿元，增加值55.5亿元，分别增长20%、18%、27%。限额以上商贸企业实现销售69.6亿元。完成社会固定资产投入29.54亿元，其中工业投入21.5亿元。完成财政总收入20亿元，增长15.2%；一般公共预算收入10.2亿元，增长14.6%。农民人均收入26192元，增长12.5%。

年内新认定余姚级工程中心3家，宁波市新型初创企业19家，国家高新技术企业1家。申请发明专利410件。高新技术产值，新兴企业产值为50亿元和75亿元，同比增长23%和31%。推进“月光经济”商业街，完善综合配套服务体系。

全年投资250万元建成标准农田57公顷。完成约210公顷农田提升项目，新增家庭农场6家，专业合作社2家，农业机械化水平92%，农业总产值7.1亿元，增长8%。

智能光电小镇年投入10亿元，新增产值20亿元。舜宇《年产6.5亿颗智能光电模块生产项目》列入浙江省特大产业项目名录。小镇列入第三批省级特色小镇名单。抓好舜宇千亿计划，推进二期工程开展，投入7.5亿元。引进海吉星国际商贸，物流机器人等4个项目，有23家企业入驻，50%以上企业投产。

全年完成拆迁82064平方米，涉及1068户，投入250万元。新建网络公路2条，投入1500余万元。推进“三改一拆”，投入2546万元，惠及6个小区、145幢楼房、3168户居民，涉及面积33.95万平方米。新城市社区被评为全国文明单位，

长安社区“捡拾垃圾学雷锋，助力家园新建设”公益活动

西街为宁波“最洁美村庄”。整治污染企业12家。环保集中排查481次，限期整改20余家。安全生产排查整治9次，检查企业5400余家，发现隐患3500余条。

全年共投入2200万元，完成舜北小学、长安小学等14项暑期维修工程。推进家庭医生制服务工作。配置社区卫生服务网点，提升“20分钟”公共卫生服务圈服务。开展就业创业培训16次，提供1500多个工作岗位，达成企业用工意向600多人。

全年共受理信访854件，办结案98%以上，化解积案3件。发放医保金、救助金770万元，受惠人数1.2万人次。举办文艺活动8场次。在市十五届全民运动会中获总分第一名，实现四连冠。举行“阳明讲坛”4次，专题讨论6次，参与人数3500余人次，上党课520场次。开展志愿者服务300多场次，参与党员12000人次。培育7个基础党建示范村（社），14个党建基层过硬村（社），8个全面达标村（社），新成立2家“两新”党组织。创建“双向管理，三色预警”机制，健全完善“四读两述”工作机制，设立“益起廉”公益答题栏目，建立“草根清风讲师团”，编印党员干部“三字经”。打造“一村一品”文化品牌，制定街道《机关工作人员作风问责办法》《阳明街道机关工作人员廉洁自律手册》，查处违纪违章党员13名，开除党籍5名，留党察看1名，党内警告7名。加强审计力度，对8个村、2所学校进行财务收支审计，查出违纪资金118.56万元。完成工程项目审计60个，核减工程资金342.46万元。

【阳明街道成为浙江省商标品牌示范乡镇（街道）】

1月，阳明街道被省工商行政管理局认定为“浙江省2016年商标品牌示范乡镇（街道）”，是全市唯一获此荣誉的乡镇（街道）。阳明街道有企业4639家，其中规模以上工业企业105家，已形成光学仪器、工量器具、家用电器、塑料模具等四大主导产业。阳明街道累计注册商标2454件，境外商标61件，农产品商标195件，驰名商标6件，

浙江省著名商标13件，宁波市知名商标8件，还拥有4个地理标志商标、2个商标品牌基地和1家商标品牌示范单位。

【姚驾桥村实施水稻机械穴直播技术】

水稻机械穴直播技术，是指在灌水、泡田、整地、排水、沉实之后，利用水稻精量穴直播机按规定株行距及播种量，在大田直接精量成穴播种。机械穴直播技术，改变了传统栽培方式，也使得沿用数千年的选种、浸种、拌种、育秧、手插等程序变得简单和轻松，运用此技术播种每亩可节省120元。阳明街道2017年种植早稻面积月233.33公顷，采用这项栽培技术的约33.33公顷。

（黄士宏）

梨洲街道

【概况】

2017年，梨洲街道完成工业总产值150.4亿元，增长5.6%；全年完成规上企业工业增加值10.2亿元，同比增长13%。规上企业产值、销售收入、利润分别为46.1亿元、45.04亿元、1.7亿元，同比增长16.4%、18.1%、18.1%。财政总收入6.6亿元，增长7.4%。全社会固定资产投资25亿元，增长9.9%。

全年实现限上商贸销售额60.88亿元，同比增长31.4%。稠州商业银行、移动营业厅等多家企事业单位、机构进驻。保利广场商业综合体一期、梨洲商贸城等项目建设完成。实施乡村休闲旅游节系列活动，完成大岭岗游步道、狮子岩游步道2条古道的修复提升等举措。全年培育发展民宿类产业8家。全年新认定余姚级工程中心2家，宁波级工程中心1家，宁波市创新型初创企业7家，申请发明专利112件。全年投入技改资金3亿元，涉及工业项目9个。全年协议利用外资4100万美元、实际利用外资2400万美元。引进宁波市外内资5.4亿元，完成浙商创业创新实到资金2.7亿元。全年投入资金500余万元，完成明伟工业功能区绿化、道路标志标线设置、黄箭山工业点路灯亮化等工程。

农村承包土地确权登记颁证工作，第一轮公示完成。全国第三次农业普查工作收官。全年村级集体实现四项考核收入1892.6万元，同比增长6.1%；实现经营收入1306万元，同比增长19.2%；化解村级实质性债务994.2万元，存量债务同比下降19.1%。

四明东路延伸段（一期）工程建成通车，锦凤路至石婆桥公路、振兴东路至里岙公路、古乍线至任家公路、黄竹线至邵家渡公路4条网络公路完成建设。花园新村危旧房改造1594户房屋全部完成征收，旧宅进行拆除工作。白山头二期、最良二期、原电视机厂宿舍3个区块的征迁“清零”攻坚行动完成，拆迁面积7000余平方米。梁辉水库右坝肩工程通过竣工验收。全年拆除各类违章建筑22万平方米。投资1800余万元的南园新村老小区改造工程竣工，姜家渡村村民集中安置房建成交付。全年完成下山移民零星安置52户。学弄社区以综合得分全宁波第一名的成绩获宁波市“十佳品质社区”称号，金冠村创建成为余姚市“最洁美村庄”和AAA级旅游村庄。全年新创建美丽小区6个，美丽村庄3个，美丽庭院293家，美丽公路2条，美丽单位2个。

全年完成河道清淤10000余米，姚家垫水沟等6个挂牌小微水体完成整治销号，排污口整治工作通过验收，剿劣工作取得阶段性成果。全年完成企事业单位污水纳管100家，明伟、双桥等5个村的生活污水治理工程稳步推进。

全年共受理信访557件，办结率100%。落实领导干部定期接访与信访包案制度，全年化解信访历史积案6件。全年开展各类隐患排查整治9次，检查企业5400余家次，发现和整改隐患3500余条，涉及职业病危害的企业开展职业病危害项目申报，开展定期检测50余家，创建合格企业申报3家。新增安全生产标准化企业10家，新增社会化服务企业20家。宣传教育和企业安全意识培训企业员工1000余人。

投入800余万元，完成兰江中学改造工程和梨洲小学、梁辉中学等中小学校的暑期维修工程。全年获评宁波好人2人、余姚好人3人。

配置社区卫生服务网点，提升“20分钟公共卫生服务圈”服务内涵。街道“三优”(优生优育优教)服务中心创建成为省级示范点。全年开展各类就业创业服务培训10余场次，受惠人数达630人。

全年养老保险参保率93.5%，医疗保险参保率98%。办理失业证68人，领取失业金466人。全年共发放各类低保金、困难救助金等900余万元。全年整治无证养老机构3家。

【梨洲街道第三届乡村旅游节开幕】

5月19日上午，梨洲街道第三届乡村旅游节在街道南庙村半林山开幕。余姚市副市长王安静出席开幕仪式。开幕式上，余姚寒舍农庄生态露营地、金冠智慧乡游、设计师的山谷民宿、小隐•悦茶居民宿4个项目与梨洲街道办事处签订招商意向协议。

【“至善梨洲”志愿服务总队成立】

4月24日，梨洲街道组织成立“至善梨洲”志愿服务总队，下设党员、职工、青年、巾帼、助残5个分队。梨洲街道有注册志愿者4500余人，“至善梨洲”志愿服务总队的建立，旨在为志愿服务常态化注入新的活力，推动全街道志愿服务工作深入开展，播撒爱的正能量，用爱心传递文明，营造“奉献、友爱、互助、进步”的志愿者精神，通过感召让更多社会各界人士加入志愿服务行列，并在创建文明城市、剿灭劣V类水质等活动中发挥更大的作用。

4月24日，“至善梨洲”志愿服务总队成立

【梨洲街道侨联成立大会召开】

11月2日上午，梨洲街道侨联成立大会召开，60余名侨眷、留学生家属代表参加会议。会议听取梨洲街道侨联的筹备工作报告，选举产生了街道侨联第一届领导班子。王文皎当选为街道侨联主席，并作表态发言。市侨联主席黄孟丹向街道侨联授牌。

（梨洲街道）

兰江街道

【概况】

2017年，兰江街道实现工业总产值196.6亿元，同比增长17.8%。完成规上工业企业产值131亿元，同比增长23.6%，规上工业企业产值占全街道工业总产值的66.6%，实现利润总额7亿元，同比增长65%。规下企业主营业务收入增速23%。工业增加值增速25.7%。工业总产值和增加值增幅均居全市前列。完成工业投资9.3亿元，同比增长8%。完成固定资产投资20.2亿元，同比增长11.3%。实现财政总收入8.95亿元，其中一般公共预算收入4.7亿元。实现自营进出口总额57亿元，其中自营出口总额40亿元，各同比增长5%。实到外资3014万美元，同比增长8%；宁波市外内资和余姚市外内资分别完成3.4亿元、3.6亿元；实到浙商创业创新资金2.9亿元，同比增长7%。

实现限上社会消费品零售额61亿元，同比增加12%。完成市场成交额5.7亿元，同比增长5%。新增限上商贸企业9家。实现重点企业互联网经济总量18.7亿元，同比增长43.6%。飞智电子商务产业园成功创建“市级电商产业园”。全年投入科技经费2.7亿元，研究与试验发展（R&D）经费1.7亿元，实现新产品产值35亿元，发明专利申请153件，完成“机器换人”重点项目10个，新增创新型企业6家，新增国家高新技术企业2家。全年走访企业250余次，破解难题48个，协助企业完成技改、基建等项目55个，新增企业建筑面积25万平方米。在全市率先实行“一窗受理、集成服务”模式。通过腾笼换鸟、工业用地弹性出让，盘活闲置土地8.67公顷，拉动固定资产投资约3.3亿元。

完成粮食定购任务1226吨。实现村集体可用收入3324万元，同比增长10.3%。推进农村土地确权登记颁证工作，相关村测绘工作通过省测绘成果专项验收。

完成三凤雅苑园路改造、直江路修复拓宽、石冯公路一期改造、兰凤路一期等工程。完成剥皮龙垃圾中转站、兰墅桥建筑垃圾消纳场和谭家岭西路、磨刀桥村生态厕所建设，四明西路、俞家桥路垃圾压缩站改造建设工程进展顺利。实施市政府东侧、万弓池路、新庄路等7个地块临时停车场建设，新增停车位1000余个。石婆桥江堤防加固工程二期、5座山塘水库标准化建设和冯村供水保障能力提升工程完工。做好姚江上游西分工程征地等前期工作，协助做好姚江堤防加固工程二、三期建设。姚江中学投入使用。投入375万元实施校园维修。

完成兰墅桥区块、史家区块拆迁“清零”任务。启动新西门路危旧房改造工程，完成签约213户，签约率达87.3%。新一轮老小区改造启动实施，舜南新村南北老小区改造项目完成。实施三凤桥、郭相桥2个“美丽村庄”及富士花园等5个“美丽小区”创建。

推进“剿灭劣Ⅴ类水”专项行动，开展小微水体治理，4条（处）劣Ⅴ类水体成功验收销号，实施河道清淤7500余米，街道河道保洁考核获市级二等奖。农村生活污水治理工程完成总工程量的90%以上。启动江南新城部分小区、下菱新村北小区污水纳管工程，完成大黄桥路沿街商铺污水纳管100家。开展农业面源污染治理，完成规模养殖户环境治理12家，关停养殖场2家。

推进社保五险工作，户籍人口各项保险参保率位居全市第一。多渠道促进城乡居民就业增收，就业登记率保持在85%以上。调解各类劳资纠纷、欠薪案件12起，涉及金额144万元。完成农业政策性保险2.25亿元。全年共发放优抚金、低保金、残疾人基本生活保障金等1500余万元，共筹得善款258万元，实施捐助137.5万元。

举办各类文化活动20余场，开展第十二届“兰江家园情”群众文化节活动。开展“德行兰江”主题教育实践活动，开展理论宣讲、先进典型宣传、志愿服务进农村等活动，成立“韩永盛工作室”。郭相桥、冯村创建成为宁波市级文明村。完成磨刀桥村文化活动中心建设和冯村赵氏启承堂设计工作。实施文化市场“扫黄打非”网格化管理，被评为省“扫黄打非”进基层示范点。

组织专项整治行动40余次，及时处置“智慧城管”派发件7651起，办结率99.7%，城管中队被评为省综合行政执法先进集体。开展世南西路、万弓池路和谭家岭西路临时市场集中整治，占道经营、乱设摊现象得到遏制。全年共调处各类矛盾纠纷850起，街道综合指挥平台共受理事件4514起，及时处置率达100%。全年刑事案件发案数下降54.6%。

做好6个示范村社、2个达标村和1个“整片建强”示范区域的创建工作。出台《党建工作考评细则》。完成新一届村社组织换届工作。投入43.5万元资金建设党建长廊、党建馆等阵地。推进“一支部一亮点一品牌”活动，率先在全市成立“银辉”党支部。修订《基层党组织履行全面从严治党主体责任清单》《村（居）监会履职清单》《村（社区）全面从严治党主体责任考核办法》。推进以家风建设为载体的廉洁兰江建设，全市深化家风建设推进会在兰江街道召开。

【道德模范韩永盛工作室启动】

7月21日晚，“真情暖人心，博爱铸和谐”道

7月21日，道德模范韩永盛工作室启动仪式举行

德模范韩永盛工作室在兰江街道舜南社区举办启动仪式，成立由党员志愿者、银辉志愿者等组成的综合志愿团队、“美丽家园”监督团队、楼道老娘舅团队等8支志愿者团队。

【全市深化家风建设工作座谈会召开】

4月13日，全市深化家风建设工作座谈会在兰江街道四明社区召开。会议集中观看“余姚市家风建设巡礼”工作宣传片。市文保所汇报交流王阳明故居家风教育基地建设和教育功能拓展成效，“二村二社区”所在的乡镇（街道）纪（工）委书记汇报交流家风建设示范点创建工作思路及计划措施，市家风建设领导小组各成员单位交流探讨如何进一步深化家风建设工作。会议期间，市委常委、市纪委书记杜瑾作讲话，并和与会人员一同参观四明社区家园馆家风建设展示。

【“传承良好家风，共建美丽家园”主题活动启动】

5月5日晚，结合四明社区第九届楼宇文化艺术节，兰江街道纪工委在四明社区启动“传承良好家风，共建美丽家园”主题活动。晚会上，街道党工委书记诸剑军上台致辞并宣布活动启动。活动现场开展“传承良好家风，共建美丽家园——我是党员我先行”承诺签名，社区工作人员还向居民发放“树清廉家风，立崇廉家规”倡议书，并开展“我的家风”征集活动。

【“银辉”志愿者联合会兰江分会成立】

9月12日，市城区街道首个“银辉”志愿者联合会分会落户兰江街道。2015年以来，兰江街道6个社区、机关退休干部活动管理小组相继成立“银辉”志愿服务大队及“银辉”党支部。截至年末，“银辉”志愿者联合会兰江分会下设7个“银辉”志愿服务大队，已有“银辉”志愿者400余人。分会根据“银辉”志愿者服务项目和服务团队，暂设宣传教育、纠纷调解、文明劝导、建言献策、扶贫帮困、卫生保健、文化体育、物业管理等志愿服务，志愿服务活动基本实现社会、机关全覆盖。

（兰江街道）

朗霞街道

【概况】

2017年，朗霞街道完成财政总收入6.73亿元，其中一般公共预算收入3.52亿元。实到外资4520万美元，余姚市外内资11亿元，分别同比增长50.7%和47.9%。实现社会消费品零售额33.6亿元，限上批发零售业销售额21.5亿元，分别同比增长15%和45%。规模以上工业企业86家，实现产值100亿元，销售收入95亿元，利润5.5亿元，分别同比增长13%、13.1%和30%。新增高新技术企业1家，发明专利144件，授权专利26件。全年共实施机器换人项目65个，同比增长100%。更大集团和新丽经纬的2个技术改造项目被列入2017年度宁波市工业投资（重点技术改造）项目，中亿装备的自动化项目被评为省级首台（套）项目。成功出让姚北新城核心区4幅住宅地块，总出让面积16.45公顷，总出让金额6.97亿元，总溢价4620万元。

《余姚模客小镇城市设计》《朗霞街道模客小镇单元控制性详细规划》等规划编制及成果报批完成。进士第路（巷桥路至晋涵路段）建设和邵巷安置小区四期新建工程完工。市级重点工程长泠江堤防加固工程（除部分绿化景观）和农村生活污水纳管工程基本完成。辖区劣Ⅴ类河道和小微水体销号完成验收工作。小城镇环境综合整治通过验收。新增“美丽村庄”5个，“美丽公路”2条，“美丽单位”5个，辖区内77%的行政村成功创建“美丽村庄”，成功创建省级卫生街道。朗霞街道小城镇环境综合整治范围为姚北新城建成区和老集镇建成区，2017年完成具体任务26项，具体实施项目19个，总投资约3.8亿元。

完成13个行政村、1个居委会党组织和村（居）委会换届选举工作，选举产生了新一届村“两委”班子成员。班子成员平均年龄比上届下降1.3岁，大专及以上学历的达54%。全年符合政策生育率超过97.7%，出生人口性别比稳定在103。推进契约式家庭医生制服务，重点人群签约率超过55%。举办第八届园区文化艺术节，累计开展公共文化配送52场。全年合计发放临时救助金143人次15.18万元。规范低保动态管理，核实退出19户22人，新增36户47人，并对街道442户613人次的城乡低保家庭发放低保救助金387万元。成立综合信息指挥室，推动网格化管理、组团式服务。全年各类信访件调处率均达100%，妥善处置了“6•25”事件和龙翔水刺火灾事故。

【省卫生街道创建动员会召开】

6月，朗霞街道召开创建省卫生街道动员会暨培训会。街道创建领导小组成员、各村（居）主任、卫生专管员及朗霞菜市场负责人等近百人参加会议。会议先由街道办事处副主任沈国平介绍卫生街道创建背景及前期工作情况，并就“创卫”工作的难点和薄弱环节、下步工作重点进行部署。接着街道党工委副书记黄洋副书记讲话动员。动员结束，市爱卫办主任万茂传从4月底宁波爱卫办对街道的创建暗访情况和省卫生街道创建指导两方面对与会人员进行培训。

【姚北新城核心区块四幅商住用地成功出让】

12月25日，位于原华鑫化纤有限公司的姚北新城核心区块四幅商住用地（2017—117、2017—118、2017—119、2017—120），由中南置地集团和绿地集团两家企业以总价69751.46万元竞得，出让总面积为164531平方米。

（童　毅）

低塘街道

【概况】

2017年，低塘街道实现地区生产总值273亿元，增长8.3%，其中工业产值228亿元，增长10.7%。完成全社会固定资产投资22.6亿元，增长18.7%，其中工业投资16亿元，增长26.9%。财政总收入6.45亿元，增长9.7%；一般公共预算收入3.34亿元，增长7.7%。完成规模以上工业产值70亿元，实现利润2.5亿元，分别增长13%和11.7%。农业经济总收入45亿元。

全年实到外资2520万美元，实到内资8.2亿元。帅康集团与上市公司“日出东方”达成股权合作，合作金额达到7.35亿元；总投资2.5亿元的小型城市综合体（大润发商超）项目，在市首届“世界姚商”大会上签订落户意向性协议；帅康老厂区地块成功出让，恒大和富利腾2家实力房产企业投资30亿元开发建筑面积达50万平方米的房地产。

姚北新城低塘产业园45.3公顷土地已入驻规上企业15家，其中亿元企业5家。小微企业集聚区一期9公顷已完成土地平整工作，七通一平基础配套工程已经启动。众创电商园已有35家电商企业入驻，全年销售额突破10亿元，增长19%。“互联网+实体企业”模式不断深化，重点企业互联网销售总量达18.6亿元，同比增长55.1%。全年引进省级“千人计划”专家1人，其他高层次人才38人，培养培育年轻创业人才70余人，创建宁波工程技术中心2家。

投资约3亿元实施的36个小城镇环境综合整治项目，已完成8个，正在有序建设21个，完成前期方案设计7个。年内共拆除存量违法建筑45起，面积达15.20万平方米，完成率达100.66%。完成新洋线、329国道北等12条总长29.88千米的污水主干管道建设；启动实施胜周线、帅洞路等总长8.86千米的污水主干管道建设；完成黄清堰、西郑巷、黄湖和低塘村垫桥片农村生活污水纳管工程；推进洋山、姆湖、郑巷、汤家闸等村的农村生活污水建设。完成河道清淤20千米、15.1万立方米，投入阿凡柯达设备7套，累计完成152家企事业单位的污水纳管和72个排污口（含混排口）整治。开展渔业“一打三整治”（严厉打击非法违法生产经营建设行为专项行动和开展道路交通、海洋、渔业、消防安全专项整治）和河道清障行动，清理网箱352只，网簖54道，打捞沉船16只。3条劣Ⅴ类河道，12个劣Ⅴ类小微水体通过余姚市、宁波市和省验收组的剿劣验收。

新洋公路中段、新堰东路延伸工程、项旷路郑巷花坛改造如期竣工；帅洞路、共建路等改造工程，思贤路新建工程有序推进；完成新堰东路长达2100米的健身步道建设。

西郑巷、汤家闸、芦城3个村创建为“美丽村庄”，街道辖区内市级“美丽乡村”已达8个，完成市下达任务的121%。历山村和黄清堰村入选市第二批十佳“最洁美村庄”。完成低塘垃圾中转站改造和郑巷中转站垃圾压缩设备安装，新（改）建集镇内公厕4个。

街道户籍人口医保参保率达98%，养老保险率达93.5%。发放慰问物资和慰问金达600万元。创建AAA级照料中心1家，AA级照料中心5家。11个村进行农村土地确权工作一轮审核公示，核对确认签字率达98%。开发公益性岗位16个，职业技能培训630人，城镇登记失业率控制在3%以内。年内完成帅康小学风雨走廊建设。低塘中心卫生院中医馆投入使用。11个公共卫生服务团队完成重点人群签约人数7081人，签约率50.02%。全年街道新出生人口276人，计划生育率98.16%。

街道组织开展“知历史·爱家乡”主题活动，接待党员、未成年人等各类对象5000余人。建立村落文化的基层项目化扶持机制，实施“一人一艺”普及工作和“低塘街道乡村文艺涵养工程”。依托“同心”平台，成立街道侨联组织，推出“亲清”文化和“一路同心”示范文明线的特色项目。街道第五届全民运动会和第七届老年人运动会举行。

街道四个平台和“一张网”建设实现全覆盖，网格长累计走访26149户次，巡查325301户次，处理各类事务1100件，处理率达100%。解决各类用工、劳资纠纷50余起，涉及资金160余万元。全年调处矛盾纠纷246件，调处率100%。受理各类信访件840件，处结率达到97.4%。全年受理案件958起，下降7.2%，立刑事案件384起，下降28.5%。宁波市禁毒工作现场会在低塘召开。

全年进行安全生产大检查17次，排查单位853家，发现安全隐患单位89家，全部完成整改。开展“道乱占”行动，共查处违法乱停车辆2000余起，清理僵尸车40余辆。

完成11个村、1个社区和2个居委的班子换届工作。实施“双整”行动计划，打造街道“两横两纵一核心”的5大党建特色片区。召开全市首个党建联盟研讨会，成立全市首个“党建联盟”。开展“百名‘前哨尖兵’”“寻找身边的感动”推选活动，制作《基层党员“微故事”》、“两学一做”学习读本。推行“1+X”党员责任机制；建立“1+N”结对联系机制；深化结亲连心“6+1”活动。

【低塘街道第五届全民健身运动会举行】

9月30日下午，低塘街道第五届全民健身运动会在低塘中学开幕。运动会共设置青少年部、大众部、老年部3个大类项目，其中大众部有5个比赛项目。全街道各村（居）、企事业单位和社会团体共25支代表队、1000余名运动员参加比赛。

【韩亚丽当选中国好人榜助人为乐好人】

3月3日，由中央文明办主办、中国文明网承办的2月中国好人榜名单公布，低塘街道低塘村村民韩亚丽当选“助人为乐”好人。作为一个单亲妈妈，家境并不富裕的韩亚丽15年来坚持资助6个来自广西、贵州的贫困学生。2014年，韩亚丽被确诊为十二指肠恶性间质瘤，但仍没有停止资助。2016年，韩亚丽获“浙江好人”“宁波好人”“余姚好人”“感动余姚新闻人物”等称号。

低塘街道干部慰问韩亚丽

（低塘街道）

泗门镇

【概况】

2017年，泗门镇实现地区生产总值85亿元，同比增长7.5%。其中农业总产值11.52亿元，同比增长5.2%。财政总收入8.55亿元，其中一般公共预算收入4.5亿元，分别同比增长10%和11.6%。城镇居民人均可支配收入48700元，同比增长7%，农村居民人均纯收入38170元，同比增长7.5%。完成全社会固定资产投资55.5亿元，同比增长11.8%，其中工业投资36.5亿元，同比增长5.5%。全年完成实到外资2865万美元，宁波市外实到内资5.75亿元，浙商创业创新实到资金5.76亿元。年内蝉联全国文明镇“五连冠”、国家卫生镇“四连冠”，被评为宁波市首个“全国农村幸福社区建设示范单位”，省第三次全国农业普查先进集体，争创全省首批“浙江小城镇环境综合整治省级样板”。谢家路村、小路下村通过全国文明村复评。小路下村创建成为全市首个“省生态文化基地”，谢家路村创建成为省级美丽宜居示范村优秀村庄、省级美丽乡村特色精品村，东蒲村创建成为省级森林村庄。

截至12月，全镇企业科技投入4.4亿元，研究与试验发展（R&D）经费支出3.08亿元，新增发明专利授权74件，规上工业新产品产值55.5亿元。互联网经济交易总量达16.2亿元，同比增长29.6%。全镇新增院士工作站1家，博士后工作站2家。申报国家高新技术企业2家，创建省高成长科技型中小企业2家，成功备案创新型初创企业19家。年内被评为宁波市“低小散”行业整治优秀乡镇，关停“低小散”企业31家，原址提升154家，搬入小微创业园45家，新增“小升规”17家，小微企业服务中心启动。

完成第三次全国农业普查。完成九丘畈等机耕路硬化工程约14千米，开工建设约533.33公顷高标准农田建设项目，完成小路下村土地整理项目和东蒲村下沙畈耕地开垦项目，全年开发垦造耕地7.82公顷，新增土地流转面积28.13公顷。创建国家级、省级示范性专业合作社2家，浙江省现代农业科技示范基地2家，成功创建动物卫生监督省级示范窗口，新增浙江名牌、宁波名牌农产品3个，实施合作社功能提升项目3家。

镇总体规划（修改）、工业功能区控规编制完成。完成同济路新建、长义路改造等城乡道路项目9个，涉及路网13.2千米。陶家路江整治工程二期项目征地拆迁工作基本完成，万圣村、陶家路村安置房屋全部分配到户。全镇盘活消化存量土地43.92公顷，存量厂房20.24万平方米。举办首届“宁波·泗门”土地推介会，全年办理供地手续33宗，共计46.56公顷。实施汝湖路、大义桥江等截污纳管和配套工程10项，11个村完成农村生活污水治理工程，新增35家企业的污水纳入主管网。完成河道清淤33条。全镇2个县控以上劣Ⅴ类水质断面、15个劣Ⅴ类小微水体均通过上级部门验收销号。投入1.53亿元实施19个整治改造项目。329国道两侧环境整治提升、建成区交通微循环改造等15个项目基本完工。投入130万元开展养殖场污染隐患治理，关停畜禽养殖场13家，“一场一策”治理提升4家，规模养殖场生态化治理达标率实现100%。成功创建成为“无违建先进乡镇”，全年拆除违建面积近13万平方米。

全年开展各类展演47次，举办第十一届“汝湖春晓”元宵灯会，第十二届“汝湖金秋”文化艺术节，“弘扬文明乡风，建设美丽小城”主题教育活动和汝湖文艺社十周年庆典等活动，创作歌曲《泗门好家风》、艺术景观剧《泗门故事》等本土原创艺术节目。

年内，校园“三防”建设（人防建设、物防建设、技防建设）加强，实现“平安校园”全覆盖。“健康城镇”创建试点推进，健康教育促进中心全年接待3000多人次参观学习，送医下乡健康讲座89次，居民电子健康档案累计建档66947人，占应建档人数的85%。全年累计发放各类救助金687万元。累计发放困难残疾人生活补贴、重度残疾人护理补贴611.59万元，惠及2018人次。建立全市首家残疾人教育流动学校，学龄残疾人义务教育入学率100%。村、社区实现居家养老服务站点全覆盖，签约配餐等政府购买服务稳步推进，“三位一体”养老服务体系基本建立。举办镇第十六届老年人体育运动会，老年体育工作被评为宁波市2013—2017年先进集体。全镇户籍养老保险参保率94.2%，医疗保险参保率98.1%，城镇登记失业率控制在2.1%。

推进“雪亮工程”，在城乡重点区域新安装高清监控236只，全镇累计安装894只。不断壮大群防群治力量，刑事发案数下降10%。组织开展消防安全隐患检查、危爆行业隐患排查、“三场所两企业”专项整治等安全检查工作，共查处、整改安全隐患664处。投入资金300多万元重点整治共济路、固北路等路段的交通安全隐患。建立全市乡镇唯一的食品药品科普宣传站。全年共受理、调处各类矛盾纠纷207起，同比下降22.2%。受理信访件497件，办结472件，办结率94.9%。市审管办泗门分中心成为宁波市首个乡镇级港澳自助签注办理点，办理时限从5个工作日缩短为即时办理。

【电视信息便民服务平台上线】

泗门镇电视信息便民服务平台从1月1日起正式上线，群众可以通过电视了解政府信息和生活服务信息。电视信息便民服务平台共有泗门概况、今日泗门、精神文明、三农服务、教育卫生、休闲生活、便民信息等栏目，内容主要涉及泗门镇党委、政府当前的各项工作，以及涉及到群众日常生活、工作、学习、娱乐等方面的便民信息。这些内容根据时效每周或者不定时地进行更新，并通过余姚电视台的点播平台进行发布。

【市“银辉”志愿者联合会泗门分会成立】

8月11日上午，市“银辉”志愿者联合会泗门分会成立大会召开。大会审议通过市“银辉”志愿者联合会泗门分会会长、副会长、秘书长和各志愿服务团队队长等人选，以及《余姚市“银辉”志愿者联合会泗门分会章程》和《致全镇老干部（老教师、老同志）的倡议书》。会上，市政协原副主席、市“银辉”志愿者联合会会长董安生代表市“银辉”志愿者联合会向泗门分会授牌授印。市“银辉”志愿者联合会泗门分会是由老干部（老同志）个人志愿结成的非营利性社会组织，下设10个志愿服务团队。

8月11日，市“银辉”志愿者联合会泗门分会成立

（泗门镇）

马渚镇

【概况】

2017年，马渚镇实现工农业总产值257亿元，同比增长6%；财政总收入6.1亿元，同比增长7.3%，其中一般公共预算收入3.2亿元，同比增长4.8%；农村居民人均可支配收入2.66万元，同比增长10%。实现规上工业总产值58.01亿元、增加值13.8亿元，分别增长7.8%、7.85%；实现规上企业利润2.85亿元，增长18%。完成固定资产投资16.1亿元，其中完成工业投资9.5亿元。

“美妆小镇”展位入驻塑博会，中空塑料制品高峰论坛成功举办，规上美妆企业产值达14.28亿元，同比增长23.4%。全镇规上企业完成科技经费投入2.77亿元，研究与试验发展（R&D）经费投入1.72亿元，分别增长8%、8.5%。全镇各类专利申请数达600件，新增省级企业技术中心1家，市级以上工程技术中心总数达 14 家。宁波劳仕塑业有限公司数字智能化生产线一期正式投产。

农业供给侧结构性改革步伐不断加快，第三次农业普查工作完成，全市首个农村承包地整村流转项目在瑶街弄村实施，余姚市马渚庆德农机服务专业合作社被评为全国农机合作社示范社。农村土地经营承包权确权登记颁证工作推进，测绘工作通过省测绘成果专项验收。全年水稻种植面积 3400 公顷，全镇蟠桃种植面积突破 133.33 公顷，利惠鳗鱼养殖基地带动周边近 466.67 公顷的淡水生态套养。都市农业示范区建设成效初现，举办"金色花海，多彩马渚"油菜花节，吸引游客 2 万余人。

全镇控制性详细规划覆盖率超过 80%。菁江渡、长泠江、下沙畈、斗门、大将桥、四联、渚北、云楼 8 个村的村庄规划完成。拆迁"清零"行动取得实效，旧城改造项目完成一期清零，二期拆迁已签约 171 户，签约面积 2.1 万平方米，安置房于 10 月底开始陆续交房。开展"五重二大"攻坚年活动，城西工业园区块、菁江渡区块、61 省道区块、姚江西分工程区块征迁工作推进，明州—江滨 500 千伏线路工程进展顺利。道路基础设施建设不断加强，渚山登山步道二期工程、济宁桥重建工程、开元村路灯安装工程、云楼集镇段道路配套工程、渚山路至高夹线路面完善工程、海吉星配套道路硬化工程、乡西公路（下沙畈段）改造工程、萧甬线 K86+475 平改立工程均有序实施。始终保持"三改一拆"高压态势，着力推动"五水共治"常态化，全面启动"小城镇环境综合整治"，《马渚镇小城镇环境综合整治规划》获浙江省级优秀规划荣誉。不断深化"大综治"管理模式，"一张网"工作有力推进，"四个平台"建设顺利推开，实施以公共安全视频监控联网应用为重点的"雪亮工程"，刑事发案率同比下降 35.1%，被评为全省禁毒工作先进集体。

对符合条件的困难群众及时纳入保障范围。全镇新增就业人员 1420 人，户籍养老保险参保率达到 94%，城乡医保参保率达到 98% 以上。镇中心幼儿园新园址建设、章村小学塑胶田径场建设、开元小学教学楼扩建、镇中微格教室和车棚改建等工程完工投用。特色校园建设开展，"一校（园）一品牌"格局初步形成。计生政策法规、健康教育宣讲覆盖面达 95%以上，家庭医生签约率达 60%。村级环境卫生定期考核制度落实，通过浙江省卫生镇复评，瑶街弄村、大将桥村分别创建成为浙江省卫生村、宁波市卫生村。开展"最美马渚人"评选活动，胡鹤鸣、刘玲波、毛海宝被评为"余姚好人"，其中刘玲波被评为"宁波好人"。以"美丽家园"创建为抓手，文明创建工作全面深化，新创美丽村庄 4 个（长泠江村、大施巷村、乐安湖村、菁江渡村），美丽公路 1 条（高夹线马渚段），美丽单位 3 家（浙江金马实业有限公司、宁波永佳汽车零部件有限公司、余姚市第二自来水有限公司）；省级文明村 1 个（斗门村），宁波市级文明村 1 个（庙前村），余姚市级文明村 1 个（大施巷村）。抓住"繁荣群众文化"这一主旨，新建村级文化礼堂 1 家，启动"一人一艺"文化艺术普及工程，结合传统节日，开展丰富多彩的"我们的节日"系列活动。

【马渚镇微型党课比赛举行】

4 月，马渚镇在镇小会堂举行以"勇立潮头话担当"为主题的微型党课比赛，共有 14 位选手参加比赛。比赛评出一等奖 1 名，二等奖 2 名，三等奖 3 名。其中开元小学老师宋宁宁以一堂《匠心筑梦我们在路上》获得第一名。

【"最美马渚人"表彰会举行】

6 月 9 日上午，2016 年度"最美马渚人"表彰会在镇文体中心举行。镇全体机关干部、市属部门代表、村三委会成员参加此次表彰大会。此次评选最终评选出敬业奉献的胡鹤鸣、杨钱章、何迎春，孝老爱亲的梅杏芳、沈小美、施建荣，见义勇为的韩立新，助人为乐的胡茉莉、卲卉、战狼公益救援队共十名"最美马渚人（团队）"。

【刘玲波完成造血干细胞捐献】

9 月 8 日，马渚中心卫生院护士刘玲波成功完成造血干细胞捐献，成为第一位余姚本地户籍的女性捐献者。1994 年出生的刘玲波，2013 年从绍兴护士学校毕业，后在马渚中心卫生院从事内镜室护理工作。2014年，医院组织造血干细胞捐献志愿活动，刘玲波报名成为一名造血干细胞捐献志愿者。2017年4月，她的造血干细胞与一名患有血液病的2周岁小男孩匹配成功。

（马渚镇）

陆埠镇

【概况】

2017年，陆埠镇实现工业总产值153亿元，同比增长10%，其中规模以上企业产值35亿元，同比增长16%。新增规上企业5家，亿元企业1家，入围市“350”企业梯度培育库企业10家。完成全社会固定资产投资10.8亿元，同比增长10.4%。完成财政收入3.7亿元，同比增长7.4%。农民人均纯收入2万元，同比增长12%。

年内完成五马小微企业集聚区一期建设，15家入驻企业均已建成或投产，累计出让工业用地约15公顷，实现产值7亿元。全年新增商贸服务企业223家，其中新增大型连锁超市1家，全镇完成商贸服务业投资1.7亿元。阳明温泉山庄积极开展“互联网+五星酒店”模式，网络营收占总营收的46%，占比全市酒店业最高。引进阿里巴巴跨境电子商务服务中心，为企业开拓“互联网+”营销模式搭建服务平台。新增省级林业重点龙头企业1家，“骆驼牌”珠茶远销欧盟十余个国家，“黄金甲”甲鱼畅销国内。整合提升化安山历史文化资源和阳明温泉山庄休闲度假资源，启动创建陆埠首个国家AAA级景区。

全年相继完成西岙大溪出口段治理，新潮浦、八尺浦、傅家等排涝设施改造，石笋村农民饮用水水源保障能力提升等工程，全力推进水利标准化建设、农业综合开发小流域等8个在建水利工程。推进农村土地承包经营权确权登记颁证工作，开展土地开发整治和造田造地工作，新增高标准基本农田约233.33公顷，完成第三次农业普查，启动地质灾害安置搬迁，完成4个地质灾害点的应急排险治理，承办余姚市突发性地质灾害应急预案演练。

北部新镇区和五马工业园区二期2个控详规划加快编制，东港区控详规划完成报批，老集镇区控详规划通过评审，启动并完成7个村庄规划编制。成功创建“无违建先进乡镇”，完成“三改一拆”15.8万平方米，其中拆除违章建筑15处6744平方米，卫片执法整改约2.4公顷。推动小城镇环境综合整治，制定25项整治方案，环境卫生、城镇秩序和乡容镇貌得到提升。相继完成甬梁线至支山寺、钟山北路至华家桥头、甬梁线至计家（禁河北路）等道路建设，完成陆埠大街沥青罩面、甬梁线路灯、交通信号灯、公交站点等道路配套工程，总投资1500万元的陆埠公交客运站动工建设。推进“五水共治”工作，12条劣Ⅴ类小微水体全部完成剿劣销号。实施河道、山塘水库清淤工程，累计清淤近20万立方米。5个行政村的生活污水治理项目建设基本完成，关停拆除养殖场22家，拆除面积15000余平方米。整治水源保护区内的24个环境隐患点。成功创建余姚市美丽村庄4个，兰山村获得第三批宁波市“最洁美村庄”入围奖，杜徐岙村获得第二批余姚市“最洁美”村庄十强，裘岙村获得第二批余姚市“最洁美”村庄入围奖。

开展“我们的节日”“一人一艺”艺术普及等系列主题活动，举办淳安·余姚两地文化走亲、余姚市“美丽乡村”村歌歌词集首发式等各类文艺演出25场。承办草茅庵重建四明主力武装70周年纪念活动。开展文明村镇创建，兰山村创建为浙江省文明村。结合省卫生镇复查迎检工作，开展环境卫生综合整治“百日攻坚”专项行动，改造公厕22个，维修垃圾中转站5个，增补各类垃圾箱105个，成功创建浙江省卫生村2个，宁波市卫生村1个。完成农村劳动力培训800余人，累计推荐就业2410人。新增AA级居家养老服务照料中心2个，建设总投资1200万元的陆埠镇老年人服务中心（残疾人托养中心）。劳动仲裁庭陆埠派出庭全年累计受理劳动仲裁案件15起，调解劳资纠纷42起。深入开展“雪亮工程”，累计安装视频监控点

196个，逐步实现村（居）监控视频系统全覆盖。

【市急救站陆埠急救点正式运行】

5月11日下午，市急救站陆埠急救点在陆埠中心卫生院举行揭牌仪式，正式开始运行。市卫生计生局局长陈亚南、副局长黄胜利，陆埠镇党委书记高权、副镇长谢霞波，市急救站站长邵彩静等出席仪式，黄胜利主持仪式。

【陆埠镇迎接省卫生镇复评】

10月13日上午，宁波市爱卫专家组成员对陆埠镇省卫生镇巩固工作进行复评。专家组成员分成7组，对镇容环境卫生、镇中村、镇乡结合部、环保、健康教育、社区单位卫生、病媒生物防治、传染病防治、食品与公共场所卫生、爱国卫生组织管理等方面进行实地察看，并检查省卫生镇复查的台账资料，针对台账中的有关数据等询问相关负责人。

【宁波群众登山大会在石门村举行】

12月10日，“体育彩票杯”2017宁波群众登山大会在陆埠镇石门村顺利举行，300多名登山爱好者参加此次活动。此次登山大会的比赛路线为7千米，位于石门村后的将军山古道，直通梨洲街道燕窝村，从石门出发到紫龙苗，再沿燕窝古道，经高爿到梁辉水库。

（陆埠镇）

梁弄镇

【概况】

2017年，梁弄镇实现农村经济总收入55.98亿元，同比增长8.32%。其中第一产业总收入2.10亿元，同比增长7.69%；第二产业总收入38.66亿元，同比增长7.24%；第三产业总收入15.22亿元，同比增长11.26%。第二产业中工业总产值32.05亿元，同比增长6.73%；建筑业产值6.61亿元，同比增长9.80%。财政一般预算收入1.68亿元，同比增长12.39%。农村居民人均可支配收入26350元，同比增长14.28%。

浙江四明山干部学院挂牌，第四届中国机器人峰会召开，全镇接待会议培训人员15万人次、营业收入1.65亿元，分别同比增长50%、65%。新增民宿9家，其中总投资7200万元的蝶来紫溪原舍正式营业，总投资1000万元的壹周·稻田里客栈接近开业。全镇接待游客120万人次，旅游收入2.01亿元，分别同比增长9.1%、16.9%。全年实到外资100万美元、内资7100万元。正蒙街口小型商业中心开工建设，总投资32亿元的山水绿活“时光小镇”和总投资10亿元的四明湖“心学小镇”等项目签约。完成小城镇环境综合整治行动规划、白水冲区块控制性规划、梁弄镇总体规划的编制及完善工作，启动梁弄镇历史文化名镇保护规划、镇西片区控制性详细规划编制。全年实施重点工程项目67个，完成固定资产投资6.8亿元，同比增长47.8%。打造浒溪线“百里风光带”，完成钱库岭3.8公顷花海建设。总投资2.9亿元的镇北滨水生态湿地工程开工建设。

完成全镇中小学校舍外立面改造提升和大岚中学撤并接收工作，全镇所有中小学都已通过省标准化学校验收。梁弄卫生院中医馆、发热门诊相继投入使用。全年安置地质灾害和下山移民79户。全镇社会养老和医疗保险覆盖率分别为93.5%和98%，全年开展各类技能培训855人次。举办第四届“火红梁弄”群众文化节、第四届全民运动会、“一人一艺”全民艺术普及等各类文化活动40余场。实施“红色梁弄”展览馆、非遗展馆、后陈村文化礼堂布展等项目建设，开展宁波市首批非遗特色小镇创建、“爱在梁弄”同心志愿服务等工作。年内全国首个红领巾电台——梁弄红色电台开播。梁弄镇通过全国文明镇复评，横坎头村创建为全国文明村，横路村创建为浙江省文明村。

【梁弄镇被正式命名为国家卫生镇】

7月14日，全国爱委会发布《关于命名2014—2016周期国家卫生县城（乡镇）的决定》，根据国家爱委会评审结果，梁弄镇被正式命名为国家卫生镇。

梁弄镇被评为国家卫生镇

【《中国影像志》摄制组走进梁弄镇】

5月17—18日，CCTV-10《中国影像志》摄制组走进梁弄镇，以梁弄大糕、浙东（四明山）抗日根据地旧址群景区、百果园以及五桂楼为拍摄内容开展为期两天的拍摄。

【市“一人一艺”云平台宣传推广活动举行】

7月10日，市“一人一艺”云平台宣传推广活动暨梁弄镇全民艺术普及工程启动仪式在梁弄镇横路村文化大舞台举行。此次活动共分6个议程。镇党委副书记唐飞琴致辞；市“一人一艺”全民艺术普及工程建设示范点（梁弄镇）授牌；梁弄镇“一人一艺”全民艺术普及工程建设顾问聘书颁发；梁弄镇“一人一艺”全民艺术普及指导员聘书颁发；市文广局党委委员、副局级干部严芸讲话；宁波市文化广电新闻出版局文艺处正处调研员邝菁琛宣布余姚市“一人一艺”云平台宣传推广活动暨梁弄镇全民艺术普及工程全面推进会正式开始。

（王志意）

牟山镇

【概况】

2017年，牟山镇实现工农业生产总值69.98亿元，同比增长8%。财政总收入2.96亿元，一般公共预算收入1.47亿元，分别同比增长1.1%和1.57%，农民人均纯收入27280元，同比增长10%。

全年新增规上企业4家，实现规模以上企业产值29.5亿元、销售收入26.3亿元、利润2.51亿元，分别增长9.19%、8.5%、1.5%。实现工业增加值6.1亿元，同比增长4.5%。全年实现固定资产投资项目22个，累计投资12.13亿元，同比增长17.6%，工业固定资产投入5.22亿元，同比增长27.2%。累计引进余姚市外资金2.02亿元，其中宁波市外1.83亿元，浙商创业创新引进项目资金1.5亿元，实到外资350万美元。累计投入科技经费5417万元，投入研究与试验发展（R&D）经费3834万元。实施机器换人项目8个，总投资9940.35万元。新增国家高新技术企业1家，宁波市创新型初创企业4家。低效用地再开发1.36公顷。淘汰燃煤锅炉13只，实现万元能耗增加值降低率5%。

全年实现农业总产值8.9亿元，同比增长8%。早晚稻种植面积1080.6公顷，良种覆盖率100%，保险投保率100%。编制完成《牟山镇圩区建设规划》，农机合作社五统一作业覆盖率达到90%以上，组织农技培训5次，受训人员231人次。减少村级债务180万元，化债率达到27%。全年累计接待游客近30万人次，实现旅游收入7500万元。全镇有牟山、魏家、新东吴、青港、狮山5个村开展土地确权工作，已全部完成政策意见出台、实地指界测绘、数据核对、上门核对及公示等相关工作。完成村级组织换届选举工作。

启动牟山湖新富片和湖山村竺山片模拟拆迁，签约率分别为100%和98%。璟月湾破产重整方案经债权人会议表决通过，于12月底与中瑞鼎峰正式签订重整协议。完成9条劣V类小微水体剿灭工作，实施河道清淤19条，完成河道两侧排污口排查整治，关停畜禽养殖场3家，拆除面积1280平方米。开展河道地笼网簖清理及反弹专项整治，共清理地笼网箱5000余只，投放各类鱼苗、蟹苗600余万尾，鱼种5000公斤。关停整治非法小熔炼企业7家，查扣废铝等原材料12吨。

魏家村、青港村完成“美丽村庄”创建，过五线完成“美丽公路”创建，庆昌镒万、蜗牛公司、派出所等3家单位完成“美丽单位”创建。新东吴村创建成为美丽乡村合格村，并入选第二批市“最洁美”村庄。完成省森林城镇、“基本无违建乡镇”和宁波市文明镇创建。制定《牟山镇小城镇环境综合整治三年行动计划》，共拆除违章建筑89281平方米。制定污水零直排区建设实施方案，投资180万元完成毛杜至青港污水总管工程和垃圾中转站至卫生院污水管工程。青港村、狮山村生活污水纳管工程分别完成总工程量的70%、81%，牟山村、新东吴村共448户通过验收。投资100余万元，完成肖西路（铜钱桥至市场）二期道路新建工程，投入150万元完成金牛中路、肖胡路、文体路和运河沿路的路灯亮化工程。完成滨江东路一期工程和滨江公园新建工程。

制定完善《牟山镇奖教奖学基金实施办法》，完成镇中食堂改扩建和镇校微格教室建设。镇中学有3名学生被余姚中学录取，2名学生上姚中书院录取分数线，普高上线率31.18%。举办第四届“姚西明珠•魅力牟山”文化节和全民运动会系列活动，举行文体活动30余次，累计参与群众达15000余人次。投入55万元，完成魏氏宅院修缮工程。本市户籍人口养老保险参保率达93.5%，城乡居民基本医疗保险参保率达98%，成功调解劳动争议纠纷20起，涉及总金额232万元。发放低保、医疗、助学救助资金总计606万元，改造农村危旧房34户，发放补助资金25万元。狮山村成功创建AAA级居家养老服务照料中心。新东吴村国家级减灾示范村创建通过宁波市、余姚市两级验收。

全年共调解镇村各类矛盾纠纷96起，调处率100%，受理群众信访133件，办结率100%。开展出租房屋安全隐患排查、物流行业整治10余次。受理各类报警1201起，受理案件171起。刑事立案58起，同比下降30%。对200家企业排查整治各类安全隐患112条，实施安全生产社会化服务企业28家，投资35.9万元新增临水临桥安全护栏2273米，投资10余万元在滨湖新城安装电瓶车智能充电桩115只，投资20万元在全镇学校、老年服务中心及文体中心安装智慧用电设备，推广安装出租房屋烟雾警报器1700只，组织开展各类安全演练6次。组建成立镇综合信息指挥室和滨湖新城综合管理服务站，开展党组织与“一张网”联建，成立网格议事委员会。

【党组织与“一张网”联建开展】

6月初，牟山镇结合“一张网”建设，将全镇7个村党总支下属支部划分为39个网格，并以此为单位成立前哨支部，由1名村干部既担任网格长，又担任网格党支部书记。各支部设有委员3～5人，负责该网格的党务工作和日常社会事务。同时，成立网格议事委员会，由村干部兼任网格议事委员会主任，成员由骨干党员、村民代表、村民小组长、优秀流动从业人员等人员组成，以村老年活动室、文化活动中心等公共服务场所为阵地，每月开展党员活动、网格议事、矛盾化解等活动。

【滨湖新城综合管理服务站成立】

3月38日，牟山镇滨湖新城综合管理服务站正式成立，设一名站长和两名副站长。服务站4月开始运行，以服务群众为核心，帮助群众适应社区生活为目的，工作涉及基础信息档案的整理、环境卫生的督促、矛盾纠纷的调处、宣传氛围的营造。滨湖新城一、二期主要为牟山湖村和湖山村两个行政村拆迁安置房，截至年末共1000余套已入住320余户。

（牟山镇）

丈亭镇

【概况】

2017年，丈亭镇实现工农业总产值150.17亿元，其中工业总产值145.9亿元，农业总产值4.27亿元。公共财政预算收入4.31亿元，农民人均纯收入24489元。全年规模以上工业企业完成产值、销售收入、利润分别为38.1亿元、35.9亿元、1.9

亿元，同比增长18.4%、17.8%、41%。规模以上商贸服务业实现销售2.53亿元，增长9.5%。新增商贸企业投资额1.45亿元，增长10%。全年固定资产投资15.2亿元，同比增长10.14%。其中工业投资11.1亿元，同比增长14.4%。全年实到外资1475万美元，完成市指标的122.9%；宁波市外实到内资2.17亿元，完成市指标的135.6%；余姚市外实到内资2.37亿元，完成市指标的131.6%。

全年共投资6500余万元，实施姚江堤防加固工程，一期工程完工，二期工程于9月启动。投资4650万元完成潺子浦、马家浦、朱家浦三条浦塘加固工程。投资1200万元新建、改建20余座小型排涝泵站，完成2座大型排涝站的新建工程。完成总投资约600万元、总面积293.33公顷的宁波市农业综合开发粮食生产功能区高标准农田提升项目，启动总面积约206.67公顷的高标准农田提升项目以及总面积33.33公顷的粮食生产功能区余姚市级补建工程项目。推进农村承包土地确权工作。培育优质杨梅旅游观光点，推出15家杨梅农家乐观光园和30家杨梅休闲观光点，举办第31届“三江之声”杨梅文化旅游系列活动。

年内进一步优化城镇规划，补齐小城镇建设“短板”。做好省重点工程陆胜线的政策处理和前期准备工作，完成S319省道连接线工程路基填铺工作。实施“零土地”策略，盘活存量土地和闲置厂房。投入近8000万元推进截污纳管工程，推进农村生活污水处理和“一户一表”改造工程，惠及村民7000余户。完成老甬余线道路、大风车至汇头东岙道路、61省道至东溪线道路、集镇区主要道路修复工程。投入140万元实施朱家浦桥新建工程。加强集镇区路灯、绿化、立交、下水道等市政工程的日常养护工作。投资1000多万元开展全镇镇域范围内环境卫生的社会化服务。凤东、寺前王、龙丰等村成功创建市美丽村庄。

全镇养老、工伤、失业、医疗、生育五大保险人数分别达到12489人、10663人、9667人、11431人和9347人。投资340万元，完成第一幼儿园（公立）的整体改造工程；投资250万元，完成镇中心小学食堂改造提升工程；镇中学子被市级重点中学录取12人，姚中书院入取8人。完成省卫生镇复查考核工作，推进环卫所二期工程。举办第十一届“和谐三江”文艺汇演，组织开展“阳光文化直通车”活动。全年各类案件登记145件，发案率同比下降34.7%，无各类重大安全责任事故发生。

【宁波首个移动式110千伏变电站在丈亭镇投运】

7月10日，宁波首个移动式110千伏变电站——110千伏丈亭临变在余姚成功投运。110千伏丈亭临变是一座新型车载式移动变电站，该变电站主机容量为40000千伏安，由主变及110千伏设备、主控室及10千伏设备等组成，分别集成在两个平板车上。移动变电站具有运输方便、安装拆卸灵活、工程造价低、可以重复利用等诸多优势。传统变电站从规划施工到最后调试投运至少一年半到两年时间，而该变电站仅历时两个月时间即投运完成。

（李玉胜）

三七市镇

【概况】

2017年，三七市镇实现工农业总产值90.28亿元，增长13.9%。其中工业总产值79.85亿元，增长16%；农业总产值10.43亿元，增长5%。全年财政总收入2.63亿元，其中一般公共预算收入1.04亿元，分别增长20.96%和14.83%。农村居民人均纯收入30800元，增长13%。全年完成固定资产投资9.7亿元，增长27.6%，其中工业投资8.3亿元，增长6.7%。全镇实到外资270万美元，内资1.97亿元，引进浙商创业创新资金1.6亿元。

全镇规模以上企业实现总产值24亿元，销售收入23亿元，利润1.3亿元，分别同比增长20%、23%和88%。规上企业新产品产值6.94亿元，增长78.29%。新认定市级工程中心1家、创新型初创企业4家。完成机器换人重点项目11个，减员63%，实现新兴产业产值2.87亿元，增长22.78%。传统企业完成研究和试验发展经费投入8900万元，增长12%，新增发明专利申请29件。“千人计划”产业园和智能机器人小镇完成土地征用“清零”任务，推进房屋拆迁工作，园区道路绿化、浦塘整治、塘渣填筑等基础工程按时依序完成。

全年完成粮食功能区高标准农田建设533.33公顷，完成总投资250万元的农田灾毁修复工程。完成第三次全国农业普查，农村土地承包经营权确权登记颁证工作已完成9106户农户，共计1660余公顷土地的数据核实。新增市农产品质量安全追溯体系生产主体2家，“醉金红”茶叶获宁波市第三届红茶评比金奖。农业政策性保险、规模种植补贴范围扩大。在姚东片率先搭建“三位一体”农民合作经济组织实体化运作平台。

实现社会消费品零售额6.9亿元，增长14.8%。实现自营出口总额7.7亿元，增长41.5%。引进发展姚东跨境电商服务中心，服务姚东片区800多家企业，加强重点企业互联网经济建设，互联网经济总量增长16%。新建改造3条游步道，悠悠农场申报宁波市专项休闲旅游基地，成功举办第十八届杨梅旅游节，全镇旅游实施品牌化运营模式。

完成3个村的村庄规划编制，集镇低洼地段

三七市镇俯瞰图

不断改造，新建主要道路红绿灯1处，新建农村网络公路2300米，掌二线创建为市“美丽公路”。姚东村创建为宁波市“美丽乡村”合格村，姚东村、大霖山村创建为市“美丽村庄”，321个庭院创建为市“美丽庭院”。关停姚东砖瓦厂，拆除高污染燃料锅炉20台。

全面开展水利工程建设，总投资420万元的堤防加固、山塘整治等工程推进，总投资130万元的大池墩水库、相岙水库、西川岙山塘的标准化创建基本完成，自来水“一户一表”改造完成5个村，铺设镇级自来水总管2.5千米；推进“污水零直排”区创建，实施镇污水主干管网和农村生活污水治理，完成企事业单位污水纳管12家，清淤河道41条共21万立方米，10条劣V类小微水体全部销号。拆除违建面积10.06万平方米，成功创建为宁波市“基本无违建乡镇”。

完成投资450万元的镇中心幼儿园二六市分园新建工程和投资300万元的全镇中小学教学多媒体等教育设施设备提升工程。重点中学录取率居全市农村初中前列。举办第十八届“姚东之音”系列文体活动，开展农村“文化礼堂”和陈氏故居修缮。在全市率先创建成为基层中医药先进单位，顺利通过国家级“群众满意乡镇卫生院”考核。

新增城镇就业人员896人，城镇登记失业率为2.5%。本镇户籍人口社会养老保险参保率达93.5%，办理城乡居民基本医疗保险参保15084人，完成被征地人员养老保险转保538人。发放各类救助金221.1万元，帮扶各类困难家庭1006户。发展慈善帮扶事业和“邻里守望”居家养老模式，相岙村居家养老服务照料中心创建为市AA级照料中心。

“一张网”体系基本成型，推进治安重点区域整治，全镇各类案件数下降14.9%。成立以法律顾问坐堂制为主的“和为贵”调解工作室，创建为市级四星级普法工作室，矛盾纠纷化解率达100%。石步村创建为宁波市级民主法治示范村。

创设“中层讲堂”，调整完成镇内设机构和下属事业单位设置，完成村（居）组织换届。梳理和公开“最多跑一次”或“零上门”办事事项125项，正式启用“一窗受理、集成服务”窗口。

【“和为贵”调解工作室成立】

6月初，三七市镇启用“和为贵”调解工作室，在全市调解组织中首次引入法律顾问坐堂制，共调解矛盾纠纷16起，成功率达100%，创建为市级四星级普法工作室。同时，组建“和为贵”志愿者服务队，进村入企提供免费的法律咨询和法治宣传。2017年，举办大型广场普法活动5场，40家重点企业和13个村（居）走访实现全覆盖。

【“37° 爱”党员志愿服务队伍建立】

11月8日，三七市镇举行第十八届“姚东之音”广场文艺汇演暨党员志愿服务行动启动仪式，正式建立“37° 爱”党员志愿服务队伍。在村（居）、机关、“两新”组织之中建立了15个服务点和9支专业志愿服务队，并利用“微心愿”“私人订制”等无线微平台，把党员志愿服务更快、更便捷地送到群众家门口。

（孙菁菁）

河姆渡镇

【概况】

2017年，河姆渡镇实现地区生产总值81.63亿元，同比增长8.2%。实现规模以上工业产值24.44亿元、销售收入23.15亿元、利润2.04亿元，分别同比增长27.56%、29.37%和26%。实现规上工业增加值4.65亿元，同比增长13%。实现财政总收入2.89亿元，同比增长21.07%。实现固定资产投资7.49亿元，同比增长6.5%。农民人均收入29645元，同比增长10%。

全年完成实到内资2.21亿元，外资230万美元。启动500万元以上工业项目14个，完成投资5.8亿元，增长8.14%。省级重点项目宁波韵达电商服务产业园（一期）推进顺利，宁波市级重点项目东奇管业有限公司年产1500万件塑料制品生产项目土建即将完成。消化“批而未供”土地5宗11.67公顷，盘活不锈钢企业和兴公司等12家企业的闲置厂房8万多平方米。宇华公司入选余姚“单项冠军”培育企业。实现技改投入5.8亿元，实施“机器换人”项目6个，新增创新型初创企业4家，申报发明专利15件，授权发明专利10件。全年互联网经济总量达1.51亿元，同比增长45%。

完成高标准农田建设约370公顷和芦山寺粮食功能区建设54.4公顷，继续推广种植“余茭4号”66.67公顷，试点推广茭白种植新技术26.67公顷。实施车厩溪整治、姚（慈）江迎水坡加固工程，完成7座山塘水库标准化创建。茭白田甲鱼产销一体化创新提升工程启动，水禽旱养、茭白草饲养蚯蚓等生态种养模式取得新突破。土地确权工作完成第一轮公示，并通过省第三方测绘质量专项验收。

南部区域规划方案基本完成。“古越寻踪”项目相关工程完成，车袁线车厩市场段立面改造一期总体进展顺利。车厩岙系列开发项目进行多轮洽谈和深入对接。完成镇总规、集镇控规、罗江工业园区规划的报批。加快新集镇基础设施建设，车厩大道北接线、寺慈线三期维修、镇垃圾中转站提升改建、车厩大道地下管线及自来水管道铺设等工程完成，集镇区域塘渣填筑工程推进。完成车厩等7个村的村庄规划报批，全镇9个村均完成村庄规划报批工作，浪墅桥古村落保护规划完成评审。

制定小城镇环境综合整治规划方案，推进集镇区域“线乱拉”整治和道路两侧改造提升设计。推行全域市场化环卫保洁模式，出台全镇农村环境卫生长效保洁管理实施办法，建立健全“全域保洁、水陆一体；服务外包，扫管分离；二级筹资，二级考核”的长效保洁监督管理机制。不断深化“三改一拆”工作，扎实推进“两路两侧”“四边三化”专项整治，落实“路长制”。全年拆除违章建筑8.82万平方米、清理广告牌及横幅293幅。

各村农村生活污水管网建设、自来水一户一表改造等工程项目推进，罗江、东澄2个村完成管网铺设。实施河道清淤16千米、6.7万立方米。完成禁、限养区违规养殖场拆除搬迁和存栏50头以上养猪场的废水无害化处理。翁方村入选浙江省最美乡村特色精品村、江中村入选余姚市“最洁美村庄”，新增翁方、江中2个省级卫生村，芦山寺、小泾浦、车厩3个市级“美丽村庄”和泾河线“美丽公路”。

全年累计培训农村劳动力120人次，开发公益性岗位9个。本市户籍养老保险参保率达93%。实施失地农民补助223人，共计资金133.8万元，办理被征地人员转基本养老保险328人，上缴基金3066.4万元。累计参加城乡居保4624人。全年累计发放各类救助资金650余万元。

总投资1000万元的镇中教学楼拆建工程完成建设并投入使用。镇中、镇校足球，车厩小学武术，罗江小学农民画等特色校园文化日渐成熟。家庭医生契约式服务推进，重点人群签约率和续签率居全市前列。镇卫生院创建为“全国基层中医药先进单位”。

全年共调处矛盾纠纷167起，调处成功率为100%。全年全镇无重大安全责任事故发生，刑事案件和治安案件发案率下降。推进“一中心四平台全网格”基层治理体系，在全市率先组建全科综合网格员队伍，全年共走访巡查8.1万人次，受理上报事件684件，办结率100%。

年内入选省“书香城镇”，镇文体中心完成装修并对外开放，启动河姆渡镇志编纂工作。“书香河姆渡”全民读书节和“古韵河姆渡”乡土文化节等区域特色文化品牌常办常新。全年开展各类文艺活动20余次，镇农民舞蹈队获余姚市第二届舞蹈大赛精英奖。翁方村通过省文明村复评。

河姆渡镇小城镇环境综合整治设计评审会召开

年内完成村级组织换届选举，选出新一届村级党组织成员33人、村委会成员31人，其中交叉兼职12人；村股份经济合作社董事会成员27人、村务监督委员会（监事会）成员32人。9个行政村的党组织书记全部当选为村股份经济合作社董事长，负责纪检工作的村党组织委员当选为村监事会主任。以翁方村为试点推进“党建+”引领工程，建成翁方村党建展厅。

【河姆渡镇公共文化服务中心落成】

10月13日晚上，河姆渡镇举行镇公共文化服务中心落成典礼暨第六届“古韵河姆渡”乡土文化节开幕式。投资3000多万元的河姆渡镇公共文化服务中心占地面积0.67公顷，建筑面积达6300平方米，设有影剧院、图书馆、阅览室、排练厅、培训室、书画室、陈列室、健身房、灯光球场、足球场、羽毛球场、会议室等。此次乡土文化节以“共建文化名镇、同享品质生活”为主题，历时3个月，活动内容包括：河姆渡镇第三届“美丽庭院”示范户评选、“声动河姆渡”全民好声音才艺大赛、“舌尖上的河姆渡”古渡茭白菜肴比赛、“新大杯”篮球邀请赛等活动。开幕式上，20户“美丽庭院”示范户接受表彰。

【“古越寻踪”行登山大会举行】

5月13日，由镇党委、政府，市文广局（旅游局）主办的“古越寻踪”行登山大会在河姆渡镇举行，共有约500人参加。步道从野岭古道到虹岭古道，全长12千米。“古越寻踪”特色旅游项目总占地面积300公顷，建筑面积2.4万平方米，其中一期工程总投资300万元，以古道修复及景区入口停车场等配套设施的建设为主，基本竣工；二期工程投资250万元，以景区入口立面改造为主，已完成规划设计；三期将引入社会资本参与建设，主要包括车厩高速立交道口至青龙山的道路拓宽，以及古道、溪道、沿溪景观的改造提升等。

（李秀君）

小曹娥镇

【概况】

2017年，小曹娥镇实现工农业总产值167.85亿元，同比增长7.9%（按原统计口径）。其中农业总产值7.55亿元，工业总产值160.3亿元，分别同比增长5.8%、7.2%。财政总收入3.9亿元，其中一般公共预算收入2.02亿元，分别同比增长41.4%和34.9%。农民人均收入2.9万元，同比增长13%。

全年销售各类农产品1.15万吨，销售额5400余万元。全镇11家榨菜企业收购鲜榨菜5.49万吨，同比增长7.7%。完成总投资1650万元的2016年小型农田水利重点县小曹娥镇建设项目和投资222万元的标准农田质量提升（地力提升）工程。推进省级森林城镇创建，建成投用农合联综合服务平台。开展农村土地承包经营权确权登记颁证工作，完成第二轮公示。完成第三次农业普查。

全镇39家规上企业实现产值、销售收入、利润分别为103.2亿元、102.5亿元和3.4亿元，分别同比增长21%、24%和15%。规上工业增加值13.3亿元，同比增长7.2%（按市统计口径调整）。规上工业企业实现高新技术产值25.5亿元，新产品产值39.3亿元，科技经费投入1.27亿元。申请专利166件，万元工业增加值能耗下降3%。战略性新兴产业产值41.2亿元，同比增长15.5%。实施固定资产投资项目46个，完成投资15.6亿元，同比增长9.8%。其中工业投资项目20个，投资11亿元，同比增长10%。实到外资305万美元，宁波市外内资1.77亿元，浙商创业创新实到资金8682万元。

镇域总体规划通过市政府批复，控制性详细规划通过市级评审，集镇新区核心区城市设计方案取得一致意见，完成核心区块招拍挂工作。年内完成总投资1200万元的建民至曹一公路工程，完成投资90余万元的329复线至建民北路修复工程和投资30余万元的北园区市场停车位改造工程。完成投资200万元的杨家路江绿化提升工程、投资180万元的南食品园区绿化提升工程和投资35万元的园旺路绿化提升工程。

全年拆除违章建筑面积5.42万平方米，完成市下达目标的111.5%，通过宁波市“基本无违建乡镇”创建考核验收。推进总投资2000万元的6公顷农村宅基地整治项目，完成6家企业低效用地再开发的协议签订，完成镇卫生院、村文化礼堂、一号公路（二期）等土地指标红线划定。调整充实全镇76条镇村河道的“河长”，完成河道清淤5万立方米，关停拆除养殖场面积2.5万平方米，设立排水口标识牌3962个。14个劣Ⅴ类小微水体实现余姚级销号，五塘横江、四塘横江2个县控劣Ⅴ类断面实现宁波级销号，全域剿劣工作分别通过宁波级和省级验收。

全年投入450万元完善农村环境卫生长效机制，新建朗海村、建民村垃圾中转站，投资145万元开展垃圾压缩站改建工作，实施“集约式”水岸一体化河道保洁模式，投入50万元实现全镇46千米镇级河道保洁服务外包。6个行政村通过省卫生村复审，镇中心小学成功创建浙江省卫生先进单位。启动总投资1.3亿元的街区改造工程等15个项目，完成投资1720万元的镇农贸市场提升工程和乡横江、乐山公园改造工程等8个项目。全面实施总投资3500万元的人和村、曹一村、滨海村3个村生活污水治理工程，启动总投资766万元的镇区（中心）生活污水生态化治理工程，实施总投资200万元的南食品园区道路及污水管道工程。

年内，投资1200万元的镇中全面改造提升（一期）工程完工。实施素质教育三年提升计划，开展“百名名师进曹娥”活动，推进“青年教师培养工程”。实施名医进镇坐诊行动，落实契约式家庭医生制服务。开通泗门至小曹娥103公交路线。开展“传承孝道·德润曹娥”活动。

全镇本市户籍医疗保险参保率98%，养老保险参保率93.5%。受理调处各类劳资纠纷42起，工伤认定26起。投入1600万元实施民生关爱“六助”工程。全年受理纠纷230件，调处成功215件，成功率93.5%；受理信访210件，办结率100%。治安案件与刑事案件发案率同比分别下降21.5%和17.8%。办理镇村两级工程项目报送审计51件，送审额5323万元，核减工程款213万元。

【朝阳榨菜厂通过美国FDA现场检查】

4月，小曹娥镇朝阳榨菜厂通过美国FDA（美国食品和药物管理局）现场检查，成为全市首家通过FDA检查的榨菜企业，取得通往北美市场的通行证。朝阳榨菜厂是市级农业龙头企业，专业从事以榨菜为主，萝卜、雪菜、辣椒为辅的农产品加工，年生产能力3000多吨。

【土布制作技艺亮相第六届中国成都国际非物质文化遗产节】

6月10日至18日，国家级非物质文化遗产项目余姚土布制作技艺应邀参加第六届中国成都国际非物质文化遗产节“中国传统工艺传承新生代艺人竞技与作品展”活动。小曹娥镇土布制作技艺爱好者和关注者张玲君代表新生代艺人参加现场技艺竞技活动和作品展（线上线下）两个环节。

小曹娥镇土布制作技艺亮相第六届中国成都国际非物质文化遗产节

（小曹娥镇）

临山镇

【概况】

2017年，临山镇实现地区生产总值166.1亿元，同比增长2.9%。其中工业产值125亿元，同比增长2.5%。规模以上企业完成产值41.8亿元。农业产值13.8亿元，同比增长7%。第三产业产值27.3亿元，同比增长3%。实现固定资产投资21.3亿元，其中工业总投资12.8亿元，同比增长27.5%。全镇实现财政总收入3.76亿元，同比增长4.7%，一般公共预算收入1.99亿元，同比增长12.4%。

引进工业项目6个，分别是艾嘉汽车零部件、世亚科技智能办公用品、群鑫车灯、恩迪卫浴、伟捷环保和凯克电子，总投资超过2亿元，艾嘉汽车和世亚科技购置工业用地近2.67公顷。“三号水库”地块招商已累计投入资金2000余万元，基本完成“三通一平”（建设项目在正式施工以前，施工现场应达到水通、电通、道路通和场地平整等条件）工作。宁波市级的小微企业集聚区建设全面启动。波恩电源、成功文具等6家公司通过市经信局“机器换人”项目验收。

总投资1000万元的临山公交车站建设工程、总投资150余万元的交通信号灯新建工程相继完工。完成总投资165万元的临牟公路绿化整治工程和总投资200万元的329国道绿化提升工程。推进500千伏明州至江滨输电线路市级攻坚项目。总投资200万元的七四丘道路大修工程、总投资30万元的站前路新建工程和总投资100万元的环保工业功能区道路西延工程相继完工，新增农村网络公路3.2千米。刺绕湾一期工程基本完工，投资1600万元的现代农业先导区基础设施建设项目已竣工验收，湖堤泵站改造工程基本完成。临山、湖堤两村的土地治理项目全部完成并通过验收。临浦二桥拆建工程基本完工。农合联展示大厅建设项目完工投用，国先榨菜厂房新建工程（一期）已竣工并投入使用。推进全镇土地确权颁证、畜禽整治等各项工作。

环卫站10吨级压缩机新建工程顺利实施并投入使用。全年累计投入到城乡环境事业的资金达1000余万元。全镇疏浚河道超过10万立方米。累计投入资金510余万元的北区排海工程二期、北区电镀行业废水纳管、东区污水主管建设三大污水管网工程完工，完成20家企业污水纳管的考核指标。湖堤村完成农村生活污水项目建设。投入120万元建造榨菜污水中转暂存池，解决榨菜污水排放难题。投入专项资金用于泵站等设施建设。全面完成镇域内剿灭劣Ⅴ类水工作，并通过省级验收。

湖堤小学外墙改造工程、暑假校安工程、镇小运动场馆提质项目先后建成投用，中心幼儿园迁建工程已做好进场准备，镇中、二中完成体制性合并。契约式家庭医生继续铺开，群众的健康体检数和建档率稳中有升。低生育水平保持稳定，性别比数据位列全市前茅。镇级红十字会顺利换届。

开启“一窗受理、集成服务”的经办服务新模式，办理城乡居保参保缴费共计3378人，城乡居保参保率已达94.3%。开展农民技能培训3个班次，共计170人。全年累计发放各类救助资金1162.6万元，帮扶各类弱势群体2605人，帮助困难对象改造维修危旧房屋12户。全年共受理各类信访案件277件，全部得到妥善处理，没有发生一起越级上访和集体上访。调解矛盾纠纷35起，调处成功率100%。全年，网格长共开展走访4000余次，巡查对象10万余个，上报各类事件2350件，维护基础数据7.6万余条，有效解决群众困难和问题56个。累计检查各类企业、单位549家次，查出隐患747个，整改率100%。出台《临山镇违法建筑网格化巡查工作制度》，成立“防违控违综合管理系统”，全年完成拆违面积75114平方米，提前完成全年任务。下半年通过“无违建创建先进乡镇”验收。

组织开展戏曲大联欢、“迎国庆”专场文艺演出、文化走亲等一系列惠民活动。修缮邵家老宅，推进《临山镇志》资料搜集，整理出版《记忆和守望中的临山庵庙》。推出“江南葡萄沟”特色农业精品线路。

完成镇内设机构的改革和中层干部集中调整和选聘，选拔37名干部担任中层岗位。完成村级组织换届工作。推行差异化岗位责任制考核，引入镇、村、群众三级评议制度，采取“先训后辞”的方法，3名村干部因无法胜任目前岗位，主动请辞。推行“饭后”“网上”“专业”三大课堂，开展“一十百千”（“如何做一名合格党员”的演讲比赛，“十名党员旗帜十个故事”活动，“百名书记讲党课”行动，“千名党员进考场”活动）学习活动，建设邵家丘村党史馆、临海村家园馆、临牟公路党建阵地。开展“我是党员我示范”系列行动，启动临山“卫城•先锋”党员志愿服务行动，召集“河小二”“平安卫士”等7支志愿分队，共1000余人。全年推进9个志愿服务项目，出动党员志愿者1300余人次。出台《临山镇党风廉政建设和反腐败工作责任分工》相关文件，累计开展正风肃纪专项行动9次。共参与监督招投标活动25次，参与工程竣工验收（复验）28次；共审计镇村工程项目34个，净核减资金351万元。立案查处党员违法违纪案件4起，其中开除党籍1人，党内警告2人。

【临山镇成功创建省特色农业强镇和省美丽乡村示范乡镇】

12月，省粮食安全和推进农业现代化工作协调小组农业“两区”办公室正式发文，授予临山镇“浙江省特色农业强镇”称号。临山镇依托省级现代农业先导区的资源优势、以葡萄为亮点的产业基础优势，以及千年临山卫的历史文化优势，开展特色农业强镇创建工作。2017年，临山镇累计投入资金2370万元，实施葡萄种植基地基础设施建设、葡萄生产示范区休闲观光设施建设、葡萄物流集散中心及电商运营项目、江南葡萄沟农业精品线景观打造、刺绕湾休闲景观带建设、甬丰现代农业综合服务中心提升项目等重点工程。临山镇已形成四大葡萄种植区块，葡萄种植面积达766.67公顷，拥有近100个国内外名优品种，全年葡萄产量达3万吨，年产值2.5亿元。连续举办12届余姚临山葡萄节，每年吸引游客10万人次以上，带动三产收入超亿元。在2017年第三届中国果业品牌大会上，“味香园”葡萄品牌入选“2017中国果品区域公用品牌价值榜”，“余姚葡萄”品牌价值达8.01亿元。同月，2017年度浙江省美丽乡村示范乡镇和特色精品村名单揭晓，临山镇入选浙江省美丽乡村示范乡镇。

【黄宝康获评全国农业劳动模范】

12月28日，被评为全国农业劳动模范的临山镇邵家丘村党总支书记黄宝康在北京受到党和国家领导人的接见。12月29日，黄宝康接受表彰，并列席中央农村工作会议。2004年10月开始，黄宝康任邵家丘村党总支书记，先后获得“感动余姚新闻人物”、余姚市“三十佳”村书记、“最美宁波人”“浙江好人”、浙江省美丽村庄建设突出贡献奖、浙江省千名好书记等荣誉称号，还当选宁波市劳动模范、宁波市党代表、浙江省人大代表。

【味香园葡萄专业合作社获评全国农村优秀学习型组织】

11月，由中国成人教育协会农村成人教育专业委员会、教育部社区教育研究培训中心面向全国农村基层开展的第四批全国农村优秀学习型组织创建评选结果出炉，临山镇味香园葡萄专业合作社被授予学习型家庭农场（专业合作社）称号。

临山镇味香园葡萄专业合作社

（临山镇）

黄家埠镇

【概况】

2017年，黄家埠镇实现社会总产值213亿元，同比增长7%，其中工业总产值188亿元，同比增长8%，农业总产值9.4亿元，第三产业总产值15.2亿元，分别同比增长8%和10%。实现财政总收入3.03亿元，其中一般公共预算收入1.61亿元。农民人均纯收入达到29850元，同比增长12.2%。

全镇全年完成规上工业产值、销售收入、利润分别是59.5亿元、55.8亿元、2.4亿元，分别同比增长8.2%、10.1%、9.1%。其中，休闲用品、电子能源、汽配五金三大新兴产业产值之和占工业总产值的比重为60%左右。培育优质中小企业10家，4家企业成功升规，新增初创型企业1家。在首届世界姚商大会上，浙江通迪有限公司与四川三洲核能重组项目顺利签约。

编制完成黄家埠镇小城镇环境综合整治规划并通过审批，6个村庄规划编制工作基本完成，各个工程项目如期推进。启动投资1000万元的镇公交首末站项目，完成项目申请、土地报批、平立面图布置等工作。做好329复线与国道、国道与高兰公路、国道与抢险公路平交口聚化改造设计，以及国道集镇段、高兰公路、黄家埠新街等路段两侧立面整治项目。在“三纵两横”路网基础上，进一步完善集镇路网结构，重点推进回阳公路路面大修工程，公路全长2100米，路基宽度15米，投资1000万元。此外，全力推进省级重点工程500千伏明江—滨州输电线路工程。

年内编制完成省卫生镇创建方案，建设完成五星市场和环卫中转站升级改造、健康公园建设、公厕修缮、环卫设备更换等项目，黄家埠村农贸市场主体工程稳步推进。投入资金760万元完成新一轮镇环境卫生市场化保洁承包续签工作。坚持环卫保洁长效管理机制，制定出台农村环境卫生长效管理办法，完善网络化监管模式，强化考核管理机制，执行镇一村、村一保洁公司两级月度考核制度。

黄家埠镇编制完成劣V类水剿灭行动方案，实施四大治理工程：一是推进截污纳管工程；二是推进河道保洁工程；三是推进产业整治工程；四是推进生态修复工程。

【省老年体育特色创新项目——兜球推出】

黄家埠镇首创新型老年体育健身项目——兜球，被授予“浙江省老年体育特色创新项目”，被浙江省老年人体育协会授予“浙江省老年体育特色项目兜球之乡”，并获得多项国家级专利。2017年，兜球又被列为浙江省老年人运动项目和浙江省全运会比赛项目。同时，组建完成“余姚市梦麟老年人兜球俱乐部”和“余姚梦麟（黄家埠）兜球队”，组织球队成员赴金华、杭州、义乌、仙居等地作好推介工作，并多次接待其他县市老体协领导和兜球爱好者到黄家埠镇考察学习兜球项目。10月，组织干部赴贵阳，在全国老年人运动会闭幕式上做兜球推介工作。

黄家埠镇组建成立梦麟兜球队

【五车堰村入选浙江第一批传统村落】

9月，省住房和城乡建设厅发布《浙江省第一批省级传统村落公示名单》，全省634个村庄为省级第一批传统村落，黄家埠镇五车堰村作为全市唯一一个传统村落入选。五车堰村传统资源丰富，村庄总体格局保持传统特色，传统建筑风貌较为完整，拥有余姚市非物质文化遗产项目——锡器制作。完整保留了萧氏老宅、胡氏老宅、沈氏老宅等大量具有姚西北特色的院落。其中位于东横街40～45号的胡家大院，为清末民国建筑，占地面积1292平方米。位于五车堰村胡家弄64号的胡氏老宅现已成为市级文保单位，占地面积316.8平方米，是姚西北地区民国时期传统民居代表之一。

【黄家埠镇成功创建省级卫生乡镇】

12月，黄家埠镇成功创建省级卫生乡镇。具体实施“一二三四”创卫计划，即确定一张实施方案，制定两张责任清单，实施三项整治提升工程，明确分四阶段开展。累计投资1200万元抓好集镇基础设施建设，完成集镇农贸市场改造，商业街立面整治、环卫中转站升级、环卫设备更新、健康公园建设、镇村公厕修缮等项目。投资760万元深化镇村一体、水陆一体的全域化环卫保洁市场化机制，优化“机扫、人扫、冲洗”三位一体保洁模式。采用运动式执法和常态化监管相结合模式，对重点区域定期开展联合执法，集中整治“六乱”现象。联合镇农办、宣统办、妇联开展美丽庭院创建评比活动，评选全镇百户美丽庭院精品示范户。开展全民健康素养宣传促进行动，制作健康教育音像资料15种，播放166次，举办公共健康咨询9次、健康讲座32次，培训1732人次。

（黄家埠镇）

大隐镇

【概况】

2017年，大隐镇实现工农业总产值25.07亿元，增长10.2%。农民人均纯收入21870元，增长7.02%。完成财政总收入1.34亿元，增长14.5%。其中公共财政预算收入5072万元，增长9.9%。实现工业总产值18.3亿元，增长11.2%。其中规模以上工业企业产值7.8亿元、销售收入7.7亿元、利润5418万元。实现农业总产值1.34亿元，增长3%。第三产业产值5.43亿元，增长20%。全社会固定资产投资1.8亿元，增长20%。其中工业投资6300万元，基础设施投资1800万元。实到内资

2100万元，实到外资100万美元，完成浙商创业创新资金2100万元。全年增加值能耗下降12.6%，增加值电耗下降12.1%。旅游人数增加10%，旅游总收入4950万元，增加15%。

完成《大隐镇小城镇环境综合整治规划》编制，完成滨溪北路Ⅱ期建设、上大线水厂段绿化提升、原大会堂地块改造、农村污水及自来水一户一表改造Ⅰ期工程。全镇铺设污水总管4千米，完成污水纳管600余户。实施生态环境综合整治工程，推进畜禽养殖场专项整治，全年拆除关停畜禽养殖场6家，拆除面积14300平方米。完成隐溪河下游及庙前河清淤工程，完成195个市、镇、村三级河道排水、排污口检查和上牌。完成工业功能区26家企业、2家餐饮单位的截污纳管，完成15家石料加工行业环保专项整治，实现废水自行处理及循环使用。开展双溪口水库饮用水水源保护，完成中幼林抚育30余公顷。全年拆除各类违建面积25780平方米，成功创建为宁波市“无违建乡镇”。

户籍人口中养老保险参保3416人，医疗保险3592人，失业保险2645人，生育保险2585人，工伤保险3084人，累计参加城乡居民社会养老保险1718人，累计参加被征地人员养老保障3058人。实施“全民创业、乐业增收”计划，完成劳动技能培训211人，推荐就业150人，发放城乡失业人员一次性生活补助37人次。完成劳动保障监察单位202家，调处劳动纠纷27件，涉及金额48万余元。上网公开“最多跑一次”镇级事项63件，发放慈善救助、慰问困难群众和弱势群体资金100余万元。全年接受各类信访件57件，办结率100%，调处各类矛盾和纠纷87件，调处成功率100%。未发生较大安全生产事故和食品安全事故。

学前儿童入园率、义务教育普及率、巩固率、升学率达到100%，镇中心学校获得市唯一一所“浙江孝贤学校”称号，完成总投资110万元中心学校操场改造工程和镇成校的整体搬迁。完成家庭式医生服务免费签约1108人，全年无突发公共卫生事件和聚集性疫情发生。完成计划生育“三优”基地建设，计划生育率96.6%，出生性别比95.6%，完成23位计生特殊家庭成员免费家庭医生签约。

【孙尧芳入选9月浙江好人榜】

9月，由省委宣传部、省文明办和浙江日报报业集团联合开展的“发现‘最美浙江人’——浙江好人榜”推荐评选活动9月份名单揭晓，大隐镇的孙尧芳成功入选。孙尧芳自1987年退伍回到大隐镇后，他在敬老院一干就是20多年。他的事迹先后被浙江文明网、宁波电视台、余姚新闻网、《余姚日报》等媒体报道。

【大隐镇成功创建“浙江省森林城镇”】

2月，在浙江省“关注森林”工作会议上，浙江省关森委新命名表彰7个“浙江省森林城市”和47个“浙江省森林城镇”，大隐镇正式被命名为“浙江省森林城镇”。近年来，大隐镇先后投入2000多万元资金用于生态绿化建设。城镇建成区绿化覆盖率达28.9%，林木覆盖率达26.9%；主要骨干道路绿化率达到98.6%，主干河道绿化率达到100%，农田林网控制率达到100%；人均公共绿地10.36平方米，乔木比重73.38%。

（大隐镇）

大岚镇

【概况】

2017年，大岚镇实现社会总产值10.49亿元，同比增长6.3%。其中工业产值6.47亿元，同比增长4.7%；农业产值1.21亿元，同比增长8%；第三产业收入2.81亿元，同比增长10.1%。财政总收入3360万元，财政可用资金3655万元，农民人均收入19250元。茶产量595吨，产值2757.6万元，其中名优茶产量75吨，比去年增加5吨，产值2250万元，比去年增加150万元。

开展“四镇联创”（省级卫生镇创建、宁波市乡村全域旅游示范区创建、首批小城镇环境综合整治、首批宁波市“污水零直排区”建设）工作。投入110万元新建垃圾中转站，治理遗留露天粪

大岚镇街道

缸 500 余只，完成公厕改造 5 个。投入 30 万元购置分类垃圾桶，推进垃圾分类试点工作，获评为浙江省卫生镇。总投资 2000 万元的大俞四窗岩户外运动项目试营业，总投资 250 万元的大路下“不二谷”项目配套建设完成主体施工。新增 10 处全域旅游标识标牌，制作电子版 360° 大岚全域旅游导览图，编制大岚镇第一份手绘地图，完成大岚旅游宣传片制作。柿子酒获得 2017 年哈萨克斯坦阿斯塔纳世博会金奖。

年内，大岚镇入选宁波市乡村全域旅游示范区，入选省级旅游风情小镇培育名单。投资 2800 万元对环境卫生、城镇秩序、镇容镇貌等进行集中整治，通过小城镇环境综合整治验收。通过网格化现场排查、管网排摸、数据梳理工作，完成 5 个行政村污水治理工程，通过首批宁波市“污水零直排区”创建验收。

【第十二届“神奇大岚”茶文化旅游节举行】

3 月 20 日，由大岚镇政府和市茶文化促进会、市农林局、市文广局（旅游局）、市户外运动协会联合举办的第十二届“神奇大岚”茶文化旅游节开幕。此届茶文化旅游节以“品茗、赏花、问道”为主题，共包含“小小茶艺师”开班仪式、“小童子习茶”趣味传统文化亲子活动、“汇天下茶人，品茶乡佳茗”天下茶人会暨第七届余姚瀑布仙茗斗茶大赛、“闻着茶香游大岚”探访中国最美茶园、“纵情山野·健康你我”余姚市第三届全民登山大会樱花之旅、“千里樱缘一线牵”心心相樱·春季相亲大会、“飞阅大岚”航拍、摄影大赛、“神奇·何必亲临”神奇大岚茶文化节系列直播、“无我茶会•岚山问道”喝一杯小小茶艺师奉上的春茶 9 项活动。茶文化旅游节至 5 月 20 日结束。

【第九届“情融姚江源”村落文艺会演举行】

8 月 28 日晚，由大岚镇主办的，以“诗和远方的向往”四镇联创专题为线的第九届“情融姚江源”村落文艺会演在大岚村欢乐大舞台开幕。晚会节目由各村（居）选送，共有 15 个。

【第十五届“丹山赤水”柿子节举行】

10 月 18 日，由市文广局（旅游局）、大岚镇人民政府主办的第十五届丹山赤水柿子节暨“柿子红了”品牌发布会在余姚丹山赤水旅游景区拉开序幕。“柿子红了”品牌发轫于丹山赤水景区，依托山海城资源发展 3 大民宿项目基地，现有房间 87 间。柿子节以“美丽山村，柿子红了”为主题，为期 32 天，除柿子采摘外，还有机车拉风巡游、道教养生研讨、丹山赤水多彩休闲体验等活动。

【“灿岚印象”文明示范线启动】

12 月 12 日，由市委宣传部、市文明办主办的“灿岚印象”文明示范线启动仪式在大岚镇柿林村举行。启动仪式上，“灿岚印象”文明示范线 LOGO 正式揭幕。大岚镇“灿岚印象”文明示范线以“岚山仙境，诗意闲居”浙东美丽幸福生态小镇为主轴，沿线串联大岚、丁家畈、南岚、柿林、华山、阴地龙潭等 6 个行政村，依托原生态的自然景观和人文元素，借助大岚旅游发展服务中心平台，结合智慧旅游建设，围绕“一村一品”“村即是景”的目标，串点成线，涵盖姚江源茶文化实践体验基地、书画院民宿样板基地、七彩山丘露营观光基地、丹山赤水养生栖息基地、四窗岩休闲健身基地、阳明文化传承教育基地，融山水文化、农耕文化、生态文化、道教文化、阳明文化于一体。

（大岚镇）

四明山镇

【概况】

2017年，四明山镇实现生产总值8.3亿元，同比增长6.2%。其中工业总产值5.4亿元，同比增长6.5%；农业总产值2.2亿元，同比增长3.3%；第三产业总产值0.7亿元，同比增长18%。完成固定资产投资7580万元，招商引资内资550万元、外资30万美元。财政总收入2081万元，其中一般公共预算收入1057万元。农民人均收入20910元，同比增长13%。乡镇第一、二、三产业比例为26.5∶65.1∶8.4。

年内，四明山镇入选首届“浙江省森林文化小镇”名单，成为宁波市唯一入选的乡镇。入选省级旅游风情小镇培育名单，申创省级休闲旅游示范区。完成鸿禧度假山庄一期建设并顺利推进一期装修和二期土建，正式启动岩下山“忘忧谷”高端民宿开发项目，完成唐田村无平头岗民宿地块政策处理和土地报批手续。27家传统农家乐创建成为市首批“旅游局推荐民宿”。持续扩大红枫樱花节、四明山七彩酷跑、悬岩登山大会等户外活动品牌效应。

成功创建成为宁波市卫生乡镇。推进北溪村、芦田村、宓家山村美丽村庄创建，落实溪山村、杨湖村美丽村庄创建复评。大山村获得“宁波市美丽乡村”称号，棠溪村获得“余姚市第二批最洁美村庄”称号。初步完成梨洲村关于宁波市改旧试点村工作，完成集镇、步梯岩、棠溪、唐田供水站标准化水利工程创建，基本完成梨洲、芦田、平莲、宓家山村生活污水处理工程，通过“污水零直排区”创建，成为余姚市第一批通过乡镇。开展“治危拆违”专项整治，落实建房审批制度。

成立集镇环境综合管理队，部署小城镇环境综合整治三年行动计划，成为宁波市通过首批小城镇环境综合整治考核验收的两个乡镇之一。完成小城镇环境综合整治规划编制、集镇总规以及控规编制。完成镇中心幼儿园危房异地迁建、集镇自来水设施改造提升、小城镇“线乱拉”整治提升等工程，改善集镇市场、停车场、公共厕所、路灯等市政设施。完成梨洲村红枫谷景观提升、梨洲大溪亮化、庙下至下甘竹林复线道路硬化工程。推进“百里风光带”建设，实施集镇沿街立面改造，打造东西入口标志性景观、浒溪线两侧节点景观，推进沿线生态补绿工程。

梨洲村争创宁波市文明村，棠溪村争创余姚市文明村，溪山村参与宁波市文明村复评，杨湖村文化礼堂通过创建验收。推进素质教育，开展“红五月，活力四明山”等活动。推进契约式家庭医生制服务。镇卫生院通过三星级全科门诊创建，争创三星级中医全科门诊，口腔科正式运营。辖区内6家村卫生室，3家成功创建甲级，1家成功创建乙级。树立“安全第一、预防为主”的安全生产管理方针，落实安全生产责任状签订制，实施企业安全走访制。完善乡镇基层专职消防队、消防工作站建设，推进森林消防队伍建设，健全乡镇火灾防控体系，加强火灾隐患大排查工作。

全年完成生态修复任务162.8公顷。投资50余万元在梨洲村、唐田村、北溪村浒溪线沿线种植“南峰一号”新品种红豆杉1万余株，新建新品种红豆杉示范基地3个。完善林业发展项目考核制度，引入第三方考核验收制度。推进农村综合改革，第三次全国农业普查工作全面完成，12个行政村完成农村土地确权登记颁证第一轮测绘公示。

全年新增视频监控系统22台，镇村主干道、主要路口和重点部位视频监控覆盖度进一步提高。依托“六个一”工作体系，推进社会治理“一张网”建设，全镇24个网格实现日常巡查3600余次。

全年累计发放低保金239万元，低保家庭困境儿童救助金13.6万元，发放临时性救助、助学救助、危旧房改造等资金共计33.41万元。开展春节等重要节日慰问走访工作，累计发放慰问金43.17万元。开展代收代办业务，打通服务群众“最后一公里”。完成新农合与城镇居民医保整合工作，实现城乡居民养老保险全覆盖。完成人力资源调

四明山镇梨洲村红枫谷游步道

查6146人，推荐就业1000余人，发布岗位信息7417条，开发调整公益性岗位3人。

【四明山镇入选省级首批森林文化小镇】

9月16日，省林学会公布首届“浙江省森林文化小镇”名单，四明山镇榜上有名，成为宁波大市唯一入选乡镇。“十二五”以来，四明山镇全面落实“护、修、升”三大举措，累计投入资金3000万元，完成生态修复共约767公顷，健全护林组织架构，制止毁林开垦、偷种苗木等行为192次，打造宁波“绿海明珠”，森林覆盖率达到92%。

【四明山镇成为全省小城镇环境综合整治行动第一批达标乡镇】

9月，四明山镇率先通过省小城镇环境综合整治考核验收，成为第一批达标乡镇。自2016年底全省小城镇环境综合整治行动启动以来，四明山镇完善领导机制，研究制定三年行动计划，超额完成“三改一拆”和固定资产投资全年任务，研究出台“路长制”管理办法，完善镇、村、片三级联动网格化管理责任机制，建立由综治、公安、交警等组成的“道乱占”巡查、整治联动平台，坚持从问题源头建立长效机制，推动小城镇环境综合整治工作长期位于余姚各乡镇前列。

【四明山镇成功引进岩下山忘忧谷高端民宿】

2017年，四明山镇引进岩下山忘忧谷高端民宿项目。项目分为一期和二期两个部分，一期有乡宿组团、社区广场、花草药园、竹林茶亭、林下健身等项目。二期有乡宿组团、停车场等项目。总投资约5000万元，一期投资3000万元，预计一期改造提升工程将于2018年底前完工。

（冯小雨）

鹿亭乡

【概况】

2017年,鹿亭乡实现地区生产总值16.12亿元,同比增长4.2%。其中农业总产值1.21亿元,同比增长4.7%;工业总产值12.57亿元,同比增长4%;第三产业总产值2.34亿元,同比增长5%。完成公共财政预算收入3717.28万元,同比增长5.74%。农民人均收入19252元,同比增长8.6%。有规上企业3家,浙江小微监测平台企业6家。其中规上企业实现产值2.7亿元,实现销售收入2.3亿元,同比增长24.7%,税收总额1018万元,利润总额1406万元,同比增长110.2%。全乡出口产值3073万元,同比增长5.4%。

实现固定资产投资7419万元,完成年度目标的127.9%,内外资等指标均完成年度目标。白鹿狮峰岩景区新建工程项目累计完成投资1195万元;公交首末站新建项目累计完成投资393万元;乡伴余姚树蛙部落项目累计完成投资1720万;鹿文化产业园二期工程累计完成投资748万元。

全年累计争取和落地各类项目52个,总投资额超过1亿元。上庄集镇获评“宁波市街容示范路”,“三创建”和宁波市“无违建乡镇”均通过省、宁波市考核验收。全市首个村级农合联在中姚村成立,中村村成功创建为省首批AAA级景区村庄,白鹿村入选余姚市第二批“最洁美”村庄。全年共完成44项工程招标任务,建设工程累计中标总价3816.3万元。投入460余万元完成李俞线(李家塔至白鹿段)改造提升工程、龙溪危桥抢险工程和香泉湾道路塌方抢险工程。晓岚线改造提升工程进入招投标阶段。实施同心实践项目44个。其中,实施美丽乡村建设项目15个,竣工完成13个,收到项目援建资金326万元。实施民生帮扶项目27个,收到帮扶资金106.6万元。启动产业投资项目2个,累计投资300余万元。

完成全国农业普查。全年茶叶总产量32.7万千克,总产值1578.1万元。竹笋产量8692.2吨,产值1647.5万元。种植高山西瓜约66.67公顷,亩产1500千克。共有铁皮石斛约5.33公顷,投入11万元创建余姚市鹿亭野生铁皮石斛保护区,白鹿仙草苑成功栽培活树附生原生态铁皮石斛1公顷。高山果蔬、花卉、浙贝三者总年产值2500万元。

全年休闲农业和乡村旅游共接待游客33.27万人次,同比增幅6.5%,直接经营收入3096万元,同比增长6%。香泉湾养生度假区被列为宁波市总工会“五一”职工培训学校实习基地和宁波市职工疗休养推介基地。东岗山追风部落正式运营。完成白鹿村登山步道二期工程,实施龙溪岩头岭古道修复工程和高岩村游步道建设工程。白鹿油菜花基地获“2017华东十大最美赏花胜地”和“华东最佳旅游自驾营地”称号。先后举办“我在中村迎新年”民俗活动、“春韵·七彩白鹿”健行大会、第二届香泉湾石斛花养生文化节、首届鹿亭番薯粉丝节、首届环鹿亭山地越野赛等活动。

完成龙溪村、石潭村村庄规划和中村村、晓云村历史文化名村保护规划编制。投入460万元实施东岗村村庄整治提升工程,获宁波市村庄整治先进村。完成白鹿村、石潭村入口景观建设。在晓云村投入800万元实施“红色故里、褚相后裔”公共文化服务中心建设。

年内实施小城镇环境综合整治,合计28个工程项目,总投资5670万元。推进“三改一拆”,拆除违法建筑18处,拆违面积2.1万平方米。剿劣和污水零直排区创建顺利验收,投入近890万元实施白鹿大溪李家塔段清洁生态型溪道治理等多项水利工程。推进农村垃圾分类试点工作,累计投入300余万元,新建餐厨处理站点5处,购置6台专用处理设备,覆盖农户3900余户,实现减少现有垃圾总量30%～35%。排查发现124处问题,完成115处整改,清除陈年垃圾近120吨。

年内加大企业环保技改投入,引进先进污水处理系统,实施笋壳集中外运处理,确保晓鹿大溪全年水质维持在Ⅰ～Ⅱ类水之间。全年新增生态修复林约6.73公顷,超额完成市级指标。完成首创项目高岩村、中姚村、沿夹岙村、李家塔村农村生活污水处理工程。完成土地整理1.02公顷，直接为各村创造财富459万元。关停拆除畜禽养殖场20余家。

全年全乡排查解决矛盾纠纷25起，其中排查解决疑难纠纷6起。开展消防安全隐患检查，共排查企业、建设单位和各类文保点200余家次，共发现安全隐患101个，完成整改率100%。

全年累计走访、慰问低保、低收入及困难户755户，发放慰问金近59万元；发放临时救助、困难补助资金17万元；落实低保、低收入群众特殊病种大病医疗救助补助资金49万元；低保户住房救助12户。发放助残政策资金357.9万元，完成2户无障碍设施改造。全年城乡居民养老保险参保在职人数为2582人。投入近50万元对乡敬老院进行外立面改造、环境整治和休闲公园建设。投入150万元完成高山村居家养老服务中心扩建工程。

完成村民委员会换届选举工作。全乡12个村共选出村委会成员36人。完成乡中层干部集中竞聘和调整，新任中层正职6人，中层副职10人。全年共发现违纪线索5起，均已办结，追究公益性岗位案件相关人员4人。村级非生产性开支得到进一步控制，村级招待费开支同比下降83.15%。全年收到人大建议意见14件，已全部回复。

【“三彩四明”全国知名媒体一行走进鹿亭】

8月11日上午，“三彩四明”全国知名媒体一行到鹿亭中村采访报道。来自新华社、人民网、央广网、中新社、上海文汇报、香港大公报、香港文汇报、凤凰网、浙江日报、浙江之声、浙江在线、浙江新闻、江南游报、绍兴日报、嘉兴日报、舟山日报、台州晚报等媒体，还有本地的宁波电视台、宁波FM92新闻台，以及报业集团旗下的宁波日报、中国宁波网、甬派、宁波都市报系、新侨艺报共计20多家知名平面与网络媒体用文字记录、图片影像展示等方式全方位展示中村美丽的自然风光和人文内涵。

【四明山区首家农合联村级服务社正式落户鹿亭中姚村】

11月9日上午，由市农民合作经济组织联合会和鹿亭乡人民政府主办的农合联中姚村服务社启动仪式在中姚村举行。四明山区首家农合联村级服务社正式落户鹿亭中姚村。建立村级农合联服务社，是鹿亭乡打通服务群众“最后一公里”，实现“网货下乡”“农产品进城”的创新举措。该服务社集合了农产品销售、电商物流、金融保险、农旅服务等功能于一体。

【鹿亭十个村成为省级生活垃圾资源化、减量化处理示范村】

12月21日，省农办生活垃圾分类达标进行考核验收，省检查组抽查了鹿亭乡中村、中姚、晓云、沿夹岙四个村，重点查看了农户分类情况和餐厨垃圾处理情况。省考核组对鹿亭乡的垃圾分类开展工作给予了充分肯定。经考核，鹿亭乡中村等10个村通过省级验收，正式成为省级生活垃圾资源化、减量化处理示范村。

（鹿亭乡）

组织机构及领导名录

市级机构及领导名录

中共余姚市委

书　　记：奚　明
副 书 记：潘银浩　叶枝利
常　　委：杜　瑾　李森苗　余承嗣
　　　　张丽娜（7月止）韩柏顺　卢建国
　　　　王娇俐　林　伟　郑传统

市委办公室

主　　任：潘帅轶（11月止）吕军云（11月始）
副 主 任：黄少波　俞斌权　王文权（11月止）
　　　　倪金伟　宋小根（兼，8月止）
　　　　茅建刚（兼，11月止）罗旭光（兼）
　　　　陈江龙（兼）毛柏生（兼，1月止）
　　　　孙　峰（兼，1月始）
　　　　张志红（兼，7月始）
　　　　张　胜（兼，8月始）
办公会议成员：缪伯鸿　王罕杰（8月始）
市委政研室主任：黄少波
市委政研室副主任：王利锋　朱春新（4月始）
市委督查考核办主任：卢雪聪
市委机要局局长：严立峰
市委保密办主任（市保密局局长）：李美芳
第一纪检监察组组长：缪伯鸿
第一纪检监察组副组长：王岳良

市人大常委会

主　　任：孙钜昌（2月止）诸晓蓓（2月始）
副 主 任：韩永丰　宋建勋（2月止）
　　　　谢勇毅（2月始）姚桂珍
　　　　沈相国（2月止）严忠苗（2月始）
　　　　胡　青（2月止）俞剑清（2月始）
　　　　魏利民（2月止）余　烽（2月始）

市人大常委会党组

党组书记：孙钜昌（3月止）诸晓蓓（3月始）
党组副书记：诸晓蓓（3月止）韩永丰
党组成员：宋建勋（3月止）胡　青（3月止）
　　　　沈相国（3月止）谢勇毅　严忠苗
　　　　俞剑清（3月始）余　烽（3月始）
　　　　李国建

人大办公室

主　　任：李国建
副 主 任：吕银淼（7月止） 吴旭翡　吴　宁

法制内务司法工作委员会

主　　任：闻　学（7月止） 吕银淼（7月始）
副 主 任：姚文昌

财政经济工作委员会

主　　任：陈吉锋
副 主 任：李　明

城建环保工作委员会

主　　任：赵银海（3月止） 顾赛波（3月始）
副 主 任：马安平（7月始）

教科文卫工作委员会

主　　任：郑先锋（11月止） 陈思红（11月始）
副 主 任：吴建平

代表工作委员会

主　　任：汪忠宝
副 主 任：韩　健

农业和农村工作委员会

主　　任：张建荣
副 主 任：顾素君（7月止） 陈四清（7月始）

人大常委会机关党组

党组书记：李国建
党组成员：吕银淼　吴旭翡　陈吉锋
　　　　　顾赛波（3月始） 汪忠宝　张建荣
　　　　　陈思红（12月始） 闻　学（7月止）
　　　　　郑先锋（11月止）

市人民政府

市　　长：潘银浩（2月始）
副 市 长：潘银浩（代市长，2月止） 李森苗
　　　　　王安静　张丽娜（7月止）
　　　　　林　海（7月止） 黄　琪　毛丕显
　　　　　薛晓伟　叶向东（7月止）
　　　　　黄和庆（2月始） 陆国栋（7月始）
　　　　　楼鼎鼎（7月始）
市长助理：周　升（6月止）

市政府办公室

党组书记、主任：黄和庆（3月止）
　　　　　　　　杨国元（3月始）
副 主 任：陈立山　沈继忠（3月止） 冯彦增
　　　　　洪　波　沈小坤（3月止）
　　　　　金浩明（7月止） 岑忠良（3月止）
　　　　　胡建波（3月始） 杨玉红（3月始）
　　　　　龚共军（12月止） 黄佰坚（12月始）
　　　　　马民龙（3月始） 郑少军（12月始）
　　　　　岑建航（兼）
法制办主任：黄和庆（3月止） 杨国元（3月始）
法制办副主任：王根福（8月止） 朱蓉蓉
　　　　　　　谢建文（8月始）
发展研究中心主任：杜晓东
发展研究中心副主任：劳永定　姚竞雄（7月止）
　　　　　　　　　　马江领（8月始）
应急办主任：金浩明（7月止） 黄佰坚（8月始）
应急办副主任：刘颖苗
流管办主任：洪　波
流管办副主任：韩德余
接待办主任：赵　婕
外事办主任：孙雪丹
督查室主任：唐　炜
金融办主任：马民龙（兼，7月止）
电子政务办主任：周少亥
党组成员、第二纪检监察组组长：孙文氢

第二纪检监察组副组长：杜建红

市政协

主　　席：陈建泰（2月止）陈长锋（2月始）
党组书记：陈建泰（3月止）陈长锋（3月始）
党组副书记：陈长锋（3月止）叶文龙（3月始）
副 主 席：叶文龙　魏利民（2月始）徐栋芳
　　　　　赵银海（2月始）朱卫东（2月始）
　　　　　缪正刚（2月始）陈洪逵（1月止）
　　　　　周银燕（1月止）俞剑清（2月止）
秘书长：张建乔

政协办公室

主　　任：徐嘉雄
副 主 任：黄　方

提案委员会

主　　任：朱初雷
副 主 任：俞斌权（兼，2月始）
　　　　　唐　炜（兼，2月始）

经济科技和城建资源环境委员会

主　　任：徐　峰
副 主 任：郭　靖　鲁永飞（兼，2月始）
　　　　　胡建波（兼，2月始）
　　　　　李利定（兼，2月始）
　　　　　李　敏（兼，2月始）
　　　　　符娟娣（兼，2月始）

教文卫体和文史委员会

主　　任：李臻颖
副 主 任：陆要真　柳　科（兼，2月始）
　　　　　朱小国（兼，2月始）
　　　　　张柏锋（兼，2月始）

社会法制和港澳台侨委员会

主　　任：万科达
副 主 任：黄克勤　沈李利（兼，2月始）
　　　　　周姚平（兼，2月始）
　　　　　姚劭明（兼，2月始）
　　　　　陈思红（兼，2月始）
　　　　　陈狄君（兼，2月始）

委员工作委员会

主　　任：王卫锋
副 主 任：孙亚君　夏向明（兼，2月始）
　　　　　毛建忠（兼，2月始）

中意（宁波）生态园管委会

党工委书记：奚　明
党工委副书记、主任：潘银浩
党工委委员、副主任：韩柏顺　郑利刚　杨文祥
　　　　　　　　　　潘帅轶（9月始）
副巡视员：马建利　陈亚南
纪检监察组组长：黄红珍（11月始）
纪检监察组副组长：阮伯均（11月始）

中意（宁波）生态园直属单位

办公室主任：周　强（5月止）周红霞（5月始）
办公室副主任：戚国芳（3月始，12月止）
　　　　　　　卢　众（3月始）
　　　　　　　谢龙华（挂职，12月始）
经济发展局局长：诸跃波
经济发展局副局长：徐志军（挂职，5月始）
建设管理局局长：陈为梁（8月止）
建设管理局副局长：邹云乔
生态促进局局长：黄建军
综合服务局局长：励成亮
综合服务局副局长：李　舰
财政局副局长：韩胜余
开发建设综合服务中心主任：鲁树峰
开发建设综合服务中心副主任：李永飞　孙兆琦
生态园派出所所长：谢龙华（10月始）

市纪委、市监察委

市纪委

书　　记：杜　瑾
副 书 记：吕军云　熊剑锋
常　　委：孟剑锋　丁素兰　余炯炯（7月止）
　　　　　韩　哲（7月始）万名杰
办公室主任：韩　哲（7月止）张焕麒（7月始）
信访室主任：周　涛
纪检一室主任：余炯炯（4月止）俞东瑾（4月始）
纪检二室主任：俞少杰（4月止）张　勇（4月始）
纪检三室主任：苏朝阳（4月止）俞少杰（4月始）
纪检四室主任：苏朝阳（4月始）
案审室主任：陈巧儿
案管室主任：丁素兰（4月止）杨智慧（4月始）
党风政风监察室主任：蒋伟儿
宣教室主任：帅琪峰
干部室主任：沈小悱
市巡查办主任：熊剑锋（4月止）
市巡察办主任：熊剑锋（4月始，4月止）
　　　　　　　吕军云（4月始，11月止）
　　　　　　　周成伟（11月始）
市巡查办专职副主任：方晓英（4月止）
市巡察办专职副主任：方晓英（4月始）

监察局

局　　长：朱卫东（2月止）
副 局 长：阮岳军（3月止）万名杰（3月止）

市监察委员会

主　　任：杜　瑾（2月始）
副 主 任：吕军云（2月始）熊剑锋（2月始）
委　　员：丁素兰（2月始）
　　　　　余炯炯（2月始，7月止）
　　　　　万名杰（2月始）

市人民检察院、市人民法院、市人武部

市人民检察院

党组书记、检察长：吴　超
党组成员、副检察长：王金夫　凤　丹　王　钢
党组成员、政治处主任：胡建勇（9月止）
　　　　　　　　　　　俞栋辉（9月始）
党组成员、纪检监察组组长：蒋晓波
检委会专职委员：诸伟峰
泗门检察室主任：沈叶钏

市人民法院

党组书记、院长：应启明
党组副书记：姜慧军　姚明泉
常务副院长：姜慧军
副院长：余国英　韩利荣
政治处主任：杨瑶娜（9月止）岑　斌（9月始）
纪检监察组组长：徐和庆
审判委员会专职委员：夏　洁　俞永慧
执行局局长：张建军
马渚法庭庭长：施佰军
泗门法庭庭长：徐鸿星
低塘法庭庭长：王永军
丈亭法庭庭长：干闻宇
陆埠法庭庭长：朱浩梁
梁弄法庭庭长：徐鸣捷

市人武部

部　　长：傅沧海（7月止）
政　　委：陶　鹏（7月始）
副 部 长：余卫兵
党委委员：丁向坡　徐华君　朱雷钧（2月始）

党群各部门

市委组织部

部　　长：林　伟
常务副部长：熊培军（3月始）
副 部 长：余　烽（3月止） 杨国元（3月止）
　　　　　夏向明（3月始） 丁建军（7月始）
　　　　　韩夏芬（兼） 方斌全（兼）
　　　　　陈为梁（兼）
人才办主任：余　烽（1月止）
　　　　　熊培军（1月始，4月止）
　　　　　夏向明（4月始）
人才办副主任：夏向明（1月始，4月止）
“两新”组织党工委书记：杨国元（3月止）
　　　　　丁建军（4月始）
“两新”组织党工委副书记：顾　展
部务会议成员：严建根　金　军　顾　展　张　磊
第三纪检监察组组长：严建根
第三纪检监察组副组长：单时芬

市委宣传部

部　　长：王娇俐
常务副部长：董朝晖（11月始）
副 部 长：李　军（11月止） 周　斌　柳　科
部务会议成员：诸建立　张　红（8月止）
　　　　　严春晖　杨　波　陈　励（8月止）
外宣办副主任：朱伟伟（8月始）
文明办副主任：马金浩
社科院（联）副院长（副主席）：杨鹏飞
第四纪检监察组组长：诸建立
第四纪检监察组副组长：黄雪芬（7月止）
　　　　　李　宽（7月始）

市委统战部

部　　长：卢建国
常务副部长：周松庆
副 部 长：黄孟丹（兼） 杨荷锋（兼）
　　　　　胡建波（兼，1月止）
　　　　　陈永润（兼，1月始）
　　　　　顾赛波（兼，3月止） 周姚平（8月始）
部务会议成员、第五纪检监察组组长：劳达峰
第五纪检监察组副组长：施德明

市台办

主　　任：顾赛波（3月止） 张志红（11月始）
副 主 任：胡晓霞　张志红（7月始，11月止）

市侨办（市侨联）

主任（主席）：黄孟丹
副主任（副主席）：周姚平（8月止） 沈建芬（8月始）

市社会治理综合指挥中心（8月始）

主　　任：钱　瑛
副 主 任：孙建芬　任　宁　谢福源　顾春雷

市委政法委

书　　记：叶枝利（兼）
常务副书记：张银龙（7月止） 诸剑军（7月始）
副 书 记：姚劲明　许建生　钱　瑛（兼，4月始）
委　　员：许林康　应立清　李吉达
　　　　　汪新华（8月止） 祝文权（8月始）

市农办

主　　任：陈江龙
副 主 任：谷棋明　周丽芳

市编委办

主　　任：方斌全
副 主 任：胡洪杰　陈纪平

市直机关党工委

书　　记：罗旭光
副 书 记：诸永刚　李文娟
纪工委书记：戚莉莉

市委老干部局

局　　长：韩夏芬
副 局 长：叶　银　徐　毅

市信访局

党组书记：毛柏生（1月止）　孙　峰（1月始）
局　　长：毛柏生（3月止）　孙　峰（3月始）
副 局 长：庄振午　顾春雷　陈利炳
专职信访督查专员：鲁祖彭

浙江四明山干部学院

院　　长：卓厚佳（兼，9月始）
党委书记、常务副院长：徐康林（9月始）

市委党校（行政学院、社会主义学院）

校　　长：林　伟（兼）
党委书记、常务副校长（常务副院长）：
徐耀华（11月止）　阮坚定（11月始）
副 校 长：毛建忠　赵瑞林　赵奇伟

市史志办公室（市委党史研究室）

主　　任：吴一柱（8月止）
副 主 任：邹钧孟（主持工作，12月始）
罗　捷　楼莉波

市档案局

局　　长：孙启明
副 局 长：邵亚辉　陈伟根　史红科

市工商联（总商会）

主席（会长）：戎伟军
党组书记：胡建波（1月止）　陈永润（1月始）
副主席(副会长)：胡建波(2月止)　陈永润(2月始)
党组成员、副主席（副会长）：朱彩虹　孙建强

市总工会

主　　席：徐栋芳
党组书记、副主席：杨玉红（1月止）
周林杰（4月始）
副 主 席：杨万里　严定汉（7月止）
吕　伟（7月始）

共青团余姚市委（青联）

书记（主席）：马颖颖
副书记（副主席）：赵科伟（8月止）　叶文溢
徐央军（挂职，3月始）

市妇女联合会

主　　席：周红霞（5月止）　柳雅敏（5月始）
副 主 席：沈李利　陈　励（8月始）

市科学技术协会

主　　席：鲁建灵
副 主 席：鲁劲松　黄苏洲　陆哲学

市文学艺术界联合会

主　　席：严文龙
副 主 席：俞文胜　孙百荣　王建军（兼，4月止）
严　芸（兼，4月始）　徐渭明（兼）

市残疾人联合会

理 事 长：陈思红（12月止）　沈　红（12月始）
副理事长：孙建惠（12月止）　阮吉章
鲁建忠（6月始）　施爱萍（12月始）

市慈善总会

会　　长：郑孝华
副 会 长：谢建明　柳贵芳　杨智枫

市关心下一代工作委员会

主　　任：诸晓蓓（兼，3月止）
叶文龙（兼，3月始）
常务副主任：余家其（8月止）　胡百钦（8月始）
专职副主任：刘正学

市红十字会

会　　长：陈为能（兼，4月止）
　　　　王安静（兼，4月始）
专职副会长：魏晓萍

政府各部门

市发展和改革局

党委书记、局长：周成伟（11月止）
　　　　　　　高　权（11月始）
副 局 长：叶文权（7月止） 陈茂多　朱明富
　　　　鲁夏芬　周　峰　丁坚强

市经济和信息化局

党委书记、局长：黄红珍（11月止）
　　　　　　　王文权（11月始）
副 局 长：陆军华　胡巍峰　洪安祥（7月止）
　　　　俞传传（4月止） 江振华
　　　　郑　平（7月始）
总经济师：潘文卿
第八纪检监察组组长：俞姚红（7月止）
　　　　　　　　　胡建勇（9月始）

市科技局

局　　长：朱　刚（3月始）
党组书记：朱　刚（1月始）
副 局 长：姚登峰　吴春莉（9月止） 谢悦敏

市公安局

党委书记、局长、督察长：余承嗣（兼）
党委副书记、政委：余爱忠
党委副书记、副局长：章国庆
党委委员、副局长：郑国耀　陈　见　钟后毅
　　　　　　　　周海江　胡国南（兼，3月始）
副政委、纪委书记、第一副督察长：李向国（4月止）
党委委员、驻局纪检监察组组长：李向国（4月始）
副 局 长：孙　峰（3月止）
党委委员、政治处主任：胡国南（3月止）
　　　　　　　　　　谢群芳（4月始）
党委委员、交警大队大队长：陈冠民（8月止）
　　　　　　　　　　　　杨立华（12月始）
指挥中心（8月更名为情指联勤中心）主任：
　　　　方永尧（8月止） 赵金江（兼，8月始）
警务督察大队大队长：姚建新（8月止）
　　　　　　　　　卢建义（8月始）
警务督察大队教导员：刘学伟
治安大队大队长：杨立华（12月止）
　　　　　　　姚永尧（12月始）
治安大队教导员：赵　坚
刑侦大队大队长：陈光初（3月始）
刑侦大队教导员：陈光初（3月止） 吕晓伟（8月始）
监管大队大队长：谢建仕（12月止）
　　　　　　　徐升高（12月始）
监管大队教导员：卢建义（8月止） 方永尧（8月始）
国保大队大队长：杨卫丰
国保大队教导员：陈　彪
网警大队大队长：余坚强
网警大队教导员：赵宁桥
禁毒大队大队长：徐升高（12月止）
　　　　　　　张伟奇（12月始）
禁毒大队教导员：谢利良
经侦大队大队长：张伟奇（12月止）
　　　　　　　胡嘉良（12月始）
经侦大队教导员：吕晓伟（8月止） 金文芸（8月始）
交警大队教导员：严俳泓
巡特警大队大队长：符勇武
巡特警大队教导员：胡　波
法制大队大队长：倪剑江
法制大队教导员：金飞岳
出入境管理大队大队长：谢群芳（4月止）
　　　　　　　　　　卢孟君（8月始）
出入境管理大队教导员：卢孟君（8月止）
　　　　　　　　　　唐靖君（8月始）

协辅警管理大队大队长：金文芸（8月止）
赵金江（8月始）
协辅警管理大队教导员：姚建新（8月始、11月止）
消防大队大队长：付英博
消防大队教导员：张雪峰（9月止）
王　锋（9月始）

市司法局

局　　长：顾天祥
副 局 长：戚国芳（3月止）　鲍燮壮　俞永健
李郁莎（3月始）

市民政局

党组书记、局长：王文辉（11月止）
茅建刚（11月始）
党组副书记：方元文　柳万兴（7月止）
闻　学（7月始）
副 局 长：方元文　柳万兴（7月止）
闻　学（7月始）　姚　坚　朱建梁
闻雪芬　杜红卫

市民族宗教事务局

局　　长：杨荷锋
副 局 长：陈狄君

市老龄办

主　　任：闻雪芬（兼）

市财政局（地税局）

局　　长：施建苗（5月止）
成立海（5月始，11月止）
王文辉（11月始）
党委书记：施建苗（4月止）　成立海（4月始）
党委副书记：王文辉（11月始）　鲁永飞
副 局 长：鲁永飞　施钧旻　宋建忠　周益忠
郑　科
地税局副局长：罗怀乾
党委委员、纪检组组长：杜浙霞

市审计局

党组书记、局长：何吉忠
副 局 长：张焕昌　沈悦华（8月止）　车成友
鲁　君（12月止）
审计分局局长、政府投资项目审计中心主任：
黄琼筱
市农村集体经济审计中心主任：张碧珍
市经济责任审计工作联席会议办公室主任：韩玉仙

市人力资源和社会保障局

局　　长：陈为梁
副 局 长：徐小军　褚贵炎　金利明　毛立波
俞永民

市安全生产监督管理局

党组书记、局长：张志红（7月止）
孙雪波（7月始）
副 局 长：唐仕辉　戚建华　唐永根　谢林权

市统计局

局　　长：陈亚南（2月止）　阮岳军（3月始）
党组书记：陈亚南（1月止）　沈继忠（1月始）
副 局 长：史习先　茅定威　郑静波
总统计师：刘国锋
农村社会经济调查队副队长：熊建明

市市场监督管理局领

党组书记、局长：蒋狄波
副 局 长：郑少军（3月止）　罗以军　孙建莹
沈立群　林国红（7月止）　唐孟立
李　敏　马　斌　杨文峻
张　杰（12月始）
党委委员、第七纪检监察组组长：高　巍

市住房和城乡建设局

局　　长：缪正刚（2月止）　谢　高（3月始）
党委书记：谢　高

副 局 长：谢　高（3月止）　周烈钢　周佰勤
　　　　　宋文钦　李利定　郑岩岩（挂职，3月始）
总工程师：胡铁钧
党委委员、第九纪检监察组组长：张宵飞

市环境保护局

局　　长：鲁海滨
副 局 长：马　骎　吴建军　陈启昂　金苏红
总工程师：李　鹏

市交通运输局

局　　长：蔡柏灿
副 局 长：丁长生　张建立　茅立明
　　　　　褚校军（12月止）　吴东共
总工程师：王建永（8月止）　冯建红（8月始）

市规划局

党组书记、局长：黄晓帆
副 局 长：毛金坤　杨文鸽　冯江川（8月止）
　　　　　唐亚明　石运通（8月始）
总工程师：石运通（8月止）　冯江川（8月始）

市综合行政执法局（城市管理局）

党委书记、局长：茅建刚（11月止）
副书记、副局长：陈四清（7月止）　陈冠民（8月始）
党委委员、副局长：范建祥　陈攀峰（5月止）
　　　　　　　　　罗旺文　谢福源（5月始）
直属中队中队长（副局级）：史尚杰

市动迁办

主　　任：马丽萍
副 主 任：周宏刚　劳剑锋　王丽丽

市国土资源局

党委书记、局长：项立秋
副 局 长：方文辉　干　华　翁松涛　沈永苗
　　　　　许军辉
纪委书记：任春波
市不动产登记服务中心主任：邹小华

市农林局

书记、局长：张建培（7月止）　金浩明（7月始）
副 局 长：俞安辉　符娟娣　金武昌　张焕钦
总农艺师：经仰贤
党委委员、第六纪检监察组组长：袁惠萍

市水利局

局　　长：姚俊杰
党委书记：朱　刚（1月止）　毛柏生（1月始）
党委副书记：毛洪翔
副 局 长：朱　刚（3月止）　毛柏生（3月始）
　　　　　毛洪翔　何　明　徐亚红
总工程师：吴劭辉
海涂围垦和海塘管理局局长：杨国军
四明湖水库管理局局长：黄于波（7月止）
　　　　　　　　　　　黄银强（7月始）

市农机局

局　　长：周林杰（5月止）　陈岳阳（5月始）
党组书记：周林杰（4月止）　陈岳阳（4月始）
副 局 长：孙建平　施立明　郑　业

市老区办（8月止）

书记、主任：傅仲尧
党组成员、副主任：韩庆良　汪长海

市四明山旅游度假区管委会（8月始）

主　　任：张建培
副 主 任：汪长海　吴清波　叶志千

市商务局（粮食局）

党委书记、局长：刘国钧
党委委员、副局长：邹钧孟（12月止）　潘　彪
　　　　　　　　　杨钱波　孙　萍
　　　　　　　　　姚核军（1月始）
　　　　　　　　　陈妙意（12月始）

市招商局

党组书记、局长：岑　杰
副 局 长：顾伟卫　邵建立　金黎君
张　忠（挂职，12月始）
陈　波（挂职，12月始）

市工业国资管理领导小组办公室

党组书记、主任：陈建华（7月止）
党组副书记、副主任：周能君（主持工作，7月始）
副 主 任：任　跃　顾志峰

市互联网经济促进中心（8月止）

主　　任：宋越敏
副 主 任：郑　平　马安平

市金融办（8月升格成立）

主　　任：宋越敏
副 主 任：梁红霞　姚竞雄

市供销联社

党委书记、主任：赵阳军
党委委员、副主任：邵黎明　赵忠尧　胡　云
袁树连

市教育局

局　　长：熊培军（3月止）　朱小国（3月始）
党委书记：熊培军（1月止）　朱小国（1月始）
副 局 长：朱小国（3月止）　岑忠良（3月始）
丁维钧　吴　文
党委副书记：岑忠良（1月始）
党委委员、纪检组组长：魏代明

余姚中学

校　　长：王胜战

市文化广电新闻出版局（旅游局）

党委书记、局长：李岳定
副 局 长：姚核军（3月止）　陈仰富（3月始）
王国滨　王建军　何建军　朱月芬
高李生
党委副书记：姚核军（1月止）　陈仰富（1月始）

市体管中心

主　　任：韩茂洪（兼）

市广播电视台

台　　长：马军辉
副 台 长：陈妙意（12月止）　叶逢春　黄越明
谢宇安　孙建惠（12月始）

余姚日报社

社长、总编辑：黄桂树
副总编辑：倪久芳　徐渭明　徐　千　杨华平

市卫生和计划生育局

党委书记、局长：陈永润（1月止）
陈亚南（2月始）
副 局 长：鲁建忠（5月止）　张柏锋　陈映青
干亚群　黄胜利（5月始）
市计生协会专职副会长：陆朝辉
党委委员、纪检组组长：陆可可

市人民医院

院　　长：袁海鸿
书　　记：陈利群

市行政审批管理办公室

主　　任：孙伟强
党组书记：孙伟强（9月止）　李森苗（兼，9月始）
副 主 任：韩立波　单世农　徐迪红　任建集
党组副书记：孙伟强（9月始）

市招投标管理办公室（8月止）

主　　任：叶立峰（7月止）　陈建华（7月始）
副 主 任：程尧洪　邱伟平　叶初江　施建泳

市公共资源交易管理办公室（8月始）

主　　任：陈建华
副 主 任：程尧洪　邱伟平　叶初江　施建泳

市市民中心

主　　任：姚核军（兼）

宁波住房公积金中心余姚分中心

书记、主任：许亚芬（7月止）张银龙（7月始）
副 主 任：张　萌

市机关事务管理局

局　　长：钱　泽
副 局 长：施海霞　沈向阳

余姚经济开发区管委会

党工委书记：韩柏顺（11月止）潘帅铁（11月始）
主　　任：韩柏顺（7月止）王燎民（7月始）
党工委副书记：孙雪波（7月止）王燎民（7月始）
副 主 任：孙雪波（7月止）
党工委委员、副主任：阮伯均（12月止）
史晓红（12月止）
叶伟松（12月始）
鲁　君（12月始）

浙江“千人计划”余姚产业园管理中心

书　　记：孙雪波（7月止）潘帅铁（11月始）
主　　任：韩柏顺（7月止）王燎民（7月始）
副 书 记：王燎民（7月始）
副 主 任：孙雪波（7月止）罗浩杰　郑启波
陈展翼（11月始）
马　挺（挂职，5月始）

余姚工业园区管委会

主　　任：陈岳阳（5月止）潘剑波（8月始）
副 主 任：严定汉（7月始）陈　波（12月止）
徐文非（12月始）马荣丰
沈国平　毛旭智　董利群

中国塑料城管委会

党工委书记：董朝晖（11月止）陈国军（11月始）
主　　任：董朝晖（12月止）陈国军（12月始）
副 主 任：周煜铭　王海强　陆　峰　钱彩芬

高铁新城建设指挥部

总 指 挥：黄　琪（兼）
副总指挥：陈国军　熊建苗　楼科挺（11月始）
罗小平（12月止）

铁路北站综管办

主　　任：周伯海（8月止）王　华（8月始）

市牟山湖休闲度假区管委会

主　　任：黄　琪（兼）
党组书记、常务副主任：龚　宁
副 主 任：万建龙（兼）郑少军（3月始）
谢海东　周能君（7月止）
杨浩波（7月始）

市城西开发建设指挥部

总指挥：陈仰富（3月止）胡建立（3月始）
党组书记：陈仰富（1月止）胡建立（1月始）
副总指挥：陈剑芸　吴迪华　赵建永（兼，3月始）
陆仁祥（兼）

垂直管理机构

市国税局

局　　长：周望转
副 局 长：王建新　施焕明　俞传传　诸冬敏
王海军　王立武

余姚出入境检验检疫局

局　　长：陈明良
副 局 长：袁荣胜（11月止）徐吉良（3月始）
刘　宁

宁波海关驻余姚办事处

主　　任：许　勇
副 主 任：汪　诚　阮伟刚

海事余姚办事处

书记、主任：项孝婷（10月止）　张利昌（10月始）

市气象局

局　　长：刘建勇
副 局 长：龚涛峰　邬立辉

市盐务管理局

局　　长：金守相（3月止）　郑志光（3月始）
副 局 长：姜　岚

市烟草局

局长（经理）：杨道贵
副 局 长：陶传坤
副 经 理：许豪杰

国网市供电公司

党委书记、执行董事：陈高辉
党委副书记、总经理：虞　昉
党委副书记、纪委书记：李建明
副总经理：孙维国　周洪涛　董　平
工会主席：杨力奋

邮政余姚市分公司

副总经理：吴水军（主持工作）　倪　杰　夏永翔

中国电信余姚分公司

党委书记：陈焕明
总 经 理：杜可君（1月止）
副总经理：张颖杰（主持工作，1月始）　陈焕明
　　　　　周荣根　顾赛红（1月始）

中国移动余姚分公司

总 经 理：张　永
副 经 理：邢益民

中国联通余姚分公司

总 经 理：张正明
副总经理：戚红霞

中国人民银行余姚市支行

行　　长：龚柏新（1月止）　陈春岳（1月始）
副 行 长：王道丁　黄金世

银监余姚办事处

主　　任：史剑波

金融保险机构

工商银行余姚分行

行　　长：张伟明
副 行 长：管大纲　成银芬

中国银行余姚分行

行　　长：郑　波（4月止）
　　　　　张　琼（4月始，8月止）
　　　　　蔡李峰（8月始）
副 行 长：袁卫勇　胡　巍　吕向阳（5月始）
　　　　　吴晓锋（10月止）　潘　冀（10月始）

建设银行余姚支行

行　　长：董　全
副 行 长：朱百奇（7月止）　郭成哲　王建勋
　　　　　邵钟斌　陈筱国（9月始）

农业银行余姚市支行

行　　长：王仲辉

副 行 长：张　冉（10月始） 顾忠强　严闻霞
徐央军

余姚农村商业银行

董 事 长：万克俭
行　　长：谢宇辉
监 事 长：周冠毅
副 行 长：孙继峰　郑元杰　柳幸昌

交通银行余姚支行

行　　长：宋春海
副 行 长：韩　勇　韩书军（5月止）
闻人永勇（5月始）

中国邮政储蓄银行余姚市支行

行　　长：卢　坚（2月止） 陈雪莲（2月始）
副 行 长：沈敏建　陈　璐（6月始）

浦发银行余姚支行

行　　长：戴建东
书　　记：袁志红
副 行 长：沈树波　王　武　燕　燕

农业发展银行余姚市支行

副 行 长：劳向东（主持工作） 劳科尖

宁波银行余姚支行

行　　长：周　军
副 行 长：黄燕燕　华君波　胡迪军

宁波银行余姚中心区支行

行　　长：钟巧儿
副 行 长：李　康

人保余姚中心支公司

总 经 理：吴小荣
副总经理：黄海峰　王　凌

中国人寿余姚支公司

总 经 理：沈　勇

太平洋人寿保险余姚支公司

总 经 理：邵立明（9月止） 娄国江（10月始）
副总经理：杨　艺　郑一峰

太平洋财产保险余姚支公司

总 经 理：胡静波
副总经理：劳建国　施恩惠（3月始）

中国平安财产保险余姚支公司

总 经 理：陈　欣
副总经理：高武杰　鲍东升　陆贤意

民主党派

民革余姚支部

主　　委：张　翊
副 主 委：劳士权

民进余姚基层委员会

主　　委：朱初雷
副 主 委：吴建平　王建永　杨文鸽

农工民主党余姚基层委员会

主　　委：缪正刚
副 主 委：朱月芬　周建春　王良娟　朱延芳

九三学社余姚市基层委员会

主　　委：赵银海
副 主 委：胡铁钧　梁红霞　陆哲学　陈　杰

镇乡（街道）机构及领导名录

凤山街道

党工委书记：吕军云（1 月止） 沈小坤（1 月始）
党工委副书记：茅文杰 张 伟 章 勇
姚建新（挂职，5 月始，11 月止）
党工委委员：施建尧 徐晓飞 胡亿钧 何 明
徐龙淼（11 月止） 张金龙（11 月始）
王 华（8 月始） 周伯海（8 月止）
人大工委主任：宓贤通
人大工委副主任：罗 平
办事处主任：茅文杰
办事处副主任：胡晓勇 施利森（7 月止）
周伯海（8 月始） 周吉炎 章 敏
纪工委书记：施建尧
政协联络委主任：胡亿钧（兼）
组织员：罗小平（11 月始）

阳明街道

党工委书记：胡建立
党工委副书记：孙启春（7 月止） 叶立峰（7 月始）
王欢亮 方建军
李 军（挂职，5 月始，11 月止）
党工委委员：姚云飞 袁文庆 黄国锋 陈山君
姚永尧（11 月止） 徐龙淼（11 月始）
人大工委主任：邵金耀
人大工委副主任：屠柏荣（11 月止）
戚国芳（11 月始）
办事处主任：孙启春（7 月止）
办事处副主任：叶立峰（7 月始） 俞建立
陆仁祥 谢东海 赵建永
纪工委书记：姚云飞
政协联络委主任：黄国锋（兼）
组织员：屠柏荣（11 月始）

梨洲街道

党工委书记：李 斌
党工委副书记：阮坚定（11 月止）
谢丽庆（11 月止） 严鸿炳
李 军（11 月始）
龚共军（挂职，5 月始，11 月止）
党工委委员：严浩迪 蒋柏松 谢建英 王建忠
严侔泓 张剑波

人大工委主任：姜学东（11月止）
谢丽庆（12月始）
人大工委副主任：赵佳铭
办事处主任：阮坚定（12月止）
副 主 任：何前明　陈　杰　孙　恒　杨建苗
李　军（12月始）
纪工委书记：蒋柏松
政协联络委主任：谢建英（兼）

兰江街道

党工委书记：诸剑军（7月止）　孙启春（7月始）
党工委副书记：方黄军　韩光成　陈哲明
万名杰（挂职，5月始）
党工委委员：孙惠清　张国东　周罗建　方青山
魏柏腾
人大工委主任：余张新
人大工委副主任：厉海表
办事处主任：方黄军（7月始）
办事处副主任：方黄军（主持工作，7月止）
姚泉高　郑银权　邵华荣　黄科威
纪工委书记：孙惠清
政协联络委主任：周罗建（兼）

朗霞街道

党工委书记：陈岳阳（4月止）　潘剑波（4月始）
党工委副书记：沈　权　黄　洋
吴建传（11月止）
党工委委员：徐莹峰　张叶飞（7月止）
徐爱芬（8月始）　李真龙　黄冠龙
朱剑钟　鲍永良
吕汉杰（挂职，5月始）
人大工委主任：王茂政（7月止）　吴建传（7月始）
人大工委副主任：张剑耀
办事处主任：沈　权
办事处副主任：陈　波（12月止）
徐文非（12月始）　马荣丰
沈国平　毛旭智　董利群
吕汉杰（挂职，5月始）
纪工委书记：徐莹峰
政协联络委主任：李真龙（兼）
组织员：卢飞存

低塘街道

党工委书记：张丽红
党工委副书记：王明江　毛绍炯　徐世海
党工委委员：姜春良　黄佳娜　郑　超（9月始）
岑　斌（9月止）　叶伟松（11月止）
魏　达
人大工委主任：朱开方
人大工委副主任：马立红
办事处主任：王明江
办事处副主任：陆建波　苏岳明　吴琴芬　宋叶忠
纪工委书记：姜春良
政协联络委主任：黄佳娜（兼）

泗门镇

党委书记：徐康林
党委副书记：成立海（4月止）　蔡亚红（4月始）
韩杭城　徐周康
顾　展（挂职，5月始）
党委委员：赵钧鑫　卢　杰　施彩仙　骆高峰
孙　峰（1月止）　胡国南（3月始）
钱建康
人大主席：姚惠平
人大副主席：施天军
镇　　长：成立海（5月止）　蔡亚红（5月始）
副 镇 长：马林锋　毛善龙　梁红霞（8月止）
黄妙飞（8月始）　罗立伟
纪委书记：赵钧鑫
政协联络委主任：施彩仙（兼）

组织员：宋　烈

马渚镇

党委书记：赵明明
党委副书记：蔡亚红（4月止）　周　强（4月始）
　　　　　　沈　飞　胡嘉良（11月止）
　　　　　　姚建新（11月始）
党委委员：胡文书　鲁科萍　李渭清　周建虎
人大主席：李春贤
人大副主席：胡蔚波
镇　　长：蔡亚红（5月止）　周　强（5月始）
副 镇 长：周建芳　姚黎明　李　宽（8月止）
　　　　　徐　然（8月始）　郑　祯（5月止）
　　　　　陈攀峰（5月始）
纪委书记：胡文书
政协联络委主任：李渭清（兼）

陆埠镇

党委书记：高　权（11月止）　褚立军（11月始）
党委副书记：褚立军（11月止）　龚共军（11月始）
　　　　　　沈学键　张信钿
党委委员：马　挺　郑东明　叶旭彬（7月止）
　　　　　罗怀青（8月始）　袁荷满
　　　　　张金龙（11月止）　陈福明（11月始）
　　　　　岑雪波（挂职，5月始）
人大主席：周松岳
人大副主席：魏建永
镇　　长：褚立军（11月止）
副 镇 长：龚共军（主持政府工作，11月始）
　　　　　吴东晓　魏建锋　谢霞波　赵永良
纪委书记：马　挺
政协联络委主任：叶旭彬（兼，9月止）
　　　　　　　　罗怀青（兼，9月始）

梁弄镇

党委书记：王燎民（7月止）　何张辉（7月始）
党委副书记：诸仲玖　唐飞琴　汪新华（8月始）
　　　　　　李　明（挂职，5月始）
党委委员：黄建友　倪永淼　周　优　胡鹤云
　　　　　王玉明（挂职，5月始）
人大主席：万小平
人大副主席：魏安芳
镇　　长：何张辉（7月止）　诸仲玖（7月始）
副 镇 长：王沛然　黄银强（7月止）
　　　　　杨建海（7月始）　曹　丹　鲍文建
纪委书记：黄建友
政协联络委主任：周　优

牟山镇

党委书记：龚　宁
副 书 记：万建龙　钱　瑛（4月止）
　　　　　郑少军（挂职，5月始）
党委委员：解　俞　符军苗（4月始）　戎丹丹
　　　　　洪亚军　周　晋
人大主席：毛建良
人大副主席：沈雁鸣
镇　　长：万建龙
副 镇 长：洪亚军　郑其龙　李大炜　张立东
纪委书记：解　俞

丈亭镇

党委书记：黄佰坚
党委副书记：戚红军　陈映东
党委委员：钱夏珍　郑焕根　叶吉松　陈红国
　　　　　马士杰
人大主席：俞炳洪
副 主 席：陈文文
镇　　长：戚红军

副 镇 长：张　忠　祝永权　石利萍　沈巍伟
纪委书记：钱夏珍

三七市镇

党委书记：史勇军
党委副书记：何　良　张四海
褚校军（挂职，5月始，12月止）
党委委员：卢素芬　杜海军　周丽培　吕幼萍
朱　涛　周建铭（9月止）
谢建仕（11月始）
人大主席：俞国军
人大副主席：任庆标
镇　　长：何　良
副 镇 长：沈建峰　王伟波　张文培　褚泉良
纪委书记：卢素芬

河姆渡镇

党委书记：严文渊
副 书 记：柳雅敏（4月止）　王根福（8月始）
俞斌权（挂职，5月始）
党委委员：周夏琴（7月止）　鲁红霞（8月始）
鲁炎峰　郑军传　卢国君　韩银裕
郑　达
人大主席：胡坚强
人大副主席：翁桦桦
镇　　长：吴微勋
副 镇 长：徐　存　诸鸿军　唐高勇
吕　伟（6月止）　应雪琴（6月始）
纪委书记：周夏琴（7月止）　鲁红霞（8月始）
政协联络委主任：卢国君（兼）

小曹娥镇

党委书记：丁建军（4月止）　梅百烽（4月始）
党委副书记：梅百烽（4月止）　鲁岳彪
董　斌（7月始）
党委委员：董　斌（7月止）　徐展豪　杨建胜
董秋明　周立群（8月始）　钱建平
人大主席：翁贤权
人大副主席：朱红良
镇　　长：梅百烽（7月止）　鲁岳彪（7月始）
副 镇 长：钱　军　周力平　胡　建　朱佳齐
纪委书记：徐展豪

临山镇

党委书记：周建铭
党委副书记：杨宇光　陶建民
党委委员：张国伟　赵建梁　张小利　徐　楠
俞建桥　谢超炯（11月始）
人大主席：孙保定
人大副主席：苗建平
镇　　长：杨宇光
副 镇 长：鲁庆怀　缪俊杰　周旭明　罗　洁
纪委书记：张国伟
政协联络委主任：徐　楠（兼）

黄家埠镇

党委书记：王华威
党委副书记：张国安　陈　斌
党委委员：俞素珍　施建森　王其明　毛黎明
邱雷杰　魏水明
人大主席：胡伟龙
人大副主席：杨剑波
镇　　长：张国安
副 镇 长：郑永孟　沈登灿　马水娟　姚国锋
纪委书记：俞素珍

大隐镇

党委书记：沈　红（11月止）
党委副书记：陈　辉　朱汉明

党委委员：张幸程　邵姚斌　龚云先　张焕军
谢龙华（9月止）周建铭（9月始）
人大主席：黄其君
人大副主席：茅豪杰
镇　　长：陈　辉
副 镇 长：赵奕挺　施建军　龚云先　黄文建
纪委书记：张幸程

大岚镇

党委书记：潘剑波（4月止）肖鹤峰（4月始）
党委副书记：肖鹤峰（4月止）黄　强
张叶飞（7月始）
党委委员：马文文　郑文杰　李基坚　徐志军
谢超炯（11月止）
汪　江（挂职，5月始）
人大主席：俞国强
人大副主席：苏　瑜
镇　　长：肖鹤峰（5月止）黄　强（8月始）
副 镇 长：李基坚　朱铁炯　方烈君
纪委书记：马文文

四明山镇

党委书记：谢向前
党委副书记：陆　超　唐成波
党委委员：陈　灯　符金义　杨建忠　潘志磊
蒋文杰　洪　磊（挂职，5月始）
人大主席：李义建
人大副主席：谢向炯
镇　　长：陆　超
副 镇 长：杨建忠　孙　治　丁东青
纪委书记：陈　灯

鹿亭乡

党委书记：陈晓珍
党委副书记：郑　杰　黄伯忠
党委委员：茅巧女　姚军达　林　宇
陈福明（11月止）孙梦翱（4月始）
柯宏伟（挂职，5月始）
人大主席：马伟军
人大副主席：段丹群
乡　　长：郑　杰
副 乡 长：林　宇　马友明　谢　晨
纪委书记：茅巧女

先进集体·先进个人

先进集体

【2017 年余姚市获国家级表彰的先进集体】

全国文明城市：余姚市

2016 年度平安县（市、区）：余姚市

2016 年度市县党政领导人才工作目标责任制考核优秀单位：余姚市

全国青少年普法教育示范区：余姚市

第四批国家级农村职业教育与成人教育示范县：余姚市

2016 年中国跨境电商创业二十五佳县（市）：余姚市

国家级出口食品农产品质量安全示范区：余姚市

2016 年度重大农业植物疫情防控工作考核优秀：余姚市

中国生态甲鱼之乡：余姚市

全国文明镇：泗门镇、梁弄镇

国家卫生镇：泗门镇、梁弄镇

全国特色小镇：梁弄镇

全国文明村：横坎头村

全国文明单位：阳明街道新城市社区

2017 年度中国政务网站领先奖："中国·余姚"门户网站

第十六届（2017）中国政府网站绩效评估县级市政府第二名："中国·余姚"门户网站

全国法院宣传工作先进集体：市人民法院

2017 年度全国检察宣传先进单位：市人民检察院

农工党中央"组织建设工作先进集体"：农工党余姚基层委

"全国科协系统先进集体标兵"：市科协

全国综合医院中医药工作示范单位：市人民医院

全国巾帼文明岗：市妇幼保健所妇女保健科

全国 2016—2017 年度群众满意的乡镇卫生院：低塘中心卫生院、三七市镇卫生院、小曹娥镇卫生院

2017 年全国优质服务示范社区卫生服务中心：凤山街道社区卫生服务中心

2014—2016 年度市县农贸市场提升发展工作先进单位：市市场监管局

中央台办"两刊"对台宣传工作先进单位：市台办

2017 年度体坛报体育宣传工作先进集体（卓

越奖)：市体育局

全国“五好”县级工商联：市工商联

国家税务总局“税收执法大督察工作成绩突出的集体”：市地税局

2017年全国五一劳动奖状：国网浙江余姚供电公司

中国工人阶级团体最高奖项：市供电公司

全国实施卓越绩效模式先进企业：市供电公司

全国电力行业“十佳公益团队：市供电公司“电工爸爸团”

2016年度交通战备工作先进单位：市交通战备办公室

全国标杆基层供销社：临山供销社

全国休闲农业与乡村旅游五星级示范园区企业：临山戚海农庄

全国农村优秀学习型组织：味香园葡萄专业合作社

全国青少年普法教育活动先进集体：市关工委、市教育局、梨洲小学、姚北实验学校、东风小学教育集团

全国青少年普法教育活动优秀组织奖：凤山街道关工委、牟山镇中心小学、黄家埠镇中心小学、第一实验小学

全国第二批心理健康特色示范学校：余姚市实验学校

全球DI青少年创新思维大赛综合类第二名：世南小学

首批全国城乡社区教育特色学校：牟山成校

工信部制造业“单项冠军”：舜宇光电信息

商务部2017—2018电商示范企业：浙江网塑电子商务股份有限公司（浙江塑料城网上交易市场）

2016年国家农民合作社示范社：康绿蔬菜专业合作社

全国农村创业创新园区（基地）：余姚滨海现代农业先导区

2017年全国农机合作社示范社：余姚市马渚庆德农机服务专业合作社

渔船安全生产目标管理责任制二等奖：市海洋与渔业局

2017—2018年度国家文化出口重点企业：大丰实业、飞虹文化用品有限公司

全国商品交易市场系统文明诚信经营示范市场：中国塑料城

全国商品交易市场系统十佳市场管理委员会：中国塑料城管理委员会

全国商品交易市场会员先进单位：中国塑料城管理委员会

中国商品市场百强：中国塑料城、浙江塑料城网上交易市场

“网上网下融合市场30强”第1位：中国塑料城（浙塑市场）

中国银行业协会五星级网点：交通银行余姚支行

中国银行业协会五星级网点：宁波银行江南支行

2017年度中国建设银行五星级营业网点：中国建设银行余姚支行营业室

中国银行业文明规范服务四星级营业网点：余姚农村商业银行城东支行

中国银行业文明规范服务四星级营业网点：余姚农村商业银行营业部

【2017年余姚市获省级表彰的先进集体】

浙江省第三批基本实现教育现代化县（市、区)：余姚市

浙江省农村生活垃圾治理工作优胜县市：余姚市

2017年度浙江省农村生活垃圾治理工作优胜县：余姚市

浙江省首批农业“机器换人”示范县（市、区)：余姚市

省级农产品质量安全放心县：余姚市

2017年度浙江省市县水利工作综合考核优秀市县：余姚市

全省重才爱才先进单位：余姚市

建设平安浙江2017年度平安市：余姚市

2017年度浙江省外贸十强县（市、区)：余姚市

2017年度《今日浙江》杂志发行工作三等奖：市委办

2017年度新华社内参发行先进单位：市委办

浙江省统战信息工作二等奖：市委统战部

全省侨务系统先进集体：市侨办（市侨联）

民进浙江省委会先进集体：民进余姚基层委

农工党浙江省委会优秀基层组织：农工党余姚基层委

九三学社省委会先进基层组织：九三学社余姚基层委员会

农工党浙江省委会2016—2017年度先进基层组织：农工党余姚市基层委

2017年度全省工商联系统先进单位：市工商联

全省"五好"县级工商联：市工商联

浙江省小城镇环境综合整治样板镇：泗门镇

浙江省小城镇环境综合整治达标乡镇：大岚镇、梁弄镇、鹿亭乡

浙江省卫生镇：大岚镇、黄家埠镇

浙江省森林城镇：大隐镇

浙江孝贤集体：大隐镇中心学校

浙江省老体协工作先进集体：黄家埠镇老体协

浙江省美丽乡村示范乡镇：梁弄镇、临山镇

浙江省松材线虫病防治示范乡镇：梁弄镇

浙江省卫生村：横路村、贺溪村、袁马村、蒋岙村

浙江省文明村：横路村、邵家丘村、兰山村

浙江省美丽乡村精品村：横路村

浙江省森林村庄：梁弄镇五桂村、临山镇临南村、小曹娥镇曹娥村、泗门镇镇北村、阳明街道西街村、临山镇临山村、梁弄镇东溪村、兰江街道冯村村

省级美丽生态牧场：宁波久久红农业有限公司、格格家禽生态养殖有限公司、舜丰畜禽养殖有限公司、临南畜禽养殖场、昌茂畜禽养种场

浙江省特色农业强镇：临山镇

浙江省文化示范村：湖堤村

浙江省防灾减灾综合示范村：南雷村

浙江省气象防灾减灾标准化村：官路沿村

浙江省规范化乡级农村公路管理站：陆埠镇

浙江省50个示范文化新地标：袁马村文化礼堂

省级AAA级景区村庄：梨洲街道金冠村、鹿亭乡中村村、大岚镇柿林村

浙江省AA级景区村庄：兰山村、裘岙村

浙江省级民主法治村：低塘街道西郑巷村、河姆渡镇翁方村、三七市镇三七市村、马渚镇开元村

全省"小升规"培育及小微企业运行监测工作优秀基层单位：三七市镇

2016年度浙江省公安信访工作考核县级优秀单位：市公安局

2011—2015年全省法治宣传教育先进集体：市公安局

2017年浙江省"最多跑一次"先进集体：市公安局

《平安时报》公安新闻宣传工作二等奖：市公安局

全省公安机关离退休干部工作成绩突出单位：市公安局政治处

2016—2017年度"全省优秀公安基层单位"：市公安局法制大、低塘派出所

浙江省AA级"守合同、重信用"企业：市供电公司

浙江省供电公司五星级供电所：临山供电所

浙江省供电公司五星级班组和绩效管理标杆班组：临山供电所

浙江省供电公司农村配网示范区：梁弄镇

浙江省供电公司"百佳精品台区"：临山杨岙小区公变

浙江省级"敬老文明号"：梁弄供电所

浙江省供电公司班组长能力竞赛三等奖：市供电公司

浙江省供电公司A级创新工作室：宣玉华职工创新工作室

全省供销社系统综合业绩考核特等奖：市供销联社

全省农合联建设先进单位：市供销联社

全省供销社（农合联执委会）服务体系建设先进单位：市供销联社

浙江省文明单位：市公共交通有限公司

2017年全省城市公交春运工作先进单位：市城乡公共交通有限公司、市公共交通有限公司

2016年度浙江省公交行业信息通联工作先进单位：市城乡公共交通有限公司

浙江省第三批特色小镇创建名单：智能光电小镇

第二届省级“敬老文明号”：市国网浙江余姚市供电公司梁弄供电所

省级老年电大示范教学点：马渚镇老年电大教学点、低塘街道芦城村老年电大教学点

浙江省第一批现代农业科技示范基地：田螺山粮食专业合作社、康绿蔬菜专业合作社、佳云西兰花专业合作社、临山镇味香园葡萄专业合作社、明凤淡水养殖场

2016年度全省农业工作考核优秀单位：市农林局

浙江省第三次农业普查先进集体：市第三次农业普查领导小组办公室

2016年度全省县级海洋与渔业工作先进单位：余姚市海洋与渔业局

全省法院政工信息工作先进集体：市人民法院

浙江省实施妇女儿童发展规划先进集体：市人民法院

全省法院2017年度二等功集体：市人民法院立案庭

全省法院2016年度二等功：市人民法院泗门人民法庭

2017年度浙江法院信息化应用十大微创新项目：余姚微法院

2016年度全省法院信息化工作先进集体：市人民法院司法行政科

浙江省人社厅党的十九大维稳安保工作作出突出贡献的集体：市人社局

2016年度浙江省商务运行调查监测工作先进单位：市商务局

2017年度全省内部审计业务指导和监督工作优胜单位：市审计局

2014—2016年全省内部审计先进集体：余姚市农村集体经济审计中心

浙江省人社厅、省工商局、省公务员局集体三等功：市市场监管局

2016年度全省系统新闻宣传工作先进单位：市市场监管局

2016—2017年度全省消保委组织先进集体：市消保委

浙江省五星级规范化市场监管所：市市场监管局低塘所

浙江省四星级规范化市场监管所：市市场监管局兰江所、梁弄分局

2016—2017年度省级青年文明号集体：市市场监管局丈亭所

浙江省基层防汛防台体系建设工作优秀防指办：市防指办

2017年度全省水政队伍考核优秀单位：市水政监察大队

2017年度浙江省竞技体育突出贡献奖（训练单位）：市体管中心

2017年度浙江省竞技体育突出贡献奖（市县级体育部门）：市体育局

浙江省成长型文化企业：联创彩印有限公司

浙江省重点文化企业：大丰实业

浙江省文明单位：市疾病预防控制中心

2017年浙江省百强社区卫生服务中心：凤山街道社区卫生服务中心

2017年浙江省责任医生签约服务示范点建设单位：凤山街道社区卫生服务中心、兰江街道社区卫生服务中心

浙江省健康促进医院：市第四人民医院

浙江省无烟医院：朗霞街道卫生院

2016年度浙江省新生儿遗传代谢病筛查工作先进集体：市新生儿疾病筛查管理中心

浙江省城市道路照明行业先进单位：市路灯管理处

首届“浙江省森林文化小镇”：四明山镇

浙江省乡镇劳动争议调解综合示范单位：泗门镇

浙江省首批百家示范基层工会：泗门镇总工会

浙江省四好商会：泗门镇商会

浙江省第三次农业普查先进集体：余姚市泗门镇人民政府第三次农业普查领导小组办公室

浙江省动物卫生监督示范窗口：市动物卫生监督所泗门镇分所

浙江省劳动人事争议案件处理工作优秀派出庭：劳动人事争议仲裁泗门镇派出庭

浙江省现代化成校：泗门成校

浙江省四星级文明规范市场：中国塑料城

浙江省五星级文明规范市场：浙江塑料城网上交易市场

省级美丽宜居示范村优秀村庄：南新庵村

浙江省2016年商标品牌示范乡镇（街道）：阳明街道

第八批省级骨干农业龙头企业：银树绿色食品有限公司

省级示范性综合服务平台：阳明青创空间

浙江省2017年度省级开发区综合考评第一名：余姚经济开发区

浙江省2017年度先进省级开发区：余姚经济开发区

浙江省2017年度对外贸易十强开发区：余姚经济开发区

浙江省2017年度利用外资十强开发区：余姚经济开发区

浙江省重才爱才工作先进单位：浙江“千人计划”余姚产业园

2017年度浙江农信系统文明规范服务示范单位：余姚农村商业银行低塘支行

先进个人

【2017年余姚市获国家级表彰的先进个人】

全国农业劳动模范：黄宝康（临山镇）

2017年度中国银行业文明规范服务“明星大堂经理”：孙圻（宁波银行余姚支行）

全国“敬老爱老助老模范人物”：罗家炜（宁波洽丰休闲用品有限公司董事长）

2017年度全国检察宣传先进个人：戚吉琼（市人民检察院）

全国“五一”劳动奖章：邵华江（市人民医院）

全国“最美中职生”：童洁（市职成教中心学校）

全国“诚信友善好少年”：计芦益（陆埠镇初级中学）

荣誉天平奖章：市人民法院楼全民、孙荣焕、陈苗荣

2013—2016年度全国群众体育先进个人：张建平（市体管中心）

帆板世界锦标赛女子帆船RS：X级亚军：伍佳慧

全国跆拳道锦标赛冠军：闻人云涛

全运会皮划艇男子双人1000米划艇冠军：李金达

全运会女子跑跳二项全能冠军：陈丹妮

【2017年余姚市获省级表彰的先进个人】

浙江省党的十九大维稳安保工作先进个人：赵建梁（临山镇）、诸剑军（市委政法委）、许建生（市委政法委）、茅立明（市交通运输局）

浙江农业之最水稻机插擂台赛一等奖：余军林（黄家埠镇）

全省敬老养老助老模范人物：郑交方（鹿亭乡老龄委）

2016年度百名浙江“最美妇女主任”：赵玲玲（三七市镇胜利村妇代会主任）

2017年浙江省绿色家庭：李凤家庭、黄宝康家庭、袁尧明家庭、方杏庆家庭

2017年浙江省“书香家庭”亲子阅读基地：凤山街道张亚萍家庭

2016年度浙江“最美家庭”：低塘街道韩亚丽家庭

全省优秀共产党员：胡建江（阳明派出所）

浙江省第三届最美禁毒人：胡建江（阳明派出所）

浙江省“最美公务员”：胡建江（阳明派出所）、钱建康（泗门镇）

全省模范人民警察：胡建江（阳明派出所）

“最美浙江人——2017年度浙江骄傲人物”：胡建江（阳明派出所）

2016年度全省禁毒业务工作成绩突出个人：王芳敏（市公安局禁毒大队）

全省公安机关深入推进户口登记管理清理整顿工作中成绩突出个人：苏小惠（市公安局治安大队）

全省公安基层基础工作成绩突出个人：冯立烽（低塘派出所）

2016年度省公安优秀通讯员：龚利波（市公安局政治处）

2016—2017年度省级青年岗位能手：陈亮（市公安局指挥中心）

浙江省人民政府个人一等功：陈见（市公安局副局长）

浙江省人民政府个人二等功：施文华、张鑫锋（市公安局刑侦大队）

浙江省人民政府个人三等功：王栋林、胡烨磊、周石磊（市公安局刑侦大队），何佳文（梨洲派出所）

2016—2017年度“全省优秀人民警察”：施文华（市公安局刑侦大队）、徐立峰（梁弄派出所）

浙江省公安厅个人二等功：刘锋（市公安局禁毒大队）、叶圣（市公安局治安大队）

感动浙电——2017最美员工年度人物：吴长浩（国网余姚市供电公司）

浙江省红十字优秀志愿者：黄伟江（凤山街道社区卫生服务中心）

2016年度浙江省公交行业信息通联工作先进个人：严波（市交通运输局）

浙江省第五届师德先进个人：丁再军（瑞云学校）

浙江省优秀护林员：劳赛（市农林局）

浙江省农业生态与能源办公室2017年度工作目标考核先进个人：李岳潮（市农林局）

浙江省森林公安局个人三等功：周伟军（市农林局）

2016年度全省“两战”执法工作先进个人：周凌云（市农林局）

2017年度“优秀直播法官”：齐志强（市人民法院）

全省优秀法官：叶科技（市人民法院）

全省法院先进个人：顾宏斐（市人民法院）

第二届全省检察机关“刑事申诉检察业务能手”：陈海霞（市人民检察院）

浙江省人社局党的十九大维稳安保工作作出突出贡献的个人：俞永民、蒋学范、郑百权、赵建华（市人社局）

全省十大办案能手：毛桂平（市人社局）

2014—2016年全省内部审计先进个人：徐建汀（市审计局）

2016年度全省系统新闻宣传工作先进个人：金晶（市市场监管局）

2014—2016年度市县农贸市场提升发展工作先进个人：胡梁鸿（市市场监管局）

2015—2016年度省优秀农村工作指导员：冯丹（市市场监管局）

全省食品药品监督管理系统先进工作者：干超男（市市场监管局）

2015—2016年度浙江省优秀农村工作指导员：任宁（市司法局）

浙江省竞技体育事业作出贡献的个人：沈红萍（泗门镇中心小学）

浙江省劳动模范：邵华江（市人民医院）

2017年度第一届“浙江省基层妇幼好医生”：黄涨波（市妇幼保健所）

3月“浙江好人榜”：刘玲波（马渚中心卫生院）

2017年浙江省百姓信赖的签约好护士：陈霞儿（兰江街道社区卫生服务中心）

浙江省白蚁防治先进个人：鲁胜利（市住房保障中心）

浙江省城市道路照明行业先进个人：邹浩军（市路灯管理处）

2017年度浙江省智慧城管优秀工作者：周雯（市综合指挥中心）

2017年浙江省五一劳动奖章：罗高昇（宁波长振铜业有限公司）

浙江首批百名“浙江工匠”：罗明浩（宁波江丰电子材料股份有限公司）

2016年度浙江省农业技术推广贡献奖：杨伟斌（泗门镇现代农业公共服务中心主任）

文件选编

余姚市创建浙江省农业“机器换人”示范市实施方案

为贯彻落实《浙江省人民政府办公厅关于加快推进农业领域“机器换人”的意见》（浙政办发〔2016〕19号）、《浙江省农业厅关于印发农业领域“机器换人”推进行动计划（2016-2018）》（浙农专发〔2016〕46号）、《浙江省农业厅关于组织实施农业“机器换人”示范工程的通知》（浙农专发〔2016〕69号）和《关于加快发展现代农业建设美丽乡村高水平推进城乡发展一体化的若干意见》（甬党发〔2016〕5号）等文件精神，经市政府研究，决定创建浙江省农业“机器换人”示范市。为保障创建工作顺利实施，现结合本市实际，制定本方案。

一、现有基础

我市的农机化事业伴随着传统农业向现代农业的迈进，实现了由单一粮食生产机械向高效农业机械、产中机械向产前产后机械、传统农机向现代农机的跨越式发展。农机总量大幅增长，应用领域不断拓展，服务效益不断提升，综合实力显著增强。近年来，市委市政府高度重视农机化工作，连续多年出台各项惠农助农政策，对机械购置、水稻机插及育秧、油菜和大小麦机械化作业、科技项目实施和机具停放进行全方位补贴，为农机化事业快速发展创造了良好条件。“十二五”期间，累计拨付作业补贴近6000万元、购置补贴9100余万元，引导农民投入购机资金近2亿元，推广农机具1万余台，受益农户近3000户。至“十二五”末，全市农机总动力61.8万千瓦，拥有耕作机械4196台、联合收割机785台、水稻插秧机738台、谷物烘干机316台套、茶叶加工机械6561台套、果蔬加工机械751台套、畜禽养殖机械831台套，水产养殖机械7581台套，冷藏保鲜设备155套，拥有农机合作社71家、农机合作社联合社1家、农机合作社联合会1家、农机作业服务公司2家、宁波市级以上示范社9家，全市水稻生产耕种收综合机械化水平达到90%。我市被国家农业部授予“全国农业机械化示范区”“全国首批基本实现主要农作物生产全程机械化示范市”等称号。

二、总体要求

以“创新、协调、绿色、开放、共享”发展理念为引领，按照浙江省农业“机器换人”示范县（市）创建要求，以全面推进农业“机器换人”为目标，加快先进适用农机装备推广应用，着力提高农机装备覆盖率、渗透力、适用性、通用性、共用性，进一步提升农机化装备水平、服务水平、创新水平、管理水平、政策及队伍保障水平，全面提高以粮食为主的主要农作物生产全程机械化程度，加快现代农业提质增效，力争2017年建设成为农机装备水平高、全程服务能力强、创业创新活力大、安全生产形势好的示范市。

三、创建目标

通过两年努力，农业机械化政策法规、社会化服务、科技创新、人才支撑和质量安全监管“五大体系”更加完善，农机装备结构更加合理，区域和产业发展更加协调，“智慧农机”建设深入推进。到2017年，全市新增农机装备2000台（套），农业各产业环节机械化、设施化水平迈上新台阶。

——水稻全程机械化作业水平进一步提高。巩固水稻生产全程机械化作业水平，水稻生产耕种收综合机械化作业水平保持在90%以上；加快推进农机装备结构优化进度，着力提高无人高效植保、粮食烘干、秸秆处理等农机技术，粮食生产农机耕作、种植、收获、烘干环节装备保障水平达到100%、70%、80%和80%，水稻高效植保机械化率60%以上，稻麦机械化烘干率65%以上，秸秆处理机械化率90%以上。

——主要经济作物生产机械化进一步推进。加快蔬菜、油菜、茶叶等经济作物生产关键环节机械化装备引进示范和推广，建成蔬菜育秧流水线播种基地2家，大豆生产全程机械化示范点1家，鲜玉米生产全程机械化示范点1家；大力提升油菜机械化种植、收获机械化水平；名优茶加工、大宗茶修剪、采摘机械化率达到95%以上。

——畜禽养殖机械化水平进一步提升。加强畜禽养殖机械的引进和推广，重点引进饲料加工、配送和投喂机械、畜禽粪便处理机械、防疫设备等，规模以上养殖场自动喂料、环境控制、排泄清理机械化水平达到80%以上。

——农机社会化服务体系进一步完善。大力推进农机综合服务网络建设，建成农机作业服务公司4家、农机合作社联合社1家、区域性农机服务中心3家、农机维修中心3家、农机培训中心3家；积极开展农机合作社典型示范，建成省级以上示范合作社5家、宁波市级示范合作社12家。

——农机农艺融合机制进一步健全。积极整合农机农艺有关专家，建立健全农机和农艺协作机制，由市农机局、市农林局抽调相关专家，成立农机农艺融合专家组，加强农机农艺融合试验研究和示范推广，力争在果蔬种植、畜牧养殖等关键环节机械化取得新的突破。

——“互联网+农机”建设初显成效。积极探索推进“智慧农机”“物联网+农机”建设，依托新型农业、智能温室等高效设施，以蔬菜育苗、花卉园艺等为重点，开展温湿度自动、远程控制，作物长势智能监控，土肥检测等配套设施装备建设，建成3个智慧农机装备应用示范基地，并利用互联网纳入“宁波市智慧农机WEBGIS管理系统”，开展监控和调度管理工作。

——农机安全生产形势持续稳定好转。实现农机事故“死亡次数、死亡人数、万台死亡率”三项指标稳定下降，巩固全国“平安农机”示范市建设成果，建成省级“平安农机”示范乡镇17个，宁波市“平安农机”示范合作社24个。

——农机技术培训更加全面。进一步健全农机培训网络、拓宽培训渠道、创新培训方式，大力提升农机从业人员的素质与技能，到2017年完成各类农机人员培训5000人次以上，其中农机实用人才培训1000人次以上。

四、创建内容

（一）完善补贴政策，提升各产业机械化水平

根据创建目标，研究制定农机新补贴办法，发挥农机专业合作社、农机作业服务公司、农机大户等示范带头作用，通过科技下乡、现场展（演）示、集中培训等方式，加快推广先进适用农机化新技术新装备。实施农业“机器换人”示范工程，

重点提升水稻、茶叶、畜牧等产业机械化水平。

1. **水稻产业**。我市水稻种植面积达30万亩，主要分布在平原稻区16个乡镇（街道）。以产粮乡镇（街道）为重点区域，以农机专业合作社、种粮大户为重点对象，大力推广高性能新型作业机械，逐步淘汰老旧机具，整体提升农机装备水平，加快农机新技术的应用，全面提升水稻生产全程机械化水平，并在机械穴直播、机械筑埂等技术环节取得突破。重点推进水稻机械化穴直播、烘干、植保、耕作、收获、筑埂及育插秧标准化作业等技术应用。重点推广乘坐式高速插秧机、大马力粮食收获机械、精量穴直播机、筑埂机、大马力拖拉机、粮食烘干机，以及无人植保飞机、自走喷杆式喷雾机等高性能机械。

2. **茶叶产业**。我市茶园面积约6万亩，主要分布在南部山区乡镇。以梁弄镇、大岚镇、四明山镇、鹿亭乡等山区乡镇为重点区域，以茶叶生产专业合作社、茶叶种植基地、茶叶加工企业等单位为重点对象，推进茶叶生产的全程机械化、自动化、标准化作业，实现提质增效，促进茶叶产业发展。重点推进机械化修剪、采摘、名优茶加工等技术应用。重点推广修剪机、采摘机、田园管理机及名优茶加工机械。

3. **畜牧产业**。我市畜禽养殖以生猪和家禽为主，规模化水平较高，生猪存栏500头以上养殖场30家，水禽存栏1500羽以上28家，旱禽存栏3000羽以上11家。以畜禽养殖重点乡镇（街道）为重点区域，以合作社、牧场、养殖大户等为重点对象，推进规模化、自动化、生态型牧场建设。重点推进机械化畜粪处理、自动投喂、饲料加工、温湿自动控制等技术应用，重点推广畜粪处理设备、自动投喂装置、饲料加工机组、湿帘降温系统、环境监控系统等机械设备。

（二）注重科技创新，推动“物联网+”应用

加快推进智慧农机建设，积极开展新型农机装备引进试验，以蔬菜、花卉、水果等产业为重点，推广钢架大棚、玻璃温室等高效设施，配套应用光温水肥自动控制、作物长势智能监控、病虫害智能监测与预警等设施装备，打造智慧农机综合信息管理平台，实现温室植物、土壤、环境信息的实时检测、无线传输和自动控制。

1. **建设智慧农机装备应用示范基地**。以精品蔬果、花卉产业为突破口，鼓励农机合作社、家庭农场、示范园区等具备条件的单位，完善智能化设备，加快“物联网+农机”技术的推广步伐，创建智慧农机装备应用示范基地，进行温度、湿度、喷淋等实时监控和远程操作，实现种植区内无人化、自动化、智能化作业管理，建成示范基地3个。

2. **引进梅干菜烘干技术**。雪菜是我市姚西北地区传统作物，人工翻晒是雪菜制作成梅干菜的传统制作方式。鼓励引进梅干菜机械化烘干设备，进行连续性热风循环烘干方式应用试验，克服人工翻晒场地和气候影响的限制，减少异味扩散，大幅提高生产效率，提升产品品质，单套设备每小时加工生产梅干菜200千克以上，可有效带动雪菜种植、加工和销售，增加农户收入。

3. **引进鲜玉米机械化收获技术**。鼓励从事鲜玉米生产的单位和个人引进自走式鲜玉米收获机，创建鲜玉米全程机械化作业示范区，开展应用试验与示范，年机械化作业300亩以上，解决我市鲜玉米人工收获作业劳动强度大、生产效率低的难题，实现玉米生产耕种收、植保的全程机械化作业，促进玉米产业的发展。

（三）加强规范建设，完善农机服务体系

大力培育新型农机经营主体，积极引导农机服务组织开展产前、产中、产后等环节资源的整合和对接，努力培育建设覆盖全程的产加销一体化的农机专业合作社、联合社等新型服务主体。同时，积极开展农机基础设施建设，计划投入项目资金230万元，新建农机库房2600平方米。

1. **建成省级以上示范农机合作社5家**。到2015年底，全市拥有全国农机合作社示范社3家。2016—2017年，按照做精、做强、做优的工作思路，加强农机服务组织功能培育建设，实施农机服务组织提质工程，促进晋档升级、规范发展；根据全市区域分布特点，重点扶持姚中、姚西农机合作社开展示范创建，争创省级以上示范农机合作社不少于2家。

2. **建成农机综合服务中心3家。**根据全市粮食生产分布，选择姚东三七市镇、姚西马渚镇两个粮食主产区开展区域性农机服务中心建设，重点培育农机合作社服务功能，建成“2+N”（即作业和维修功能+培训、销售、产后加工等1个以上功能）粮食生产农机综合服务中心2家。根据姚北蔬菜生产区域特点，重点培育“2+N”蔬菜生产农机综合服务中心1家，加快建立“合作社+基地+农户”的经营模式和统一供种、统一育苗、统一农资供应、统一农残检测、统一收购销售的新管理模式，带动周边农户蔬菜生产。

3. **建成农机作业服务公司4家。**积极探索农机企社共建新模式，以农机合作社为突破口，加强与农机经销企业的合作，通过强化网点布局、基础建设和人员培训的方式，促进合作社转型发展。至2017年底，计划新建农机作业服务公司4家。

（四）整合相关资源，建成农机农艺融合机制。

组建由农机农技专家及农业（农机）合作社和农机示范基地（园区）负责人共同参与的技术小组，引进开发适用农机新技术、农作物新品种和种植模式，健全农机农艺融合机制。以市农业机械学会为平台，依托农机合作社、农机示范园区，建立农机农艺融合试验示范点。

1. **创建油菜生产全程机械化农机农艺融合示范点1个。**目前，我市油菜生产已基本实现耕作与播种环节机械化，收割环节仍以耗时耗力的人工收割为主。市农机局、农林局专家组建油菜生产全程机械化农机、农艺融合工作小组，引进植株较低、紧凑性好、耐密植的油菜品种，促进品种改良与后期管理，开展油菜收割环节机械化作业技术攻关，在试验基础上，选择适宜机械化收割的油菜品种。选取油菜种植面积较大的农机合作社创建示范点，实现油菜从种植到收割全程机械化生产，辐射周边乡镇（街道）。

2. **创建蔬菜自动化育苗农机农艺融合示范点1个。**组建蔬菜自动化育苗农机农艺融合技术小组，在姚西北选择1家智能育秧大棚的蔬菜种植基地，创建蔬菜自动化育苗农机农艺融合示范点，选择以西兰花为代表的种植面积大、适宜机械移栽作业的蔬菜品种，引进蔬菜播种流水线、蔬菜移栽机、无人植保机等新型农机装备，开展蔬菜流水线播种、智能化大棚育苗、机械移栽、无人机植保等机械化作业与示范，以点扩面，提升蔬菜生产机械化整体水平。

（五）加强安全监管，深化“平安农机”建设。

进一步落实农机安全生产责任制，健全和完善农机安全生产责任体系和考核体系，加强对农机安全生产责任制落实情况的监督检查，确保农机事故主要指标控制在省、市下达的安全生产控制指标以内。

1. **加强农机安全监管力度。**健全农机公安联合执法体制，强化农机安全源头管理，加强农机牌证监管，做好拖拉机、收割机的年审年检，完善外籍拖拉机等农业机械的备案登记制度，实施农机免费实地检测、农机报废和政策保险，增强创新意识和服务意识，提升农机安全生产监管规范化水平。

2. **完善农机产品质量监督机制。**加强农机服务市场监管力度，落实农机服务保障措施，规范农机服务市场秩序。积极组织开展农机质量月活动，集中开展质量宣传、质量调查；建立和完善农机产品质量监督网络，倡导农民自主购机，开展农机产品质量跟踪调查，妥善处理产品质量投诉，切实维护各方合法权益。

（六）强化队伍建设，提升服务水平。

大力开展农机人才培育，优化农机队伍结构。大力开展农机经营管理、驾驶操作、维护修理、技术指导等岗位实用技能培训，提高培训针对性、适用性。大力开展农机新理念、新要素培养，加快打造有文化、懂技术、会操作、善经营的新型农机手和新型职业农民。大力开展政策法规、管理业务培训，提高农机管理的政策执行能力、依法行政能力和为农服务能力，完成农机实用技术培训3000人。

五、创建进度和资金安排

（一）创建进度。按照高起点规划、高标准建设、高水平管理、高效益运行的原则，结合本地实际，坚持因地制宜、突出重点、积极稳妥、务求实效，有步骤分阶段组织实施。创建期限为两年，自2016年1月—2017年末。

1. 前期准备阶段（2016年1月至2016年12月）。完成发展基础调查，确定主要目标，申报创建计划，成立工作组织，建立工作制度，印发实施方案。

2. 组织实施阶段（2016年1月至2017年10月）。完成农机装备新增、更新、发展，农机综合服务中心建设、省级（含）以上示范合作社创建，农业“机器换人”产业示范工程建设，示范乡镇建设，以及农机新装备引进试验，实现主导产业薄弱环节机械化实现突破和应用水平显著提升。

3. 验收总结阶段（2017年10月至2017年12月）。开展创建目标完成进度自查，做好作业、服务、覆盖水平调查，以及材料收集、整理、总结，完成创建验收。

（二）资金安排。项目建设资金总额9250万元，中央、宁波市和余姚市各级财政安排资金3970万元。

六、保障措施

（一）加强组织领导。围绕省农业“机器换人”创建工作，成立市创建工作领导小组，分管副市长任组长，下设办公室，市农机局具体落实，市农林局、市财政局、市供销联社等密切协作，乡镇（街道）配合实施。结合实际，明确分工，落实责任，合理安排工作计划，确保创建工作圆满成功。

（二）加大资金投入。切实落实强农惠农政策，支持农机购置、农机科技推广及农机服务体系建设等项目，配套落实财政扶持资金，保障乡镇（街道）工作经费，加快农机装备、服务设施和服务能力的提升。

（三）强化目标考核。加强对省农业“机器换人”示范市创建工作目标进度管理，明确重点工作、具体措施和时序进度，及时动员部署，保持创建工作的计划性和有效性。强化目标责任考核，细化分解任务，落实目标责任。各乡镇（街道）要结合实际，认真谋划，制定创建措施，丰富创建形式，落实创建内容。加强工作联系，切实推动创建工作的顺利开展。

——摘自《余姚市人民政府办公室关于印发余姚市创建浙江省农业“机器换人”示范市实施方案的通知》（余政办发〔2017〕8号）

余姚市农村危旧住宅房屋治理攻坚战专项行动实施方案

根据《宁波市住房和城乡建设委员会关于印发农村危旧住宅房屋治理攻坚战专项行动实施方案》（甬建发[2016]195号）和《宁波市住房和城乡建设委员会关于开展农村房屋安全排查鉴定建档的通知》（甬建发〔2016〕174号）文件精神，为加快推进我市农村危旧住宅房屋治理，尽快消除房屋安全隐患，切实改善农村居民居住条件，特制定《余姚市农村危旧住宅房屋治理攻坚战专项行动实施方案》。

一、指导思想

坚持以人民为中心的发展思想为指导，围绕加快转型升级和保障民生这条主线，从2016年11月开始到2017年底，以农村困难家庭住房改造为重点，加强源头治理、标本兼治和补短板、拉长板，以铁的决心、铁的手腕、铁的措施和铁的纪律，强有力推进农村危旧房屋治理改造，从根本上消除各类房屋安全隐患，实现农村“住有所居、居有所安”，促进转型发展。

二、工作目标

立即对全市农村房屋开展一次拉网式的全面排查，到2017年2月底，农村住宅房屋和涉及公共安全的农房完成排查、建档、鉴定工作；到2017年底前，农村自住D级危房和涉及公共安全的C级、D级危房完成治理改造，农村困难家庭危房全面完成改造，2018年完成其他危旧房治理改造。

三、工作任务

（一）全面排查建档

1. **排查重点**。本次排查的农村房屋系指集体土地上建造、且已投入使用的住宅房屋和用于经营的一般民用房屋，做到排查不留死角、不留盲区、不留隐患。要重点对农村建设质量差、主体结构损坏严重、超负荷使用的房屋，山边、水边、地质灾害易发点的房屋，农村三层以上（含三层）砖混多孔板结构和私自加层的房屋，以及对农村所有用于出租、经营农家乐、民宿等涉及公共安全的房屋进行排查。

2. **排查要求**。农村房屋排查应当先排查场地，后排查房屋结构。排查按照省住建厅《关于全面开展农村危旧房排查的通知》（函村字〔2016〕984号）、《关于印发〈浙江省农村房屋结构安全排查技术导则（试行）〉的通知》（建设发〔2016〕414号）、宁波市住建委《关于开展农村房屋安全排查鉴定建档的通知》（甬建发〔2016〕174号要求，以农户为单位，按照一房一表采集信息，并依据《农村危旧房信息表》，逐户、逐房、逐项采集和填报相关信息。要现场拍摄农房照片，并做好与信息表的对应标记。现场排查要实事求是、规范有序和全面准确，做到不虚报、不漏报、不瞒报。并于2017年1月底完成80%的排查工作，2017年2月底前全面完成。

非人员直接在其内部进行生产、工作、生活、学习、储藏或其他活动的房屋等建筑物，不纳入本次排查范围。

3. *建档要求*。纸质建档和电子建档相结合，排查一户、录入一户，纸质建档资料一式二份，由各属地政府、村民委员会长期保存留档。各乡镇人民政府、街道办事处、经济开发区要及时、全面、真实、完整、准确地将填报好的农房信息表及照片，录入“全国村镇建设管理平台——全国农村住房信息系统”（http://czjs.mohurd.gov.cn/login.aspx）。

符合下列条件之一的房屋可不纳入建档范围：

（1）已列入棚户区改造、“城中村”改造或已列入集体土地拆迁计划，且在一年内应当签约、腾空、拆除的；或已完成征收、但应拆未拆的房屋；

（2）非农村住宅房屋和不纳入排查范围的房屋；

（3）已纳入浙江省“三改一拆”信息管理平台的违法建筑；

（4）经排查后属于对建筑物有潜在威胁或直接危害的滑坡、地裂、地陷、泥石流、崩塌以及岩溶、土洞强烈发育地段；暗坡边缘，浅层故河道及暗埋的塘、浜、沟等场地，已经有明显变形下陷趋势的采空区的，属于场地危险性房屋，应当依据《浙江省地质灾害防治条例》和宁波市政府办公厅《关于印发宁波市地质灾害避让搬迁实施办法的通知》（甬政办发〔2016〕166号）要求，纳入地质灾害隐患点威胁的常住村（居）民避让搬迁范围的；

（5）同一排异产毗连房屋，既有集体土地使用权的，也有国有土地使用权的，国有土地使用权性质的房屋不纳入建档范围；但同一幢房屋按楼层划分，既有集体土地使用权的，也有国有土地使用权的，应当按集体土地使用权性质纳入建档范围；

（6）已连续超过一年时间无人居住的房屋。

（二）完成建档和鉴定

1. *委托鉴定*。对在排查中确定房屋不是处于危险场地，并经初步定性为C级或D级的疑似危房，需要对房屋危险性进行定量鉴定，房屋危险性定量鉴定应当委托已经招标入围后在余姚市房屋安全鉴定办公室办理备案登记的房屋安全鉴定机构进行。房屋所有权人为房屋使用安全责任人，房屋安全鉴定应当由房屋所有权人委托。紧急情况下，乡镇人民政府、街道办事处、经济开发区应当主动协助房屋使用安全责任人或者相关责任人申请鉴定，鉴定申请程序可以简化。因突发事件或者自然灾害导致房屋处于危险状态的，乡镇人民政府、街道办事处经济开发区可直接委托检测及安全评估。

2. *鉴定要求*。经排查为疑似危房的，参照《宁波市城市房屋使用安全管理条例》规定，在尊重产权人意愿的基础上，按照《农村住房危险性鉴定标准（JGJ/T363－2014)》要求进行鉴定；对用于出租、经营农家乐、民宿等涉及公共安全房屋，要按照住房城乡建设部《农村危险房屋鉴定技术导则（试行）》（建村函〔2009〕69号）或《危险房屋鉴定标准》（JGJ125－2016）要求进行鉴定，其中三层及以上房屋必须按《危险房屋鉴定标准》（JGJ125－2016）要求进行鉴定，2017年1月底前，完成鉴定任务的80%，2017年2月底前全面完成。

符合下列条件之一的房屋，可以不再开展房屋危险性定量鉴定：

（1）经房屋危险性定性鉴定为A级、B级的；

（2）已列入棚户区改造或“城中村”改造计划的；

（3）已列入集体土地征收、移民搬迁、整村搬迁等计划的；

（4）属于场地危险性房屋的；

（5）由专业第三方鉴定机构或农村工匠排查并定性鉴定为C级、D级危房的；

（6）符合行动方案规定，已纳入浙江省“三改一拆”信息管理平台的违法建筑或应当列入“违法建筑拆除专项行动方案”中予以拆除的；但未经过具备相应资质的设计单位设计、且属于违法加层的房屋，违法加层部分建筑拆除后，应对原加层前的建筑进行定量鉴定。

房屋危险性鉴定应当以幢为单位。以“拼墙”形式建设的“一幢多户”的异产毗连农村房屋，其中一户房屋已鉴定为危房、且应当予以拆除的，拆除后应当对“拼墙”的其他农户房屋进行鉴定。对鉴定为D级的危房，一律由乡（镇）人民政府、街道办事处、经济开发区管委会发布危房公告，一律按照“一房一策”要求落实解危措施，一律设置警戒隔离措施，一律落实人盯人措施，防止擅自回迁入住，涉及公共安全的一律拆除；对鉴定为C级的危房，一律不得出租，一律由乡（镇）人民政府、街道办事处、经济开发区管委会向房屋使用安全责任人发出《危险房屋督促解危通知书》。

（三）加快治理改造

房屋所有权人是房屋使用安全责任人，也是房屋解危责任人，要严格落实房屋安全责任人的解危责任。经鉴定为危险性房屋的，该腾空的坚决腾空、该拆除的尽快拆除、该加固的及时加固，2017年底完成D级农村自住危房的改造任务和涉及公共安全的C级、D级危房完成治理改造。由专业第三方或农村工匠排查并定性鉴定为C级、D级危房或房屋安全鉴定报告（定量）作出后，鉴定机构应当报乡（镇）人民政府、街道办事处、经济开发区管委会备案。乡（镇）人民政府、街道办事处、经济开发区管委会应当及时向危险房屋解危责任人发出《危险房屋督促解危通知书》，限期解危。要充分利用棚户区改造、新农村建设、“三居”工程、美丽宁波、历史文化名镇名村以及传统村落保护、小城镇环境综合整治等各类载体，综合考虑，统筹推进。

治理改造完成前，疑似危房和经鉴定为C级、D级的房屋不得用于出租、经营、转让。

（四）实施动态监管

要严格按照行动方案要求，充分依托农村综合治理网格员队伍或现有农村工匠，在2017年2月底前建立农村房屋安全管理员队伍，划分网格化管理区域，明确安全管理和巡查责任，建立健全农村危房日常巡查机制，实现农村房屋安全巡查全覆盖。要建立健全农村房屋安全动态监测，鼓励以乡（镇）人民政府、街道办事处、经济开发区管委会为单位委托第三方监测机构对既有房屋主体结构和可能影响主体结构安全的周边环境进行现场查勘、采集数据、分析计算、出具报告等工作，通过人防和技防等手段，实行联防联保。

下列房屋应当建立动态监测机制：

1. 经定量鉴定为C级、D级房屋的农村自住房屋；

2. 经定性排查为C级或D级房屋，但所有权人拒绝进行定量鉴定的；

3. 乡（镇）人民政府、街道办事处、经济开发区管委会已向危险房屋所有权人发出《危险房屋督促解危通知书》，但所有权人未采取解危措施的；

4. 已列入棚改或“城中村”改造计划，但在一年内难以实施腾空、加固或拆除的；

5. 用于出租、经营农家乐、民宿等涉及公共安全的房屋；

6. 其他乡（镇）人民政府、街道办事处、经济开发区管委会认为需要实行动态监测的房屋。

（五）强化应急处置

乡（镇）人民政府、街道办事处、经济开发区管委会应当制定农村房屋安全应急预案，建立预防预警工作机制，对重点防控房屋编制“一房一案”的应急撤离执行方案，落实相应场所、人员和资金，组织突发事件应急处置培训和演练。对在日常巡查或动态监测中发现房屋出现严重安全隐患时，乡（镇）人民政府、街道办事处、经济开发区管委会应立即启动应急预案，第一时间开展应急处理，作出紧急撤离决定，并做好人员的撤离安置工作，对危险房屋周边要设立警戒标识，实行隔离管理。督促跟进后续的解危治理措施和治理进展情况，全面消除房屋安全隐患。

（六）资金保障

此次排查时间紧、任务重。各乡镇人民政府、街道办事处、经济开发区管委会应当安排专项资金作为农村房屋排查、建档、鉴定及相关应急处置费用。

四、时间安排

（一）全面推进阶段（2016年12月至2017年11月中旬）

1. 备战阶段（2016年12月至2017年2月）。统一思想认识，建立工作机构，落实保障措施，结合各地实际，制定切实可行的实施方案。按照边排查、边鉴定、边建档、边制定整治方案要求，整合各方力量，充分调动各类资源，确保每幢危险房屋排查或鉴定结论和整治方案同时明确。

2. 攻坚阶段(2017年2月至2017年10月底)。制定考核办法，按照制定的整治方案，全面落实腾空、拆除或加固等整治措施，2017年10月底应全面完成腾空、拆除或加固措施。

3. 巩固阶段（2017年11月）。对照排查、鉴定的危险房屋清单进行一次“回头看”，检查该腾空的房屋是否有滞留人员；该拆除的房屋是否已拆除或已进行全封闭，并落实专人看管；该维修的房屋是否已经按时开工；经确权确违并应拆除的违法建筑是否拆除后又重新搭建，巩固攻坚战成果。

（二）考核总结阶段（2017年12月中旬前）

各乡镇人民政府、街道办事处、经济开发区对农村危房攻坚战行动进行全面总结，市住建局会同相关单位对各地专项行动开展情况进行考核验收。

五、工作要求

（一）建立组织机构

农村危旧住宅房屋治理是贯彻落实《关于印发〈宁波市农村“安居宜居美居”专项行动方案工作方案〉的通知》（甬党办〔2016〕58号）的基本要求和基础工作，是行动方案的重点和难点。各乡镇人民政府、街道办事处、经济开发区要结合“三居”工作统筹谋划，认真做好顶层设计，并建立相应的组织机构，明确分工领导，指定责任部门和联络员，确保任务落实、责任落实。

（二）加强对接沟通

此次农村危旧房屋治理攻坚战时间紧、任务重、情况复杂，特别是农村房屋明确房屋的所有权人和安全等级是此次农村危旧房屋治理攻坚战推进的重大前提，各乡镇、街道、经济开发区要对已列入“城中村”改造计划、已经县级以上国土资源部门组织认定为地质灾害避让搬迁的农村房屋，和对排查后符合行动方案规定、但应当列入“违法建筑拆除专项行动方案”中予以拆除的，要积极主动与相关部门对接，制定工作步骤，明确实施方案，确保工作有序推进和按规定时间完成。对无房或居住在危房中的享受国家抚恤补助的优抚对象、农村分散供养五保户、低保户、低保边缘的残疾人家庭和农村低保标准（2015年）200%以下的农村困难家庭，要积极与民政部门、国土资源部门对接沟通，做好信息准确，不错一户、不重复或遗漏一人，确保精准扶贫精确落地。

（三）建立长效机制

加强农村建筑工匠规范管理，建立农村建筑工匠分类分级管理机制，有计划、分批次组织开展农村房屋安全管理员、农村工匠的教育培训。要建立农村危险房屋安全应急预案和应急指挥机制，加强应急处置工作，一旦发现房屋安全问题或出现异常变化时，及时果断启动应急预案，第一时间开展应急处置。对已确定为农村危险房屋的，要实行动态监管，落实人防和技防等跟踪监测措施，密切关注风险变化，防范倒塌事故发生，对特别危险的，要立即组织人员撤离。

（四）加强信息报送

各乡镇人民政府、街道办事处、经济开发区管委会要务必高度重视信息工作，把信息工作放在与治危拆违同等重要的地位进行部署、检查和落实。信息报送内容要突出贯彻落实上级重要会议精神的方法措施，重点要突出工作推进进度统计信息和对重点问题的调查研究及对策建议；要重视信息报送工作的时效性，当日信息当日报送，做到快速撰稿、快速传递，快速上报；要注重排查信息的及时更新、统计信息的准确无误；要注重在挖掘和收集信息上下功夫，力求突出中心、抓住重点、关注热点、反映难点；要确保信息内容的正确性、全面性，准确及时反映推进农村危旧房屋治理改造中做实事、出实招、见实效的良好氛围。

——摘自《余姚人民政府办公室关于印发余姚市农村危旧住宅房屋治理攻坚战专项行动实施方案的通知》（余政办发〔2017〕15号）

余姚市劣Ⅴ类水剿灭行动方案

为认真贯彻省委、省政府“绝不把违法建筑、污泥浊水和脏乱差环境带入全面小康社会”的精神，全面落实省和宁波市剿灭劣Ⅴ类水工作会议部署，打好全市污水剿灭战，制定本行动方案。

一、指导思想

认真贯彻省委、省政府和宁波市委、市政府的部署，按照市第十五次党代会提出的“知行合一、勇立潮头，为建设现代化创新型生态城市而奋斗”的总目标，紧紧依托“污水零直排区”创建这个载体，以“河长制”为抓手，巩固提升“清三河”成效，咬定目标、精准施策，全力提升水环境质量，保持河流、湖泊、池塘、沟渠等各类水域水体洁净，完成我市劣Ⅴ类水剿灭目标。

二、工作目标

按照“突出重点、分批实施、系统谋划、全面推进”的原则，2017年底前全面剿灭劣Ⅴ类水体：7月底前剿灭劣Ⅴ类市控断面，10月底前剿灭劣Ⅴ类县控断面，12月底前剿灭其他劣Ⅴ类水体，坚决杜绝新增劣Ⅴ类水体。

2017年梁弄镇、四明山镇、大岚镇、鹿亭乡和余姚经济开发区创建成为“污水零直排区”。

三、基本原则

坚持全域覆盖。彻底剿灭市控和县控断面的劣Ⅴ类水，整体剿灭全域劣Ⅴ类水，确保实现“无盲区”。

坚持高标治理。加快污水处理设施建设，加快推进截污纳管，加快修复水体生态，加快减少各类污染源，早日实现污水零直排。

坚持统筹治理。认真念好“拆治归”，做到拆治同步、归治同向，下定决心重现秀水美景、重塑经济结构。

坚持长效治理。严格落实“河长制”，确保每一条河道管理、

整治、保护的责任落实到人、落实到位。

四、主要任务

（一）推进截污纳管工程

以“污水零直排区”建设为抓手，全面推进截污纳管工程，切实提高污水收集率、处理率和达标排放率。全面提升城镇污水处理水平，到2017年底，城市污水处理率达到92%。实施小曹娥城市污水处理厂7.5万吨/日扩建工程，推进小曹娥城市污水处理厂类Ⅳ类水提标改造工程。

加快推进城镇污水收集管网建设，以主干网

和二、三级支管为重点，建设与污水处理能力相配套的管网，着力打通污水管网建设“最后一百米”。全面实施城区污水收集系统四期、五期工程和余姚市市域污水输送系统复线工程。积极推进乡镇（街道）建成区、工业园区（集聚区）与城市污水管网的连通。加快老小区和城中村截污改造。大力推进排水户的污水纳管，督促在市政污水管网覆盖范围内应纳未纳、雨污合流、无证排放的排水户实施雨污分流、预处理设施建设、污水纳管。到2017年底前，主城区污水管网建设完成60%以上的任务。

（二）河道清淤工程

科学开展河道清淤，优先安排平原河网地区劣Ⅴ类水体清淤项目。2017年，全市完成清淤180万立方米。针对淤泥成分、水域特点等因素的差异，科学合理选用清淤方式；鼓励选用生态环保的清淤方式，实现生态清淤、淤泥脱水、垃圾分离、余水循环处理的一体化、流程化，提高清淤科学化水平。加强淤泥清理、运输、处置的全过程管理，避免产生二次污染。

（三）工业整治工程

严格按照“培育一批示范企业、集聚一批小散企业、消减一批危重企业”的思路和重点行业整治提升标准，深入推进重污染高耗能行业整治提升。继续推动重污染企业搬迁入园和原地重建，推动行业结构合理化、区域集聚化、企业生产清洁化、环保管理规范化、执法监管常态化。推动区域特色重污染行业深化整治，有效解决电镀、酸洗磷化、印染等区块性行业污染问题。对于沿河违建集中区域，结合“三改一拆”“双清”等行动，通过“以拆代截”的方式，杜绝违规排放污染物。对于工业低小散行业集聚区以及村级工业区块结合城乡环境大整治、落后产能淘汰等行动，对存在环境污染隐患的企业建立负面清单，集中整治一批、淘汰一批，减少污染排放。

巩固重点行业废水深度处理效果。巩固电镀、印染、化纤、再生金属熔炼、金属表面酸洗、废塑料加工行业的整治成果，督促企业规范运作，确保废水深度处理效果。2017年，开展造纸、焦化、氮肥、有色金属、印染、农副食品加工、原料药制造、制革、农药、电镀等重点行业清洁化改造。开展电镀行业环境污染深度治理，到2018年底前，按照《宁波市电镀行业治理提升指南（2016年）》完成治理。加强企业水循环利用，提高用水效率。

（四）农业农村面源治理工程

贯彻落实《畜禽规模养殖污染防治条例》《余姚市畜禽养殖禁养区划分方案》，坚持“畜禽养殖稳量提质”和“畜禽排泄量与外部消纳量相适应”的原则，严格执行禁养区、限养区制度，依法关闭禁养区内畜禽养殖场（小区），搬迁养殖专业户，进一步提升保留养殖场污染防治的精细化、标准化水平。到2017年底，全市存栏500头以上生猪养殖场以及劣Ⅴ类重点区域内存栏50头以上养殖场全部完成废水生态化治理。

持续推进化肥农药减量增效行动，推广应用测土配方施肥、有机肥替代、统防统治和绿色防控等化肥农药减量技术与模式，持续减少农业面源污染，2017年全市化肥减量和农药减量完成上级下达指标。调整优化水产养殖布局，明确水产养殖空间区域，严格控制水库、湖泊小网箱养殖。深化水产养殖水污染治理，大力推进池塘循环水和工业循环水养殖，减少尾水排放。

以治理农村生活污水、垃圾为重点，提升美丽乡村建设。按照“村点覆盖全面、群众受益广泛、设施运行常态、治污效果良好”的基本要求，坚持全面治理和扩面改造并重。对2016年及以前完成的项目，全面完成验收并及时投入运维。建立完善农村污水运行、维护、管理长效机制。运用市场机制，以政府购买服务的方式委托第三方管护，提高管护水平和设施运行效率。

（五）排放口整治工程

加强入河排污（水）口设置审核，依法规范入河排污（水）口设置。根据《全省入河排污（水）口标识专项行动方案》（浙治水办发〔2016〕26号）要求，坚持分类处置原则，按照“一口一策”要求，对排查出的入河排污（水）口，根据类型采取保留、立即封堵或限期封堵、综合治理等措施，依法依规进行清理、整治、规范。对保留的入河排污（水）口实行统一标识。

全面清理非法设置、设置不合理、经整治后仍无法达标排放的排污口。保留的排污口、排水口都要设置规范的标识牌，实施“身份证”管理，公开排放口名称、编号、汇入主要污染源、整治措施和时限、监督电话等信息，并将入河排污（水）口日常监管列入基层河长履职巡查的重点内容。对偷设、私设的排污口和暗管一律封堵；对污水直排口一律就近纳管或采取临时截污措施；对雨污混排口一律限期整改。

（六）生态配水与修复工程

按照引得进、流得动、排得出的要求，增强水体流动性，提高水体自净能力，构建良好的水生态系统。继续以“活水工程”建设推动城乡河道生态用水的有效调配，以浙东引水工程为重点，以四明湖、梁辉、双溪口、陆埠水库以及小型水库等为补充水源，缓解河道水生态环境压力。以防洪排涝河道工程和江河湖库连通工程为依托，加快推进平原河网联网联调工程建设，采取江河联动、加大水源补给、推动河道流速等措施，通过泵站翻水、河道输水、末梢取水、降雨换水等手段，实现生态用水的统一调配，努力提高平原河网的水动力条件，提高水体调控效果，提升水环境质量。

实施断头河打通、卡口点拓疏工程。立足各地水系分区，通过打通断头河、拓宽卡口节点，形成以“骨干防洪排涝体系为骨架、城乡主要河道为大血管、广大农村河道为毛细血管”的三级河道水系循环网络。全面摸排辖区内河道断头及卡口节点，集中力量加快打通影响行洪排涝、有碍水体流动的断头河，拓疏卡口点，确保大小水系相互贯通、引排自如。2017 年完成 4 条断头河打通任务。

五、职责分工

市五水共治办做好全市劣Ⅴ类水剿灭工作的指导、督查、验收工作。市农办、市经信局、环保局、住建局、城管局、水利局等部门要认真做好组织、协调、督查、指导服务，确保上下联动、横向协同。市经信局要指导督促乡镇（街道）和余姚经济开发区开展工业园区（产业集聚区）、工业企业内部污水管网排查、截污和雨污分流工作。市环保局要加强河道水质监测、排污口监督性监测和排水设施的运行监测，建立全覆盖的河网检测体系，加强对工业园区和工业企业的环境监管，严厉打击各类环境违法行为。市住建局要加快做好城市污水处理厂扩容工程和配套主管网建设，加强已建污水管网的检查、维修、养护，指导督促各乡镇（街道）开展污水管网排查、排水许可审批，管网养护等工作，加快农村生活污水治理非首创项目进度。市水利局要依法查处违章入河排污（水）口，会同有关乡镇（街道）拆除河道管理范围内违法建筑，并对各乡镇（街道）开展生态调水工作做好指导督促。市农办要加快推进全市农村生活污水治理首创项目实施工作。其他市直有关部门也要按照分工认真履职，确保全市剿劣和“污水零直排区”创建任务顺利完成。

六、保障措施

（一）进一步深化“河长制”。乡镇街道主要领导是本辖区的总河长，也是本辖区劣Ⅴ类水剿灭行动的第一责任人，要亲自抓、负总责。建立健全目标责任制和工作推进机制，抓紧制订本辖区具体实施方案，明确工作目标和主要任务，做到任务项目化、项目清单化，明确项目表、时间表、责任表，并强化上下游、左右岸、相邻地区治水的协调联动。各级河长要切实落实“治、管、保”职责，抓好水资源保护、水域岸线管理、水污染防治、水环境治理等工作，牵头组织对侵占河道、围垦湖泊、超标排污、非法采砂、破坏航道、电毒炸鱼等突出问题依法进行清理整治，协调解决重大问题；做到底数、职责、范围清，日常巡查、问题发现、信息处置、问题解决到位。协调治水实施方案编制工作，推进重点工程实施。

（二）做好“一河一策”工作。各级河长要扎实做好调查摸底工作，对照每月水质变化，以截污纳管和河道清淤为主要内容，根据河道实际情况，制定切实可行的劣Ⅴ类水剿灭行动对策。2017年3月底前，市级河长联系河道由河长联系单位牵头，相关乡镇（街道）和部门配合，完成“一河一策”的消劣方案（名单见附件1）；乡镇（街道）的劣Ⅴ类“三河”河道由各乡镇（街道）负责，完成“一河一策”消劣方案（名单见附件2）。

（三）强化要素保障。切实加强资金、政策保障，加大截污纳管、生活污染整治、河道清淤、生态治理等的资金投入。积极创新投融资机制，引导和吸纳社会资本参与水环境治理。加强政策聚焦，在治水重点项目、资金安排上要加大倾斜支持力度。优化项目审批流程，开通绿色通道，确保各类工程项目顺利建设。进一步提高重点流域水污染物排放标准，分行业制定并实施水污染物特别排放限值。

（四）加强执法力度。乡镇（街道）和有关部门要严格查处各类偷排偷倒废水、电捕鱼等违法行为，加大巡查力度，严厉打击各类破坏水体的行为。要加大环境执法监管力度，实行最严格的水环境监管制度，对违法行为零容忍。

（五）加强监测网络建设。进一步完善水质检测体系，扩大河道水质检测范围，在当前对“河长制”“三河”每月检测的基础上，增加对镇级、村级重点河道的水质监测。加强劣Ⅴ类水质断面监测数据分析，及时评价水质变化情况和治理效果。加大技术支撑力度，使剿灭劣Ⅴ类水更加精准有效。

（六）严格督查考核。将劣Ⅴ类水剿灭行动实施情况作为“五水共治”督查的必查项目，与领导班子和领导干部实绩考核评价挂钩。对不能完成任务的乡镇（街道），在“五水共治”考核中实行一票否决，取消其有关“五水共治”、环境保护、生态建设等方面的荣誉。建立信息报送、例会、约谈等制度，每月对工作进展情况进行通报，对工作不力、进展滞后的乡镇（街道）进行约谈、曝光等。对工作不力的公职人员，按照《余姚市党政领导干部生态环境损害责任追究实施细则（试行）》的有关规定处理。

（七）加强宣传引导。积极发挥新闻舆论的引导和监督作用，充分利用广播、电视、报刊、网络等载体，持续深入开展“五水共治”宣传教育活动，不断增强社会公众投身治水的责任意识、参与意识，营造全民治水、共建共享的良好氛围。

——摘自《余姚市人民政府办公室关于印发余姚市劣Ⅴ类水剿灭行动方案的通知》（余政办发〔2017〕16号）

余姚市深化医药卫生体制综合改革先行先试推进方案

为扎实推进医药卫生体制综合改革先行先试工作，根据《浙江省人民政府关于印发浙江省深化医药卫生体制改革综合试点方案的通知》（浙政发〔2016〕19号）和《宁波市人民政府关于印发宁波市深化医药卫生体制综合改革先行先试实施方案的通知》（甬政发〔2016〕96号）精神，结合我市实际，制定本方案。

一、主要目标

按照先行先试、示范引领的要求，坚持问题导向，聚焦重点领域和关键环节，在省、宁波市确定的政策框架下，集中力量攻坚突破，为深化医药卫生体制综合改革打造“余姚样板”。重点在着力构建分级诊疗制度、全面深化公立医院综合改革、加快推进社会资本办医、大力发展智慧医疗健康服务、努力促进中医药事业发展等五大领域取得实质性突破。到2017年底，率先完成浙江省综合医改先行先试各项重点改革任务，基本实现人人享有安全、有效、方便、价廉的基本医疗卫生服务；到2020年，全面推进“健康余姚”建设，基本建立覆盖城乡居民的基本医疗卫生制度，实现人人享有更加完善、更有质量、更高水平的基本医疗卫生服务。

——2017年，市域内就诊率较2015年提升5个百分点；到2020年，市域内就诊率达到90%以上。

——2017年，市级公立医院综合改革深化推进；到2020年，基本建立权责明晰、运行规范、管理科学、监督有效的现代医院管理制度。

——2017年，全市社会办医总体规模和发展水平明显提升，床位数和服务量占比较2015年提高10个百分点；到2020年，社会办的医疗机构床位数占比达到25%以上。

——2017年，全市远程医疗服务体系基本形成，群众就医体明

显改善；到2020年，形成集咨询、就医、支付、医养为一体的智慧医疗服务新模式，实现“云上医疗、数据强卫、智慧健康”。

——2017年，全市所有乡镇（中心）卫生院、街道社区卫生服务中心都能开展6类以上中医药适宜技术，所有社区卫生服务站和规划内村卫生室都能开展4类以上中医药适宜技术；到2018年，力争创建成为全国基层中医药工作先进单位；到2020年，实现全面建成“中医药强市”目标。

二、重点任务

（一）着力构建分级诊疗制度

1. *完善分级诊疗服务体系*。明确不同层级医疗机构功能定位，结合区域医疗机构服务能力，落实分级诊疗标准规范和首诊疾病种类目录。完善双向转诊程序，重点畅通向下转诊渠道，保证医疗

质量安全。以信息化为支撑，推动落实市级医院为基层医疗机构和签约家庭医生提供一定比例的专家、专科门诊号源，重点保证基层转诊预约号源。实施市级公立医院能级提升工程和基层医疗卫生机构能力提升工程，加快建立基层首诊、双向转诊、急慢分治、上下联动的分级诊疗模式。到2017年底，100%的中心卫生院及50%以上的乡镇卫生院、街道社区卫生服务中心建有基层特色科室（专科）；到2019年底，力争6家中心卫生院均达到二级乙等综合医院医疗服务水平；到2020年底，力争基层医疗卫生机构门急诊量占市域内总诊疗量的比例达到75%以上。

2. **优化医疗资源配置**。严格控制市级公立医院总体规模和单体规模，重点加强妇儿、中医、精神、康复和老年病等专科医院建设，原则上不再新建市级公立综合医院。巩固深化市临床检验中心等资源共享平台建设。加快建设市妇幼保健院，增加儿科医疗服务供给。到2017年底，所有市级公立综合医院开设儿科门诊，二级乙等以上（含）综合医院设置儿科病房，儿科床位数占医院床位总数的5%以上，每个乡镇（中心）卫生院、街道社区卫生服务中心至少有1名全科医生提供规范的儿童基本医疗服务；到2020年，每千名儿童床位数达到2.2张以上，每千名儿童儿科执业（助理）医师数达到0.8名以上。

3. **深化医疗资源纵向整合**。健全“双下沉、两提升”长效机制，加快形成医疗资源梯度下沉格局。市级医院要完善与沪杭甬等地三甲医院的紧密型协作关系，借助上级医院的人才学术优势，积极培育自身优势学科，促进医教研综合能力持续提升。到2017年底，市级优质资源规范下沉乡镇（街道）覆盖率达到100%。鼓励市级公立医院通过建立纵向医联体、开设联合病房和专家门诊等多种形式下沉到基层。2017年，选择1家中心卫生院开展联合病房试点工作，到2018年底，力争6家中心卫生院开设联合病房全覆盖。完善市域医联体建设，探索实行市级公立医院＋乡镇（中心）卫生院、街道社区卫生服务中心＋村卫生室的“1+1+1”指导帮扶机制。

4. **加快推进家庭医生签约服务**。完善服务规范、物价收费、财政补助、收入分配等配套政策，不断丰富签约服务内涵，探索提供差异性服务、分类签约、有偿签约等多种签约服务。探索建立医联体内专科专家、全科医生、服务对象组合签约服务模式。到2017年底，规范签约服务覆盖率达到30%以上；到2020年，规范签约服务覆盖率达到50%以上，力争每个家庭都能拥有1名签约服务的家庭医生。

5. **深化基层医疗卫生服务综合改革**。加快推进基层补偿机制改革，建立专项补助与付费购买相结合、资金补偿与服务绩效相挂钩的补偿新机制。探索建立基层医疗卫生机构专业技术岗位结构动态调整机制，提高中高级岗位占比。2017年，试行市级公立医院退休主治以上医师到基层医疗卫生机构执业或开设工作室。

（二）全面深化公立医院综合改革

1. **建立现代医院管理制度**。积极探索政事分开、管办分离的有效实现形式，2017年，成立由市政府领导牵头，相关部门组成的市级公立医院管理委员会，履行政府办医职能。强化对市级公立医院资产、财务、薪酬、绩效等经济运行状况监督，规范公立医院财务运行，加强成本控制，保障综合改革顺利推进。建立健全公立医院法人治理结构，进一步落实公立医院人事薪酬、岗位设置、内部分配、运营管理等法人自主权。到2018年，全市公立医院初步形成决策、执行、监督相互分工、相互制衡的运行新机制。

2. **深化药品耗材采供使用机制**。根据国家、省、市部署要求，在药品流通领域实行“两票制”，健全药品、耗材、试剂等集中招标采购制度。到2017年底，全市公立医疗机构药品耗材支出占比在现有基础上进一步下降，控制在50%以下。到2017年底，全市所有公立医疗机构全部接入“三流合一”的新平台开展药品采购和结算工作。严格执行全市公立医疗机构重点监控药品管理制度，促进合理用药。

3. **推进医疗服务价格改革**。加强成本核算，做好全市公立医院医疗服务价格的测算、调整和上报工作，调整部分按规定纳入医保支付范围，进一步优化医院收支结构。到2017年底，公立医院医疗技术服务收入占比达到50%以上。强化医疗服务价格监管，加大对违法行为的查处力度。

4. *加强公立医院精细化管理*。全面开展公立医院目标管理和绩效考核，考核内容以质量管理、费用控制和运行绩效等为核心。严格落实公立医院和院长的主体责任。继续推进临床路径管理，扩大临床路径管理覆盖面，试行临床路径电子化管理。2017年试行疾病诊断相关组（DRGs）对住院医疗服务、质量绩效的评价工作。

5. *推进人事薪酬制度改革*。推进公立医院编制备案制管理，统筹考虑编内编外人员待遇。建立适应行业特点的薪酬制度，合理提高医务人员收入待遇，重点向临床一线、关键岗位、业务骨干和作出突出贡献的人员倾斜。允许公立医院医师通过多点（自由）执业获得合理报酬。

（三）加快推进社会资本办医

1. *拓展社会办医发展空间*。坚持“非禁即入”原则，加大医疗服务市场开放力度。将民营医疗机构纳入全市医疗卫生服务体系规划，为社会办医预留规划空间。支持在医疗领域开展政府与社会资本合作（PPP）模式。

2. *明确社会办医重点发展领域和方向*。引导社会办医向特色化、专科化、规模化方向发展，鼓励社会力量优先投资举办妇儿、中医、老年护理等特色专科医院。鼓励符合条件的民营医疗机构提供家庭医生签约服务，并享受同等收付费政策。

3. *改善社会办医发展环境*。落实社会办医在重点学科建设、人才引进、大型医用设备配置等方面的扶持政策。建立完善公立与民营医疗机构间卫生技术人员的双向流动机制。对符合有关规定的民营医院，可按照事业单位法人登记。放开民营医疗机构价格管制，鼓励其提供更多高端特需服务。完善行业监管，促进社会办医健康发展。

（四）巩固完善全民医保体系

1. *完善医保定价和监管机制*。推进医保经办机构参与药品耗材采购、医疗服务项目定价，逐步形成合理的医保支付标准。完善医保定点机构协议管理，加强医保定点机构监管。到2017年底，医保智能监管全面覆盖，将医保对医疗机构监管延伸到对医务人员医疗行为的监管。

2. *积极推进医保支付方式改革*。推进由单一的按服务项目付费向总额预算控制下的按服务单元浮动付费、按病种付费和按服务项目付费相结合的混合结算方式转变。推进公立医院按病种付费方式改革，到2017年底，公立医院按病种付费达15种以上。

3. *完善医保差异化支付制度*。继续拉大不同等级医疗机构和跨统筹区域医疗机构就诊的医保起付标准和报销比例。严格执行医保转外就医备案制，对未按规定转诊患者，逐步降低医保报销比例。力争到2020年，对未按转诊规定自行到宁波市域外就医的患者，医保不予支付报销。

（五）建立健全综合监管制度

1. *加强卫生全行业监管*。所有医疗机构纳入统一规划、统一监管，完善医疗服务要素准入和退出机制。严厉打击非法行医，严肃查处公立医院出租承包科室等行为。加强医疗机构信息公开，建立定期公示制度，二级及以上医院每年向社会公布相关信息。

2. *强化对医务人员执业行为的监管*。不断完善公立医疗机构医疗质量管理与控制体系，将医疗质量控制网络延伸至民营医疗机构。加强对医生处方行为的监控，及时查处为追求经济利益的不合理用药、用材和检查检验等行为。落实医疗卫生行风建设“九不准”，清理医务人员收受红包回扣等非法行为。

3. *严格控制医药费用不合理增长*。根据宁波市限定的区域医疗费用增长幅度，将控费目标分解到各市级公立医院。实现市级公立医院门诊、住院均次费用和总收入增幅下降，医疗服务收入（不含药品、耗材和大型设备检查收入）占业务收入比重提升，患者自付医疗费用占总医疗费用比例下降，全市医疗费用增幅控制在7%以下。

（六）大力发展智慧医疗健康服务

1. *完善健康信息服务基础框架*。建立健全人口、电子健康档案和电子病历三大基础数据库，并实现与医保管理平台互联互通。到2017年底，实现市内公立医疗卫生机构诊疗信息、电子健康档案信息互联互通；到2020年，全面建成互联互通、应用共享的全市人口健康信息系统。

2. 推广智慧医疗健康服务应用。深化市级公立医院就医流程信息化再造，到2017年，所有市级公立医院均能提供第三方支付、智能化导诊、就诊全过程提醒等智慧医疗服务。完善智慧急救体系，形成智慧、高效、专业的院前急救和院内急诊服务链。利用宁波云医院平台开设远程会诊中心和云诊室，到2017年，全市公立医疗机构建立云诊室规范运行机制。探索推广个人健康管理、健康养老的“互联网+医疗”新型服务模式。

（七）努力促进中医药事业发展

1. 逐步提升中医药服务能力。2017年制订出台《余姚市中医药事业发展“十三五”规划》等文件。实施中医药传承创新工程。推进基层中医馆建设，广泛推广运用中医药适宜技术，到2017年底，实现标准化中医馆乡镇（街道）全覆盖，力争使所有乡镇（中心）卫生院、社区卫生服务机构和规划内村卫生室具备中医药服务能力。加强市中医医院能力建设和中医重点专科建设，到2020年，争取市中医医院建设成为三级乙等中医院，全市省级中医重点专科达到4个。

2. 拓宽中医药健康服务领域。依托市中医医院“治未病”中心，推进中医“治未病”健康工程。到2017年底，全市各乡镇（中心）卫生院、街道社区卫生服务中心开展中医“治未病”服务全覆盖。在开展0～3岁儿童、65岁以上老年人中医药健康管理服务的基础上，将服务范围逐步扩大到高血压和2型糖尿病等慢性病患者、孕产妇等重点人群。以“浙江省中医药文化养生旅游示范基地”为依托，促进中医药健康服务与旅游发展的融合。

（八）统筹推进其它各项相关改革

1. 注重医防结合。根据省、市统一部署，逐步提高人均基本公共卫生服务财政补助标准，扩大政府向社会力量购买部分基本公共卫生服务项目。加强疾病预防控制、妇幼保健、精神卫生等专业公共卫生服务机构建设，提高公共卫生服务能力。

2. 推进医养结合。完善市康复医院服务功能，引导二级及以上综合医院开设老年病科。加强养老机构医务室建设，支持其开展基本医疗服务。鼓励乡镇（中心）卫生院、街道社区卫生服务中心开设养老床位，到2020年，至少有1家以上中心卫生院开设老年医养结合病房。

三、保障措施

（一）强化组织领导。调整充实市深化医药卫生体制综合改革领导小组，由市长担任组长，常务副市长和分管副市长担任副组长。加强市医改办建设，强化职能，充实力量，负责落实医改工作的部署、协调、督办和信息发布等工作。强化统筹协调，明确市医改领导小组各成员单位职能分工，层层明确责任，形成政策合力。

（二）强化投入保障。落实政府办医责任，政府投入重点用于支持卫生基本建设、公共卫生、基层医疗和基本医疗保障。按照国家和省、宁波市的部署，统筹解决公立医院存量政府债务问题。鼓励社会资本投资医疗卫生事业，形成政府主导、社会参与的多元投入格局。

（三）强化督查推进。把医药卫生体制综合改革纳入全面深化改革中，做到同部署、同要求、同考核，将综合医改重点任务完成情况作为各部门、各乡镇人民政府（街道办事处）年度综合目标考核的内容，与领导干部实绩考核挂钩。加强对医改进展和成效的监测评估，建立常态化的督查考核机制，强化激励和问责。

（四）强化宣传引导。坚持正确舆论导向，做好医改政策宣传解读，及时回应社会各界关注的热点问题。严厉依法打击涉医违法犯罪行为，保护医务人员安全，优化发展环境。大力宣传典型经验和进展成效，切实增强改革信心，合力引导社会预期，为全市深化医改营造良好的舆论氛围和社会环境。

——摘自《余姚市人民政府关于印发余姚市深化医药卫生体制综合改革先行先试推进方案的通知》（余政发〔2017〕11号）

余姚市乡镇（街道）便民服务中心“一窗受理、集成服务”改革工作方案

为贯彻落实省委、省政府关于加快推进“一窗受理、集成服务”改革向乡镇（街道）延伸的部署要求，根据市政府《关于印发〈余姚市加快推进“最多跑一次”改革实施方案〉的通知》（余政发〔2017〕8号）文件精神，结合我市乡镇（街道）实际，制定乡镇（街道）便民服务中心“一窗受理、集成服务”改革工作方案。

一、工作目标

认真践行以人民为中心的发展思想，按照群众和企业到政府办事“最多跑一次”的理念和目标，结合乡镇（街道）实际，全面推行“前台综合受理、后台分类办理、统一窗口出件”的服务模式，实现“最多跑一次”改革在基层落地生根，打造纵横贯通的基层政务服务体系。

二、基本原则

（一）应纳尽纳原则。围绕一站式服务的目标，推进各类政务服务资源向乡镇（街道）便民服务中心进驻，推进服务事项向综合窗口集中，切实破解人民群众“来回跑”难题。

（二）分类整合原则。按照“一窗受理、集成服务”改革要求，稳步推进服务事项的分类整合和综合窗口的分类设置，着力增强该项工作的科学性、协调性。

（三）有序衔接原则。把乡镇（街道）“一窗受理、集成服务”改革与“四个平台”建设紧密结合，进一步优化资源配置，实现基层社会服务管理与“最多跑一次”改革同步联动、相互促进。

三、工作任务

乡镇（街道）便民服务中心综合窗口一般按照“3+×”模式设置，即统一设置社会保障、民生事务、经济发展、综合服务等4个综合窗口。同时，进一步完善市级派驻部门在乡镇（街道）的服务窗口，把直接面向基层的各类审批服务事项纳入乡镇（街道）便民服务中心的有关综合窗口。综合窗口设置后，科学合理确定相应的服务事项，并明确牵头及配合办公室，确保形成符合实际、便捷高效的服务模式。市行政服务中心泗门分中心（泗门镇便民服务中心）参照市行政服务中心模式，结合泗门镇实际，设置不动产交易、契税、登记及商事登记、基本建设项目、公安服务、社会保障、民生事务、综合服务等7个综合窗口。

四、配套措施

（一）整合办事功能。凡是与公民、法人生产生活密切相关的服务事项，都应按照应纳尽纳的

要求向乡镇（街道）便民服务中心进驻，并将各类服务事项全部集中到综合窗口，消除自行受理、自行办理的现象，实现办理过程和结果接受统一监督。要从企业和群众的角度考虑服务事项整合、综合窗口设置，确保综合窗口真正能办事、办成事。

（二）规范运行模式。乡镇（街道）应建立健全相关制度，将各类综合窗口受理的项目、办理流程、所需材料、收费标准、办理时限等内容进行全面梳理规范，编制成册，形成规范化标准化的办事指南，并扎实推进网上网下融合，依托浙江政务服务网完善网上服务站，全面推广“在线咨询、网上申请、快递送达”办理模式。

（三）强化人员管理。市级业务主管部门要会同乡镇（街道）加强对窗口工作人员的岗位培训，建立定期培训制度。乡镇（街道）要制定窗口工作人员考勤制度和考核制度，加强对窗口工作人员的监督管理。

（四）注重工作衔接。切实加强浙江政务服务网与宁波市基层社会服务管理综合信息系统深度融合，充分利用网格长、网格员在村（社区）收集的群众办事创业的需求，通过乡镇（街道）社会服务管理综合指挥室流转到乡镇（街道）便民服务平台提供各类咨询或代办服务，提升乡镇（街道）“四个平台”运转效能。

（五）着力向村延伸。推进“一窗受理、集成服务”改革向村（社区）延伸，依托浙江政务服务网完善村（社区）服务点；加强村（社区）便民服务中心的指导与管理，形成上下一致、就近申报、多点办理、全域通办、多级联办的便民服务体系。

五、组织实施

根据“最多跑一次”改革任务清单确定的主要任务、时间期限等要求，6月底前完成全市乡镇（街道）便民服务中心“一窗受理、集成服务”改革工作。市编委办要加强乡镇（街道）便民服务中心“一窗受理、集成服务”改革的协调督促工作；市行政审批管理办要加强乡镇（街道）便民服务中心“一窗受理、集成服务”改革的业务指导工作；市电子政务办要加强乡镇（街道）便民服务中心“一窗受理、集成服务”改革的技术支撑工作；市级有关部门要加强对应领域的业务培训、办事流程优化等工作，切实履行部门职责，倒排工作进度，及时研究解决工作推进中遇到的问题。各乡镇（街道）要按照本工作方案的要求，结合各地实际，抓紧制定实施方案，并组织实施；同时，要按照“一窗受理、集成服务”改革的要求，制定标准化规范化的办事指南，扎实推进网上网下融合，推广“在线咨询、网上申请、快递送达”办理模式，确保不折不扣完成改革任务。

——摘自《余姚市人民政府办公室关于印发余姚市乡镇（街道）便民服务中心“一窗受理、集成服务”改革工作方案的通知》（余政办发〔2017〕51号）

余姚市“一人一艺”全民艺术普及工程建设实施意见

为贯彻落实《公共文化服务保障法》和中办、国办《关于加快构建现代公共文化服务体系的意见》（中办发〔2015〕2号）关于“积极开展全民艺术普及”的决策部署，根据宁波市人民政府办公厅关于《“一人一艺”全民艺术普及工程建设的实施意见》（甬政办发〔2016〕160号）文件精神，围绕构建覆盖城乡、便捷高效、保基本、促公平的现代公共文化服务体系，加快推进公共文化服务标准化、均等化、社会化和数字化，更好地满足余姚百姓文化艺术需求，提高全民文化艺术素养，决定在全市实施“一人一艺”全民艺术普及工程建设，特制定以下实施意见。

一、指导思想

以邓小平理论、“三个代表”重要思想、科学发展观为指导，深入贯彻落实习近平总书记系列重要讲话精神和党的十八大以来关于加快现代公共文化服务体系建设的一系列决策部署，按照中央、省和宁波市现代公共文化服务体系建设的部署和要求，全面实施余姚特色的“一人一艺”全民艺术普及工程，保障广大人民群众基本文化权益，引领文化风尚，推动艺术普及，提升群众的艺术欣赏品位，进一步丰富群众业余文化生活，加快推进文化强市建设，增强余姚文化影响力和城市综合竞争力，为现代化创新型生态城市建设和智慧余姚建设提供强大的文化支撑。

二、基本原则

（一）以免费开放为基础，以文惠民。充分发挥公益性文化单位在全民艺术普及工作中的主导作用，以公共财政为支撑，以免费开放为抓手，激发群众参与全民艺术普及的积极性，提供更加多样的产品和服务。

（二）以共建共享为依托，协同推进。加强跨部门、跨行业、跨区域文化艺术资源的整合，实现全市公共文化艺术产品与服务的共建共享，形成推进全民艺术普及的合力，提升服务效能。

（三）以艺术培训为核心，全民参与。牢牢把握全民艺术普及的公益性质，准确把握人民群众的精神文化需求，设置科学合理的艺术课程，制订完备的教学大纲，开展艺术培训，切实保障人民群众的基本文化权益。

（四）以文化品牌为载体，全面覆盖。树立文化活动品牌意识，通过丰富多彩的文化品牌活动大力弘扬民族精神和时代精神，以文化潜移默化的影响来改变人们的交往行为和交往方式，提高人们的文化艺术素养，从而促进人的全面发展。

（五）以智慧服务为平台，实现普及。构建“一人一艺”全民艺术普及云平台，通过网络化、数字化、体验式、移动式等方式为城乡居民提供公益、基本、均等、便利的艺术普及服务，让人们随时随地都能享受智慧文化带来的便捷服务，使各种文化资源全面共享变成现实。

三、总体目标

着力营造全民艺术普及社会氛围，充分发挥全社会力量，吸引和带动广大群众学习艺术知识、鉴赏艺术成果、掌握艺术技能、观看艺术展演、组建艺术团队、开展艺术创作、参与艺术活动等，全面提升全市人民群众的文化艺术素养。争取到2020年，实现全市艺术普及人口综合参与率达85%以上。

四、活动主题

艺术，让生活更美好

五、主要任务

“一人一艺”全民艺术普及，旨在让艺术融入人们的日常生活，使生活更有精神和审美内涵，更有价值和意义。具体包括全民艺术知识的普及、全民艺术欣赏的普及、全民艺术技能的普及、全民艺术活动的普及等。

（一）推荐艺术普及读物。建立全民艺术普及书目推荐机制，定期向市民推荐一批符合公众需求的优秀艺术普及读物。市、乡镇（街道）公共图书馆和机关、学校以及其他企、事业单位图书馆（室）每年要采购一定数量的全民艺术知识普及类图书，满足市民阅读需求。

（二）编印余姚艺术图书。成立市艺术图书编纂领导小组，组织专门人员在现有《姚江文化丛书》基础上，编辑出刊富有余姚地域特色的全民艺术普及书籍或宣传手册，普及余姚地域文化。

（三）举办讲座鉴赏活动。通过政府采购、政府补贴等方式，以市“姚江讲坛”、市直部门、乡镇（街道）讲堂、论坛为基础，举办戏剧、舞蹈、书法、美术、摄影和非遗等艺术讲座活动，不断提高人民群众的艺术欣赏能力。

（四）开设展览展示活动。以公共文化单位为龙头，聚集社会各类展馆、展厅等资源，形成公益展厅联盟，常年举办各类规范化、品牌化、多样化的艺术展览、展示活动。

（五）开展艺术演出观赏。结合“百姓文化节”“全民读书节”“四明山电影节”“周末戏院”和“四明阁天天演”等文化品牌活动，在全市城乡组织开展形式多样的文化艺术活动，引导市民有序文明参与、接受艺术熏陶。加大公共文化演出节目配送力度，确保演出类文化产品的有效供给。市专业院团要创作适合百姓需求的文艺节目，深入基层开展送文艺下乡活动。同时要引进省内外各著名艺术机构及表演团体来余姚演出，为基层群众献上高雅艺术表演和活动。

（六）编制“慕课”教学课件。挖掘利用好我市艺术资源，编制“慕课”教学计划，鼓励和吸引学校、企业和社会机构参与“慕课”资源建设，重点制作好姚剧艺术“慕课”教学课件。共建共享涵盖戏剧、舞蹈、非遗、书法、美术、摄影等艺术门类的在线课程体系。

（七）实施艺术技能培训。以公共文化、体育和人社等相关部门为核心，制定年度计划，提供示范性培训。整合学校、社会培训机构师资、场地设施和网络资源，灵活采取现场教学和远程培训方法，广泛组织开展表演技能、创作技能、制作技能等各类艺术技能培训。通过政府采购等形式，引导社会培训机构为群众提供多样化的培训课程。

（八）建设业余文体团队。鼓励群众自发组织、参与业余文体团队，广泛开展艺术创作、表演等活动，丰富群众业余文化生活。依托农村文化礼堂建设特色文体团队，通过“文化走亲”、“村歌大赛”等活动，打造“我们的村晚”“我们的节日”等文化活动品牌，推进礼堂文化的培育。开展示范性业余文体团队评定，对活动正常、为当地群众文体事业做出积极贡献的团队每年予以表彰和奖励。

（九）强化中小学生艺术普及。全市各级各类学校要根据艺术普及程度要求，合理设置中小学生艺术普及的教学方案、课程标准、教学指导纲要，对教学成果进行考核。公共文化机构要配合学校利用课余时间，对不同年龄和兴趣爱好的中小学生定期提供各类艺术培训、讲座、体验等，拓展“戏曲进校园”“非遗进校园”“高雅艺术进校园”“春泥志愿服务”“阳光少年成长乐园”等主题活动内容。

（十）扶持特殊群体活动。民政、老龄、残联和流动人口管理等部门要会同文化部门开发具有就业技能的文化艺术培训课程，为贫困家庭提供免费或优惠的艺术技能培训，继续为其发放“阳光文化爱心卡”，享受公共文化机构的免费或优惠文化服务。老年大学、老年协会组织设置更多适合老年人群特点的艺术普及课程，组建老年艺术团，定期举办老年文化艺术节等活动，为老年人群提供文体活动交流平台；组建残疾人艺术团队，定期举办残疾人文化艺术节和大赛；流动人口管理部门也要创造条件积极为流动人口提供文化服务。

六、保障措施

（一）组织保障。成立市“一人一艺”全民艺术普及工程建设领导小组，领导小组下设办公室，办公室设在市文化广电新闻出版局，负责做好全民艺术普及工作细化方案制订、具体业务指导等相关工作。各乡镇街道、经济开发区要统筹、指导好区域内全民艺术普及工作，成立领导小组，将全民艺术普及工作纳入本辖区内国民经济和社会发展规划，采取扶持和鼓励措施，推动全民艺术普及工作的开展。宣传、文化、体育、教育、文联、人社、民政、老干部、总工会、共青团、妇联、残联和流动人口管理等部门要围绕各自职责，做好全民艺术普及的组织管理和具体实施工作。企事业单位、社会团体、民办非企业单位和其他社会组织要积极创造条件，为全民艺术普及提供服务。广播、电视、报刊、网络等媒体要开展全民艺术普及工作的宣传，引导全民关注、支持、参与艺术普及工作。

（二）制度保障。认真贯彻落实《中华人民共和国公共文化服务保障法》和文化部、财政部等4部委《关于做好政府向社会力量购买公共文化服务工作意见》，深化改革、制定政策、加大投入、创新方式，制订出台《余姚市社会艺术培训联盟考核制度和扶持办法》《余姚市示范性业余文艺团队评定办法》《余姚市“一人一艺”全民艺术普及考核办法》等文件，指导全市开展全民艺术普及工程。

（三）经费保障。政府根据财力状况，加大对全民艺术普及的支持力度。鼓励以政府购买服务等方式，支持全民艺术普及活动。同时拓宽全民艺术普及经费投入渠道，逐步形成政府、企事业单位、社会团体、个人共同承担，多渠道筹措的经费投入机制，推动全民艺术普及工作更好开展。

（四）设施保障。新建公共文化中心，构建以文化馆、图书馆、博物馆和全民健身中心等为主体的全民艺术普及设施供给网络，不断完善公共文化服务功能。鼓励和吸纳各级各类学校、工人文化宫、青少年宫等，开放设施和场地，实现场地互补、设施互补，确保全市各级各类公共文化服务设施、设备为全民艺术普及所使用。积极推进以乡镇综合文化站和村（社区）文化活动设施为主要内容的基层综合性文化服务中心建设，推进便携式资源馆和公共文化一体机为主要设备的“一人一艺”云平台建设，为市民提供“互联网＋公共文化服务”学习欣赏渠道。

（五）人才保障。打造行业协会、大众传媒、社会组织等全民艺术普及联盟，鼓励具有专业知识和艺术技能的市民为全民艺术普及提供志愿服务，成立全市各艺术门类的文化志愿服务团队，引导和指导市民参与全民艺术普及活动，培养更多的民间文化能人。

——摘自《余姚市人民政府办公室关于印发余姚市“一人一艺”全民艺术普及工程建设实施意见的通知》（余政办发〔2017〕62号）

余姚市人民政府工作规则

（2017年7月14日市人民政府第3次常务会议审议通过）

第一章 总则

第一条 根据《中华人民共和国宪法》《中华人民共和国地方各级人民代表大会和地方各级人民政府组织法》，参照上级政府工作规则，结合本市实际，制定本工作规则。

第二条 市政府工作的指导思想是，高举中国特色社会主义伟大旗帜，以邓小平理论、“三个代表”重要思想和科学发展观为指导，深入贯彻习近平总书记系列重要讲话精神和治国理政新理念新思想新战略，围绕打造“两区三城”，大力实施“六大行动”，推动实现“六大跨越”，全面履行政府职能，坚持为民执政、依法行政、高效施政、实干勤政、从严治政，知行合一、勇立潮头，为高水平全面建成小康社会，在全国同等城市中争先进位，加快建设经济活力强、品质环境优、人民幸福水平高的现代化创新型生态城市而不懈努力奋斗。

第三条 市政府工作的准则是，实行科学民主决策，坚持依法行政，推进政务公开，健全监督制度，加强廉政建设。

第二章 组成人员职责

第四条 市政府由市长、副市长（含市长助理，下同），市政府工作部门的主要负责人组成。市政府组成人员要忠实履行宪法和法律赋予的职责，解放思想，攻坚克难，敢于开拓，勇于担当，大力弘扬密切联系群众、为民务实清廉的工作作风。

第五条 市政府实行市长负责制，市长领导市政府的工作，副市长协助市长工作。市长出国出差、学习培训等外出期间，委托常务副市长主持市政府工作。

第六条 市长召集和主持市人民政府全体（扩大）会议、常务会议、市长办公会议、市长月度例会。市政府工作中的重大事项，必须经市政府全体（扩大）会议或市政府常务会议讨论决定。

第七条 副市长按分工负责分管工作。受市长委托，负责其他方面的工作或专项任务。重要事项要及时向市长报告。有关事项涉及其他副市长分管工作的，要同相关副市长商量决定。

第八条 市政府办公室主任在市政府领导下，主持市政府办公室全面工作，协助市长处理有关方面工作。市政府办公室副主任按分工，协助市长、副市长、市政府办公室主任联系、协调和处理有关工作。

第九条　市政府工作部门实行主任、局长负责制，由其领导本部门的工作，并对市政府负责。各部门在市政府统一领导下，依照法律、法规、规章和市政府的决定，在本部门的职权范围内行使职能，制定行政规范性文件。

市审计局在市长和上级审计机关的领导下，依照法律规定独立行使审计监督职能，不受其他行政机关、社会组织和个人的干涉。

市政府各组成部门要各司其职，各尽其责，服从大局，精诚团结，维护政令统一，切实贯彻落实市政府各项工作部署。

第三章　履行政府职能

第十条　市政府要加快转变职能，在履行好经济调节、市场监管职能的同时，进一步强化社会治理和公共服务职能。

第十一条　坚决贯彻落实国家宏观调控政策措施，履行好经济调节职能，主要运用经济、法律手段和必要的行政手段引导和调控经济运行，深入推进供给侧结构性改革，促进全市国民经济平稳健康发展。

第十二条　严格市场监管，推进公平准入，完善监管体系，规范市场执法，加强信用体系建设，健全统一、开放、竞争、有序的现代市场体系，保证各种所有制经济依法平等使用生产要素、公平参与市场竞争、同等受到法律保护。

第十三条　加强和创新社会治理，推进以改善民生为重点的社会建设，强化基层基础，健全群众自治机制，完善城乡社会保障体系，加快社会事业发展，提高政府预防和应对公共危机的能力，妥善处理社会矛盾，维护社会公平正义和和谐稳定，建设平安余姚。

第十四条　强化公共服务职能，完善公共政策和公共财政制度，健全公共服务体系，改进政府提供公共服务方式，提升公共服务平台，创新市场化运作模式，加强公共服务监督管理和绩效评估，促进基本公共服务均等化，提高公共服务能力和水平。

第四章　实行科学民主决策

第十五条　市政府及各组成部门要按照《余姚市人民政府重大行政决策程序规定》（余政发〔2015〕3号），建立健全公众参与、专家论证、风险评估、合法性审查和集体讨论决定的行政决策机制，加强重要决策实施的跟踪评估，建立健全决策问责和纠错制度，提高决策的法治化、科学化、民主化水平。

第十六条　全市国民经济和社会发展中长期规划、年度计划及财政预算、重大财政资金安排，制定或者调整各类总体规划、重要的区域规划和专业规划，政府重大投资项目和重大国有资产处置，制定资源开发利用、环境保护、劳动就业、社会保障、住房保障、医疗卫生、市场监管、食品药品安全、科技教育、城乡建设、交通管理、安全生产等方面的重大政策措施，制定或者调整政府定价或者指导定价的重要商品、服务价格，制定行政管理体制改革的重大政策措施，制定行政规范性文件以及其他需要由市政府决策的重大事项，由市人民政府全体（扩大）会议或市政府常务会议讨论和决定。决策事项需要报请市委或上级机关批准的，按有关规定办理；依法应当提请市人大及其常委会审议决定的，应提请审议。

第十七条　市政府各部门提请市政府研究决定的重大事项，必须经过深入调查研究，并经专家或研究、咨询机构等进行必要性、可行性、合法性论证；涉及相关部门的，应当充分协商；涉及乡镇（街道）的，应当事先征求乡镇政府、街道办事处意见；涉及重大利益和人民群众切身利益的，要向社会公开征求意见，必要时应举行听证会；容易引发影响社会稳定问题的重大决策，还要开展社会稳定风险评估。未经深入调研并充分论证、未充分听取有关方面意见或者未开展社会稳定风险评估的，不得提交市政府。

第十八条 市政府在做出重大决策前，根据需要通过召开座谈会等多种形式，直接听取民主党派、工商联、无党派、人民团体、专家学者、基层群众等方面的意见和建议。

第十九条 建立健全重大决策信息反馈、实施效果评估和责任追究等制度。市政府各部门必须坚决贯彻落实市政府做出的决定，及时跟踪和反馈执行情况。市政府办公室要加强督促检查，确保政令畅通。

第五章 坚持依法行政

第二十条 市政府及各组成部门要牢固树立社会主义法治理念，严格按照法定权限和程序履行职责，行使行政权力，努力建设法治政府。

第二十一条 市政府根据经济社会发展需要，在市政府的权限内依法制定行政规范性文件，及时修改或废止与经济社会发展不相适应的行政规范性文件。

第二十二条 市政府各部门制定的行政规范性文件，必须符合宪法、法律、法规和国家的方针政策。制定对公民、法人或者其他组织的权利义务产生直接影响的行政规范性文件，要公开征求意见，由部门法制机构进行合法性审查，并经部门领导班子会议集体讨论决定。未经公开征求意见、未经合法性审查或者未经集体讨论的，不得发布实行。涉及两个及以上部门职权范围内的事项，应报请市政府，由市政府或有关部门联合制定规范性文件。

第二十三条 实行行政规范性文件备案审查制度。部门及部门联合制定的行政规范性文件要向市政府备案，由市政府法制办审查并定期向市政府报告；市政府制定的行政规范性文件向宁波市政府和市人大常委会备案。按照《余姚市人民政府关于推行行政规范性文件“三统一”制度的实施意见》（余政办发〔2013〕50号）的有关规定，实行行政规范性文件统一登记、统一编号、统一发布制度，相关工作由市政府办公室（市政府法制办）承办。

第二十四条 深化行政执法体制改革，完善行政执法程序，规范行政执法裁量权，严格行政执法责任制和执法过错追究制，有法必依、执法必严、违法必究，切实做到严格规范公正文明执法。

第六章 推进政务公开

第二十五条 健全完善政府信息公开制度，全面贯彻落实《中华人民共和国政府信息公开条例》和中共中央办公厅、国务院办公厅《关于全面推进政务公开工作的意见》精神，除涉及国家秘密、商业秘密和个人隐私以及市政府认为不应当公开的事项外，市政府及各组成部门所掌握的政府信息应当通过政府网站、政务微博（微信）、《余姚政务》及新闻媒体等途径向社会公众和利益相关人公开，同时，要进一步推进决策、执行、管理、服务和结果公开，推进重点领域信息公开，提高政府工作透明度，保障人民群众知情权、参与权、表达权和监督权。

第二十六条 加强政策解读。将政策解读与政策制定工作同步考虑，同步安排。以市政府或市政府办公室名义制发行政规范性文件，要按照“谁起草谁解读”的原则，一并向市政府办公室报送解读文本初稿，做好后续修改工作并及时发布。注重运用数字化、图表图解、音频视频等方式，提高政策解读的针对性、科学性和权威性。对涉及面广、社会关注度高、实施难度大、专业性强的政策文件，要通过新闻发布、政策吹风、接受访谈、发表文章等方式做好解读。重视收集政策实施过程中的信息反馈，针对市场和社会关切事项，详细及时地做好政策解读，减少误解猜疑，稳定预期。

第二十七条 健全完善政府新闻发言人制度，宣传全市经济社会发展情况及重大工作的进展和成就，通报市政府及有关部门的重大活动、重大决策、重大突发公共事件、重要政策调整以及涉及广大人民群众利益的重大事项等，营造公开透明的信息环境，掌握舆情引导的主动权。市政府新闻发言人由常务副市长担任，市直部门新闻发言人由部门分管负责人担任。要建立健全政务舆情收集、研判、处置和回应机制，及时回应社会关切。对涉及人民群众切身利益、影响市场预期和突发公共事件等重点事项，要及时发布信息。对涉及特别重大、重大突发事件的政务舆情，要快速反应，最迟要在5小时内发布权威信息，在24小时内举行新闻发布会，并根据工作进展情况，持续发布权威信息。有关地方和部门主要负责人要带头主动发声，确保在应对重大突发事件及社会热点事件时不失声、不缺位。

第二十八条　扩大公众参与。完善民意汇集机制，鼓励人民群众参与政务公开的各个环节，参与政策制定、执行和监督。要研究探索多层级、多领域公众参与的事项种类和方式，通过报刊、广播、电视等媒体和政府门户网站、政务微博（微信）等互联网平台及社区公开栏等公开平台，搭建政民互动渠道。要加强余姚市12345政务服务热线平台管理，及时收集和整理社情民意、社会动态，建立及时有效反馈机制，广泛吸纳人民群众对政府决策的意见建议。

第七章　提高行政效能

第二十九条　市政府及各组成部门要加强工作的计划性、系统性、前瞻性和预见性，搞好年度工作安排和季度、月度等阶段性工作计划，并根据形势和任务的变化及时作出调整，确保实现政府年度和届内的工作目标和任务。

第三十条　市政府及各组成部门要深化行政审批制度改革，按照“最多跑一次”的目标和理念，依法优化审批流程，压缩审批时限，加快推进“线上线下”一体化审批，不断提高行政审批效率和群众满意度。

第三十一条　市政府及各组成部门要推进电子政务建设，推动政府信息互联互通、整合共享，完善电子政务平台和便民服务网络平台，切实提高办公、办文、办事效率。

第三十二条　市政府及各组成部门要大力推进行政绩效管理，完善绩效考核评价体系，严格落实领导干部“月度工作报备”、公务员“岗位对责、绩效对账”等制度，形成客观公正、奖罚分明的激励机制，不断提高行政效率。

第三十三条　各乡镇政府、街道办事处和市政府各部门必须坚决贯彻落实市政府的重大决策和各阶段的重点工作部署，并及时反馈执行情况。市政府办公室对市政府重大决策部署、年度工作安排和各阶段重点工作的落实情况，要及时督查督办和协调推进，构建“一竿子插到底”的工作落实机制，确保各项工作落到实处、取得实效。

第八章　健全监督制度

第三十四条　市政府要认真落实市人大及其常委会的各项决议决定，自觉接受市人大常委会依法监督，认真负责地报告工作，接受询问和质询，依法备案行政规范性文件；积极支持市政协履行政治协商、民主监督、参政议政职能，虚心听取各民主党派、工商联、无党派、人民团体和各界人士的意见和建议；要进一步加强市政府各部门与市人大常委会、市政协相关工委（专委）的对接联系，完善对接机制，建立报送市人大常委会、市政协审议材料事前审定制度，及时办理落实市人大常委会、市政协审议意见，认真办理市人大代表议案建议和市政协委员提案。

第三十五条　市政府各组成部门要依照有关法律的规定接受司法机关实施的监督，同时要自觉接受有关部门的监督。对监督中发现的问题，要认真查处和整改，并向市政府报告。

第三十六条　加强行政系统内部监督，健全政府层级监督制度。市政府及各组成部门要严格执行《行政复议法》和行政规范性文件备案制度，纠正违法或不当的行政行为，及时废止或修改违反法律、法规的行政规范性文件，并主动征询和认真听取乡镇（街道）和相关部门的意见和建议。

第三十七条 市政府及各组成部门要接受新闻舆论和群众的监督。对新闻媒体报道和各方面反映的重要问题，市政府各部门要积极主动地查处和整改，并向市政府报告。要加强政府网站建设，重视群众和其他组织通过多种方式对行政行为实施监督。

第三十八条 市政府及各组成部门要高度重视人民群众来信来访工作，进一步完善信访制度，落实信访责任，畅通信访渠道，认真解决群众的合理诉求，着力解决信访突出问题。市政府领导及各组成部门负责人要亲自阅批重要的群众来信，定期接待群众来访，对重点信访事项进行督查。

第三十九条 强化行政效能监察，按照《余姚市行政不作为问责暂行办法》（余政发〔2015〕2号）的规定，严格行政问责，大力整治懒政怠政，不断提高政府执行力和公信力。

第九章　加强廉政建设

第四十条 市政府及各组成部门要按照干部清正、政府清廉、政治清明的要求，严格履行全面从严治党主体责任，模范遵守廉洁自律准则、新形势下党内政治生活的若干准则等党纪党规，切实加强政府系统党风廉政建设，全面落实“四专三书一报告”制度，建立健全廉政风险防控机制，积极构建不敢腐、不能腐、不想腐的体制机制。要强化对重点领域和关键环节的监管，严肃查处各类违纪违法案件，坚决防止和纠正损害群众利益的不正之风。

第四十一条 市政府及各组成部门要厉行勤俭节约、艰苦朴素，坚决反对奢侈挥霍、铺张浪费，切实降低行政成本。大力推进预算决算公开，严格控制一般性支出。加强因公出国（境）管理，规范公务接待，严格公务用车配备和使用管理。严格执行财经纪律，不得用公款相互走访、送礼和宴请，不得接受下级的送礼和宴请。

第四十二条 市政府组成人员要自觉遵守廉洁自律准则，严格执行领导干部重大事项报告制度，严于律己，加强对亲属和身边工作人员的教育和约束，决不允许搞特权。

第十章　会议制度

第四十三条 市政府实行市人民政府全体（扩大）会议、常务会议、市长办公会议、市长月度例会和市政府专题会议制度。

第四十四条 市人民政府全体（扩大）会议由市政府组成人员组成，由市长召集和主持。市政府全体（扩大）会议的主要任务是：

（一）传达和研究贯彻上级和市委的重要指示、决定和会议、

文件精神，以及市人大及其常委会的重要决议、决定；

（二）决定和部署市人民政府一个时期的重要工作；

（三）通报有关全市工作的重要情况，协调各部门的工作；

（四）讨论其他需要由市人民政府全体（扩大）会议决定的重要事项。

市政府全体（扩大）会议一般每年召开两次，可根据需要酌情加开。市政府办公室副主任（包括党组成员）、各乡镇政府、街道办事处、市政府派出机构、相关部门和单位的主要负责人列席会议。邀请市委有关部门、市人大常委会各委办、市政协各委办、市人武部、市法院、市检察院、市总工会、团市委、市妇联、市工商联及各民主党派的负责人参加会议。

第四十五条 市政府常务会议由市长、副市长（含市长助理）组成，由市长或受市长委托的

常务副市长召集和主持。市政府常务会议的主要任务是：

（一）传达和研究贯彻上级及市委的重要指示、决定和会议、文件精神，以及市人大及其常委会的重要决议、决定；

（二）讨论决定市政府工作中的重要事项；

（三）讨论提请市人大及其常委会审议的议案、政府工作报告和有关全市性重大问题的决策；

（四）讨论决定需要市人民政府发文的重要规范性文件和政策制度规定；

（五）讨论决定市政府各部门、直属单位和各乡镇政府（街道办事处）请示市人民政府的重要事项；

（六）讨论需要由市人民政府常务会议决定的其他事项。

市政府常务会议一般每月召开1次，可根据需要酌情加开。市政府办公室主任、副主任和市发展和改革局、市财政局主要负责人及市纪委派驻第二纪检组、市政府法制办、市政府发展研究中心有关负责人列席会议。市政府有关部门、单位及乡镇政府、街道办事处的主要负责人根据议题需要列席会议。根据需要，邀请市人大常委会、市政协、市人武部的负责人参加会议。根据会议内容，可以邀请若干名市民代表旁听会议。

第四十六条 市长办公会议由市长、副市长（含市长助理）组成，由市长或受市长委托的常务副市长召集和主持。市长办公会议的主要任务是：

（一）讨论研究市长认为有必要主持研究布置的重要工作事项；

（二）讨论涉及两个以上副市长分管工作且情况复杂，需由市长主持研究决定的事项；

（三）讨论分管副市长认为在其职权范围内难以决定，需提请市长办公会议研究决定的事项；

（四）讨论副市长分管范围内需集体研究或通报交流的重要工作事项；

（五）讨论需要由市长办公会议决定的其他事项。

市政府办公室主任、副主任和市发展和改革局、市财政局主要负责人及市纪委派驻第二纪检组、市政府法制办、市政府发展研究中心有关负责人列席会议，市政府有关部门、单位及乡镇政府、街道办事处主要负责人根据议题需要列席会议。

第四十七条 市长月度例会由市长、副市长（含市长助理）及分管有关政府工作的市领导组成。由市长或受市长委托的常务副市长召集和主持。市长月度例会的主要任务是：

（一）传达和研究部署本月上级及市委需要市政府落实的有关决策事项；

（二）交流上个月度各线重点工作进展情况；

（三）交流本月度各线重点工作安排；

（四）商量部署涉及两个以上副市长分管范围的综合性重点工作；

（五）研究部署市政府阶段性重点工作；

（六）其他需要市长月度例会研究的有关事项。

市长月度例会一般每月初召开，可根据需要酌情加开。

第四十八条 市政府专题会议由市长、副市长召集和主持，也可委托市政府办公室主任或副主任召集和主持。市政府专题会议的主要任务是：

（一）研究处理需要统筹协调的业务事项；

（二）研究处理属于市人民政府既定工作安排、需要组织实施的业务事项；

（三）研究处理全市性重要工作、重大活动的协调实施事项；

（四）研究处理具体问题的协调实施事项；

（五）研究突发事件的处理意见；

（六）研究处理上级或市委、市政府领导对涉及面较广的具体问题所作批示的贯彻落实意见；

（七）其他需要市政府专题会议研究处理的市人民政府日常工作中的具体业务事项。

市政府专题会议根据需要不定期召开，安排相关部门和单位负责人参加。

第四十九条 提请市政府常务会议、市长办公会议讨论的议题，由市政府分管领导协调或审核后提出，经市政府办公室汇总后，报市长确定，除特殊情况外，不在会上临时动议。市政府专题会议议题由召集会议的市政府领导确定。会议组织工作由市政府办公室负责，会议议程和相关议题资料于会前送达与会人员。

第五十条 市政府领导不能出席市人民政府全体（扩大）会议、市政府常务会议、市长办公会议，应向市长请假；市政府其他组成部门人员或需参加会议人员不能出席（列席）会议，应向市政府办公室主任请假。

第五十一条 市政府常务会议纪要、市长办公会议纪要先由市政府办公室分管综合文字工作的副主任审核后，送市政府办公室主任审阅，再报市长签发。市政府专题会议纪要先由市政府办公室分管副主任审核，送市政府办公室主任审阅后，再由召集会议或委托召集会议的分管副市长签发，如有必要报市长签发。市人民政府全体（扩大）会议、市政府常务会议决定的事项，宜于公开的，应及时报道，其新闻稿须经市政府办公室主任审定，如有必要报市长审定。

第五十二条 经市政府常务会议或市长办公会议审议通过的事项，应以正式印发的会议纪要为准；如需乡镇政府、街道办事处或市政府各部门执行或需向社会公布的事项，还应以市政府文件形式经规定程序送审后印发。

第五十三条 市政府及各组成部门召开的工作会议，要严格审批，减少数量，控制规模，提高效率。以市政府名义召开的全市性会议，统一由市政府办公室按有关规定办理。应由各部门召开的全市性具体业务工作会议，不以市政府或市政府办公室名义召开，不邀请市政府领导出席，确需邀请的须报市政府批准。全市性会议应尽可能采用便捷、节俭的形式召开。

第十一章 公文审批

第五十四条 各乡镇政府、街道办事处和市政府各部门报送市政府的公文，应当符合《党政机关公文处理工作条例》（中办发〔2012〕14号）、《党政机关公文格式》（GB/T9704-2012）和《余姚市人民政府办公室办文制度》等规定。除市政府领导直接交办的事项和必须直接报送的涉密事项外，一般不得直接向市政府领导个人报送公文。对于多头报送件，非分管副市长原则上不作批示。

第五十五条 各乡镇政府、街道办事处和市政府各部门报送市政府的请示公文，应由各单位的行政主要负责人签发（主要负责人外出时，由主持工作的负责同志签发）。请示应一事一报，并不得多头主送。请示内容涉及其他部门的，应当事先与相关部门充分协商，达成一致；不能取得一致意见的，应列出各方理由和依据，提出办理建议。

第五十六条 各乡镇政府、街道办事处和市政府各部门报送市政府审批的公文，以及以市政府或市政府办公室名义印发的公文，统一由市政府办公室按规定程序办理，并按市政府领导分工呈批，重大事项报市长审批。

第五十七条 市政府发布的决定、命令和制发的行政规范性文件及市政府向市人大及其常委会提出的议案、人事任免文件，由市长签署或签发。

第五十八条 以市政府名义发文，属于市政府分管副市长职责范围内的事项，经市政府办公室分管副主任、主任审核后，一般由分管副市长签发。涉及其他副市长工作分工的，经有关副市长会签后，由市长或受市长委托的常务副市长签发；涉及全局性重大事项的，经分管副市长审核后，由市长或市长委托的常务副市长签发。以市政府名义向上级政府行文，应当由市长签发。

以市政府办公室名义发文，属于市政府事务的，文内须注明“经市政府同意”字样，重要的文件还需报请市长或分管副市长同意，市政府各部门要求以市政府办公室名义发文的，经市政府分管领导同意，由市政府办公室分管副主任审核、主任签发。

第五十九条 各地、各部门制发的公文，必须符合法律、法规、规章，党和国家的方针、政策；所提出的措施和办法应当切合实际，具有可操作性。

第六十条 要进一步精简规范公文、注重行文效用，提高办文效率。属部门职权范围内事务、应由部门自行发文或联合发文的，不得要求市政府批转或市政府办公室转发。要全面推行公文无纸化流转，提高公文办理效率。

第十二章　学习制度

第六十一条　市政府组成人员要带头加强理论学习，要努力成为勤于学习、善于思考的表率。要认真学习党的路线方针政策和中央重大决策，认真学习市场经济、现代管理、科技、金融及资本运营等方面的新知识，学习分管行业的法律法规和专业知识，不断提高自身的理论素养、业务素质和领导水平。要坚持学以致用，把上级精神与余姚实际紧密结合起来，创造性地开展工作。市政府及各组成部门要努力建设学习型机关。

第六十二条　完善市政府党组理论学习中心组制度，坚持以政治学习为根本，以集体学习研讨为主要形式，结合个人自学、专题调研等形式，有计划有针对性地开展理论学习。市政府党组理论学习中心组每季度至少开展一次集中学习研讨。

第六十三条　坚持市长学法制度，每年至少组织6期学法课堂，通过市政府常务会议会前学法或专题法制讲座等方式集中学法。

第六十四条　市政府组成人员要结合市政府重点工作及分管工作中的热点、难点问题，开展深入细致的调查研究，了解情况，指导工作，解决实际问题。市政府领导及各组成部门负责人下基层调研时间不少于工作日的三分之一。

第十三章　纪律和作风

第六十五条　市政府组成人员要坚决贯彻执行党和国家的路线方针政策以及工作部署，严格遵守纪律，有令必行，有禁必止。

第六十六条　市政府组成人员必须坚决执行市政府的决定，如有不同意见可在市政府内部提出，在没有重新做出决定前，不得有任何与市政府决定相违背的言论和行为。未经市政府研究决定的重大问题及事项，不得在个人讲话或文章中擅自对外发表。

第六十七条　市政府组成人员要严格遵守保密纪律和外事纪律，严禁泄露国家秘密、工作秘密或因履行职责掌握的商业秘密等，坚决维护国家的安全、荣誉和利益。

第六十八条　市政府及各组成部门领导要在勤俭节约、廉洁奉公上做表率，时刻牢记“两个务必”，坚决反对铺张浪费。市政府领导下基层要轻车简从，减少陪同，简化接待；不张贴悬挂横幅标语，不搞迎送，不铺设迎宾地毯，不摆放花草，不安排宴请。

第六十九条　市政府领导一般不为部门和下级政府的会议活动等发贺信、贺电，不题词。因特殊情况需要发贺信、贺电和题词的，一般不公开发表。市政府领导出席会议活动、下基层调研的新闻报道和外事活动安排，按有关规定办理。

第七十条　市政府组成人员要严格执行报告和请假制度。市长出访、出差或休假，应事先向市委报告，并由市政府办公室主任通报其他领导；副市长出访、出差或休假，应事先报市长，由市政府办公室通报市政府其他领导；市政府各部门行政负责人外出，应事先报告市政府分管领导，经市政府分管领导同意后报市长审批，并报市政府办公室备案。市政府及各组成部门要严格执行请示报告制度，及时向市政府报告重要情况、重大事件和重大活动，对超出职权范围的重大问题要按规定程序及时向市政府请示。

第七十一条　本规则自发布之日起施行。原《余姚市人民政府工作规则》（余政发〔2007〕21号）同时废止。

——摘自《余姚市人民政府关于印发余姚市人民政府工作规则的通知》（余政发〔2017〕20号）

余姚市“十三五”现代农业发展规划

“十三五”是我市实现转型发展、跨越发展的战略机遇期，也是高水平全面建成小康社会的决胜期和加快农业现代化建设的关键期。为适应新常态，把握新机遇，明确新任务，引领新发展，根据《浙江省现代农业发展“十三五”规划》《宁波市“十三五”现代农业发展规划》《余姚市国民经济和社会发展第十三个五年规划》，制定《余姚市“十三五”现代农业发展规划》，规划期为2016—2020年。

一、发展基础与经验

“十二五”以来，我市面对经济发展新常态和不利的气候条件，紧紧围绕生态高效的发展理念和农业“双增”目标，切实加大政策支持和政府服务力度，扎实推进农业规模经营和一二三产融合发展，产业转型升级步伐不断加快。特别是围绕“谁来发展现代农业”“在什么地方发展现代农业”“发展什么样的现代农业”和“用什么手段来发展现代农业”四个核心问题，全市上下探索出了一条遵循自然规律和历史发展潮流，符合余姚资源实际的农业现代化路子，为“十三五”现代农业提升发展奠定了坚实基础、提供了宝贵经验。

（一）围绕“谁来发展现代农业”，主体活力日益增强。“十二五”以来，我市科学制定产业导向，将各种经济组织制度引入农业各产业和生产经营各环节，不断壮大新型农业经营主体队伍，形成了以承包农户为基础，职业农民、专业大户、家庭农场、专业合作社、农业龙头企业为骨干的立体式、复合型的现代农业生产经营体系，提高了农业的组织化、专业化水平。截止2015年底，全市已有农业龙头企业111家，其中11家年销售额突破亿元大关；创建农民专业合作社172家，其中国家级示范社3家，省、宁波级示范社13家，链接基地面积超过16万亩；组建成立家庭农场协会，培育家庭农场473家，家庭农场成为休闲农业发展的主力军；建立健全新型职业农民培育机制，先后有300多名大学毕业生在农业领域创业就业。这些新型主体和经济组织，开启了我市现代农业发展新纪元。

（二）围绕“在哪里发展现代农业”，发展平台不断拓展。针对人多地少，农业用地有限的实际，我市着力在集约发展上做文章，开辟了农业“两区”这个现代农业发展大平台，推动新型农业经营主体、人才、技术和资金等要素向“两区”集聚，打造现代农业发展的“根据地”。先后建成粮食功能区16.8万亩，其中宁波市级标准化粮食功能区10.5万亩；建成省级现代农业综合区3个、主导产业示范区11个、特色农业精品园22个，滨海先导区创建为国家农业产业化示范基地，并列入宁波创建国家级现代农业示范区四大先导区；加强海域用地申报管理，不断拓展农业发展空间，批准用海面积近6000亩，中意生态产业园等重点项目成功落地；新规划滨海现代农业园区用地4.9万亩，拟打造今后我市现代农业建设的样板区，为融入宁波绿色都市农业强市建设奠定了扎实基础。

（三）围绕“发展什么样的现代农业”，产业转型不断加快。“十二五”以来，我市立足余姚气候适宜、地貌多样、种质资源丰富、文化底蕴深厚的比较优势，按照“什么重要发展什么”“什么来钱发展什么”“什么方便发展什么”“需要什么发展什么”的差异化发展思路，做精主导产业、做亮新兴产业，打响了余姚农业的精品招牌。在发展业态上，我市着力发展品质农业，全市已有无公害农产品产地67个，绿色食品、无公害农产品超过130个；着力发展生态循环农业，结合五水共治，全面推进畜禽养殖场关停搬迁和畜禽养殖污染综合治理，规模猪场畜禽排泄物资源化利用率达到97%以上；着力发展“互联网+农业”，稳步推进农业领域“电商换市”，建成淘宝“特色中国余姚馆”、姚商电子商务统一平台等本地电商平台；着力发展外向型农业，每年举办唯一一个由县级市冠名国字号的农业博览会－中国余姚河姆渡农业博览会，积极组织企业参加国内外各类重大农业（食品）博览会，优质农产品国内外市场得到了有效拓展。

（四）围绕“用什么手段发展现代农业”，为农服务不断增强。“十二五”以来，我市坚持十个指头弹钢琴，充分发挥政府、市场、社会各方功能，用科技、品牌、服务等要素激活微观主体，不断优化现代农业发展环境。做好政策助农文章，积极落实财政资金，先后启动现代农业1312工程、生态高效农业315、415工程等重点项目建设，创新农信担保、政策性农业保险等金融服务，为产业转型升级推波助澜；做好科技支农文章，引导经营主体深化与科研院所的合作，主动对接农业高新科技项目成果，形成以责任制为核心、首席农技推广专家为龙头，农技指导员为骨干，责任农技员为基础的新型农技推广体系；做好品牌富农文章，始终坚持农业品牌发展战略，引导经营主体提升农产品附加值，全市已有5个农产品入围全国名特优新农产品名录，累计获得宁波市级以上各类品牌近200件；做好产业增效文章，围绕一二三产融合发展，有组织地推进全产业链打造，榨菜产业打造成为全省示范性全产业链，茶叶产业和甲鱼产业向10亿和5亿级别的全产业链迈进。

二、发展机遇与挑战

当前，国内外宏观形势发生了深刻变化，经济发展进入新常态，把握发展现代农业的重大机遇，破解建设现代农业的瓶颈与挑战，顺势推进农业现代化，开创“三农”发展新局面，已成为我市推动实现“六大跨越”、高水平全面建成小康社会，加快实现“四个全面”战略布局的“重要环节”和“关键变量”。

（一）发展机遇

1. *经济新常态将为现代农业转型发展提供新的机遇。*当前，我国经济进入了以“速度变化、结构优化、动力转化”为基本特征的新常态，消费投资需求、生产组织方式、资源要素配置和市场竞争方式以及宏观调控手段等方面都发生了重大而深刻的变化，为此中央对“十三五”社会经济发展作了高度概括与总结，做出了加快“四化”同步与推进“五大发展理念”的战略部署，为我市充分发挥自身优势，确立现代农业发展思路与方向，推进现代农业转型升级，加快建设高效生态、特色精品、绿色安全现代农业提供了难得的历史机遇。

2. *全面深化改革将为现代农业创新发展释放新的红利。*“十三五”期间，我国将全面深化各领域改革，深入贯彻农村改革综合性实施方案，进一步完善农村各类所有制经济，健全新型农业经营体系、农业支持保护体系、农业社会化服务体系、农业科技创新体系和农村金融体系，基本建立城乡经济社会发展一体化体制机制，完善农村社会治理体系和农村基层组织制度，加强农民民主权利保障和农村基层法治建设等，随着一系列改革措施的贯彻落实，将逐步突破农业发展中的制度约束，从根本上有效破解发展中遇到的深层次矛盾和问题，进一步释放新的红利，不断增强农村经济社会发展活力。

3. **新一轮科技革命将为现代农业跨越发展注入新的动力**。近年来，全球新一轮科技革命和产业变革孕育兴起，第三次工业革命和工业4.0方兴为艾，以科技促进产业转型升级，以创新推动经济社会发展，成为世界经济格局演变的重要趋势和崛起的必然选择。为此，紧紧把握科技革命带来的难得机遇，充分发挥生物科学、信息技术及电子商务大省的比较优势，加快生物技术、互联网、物联网、大数据、云计算等技术创新和对农业领域的渗透传导，推动农业机械化、产业化和信息化，必将对全省传统农业科研、生产、加工、流通、消费等各个环节产生重大而深远的影响，并为传统农业向现代农业转变提供强大动力。

4. **需求结构升级将为现代农业持续发展带来新的拉力**。随着经济发展和生活条件改善，人们对优质、安全、营养和绿色农产品的消费呈现快速增长态势，对娱乐休闲观光等精神产品的多元化需求蔚然成风，以农耕文化、休闲农业、科普体验式和文化创意性农业等为主的乡村旅游市场持续升温；另一方面，"一带一路"的构建和长三角地区一体化发展，也将为我市农业更好地"走出去"，实现互利共赢，促进农业产业转型升级、加快新业态、新产业发展带来强大拉力。

（二）面临挑战

1. **农业结构性矛盾仍然存在，农产品保供给保安全任务加重**。当前，我市城乡居民消费结构和水平发生了巨大变化，农业新消费、新需求不断涌现，农产品供给结构缺乏适应性和灵活性，品种和品质结构优化相对滞后，新供给、新动力明显不足；主要农产品供求关系偏紧、对外依存度高，特别是粮食供需长期存在缺口，"政府要粮、农民要钱"的矛盾仍然突出；农产品安全隐患仍然较多，食品质量安全问题已成为社会关注焦点，使得农业供给侧结构性改革任务进一步加重，保障农产品供给和质量安全任道重远。

2. **农业要素制约日益加大，市场竞争力面临下降压力**。近年来，我市农民老龄化、农业兼业化日益突出，农业劳动力呈现整体性紧缺、结构性失衡特征，"谁来种地"成为困扰农业发展难题；加上农业投入品价格继续走高，土地租金和各种生产性服务费用大福增加，农业开始进入高成本时代。同时，政府对农业补贴已接近WTO"黄箱"政策上限，主要农产品价格出现国内外倒挂，价格上涨空间受到挤压。在农产品成本"地板"抬升和价格"天花板"封顶的双重作用下，主要农产品市场竞争力和产业效益下降压力增大。

3. **资源环境压力不断增加，农业发展空间进一步压缩**。随着农业资源开发力度加大，资源与环境容量逐步收紧，"五水共治"等重点工作的推进，农业特别是畜牧业结构调整和现代生态循环农业发展面临着巨大的倒逼压力，农业产业改造升级和转型发展的空间进一步压缩，农业发展的刚性约束不断增强，对于加快农业发展方式转变，拓展农业发展空间，实现农业可持续发展形成严峻挑战。

4. **体制机制改革有待破题，农业内生发展动力不足**。农业农村改革已全面进入"深水区"和攻坚期，我省农业农村发展正面临一系列复杂难题和挑战，特别是制约农业农村发展的城乡二元体制根深蒂固、产业结构调整滞后、科技创新能力不强、发展方式依然粗放、农业产业经营水平不高等深层次矛盾尚未从根本上得到解决，导致农业内生发展动力严重不足。由此可见，全面深化农业农村各项改革，破除体制机制障碍，加快培育农业内生发展动力，激发农业农村发展活力，力争在改革的重点领域和环节取得突破，显得尤为重要与关键。

三、指导思想和发展目标

（一）指导思想

深入贯彻落实党的十八届历次全会精神，以创新、协调、绿色、开放、共享五大发展理念为引领，以转变农业发展方式为主线，建设高效率生态、特色精品、绿色安全的高质量、高水平农业强市和率先基本实现农业现代化为目标，大力推进农业供给侧改革、农业产业集聚区和农业特色强镇建设，着力打造农业“两区”升级版，全面提升农业综合生产能力、抗风险能力和市场竞争能力，保障粮食安全、农产品质量安全和生态安全，走出一条产出高效、产品安全、资源节约、环境友好的具有余姚特色农业现代化道路，加快实现农业更强、农民更富、农村更美，为高水平全面建成小康社会提供坚实支撑。

（二）发展目标

“十三五”期间我市现代农业发展总体目标是：不断深化农业供给侧结构性改革，进一步优化农业结构和产业布局、拓展农业功能、提高农民素质和农民收入、完善农业发展保障网络、增强农业综合生产能力和市场竞争力、改善农业农村生态环境，不断提升农业可持续发展能力，力争到2020年我市现代农业化建设走在宁波市，乃至全省前列。

1. *产业结构进一步优化*。到2020年，我市规模化种养业、农产品精深加工业和农业服务业协调发展，主导产业在农业产值中比重进一步提高，休闲观光创意农业进一步发展。

2. *经营主体进一步壮大*。到2020年，我市土地流转率达到60%，规模经营率达到70%，市级以上示范性家庭农场、规范性农民专业合作社及农业龙头企业分别达100家、200家、120家。

3. *防灾抗灾能力进一步提升*。到2020年，我市灌溉用水有效利用系数达0.8，旱涝保收率达到99%以上，有效灌溉率达到99%以上。

4. *可持续发展能力进一步加强*。到2020年，农业政策法规进一步健全完善，农业社会化服务加快发展，规模畜禽养殖场、农作物秸秆、农村清洁能源利用率分别达到98%、90%和85%以上。

四、区域布局和发展原则

（一）区域布局

坚持市场导向与发挥区域比较优势相结合、产业调整与发展特色主导产业相结合的原则，因地制宜，形成“一环两翼两区”的空间发展格局。

1. *一环*。围绕城东路、329国道、四明山高速、杭甬高速所围成的环状区域，以城区周边阳明、梨洲、兰江、凤山、低塘、朗霞等6个街道和泗门卫星城核心区为中心，以保证城市“菜篮子”工程和推进都市休闲农业为重点，大力发展设施蔬菜、时鲜蔬菜以及水果采摘、休闲垂钓等都市观光体验农业。

2. *两翼*。姚西种养结合水作翼。在以姚江为轴心，329国道以南、杭甬高速以北和四明山高速以西的中部平原地区，以牟山、马渚两镇和黄家埠、临山、泗门三镇为重点，依托该区域土地流转率高及生态渔业养殖的基础，主要发展以甲鱼为主的特种水产、优质水稻、西山白杨梅、番鸭等产业。姚东特色产业种植翼。在以姚江为轴心，杭甬高速以北和城东路以东地区，以河姆渡、三七市、丈亭等镇为重点，依托该区域的历史传承和产业特色，重点发展水稻、杨梅、茭白、生猪等产业。

3. *两区*。生态高效果蔬区。在329国道以北的滨海平原，以我市北部地区的小曹娥镇和黄家埠、临山、泗门三镇为重点，依托该区域建设滨海现代农业先导区的基础和优势，突出发展加工型蔬菜、蜜梨、葡萄等农业产业。四季花果体验区。在杭甬高速以南山区，以我市南部地区的四明山、大岚、梁弄、鹿亭、大隐等五个乡镇和梨洲山区片、陆埠洪山片等两个区域为重点，依托该区域水质、土壤等资源禀赋、气候特点、历史文化底蕴以及丰富的休闲旅游资源，重点打造四季花果体验区，即以樱桃等为代表的春季花果，以杨梅、蓝莓等为代表的夏季花果，以葡萄、蜜梨等为代表的秋季花果，以草莓等为代表的冬季花果。

（二）发展原则

1. *坚持市场导向，差异发展*。按照建设高效生态农业的总体要求，以立足市场需求、特色集群发展为导向，优化农业各类要素资源配置，深入推进农业结构调整，加强农产品市场供求对接，加快完善市场化、产业化发展机制；同时，根据各乡镇资源禀赋特征和区域比较优势，积极推进特色农业乡镇建设，着力培育一批具有地方特色和集聚规模、推行标准化生产和全产业链开发的特色农业产业集群，增强农业市场竞争力和风险承受力。

2. **坚持生态优先，绿色发展**。以生态循环发展、绿色产业富民为目标，结合农业供给侧结构性改革，加快农业转方式、调结构，大力发展现代农业循环经济，发挥生态建设与产业培育相融的复合功能，用生态化理念、生态化布局、生态化技术和生态化模式引领农业、指导农业、发展农业和保护农业，努力探索农业资源循环利用和全产业协调融合的生态兴农、绿色发展之路。

3. **坚持改革驱动，创新发展**。实施科技兴农战略，以体制机制改革、科技创新驱动为手段，强化科研创新、产学研结合和先进技术应用，打通科技成果向现实生产力转化的通道，发展设施化、标准化和信息化农业；全面深化农业农村改革，积极培育新型现代农业经营主体，促进农业适度规模经营，切实提高农民组织化程度，逐步建立开放创新、充满活力、适应现代农业产业发展的新型农业体制机制，进一步增强农业发展动力与活力。

4. **坚持产业融合，联动发展**。坚持农业全产业链发展全价值链开发的思路，以产业集聚融合、联动协调发展为路径，充分发挥资源与产业优势，培育壮大各类新型农业经营主体，探索新型农业产业化经营机制与模式，建立产业化利益共同体，完善现代农业产业体系，推动粮经统筹、农牧结合、种养加一体化和一二三产融合发展，全面提升农业产业的整体水平和效益。

5. **坚持全面协调，持续发展**。以高水平全面建成小康社会，促进农业可持续发展为根本要求，牢固树立“三生”融合的科学理念，注重区域协调发展，大力培育以生态和文化为基础的新型农业价值体系，积极打造产业发展、生态保护、历史传承与文化发掘为一体的现代农业发展格局，实现经济、社会与自然和谐共进，逐步增强城乡居民在共建共享现代农业发展中的获得感。

五、重点任务

（一）做优做精主导产品，发展特色精品农业

1. **重点发展滨海蓝色农业**。依托我市23公里海岸线的资源优势，加强海洋生态环境保护和建设，采取种养结合的模式，加快围涂土地的改良，在姚北滨海地区立体发展集淡水养殖、滨海休闲渔业等为一体的“蓝色农业”。以标准化鱼塘建设为抓手，建设一批标准化、规模化、设施化的养殖基地，重点发展甲鱼、淡水鱼等优势特色水产品，大力支持渔业加工产业发展。积极发展融体验、娱乐、美食于一体的休闲农业，重点发展休闲垂钓、滨海特色果蔬采摘、渔事体验等多功能休闲游，扩大农业经济发展空间。

2. **稳步发展种植业**。发展以优质稻为主的粮食产业。发挥我市作为全国粮食生产先进县市的优势，以粮食功能区建设为抓手，继续实施标准农田质量提升工程，全面落实粮食生产目标责任制，稳定发展优质高产水稻。发展以榨菜为主的加工型蔬菜产业。以体现特色、彰显水平、打造品牌为目标，重点发展以榨菜、茭白等适合速冻加工和冷藏保鲜的加工型蔬菜，以品种改良、技术改造为抓手，促进加工型蔬菜产业一、二产协调发展，增强产业综合竞争力，进一步提升我市加工型蔬菜产业公共品牌形象。

3. **积极发展林特业**。发展以茶叶为主的林特产业。立足我市南部丘陵山区水质、土壤等资源禀赋和气候特点，按照推进规模化、优质化、产业化、品牌化建设的要求，建设生态化、庄园化、人文融合的新型茶园，通过品种改良、技术改造等举措，着力构建以绿茶主导转向红茶、绿茶、黑茶多元化发展的产业格局。重点培育“瀑布仙茗”“四明龙尖”等知名品牌。发展以杨梅、蓝莓等为主的林果产业。坚持林果产业一二三产联动发展，延长产业链，丰富经营业态，提升附加值；通过品种改良、主体培育、标准化种植与加工、规范化经营、品牌化营销等举措，进一步做大做强我市杨梅、蜜梨、葡萄、樱桃等林果产业；着力扶持经济效益好、

销售前景好的蓝莓、核桃、猕猴桃等特色林果产业，引导农户连片规模经营，壮大高效林果产业。加快四明山花木产业转型提升。通过引进适合山区栽种的优质林果逐步替代四明山区花木产业，结合乡村休闲度假旅游、农家乐等农业旅游形式，积极引导四明山花木产业向花木观赏旅游基地转型，提升区域生态农业旅游体验品质。

4. *提升发展旅游农业*。依托我市林业生态、景观、人文等独特资源优势，在我市北部平原、中部姚江两岸和南部山区开发三条特色休闲农业旅游带。北部地区形成以果蔬采摘、休闲垂钓、渔文化传承为主导的生态农业旅游带；中部地区形成以姚江两岸区域的采摘游为主的休闲农业旅游带；南部地区形成依托四明山、大岚、梁弄、鹿亭、陆埠等自然条件，结合浙东抗日红色文化、河姆渡文化，发展以茶文化体验、四季花果采摘观赏和红色革命旅游为主导的生态文化度假旅游带。

5. *适度发展配置型畜牧业*。立足我市区位和养殖资源禀赋，重点发展优质生猪、黄花鸡、番鸭、白羽王鸽、獭兔等畜禽养殖。发展农牧结合生态循环养殖模式，重点推进养殖场标准化改造、棚架生态养殖场建设，建立集畜禽繁育、标准化养殖、规模化经营、禽畜深加工于一体的现代畜牧养殖产业链。建立健全畜禽疫病防控体系，提高养殖防疫水平；在姚北、姚中地区连片种植区适度合理配置养殖场，进一步加强对养殖废弃物达标处理，排泄物综合循环利用，提高我市循环农业发展水平。

（二）建立生态红线制度，发展绿色循环农业

1. *重点加强农业面源污染治理*。加强农业面源污染监测。建立土地地力状况台账，对农产品重点污染区进行普查监测，建立完善的农产品产地土壤重金属污染监测预警体系，保障农产品质量安全。建立健全技术支撑体系，加强农业投入品在销售、使用环节的监管力度，增强面源污染监控和治理手段。建立农业生态红线制度。探索农业面源防治机制，把控制农业面源排放总量纳入市、镇两级政府及村委考核体系，强化领导责任。探索建立农业面源污染防治补偿机制，把支农惠农补助与倡导农业环保生产相挂钩，鼓励农业生产者采取环境友好型农业技术和生产资料，促进循环农业发展。大力推广生态农业技术。进一步加快无公害农产品、绿色食品、有机农产品生产基地建设，着力培育一批规模大、品牌响的无公害农产品、绿色食品、有机农产品。

2. *稳步推进森林生态系统建设*。开展生态功能区建设。以四明山镇、鹿亭乡、陆埠镇、大隐镇、梁弄镇等南部区域为重点，以生态系统保护为主线，加快花木产业转型，不断推进生态林扩容工程，进一步提升生态涵养功能，净化我市生态环境。开展生态功能区建设。以梁弄镇、大岚镇、四明山镇为重点，依托59省道，加大森林抚育力度，不断提高林木蓄积量，提升林相水平，形成南部生态景观游憩区；在中部和北部地区，继续通过实施“创森”工作与城镇建设、特色农业发展相结合，重点突出公园绿化、通道绿化、森林城镇创建、产业经济林建设、沿海防护林工程、森林屏障、森林文化工程等八大重点工程，形成具有区域特色，布局合理、功能完善的城乡森林生态系统，提升我市城市品位和市民幸福感。

3. *积极提高农业资源循环利用水平*。在姚中平原及姚北现代农业先导区，大力推进生态循环农业减量化进程，将规模畜禽养殖场污染治理纳入农业循环经济链，以“畜粪、沼液、沼气”综合利用为核心，加大对养殖场及其加工厂等产业的环保技改投入，通过干湿分离、“养殖－沼气－种植”生态养殖、复合生物滤池污水处理三种模式，实现畜禽养殖粪便资源化利用。加强环境友好型农业技术和循环农业技术推广与培训工作；通过合作社、农业企业先行先试的方式，大力创建省级以上循环农业示范园或精品园，逐步放大示范效应。

4. *着力推进农业农村节能减排工作*。依托我市现代农业园区建设有利时机，大力推广精量播种、配方施肥技术，应用滴灌、微喷灌等节水灌溉技术、雨水收集利用技术、养殖用水循环利用技术等大力发展高效节水农业，推进粮田、菜田灌溉自动化控制系统建设，逐步推进规模化果园滴灌设施建设，提高农业灌溉水有效利用率。突出发展农村生态家园、清洁田园。一是田边、地头、村庄和公共场所修建回收垃圾箱，使全村在生活、生产中把不可分解的农地膜（袋）、农药瓶及其它包装袋进行集中处理；二是推广配方施肥技术和频振灯杀虫、生物防治技术，通过实施清洁工程，减少化肥、农药使用量。

（三）强化科技信息服务，发展设施智慧农业

1. *积极培育现代种业*。以强化企业核心作用为突破口，大力发展现代种业。构建基础扎实、特色鲜明的现代种业产业体系，形成果蔬、粮油、畜禽、水产四大种业产业，即以榨菜为主的果蔬种业、以生猪为主的畜禽种业、以优质稻为主的粮油种业、以甲鱼为主的水产种业。选育一批具有自主知识产权的种业品种。在姚北地区，形成以蔬菜、畜禽、水产等为特色的综合性种业集聚区；在姚中地区，形成以水稻、杨梅、茭白等为重点的种植业种业集聚区；在姚南半山区形成以茶叶、樱桃、蓝莓等为特色的林特种业集聚区。

2. *着重提升特色产业智能化水平*。在水产养殖业方面，以姚北现代农业先导区为重点区域，依托明凤甲鱼等特色主导产业，重点提高水产养殖的工厂化育苗、清淤、增氧、投饵、烘干、净化水质等机械设施的应用水平，全面推广池塘养殖全程自动化。在畜禽养殖业方面，以朗霞街道的獭兔养殖、三七市的生猪养殖等产业为重点，着力提升饲料加工、自动喂饲、网栏温床、降温设施、畜粪无害化处理等应用水平，逐步实现规模养殖场畜禽养殖自动化。在果蔬生产方面，以姚东地区的杨梅、姚北小曹娥的榨菜等为重点，加大耕作、植保、采摘、加工、包装等环节的机械化推广力度，推进蔬菜生产、加工、流通的全程自动化。

3. *大力推广先进适用技术*。围绕生物农业、设施农业、低碳生态农业、信息技术等重点领域，借鉴工业产业的“技术孵化器”和“科创中心”运作模式，创建我市农业科创中心，组织开展现代农业产业技术体系建设，强化产学研合作，形成“专家团队＋农技人员＋科技示范户”的科技成果推广转化机制。重点推广粮经结合型、农牧生态循环型、立体种养型、水旱轮作型、农业废弃物再利用型、农业功能拓展型等高效生态新型生产模式，积极引进推广各种农业生产新设施、新机具和新装备，提高综合运用效果。加大物联网感知层、网络层、应用层三层网络成熟技术及设备在农产品生产、流通、投入品监管各环节的示范推广，促进信息技术在农业生产、经营、管理各环节的大规模应用。

（四）培育新型经营主体，发展规模集约农业

1. *积极培育新型流通主体*。探索鼓励通过联合、重组、兼并、股权交换等形式，培育农业生产全过程服务主体。鼓励有条件的农产品探索推行农产品委托交易，通过地方立法或政策引导，建立发展委托交易的体制和机制，促进农民合理分享流通增值收益。支持新型流通主体充分利用农产品电子商务交易平台，拓宽委托交易的渠道，提高流通主体在市场中的竞争地位与竞争能力。鼓励支持批发商与农民专业合作社加强合作，发展订单农业。

2. *着力扶持农业龙头企业壮大发展*。改造重组创建一批。引导同一地区、同类产业的中小型农业企业，通过资产重组、抱团合作组建企业集团，着力改变散、弱、小和竞争无序的格局。科企联姻壮大一批。对规模小、技术开发力量弱但发展前景好、潜力大的农业企业，通过鼓励和引导企业与农业科研院所合作，推进技术改造和创新，增强发展动力和后劲。外部吸引导入一批。鼓励和支持资本实力强、品牌知名度高的工商企业，通过产业延伸、品牌嫁接、资本运作等投身农业，建设一批起点高、竞争力强的农业龙头企业。

3. *重点促进农民专业合作社规范化发展*。按照利益共享、风险共担的原则，引导和支持农民专业合作社拓展合作功能，跨区域合作，加强制度建设和信息化建设，逐步由松散型合作向股份制合作发展，由“产地型”合作社向“产业型”合作社转变提升，增强可持续发展能力。发挥龙头企业有资金实力、有市场销路的优势，引导龙头企业就近就地创办专业合作组织，与农户建立紧密合作关系，解决社员产品销售的后顾之忧。发挥农产品专业贩销大户、农村经纪人和经纪机构、供销合作组织等有销售渠道、懂市场营销的优势，联合农民创办生产和营销有机结合的专业合作社，促进产销有机对接。

4. *大力扶持家庭农场规模化发展*。鼓励创建示范性家庭农场，给予政策扶持。将家庭农场与农民专业合作社、农业龙头企业有机统一，制定专门的财政、税收、用地、金融、保险等优惠政策，同时，可通过项目倾斜、以奖代补等手段扶持发展家庭农场。鼓励有一定规模的专业大户建立家庭农场，符合条件的申领个体工商户、个人独资企业等营业执照，引导专业大户进行标准化、生态化、专业化生产。支持各类专业大户发展种养结合型、农业设施型、产业专攻型、休闲观光型等形式多样的家庭农场。

5. *加强新型职业农民培育*。有步骤、分阶段地提高农民的文化知识水平和农业技术水平，还要对农民进行信息技术和网络营销培训，帮助农民掌握和使用网络信息检索及网上交易的方法，从而提高农民的信息素质和技术水平，为农产品网络营销打下坚实的社会基础。建立健全现代职业农民教育培训体系、政策支撑体系、服务管理体系和组织保障体系，鼓励农民进行第二职业技能培训，推进传统农民向现代职业农民转变。立足提升传统农民、转化返乡农民、引入新型农民，着力培养有文化、善经营、会管理的职业农民，培育一批规模经营户、科技示范户、营销专业户。鼓励种养大户、农村经纪人参加农业学历教育，加大金融信贷、社会保障等政策扶持，支持大学生进行农业自主创业或到农业企业、合作社就业。积极开展农业实用技术培训、新型农民科技培训、农民职业技能鉴定工作。

（五）构建农业保障体系，发展质量安全农业

1. *加快健全质量安全监管体系*。不断完善农产品标准和生产技术规程，重点加强农产品加工、贮藏、运输标准制定，引导农业生产各个环节规范化、标准化。不断完善农产品质量安全检验检测体系，及时更新和升级改造农产品质量检验检测硬件设备，并结合农产品质量监管机构建设，建立和健全“市检测站、乡镇（街道）检测点、市场（农产品加工企业）检测室”三级农产品质量检测网络。

2. *积极培育第三方检测机构*。针对我市农产品检测工作量大、人员不足的实际问题，积极探索建立第三方检测市场体系。由我市农林局负责开展第三方检测市场准入门槛设立、检测机构监督考核、检测机构指定名录等具体工作研究。逐步建立我市农业全产业链条相关主体信用体系。通过市场机制倒逼相关主体开展诚信农业生产、经营等活动，有信用污点的相关主体，在享受农业扶持政策、融资贷款等方面将受到相应限制，切实促进我市农业产业的健康、安全、高效发展。

3. *重点推进农产品标准化体系建设*。健全农业标准化生产体系。大力推行标准化生产管理，推广农产品产地证明和标识卡，进一步加强推行生产经营记录制度，逐步建立以包装标识为重点的主要农产品质量安全追溯和承诺制。完善农产品标准政策体系。结合我市当前农业生产实际，加强农业标准化的相关政策研究。着重围绕杨梅、榨菜、茶叶、甲鱼等传统优势产业和特色产品，加快标准的制修订，接轨国际市场准入标准；突出标准综合配套，逐步做到产前、产中、产后标准相配套，力求完整性和系统性。以农业龙头企业、专业合作社和家庭农场为标准实施主体，积极发展“公司 + 农户 + 标准 + 基地”的产业化经营、标准化管理模式，实现标准化和产业化互动。重点组织一批带动作用强的农业龙头企业和产业化经济合作组织，开展农业标准化示范项目或基地建设，探索执行准标和辐射带动的有效机制，不断扩大无公害农产品生产基地规模。

4. *不断完善动植物疫病监测防控体系*。扎实推进动物疫病防控体系和防疫基础设施建设，推进标准化畜禽养殖场、标准化乡镇动物卫生监督分所、溯源预警等项目建设，提高动物疫病防控能力。完善病死畜禽无害化处理中心及配套设施，进一步推进病死畜禽无害化处理和资源化利用。完善重大植物疫病防控工作机制，抓好外来有害生物和水稻“两迁”害虫等农作物病虫害综合防控，大力推广统防统治和专业队防治技术，建立健全功能齐全、运转高效、反应快速、覆盖全市的农作物病虫预警与控制网络。

5. *着力提升农业灾害风险防范体系*。进一步加强灾害监测预警能力建设，切实提高对台风、干旱、暴雨、冰雹等气象灾害和洪涝等次生灾害的预测、预警能力，充分发挥预警体系作用。加强设施农业建设力度，积极发展大棚、棚架等设施，创新农作制度，全面提高农业防御灾害的能力。稳步推进政策性农业保险工作，建立广覆盖、多层次、可持续的政策性农业保险体系，逐步将农业保险与农业项目扶持、农村信贷资金等结合，增强农业抗风险能力和灾后恢复生产能力。

（六）推动三次产业融合，发展休闲创意农业

1. *深度挖掘农业旅游资源*。充分利用四明山区域、牟山湖区域、姚江流域和城市近郊的农林产业基础，以旅游城镇、重点旅游景区和乡村为依托，在具备条件的地方，积极探索建设乡村旅游产业集群，推动乡村旅游与当地特色农业、林果业、水产养殖业、农产品加工业和传统手工艺品制造业的整合，形成相关产业联动的旅游经济综合体，为农民增收、农业转型和农村建设奠定可持续发展的产业基础。依托农博会、余姚杨梅节等重大会展、节事活动，重点发展商务会展旅游、文化节事旅游、主题活动旅游、运动健身旅游、养生保健旅游等。

2. *着重优化旅游农业空间布局*。姚中南山水避暑片区。依托四明山旅游节、浙东四明山抗日根据地旧址、古茶树保护小区、茶文化旅游节等资源，重点突出红色旅游、山水消暑、品茶休闲等功能，辅以登山康体、生态观光等功能。姚东北杨梅文化片区。依托三七市万亩杨梅观光园区、古杨梅林、河姆渡东澄鸟类保护小区、杨梅文化节等资源，重点突出杨梅文化、杨梅采摘、观光休闲、农事风情等功能。姚西北观光休闲片区。主要依托沿山农庄杨梅观光园区、牟山生态农林观光园、味香园葡萄观光园区、临山葡萄节、小曹娥蜜梨节等资源，重点突出生态休闲、观光度假、果品采摘等功能。

3. *积极拓展旅游农业内涵*。加强不同类型旅游的联动。通过加强农家乐、渔家乐、休闲采摘、旅游景点等各个类型的联动合作，延伸我市乡村旅游的产业链条，丰富旅游活动内涵，促进我市乡村休闲度假旅游发展。强化乡村旅游管理服务。制定统一的农家乐管理办法和服务质量标准，参照星级饭店管理，加强检查监督，发现问题及时整改。对达不到要求或经常收到游客投诉的，取消其农家乐星级经营资质。同时，加强对农家乐经营者和从业人员的行业管理和业务培训，教育农家乐从业人员做到诚信经营，讲究信誉，以优质服务和风格独特的农家特色来吸引广大游客。积极发展创意农业。依靠现代农业科技和创意理念，研发具有独特理念的创意农产品。采取生物科技手段，改变农产品形状、色泽和味觉特征，将文化元素融入农产品之中，开发农副产品加工，变农产品为传统工艺品。

六、重点工程

（一）滨海蓝色田园综合体工程。以建设全国海洋经济发展试点省为契机，依托我市23公里海岸线资源优势，逐步将滨海现代农业先导区建设成为集农业生产、加工、流通、农业观光体验、农业休闲度假等功能于一体的滨海蓝色田园综合体。要坚持规划先行，通过优化提升滨海现代农业先导区规划或编制滨海蓝色田园综合体总体规划及控制性详细规划等，总体把握田园综合体功能定位。同时，强化组织领导，充实建设指挥部人员，积极落实用地指标和启动资金，切实推进滨海蓝色田园综合体建设。

（二）粮食生产能力提升工程。积极争取省级粮食生产功能区补助专项资金，同时设立市级粮食生产功能区补助专项资金，重点扶持粮食生产功能区农田路沟渠及机埠等田间设施，对建成的粮食生产功能区给予奖励。重点建设农田基础设施、农田质量提升、新技术推广、社会化服务体系创新等四大内容。力争到“十三五”期末，粮食稳产、高产能力进一步提升。

（三）农业园区建设升级工程。集聚各类资源要素，进一步整合各级支农资金，优先支持现代农业综合区、主导产业示范区和特色农业精品园建设，综合考虑资源条件、产业优势，精心策划包装一批农业项目，着力推进现代农业园区重大项目建设。以专业大户、专业合作社、龙头企业作为园区的生产经营主体，全面提升现代农业园区的生产经营和管理水平。力争在“十三五”期间，全面配合宁波完成国家级现代农业园区创建工作，现有园区全面完成整合提升。

（四）新型经营主体培育工程。保障农户生产经营的主体地位，在依法自愿有偿和加强服务基础上，积极引导农村土地承包经营权规范有序流转，加快建立健全土地流转市场，使土地向专业大户、家庭农场、农民专业合作社等主体集中，发展多种形式的适度规模经营，提高土地经营的规模经济效益，充分激发农村生产要素潜能。力争培育发展余姚市级以上示范性家庭农场、农民专业合作社、农业龙头企业分别达到100家、180家、120家。

（五）农业基础设施改善工程。重点加强道路、农业基础设施建设，大力开展农田水利建设，完善农田灌溉设施，提高农田基础设施土壤肥力水平；深入实施农村河道综合治理，大力推进中小河流治理；积极发展设施农业，增加喷微灌技术的应用覆盖。力争到“十三五”末，灌溉用水有效利用系数达到0.8，旱涝保收率达99%到以上，有效灌溉率达到99%以上。

（六）科技支撑体系建设工程。围绕特色产业培育和传统产业技术升级，加强现代科技与常规技术的集成和配套，加快科技成果转化，通过引进技术的消化创新、转化科研成果、延伸加工产业链、科技人才队伍等体系建设，为高效生态农业的产业化发展提供技术支持。力争到“十三五”末，农业科技贡献率达到70%以上。

（七）农业品牌提升工程。围绕特色农业和主导产业，设立我市农产品品牌创建工程专项资金，重点用于农产品品牌建设中的地域品牌整合和公共品牌的培育、保护、创新，加快构建政府推动引导、企业主体培育、社会各方支持的农产品品牌创建工作机制。力争到“十三五”末，创建300件宁波市级以上知名农产品品牌，并争取在杨梅、榨菜、茶叶等传统优质农产品品牌建设上有新突破。

（八）现代农业种业发展工程。着力构建以市场为导向、企业为主体、产学研结合、育繁推为一体的现代种业体系，重点加强种质资源保护、自主知识产权品种开发、种养业优良品种引进、繁育和推广体系建设，进一步提高我市良种覆盖率和种业商品化、良种育繁推一体化水平。“十三五”期间，重点推进“果蔬、粮油、畜禽、水产”四大种业集聚区建设，水稻良种覆盖率稳定在100%，果蔬、畜禽等品种良种覆盖率分别达到99%以上，水产优质种苗覆盖率提高到95%以上。

（九）减灾防灾能力提升工程。加强农业气象服务体系建设，提高农业重大自然灾害监测预警水平；加强农业有害生物预警与控制区域站项目建设，提高农业有害生物控防能力；加强动物疫病防控体系和水生动物防疫体系等项目建设，促进养殖业健康发展。力争到“十三五”末，动物强制免疫密度保持在96%以上，主要林业有害生物测报准确率达到90%以上，种苗产地检疫率达到98%以上，无公害防治率提高到95%以上。

（十）农产品质量安全保障工程。积极争取农产品质量安全检验检测体系建设项目和省级“三位一体”公共服务体系建设等相关专项资金，加强农产品质量安全监管和可追溯体系、动植物疫病预警防控和预测预报体系，以及农产品市场预警分析和农民信箱功能拓展等建设，坚持抓源治本，全面推行农产品溯源管理制度，进一步提高农产品质量安全水平。力争到“十三五”末，初步建成全市农产品质量安全溯源管理系统；“三品一标”认证达到200个；全市农产品质量安全抽检平均合格率达到98%以上。

（十一）农村经营体制创新工程。积极探索和创新完善农用地流转制度，探索建立农业经营主体进入、退出机制，创新土地流转的手段、形式和途径；健全村土地流转服务点、乡镇土地流转服务站、县区土地流转指导和纠纷仲裁中心等多层次土地流转服务管理体系的新机制。力争到“十三五”末，我市全市土地流转率达到60%，规模经营率达到70%。

（十二）农业生态环境建设工程。以生态环境建设、可持续发展战略和循环经济发展理念为指导，以发展农业循环经济和农村环境治理为重点，推进农业生态建设，重点抓好“农业面源污染治理”“林业生态建设保护”等工程。“十三五”期间规模畜禽养殖场、农作物秸秆、农村清洁能源利用率分别达到98%、90%和85%以上。完成山地人工造林面积3500亩，完成平原绿化（含农田林带林网、农田经济林）面积3500亩，完成沿海基干林建设1000亩，完成生物防火林建设2250亩。

七、保障措施

（一）强化组织保障。全市涉农部门要进一步把农业农村工作放在重要位置，坚持生态立农、改革活农、科技兴农、质量强农、多措惠农、依法治农，形成部门各负其责，分工协作的工作机制。要健全考核督查机制，细化年度任务，分解年度计划，狠抓各项工作落实，确保工作完成。各乡镇（街道）要进一步提高对现代农业发展的重视程度，强化党政领导，巩固农业基础性地位，特别是要立足自身产业特点，理清发展思路，加快本地现代农业转型升级步伐。

（二）强化资金保障。加大财政对农业投入力度，确保财政对农业总投入的增长幅度应高于财政经常性收入的增长幅度。研究制订“十三五”新一轮现代农业建设相关配套政策，坚持普惠性与示范性相结合，优化资金投向，重点在要素保障、农业基础设施建设、产业链培育、主体培育等方面加大扶持。健全涉农资金投入机制，推进涉农财政资金和项目融合，强化政策目标导向，完善支出机制，优化支出结构，提高涉农资金使用绩效。充分发挥财政资金导向作用，建立多元化投入机制，积极引导工商资本、社会资本投入现代农业。创新农村金融制度、完善农业保险体系，不断扩大覆盖面与品种，探索与开发农业气象指数、目标价格指数、产值保险等新险种，努力破解保险品种偏少，理赔门槛偏高、赔付额度较低等问题。

（三）强化法制保障。按照服务型政府的要求，积极转变农业行政管理职能，强化宏观指导和政策引导，促进市场化运作，努力实现“小政府、大服务”。加强农业执法体系和队伍建设，加大对农业执法人员的培训力度，提高执法人员的工作能力和水平。完善农业执法监督制度，促进公正执法和严格执法。抓好农业法制宣传教育，努力实现由提高农业系统干部、职工的法律意识向提高法律素质的转变，实现由注重依靠行政手段管理向注重运用法律手段管理的转变。

（四）强化基础保障。做好与新一轮土地利用总体规划及相关专项规划衔接，严格永久基本农田划定和用途管制，确保农业发展空间。加大投入，加强农业基础设施建设，加强高标准农田、“小农水”和农业节水灌溉工程项目建设，形成“田成方、路成网、林成行、沟相通、渠相连”的高标准农田，增强农业综合抗风险能力。完善农业科技研发推广和农机农艺融合机制，推广适合我市应用的先进农业技术，大力推进“机器换人”与“设施增地”，加大先进适用农机装备和普及，不断提高农业机械化、设施化水平。

——摘自《余姚市人民政府办公室关于印发余姚市“十三五”现代农业发展规划的通知》（余政办发〔2017〕77号）

余姚市最低生活保障实施办法

第一章　总　则

第一条　为保障本市困难家庭基本生活，根据《社会救助暂行办法》《浙江省社会救助条例》《浙江省最低生活保障办法》《宁波市最低生活保障办法》等法律法规，结合本市实际，制定本办法。

第二条　本市行政区域内困难家庭最低生活保障工作，适用本办法。

第三条　最低生活保障工作应当遵循以下原则：

（一）公正、公平、公开、及时；

（二）国家保障与社会帮扶、劳动自救相结合；

（三）保障水平与经济社会发展水平相适应。

第四条　最低生活保障工作实行人民政府负责制。

最低生活保障资金和工作经费由市人民政府纳入年度财政预算，由市人民政府承担。其中卫星城市最低生活保障资金由其本级财政负担。

第五条　市民政部门负责本行政区域内最低生活保障的管理和审批工作。卫星城市行政区域内最低生活保障的管理和审批工作由其自行负责。市财政、统计、审计、教育、人社、住建、国土、卫计、公安、市场监管等部门，应当在各自职责范围内做好最低生活保障的有关工作。

乡镇人民政府、街道办事处负责辖区内最低生活保障的申请受理、初审及服务工作。

村（居）民委员会协助做好最低生活保障有关工作。

第六条　市民政部门应当会同财政等部门根据省、宁波市人民政府规定，制定我市最低生活保障标准，报市人民政府批准后实施。

第七条　市人民政府和有关部门可以通过购买服务，组织社会力量从事最低生活保障政策宣传、家庭情况核对和就业指导等工作。

鼓励社会组织和个人通过捐赠、志愿服务等帮扶方式参与最低生活保障工作。

第二章　保障对象和标准

第八条　最低生活保障对象为共同生活家庭成员人均月收入低于我市最低生活保障标准，且符合最低生活保障家庭财产状况规定的本市户籍家庭。

第九条　共同生活的家庭成员主要包括下列人员：

（一）配偶；

（二）未成年子女以及已成年但不能独立生活的子女，包括在校接受本科及以下学历教育子女；

（三）共同居住的父母；

（四）其他具有法定赡（抚、扶）养义务关系并长期共同生活的人员。

第十条 家庭成员人均月收入按规定期限内家庭月均收入除以家庭成员数计算。

家庭收入包括扣除缴纳的个人所得税和社会保障性支出后的工资性收入、经营性收入、财产性收入、转移性收入和其他收入。下列收入除外：

（一）政府给予优抚对象和其他享受特殊照顾人员抚恤金等待遇；

（二）政府、有关单位给予有重大贡献的人员的奖励；

（三）人身伤害赔偿中生活补助费以外的部分；

（四）因重大疾病、自然灾害等原因获得的社会救助；

（五）其他特殊收入。

第十一条 在法定就业年龄段内有劳动能力及条件的人员未就业的，按照我市月最低工资标准计算其收入。有怀孕、哺乳、照护重大疾病患者或者重度残疾人、单亲抚养学前儿童等情形的除外。

第十二条 家庭成员根据法定义务向非共同生活人员支出的赡养费、扶养费、抚养费，计算家庭收入时予以扣除。

第十三条 家庭财产主要包括银行存款、有价证券、机动车辆、房屋等。

第十四条 家庭收入和财产状况认定具体办法由民政部门会同有关部门根据省、宁波市人民政府规定制定，经市人民政府同意后公布执行。

第三章 申请与审批

第十五条 申请最低生活保障应当以户为单位，由共同生活的家庭成员向户籍所在地乡镇人民政府、街道办事处书面提出；在本市范围内经常居住地与户籍所在地不一致的，可以在经常居住地提出申请；共同生活的家庭成员户籍不在一起的，可以向多数家庭成员或者主要家庭成员户籍所在地乡镇人民政府、街道办事处提出申请，户籍为异地的其他家庭成员，应当分别提供本人户籍所在地区、县（市）民政部门出具的未享受最低生活保障证明。家庭成员提出申请有困难的，可以委托村（居）民委员会代为提出申请。

乡镇人民政府、街道办事处和村（居）民委员会应当加强最低生活保障政策宣传，帮助符合条件的家庭申请最低生活保障。

第十六条 申请人应当如实填写申请表及共同生活家庭成员状况、收入状况、财产状况登记表，签署诚信承诺书和家庭经济状况核对委托书，并根据不同情况提交相关证件（原件和复印件）和证明材料：

（一）户口簿及家庭成员的居民身份证；

（二）家庭成员的工资、养老金、生活补贴等收入证明，其中，单位在职人员还须提供本人工资单或单位通过银行发放工资的储蓄存折；

（三）有法定赡（抚、扶）养人的，提供赡（抚、扶）养人的收入证明及赡（抚、扶）养协议或有关法律文书等；

（四）法定劳动年龄段内无劳动能力的失业人员，应提供市

劳动能力鉴定委员会出具的完全丧失劳动能力鉴定证明；

（五）法定劳动年龄段内因患严重疾病暂时失去就业能力的失业人员，应提供我市市级或以上医疗机构出具的疾病诊断书和建议病休证明；

（六）家庭成员中有残疾人的，应提供《残疾人证》；

（七）离异的须出具离婚证及离婚协议书或判决书；

（八）其他有关证明。

申请人要求出具收入等情况证明的，相关部门、单位或组织应如实提供并对其真实性负责。

第十七条 有下列情形之一的，低保申请不

予受理：

（一）未按规定提供有关证件、证明或提供不齐全的；

（二）与申请家庭非共同生活的法定赡（扶、抚）养人有能力履行赡（扶、抚）养义务，但未依法履行赡（扶、抚）养义务，使被赡（扶、抚）养人生活水平低于我市最低生活保障标准的；

（三）家庭实际生活水平明显高于我市最低生活保障标准的；

（四）在申请、核查阶段不如实提供家庭收入以及房地产、储蓄、有价证券等情况的；

（五）法律法规规定的其他不予受理情形。

第十八条 依靠家庭供养的成年重度残疾人和三级、四级精神、智力残疾人申请最低生活保障的，可按有关规定享受优待。

第十九条 乡镇人民政府、街道办事处对申请人提交的材料进行审查后，确认其齐备的，应当当场受理；材料不齐备的，应当一次性告知申请人需要补正的材料。

第二十条 申请最低生活保障的家庭成员与最低生活保障工作经办人员、村（居）民委员会成员有近亲属关系的，应当如实申明，乡镇人民政府、街道办事处应当单独予以登记，并提请市民政部门组织入户调查。

第二十一条 乡镇人民政府、街道办事处应当自接受最低生活保障申请之日起15个工作日内，通过入户调查、邻里访问、民主评议、信息核查等方式，对申请最低生活保障家庭的收入状况和财产状况进行调查核实。

第二十二条 乡镇人民政府、街道办事处组织对申请最低生活保障家庭进行入户调查，调查人员不得少于两人，并如实记录调查情况；有条件的，入户调查可以委托社会组织、专业机构承办。

第二十三条 市居民家庭经济状况核对中心应当根据申请最低生活保障家庭的委托，通过户籍、税务、社会保险、不动产登记、工商登记、住房公积金、车船登记等管理单位和银行、保险、证券等金融机构，代为查询、核对其家庭收入状况、财产状况，为乡镇人民政府、街道办事处审核最低生活保障家庭提供依据；有关单位和金融机构应当及时、如实提供相关信息。

第二十四条 有下列情形之一的，乡镇人民政府、街道办事处应当组织民主评议：

（一）申请人家庭情况较为复杂的；

（二）申请材料的真实性、准确性存在异议的；

（三）申请人主动要求进行民主评议的。

民主评议由乡镇人民政府、街道办事处工作人员，村（居）民委员会成员和熟悉申请最低生活保障家庭情况的居民代表参加。参加民主评议的居民代表人数不得少于参加评议总人数的三分之二。

第二十五条 乡镇人民政府、街道办事处应当根据调查核实结果出具初审意见，并在申请人所在的村、社区公示7日。公示过程中出现异议的，应当重新组织调查核实；公示无异议的，在公示期满后3个工作日内，将初审意见和相关材料报市民政部门。

第二十六条 市民政部门自收到乡镇人民政府、街道办事处初审意见起，应当按照规定组织入户抽查，并在5个工作日内予以审批。对符合条件的家庭，确定保障金额，发放最低生活保障证；对不符合条件的申请，在作出不予批准决定之日起3个工作日内，通过乡镇人民政府、街道办事处书面告知申请人并说明理由。

第二十七条 申请人对初审意见、审批决定有异议的，可向作出决定的乡镇人民政府、街道办事处或者市民政部门提出，并提供相关证明材料。作出初审意见、审批决定的机关应当组织复查，并在5个工作日内出具处理意见。

第二十八条 乡镇人民政府、街道办事处和村（居）民委员会应当将最低生活保障对象名单、保障金额等信息在乡镇人民政府、街道办事处有关办公场所和申请人所在村、社区长期公布。

第二十九条 最低生活保障家庭的户籍在本市内发生变动的，应当在30日内办理最低生活保障关系转移和变更手续；跨区、县（市）变动的，应当重新申请。

第三十条 最低生活保障金按共同生活的家庭成员人均月收入与本市最低生活保障标准的差额乘以共同生活的家庭成员人数计发。最低生活保障金人均差额低于本市最低生活保障标准百分之三十的，按照百分之三十计发。

第三十一条 对获得最低生活保障后仍有生活困难的老年人、未成年人、重度残疾人和重病患者，市人民政府应当采取必要措施给予生活保障。

第三十二条 最低生活保障金自批准之日次月起计发，由乡镇人民政府、街道办事处按月统一实行社会化发放。取消最低生活保障或者调整最低生活保障金的，自作出取消、调整决定的次月起执行。

第三十三条 最低生活保障家庭成员可按有关规定享受医疗、住房、教育、就业等政策扶持和相关待遇。

第四章 监督管理

第三十四条 市民政部门应当建立最低生活保障信息管理网络，健全面向公众的最低生活保障对象信息查询机制，对最低生活保障家庭实行网上长期公示，公示中应当保护最低生活保障对象的个人隐私。

乡镇人民政府、街道办事处应当按照一户一档的要求建立最低生活保障对象信息档案，及时更新最低生活保障家庭人口、经济状况、救助金额等信息。

第三十五条 对最低生活保障家庭实行分类管理。

共同生活的家庭成员全部是老年人或者其中有重病、重度残疾人，且家庭收入基本无变化的，乡镇人民政府、街道办事处可每年复核 1 次；共同生活的家庭成员和家庭收入状况相对稳定的，乡镇人民政府、街道办事处可每半年复核 1 次；共同生活的家庭成员有劳动能力和劳动条件的，乡镇人民政府、街道办事处应当每季度至少复核 1 次。

最低生活保障家庭应当主动向乡镇人民政府、街道办事处或者村（居）民委员会报告家庭成员人口状况、收入状况和财产状况变化情况。

根据复核情况，乡镇人民政府、街道办事处应当报请市民政部门作出保留、变更或者取消最低生活保障待遇的意见。

市民政部门应当根据乡镇人民政府、街道办事处意见及时调整保障金额。保障金额的调整从作出决定的次月起执行。

最低生活保障对象有下列情形之一的，市民政部门应当取消其最低生活保障资格：

（一）家庭收入和财产状况不符合规定条件的；

（二）拒绝接受对其家庭人口、收入和财产状况进行调查核实的；

（三）有与其收入水平不相符的高消费行为的。

市民政部门调整保障金额或者取消保障资格，应当作出书面决定并告知理由。

第三十六条 最低生活保障家庭中法定劳动年龄段内有劳动能力但未就业的成员，应当接受人力资源和社会保障等部门的就业推荐。无正当理由，六个月内连续三次拒绝接受推荐的与其健康状况、劳动能力等相适应工作的，市民政部门应当决定减发或者停发其本人的最低生活保障金。对实现就业的最低生活保障对象，在核定其家庭收入时，对就业收入按有关规定扣减。

乡镇人民政府、街道办事处应当鼓励、引导、组织法定劳动年龄段内有劳动能力的最低生活保障对象参加公益性社会服务。

第三十七条 市财政、审计部门应当对最低生活保障资金的预算安排、科目设置和资金管理使用情况依法实施监督。

第三十八条 市民政部门和乡镇人民政府、街道办事处应当建立健全投诉举报核查制度，公开监督咨询电话，接受社会和群众的监督、投诉和举报。对实名举报的，应当逐一核查，并及时向举报人反馈核查处理结果。

第五章　法律责任

第三十九条　对违反本办法规定的行为，法律、法规已有法律责任规定的，从其规定。

第四十条　采取虚报、隐瞒、伪造等手段骗取最低生活保障金的，市民政部门应当停止发放最低生活保障金，责令退回非法获取的最低生活保障金，依法追究相应法律责任，并将有关信息记入个人信用征信系统。

第四十一条　市民政部门、乡镇人民政府、街道办事处及其工作人员有下列行为之一的，视情节给予批评教育或者处分；构成犯罪的，依法追究刑事责任：

（一）最低生活保障审核审批中有意隐瞒或者歪曲事实，或者违反公开原则，不接受群众监督的；

（二）擅自改变最低生活保障救助对象、救助范围和救助标准的；

（三）贪污、截留、挪用、私分最低生活保障资金的；

（四）故意刁难最低生活保障申请人或者最低生活保障对象的；

（五）未按本办法规定履行告知、保密职责的。

第六章　附则

第四十二条　《浙江省社会救助条例》规定的最低生活保障边缘家庭，其申请和认定适用本办法第三章之规定。

第四十三条　对因患重大疾病等原因导致必需支出超出家庭承受能力，家庭实际生活水平低于我市最低生活保障标准的本市户籍家庭，按《余姚市医疗支出型贫困家庭最低生活保障实施办法》给予基本生活救助。

第四十四条　本办法自2017年12月1日起施行。原《余姚市最低生活保障实施办法》（余政办发〔2004〕137号）同时废止。

——摘自《余姚市人民政府关于印发余姚市最低生活保障实施办法的通知》(余政发〔2017〕36号)

余姚市行政复议体制改革工作方案

为贯彻落实依法治国基本方略，推进法治政府建设，建立规范、高效行政复议体制，根据《浙江省人民政府关于深化行政复议体制改革的意见》（浙政发〔2017〕24号），结合我市实际，就深化行政复议体制改革制定工作方案如下。

一、指导思想

认真贯彻落实国家、省、宁波市有关推进法治政府建设、改革行政复议体制精神，充分发挥行政复议在化解行政争议中的主渠道作用，创新行政复议案件审理机制，整合、优化行政复议资源，实现独立、集中行使行政复议职权，提高行政复议工作的专业性、权威性和实效性。通过行政复议制度改革，构建“党委领导、政府主导、专业保障、社会参与”的行政纠纷解决格局，维护行政相对人合法权益，实现政府管理的社会效果和法律效果的统一。

二、工作原则

（一）依法实施原则。根据《中华人民共和国行政复议法》及《中华人民共和国行政复议法实施条例》规定，结合行政管理体制改革和行政复议工作发展趋势，积极探索，大胆创新，切实做好我市行政复议体制改革工作。

（二）稳步推进原则。根据上级要求，立足我市行政复议工作实际，将行政复议体制改革工作纳入我市全面推进依法行政、建设法治政府的整体规划和部署中，逐项实施、稳步推进。

（三）注重实效原则。通过开展行政复议体制改革工作，充分发挥行政复议制度“有效、便捷、公正”的优势，优化配置行政复议资源，确保将行政争议化解在基层、化解在初发阶段、化解在行政机关内部程序之中。

三、行政复议体制改革的主要内容

（一）集中行政复议职责

包括两个方面：一是经宁波市人民政府批准，将上一级政府对口主管部门对我市相应部门的行政复议权由我市人民政府统一行使，相关复议案件由市政府行政复议局统一办理。二是将余姚市政府各相关部门的行政复议权也由市人民政府统一行使，相关复议案件由市政府行政复议局统一办理。

法律规定涉及海关、金融、国税、外汇管理等实行垂直领导的行政机关和国家安全机关的行政复议案件，仍按《中华人民共和国行政复议法》规定的渠道办理。

（二）设立相对独立的行政复议机构

在市政府法制办公室增挂市政府行政复议局牌子。市政府行政复议局主要职责是：

1．负责承办市政府及有关部门、宁波市政府部门为复议机关的行政复议案件，承办市政府为被申请人、被告的行政复议、行政应诉案件；

2．受理并审理市政府的行政赔偿案件，研究全市行政赔偿工作中出现的问题，并提出意见和建议；

3．指导和监督市政府部门的行政应诉、行政赔偿工作；

4．拟订行政复议工作的配套制度及有关规范性文件，经批准后组织实施；

5．负责对全市行政复议、行政应诉、行政赔偿案件的调查统计、分析研究，并将有关情况及时向市政府报告。

（三）复议程序实行“三个统一”

1．统一受理。行政复议局负责行政复议申请的立案受理工作，依法受理行政复议案件。经宁波市政府法制办公室协调、宁波市政府批准，上一级政府各部门、余姚市政府各相关部门不再受理行政复议申请，如收到行政复议申请应及时告知申请人向余姚市政府行政复议局提出，或直接转送余姚市政府行政复议局。

2．统一审查。行政复议案件立案受理后，可以根据案件具体情况，分别适用一般程序和听证程序，报行政复议局负责人批准后分类审理。

3．统一决定。行政复议决定书经行政复议局负责人审核，报市政府分管领导签发后，以市政府名义作出，加盖市政府印章（或市政府行政复议专用章）。

（四）建立健全复议工作规则

制定我市开展行政复议体制改革的相关规范性文件，建立健全行政复议立案审查、调查取证、听证质证、调解和解、集体讨论、请示报告、错案追究、案件回访、监督检查、考核体系、卷宗归档等一系列工作制度。

四、工作要求

（一）加强领导。改革行政复议体制是推进法治政府建设的重要内容。为保障行政复议体制改革工作的顺利推进，成立以市政府主要领导为组长，市政府分管领导为副组长，法制办、编委办及相关部门领导为成员的行政复议体制改革工作小组，协调、沟通相关问题，确保行政复议体制改革的顺利实施。

（二）合力推进。市政府法制办会同市编委办负责行政复议体制改革的牵头组织实施工作，按要求做好行政复议局职能、机构、编制调整及人员录用等工作，建立健全行政复议各项工作制度，落实工作措施，不断提高行政复议工作的专业性、权威性和实效性，发挥行政复议化解行政争议的主渠道作用。市财政局负责行政复议办案设备和工作经费等保障。市机关事务局要提供必要的办公场所，使行政复议工作人员有地方办案、有条件办案。各相关部门要按照市里统一部署，及时做好事项梳理、工作交接等工作。要做好行政复议体制改革的宣传，使广大百姓知晓行政复议程序的变化，以及行政复议本身具有的化解纠纷快、申请无费用等优点，引导百姓通过行政复议来解决行政纠纷。

（三）做好评估。鼓励和支持对行政复议体制进行大胆探索，不断完善行政复议案件受理、审理、决定各办理流程，创新管理体制和工作机制，及时评估行政复议体制改革工作的运行情况，为进一步深化行政复议体制改革打好基础。

——摘自《余姚市人民政府关于印发余姚市行政复议体制改革工作方案的通知》（余政发〔2017〕39 号）

2017年中共余姚市委部分文件目录

发文日期	发文字号	文件名称
2月11日	余党发〔2017〕1号	印发《关于“十三五”时期提升农村品质深化美丽乡村建设的实施意见》的通知
1月26日	余党发〔2017〕11号	印发《关于全面落实“四铁”要求从严锻造铁军先锋的意见》的通知
4月6日	余党发〔2017〕20号	关于全面深化农业供给侧结构性改革扎实推进农业农村转型发展的意见
6月9日	余党发〔2017〕37号	关于加快“中国制造2025浙江行动”试点示范市建设助推智能经济发展的若干意见
9月27日	余党发〔2017〕58号	关于实施人才发展新政策加快建设人才强市的意见
2月10日	余党办〔2017〕1号	关于印发《余姚市“五重二大”攻坚年活动实施方案》的通知
2月20日	余党办〔2017〕4号	关于印发《余姚市国有（集体）资产清理工作方案》的通知
3月7日	余党办〔2017〕10号	关于印发《余姚市建设“中国制造2025浙江行动”试点示范县（市）实施方案》的通知
3月17日	余党办〔2017〕15号	关于印发《余姚市村级组织班子成员和农村专职工作者选聘分离制度》的通知
3月20日	余党办〔2017〕17号	关于进一步强化招商引资“一号工程”的工作意见
3月21日	余党办〔2017〕20号	关于印发《2017年中心城区房屋拆迁（征收）“清零专项行动”实施方案》的通知
4月1日	余党办〔2017〕25号	关于印发余姚市全面剿灭劣V类水体工作实施办法的通知
5月5日	余党办〔2017〕33号	关于印发《余姚市行业协会商会与行政机关脱钩实施方案》的通知
5月17日	余党办〔2017〕34号	关于开展“大脚板走一线、小分队破难题”抓落实专项行动的实施意见
5月17日	余党办〔2017〕35号	关于印发《余姚市小城镇环境综合整治领导督促指导服务制度》的通知
5月22日	余党办〔2017〕37号	关于印发《余姚市“河长制”工作方案（2017-2020）》的通知
6月8日	余党办〔2017〕41号	印发《关于推进“两学一做”学习教育常态化制度化的实施方案》的通知
6月12日	余党办〔2017〕42号	印发《关于改善我市金融生态环境的工作方案》的通知
7月6日	余党办〔2017〕48号	关于开展全市机关“打通中梗阻、提升执行力”专项工作的实施意见
9月1日	余党办〔2017〕61号	印发《关于进一步深化“最多跑一次”改革的实施意见》等相关文件的通知
9月6日	余党办〔2017〕65号	关于进一步强化招商引资“一号工程”的若干政策意见
9月6日	余党办〔2017〕66号	印发《关于实施民生实事项目人大代表票决制工作的意见（试行）》的通知
11月7日	余党办〔2017〕77号	印发《关于全面推广“村民说事”制度全力提升基层治理水平的实施意见》的通知
11月20日	余党办〔2017〕81号	关于认真学习宣传贯彻党的十九大精神的通知
12月7日	余党办〔2017〕84号	关于印发《全市火灾隐患重点领域（区域）集中排查整治行动实施方案》的通知
12月18日	余党办〔2017〕87号	关于印发《余姚市属国资国企整合重组及管理体制改革实施方案》的通知
12月28日	余党办〔2017〕92号	印发《关于进一步加强信访事项规范化办理工作实施办法（试行）》的通知

2017年余姚市人民政府部分文件目录

发文日期	发文字号	文件名称
3月20日	余政发〔2017〕10号	余姚市人民政府关于加强水污染举报投诉与媒体曝光问题处置工作的意见
3月28日	余政发〔2017〕11号	余姚市人民政府关于印发余姚市深化医药卫生体制综合改革先行先试推进方案的通知
5月6日	余政发〔2017〕15号	余姚市人民政府关于印发余姚市卫生和计划生育事业发展“十三五”规划的通知
7月24日	余政发〔2017〕20号	余姚市人民政府关于印发余姚市人民政府工作规则的通知
11月17日	余政发〔2017〕35号	余姚市人民政府关于印发余姚市推行重大行政执法决定法制审核制度试点工作实施方案的通知
11月17日	余政发〔2017〕36号	余姚市人民政府关于印发余姚市最低生活保障实施办法的通知
12月4日	余政发〔2017〕39号	余姚市人民政府关于印发余姚市行政复议体制改革工作方案的通知
1月18日	余政办发〔2017〕4号	余姚市人民政府办公室关于印发余姚市全民健身实施计划（2016—2020年）的通知
1月24日	余政办发〔2017〕7号	余姚市人民政府办公室关于印发余姚市“十三五”治理城市交通拥堵规划的通知
1月24日	余政办发〔2017〕8号	余姚市人民政府办公室关于印发余姚市创建浙江省农业“机器换人”示范市实施方案的通知
1月25日	余政办发〔2017〕9号	余姚市人民政府办公室关于印发余姚市安全生产“十三五”规划（2016-2020）的通知
2月3日	余政办发〔2017〕10号	余姚市人民政府办公室关于印发余姚市城镇住宅房屋使用安全突发事件应急处置行动方案的通知
2月13日	余政办发〔2017〕13号	余姚市人民政府办公室关于进一步做好H7N9流感防控工作继续暂停活禽交易的通告
2月27日	余政办发〔2017〕15号	余姚人民政府办公室关于印发余姚市农村危旧住宅房屋治理攻坚战专项行动实施方案的通知
3月1日	余政办发〔2017〕16号	余姚市人民政府办公室关于印发余姚市劣V类水剿灭行动方案的通知
3月14日	余政办发〔2017〕18号	余姚市人民政府办公室关于印发2017年余姚市义务段学校招收流动人口子女入学工作意见的通知
3月22日	余政办发〔2017〕22号	余姚市人民政府办公室关于印发余姚市中心城区保洁保序保畅通专项行动实施方案的通知
3月22日	余政办发〔2017〕23号	余姚市人民政府办公室关于印发余姚市蔬菜腌制用盐市场联合整治行动方案的通知

续表

发文日期	发文字号	文件名称
3月27日	余政办发〔2017〕26号	余姚市人民政府办公室关于印发余姚市创建全国基层中医药工作先进单位实施方案的通知
4月6日	余政办发〔2017〕27号	余姚市人民政府办公室关于印发2017年度房屋拆迁征收与安置房建设计划的通知
4月18日	余政办发〔2017〕30号	余姚市人民政府办公室关于印发余姚市流动人口量化积分申评办法（暂行）的通知
5月2日	余政办发〔2017〕33号	余姚市人民政府办公室关于印发余姚市医疗卫生服务体系（2016-2020年）的通知
5月2日	余政办发〔2017〕34号	余姚市人民政府办公室关于印发余姚市红十字事业“十三五”发展规划的通知
5月3日	余政办发〔2017〕37号	余姚市人民政府办公室关于印发余姚市畜牧业绿色发展规划（2017—2019年）的通知
5月3日	余政办发〔2017〕38号	余姚市人民政府办公室关于印发余姚市农机化“十三五”发展规划的通知
5月3日	余政办发〔2017〕39号	余姚市人民政府办公室关于印发余姚市残疾人事业发展“十三五”规划的通知
5月3日	余政办发〔2017〕40号	余姚市人民政府办公室关于印发余姚市2017年度地质灾害防治方案的通知
5月10日	余政办发〔2017〕44号	余姚市人民政府办公室关于印发余姚市城市给水、污水、雨水、再生水“十三五”发展规划的通知
5月15日	余政办发〔2017〕48号	余姚市人民政府办公室关于印发《余姚市妇女发展规划（2016—2020年）》和《余姚市儿童发展规划（2016—2020年）》的通知
5月18日	余政办发〔2017〕50号	余姚市人民政府办公室关于印发余姚市爱国卫生管理办法的通知
5月24日	余政办发〔2017〕51号	余姚市人民政府办公室关于印发余姚市乡镇（街道）便民服务中心“一窗受理、集成服务”改革工作方案的通知
5月27日	余政办发〔2017〕53号	余姚市人民政府办公室关于印发余姚市耕地保护经济补偿实施办法的通知
6月1日	余政办发〔2017〕56号	余姚市人民政府办公室关于印发余姚市农业面源污染治理行动实施方案的通知
6月1日	余政办发〔2017〕57号	余姚市人民政府办公室关于印发小城镇环境综合整治项目资金补助管理办法的通知
6月9日	余政办发〔2017〕59号	余姚市人民政府办公室关于印发余姚市饮用水源突发环境事件应急预案（试行）的通知
6月9日	余政办发〔2017〕61号	余姚市人民政府办公室关于印发余姚市智慧城市“十三五”发展规划的通知
6月13日	余政办发〔2017〕62号	余姚市人民政府办公室关于印发余姚市“一人一艺”全民艺术普及工程建设实施意见的通知
6月15日	余政办发〔2017〕63号	余姚市人民政府办公室关于印发余姚农信普惠金融提升工程五年行动计划(2016—2020年）的通知
6月27日	余政办发〔2017〕66号	余姚市人民政府办公室关于印发余姚市危险化学品安全综合治理实施方案的通知
6月28日	余政办发〔2017〕69号	余姚市人民政府办公室关于加快企业闲置资产盘活促进经济提质增效发展的实施意见
7月2日	余政办发〔2017〕70号	余姚市人民政府办公室关于印发余姚市水污染防治行动计划的通知
7月2日	余政办发〔2017〕71号	余姚市人民政府办公室关于印发余姚市乡镇（街道）地表水交接断面、考核断面点位设置方案及考核办法的通知
7月17日	余政办发〔2017〕72号	余姚市人民政府办公室关于印发余姚市生态调水实施方案（试行）的通知
7月21日	余政办发〔2017〕77号	余姚市人民政府办公室关于印发余姚市“十三五”现代农业发展规划的通知
8月22日	余政办发〔2017〕81号	余姚市人民政府办公室关于印发余姚市乡村教师支持计划（2017-2020年）实施办法（试行）的通知
9月1日	余政办发〔2017〕85号	余姚市人民政府办公室关于实施余姚市工业企业“350”梯度培育计划的若干意见（试行）
9月1日	余政办发〔2017〕87号	余姚市人民政府办公室关于印发余姚市地质灾害综合治理工作实施办法的通知

续表

发文日期	发文字号	文件名称
9月20日	余政办发〔2017〕93号	余姚市人民政府办公室关于印发余姚市四明湖水库放水预警方案（试行）的通知
10月9日	余政办发〔2017〕96号	余姚市人民政府办公室关于印发全市范围内建立“街（路）长制”实施方案的通知
10月16日	余政办发〔2017〕98号	余姚市人民政府办公室关于印发余姚市高速公路突发事件应急预案的通知
10月25日	余政办发〔2017〕99号	余姚市人民政府办公室关于印发余姚市政府性债务风险应急处置预案的通知
10月27日	余政办发〔2017〕101号	余姚市人民政府办公室印发《关于全面推进政务公开工作的意见》实施细则的通知
10月31日	余政办发〔2017〕103号	余姚市人民政府办公室关于印发余姚市土壤污染防治工作实施方案的通知
10月27日	余政办发〔2017〕104号	余姚市人民政府办公室关于印发余姚市全面推进“放心消费在浙江”行动实施方案的通知
10月27日	余政办发〔2017〕105号	余姚市人民政府办公室关于印发余姚市疾病应急救助制度实施办法的通知
11月3日	余政办发〔2017〕106号	余姚市人民政府办公室关于印发余姚市村庄A级景区创建实施方案（2017—2022年）的通知
11月14日	余政办发〔2017〕109号	余姚市人民政府办公室关于印发余姚市融入“一带一路”建设综合试验区打造开放合作先行区行动纲要（2017—2020）的通知
11月14日	余政办发〔2017〕110号	余姚市人民政府办公室关于印发余姚市菜牛定点屠宰工作实施方案的通知
11月20日	余政办发〔2017〕112号	余姚市人民政府办公室关于印发余姚市食盐供应应急预案的通知
11月28日	余政办发〔2017〕113号	余姚市人民政府办公室关于印发加快余姚市保险创新工作实施方案的通知
11月17日	余政办发〔2017〕114号	余姚市人民政府办公室关于印发余姚市基本建设项目联合测绘实施办法（试行）的通知
11月29日	余政办发〔2017〕115号	余姚市人民政府办公室关于进一步加强新形势下耕地占补平衡工作的通知
12月6日	余政办发〔2017〕116号	余姚市人民政府办公室关于设立重点区域招商办事处开展驻点招商的实施意见

索 引

A

B

C

D

E

F

G

H

J

K

L

M

N

P

Q

R

S

T

W

X

Y

Z

数字